国家文化产业资金支持媒体融合重大项目

会计专业岗位实操系列教材

TAX PRACTICE

# 纳税实务

◉ 梁文涛　耿红玉　主编

东北财经大学出版社

Dongbei University of Finance & Economics Press

大连

**图书在版编目（CIP）数据**

纳税实务 / 梁文涛，耿红玉主编 . —大连：东北财经大学出版社，2023.8（2025.8重印）

（会计专业岗位实操系列教材）

ISBN 978-7-5654-4920-8

Ⅰ.纳…　Ⅱ.①梁…②耿…　Ⅲ.纳税-税收管理-中国-岗位培训-教材　Ⅳ.F812.423

中国国家版本馆CIP数据核字（2023）第146725号

东北财经大学出版社出版

（大连市黑石礁尖山街217号　邮政编码　116025）

网　　址：http://www.dufep.cn

读者信箱：dufep@dufe.edu.cn

大连天骄彩色印刷有限公司印刷　　东北财经大学出版社发行

幅面尺寸：185mm×260mm　字数：573千字　印张：24.25　插页：1

2023年8月第1版　　　　　　　　2025年8月第2次印刷

责任编辑：包利华　　　　　　　　　责任校对：刘贤恩

封面设计：原　皓　　　　　　　　　版式设计：原　皓

定价：58.50元

教学支持　售后服务　联系电话：（0411）84710309

版权所有　侵权必究　举报电话：（0411）84710523

如有印装质量问题，请联系营销部：（0411）84710711

"纳税实务"是高校会计、财务管理、税收等专业的一门专业核心课。该课程服务于会计、财务管理、税收等专业人才培养目标，培养具有一定的企业纳税（费）计算与申报等能力的高素质技术技能型人才。本教材坚持"理实一体、学做合一"，以会计、财务管理、税收专业人员纳税（费）计算与申报等能力的培养为主线，直接为培养学生从事会计、财务管理、税收工作应具备的基本知识、基本技能和实战操作能力服务。

《纳税实务》教材以我国最新税收政策和企业会计准则为主要依据，根据企业纳税（费）计算与申报等实际工作过程设计、组织和整合出七个学习项目。本教材的主要内容包括现行各税种的认知、计算和纳税申报等。通过本教材的学习与训练，学生可以熟练地进行企业纳税（费）计算与申报等工作。"纳税实务"课程的前置课程为"税法"，后续课程为"税务会计实务""纳税筹划实务"，读者也可以同时选用本教材主编在东北财经大学出版社出版的《税法》、《税务会计实务》和《纳税筹划实务》教材。

与同类教材相比，《纳税实务》具有以下特色：

**1.落实立德树人根本任务，实施课程思政教育。**

为贯彻落实党的二十大精神，进一步落实立德树人根本任务、实施课程思政教育，本教材在每个项目开头设置【素养提升】栏目，在正文中设置【素养园地】栏目。根据《会计人员职业道德规范》，将新时代会计人员职业道德要求总结提炼为三条核心表述，即：（1）坚持诚信，守法奉公；（2）坚持准则，守责敬业；（3）坚持学习，守正创新。学习本教材，要求学生提升会计职业道德修养。通过教导"坚持诚信，守法奉公"促使学生在未来涉税工作中符合自律要求，通过教导"坚持准则，守责敬业"促使学生在未来涉税工作中符合履职要求，通过教导"坚持学习，守正创新"促使学生在未来涉税工作中符合发展要求。

**2.作者团队专业，编写态度严谨。**

目前市场上部分纳税实务教材在以下两个方面尚有不足：一是部分涉税实例过时，未能根据最新会计、税收法律法规及时更新；二是编写内容专业水平不是很高，有些纳税实务例题或案例不合乎实际且错误较多。而本教材是专业作者基于打造纳税实务精品教材，本着对师生负责的态度，用心编写而成的。

**3.坚持职教特色，突出质量为先。**

本教材知识传授与技术技能培养并重，强化学生职业素养养成和专业技术积累，注重培养专业精神、职业精神和工匠精神。

**4.坚持产教融合，校企双元开发。**

本教材注重行业指导、企业参与，实施校企双元合作开发，行业企业专业技术人员、能工巧匠深度参与编写。

5.编写体例新颖，符合职教特点。

本教材结合职业教育生源和教学特点，以典型工作项目、工作任务等为内容，采用项目化教学法、案例式教学法、模块化教学法等，支持分类别、分层次教学。本教材每个项目开头设置【学习目标】，让读者首先能够明确本项目的学习目标；接着设置【素养提升】栏目，落实立德树人根本任务、实施课程思政教育。在每一项目具体学习之前，设置【项目引例】，在每一任务具体学习之前，设置【任务引例】，以此激发学生的学习兴趣。在项目内容的讲授过程中，一方面，设置【提示】【点睛】【总结】【链接】【举例】【比较】【知识答疑】【实务答疑】等模块，再次激发学生的学习兴趣；另一方面，融入【任务实例】，通过对纳税（费）计算与申报等实例进行分析与操作，让学生体验案例学习的乐趣，又一次激发学生的学习热情。每一项目之后配有【项目练习】和【项目实训】，让学生进一步理解和掌握所学知识。

6.结合职业证书，实现书证融通。

本教材结合参与1+X证书制度试点第二批职业教育培训评价组织及职业技能等级证书名单中中联集团教育科技有限公司的"智能财税职业技能等级证书"中部分典型工作任务，以及财政部颁布的2025年《初级会计专业技术资格考试大纲》中的部分内容，在一定程度上实现课证融通、书证融通。

7.根据最新政策，不断适时修订。

本教材内容及时反映产业升级和行业发展，体现新知识、新技术、新方法。本教材本次加印根据截稿之日（2025年8月1日）的最新会计、税收政策编写。本教材在以后重印、修订再版时，将根据最新会计、税收政策及时修正和完善并在PPT课件中同步体现。需要说明的是，本教材本次加印重点根据自2026年1月1日起施行的《中华人民共和国增值税法》（2025年12月31日之前，我国仍然适用《中华人民共和国增值税暂行条例》，并且目前我国与《中华人民共和国增值税法》相关的配套细则文件尚未全部出台，因此本教材本次出版按照《中华人民共和国增值税暂行条例》，同时结合《中华人民共和国增值税法》对"增值税法"的内容进行编写）、自2024年12月1日起施行的《中华人民共和国关税法》、自2024年12月1日起实施的《水资源税改革试点实施办法》、自2023年7月20日起实施的修订后的《中华人民共和国发票管理办法》、自2024年3月1日实施的《中华人民共和国发票管理办法实施细则》等文件修订。

8.应用先进技术，打造新型教材。

本教材围绕深化教学改革和"互联网+职业教育"发展需求，通过植入二维码等方式，提供视频微课、税收讲堂、税收动漫、图解税收等丰富教学资源，打造一体化新形态教材。

9.教学资源丰富，免费索取使用。

本教材提供视频微课、PPT教学课件、课程标准（教学大纲）、试题库、项目练习和项目实训的参考答案等教学资源。选用本教材作为学生教材的任课教师经过实名注册认证后可通过东北财经大学出版社网站（www.dufep.cn）索取上述课程资源；或者通过本教材提供的QQ群进行索取。

10.创建教材QQ群和邮箱等专属交流空间，可实现即时互动共享。

本教材的交流QQ群号为570328484（仅限任课教师加入，申请加入时，请说明工作单位、姓名），本教材电子邮箱是 caishuijiaocai@126.com。

**11.链接最新法律法规，方便参阅、使用。**

本教材提供最新法律法规库链接，读者可以通过法律法规库查询各个税种的最新法律法规文件。具体可登录 https://fgk.chinatax.gov.cn/zcfgk/c100006/listflfg.html，或者扫描左方二维码（注：通过电脑登录可以按照税种查询最新法律法规文件）。

**12.提供教学课时分配建议，方便教师制订授课计划。**

为方便任课教师制订授课计划，作者给出本教材的"教学课时分配建议"（见表1），以供参考。

表1                      **教学课时分配建议**

| 项目名称 | 理论教学任务 | | 实践教学任务 | 课时安排 | |
|---|---|---|---|---|---|
| | | | | 理论 | 实践 |
| 项目一<br>纳税实务<br>基础 | 任务一<br>任务二<br>任务三<br>任务四<br>任务五<br>任务六 | 税收的认知<br>税务登记<br>增值税一般纳税人登记<br>发票管理<br>纳税申报<br>税款的征收与缴纳 | 实训一<br>纳税实务岗位<br>见习 | 4 | 2 |
| 项目二<br>增值税纳税<br>实务 | 任务一<br>任务二<br>任务三<br>任务四 | 增值税的认知<br>增值税的计算<br>增值税出口和跨境业务退（免）<br>税和征税的计算<br>增值税的纳税申报 | 实训二<br>增值税纳税实训 | 16 | 8 |
| 项目三<br>消费税纳税<br>实务 | 任务一<br>任务二<br>任务三<br>任务四 | 消费税的认知<br>消费税的计算<br>消费税出口退（免）税和征税的计算<br>消费税的纳税申报 | 实训三<br>消费税纳税实训 | 6 | 2 |
| 项目四<br>企业所得税<br>纳税实务 | 任务一<br>任务二<br>任务三<br>任务四<br>任务五<br>任务六<br>任务七 | 企业所得税的认知<br>企业所得税应纳税所得额的计算<br>资产的税务处理<br>企业重组的所得税处理<br>企业所得税的计算<br>特别纳税调整<br>企业所得税的纳税申报 | 实训四<br>企业所得税纳税<br>实训 | 10 | 6 |
| 项目五<br>个人所得税<br>纳税实务 | 任务一<br>任务二<br>任务三 | 个人所得税的认知<br>个人所得税的计算<br>个人所得税的代扣代缴（含预扣<br>预缴）与自行申报实务 | 实训五<br>个人所得税纳税<br>实训 | 4 | 2 |
| 项目六<br>其他税种纳<br>税实务(上) | 任务一<br>任务二<br>任务三<br>任务四<br>任务五<br>任务六 | 城市维护建设税、教育费附加和<br>地方教育附加纳税（费）实务<br>资源税纳税实务<br>土地增值税纳税实务<br>城镇土地使用税纳税实务<br>房产税纳税实务<br>耕地占用税纳税实务 | 实训六<br>其他税种纳税<br>实训（上） | 6 | 2 |
| 项目七<br>其他税种纳<br>税实务(下) | 任务一<br>任务二<br>任务三<br>任务四<br>任务五<br>任务六<br>任务七 | 关税纳税实务<br>车辆购置税纳税实务<br>车船税纳税实务<br>契税纳税实务<br>环境保护税纳税实务<br>印花税纳税实务<br>烟叶税纳税实务 | 实训七<br>其他税种纳税<br>实训（下） | 6 | 2 |
| 课时合计：76课时（48～102课时均可） | | | | 理论教学课时<br>合计：52 | 实践教学课时<br>合计：24 |

本教材由梁文涛、耿红玉（山东经贸职业学院）担任主编，苏杉、张清亮（山东经贸职业学院）担任副主编。

在本教材编写过程中，作者参考、借鉴了大量本学科相关著作、教材与论文，在此向相关作者表示由衷的感谢！由于作者水平有限，以及会计、税收等相关法律法规、政策不断修订变化，本教材难免存在不当之处，读者在实际运用时应当以最新的法律、法规、政策为准。同时，竭诚欢迎广大读者批评指正。若有意见、建议或指正，请发送至本教材邮箱。本教材内容所涉及的单位名称、个人姓名等单位和个人的相关信息均为虚构，如有雷同，纯属巧合。

本教材不仅可以作为高等职业院校的教材，而且可以作为应用型本科院校的教材，也可以作为培训机构的教材，还适合广大会计工作者自学使用。

作　者
2025 年 8 月

# 项目一
# 纳税实务基础

**学习目标**

1. 能明确税收的含义与特征、税收与税法的关系、税务机构的设置、税收征收管理范围的划分，熟悉税收的分类、税法的构成要素、中央政府与地方政府税收收入的划分。

2. 能识记税务登记或管理的类型，能根据相关业务资料进行"一照一码"营业执照申请核发、设立登记、变更登记、停业复业登记、注销登记、跨区域涉税事项报验管理。

3. 能办理增值税一般纳税人的登记，能判定不办理一般纳税人登记的情况。

4. 会领用发票、开具发票和保管发票。

5. 能明确纳税申报的主体，能区分纳税申报方式，能把握纳税申报的具体要求，并能进行非正常户的认定与解除。

6. 能区分税款征收方式，能明确税款缴纳的程序、税款的退还和追征制度。

**素养提升**

税收取之于民，用之于民。

1. 征税主体（税务机关、海关）深入贯彻"深化简政放权、放管结合、优化服务改革"精神，应当做好纳税服务，依法依规征税。

2. 纳税主体（纳税人）应当持守纳税缴费信用，充分运用税收优惠，合法合规纳税。

**➤➤项目引例——纳税义务发生时间、纳税期限和纳税申报期限的关系◄◄**

以增值税为例，甲商业企业（简称"甲企业"）为增值税一般纳税人，对外销售电动车，不含税单价统一为 10 000 元，适用的增值税税率为 13%。甲企业的增值税以 1 个月为纳税期限。2023 年 7 月发生以下业务：

（1）7 月 5 日，采用直接收款方式销售电动车 20 辆。

（2）7 月 8 日，采用赊销方式销售电动车 60 辆，合同约定 7 月 27 日收款。

（3）7 月 16 日，购进 100 辆电动车，取得的增值税专用发票注明单价 7 000 元。该增值税专用发票于本月符合抵扣规定①。

（4）7 月 25 日，采用预收货款方式销售电动车 30 辆，货款已经收到。

（5）7 月 27 日，收到 7 月 8 日所售 50 辆电动车货款，其余 10 辆电动车货款尚未收到。

（6）7 月 29 日，发出 7 月 25 日预收货款的电动车 10 辆，其余 20 辆 8 月 5 日发货。

---

① "本月符合抵扣规定"指的是"符合抵扣条件且发票上的进项税额从本月（期）销项税额中抵扣"。全书同理。

**★ 任务要求**

（1）确定甲企业2023年7月每笔业务的增值税纳税期限。

（2）确定甲企业2023年7月每笔业务的增值税纳税义务发生时间。

（3）确定甲企业2023年7月发生增值税纳税义务的相关业务的纳税申报期限。

▶ **项目引例解析**　见本项目的任务一。

## 任务一　税收的认知

### 任务引例1-1

政府创建的财政局、税务局、学校、公园、图书馆等政府机关单位和事业单位发放给公务员和事业单位工作人员的工资所需资金是从哪里来的？

**一、税收的含义与特征**

**（一）税收的含义**

税收是国家为行使其职能、满足社会公共需要，凭借公共权力，按照法律所规定的标准和程序，参与国民收入分配，强制地、无偿地且较为固定地取得财政收入的一种方式。

对税收的内涵可以从以下四个方面来理解：❶国家征税的目的是行使其职能，满足社会成员获取公共产品和公共服务的需要。❷国家征税凭借的是公共权力（政治权力）。税收的征收主体只能是代表社会全体成员行使公共权力的政府，其他任何社会组织或个人都无权征税。与公共权力相对应，政府必须承担运用税收来管理社会和为社会成员提供公共产品和公共服务的义务。❸税收是国家筹集财政收入的主要途径，是国家财政收入的主要来源。❹税收必须以法律的形式进行。

◀ **点睛**　国家征税是凭借政治权力，而不是凭借财产所有权。

◀ **提示**　无偿性决定了税收是筹集财政收入的主要手段。

**【素养园地】**

3封《春风来信》，看10年办税缴费变化

**（二）税收的特征**

税收作为政府筹集财政收入的一种规范形式，具有区别于其他形式财政收入的特征。税收的特征可以概括为强制性、无偿性和固定性。

**1.强制性**

税收的强制性是指国家凭借其公共权力以法律的形式制约税收征纳双方的权利（权力）与义务，既不是由纳税主体（纳税人）按照个人意志自愿缴纳，也不是按照征税主体（税务机关、海关）的意愿随意征税，而是依照法律进行征税。

**2.无偿性**

税收的无偿性是指国家征税以后，所有税款一律纳入国家财政预算，由财政统一分配，而不直接返还或支付报酬给特定的纳税人。税收的无偿性是对个体（具体）纳税人而言的，其享有的公共产品和公共服务与其缴纳的税款并非一对一的对等；但就纳税人的整体而言则是对等的，政府使用税款的目的是向社会全体成员包括特定纳税人提供所需的公共产品和公共服务。因此，税收的无偿性表现为个体的无偿性、整体的有偿性。

### 3.固定性

税收的固定性是指国家事先规定了统一的征税标准，包括纳税人、征税对象、税率、纳税期限、纳税地点等。这些标准一经确定，在一定时期内相对（而非绝对）稳定不变。

### 任务引例1-1解析

税收是国家为行使其职能、满足社会公共需要，凭借公共权力，按照法律所规定的标准和程序，参与国民收入分配，强制地、无偿地且较为固定地取得财政收入的一种方式。国家征税的目的是行使其职能，满足社会成员获取公共产品和公共服务的需要。政府创建的财政局、税务局、学校、公园、图书馆等政府机关单位和事业单位发放给公务员和事业单位工作人员的工资所需资金都是来自财政收入，而税收是国家筹集财政收入的主要途径，是国家财政收入的主要来源。

☞【情境辨析1-1】税收的特征有（　　　）。

A.强制性　　　　　　B.无偿性　　　　　　C.固定性　　　　　　D.针对性

## 二、税收的分类

### （一）按征税对象性质分类

按征税对象性质分类，税收可分为流转税、所得税、财产税、行为税、资源税和环境保护税、特定目的税六种。

### 1.流转税

流转税，又称流转税类，也称商品（货物）和劳务税类，是指以货物、劳务、服务、无形资产或者不动产买卖的流转额为征税对象征收的各种税，包括增值税、消费税、关税等。

**点睛**　流转税的特点是：以货物、劳务、服务、无形资产或者不动产买卖的流转额为计税依据，在生产经营及销售环节征收，其征税数额（税收负担，简称"税负"）不受成本费用变化的影响，而对价格变化较为敏感。

### 2.所得税

所得税，又称所得税类，是指以所得额为征税对象征收的各种税，包括企业所得税、个人所得税、土地增值税等。其中，所得额一般情况下是指全部收入减除为取得收入耗费的各项成本费用后的余额。

**点睛**　所得税的特点是：征税对象不是一般收入，而是总收入减除准予扣除项目后的余额，即应纳税所得额，其征税数额（税负）受成本费用、利润高低的影响较大。

### 3.财产税

财产税，又称财产税类，是指以纳税人拥有或支配的财产为征税对象征收的各种税，包括房产税、车船税等。

**点睛**　财产税的特点是：财产税的征税数额（税负）与财产价值、数量关系密切，体现调节财富、合理分配等原则。

### 4.行为税

行为税，又称行为税类，是指以纳税人发生的某种行为为征税对象征收的各种税，包括印花税、契税等。

🔖**点睛** 行为税的特点是：征税的选择性较为明显，税种较多，具有较强的时效性。

**5.资源税和环境保护税**

资源税和环境保护税，又称资源税和环境保护税类，是指以各种应税自然资源或者纳税人直接向环境排放的应税污染物为征税对象征收的各种税，包括资源税、城镇土地使用税、环境保护税等。

🔖**点睛** 资源税和环境保护税的特点是：税负高低与资源级差收益水平或者应税污染物排放量关系密切，征税范围的选择比较灵活。

**6.特定目的税**

特定目的税，又称特定目的税类，是指为了达到某种特定目的，对特定对象和特定行为征收的一种税，包括车辆购置税、耕地占用税、城市维护建设税和烟叶税、船舶吨税等。

🔖**点睛** 特定目的税的特点是：国家在经济发展过程中，根据宏观经济调控的需要而陆续设立的。

🔖**提示** 自2021年6月1日起，纳税人申报缴纳城镇土地使用税、房产税、车船税、印花税、耕地占用税、资源税、土地增值税、契税、环境保护税、烟叶税中一个或多个税种时，使用"财产和行为税纳税申报表"。纳税人新增税源或税源变化时，需先填报"财产和行为税税源明细表"。"财产和行为税纳税申报表"和"财产和行为税税源明细表"中的"财产和行为税"是个广义的概念，包括城镇土地使用税、房产税、车船税、印花税、耕地占用税、资源税、土地增值税、契税、环境保护税、烟叶税。而狭义的"财产和行为税"中的财产税包括房产税、车船税；行为税包括印花税、契税。

### （二）按计税依据分类

按计税依据分类，税收可分为从价税、从量税和复合税三种。

**1.从价税**

从价税是以征税对象的价值、价格、金额为标准，按一定比例税率计征的税种，如增值税、个人所得税、房产税等。

🔖**提示** 一般而言，由于从价税的税额直接或间接与商品销售收入挂钩，可以随商品价格的变化而变化，因此其适用范围很广。

**2.从量税**

从量税是以征税对象的一定数量单位（重量、件数、容积、面积、长度等）为标准，采用固定单位税额征收的税种，如车船税、城镇土地使用税等。

🔖**提示** 从量税的税额不随商品价格增减而变动，单位商品税负固定，由于通货膨胀等因素的影响，税负实际上处于下降的趋势，因此从量税不能大范围使用。

**3.复合税**

复合税是从价税和从量税的结合，既按照征税对象的价格又按照其数量单位为标准计征的税种，如卷烟和白酒的消费税。

☞**【情境辨析1-2】** 按照计税依据分类，税收可分为（　　）。

A.从价税　　　　　　　　　　B.流转税

C.从量税　　　　　　　　　　D.复合税

### （三）按税收与价格的关系分类

按税收与价格的关系分类，税收可分为价内税和价外税两种。

**1.价内税**

价内税就是税金包含在商品价格中，作为价格构成部分的税种，如消费税。消费税的计税依据为含消费税的价格。

**2.价外税**

价外税是指税金不包含在商品价格之中，价税分列的税种，如增值税。增值税的计税价格为不含增值税的价格，买方在购进货物、劳务、服务、无形资产或者不动产时，不仅需要支付约定的价款（不含增值税价款），而且还须支付按规定的税率计算出来的税款（增值税），这二者在增值税发票上是分开记载的。

### （四）按税收收入的归属分类

按税收收入的归属分类，税收可分为中央税、地方税和中央地方共享税三种。

❶中央税。中央税是指收入归中央政府支配使用的税种，如消费税、关税等。

❷地方税。地方税是指收入归地方政府支配使用的税种，如城镇土地使用税、耕地占用税等。

❸中央地方共享税。中央地方共享税是指收入由中央政府和地方政府按一定比例分享的税种，如增值税，中央分享50%，地方分享50%。

### （五）按税收负担能否转嫁分类

按税收负担能否转嫁分类，税收可分为直接税和间接税两种。

**1.直接税**

直接税是指纳税义务人（简称纳税人）同时是税收的实际负担人（负税人），纳税义务人不能或不便于把税收负担转嫁给别人的税种，如企业所得税、个人所得税、车辆购置税等。

✦提示　直接税的纳税人不仅在表面上有纳税义务，而且实际上也是税收的承担者，即纳税人与负税人一致。

**2.间接税**

间接税是指纳税义务人不是税收的实际负担人（负税人），纳税义务人能够通过销售产品或提供劳务来把税收负担转嫁给别人的税种，如关税、消费税、增值税等。

✦提示　间接税的纳税人虽然表面上负有纳税义务，但实际上已将自己的税款加于所销售商品的价格上而由消费者负担或用其他方式转嫁给别人，即纳税人与负税人不一致。

### 三、税收与税法的关系

税法是指有权的国家机关制定的有关调整税收分配过程中形成的权利义务关系的法律规范的总和。

税收与税法是密不可分的，税法是税收的法律表现形式，税收是税法所确定的具体内容。有税必有法，无法不成税。

从两者的联系来看，它们是辩证统一、互为因果的。具体来说，税收与税法都是以国家为前提，与财政收入密切相关；国家对税收的需要决定了税法的存在，而税法的存在决定了税收的分配关系；税法是税收内容的具体规范和权力保障；税收是税法的实施结果，同时税收又是衡量税法科学性、合理性的重要标准。

从两者的区别上看，税收属于经济基础范畴，税法则属于上层建筑范畴。

### 四、税法的构成要素

各国的税法一般都比较复杂，但都由若干要素构成。税法的构成要素包括：总则、纳税义务人、征税对象、税目、税率、纳税期限、减税免税、纳税环节、纳税地点、罚则、附则等项目。

#### （一）总则

总则主要包括税法的立法意图、立法依据、适用原则等。

#### （二）纳税义务人

纳税义务人又称纳税人、纳税主体，是指依法直接负有纳税义务的法人、自然人及其他组织。

我国税收法律关系的主体，一方是代表国家行使税收征收管理权的各级税务机关和海关，即征税主体；另一方是履行纳税义务的自然人、法人及其他组织，即纳税主体。

**点睛**　由于各具体税收法律关系不同，各具体税法的调整对象不同，其纳税主体（纳税人）也有所不同。

#### （三）征税对象

征税对象又称课税对象，是税法中规定的征税的目的物，是征税的依据，解决"对什么征税"的问题。征税对象是区分税种的主要标志。

#### （四）税目

税目是征税对象的具体化，反映具体的征税范围，解决课税对象的归类。

#### （五）税率

税率是税额与计税金额之间的比例，是计算税额的尺度。税率的高低，直接关系到国家的财政收入和纳税人的税负。税率体现征税的深度。我国现行的税率形式主要有以下几种：

❶比例税率，是对同一征税对象或同一税目不分大小，都按规定的同一比例征税。

**举例**　我国增值税采用比例税率。

❷全额累进税率，是按征税对象的计税金额划分若干级距，每一级距分别规定不同的税率，税率依次提高，当计税金额达到相适应的某个级距时，征税对象的全部计税金额都按照这个级距的税率计征税款的一种累进税率。

**提示**　一般认为我国目前没有采用全额累进税率。但实际上，我国啤酒的消费税税率是一种全额累进性质的定额税率（属于全额累进税率）。

❸超额累进税率，是按征税对象的计税金额划分若干级距，每一级距分别规定不同的税率，税率依次提高，计税金额每超过一个规定的级距，对超过的部分就按高一级的税率计征税款的一种累进税率。

**举例**　我国居民个人综合所得的个人所得税采用超额累进税率。

❹全率累进税率，是按征税对象计税金额的相对率（相对比例）划分若干级距，每一级距分别规定不同的税率，税率依次提高，当计税金额的相对率达到相适应的某个级距

时，征税对象的全部计税金额都按照这个级距的税率计征税款的一种累进税率。

🔖**提示**  我国目前没有采用全率累进税率。

❺超率累进税率，是按征税对象计税金额的相对率（相对比例）划分若干级距，每一级距分别规定不同的税率，税率依次提高，相对率每超过一个规定的级距，对超过的部分就按高一级的税率计征税款的一种累进税率。

🔖**举例**  我国土地增值税采用超率累进税率。

❻定额税率，是按征税对象的计算单位，直接规定一个固定的税额。

🔖**举例**  我国啤酒、黄酒的消费税采用定额税率。

**知识答疑1-1**  超额累进税率和全额累进税率有什么区别？

☞【情境辨析1-3】（    ）是区分税种的主要标志。

A.课税对象    B.税目    C.计税依据    D.税率

☞【情境辨析1-4】我国现行税制中的土地增值税采用的税率是（    ）。

A.超额累进税率    B.超率累进税率

C.全额累进税率    D.全率累进税率

### （六）纳税期限

与纳税期限相关的概念有纳税义务发生时间和纳税申报期限（或纳税申报与税款缴纳期限）。

理解纳税义务发生时间、纳税期限和纳税申报期限三个相关概念，对于纳税人能否准确计算应纳税款、能否保证应纳税款的及时足额上缴等问题至关重要。

1.纳税义务发生时间、纳税期限和纳税申报期限的含义

纳税义务发生时间是指纳税人具有纳税义务的起始时间，是一个时间点（某天）。《中华人民共和国增值税暂行条例实施细则》（简称《增值税暂行条例实施细则》）规定，采取预收货款方式销售货物的，纳税义务发生时间为货物发出的当天，但生产销售生产工期超过12个月的大型机械设备、船舶、飞机等货物，为收到预收款或者书面合同约定的收款日期的当天。例如，纳税人销售一批货物（电脑）收到预收货款的日期是2023年2月20日，发出货物的日期是2023年3月10日，则其纳税义务发生时间为2023年3月10日，而不是2023年2月20日。

纳税期限是指纳税人每隔固定时间汇总一次纳税义务的时间，一般为一个时间段（按次纳税除外）。纳税期限有三种形式：（1）按期纳税，如一般情况下的增值税、消费税等。（2）按次纳税，如耕地占用税、车辆购置税等。（3）按年计征、分期预缴或缴纳，如企业所得税按年计征、分期预缴；房产税、城镇土地使用税按年计征、分期缴纳。《中华人民共和国增值税暂行条例》（简称《增值税暂行条例》）规定，增值税的纳税期限为1日、3日、5日、10日、15日、1个月或者1个季度。纳税人的具体纳税期限，由主管税务机关根据纳税人应纳税额的大小分别核定。以1个季度为纳税期限的规定适用于小规模纳税人、银行、财务公司、信托投资公司、信用社，以及财政部和国家税务总局规定的其他纳税人。不能按照固定期限纳税的，可以按次纳税。

纳税申报期限是指纳税人在纳税期限期满以后向税务机关进行申报并缴纳税款的时间,一般为一个时间段。《增值税暂行条例》规定,纳税人以1个月或者1个季度为一个纳税期的,自期满之日起15日内申报纳税。例如,如果增值税纳税人的纳税义务发生时间为2023年2月10日,纳税期限为1个月,则其纳税申报期限为2023年3月1—15日。

2.纳税义务发生时间、纳税期限和纳税申报期限的关系

纳税人要保证及时足额纳税,除了掌握应纳税款的计算方法外,还要理清纳税义务发生时间、纳税期限和纳税申报期限三者之间的关系。首先,根据税法确定不同税种的纳税期限,是按年纳税、按期纳税还是按次纳税;其次,确定每笔业务的纳税义务发生时间是否属于该纳税期限;最后,根据纳税义务发生时间属于该纳税期限的业务计算应纳税款,在纳税期满后的纳税申报期限内申报并缴纳税款。

🔖**提示** 纳税申报的当天一般就是税款缴纳的当天。纳税申报期限与税款缴纳期限一般情况下是一致的。

🔖**点睛** 《国家税务总局办公厅关于明确2025年度申报纳税期限的通知》(税总办征科函〔2024〕71号)规定如下:根据《中华人民共和国税收征收管理法实施细则》第一百零九条规定,结合《国务院办公厅关于2025年部分节假日安排的通知》(国办发明电〔2024〕12号)要求,现将实行每月或者每季度期满后15日内申报纳税的各税种2025年度具体申报纳税期限("申报纳税期限"即为"纳税申报期限")明确如下:(1)1月、7月、8月、9月、12月申报纳税期限分别截至当月15日。(2)2月1日至4日放假4天,申报纳税期限顺延至2月20日。(3)3月15日为星期六,申报纳税期限顺延至3月17日。(4)4月4日至6日放假3天,申报纳税期限顺延至4月18日。(5)5月1日至5日放假5天,申报纳税期限顺延至5月22日。(6)6月15日为星期日,申报纳税期限顺延至6月16日。(7)10月1日至8日放假8天,申报纳税期限顺延至10月27日。(8)11月15日为星期六,申报纳税期限顺延至11月17日。各单位遇到特殊情况需要调整申报纳税期限的,应当提前上报国家税务总局(征管和科技发展司)备案。

### 项目引例解析

(1)确定2023年7月每笔业务的纳税期限。

2023年7月每笔业务的纳税期限为2023年7月这一个月的时间段。

(2)确定2023年7月每笔业务的纳税义务发生时间。

❶采用直接收款方式销售20辆电动车的纳税义务发生时间是收到销售款项的当天,即7月5日。

❷采用赊销方式销售60辆电动车的纳税义务发生时间是书面合同约定的收款日期的当天(虽然在书面合同约定的收款日期的当天7月27日有10辆电动车尚未收到货款),即7月27日。

❸采用预收货款方式销售电动车的纳税义务发生时间是货物发出的当天,即7月29日发出的10辆电动车在7月29日发生纳税义务(发出这10辆电动车的当天7月29日,为销售这10辆电动车的纳税义务发生时间),8月5日发出的20辆电动车在8月5日发生纳税义务(发出这20辆电动车的当天8月5日,为销售这20辆电动车的纳税义务发生时间)。

因此,7月销售的110辆电动车只有90辆(20+60+10)在7月发生纳税义务,而剩余的20辆在8月发生纳税义务;另外7月购进100辆电动车,由于取得增值税专用发票且本月符合抵扣规定,因此其进项税额在7月从销项税额中全部抵扣。

7月应纳增值税=销项税额-进项税额=（20+60+10）×10 000×13%-100×7 000×13%

=117 000-91 000=26 000（元）

（3）确定2023年7月纳税义务的纳税申报期限。

对于2023年7月发生的纳税义务的纳税申报期限为2023年8月1—15日，也就是说，纳税人应当于2023年8月1—15日内，完成2023年7月发生的纳税义务的纳税申报并缴纳税款26 000元。

### （七）减税免税

减税免税是对某些纳税人或征税对象的鼓励或照顾措施。减税是对应纳税额少征一部分税款，而免税是对应纳税额全部免征税款。减税免税可以分为税基式减免、税率式减免和税额式减免三种形式。

#### 1.税基式减免

税基式减免是通过直接缩小计税依据的方式来实现的减税免税。其涉及的概念包括起征点、免征额、项目扣除以及跨期结转等。

起征点是征税对象达到一定数额开始征税的起点，对征税对象数额未达到起征点的不征税，达到起征点的按全部数额征税。免征额是在征税对象的全部数额中免予征税的数额，对免征额的部分不征税，仅对超过免征额的部分征税。项目扣除则是指在征税对象中扣除一定项目的数额，以其余额作为依据计算税额。跨期结转是指将以前纳税年度的经营亏损从本纳税年度经营利润中扣除。

✦**举例**　根据自2026年1月1日起实施的《中华人民共和国增值税法》的规定，小规模纳税人发生应税交易，销售额未达到起征点的，免征增值税；达到起征点的，依照本法规定全额计算缴纳增值税。前款规定的起征点标准由国务院规定，报全国人民代表大会常务委员会备案。

✦**举例**　自2019年1月1日起，非居民个人的工资、薪金所得，以每月收入额减除费用5 000元后的余额为应纳税所得额。这里的减除费用额5 000元就是免征额。

#### 2.税率式减免

税率式减免即通过直接降低税率的方式实现的减税免税。具体概念包括重新确定税率、选用其他税率、零税率。

#### 3.税额式减免

税额式减免即通过直接减少应纳税额的方式实现的减税免税。具体概念包括全部免征、减半征收、核定减免率以及另定减征额等。

### （八）纳税环节

纳税环节是指税法规定的征税对象在从生产到消费的流转过程中应当缴纳税款的环节。

### （九）纳税地点

纳税地点是指根据各个税种纳税对象的纳税环节和有利于对税款的源泉进行控制而规定的纳税人（包括代征代缴、代扣代缴、代收代缴义务人）的具体纳税地点。

### （十）罚则

罚则又称法律责任，是对违反税法的行为采取的处罚措施。

（十一）附则

附则主要规定某项税法的解释权和生效时间。

### 五、税务机构的设置

中央政府设立国家税务总局（正部级），省级及省级以下税务机构设立税务局。

2018年3月17日发布的《国务院机构改革方案》规定，改革国税地税征管体制。将省级和省级以下国税地税机构合并，具体承担所辖区域内各项税收、非税收入征管等职责。国税地税机构合并后，实行以国家税务总局为主与省（区、市）人民政府双重领导管理体制。2018年6月15日上午，按照党中央、国务院关于国税地税征管体制改革的决策部署，在前期做好统一思想、顶层设计、动员部署等工作的基础上，全国各省（自治区、直辖市）级以及计划单列市国税局、地税局合并且统一挂牌，标志着国税地税征管体制改革迈出阶段性关键一步。此次省级新税务局挂牌后，在2018年7月底前，市、县级税务局逐级分步完成集中办公、新机构挂牌等改革事项。

此外，海关总署及下属机构负责关税、船舶吨税征管和受托征收进出口增值税和消费税等税收。

### 六、税收征收管理范围的划分

目前，我国的税收分别由税务机关、海关负责征收管理。

❶税务机关主要负责下列税种及非税收入等的征收和管理：增值税（进出口环节增值税除外）、消费税（进出口环节消费税除外）、城市维护建设税、教育费附加、地方教育附加、企业所得税、个人所得税、车辆购置税、印花税、资源税、城镇土地使用税、土地增值税、房产税、车船税、契税、环境保护税、出口退税（增值税、消费税）、非税收入和社会保险费等。

❷海关负责关税、船舶吨税的征管，以及受托代征进出口环节的增值税和消费税。

### 七、中央政府与地方政府税收收入的划分

根据国务院关于实行分税制财政管理体制的规定，我国的税收收入分为中央政府固定收入、地方政府固定收入和中央政府与地方政府共享收入。

1.中央政府固定收入

中央政府固定收入包括消费税（含进口环节由海关代征的部分）、车辆购置税、关税、海关代征的进口环节增值税、储蓄存款利息所得的个人所得税等。

2.地方政府固定收入

地方政府固定收入包括城镇土地使用税、耕地占用税、土地增值税、房产税、车船税、契税、环境保护税。

3.中央政府与地方政府共享收入

中央政府与地方政府共享收入主要包括：

❶增值税（不含进口环节由海关代征的部分）：中央分享50%，地方按税收缴纳地分享增值税的50%。

❷企业所得税：中国国家铁路集团有限公司（原中国铁路总公司）、各银行总行及海洋石油企业缴纳的部分归中央政府，其余部分中央与地方政府按60%与40%的比例分享。

❸个人所得税：除储蓄存款利息所得的个人所得税外，其余部分的分享比例与企业所得税相同。

❹资源税：海洋石油企业缴纳的部分归中央政府，其余部分归地方政府。

❺城市维护建设税：中国国家铁路集团有限公司（原中国铁路总公司）、各银行总行、各保险总公司集中缴纳的部分归中央政府，其余部分归地方政府。

❻印花税：证券交易印花税收入归中央政府，其他印花税收入归地方政府。

☞【情境辨析1-5】下列各项中，被列入中央政府与地方政府共享收入的税种有（ ）。

A.车辆购置税                      B.个人所得税

C.资源税                          D.城市维护建设税

## 任务二　税务登记

### 任务引例1-2

张某和李某作为投资者于本年①1月成立了一家有限责任公司，并于本年1月20日领取了加载统一社会信用代码的营业执照，在领取营业执照后，没有再到税务机关办理任何手续，便直接进行了涉税生产经营。请问张某和李某的做法对吗？

#### 一、税务登记的认知

税务登记是税务机关依据税法规定对纳税人的生产经营活动进行登记管理的一项基本制度。企业，企业在外地设立的分支机构和从事生产、经营的场所，个体工商户和从事生产、经营的事业单位，均应当按照《中华人民共和国税收征收管理法》（简称《税收征收管理法》）、《中华人民共和国税收征收管理法实施细则》（简称《税收征收管理法实施细则》）和《税务登记管理办法》的规定办理税务登记。

税务登记②的基本类型有设立税务登记（又称"开业税务登记"，简称"设立登记""开业登记"）、变更税务登记（简称"变更登记"）、停业复业税务登记（简称"停业复业登记"）、注销税务登记（简称"注销登记"）、跨区域涉税事项报验管理等。

根据《国家税务总局关于落实"三证合一"登记制度改革的通知》（税总函〔2015〕482号）规定，根据有关工作部署，从2015年10月1日起在全国全面推行"三证合一、一照一码"登记改革。"三证"是指原先由工商部门核发的工商营业执照、质监部门核发的组织机构代码证、税务部门核发的税务登记证。根据《国务院办公厅关于加快推进"五证合一、一照一码"登记制度改革的通知》（国办发〔2016〕53号）、《工商总局等五部门关于贯彻落实〈国务院办公厅关于加快推进"五证合一"登记制度改革的通知〉的通知》（工商企注字〔2016〕150号），从2016年10月1日起在全国范围推行"五证合一、一照一码"登记改革。"五证"是指原先由工商部门核发的工商营业执照、质监部门核发的组织机构代码证、税务部门核发的税务登记证、社保部门核发的社会保险登记

---

① 本书的"本年"均为2025年。

② 由于现已将"外出经营活动税收管理"更名为"跨区域涉税事项报验管理"，因此广义的税务登记还包括跨区域涉税事项报验管理。

证、统计部门核发的统计登记证。2017年5月，国务院办公厅发布《国务院办公厅关于加快推进"多证合一"改革的指导意见》，要求2017年10月底前，在全国全面推行"多证合一"。"多证合一、一照一码"登记制度改革即在全面实施企业、农民专业合作社工商营业执照、组织机构代码证、税务登记证、社会保险登记证、统计登记证"五证合一、一照一码"登记制度改革和个体工商户工商营业执照、税务登记证"两证整合"的基础上，将涉及企业、个体工商户和农民专业合作社（以下统称企业）登记、备案等的有关事项和各类证照进一步整合到营业执照上，实现"多证合一、一照一码"，使"一照一码"营业执照成为企业的唯一"身份证"，使统一社会信用代码成为企业唯一身份代码，实现企业"一照一码"走天下。

除以上情形外，其他税务登记按照原有法律制度执行。

市场监督管理部门"一个窗口"统一受理企业登记申请后，申请材料和登记信息在部门间共享，各部门数据互换、档案互认。各级税务机关要加强与登记机关沟通协调，确保登记信息采集准确、完整。

各省税务机关在交换平台获取"多证合一"企业登记信息后，依据企业住所（以统一代码为标识）按户分配至县（区）税务机关；县（区）税务机关确认分配有误的，将其退回至市（地）税务机关，由市（地）税务机关重新进行分配；省税务机关无法直接分配至县（区）税务机关的，将其分配至市（地）税务机关，由市（地）税务机关向县（区）税务机关进行分配。

对于市场监督管理部门登记已采集的信息，税务机关不再重复采集；其他必要涉税基础信息，可在企业办理有关涉税事宜时，及时采集，陆续补齐。发生变化的，由企业直接向税务机关申报变更，税务机关及时更新税务系统中的企业信息。

**二、"一照一码"营业执照申请核发**

"一照一码"营业执照申请核发的具体办理流程如图1-1所示。

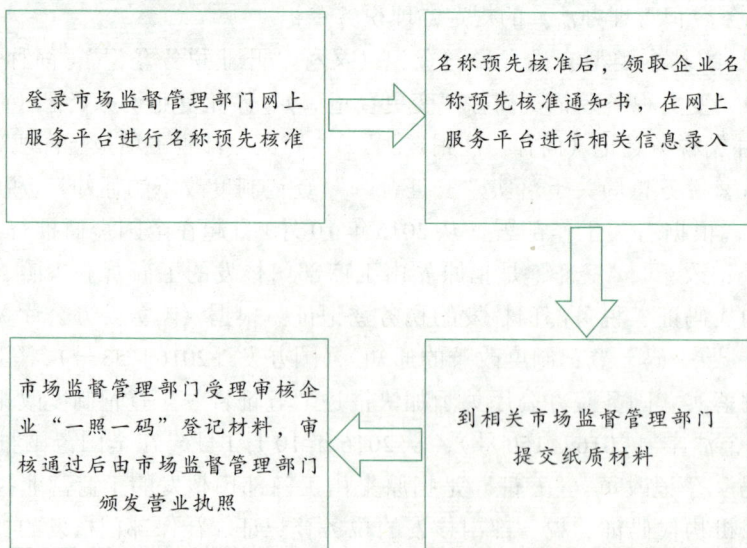

图1-1　"一照一码"营业执照办理流程

其中，名称预先核准后需要做的工作如下：

1.填写相关资料

填写公司登记（备案）申请书（表1-1）；填写法定代表人信息表（表1-2）；填写董事、监事、经理信息表（表1-3）；填写股东（发起人）出资情况表（表1-4）；填写财务负责人信息表（表1-5）；填写联络员信息表（表1-6）；制作公司章程（图1-2）；提供股东会决议（图1-3）；提供产权证明、租赁合同（此处略）。

表1-1　　　　　　　　　　　　　公司登记（备案）申请书

| □基本信息 | | | | | |
|---|---|---|---|---|---|
| 名　称 | 北京光明电子有限公司 | | | | |
| 名称预先核准文号/注册号/统一社会信用代码 | 91110203765676788N | | | | |
| 住　所 | 省（自治区/直辖市）北京　市（地区/盟/自治州）朝阳区　县（自治县/旗/自治旗/市/区）乡（民族乡/镇/街道）望京路　村（路/社区）88　号 | | | | |
| 生产经营地 | 省（自治区/直辖市）北京　市（地区/盟/自治州）朝阳区　县（自治县/旗/自治旗/市/区）乡（民族乡/镇/街道）望京路　村（路/社区）88　号 | | | | |
| 联系电话 | 010-87686423 | | 邮政编码 | | 100089 |
| □设立 | | | | | |
| 法定代表人姓名 | 刘明 | 职　务 | □董事长　☑执行董事　☑经理 | | |
| 注册资本 | 500万元 | 公司类型 | 有限责任公司（自然人投资或控股） | | |
| 设立方式（股份公司填写） | □发起设立　□募集设立 | | | | |
| 经营范围 | 计算机、打印机等电子产品的生产 | | | | |
| 经营期限 | □年　☑长期 | | 申请执照副本数量 | | 1个 |
| □变更 | | | | | |
| 变更项目 | 原登记内容 | | 申请变更登记内容 | | |
|  |  | |  | | |
|  |  | |  | | |
|  |  | |  | | |
|  |  | |  | | |
| □备案 | | | | | |
| 分公司□增设　□注销 | 名　称 | | 注册号/统一社会信用代码 | | |
|  | 登记机关 | | 登记日期 | | |
| 清算组 | 成　员 | | | | |
|  | 负责人 | | 联系电话 | | |
| 其　他 | □董事　□监事　□经理　□章程　□章程修正案　□财务负责人　□联络员 | | | | |
| □申请人声明 | | | | | |
| 本公司依照《中华人民共和国公司法》《中华人民共和国公司登记管理条例》相关规定申请登记、备案，提交材料真实有效。通过联络员登录企业信用信息公示系统向登记机关报送、向社会公示的企业信息为本企业提供、发布的信息，信息真实、有效。 | | | | | |
| 法定代表人签字：刘明　　　　　　　　　　　　　　　　　　公司盖章 | | | | | |
| （清算组负责人）签字：　　　　　　　　　　　　　　　　2023年07月10日 | | | | | |

注：请仔细阅读本申请书《填写说明》，按要求填写。

表1-2　　　　　　　　　　　　　　**法定代表人信息表**

| 姓　　名 | 刘明 | 固定电话 | 010-87785×× × |
|---|---|---|---|
| 移动电话 | 1351234×× × × | 电子邮箱 | ×@163.com |
| 身份证件类型 | 身份证 | 身份证件号码 | 110212198503150632 |

（身份证件复印件粘贴处）（略）

| 法定代表人签字：刘明 | 2023 年 07 月 10 日 |
|---|---|

表1-3　　　　　　　　　　　　　**董事、监事、经理信息表**

| 姓名 | 王辉 | 职务 | 监事 | 身份证件类型 | 身份证 | 身份证件号码 | 110212198902243532 |
|---|---|---|---|---|---|---|---|

（身份证件复印件粘贴处）（略）

| 姓名 | 刘明 | 职务 | 执行董事兼总经理 | 身份证件类型 | 身份证 | 身份证件号码 | 110212198503150632 |
|---|---|---|---|---|---|---|---|

（身份证件复印件粘贴处）（略）

| 姓名 | | 职务 | | 身份证件类型 | | 身份证件号码 | |
|---|---|---|---|---|---|---|---|

（身份证件复印件粘贴处）

表1-4　　　　　　　　　　　　　**股东（发起人）出资情况表**

| 股东（发起人）名称或姓名 | 证件类型 | 证件号码 | 出资时间 | 出资方式 | 认缴出资额（万元） | 出资比例 |
|---|---|---|---|---|---|---|
| 刘明 | 身份证 | 110212198503150632 | 2043-07-09 | 货币 | 200 | 40% |
| 北京润泉集团公司 | 营业执照 | 91110213989344568P | 2043-07-09 | 货币 | 200 | 40% |
| 刘方 | 身份证 | 110962198203153326 | 2043-07-09 | 货币 | 100 | 20% |
| | | | | | | |

表1-5　　　　　　　　　　　　　**财务负责人信息表**

| 姓　　名 | 张丽 | 固定电话 | 010-87784×× × |
|---|---|---|---|
| 移动电话 | 1361234×× × × | 电子邮箱 | ×@126.com |
| 身份证件类型 | 身份证 | 身份证件号码 | 110212198002286322 |

（身份证件复印件粘贴处）（略）

表1-6　　　　　　　　　　　　　**联络员信息表**

| 姓　　名 | 刘明 | 固定电话 | 010-87785×× × |
|---|---|---|---|
| 移动电话 | 1351234×× × × | 电子邮箱 | ×@163.com |
| 身份证件类型 | 身份证 | 身份证件号码 | 110212198503150632 |

（身份证件复印件粘贴处）（略）

**北京光明电子有限公司**
**章程**

……

### 第一章　公司名称和住所

第一条　公司名称：北京光明电子有限公司

第二条　公司住所：北京朝阳区望京路88号

### 第二章　公司经营范围

第三条　公司经营范围：计算机、打印机等电子产品的生产。

### 第三章　公司注册资本

第四条　公司注册资本：人民币伍佰万元整

公司增加注册资本，需经三分之二以上有表决权的股东通过，形成决议。公司减少注册资本，还应当自作出决议之日起十日内通知债权人，并于三十日内在报纸上公告。公司变更注册资本应依法向登记机关办理变更登记手续。

### 第四章　股东的姓名或名称、出资方式、出资金额、出资日期

第五条　股东的姓名或名称、出资方式、出资金额、出资日期如下：

| 股东姓名或名称 | 证照号码 | 出资方式 | 认缴出资 | 余额缴付期限 |
|---|---|---|---|---|
| 刘明 | 110212198503150632 | 货币 | 200万元 | 2043年07月09日之前 |
| 北京润泉集团公司 | 91110213989344568P | 货币 | 200万元 | 2043年07月09日之前 |
| 刘方 | 110962198203153326 | 货币 | 100万元 | 2043年07月09日之前 |

第六条　公司成立后，应向股东签发出资证明书。

### 第五章　公司的机构及其产生办法、职权、议事规则

……

### 第六章　公司法定代表人

……

### 第七章　其他事项

……

全体股东签字（盖章）：　　　　　　刘明　刘方

2023年07月10日

图1-2　北京光明电子有限公司章程

---

**北京光明电子有限公司股东会决议（设立）**

北京光明电子有限公司全体股东刘明、刘方、北京润泉集团公司于2023年07月10日在本公司会议室召开了股东会，会议就公司设立、选举公司成员事项形成如下决议：

1.全体股东一致同意选举刘明为公司执行董事，选举刘明为公司法定代表人。

2.全体股东一致同意选举王辉为公司监事。

以上职务任期三年，可连选连任。

3.聘任刘明为公司经理。

本次股东会的召开及决议内容符合《中华人民共和国公司法》和公司章程的有关规定，并已履行了相关程序，如有不符，由公司全体股东承担责任。

全体股东盖章或签字：刘明　刘方

2023年07月10日

注：决议由法人股东（企业）盖章，自然人股东签字；决议内容或盖章签字可附页，并加盖骑缝章。

图1-3　北京光明电子有限公司股东会决议

2.到相关市场监督管理部门提交相关登记申请文书、资料

❶公司登记（备案）申请书；

❷法定代表人信息表；

❸董事、监事、经理信息表；

❹股东（发起人）出资情况表；

❺财务负责人信息表；

❻联络员信息表；

❼公司章程；

❽股东会决议；

❾产权证明；

❿租赁合同；

⓫企业名称预先核准通知书。

若公司法定代表人及股东（发起人）不能自己办理，除提交上述资料之外，还需提交指定代表或者共同委托代理人授权委托书。

3.市场监督管理部门颁发营业执照

企业办理设立登记提交所需登记申请文书、材料须规范，经市场监督管理部门核准通过后，颁发加载统一社会信用代码的"一照一码"营业执照，副本如图1-4所示。

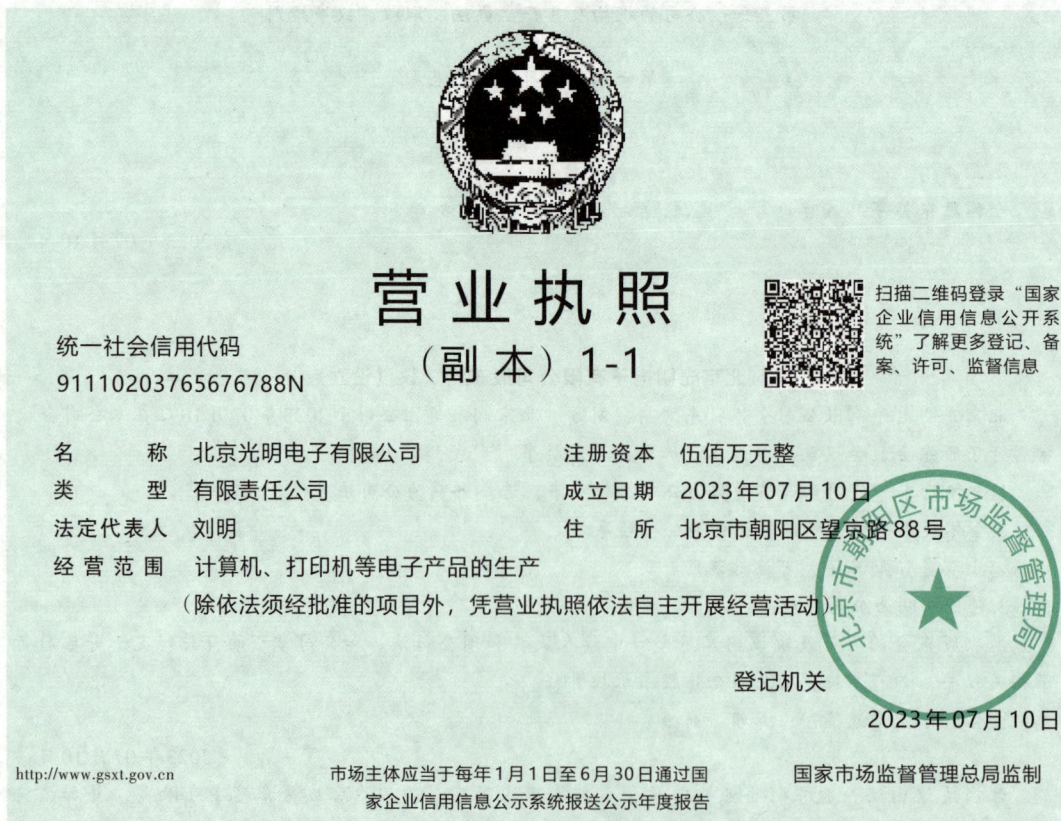

## 营业执照
### （副本）1-1

扫描二维码登录"国家企业信用信息公开系统"了解更多登记、备案、许可、监督信息

统一社会信用代码
91110203765676788N

| 名　　　称 | 北京光明电子有限公司 | 注册资本 | 伍佰万元整 |
| --- | --- | --- | --- |
| 类　　　型 | 有限责任公司 | 成立日期 | 2023年07月10日 |
| 法定代表人 | 刘明 | 住　　所 | 北京市朝阳区望京路88号 |
| 经 营 范 围 | 计算机、打印机等电子产品的生产 | | |

（除依法须经批准的项目外，凭营业执照依法自主开展经营活动）

登记机关

2023年07月10日

http://www.gsxt.gov.cn

市场主体应当于每年1月1日至6月30日通过国家企业信用信息公示系统报送公示年度报告

国家市场监督管理总局监制

图1-4 "一照一码"营业执照

**任务实例1-1** 2023年7月10日，北京光明电子有限公司向市场监督管理部门提交公司成立的相关资料。名称预先核准通知书上注明的核准文号为91110203765676788N。主要经营业务为计算机、打印机等电子产品的生产。公司的注册地址和经营地址为北京市朝阳区望京路88号，邮政编码为100089，联系电话为010-87686423。公司注册资本500万元，其中，自然人刘明投资200万元，北京润泉集团公司投资200万元，自然人刘方投资100万元。该公司的生产经营期限为：2023年7月10日—长期。该公司的法定代表人、财务负责人、监事基本情况和投资者基本情况分别见表1-7和表1-8。

表1-7　　　　　　　　　　　　法定代表人、财务负责人、监事基本情况

| 项　目 | 姓名 | 身份证件 | | 固定电话 | 移动电话 | 电子邮件 |
| | | 种类 | 号码 | | | |
|---|---|---|---|---|---|---|
| 法定代表人 | 刘明 | 身份证 | 110212198503150632 | 010-87785××× | 1351234×××× | ×@163.com |
| 财务负责人 | 张丽 | 身份证 | 110212198002286322 | 010-87784××× | 1361234×××× | ×@126.com |
| 监　事 | 王辉 | 身份证 | 110212198902243532 | 010-87786××× | 1501234×××× | ×@qq.com |

表1-8　　　　　　　　　　　　　　　　投资者基本情况

| 投资方名称 | 投资方经济性质 | 投资比例 | 证件种类 | 证件号码 | 国籍或地址 |
|---|---|---|---|---|---|
| 刘明 | 自然人 | 40% | 身份证 | 110212198503150632 | 北京市朝阳区宁夏路12号 |
| 北京润泉集团公司 | 其他有限责任公司 | 40% | 营业执照 | 91110213989344568P | 北京市丰台区夏庄路88号 |
| 刘方 | 自然人 | 20% | 身份证 | 110962198203153326 | 北京市朝阳区八里庄16号 |

【任务要求】填报北京光明电子有限公司向市场监督管理部门提交公司成立的相关资料。

【任务实施】（1）填写公司登记（备案）申请书（见表1-1）、法定代表人信息表（见表1-2）；、董事、监事、经理信息表（见表1-3）、股东（发起人）出资情况表（见表1-4）、财务负责人信息表（见表1-5）、联络员信息表（见表1-6）。

（2）制作公司章程，如图1-2所示。

（3）提供股东会决议，如图1-3所示。

### 三、设立登记

设立税务登记，又称开业税务登记，是指纳税人依法办理市场主体登记注册后，为确认其纳税人的身份、纳入国家税务管理体系而在税务机关进行的登记。

按照"多证合一、一照一码"等商事制度改革要求，企业、农民专业合作社、个体工商户及其他组织（已实行"多证合一、一照一码"登记模式的纳税人）领取加载统一社会信用代码的营业执照之后，无需单独到税务机关办理税务登记事项，只需要到税务部门（税务机关）进行信息确认（又称办理税务机关报到）。"多证合一、一照一码"改革之外的其他组织，如事业单位、社会组织、境外非政府组织等，应当依法向税务机关办理税务登记，领取税务登记证件。

已实行"多证合一、一照一码"登记模式的纳税人，首次办理涉税事宜时，应当通过税务机关对市场监督管理等部门共享信息进行确认（即办理税务机关报到）。若纳税人近期无应税行为发生、不用进行纳税申报或领用（代开）发票时，可暂不进行信息确认（暂

不办理税务机关报到）。纳税人进行信息确认时，对其中不全的信息进行补充，对不准确的信息进行更正。纳税人可通过办税服务厅（场所）、电子税务局办理，具体地点和网址可从省（自治区、直辖市和计划单列市）税务局网站"纳税服务"栏目查询。在税务部门完成信息确认后，纳税人凭加载统一社会信用代码的营业执照即可代替税务登记证的使用。在此之后，纳税人可以进行正常的生产经营（发生应税行为）。

> **提示** 纳税人新办企业时根据自身不同情况依申请办理的涉税事项包括：信息确认、发票票种核定、增值税一般纳税人登记、增值税专用发票最高开票限额审批、增值税税控系统专用设备初始发行（含税务UKey发放）、发票领用（又称"发票申领"）等6个事项（上述内容详见本项目任务四"一、发票的领用"中的"（一）增值税普通发票、增值税专用发票的首次领用"）。

> **提示** 自2020年3月1日起，从事生产、经营的个人应办而未办营业执照，但发生纳税义务的，可以按规定申请办理临时税务登记。

### 任务引例1-2解析

> 已实行"多证合一、一照一码"登记模式的纳税人，首次办理涉税事宜时，应当通过税务机关对市场监督管理等部门共享信息进行确认（又称办理税务机关报到）。纳税人进行信息确认时，对其中不全的信息进行补充，对不准确的信息进行更正。纳税人可通过办税服务厅（场所）、电子税务局办理，具体地点和网址可从省（自治区、直辖市和计划单列市）税务局网站"纳税服务"栏目查询。在税务部门完成信息确认后，纳税人凭加载统一社会信用代码的营业执照即可代替税务登记证的使用。在此之后，纳税人可以进行正常的生产经营（发生应税行为）。
>
> 因此，张某和李某的做法是错误的。

### 任务实例1-2    接【任务实例1-1】，2023年7月20日，北京光明电子有限公司办税人王晓去税务部门完成信息确认。王晓的身份证号码是110212197502023532，固定电话是010-87783×××，移动电话是1371234××××，电子邮件是×@sina.com。

【任务要求】北京光明电子有限公司到税务部门（税务机关）进行信息确认（又称办理税务机关报到）。

【任务实施】北京光明电子有限公司到税务部门（税务机关）进行信息确认时，一般由税务机关直接打印出"税务登记表"，纳税人只需在上面填写经办人姓名、公司法人名称并盖上公章，见表1-9。

### 四、变更登记

变更登记，是指纳税人办理设立税务登记（"一照一码"登记之后为领取"一照一码"营业执照）后，因登记内容发生变化，需要对原有登记内容进行更改，而向主管税务机关申报办理的税务登记。

1.2023年3月31日之前的变更税务登记规定

纳税人办理税务登记后，如发生下列情形之一，应当办理变更税务登记：（1）改变名称或法定代表人；（2）改变经济性质或经济类型；（3）改变住所或经营地点（不涉及主管税务机关变动）；（4）改变生产经营范围、经营方式或经营期限；（5）改变注册资金（资本）；（6）改变隶属关系、生产经营权属或增减分支机构；（7）改变开户银行和账号；（8）改变其他税务登记内容。

表1-9

**税务登记表**

（适用单位纳税人）

填表日期：2023 年 07 月 20 日

| 纳税人名称 | 北京光明电子有限公司 | | | 纳税人识别号 | | 91110203765676788N | |
|---|---|---|---|---|---|---|---|
| 登记注册类型 | 其他有限责任公司 | | | 批准设立机关 | | 北京市朝阳区市场监督管理局 | |
| 组织机构代码 | 765676788 | | | 批准设立证明或文件号 | | | |
| 开业（设立）日期 | 2023 年 07 月 10 日 | 生产经营期限 | 2023年07月10日— | 证照名称 | 营业执照 | 证照号码 | 91110203765676788N |
| 注册地址 | 北京市朝阳区望京路88号 | | | 邮政编码 | 100089 | 联系电话 | 010-87686423 |
| 生产经营地址 | 北京市朝阳区望京路88号 | | | 邮政编码 | 100089 | 联系电话 | 010-87686423 |
| 核算方式 | 请选择对应项目打"√" | ☑独立核算 □非独立核算度 | | | 从业人数 | 100　其中外籍人数　2 | |
| 单位性质 | 请选择对应项目打"√" | ☑企业 □事业单位 □社会团体 □民办非企业单位 □其他 | | | | | |
| 网站网址 | | | 国标行业 | | □ □□□□□□ □ | | |
| 适用会计制度 | 请选择对应项目打"√"　☑企业会计制度 □小企业会计制度 □金融企业会计制度 □行政事业单位会计制度 | | | | | | |

经营范围：计算机、打印机等电子产品的生产　　　　请将法定代表人（负责人）身份证件复印件粘贴在此处。

| 项目内容 联系人 | 姓　名 | 身份证件 | | 固定电话 | 移动电话 | 电子邮箱 |
|---|---|---|---|---|---|---|
| | | 种类 | 号　码 | | | |
| 法定代表人（负责人） | 刘明 | 身份证 | 110212198503150632 | 010-87785××× | 1351234×××× | ×@163.com |
| 财务负责人 | 张丽 | 身份证 | 110212198002286322 | 010-87784××× | 1361234×××× | ×@126.com |
| 办税人 | 王晓 | 身份证 | 110212197502023532 | 010-87783××× | 1371234×××× | ×@sina.com |

| 税务代理人名称 | 纳税人识别号 | 联系电话 | 电子邮箱 |
|---|---|---|---|
| | | | |

| 注册资本或投资总额 | 币　种 | 金　额 | 币　种 | 金　额 | 币　种 | 金　额 |
|---|---|---|---|---|---|---|
| 注册资本 | 人民币 | 500万元 | | | | |

| 投资方名称 | 投资方经济性质 | 投资比例 | 证件种类 | 证件号码 | 国籍或地址 |
|---|---|---|---|---|---|
| 刘明 | 自然人 | 40% | 身份证 | 110212198503150632 | 北京市朝阳区宁夏路12号 |
| 北京润泉集团公司 | 其他有限责任公司 | 40% | 营业执照 | 91110213989344568P | 北京市丰台区夏庄路88号 |
| 刘方 | 自然人 | 20% | 身份证 | 110962198203153326 | 北京市朝阳区八里庄16号 |
| | | | | | |
| | | | | | |

| 自然人投资比例 | 60% | 外资投资比例 | | 国有投资比例 | |
|---|---|---|---|---|---|

| 分支机构名称 | 注册地址 | 纳税人识别号 |
|---|---|---|
| | | |
| | | |
| | | |

| 总机构名称 | | 纳税人识别号 | |
|---|---|---|---|
| 注册地址 | | 经营范围 | |
| 法定代表人姓名 | | 联系电话 | 注册地址邮政编码 |
| 代扣代缴代收代缴税款业务情况 | 代扣代缴、代收代缴税款业务内容 | | 代扣代缴、代收代缴税种 |
| | | | |
| | | | |

附报资料：

| 经办人签章：王晓 2023 年 07 月 20 日 | 法定代表人（负责人）签章：刘明 2023 年 07 月 20 日 | 纳税人公章： 2023 年 07 月 20 日 |
|---|---|---|

办理变更登记的程序如下：

（1）纳税人提出书面申请报告，并提供相关证件、资料。

若纳税人已在市场监督管理机关办理变更登记的，应当自市场监督管理机关办理变更登记之日起30日内，持下列证件、资料到主管税务机关申报办理变更税务登记：

❶"一照一码"营业执照原件及其复印件；

❷纳税人变更登记内容的有关证明文件原件及其复印件；

❸单位公章；

❹其他有关资料。

若纳税人按照规定不需要在市场监督管理机关办理变更登记，或者其变更登记的内容与市场监督管理登记内容无关的，应当自税务登记内容实际发生变化之日起30日内，或者自有关机关批准或者宣布变更之日起30日内，持下列证件到主管税务机关申报办理变更税务登记：

❶纳税人变更登记内容的有关证明文件原件及其复印件；

❷单位公章；

❸其他有关资料。

（2）纳税人填报"变更税务登记表"。

纳税人领取并填写"变更税务登记表"（略）。

纳税人填写完相关内容后，在相关位置盖上单位公章并在经办人签章、法定代表人（负责人）签章处签上相关人员姓名，然后将"变更税务登记表"交至税务登记窗口。

2.自2023年4月1日起的变更税务登记规定

自2023年4月1日起执行以下优化变更登记、跨省迁移等环节税费服务的相关规定，执行中遇有重大问题的，及时向税务总局（征管科技司）报告：

（1）简化变更登记操作流程。

❶自动变更登记信息。自2023年4月1日起，纳税人在市场监管部门依法办理变更登记后，无需向税务机关报告登记变更信息；各省、自治区、直辖市和计划单列市税务机关（以下简称各省税务机关）根据市场监管部门共享的变更登记信息，在金税三期核心征管系统（以下简称核心征管系统）自动同步变更登记信息。处于非正常、非正常户注销等状态的纳税人变更登记信息的，核心征管系统在其恢复正常状态时自动变更。

❷自动提示推送服务。对纳税人办理变更登记所涉及的提示提醒事项，税务机关通过电子税务局精准推送提醒纳税人；涉及的后续管理事项，核心征管系统自动向税务人员推送待办消息提醒。

❸做好存量登记信息变更工作。2023年4月1日之前已在市场监管部门办理变更登记、尚未在税务部门变更登记信息的纳税人，由各省税务机关根据市场监管部门共享信息分类分批完成登记信息变更工作。

（2）优化跨省迁移税费服务流程。

❶优化迁出流程。纳税人跨省迁移的，在市场监管部门办结住所变更登记后，向迁出地主管税务机关填报"跨省（市）迁移涉税事项报告表"（略）。对未处于税务检查状态，已缴销发票和税控设备，已结清税（费）款、滞纳金及罚款，以及不存在其他未办结涉税事项的纳税人，税务机关出具"跨省（市）迁移税收征管信息确认表"（略），告知纳税人

在迁入地承继、延续享受的相关资质权益等信息，以及在规定时限内履行纳税申报义务。经纳税人确认后，税务机关即时办结迁出手续，有关信息推送至迁入地税务机关。

❷优化迁入流程。迁入地主管税务机关应当在接收到纳税人信息后的一个工作日内完成主管税务科所分配、税（费）种认定并提醒纳税人在迁入地按规定期限进行纳税申报。

❸明确有关事项。纳税人下列信息在迁入地承继：纳税人基础登记、财务会计制度备案、办税人员实名采集、增值税一般纳税人登记、增值税发票票种核定、增值税专用发票最高开票限额、增值税即征即退资格、出口退（免）税备案、已产生的纳税信用评价等信息。

纳税人迁移前预缴税款，可在迁入地继续按规定抵缴；企业所得税、个人所得税尚未弥补的亏损，可在迁入地继续按规定弥补；尚未抵扣的增值税进项税额，可在迁入地继续按规定抵扣，无需申请开具"增值税一般纳税人迁移进项税额转移单"。

迁移前后业务的办理可参照《跨省（市）迁移相关事项办理指引》（略）。

（3）优化税源管理职责。

各省税务机关根据本地税源特点优化分级管理职责，提升税收风险分析、重点领域重点群体税收风险管理等复杂事项管理层级，压实市、县税务机关日常管理责任。已提升至省、市税务机关管理的复杂涉税事项，原则上不再推送下级税务机关处理。

### 五、停业复业登记

停业复业登记，是指实行定期定额征收方式的纳税人，因自身经营的需要暂停经营或恢复经营而向主管税务机关申请办理的税务登记手续。

#### （一）停业登记程序

纳税人在申报办理停业登记时，应如实填写"停业申请登记表"，说明停业理由、停业期限、停业前的纳税情况和发票的领、用、存情况，并结清应纳税款、滞纳金、罚款。税务机关应收存其未使用完的发票和其他税务证件。

**提示**　纳税人在停业期间发生纳税义务的，应当按照税收法律、行政法规的规定申报缴纳税款。

**点睛**　实行定期定额征收方式的个体工商户需要停业的，应当在停业前向税务机关申报办理停业登记。纳税人的停业期限不得超过1年。

#### （二）复业登记程序

纳税人应当于恢复生产经营之前，向税务机关申报办理复业登记，如实填写"停、复业报告书"，领回其停业前领用的发票。

纳税人停业期满不能及时恢复生产经营的，应当在停业期满前到税务机关办理延长停业登记，并如实填写"停、复业报告书"。

纳税人应按税务机关的要求如实填写"停、复业报告书"后，将其交至税务登记窗口。

**链接**　《国家税务总局关于简化办理市场主体歇业和注销环节涉税事项的公告》（国家税务总局公告2022年第12号）规定，自2022年7月14日起，市场主体因自然灾害、事故灾难、公共卫生事件、社会安全事件等原因造成经营困难，按照《中华人民共和国市场主体登记管理条例》第三十条规定办理歇业的，不需要另行向税务机关报告。

**提示**　对于暂停生产经营，不同的文件用词不完全一致，有的文件用"停业"一词，有的文件用"歇业"一词。

### 六、注销登记

注销税务登记，是指纳税人由于出现法定情形终止纳税义务时，向原主管税务机关申请办理的取消税务登记的手续。办理注销税务登记后，该当事人不再接受原主管税务机关的管理。

#### （一）申报办理注销税务登记的时限

（1）纳税人发生解散、破产、撤销以及依法终止纳税义务情形的，应当在向市场监督管理机关或者其他机关办理注销登记前，持有关证件和资料向原主管税务机关申报办理注销税务登记。

（2）按照规定不需要在市场监督管理机关或者其他机关办理注册登记的，应当在有关部门批准或宣告注销之日起15日内，持有关证件向原税务登记机关申报办理注销税务登记。

（3）纳税人被市场监督管理机关吊销营业执照或者被其他机关予以撤销登记的，应当自营业执照被吊销或者被撤销登记之日起15日内，持有关证件向原主管税务机关申报办理注销税务登记。

（4）纳税人因住所、经营地点变动，涉及改变主管税务机关的，应当在向市场监督管理机关或者其他机关申请办理变更、注销登记前，或者住所、经营地点变动前，持有关证件和资料，向原主管税务机关申报办理注销税务登记，并自注销税务登记之日起30日内到迁达地重新注册登记。

（5）境外企业在中国境内承包建筑、安装、装配、勘探工程和提供劳务的，应当在项目完工、离开中国前15日内，持有关证件和资料，向原主管税务机关申报办理注销税务登记。

#### （二）清税证明的出具

（1）已实行"多证合一、一照一码"登记模式的企业办理注销登记，须先向主管税务机关申报清税，填写清税申报表。清税完毕后，受理税务机关根据清税结果向纳税人统一出具清税证明。

（2）清税证明免办。符合市场监管部门简易注销条件，未办理过涉税事宜，或者办理过涉税事宜但未领用发票（含代开发票）、无欠税（滞纳金）及罚款且没有其他未办结涉税事项的纳税人，免予到税务部门办理清税证明，可直接向市场监管部门申请简易注销。

（3）清税证明即办。采用普通流程申请注销的纳税人向税务部门申请办理注销时，税务部门进行税务注销预检，检查纳税人是否存在未办结事项。具体来说：

❶未办理过涉税事宜的纳税人，主动到税务部门办理清税的，税务部门可根据纳税人提供的营业执照即时出具清税文书。

❷符合容缺即时办理条件的纳税人，在办理税务注销时，资料齐全的，税务部门即时出具清税文书；若资料不齐，可在作出承诺后，税务部门即时出具清税文书。纳税人应按承诺的时限补齐资料并办结相关事项。具体容缺条件是：A.办理过涉税事宜但未领用发票（含代开发票）、无欠税（滞纳金）及罚款的纳税人，主动到税务部门办理清税的。B.未处于税务检查状态、无欠税（滞纳金）及罚款、已缴销增值税专用发票及税控设备，且符合下列情形之一的纳税人：a.纳税信用级别为A级和B级的纳税人；b.控股母公司纳税信用级别为A级的M级纳税人；c.省级人民政府引进人才或经省级以上行业协会等机构认定的行业领军人才等创办的企业；d.未纳入纳税信用级别评价的定期定额个体工商户；e.未达到增值税纳税起征点的纳税人。

❸不符合承诺制容缺即时办理条件的（或虽符合承诺制容缺即时办理条件但纳税人不愿意承诺的），税务部门向纳税人出具《税务事项通知书》（告知未结事项），纳税人先行办理完毕各项未结事项后，方可申请办理税务注销。

❹经人民法院裁定宣告破产的纳税人，持人民法院终结破产程序裁定书向税务机关申请税务注销的，税务机关即时出具清税文书。

❺经人民法院裁定强制清算的市场主体，持人民法院终结强制清算程序的裁定申请税务注销的，税务机关即时出具清税文书。

### （三）优化税务注销登记程序的其他规定

（1）纳税人办理注销税务登记前，应当向税务机关提交相关证明文件和资料，结清应纳税款、多退（免）税款、滞纳金和罚款，缴销发票和税控设备，经税务机关核准后，办理注销税务登记手续。

（2）处于非正常状态纳税人在办理税务注销前，须先解除非正常状态，补办纳税申报手续。纳税人符合非正常状态期间增值税、消费税和相关附加需补办的申报均为零申报的，或者非正常状态期间企业所得税月（季）度预缴需补办的申报均为零申报，且不存在弥补前期亏损情况的，税务机关可打印相应税种和相关附加的"批量零申报确认表"，经纳税人确认后，进行批量处理。

（3）纳税人办理税务注销前，无须向税务机关提出终止委托扣款协议书申请。税务机关办结税务注销后，委托扣款协议自动终止。

（4）对已实行实名办税的纳税人，免予提供以下证件、资料：税务登记证正（副）本、临时税务登记证正（副）本和发票领购簿；市场监督管理部门吊销营业执照决定原件（复印件）；上级主管部门批复文件或董事会决议原件（复印件）；项目完工证明、验收证明等相关文件原件（复印件）。

🌱**点睛**　自2023年4月1日起，加强与市场监管部门的登记业务协同的相关规定如下：

（1）各省税务机关根据市场监管部门共享的注销登记、吊销营业执照、撤销设立登记等信息，在核心征管系统自动进行数据标识。

（2）对已在市场监管部门办理注销，未在税务部门办理清税且处于正常状态的纳税人，主管税务机关应通知其及时办理税务注销，逾期不办理的，可提请市场监管部门依法处理。

（3）对已在市场监管部门办理注销，但在核心征管系统2019年5月1日前已被列为非正常户注销状态的纳税人，主管税务机关可直接进行税务注销。

### 七、跨区域涉税事项报验管理

根据《国家税务总局关于创新跨区域涉税事项报验管理制度的通知》（税总发〔2017〕103号）和《国家税务总局关于明确跨区域涉税事项报验管理相关问题的公告》（国家税务总局公告2018年第38号），就创新跨区域涉税事项报验管理制度、优化办理流程，自2018年7月5日起的新税务机构挂牌后跨区域涉税事项报验管理等有关事项归纳如下：

1.外出经营活动税收管理的更名与创新

（1）将"外出经营活动税收管理"更名为"跨区域涉税事项报验管理"。外出经营活动税收管理作为现行税收征管的一项基本制度，是《税收征收管理法实施细则》和《增值税暂行条例》规定的法定事项，也是落实现行财政分配体制、解决跨区域经营纳税人的税收收入及征管职责在机构所在地与经营地之间划分问题的管理方式，对维持税收属地入库原则、防止漏征漏管和重复征收具有重要作用。按照该项制度的管理实质，将其更名为"跨区域涉税事项报验管理"。

（2）纳税人跨区域经营前不再开具相关证明，改为填报"跨区域涉税事项报告表"。纳税人跨省（自治区、直辖市和计划单列市）临时从事生产经营活动的，不再开具"外出经营活动税收管理证明"，改向机构所在地的税务机关填报"跨区域涉税事项报告表"。纳税人在省（自治区、直辖市和计划单列市）内跨县（市）临时从事生产经营活动的，是否实施跨区域涉税事项报验管理由各省（自治区、直辖市和计划单列市）税务机关自行确定。

（3）取消跨区域涉税事项报验管理的固定有效期。税务机关不再按照180天设置报验管理的固定有效期，改按跨区域经营合同执行期限作为有效期限。合同延期的，纳税人可向经营地或机构所在地的税务机关办理报验管理有效期限延期手续。

（4）实行跨区域涉税事项报验管理信息电子化。跨区域报验管理事项的报告、报验、延期、反馈等信息，通过信息系统在机构所在地和经营地的税务机关之间传递，实时共享。

2.跨区域涉税事项报告、报验及反馈

（1）"跨区域涉税事项报告表"填报。

具备网上办税条件的，纳税人可通过网上办税系统，自主填报"跨区域涉税事项报告表"。不具备网上办税条件的，纳税人向主管税务机关（办税服务厅）填报"跨区域涉税事项报告表"，并出示加载统一社会信用代码的营业执照副本（未换照的出示税务登记证副本），或加盖纳税人公章的副本复印件（以下统称"税务登记证件"）；已实行实名办税的纳税人只需填报"跨区域涉税事项报告表"。

（2）跨区域涉税事项报验。

跨区域涉税事项由纳税人首次在经营地办理涉税事宜时，向经营地的税务机关报验跨区域涉税事项。

（3）跨区域涉税事项信息反馈。

纳税人跨区域经营活动结束后，应当结清经营地的税务机关的应纳税款以及其他涉税事项，向经营地的税务机关填报"经营地涉税事项反馈表"。

经营地的税务机关核对"经营地涉税事项反馈表"后，及时将相关信息反馈给机构所在地的税务机关。纳税人不需要另行向机构所在地的税务机关反馈。

（4）跨区域涉税事项反馈信息的处理。

机构所在地的税务机关要设置专岗，负责接收经营地的税务机关反馈信息，及时以适当方式告知纳税人，并适时对纳税人已抵减税款、在经营地已预缴税款和应预缴税款进行分析、比对，发现疑点的，及时推送至风险管理部门或者稽查部门组织应对。

随着国家税务总局推出一系列便民办税缴费新举措，部分省份纳税人可以通过网上电子税务局办理跨区域涉税事项报告、报验、反馈以及增值税预缴。

## 任务三　增值税一般纳税人登记

### 任务引例1-3

我公司于本年5月15日登记成为增值税一般纳税人，请问我公司从哪个月开始按照增值税一般计税方法计算应纳税额，并可以按照规定领用增值税专用发票？

### 一、增值税一般纳税人的标准和登记程序

增值税纳税人分为一般纳税人和小规模纳税人两类，分别规定其计税方法和管理办

法。自2015年4月1日起，增值税一般纳税人资格实行登记制，登记事项由增值税纳税人向其主管税务机关办理。

### (一)增值税一般纳税人的标准

增值税纳税人（以下简称纳税人），年应税销售额超过财政部、国家税务总局规定的小规模纳税人标准的，应当向其机构所在地主管税务机关办理一般纳税人登记。其中"年应税销售额"，是指纳税人在连续不超过12个月或4个季度的经营期内累计应征增值税销售额，包括纳税申报销售额、稽查查补销售额、纳税评估调整销售额。其中，纳税申报销售额是指纳税人自行申报的全部应征增值税销售额，包括免税销售额和税务机关代开发票销售额。稽查查补销售额和纳税评估调整销售额计入查补税款申报当月（或当季）的销售额，不计入税款所属期销售额。

🍀提示 经营期是指在纳税人存续期内的连续经营期间，含未取得销售收入的月份或季度。

自2018年5月1日起，增值税小规模纳税人标准统一为年应征增值税销售额500万元及以下。年应税销售额未超过财政部、国家税务总局规定的小规模纳税人标准以及新开业的纳税人，会计核算健全，能够提供准确税务资料的，可以向其机构所在地主管税务机关办理一般纳税人登记。

### (二)增值税一般纳税人登记程序

1.新开办（"新开办"可以简称为"新办"）企业一般纳税人登记程序

新办企业填报"新办纳税人涉税事项综合申请表"（见表1-10）。

表1-10　　　　　　　　新办纳税人涉税事项综合申请表

| 基本信息 | 纳税人名称 | 北京光明电子有限公司 | 统一社会信用代码 | 91110203765676788N |
|---|---|---|---|---|
| | 经办人 | 王晓 | 身份证件类型 | 身份证 |
| | 证件号码 | 110212197502023532 | 联系电话 | 010-87783×× |

| 增值税一般纳税人资格登记 | 是否登记为增值税一般纳税人：是□；否☑（无须填写以下一般纳税人资格登记信息） | | | |
|---|---|---|---|---|
| | 纳税人类别 | 企业□　个体工商户□　农民合作社□　其他□ <br>（请选择一个项目并在□内打"√"） | | |
| | 主营业务类别 | 工业□　商业□　服务业□　其他□ <br>（请选择一个项目并在□内打"√"） | | |
| | 会计核算健全 | 是□　（请选择一个项目并在□内打"√"） | | |
| | 一般纳税人资格生效之日 | | 当月1日□　次月1日□ <br>（请选择一个项目并在□内打"√"） | |

| 首次办税申领发票 | 发票种类名称 | 单份发票最高开票限额 | 每月最高领票数量 | 领票方式 |
|---|---|---|---|---|
| | | | | |
| | | | | |
| | 领票人 | 联系电话 | 身份证件类型 | 身份证件号码 |
| | | | | |
| | 税务行政许可申请事项 | 增值税专用发票（增值税税控系统）　最高开票限额审批 | | |
| | 增值税专用发票（增值税税控系统）最高开票限额申请 | 一千元□　一万元□　十万元□ <br>（请选择一个项目并在□内打"√"） | | |

| 纳税人声明：能够提供准确税务资料，上述各项内容真实、可靠、完整。如有虚假，愿意承担相关法律责任。 |
|---|
| 经办人：王晓　　　代理人：　　　　纳税人（印章）：略 <br>　　　　　　　　　　　　　　　　　　　　　　　　　　2023年07月20日 |

【填表说明】1.本表适用于新办企业，新办个体工商户、农民合作社可参照适用；
　　　　　　2.表单一式一份，由税务机关留存。

2020年6月底前，企业开办涉税事项办理全部实现一套资料、一窗受理、一次提交、一次办结。进一步压缩企业开办首次办税时领用增值税发票时间，有条件的地区可以压缩至1个工作日内。新开办企业时，纳税人依申请办理的事项包括登记信息确认、发票票种核定、增值税一般纳税人登记、增值税专用发票最高开票限额审批、增值税税控系统专用设备初始发行（含税务UKey发放）、发票领用等6个事项；税务机关依职权办理的事项为主管税务机关及科所分配、税（费）种认定等2个事项。除上述事项之外，各地不得擅自增加其他事项作为企业开办事项。企业开办实现"一表集成"。企业开办首次领用发票涉及相关事项所需填写、确认的"增值税一般纳税人登记表""纳税人领用发票票种核定表""税务行政许可申请表""增值税专用发票最高开票限额申请单"等集成至"新办纳税人涉税事项综合申请表"，由纳税人一次填报和确认，实现企业开办"一表集成"。

2.非新开办（"非新开办"可以简称为"非新办"）企业一般纳税人登记程序

非新办企业向主管税务机关填报"增值税一般纳税人登记表"（见表1-11），如实填写固定生产经营场所等信息，并提供税务登记证件（包括纳税人领取的由市场监督管理部门核发的加载法人和其他组织统一社会信用代码的营业执照）。

表1-11　　　　　　　　　　　　增值税一般纳税人登记表

| 纳税人名称 | 北京光明电子有限公司 | | 社会信用代码<br>（纳税人识别号） | | 91110203765676788N | |
|---|---|---|---|---|---|---|
| 法定代表人<br>（负责人、业主） | 刘明 | 证件名称及号码 | 身份证<br>110212198503150632 | | 联系电话 | 010-87785××× |
| 财务负责人 | 张丽 | 证件名称及号码 | 身份证<br>110212198002286322 | | 联系电话 | 010-87784××× |
| 办税人员 | 王晓 | 证件名称及号码 | 身份证<br>110212197502023532 | | 联系电话 | 010-87783××× |
| 税务登记日期 | 2023年07月20日 | | | | | |
| 生产经营地址 | 北京市朝阳区望京路88号 | | | | | |
| 注册地址 | 北京市朝阳区望京路88号 | | | | | |
| 纳税人类别：企业☑　非企业性单位□　个体工商户□　其他□ | | | | | | |
| 主营业务类别：工业☑　商业□　服务业□　其他□ | | | | | | |
| 会计核算健全：是☑ | | | | | | |
| 一般纳税人资格生效之日：当月1日☑　次月1日□ | | | | | | |
| 纳税人（代理人）承诺：<br>　　会计核算健全，能够提供准确税务资料，上述各项内容真实、可靠、完整。如有虚假，愿意承担相关法律责任。<br>　　经办人：王晓　　　法定代表人：刘明　　　　　代理人：　　　　　　（签章）<br>　　　　　　　　　　　　　　　　　　　　　　　　　　　　　　2023年12月16日 | | | | | | |
| 以下由税务机关填写 | | | | | | |
| 主管税务机关<br>受理情况 | 受理人：　　　　　　　　　　　　　　　主管税务机关（章）<br>　　　　　　　　　　　　　　　　　　　　年　月　日 | | | | | | |

纳税人填报内容与税务登记信息一致的，主管税务机关当场登记；纳税人填报内容与税务登记信息不一致，或者不符合填列要求的，税务机关应当场告知纳税人需要补正的内容。

纳税人年应税销售额超过规定标准的，且不符合可以选择按小规模纳税人纳税的有关政策规定，应当在年应税销售额超过规定标准的月份（或季度）的所属申报期结束后15日内按照上述规定办理一般纳税人登记手续；未按规定时限办理的，主管税务机关应当在规定期限结束后5个工作日内制作"税务事项通知书"，告知纳税人应当在5个工作日内向主管税务机关办理一般纳税人登记手续。逾期仍不办理的，次月起按销售额依照增值税税率计算应纳税额，不得抵扣进项税额，直至纳税人办理一般纳税人登记手续为止。

纳税人自一般纳税人生效之日起，按照增值税一般计税方法计算应纳税额，并可以按照规定领用增值税专用发票，财政部、国家税务总局另有规定的除外。

▲点睛　生效之日，是指纳税人办理登记的当月1日或者次月1日，由纳税人在办理登记手续时自行选择。

### 任务引例1-3解析

根据《增值税一般纳税人登记管理办法》的规定，纳税人自一般纳税人生效之日起，按照增值税一般计税方法计算应纳税额，并可以按照规定领用增值税专用发票，财政部、国家税务总局另有规定的除外。生效之日，是指纳税人办理登记的当月1日或者次月1日，由纳税人在办理登记手续时自行选择。

因此，你公司可以选择本年5月1日或者6月1日作为生效之日，选择从本年5月或者本年6月开始按照增值税一般计税方法计算应纳税额，并可以按照规定领用增值税专用发票。

### 任务实例1-3

接【任务实例1-1】至【任务实例1-2】，北京光明电子有限公司成立时未登记为增值税一般纳税人，而是选择了增值税小规模纳税人身份，2023年7月20日，该公司填写"新办纳税人涉税事项综合申请表"。北京光明电子有限公司2023年7月至2023年11月累计应税销售额共530万元（超过500万元）。2023年12月16日，该公司办理增值税一般纳税人登记。北京光明电子有限公司选择将当月1日作为一般纳税人资格生效之日。

【任务要求】

（1）填写北京光明电子有限公司的"新办纳税人涉税事项综合申请表"中的"基本信息"和"增值税一般纳税人资格登记"部分（其他部分为"任务四　发票管理"的内容）。

（2）填写北京光明电子有限公司的"增值税一般纳税人登记表"。

【任务实施】

（1）填写"新办纳税人涉税事项综合申请表"中的"基本信息"和"增值税一般纳税人资格登记"部分（见表1-10）。

（2）填写"增值税一般纳税人登记表"（见表1-11）。

### 二、不办理一般纳税人登记的情况

下列纳税人不办理一般纳税人登记：

❶按照政策规定，选择按照小规模纳税人纳税的；

❷年应税销售额超过规定标准的其他个人。

纳税人年应税销售额超过财政部、国家税务总局规定标准（以下简称规定标准），且符合有关政策规定，选择按小规模纳税人纳税的，应当向主管税务机关提交书面说明（见表1-12）。

表1-12　　　　　　　　　　　　**选择按小规模纳税人纳税的情况说明**

| 纳税人名称 | | 社会信用代码（纳税人识别号） | |
|---|---|---|---|
| 连续不超过12个月或四个季度的经营期内累计应税销售额 | | 货物劳务：　　年　月至　　年　月共　　元 | |
| | | 应税行为：　　年　月至　　年　月共　　元 | |
| 情况说明 | | | |
| 纳税人（代理人）承诺：<br>　　上述各项内容真实、可靠、完整。如有虚假，愿意承担相关法律责任。<br>　　经办人：　　　　法定代表人：　　　　代理人：　　　　（签章）<br>　　　　　　　　　　　　　　　　　　　　　　　　　　　年　　月　　日 | | | |
| 以下由税务机关填写 | | | |
| 税务机关受理情况 | 受理人：　　　　　　　　　　　　　　受理税务机关（章）<br>　　　　　　　　　　　　　　　　　　　　　年　月　日 | | |

　　纳税人年应税销售额超过规定标准的，且符合有关政策规定，选择按小规模纳税人纳税的，应当在年应税销售额超过规定标准的月份（或季度）的所属申报期结束后15日内向主管税务机关提交书面说明；未按规定时限办理的，主管税务机关应当在规定期限结束后5个工作日内制作"税务事项通知书"，告知纳税人应当在5个工作日内向主管税务机关提交书面说明。逾期仍不提交书面说明的，次月起按销售额依照增值税税率计算应纳税额，不得抵扣进项税额，直至纳税人提交书面说明为止。

　　✦提示　个体工商户以外的其他个人年应税销售额超过规定标准的，不需要向主管税务机关提交书面说明。

### 三、增值税一般纳税人登记的其他规定

　　除国家税务总局另有规定外，纳税人一经登记为一般纳税人后，不得转为小规模纳税人。

　　主管税务机关可以在一定期限内对下列一般纳税人实行纳税辅导期管理：

　　❶新登记为一般纳税人的小型商贸批发企业；

　　❷国家税务总局规定的其他一般纳税人。

　　纳税辅导期管理的具体办法详见《国家税务总局关于印发〈增值税一般纳税人纳税辅导期管理办法〉的通知》（国税发〔2010〕40号）。

　　为配合"一照一码"登记制度改革，国家税务总局对增值税一般纳税人管理有关事项进行了调整，主管税务机关在为纳税人办理增值税一般纳税人登记时，纳税人税务登记证件上不再加盖"增值税一般纳税人"戳记。经主管税务机关核对后退还纳税人留存的"增值税一般纳税人登记表"，可以作为证明纳税人具备增值税一般纳税人资格的凭据。

# 任务四　发票管理

### 任务引例1-4

　　我公司在经营活动中，如何查询取得的增值税发票的真伪？

### 一、发票的领用

　　发票，是指在购销商品、提供或者接受服务以及从事其他经营活动中，开具、收取的收付款凭证。发票是确定经济收支行为发生的证明文件，是财务收支的法定凭证和会计核

算的原始凭证，也是税务稽查的重要依据。

发票包括纸质发票和电子发票。电子发票与纸质发票具有同等法律效力。国家积极推广使用电子发票。

✦**点睛**　电子发票是指在购销商品、提供或者接受服务以及从事其他经营活动中，按照税务机关发票管理规定以数据电文形式开具、收取的收付款凭证。电子发票与纸质发票的法律效力相同，任何单位和个人不得拒收。

国务院税务主管部门统一负责全国的发票管理工作。省、自治区、直辖市税务局（以下统称省、自治区、直辖市税务机关）依据各自的职责，共同做好本行政区域内的发票管理工作。财政、审计、市场监督管理、公安等有关部门在各自的职责范围内，配合税务机关做好发票管理工作。发票的种类、联次、内容、编码规则、数据标准、使用范围等具体管理办法由国务院税务主管部门规定。

✦**点睛**　发票一般分为增值税专用发票和其他发票。

增值税专用发票由国务院税务主管部门确定的企业印制；增值税专用发票以外的其他发票，按照国务院税务主管部门的规定，由省、自治区、直辖市税务机关确定的企业印制。禁止私自印制、伪造、变造发票。

需要领用发票的单位和个人，应当持设立登记证件或者税务登记证件，以及经办人身份证明，向主管税务机关办理发票领用手续。领用纸质发票的，还应当提供按照国务院税务主管部门规定式样制作的发票专用章的印模。主管税务机关根据领用单位和个人的经营范围、规模和风险等级，在5个工作日内确认领用发票的种类、数量以及领用方式。

✦**点睛**　单位和个人领用发票时，应当按照税务机关的规定报告发票使用情况，税务机关应当按照规定进行查验。

需要临时使用发票的单位和个人，可以凭购销商品、提供或者接受服务以及从事其他经营活动的书面证明、经办人身份证明，直接向经营地税务机关申请代开发票。依照税收法律、行政法规规定应当缴纳税款的，税务机关应当先征收税款，再开具发票。税务机关根据发票管理的需要，可以按照国务院税务主管部门的规定委托其他单位代开发票。禁止非法代开发票。临时到本省、自治区、直辖市从事经营活动的单位或者个人，应当凭所在地税务机关的证明，向经营地税务机关领用经营地的发票。临时在本省、自治区、直辖市以内跨市、县从事经营活动领用发票的办法，由省、自治区、直辖市税务机关规定。

### （一）增值税普通发票、增值税专用发票的首次领用

"本项目任务三"已经提到，2020年6月底前，企业开办涉税事项办理全部实现一套资料、一窗受理、一次提交、一次办结。进一步压缩企业开办首次办税时领用增值税发票时间，有条件的地区可以压缩至1个工作日内。规范企业开办涉税事项。

新开办企业时，纳税人依申请办理的事项包括登记信息确认、发票票种核定、增值税一般纳税人登记、增值税专用发票最高开票限额审批、增值税税控系统专用设备初始发行（含税务UKey发放）、发票领用等6个事项；税务机关依职权办理的事项为主管税务机关及科所分配、税（费）种认定等2个事项。除上述事项之外，各地不得擅自增加其他事项作为企业开办事项。

推行企业开办"一表集成"。企业开办首次领用发票涉及相关事项所需填写、确认的

"增值税一般纳税人登记表""纳税人领用发票票种核定表""税务行政许可申请表""增值税专用发票最高开票限额申请单"等集成至"新办纳税人涉税事项综合申请表"（见表1-10），由纳税人一次填报和确认，实现企业开办"一表集成"。

同时满足下列条件的新办纳税人首次领用增值税发票，主管税务机关应当自受理申请之日起2个工作日内办结，有条件的主管税务机关当日办结：（1）纳税人的办税人员、法定代表人已经进行实名信息采集和验证（需要采集、验证法定代表人实名信息的纳税人范围由各省税务机关确定）；（2）纳税人有开具增值税发票需求，主动申领发票；（3）纳税人按照规定办理税控设备发行等事项。即时办结的，直接出具和送达"准予税务行政许可决定书"，不再出具"税务行政许可受理通知书"。

纳税人首次领用增值税普通发票、增值税专用发票时，应当持设立登记证件或者税务登记证件，以及经办人身份证明，到主管税务机关填报和确认"新办纳税人涉税事项综合申请表"，并加盖纳税人公章。然后经办人可以持身份证明，当场在主管税务机关或者根据税务机关确定的日期到主管税务机关通过主管税务机关的发票自助申领机器办理发票领用手续，这样就可以通过自助申领机器领取发票；经办人也可以不到主管税务机关领取发票，而是登录手机相关税务App软件，进行发票领用，选择发票邮寄，经主管税务机关审核通过后，由税务机关统一进行发票邮寄。

### （二）增值税普通发票、增值税专用发票的非首次领用

纳税人非首次领用增值税普通发票、增值税专用发票时，应当持设立登记证件或者税务登记证件，以及经办人身份证明，到主管税务机关通过发票自助申领机器办理发票领用手续，这样就可以通过自助申领机器领取发票；经办人也可以不到主管税务机关领用发票，而是登录手机相关税务App软件，进行发票领用，选择发票邮寄，经主管税务机关审核通过后，由税务机关统一进行发票邮寄。

### 二、发票的开具和保管

销售商品、提供服务以及从事其他经营活动的单位和个人，对外发生经营业务收取款项，收款方应当向付款方开具发票；特殊情况下，由付款方向收款方开具发票。

发票的开具和保管应注意以下问题：

（1）所有单位和从事生产、经营活动的个人在购买商品、接受服务以及从事其他经营活动支付款项时，应当向收款方取得发票。取得发票时，不得要求变更品名和金额。

**提示**　不得变更金额，包括不得变更涉及金额计算的单价和数量。

（2）不符合规定的发票，不得作为财务报销凭证，任何单位和个人都有权拒收。

（3）开具发票应当按照规定的时限、顺序、栏目，全部联次一次性如实开具，开具纸质发票应当加盖发票专用章。具体来说，单位和个人在开具发票时，应当填写项目齐全，内容真实。开具纸质发票应当按照发票号码顺序填开，字迹清楚，全部联次一次打印，内容完全一致，并在发票联和抵扣联（抵扣联指的是增值税专用发票中的抵扣联）加盖发票专用章。

**点睛**　任何单位和个人不得有下列虚开发票行为：❶为他人、为自己开具与实际经营业务情况不符的发票；❷让他人为自己开具与实际经营业务情况不符的发票；❸介绍他人开具与实际经营业务情况不符的发票。

　**提示**　与实际经营业务情况不符是指具有下列行为之一的：❶未购销商品、未提供或者接受服务、未从事其他经营活动，而开具或取得发票；❷有购销商品、提供或者接受服务、从事其他经营活动，但开具或取得的发票载明的购买方、销售方、商品名称或经营项目、金额等与实际情况不符。

（4）安装税控装置的单位和个人，应当按照规定使用税控装置开具发票，并按期向主管税务机关报送开具发票的数据。使用非税控电子器具开具发票的，应当将非税控电子器具使用的软件程序说明资料报主管税务机关备案，并按照规定保存、报送开具发票的数据。

（5）任何单位和个人都应当按照发票管理规定使用发票，不得有下列行为：

❶转借、转让、介绍他人转让发票、发票监制章和发票防伪专用品；

❷知道或者应当知道是私自印制、伪造、变造、非法取得或者废止的发票而受让、开具、存放、携带、邮寄、运输；

❸拆本使用发票；

❹扩大发票使用范围；

❺以其他凭证代替发票使用。

❻窃取、截留、篡改、出售、泄露发票数据。

税务机关应当提供查询发票真伪的便捷渠道。

　**点睛**　以其他凭证代替发票使用的，包括：❶应当开具发票而未开具发票，以其他凭证代替发票使用；❷应当取得发票而未取得发票，以发票外的其他凭证或者自制凭证用于抵扣税款、出口退税、税前扣除和财务报销；❸取得不符合规定的发票，用于抵扣税款、出口退税、税前扣除和财务报销。

（6）除国务院税务主管部门规定的特殊情形外，纸质发票限于领用单位和个人在本省、自治区、直辖市内开具。省、自治区、直辖市税务机关可以规定跨市、县开具发票的办法。

（7）除国务院税务主管部门规定的特殊情形外，任何单位和个人未经批准，不得跨规定的使用区域携带、邮寄、运输空白发票。禁止携带、邮寄或者运输空白发票出入境。

（8）开具发票的单位和个人应当建立发票使用登记制度，配合税务机关进行身份验证，并定期向主管税务机关报告发票使用情况。

　**点睛**　身份验证是指单位和个人在领用、开具、代开发票时，其经办人应当实名办税。

（9）开具发票的单位和个人应当在办理变更或者注销税务登记的同时，办理发票的变更、缴销手续。

（10）开具纸质发票后，如发生销售退回、开票有误、应税服务中止等情形，需要作废发票的，应当收回原发票全部联次并注明"作废"字样后作废发票。开具纸质发票后，如发生销售退回、开票有误、应税服务中止、销售折让等情形，需要开具红字发票的，应当收回原发票全部联次并注明"红冲"字样后开具红字发票。无法收回原发票全部联次的，应当取得对方有效证明后开具红字发票。开具电子发票后，如发生销售退回、开票有误、应税服务中止、销售折让等情形的，应当按照规定开具红字发票。

（11）开具发票的单位和个人应当按照国家有关规定存放和保管发票，不得擅自损毁。已经开具的发票存根联，应当保存5年。

（12）自2017年7月1日起，购买方为企业的，索取增值税普通发票时，应向销售方提供纳税人识别号或统一社会信用代码；销售方为其开具增值税普通发票时，应在购买方的"纳税人识别号"栏填写购买方的纳税人识别号或统一社会信用代码。不符合规定的发票，不得作为税收凭证。企业，包括公司、非公司制企业法人、企业分支机构、个人独资企业、合伙企业和其他企业。

（13）销售方开具增值税发票时，发票内容应按照实际销售情况如实开具，不得根据购买方要求填开与实际交易不符的内容。销售方开具发票时，通过销售平台系统与增值税发票税控系统后台对接，导入相关信息开票的，系统导入的开票数据内容应与实际交易相符，如不相符应及时修改完善销售平台系统。根据规定，自2014年8月1日起启用新版专用发票和普通发票。2014年8月1日起启用的新版增值税专用发票样本如图1-5所示。

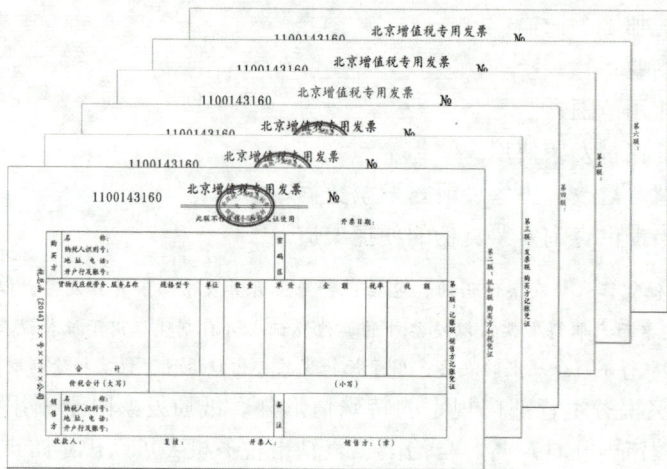

图1-5　新版增值税专用发票样本

（14）国家税务总局编写了《商品和服务税收分类与编码》，并在新系统中增加了编码相关功能。

**提示**　纳税人应当及时完成增值税发票税控开票软件升级和自身业务系统调整，并按照更新后的"商品和服务税收分类编码表"开具增值税发票。

**提示**　国家税务总局决定，自2024年12月1日起，在全国正式推广应用全面数字化电子发票（简称数电发票），有关事项公告如下：❶数电发票是《中华人民共和国发票管理办法》中"电子发票"的一种，是将发票的票面要素全面数字化、号码全国统一赋予、开票额度智能授予、信息通过税务数字账户等方式在征纳主体之间自动流转的新型发票。数电发票与纸质发票具有同等法律效力。❷数电发票为单一联次，以数字化形态存在，类别包括电子发票（增值税专用发票）、电子发票（普通发票）、电子发票（航空运输电子客票行程单）、电子发票（铁路电子客票）、电子发票（机动车销售统一发票）、电子发票（二手车销售统一发票）等。数电发票可以根据特定业务标签生成建筑服务、成品油、报废产品收购等特定业务发票。❸数电发票的票面基本内容包括：发票名称、发票号码、开票日期、购买方信息、销售方信息、项目名称、规格型号、单位、数量、单价、金额、税率/征收率、税额、合计、价税合计、备注、开票人等。❹数电发票的号码为20位，其中：第1~2位代表公历年度的后两位，第3~4位代表开票方所在的省级税务局区域代码，第5位代表开具渠道等信息，第6~20位为顺序编码。

**任务引例1-4解析**

取得增值税发票的单位和个人可登录全国增值税发票查验平台（https: //inv-veri.chinatax.

gov.cn)，对新系统开具的增值税专用发票、增值税普通发票、机动车销售统一发票和增值税电子普通发票的发票信息进行查验。单位和个人通过网页浏览器首次登录平台时，应下载安装根目录证书文件，查看平台提供的发票查验操作说明。

**任务实例1-4** 接【任务实例1-1】至【任务实例1-3】，北京光明电子有限公司为增值税一般纳税人，2023年8月10日向山东管家物业服务有限公司销售A型扫描仪一台，不含增值税价格为2 000元，适用的增值税税率为13%，增值税为260元。山东管家物业服务有限公司的纳税人识别号：91370705569000538L，地址、电话：山东省潍坊市建设路18号，0536-68212345，开户行及账号：中国工商银行潍坊分行建设路支行，1607011101022106222。北京光明电子有限公司的纳税人识别号：91110203765676788N；地址、电话：北京市朝阳区望京路88号，010-87686423；开户行及账号：中国工商银行北京分行望京支行，735241364992638。收款人：张婷；复核：李红；开票人：张伟。

**【任务要求】** 北京光明电子有限公司向山东管家物业服务有限公司开具增值税专用发票。

**【任务实施】** 根据资料开具的增值税专用发票如图1-6所示。

北京增值税专用发票　　№ 01910776

1100173320　　此联不作报销、扣税凭证使用　　开票日期：2023年08月10日

| 购买方 | 名称：山东管家物业服务有限公司<br>纳税人识别号：91370705569000538L<br>地址、电话：山东省潍坊市建设路18号0536-68212345<br>开户行及账号：中国工商银行潍坊分行建设路支行1607011101022106222 | | | | 密码区 | 01198<4/1-9/33/21/17+1+5-1+23444-17><br>1-9/-33-0*4344-75877>-07+38-<br>32878999999967+273489<<64298-6248<>*<br>49862*0987+>>7893508*1111<<+*352648 | | |
|---|---|---|---|---|---|---|---|---|
| 货物或应税劳务、服务名称 | 规格型号 | 单位 | 数量 | 单价 | 金额 | 税率 | 税额 | |
| 打印机外部设备*扫描仪 | A型 | 台 | 1 | 2 000.00 | 2 000.00 | 13% | 260.00 | |
| 合计 | | | | | ¥2 000.00 | | ¥260.00 | |
| 价税合计（大写） | ⊗贰仟贰佰陆拾元整 | | | | | （小写）¥2 260.00 | | |
| 销售方 | 名称：北京光明电子有限公司<br>纳税人识别号：91110203765676788N<br>地址、电话：北京市朝阳区望京路88号010-87686423<br>开户行及账号：中国工商银行北京分行望京支行735241364992638 | | | | 备注 | 北京光明电子有限公司 91110203765676788N 发票专用章 | | |

第一联：记账联　销售方记账凭证

收款人：张婷　　复核：李红　　开票人：张伟　　销售方：（章）

图1-6　增值税专用发票

## 任务五　纳税申报

**任务引例1-5**

我公司经营免税项目，但未办理纳税申报。后来税务机关发现了该问题，并对我公司进行了处罚。请问税务机关的做法正确吗？

### 一、纳税申报的认知

#### （一）纳税申报的含义

纳税申报，是指纳税人、扣缴义务人根据税法规定，定期或者不定期地就计算缴纳或扣缴税款的有关事项向税务机关提交书面报告或者电子报告的法定手续。纳税申报是

判定纳税人、扣缴义务人是否履行纳税义务或者扣缴税款义务，界定法律责任的主要依据。

**提示**　由于我国纳税人负有教育费附加、地方教育附加等附加费的缴纳义务，严格来说，纳税申报应当称为"税费申报"。为统一起见，本教材整体上仍采用"纳税申报"等专业术语。

### （二）纳税申报的主体

凡是按照国家税收法律规范负有纳税义务的纳税人（含享受减免税的纳税人）、扣缴义务人，无论本期有无应纳税款或者应扣缴税款，都必须按照税法规定的期限如实向主管税务机关办理纳税申报。

纳税人应当指派专门的办税人员持"办税员证"办理纳税申报。纳税人必须客观、真实地填报纳税申报表及相关附表（或附列资料），并加盖单位公章，同时按照税务机关的要求保存或者提供有关纳税申报资料。纳税人对报送资料的真实性和合法性承担法律责任。

**实务答疑1-1**　我公司为增值税小规模纳税人，可以享受免征增值税的税收优惠。请问由于免征增值税，是不是我公司也就不需办理纳税申报了？

### （三）纳税申报的内容

纳税人、扣缴义务人的纳税申报或者代扣代缴、代收代缴税款报告表的主要内容包括：税种、税目，应纳税项目或者应代扣代缴、代收代缴税款项目，计税依据，扣除项目及标准，适用税率或者单位税额，应退税项目及税额，应减免税项目及税额，应纳税额或者应代扣代缴、代收代缴税额，税款所属期限、延期缴纳税款、欠税、滞纳金等。

### （四）纳税人需要报送的纳税资料

纳税人必须依照法律、行政法规规定或者税务机关依照法律、行政法规的规定确定的申报期限、申报内容如实办理纳税申报，报送纳税申报表、财务会计报表以及税务机关根据实际需要要求纳税人报送的其他纳税资料。纳税人办理纳税申报时，具体来说，根据不同的情况相应报送下列有关证件、资料：

（1）财务会计报表及其他说明材料；

（2）与纳税有关的合同、协议书及凭证；

（3）税控装置的电子报税资料；

（4）跨区域涉税事项报告表和异地完税凭证；

（5）境内或者境外公证机构出具的有关证明文件；

（6）税务机关规定应当报送的其他有关证件、资料。

另外，扣缴义务人办理代扣代缴、代收代缴税款报告时，应当如实填写代扣代缴、代收代缴税款报告表，并报送代扣代缴、代收代缴税款的合法凭证以及税务机关规定的其他有关证件、资料。

### 二、纳税申报方式

纳税申报方式是指纳税人、扣缴义务人在发生纳税义务和代扣代缴、代收代缴义务后，在其纳税申报期限内，依照税收法律规范的规定向指定税务机关进行申报纳税的形式。目前我国纳税申报方式主要有以下几种：

### （一）直接申报

直接申报，又称上门申报，是指纳税人、扣缴义务人直接到税务机关的办税服务厅进行纳税申报。

✦**点睛**　直接申报是传统的纳税申报方式。

### （二）数据电文申报

数据电文申报是指纳税人、扣缴义务人通过税务机关确定的电话语音、电子数据交换和网络传输等电子方式进行的纳税申报。数据电文申报运用了先进的电子信息技术，代表着纳税申报方式的发展方向和趋势，使用范围越来越普遍。纳税人、扣缴义务人采取数据电文方式办理纳税申报的，应当按照主管税务机关规定的期限和要求保存有关资料，并定期书面报送主管税务机关。

✦**点睛**　纳税人的网上申报，就是数据电文申报方式的一种形式。

✦**提示**　纳税人、扣缴义务人采取数据电文方式办理纳税申报的，其申报日期以主管税务机关计算机网络系统收到该数据电文的时间为准，与数据电文相对应的纸质纳税申报资料的报送期限由主管税务机关确定。

### （三）委托申报

委托申报是指纳税人、扣缴义务人委托中介机构（如会计师事务所、税务师事务所、会计代理记账公司等）代为纳税申报。

### （四）邮寄申报

邮寄申报是指纳税人、扣缴义务人通过邮政部门邮寄纳税申报表等纳税资料给税务机关的方式进行的纳税申报。纳税人、扣缴义务人采取邮寄方式办理纳税申报的，应当使用统一的纳税申报专用信封，并从邮政部门索取收据作为申报凭据。

✦**提示**　邮寄申报以寄出的邮戳日期为实际申报日期。

### （五）简易申报与简并征期

对实行定期定额征收方式缴纳税款的纳税人，可以实行简易申报、简并征期等申报纳税方式。"简易申报"是指实行定期定额征收方式缴纳税款的纳税人在税收法律规范规定的期限内或者税务机关依照税收法律规范的规定确定的期限内缴纳税款的，税务机关可以将缴纳税款视同申报。"简并征期"则是指实行定期定额征收方式缴纳税款的纳税人，经税务机关批准，可以采取将纳税期限合并为按季、半年、一年的方式缴纳税款，税务机关可以将缴纳税款视同申报。

### 三、纳税申报的具体要求

（1）纳税人、扣缴义务人，不论当期是否发生纳税义务，除经税务机关批准外，均应当按照规定办理纳税申报或者报送代扣代缴、代收代缴税款报告表。

（2）纳税人享受减税、免税待遇的，在减税、免税期间应当按照规定办理纳税申报。

（3）纳税人、扣缴义务人按照规定的期限办理纳税申报或者报送代扣代缴、代收代缴税款报告表确有困难，需要延期的，应当在规定的期限内向税务机关提出书面延期申请，经税务机关核准，在核准的期限内办理。

纳税人、扣缴义务人因不可抗力，不能按期办理纳税申报或者报送代扣代缴、代收代缴税款报告表的，可以延期办理；但是，应当在不可抗力情形消除后立即向税务机关报告。税务机关应当查明事实，予以批准。

经核准延期办理前款规定的申报、报送事项的，应当在纳税期内按照上期实际缴纳的税额或者税务机关核定的税额预缴税款，并在核准的延期内办理税款结算。

（4）纳税人和扣缴义务人在有效期间内，没有取得应税收入或所得，没有应缴税款发生，或者已办理税务登记但未开始经营或者开业期间没有经营收入的纳税人，除已办理停业审批手续的以外，必须在规定的纳税申报期间进行零申报。纳税人进行零申报，应在申报期间内向主管税务机关正常报送纳税申报表及有关资料，并在纳税申报表上注明"零"或"无收入"字样。

### 任务引例1-5解析

根据《税收征收管理法实施细则》的规定，纳税人享受减税、免税待遇的，在减税、免税期间应当按照规定办理纳税申报。根据《税收征收管理法》的规定，纳税人未按照规定的期限办理纳税申报和报送纳税资料的，或者扣缴义务人未按照规定的期限向税务机关报送代扣代缴、代收代缴税款报告表和有关资料的，由税务机关责令限期改正，可以处2 000元以下的罚款；情节严重的，可以处2 000元以上10 000元以下的罚款。

因此，税务机关的做法是正确的。

### 四、非正常户的认定与解除

自2020年3月1日起，关于非正常户的认定与解除的规定如下：

（1）已办理税务登记的纳税人未按照规定的期限进行纳税申报，税务机关依法责令其限期改正。纳税人逾期不改正的，税务机关可以按照《税收征收管理法》第七十二条的规定处理。

> 🍀**提示**　《税收征收管理法》第七十二条规定，从事生产、经营的纳税人、扣缴义务人有本法规定的税收违法行为，拒不接受税务机关处理的，税务机关可以收缴其发票或者停止向其发售发票。

纳税人负有纳税申报义务，但连续3个月所有税种均未进行纳税申报的，税收征管系统自动将其认定为非正常户，并停止其发票的使用。

（2）对欠税的非正常户，税务机关依照《税收征收管理法》及其实施细则的规定追征税款及滞纳金。

（3）已认定为非正常户的纳税人，就其逾期未申报行为接受处罚、缴纳罚款，并补办纳税申报的，税收征管系统自动解除非正常状态，无须纳税人专门申请解除。

## 任务六　税款的征收与缴纳

### 任务引例1-6

我公司为一家工业企业，2023年10月新任会计主管李丽在对我公司以往的涉税资料进行查阅时，无意中发现我公司于2021年1月多缴了一笔税款，金额多达10万元。李丽便及时向我公司总经理汇报并准备要求税务机关退还。请问这笔税款我公司可以要求税务机关退还吗？

### 一、税款征收的含义

税款征收是税务机关依照税收法律规范的规定，将纳税人或扣缴义务人依法应当缴纳或扣缴的税款组织入库的一系列活动的总称。

### 二、税款征收方式

税款征收方式是指税务机关根据各税种的不同特点和纳税人或扣缴义务人的具体情况而确定的计算、征收税款的形式和方法。目前我国实行的税款征收方式有以下几种：

#### （一）查账征收

查账征收是指税务机关根据纳税人提供的会计账簿、会计报表等会计核算资料，依照税法规定计算应纳税款并予以征收的方式。查账征收方式一般针对会计核算比较健全、能够正确计算应纳税款且认真履行纳税义务的纳税人。

**点睛**　查账征收方式较为规范，符合税收法定原则。扩大查账征收纳税人的范围，向来是税务管理努力的方向。

#### （二）查定征收

查定征收是指税务机关根据纳税人从业人数、生产设备、耗用原材料、经营成本、平均利润率等因素，查定核实其产量、销售额、应纳税所得额等指标，据以计算其应纳税款并予以征收的方式。查定征收方式一般针对会计核算不够健全、生产经营规模较小、产品零星、税源分散，但是能够控制原材料或进销货的纳税人。

#### （三）查验征收

查验征收是指税务机关对纳税人的应税商品或产品通过查验数量，按照市场同类产品的平均价格，计算其销售收入，据以计算其应纳税款并予以征收的方式。查验征收方式一般针对会计核算不够健全、生产经营不固定、零星分散、流动性大的纳税人。

#### （四）定期定额征收

定期定额征收，是指税务机关对小型微型个体工商户在一定经营地点、时期、范围内的应税销售额（包括应税销售数量）或应纳税所得额进行核定，并以此为计税依据，据以计算其应纳税款并予以征收的方式。定期定额征收方式，一般针对经主管税务机关认定和县级以上（含县级）税务机关批准的生产经营规模小，未达到《个体工商户建账管理暂行办法》规定设置账簿标准，难以查账征收，不能准确计算计税依据的个体工商户（包括个人独资企业，简称定期定额户）。

#### （五）扣缴税款征收

扣缴税款征收是指税务机关按照税法规定，对负有代扣代缴、代收代缴税款义务的单位和个人，征收其代扣代缴、代收代缴税款的方式。扣缴税款征收方式针对有代扣代缴、代收代缴税款义务的单位和个人。

**点睛**　负有代扣代缴、代收代缴税款义务的单位和个人，在其向纳税人支付或收取交易款项的同时，应当依法从交易款项中扣取或收取纳税人应纳税款并按规定期限和缴库办法申报解缴的税款。

#### （六）委托代征

委托代征是指税务机关依法委托有关单位和个人作为代征人，代其向纳税人征收税款的方式。委托代征方式一般针对零星、分散、流动性大的纳税人。

**点睛**　对集贸市场纳税人税款的征收、车船税的征收等，一般适用委托代征的方式。

### 三、税款缴纳程序

#### （一）正常缴纳税款

纳税人纳税申报成功后，可自行选择以下两种方式进行税款的缴纳：一是三方协议缴纳税款；二是银行端查询缴纳税款。

1. 三方协议缴纳税款

三方协议缴纳税款，是指纳税人、税务机关、银行三方先签订《委托银行代扣缴税费协议书》，然后由银行从纳税人银行账户划缴税款进行税款的缴纳。

2. 银行端查询缴纳税款

银行端查询缴纳税款，是指在未签订三方协议的情况下，或者以三方协议缴纳税款之外的方式进行税款的缴纳。具体来说，银行端查询缴纳税款主要有以下几种情况：

（1）纳税人可通过微信、支付宝或者银联云闪付扫描电子税务局缴费界面生成的二维码进行税款的缴纳。

（2）纳税人若采用现金方式缴纳税款，可持在电子税务局网站打印出来的《银行端查询缴税凭证》，到银行通过现金办理税款的缴纳。

（3）纳税人若采用银联卡转账方式缴纳税款，可持在电子税务局网站打印出来的《银行端查询缴税凭证》，到银行通过银联卡转账办理税款的缴纳。

**点睛** 纳税人缴纳税款成功后，若需取得完税证明的，可到主管税务机关办税大厅或自行登录电子税务局网页进行完税证明的开具及打印。

纳税人未按照规定期限缴纳税款的、扣缴义务人未按照规定期限解缴税款的，税务机关除责令其限期缴纳外，从滞纳税款之日起，按日加收滞纳税款0.5‰的滞纳金。

加收滞纳金的起止时间为法律、行政法规规定的或者税务机关依照法律、行政法规的规定确定的税款缴纳期限届满次日起至纳税人、扣缴义务人实际缴纳或者解缴税款之日止。

**提示** 自2020年3月1日起，对纳税人、扣缴义务人、纳税担保人应缴纳的欠税及滞纳金不再要求同时缴纳，可以先行缴纳欠税，再依法缴纳滞纳金。

**任务实例1-5** 甲企业本年5月生产经营应纳增值税10 000元（以1个月为1个纳税期限），该企业不满足延期纳税条件，也未向主管税务机关申请延期纳税，在6月21日实际缴纳了税款。假设本年6月14日和15日均不是法定节假日。

【任务要求】计算甲企业因延期纳税而应缴纳的税收滞纳金。

【任务实施】按照增值税的纳税期限和纳税申报与税款缴纳期限，甲企业应于本年6月15日前缴纳税款，甲企业滞纳6天，则应加收滞纳金=10 000×0.5‰×6=30（元）。

#### （二）延期缴纳税款

纳税人或扣缴义务人必须按法律、法规规定的期限缴纳税款，但有特殊困难不能按期缴纳税款的，按照《税收征收管理法》的规定，可以申请延期缴纳税款。

纳税人延期缴纳税款申报的具体操作程序为：

（1）向主管税务机关填报"延期缴纳税款申请审批表"进行书面申请；

（2）主管税务机关审核无误后，必须经省（自治区、直辖市）税务机关批准方可延期缴纳税款。

**点睛** 延期期限最长不能超过3个月，且同一笔税款不得滚动审批。

### 四、税款的退还和追征制度

#### （一）税款的退还

根据《税收征收管理法》的规定，纳税人超过应纳税额缴纳的税款，税务机关发现后应当立即退还；纳税人自结算缴纳税款之日起3年内发现的，可以向税务机关要求退还多缴的税款并加算银行同期存款利息，税务机关及时查实后应当立即退还；涉及从国库中退库的，依照法律、行政法规中有关国库管理的规定退还。

根据《税收征收管理法实施细则》的规定，税务机关发现纳税人多缴税款的，应当自发现之日起10日内办理退还手续；纳税人发现多缴税款，要求退还的，税务机关应当自接到纳税人退还申请之日起30日内查实并办理退还手续。

##### 任务引例1-6解析

根据《税收征收管理法》的规定，纳税人超过应纳税额缴纳的税款，税务机关发现后应当立即退还；纳税人自结算缴纳税款之日起3年内发现的，可以向税务机关要求退还多缴的税款并加算银行同期存款利息，税务机关及时查实后应当立即退还；涉及从国库中退库的，依照法律、行政法规中有关国库管理的规定退还。

你公司于2023年10月发现你公司于2021年1月多缴了一笔税款，金额多达10万元，属于"纳税人自结算缴纳税款之日起3年内发现"的情况。因此，你公司可以要求税务机关退还。

#### （二）税款的追征

根据《税收征收管理法》的规定，因税务机关的责任，致使纳税人、扣缴义务人未缴或者少缴税款的，税务机关在3年内可要求纳税人、扣缴义务人补缴税款，但是不得加收滞纳金。

因纳税人、扣缴义务人计算等失误，未缴或者少缴税款的，税务机关在3年内可以追征税款、滞纳金；有特殊情况的，追征期可以延长到5年。

对偷税、抗税、骗税的，税务机关追征其未缴或者少缴的税款、滞纳金或者所骗取的税款，不受前款规定期限的限制。

根据《税收征收管理法实施细则》的规定，《税收征收管理法》第五十二条所称特殊情况，是指纳税人或者扣缴义务人因计算错误等失误，未缴或者少缴、未扣或者少扣、未收或者少收税款，累计数额在10万元以上的。

##### ▶ 项目练习 ◀

1.甲公司为一家工业企业，年应税销售额为400万元，属于小规模纳税人。在实际经营中，由于甲公司的主要客户要求其必须开具增值税专用发票，否则不接受其产品，你认为甲公司怎么才能成为一般纳税人？

2.甲公司属于正常状态的纳税人，本年5月在市场监管部门依法办理变更登记后，是否需要向税务机关报告登记变更信息？

##### ▶ 项目实训 ◀

假定张三、李四、王五、赵六的本年全年应纳税所得额分别为36 000元、36 001元、660 000元、660 001元。全额累进税率表（按年）和超额累进税率表（按年）分别见表1-13和表1-14。

表 1-13                          **全额累进税率表（按年）**

| 级　数 | 全年应纳税所得额 | 税率（%） |
|---|---|---|
| 1 | 不超过 36 000 元的部分 | 3 |
| 2 | 超过 36 000 元至 144 000 元的部分 | 10 |
| 3 | 超过 144 000 元至 300 000 元的部分 | 20 |
| 4 | 超过 300 000 元至 420 000 元的部分 | 25 |
| 5 | 超过 420 000 元至 660 000 元的部分 | 30 |
| 6 | 超过 660 000 元至 960 000 元的部分 | 35 |
| 7 | 超过 960 000 元的部分 | 45 |

表 1-14                          **超额累进税率表（按年）**

| 级　数 | 全年应纳税所得额 | 税率（%） | 速算扣除数（元） |
|---|---|---|---|
| 1 | 不超过 36 000 元的部分 | 3 | 0 |
| 2 | 超过 36 000 元至 144 000 元的部分 | 10 | 2 520 |
| 3 | 超过 144 000 元至 300 000 元的部分 | 20 | 16 920 |
| 4 | 超过 300 000 元至 420 000 元的部分 | 25 | 31 920 |
| 5 | 超过 420 000 元至 660 000 元的部分 | 30 | 52 920 |
| 6 | 超过 660 000 元至 960 000 元的部分 | 35 | 85 920 |
| 7 | 超过 960 000 元的部分 | 45 | 181 920 |

要求：

（1）若采用全额累进税率，分别计算张三、李四、王五、赵六这四个人的应纳税额。

（2）若采用超额累进税率，分别计算张三、李四、王五、赵六这四个人的应纳税额。

（3）通过比较全额累进税率和超额累进税率的特点来说明哪一种更为合理。

# 项目二
# 增值税纳税实务①

## 学习目标

1.能掌握判定一般纳税人和小规模纳税人的标准，会判断哪些业务应当征收增值税，会选择增值税适用税率，能充分运用增值税优惠政策，会使用增值税专用发票。

2.能根据相关业务资料计算一般计税方法下销项税额、进项税额、进项税转出额和应纳增值税税额，简易计税方法下应纳增值税税额，进口货物应纳增值税税额。

3.能根据相关业务资料进行增值税出口和跨境业务退（免）税和征税的计算，能合理选择和运用出口货物、劳务和跨境应税行为的增值税税收政策，能根据相关业务资料运用免抵退税办法和免退税办法计算增值税应退税额。

4.能确定增值税的纳税义务发生时间、纳税期限和纳税地点，能根据相关业务资料填写"增值税及附加税费申报表"以及相关申报表，并能进行增值税纳税申报。

## 素养提升

纳税人应当充分运用国家出台的增值税税收政策，合法合规纳税。

1.我国出台了小微企业暂免征收增值税的优惠政策，有利于支持小微企业发展，扩大就业，改善民生，增强市场活力，促进国家经济的繁荣发展，体现了"充分发挥市场在资源配置中的决定性作用，更好发挥政府作用，支持中小微企业发展"的精神。

2.我国出台了与农产品相关的增值税减免税政策，有利于鼓励农业生产，保护农业生产者的利益，保障国家的粮食安全，加快建设农业强国。

### ➤项目引例2-1——一般纳税人增值税的计算和纳税申报◀

北京雅晶有限责任公司为增值税一般纳税人，法定代表人姓名：马然；办税员：王丽；地址及电话：北京市海淀区光明路88号，010-88888888；开户银行及账号：交通银行光明路支行，3301022009011503954；统一社会信用代码：91110100000010001K（已办理"一照一码"营业执照）；所属行业：生产制造业（生产销售手机，出厂不含税单价为2 000元/台，成本为1 500元/台）。

北京雅晶有限责任公司2023年1月发生的经济业务如下：

---

① 《中华人民共和国增值税法》自2026年1月1日起施行。2025年12月31日之前，我国仍然适用《中华人民共和国增值税暂行条例》，并且目前我国与《中华人民共和国增值税法》相关的配套细则文件尚未全部出台，因此本教材本次重印按照《中华人民共和国增值税暂行条例》，同时结合《中华人民共和国增值税法》对"增值税纳税实务"的内容进行编写。

❶1日，销售300台手机给外地某客户，单价（不含税）为2 000元/台，由于客户购买数量较多，给予该客户九折优惠，向该客户开具增值税普通发票，价税合计为610 200元，销售额和折扣额在同一张发票上金额栏分别注明，款项已收，存入银行。另外通过某运输公司给客户送货上门，支付运费价税合计5 450元，收到的增值税专用发票上注明运费金额5 000元，税额450元。

❷2日，与某一新客户签订买卖合同，该客户预付货款60 000元，未开具发票，款项已收，存入银行。

❸5日，购进办公用品一批，取得的增值税专用发票上注明金额1 000元，税额130元。办公用品直接交付办公室使用，款项已通过银行存款支付。

❹6日，管理人员报销市内打车的交通费合计为320元，取得出租车发票，未注明旅客身份信息。

❺10日，没收逾期仍未收回包装物的押金10 000元，确认收入但未开具发票。

❻11日，购进电脑、打印机一批，货款已付，取得的增值税专用发票上注明金额50 000元，税额6 500元，已验收入库并由各使用部门领用。

❼13日，从某供应商（小规模纳税人）购进零件，支付款项10 300元（含税），取得增值税普通发票。该零件已入库，款项已通过银行存款支付。

❽15日，从某供应商购进原材料、零部件一批，取得的增值税专用发票上注明金额500 000元，税额65 000元；支付给某运输公司运费价税合计3 270元，取得的增值税专用发票上注明运费金额3 000元，税额270元。上述货款未付，运费已支付，货物已运达本公司并已验收入库。

❾16日，举行公司周年庆，所有员工集体就餐消费金额共计5 000元（含税），取得增值税普通发票。

❿16日，支付当地会计师事务所审计费用，取得的增值税专用发票上注明金额10 000元，税额600元，款项已通过银行存款支付。

⓫20日，向当地某商场销售手机100台，并开具增值税专用发票，单价（不含税）为2 000元/台，销售额200 000元，并约定对方10天内付款可享受不含税价款5%的现金折扣，该商场于1月27日付款，于是在结算时，给予该商场5%的现金折扣。

⓬21日，因仓库管理人员管理不善，造成一批原材料丢失。该批原材料系上月购进，实际成本为50 000元，该批原材料的进项税额为6 500元，已在购进当期申报抵扣。

⓭22日，接受某单位投资转入生产用材料一批，取得的增值税专用发票上注明金额100 000元，税额13 000元；材料已验收入库。

⓮25日，委托加工物资一批，并支付加工费，取得的增值税专用发票上注明金额10 000元，税额1 300元，款项已通过银行存款支付。

⓯28日，采购员和销售员出差报销差旅费共15 450元，其中，火车票5 450元，共30份火车票，均注明旅客身份信息；住宿费10 000元，取得增值税专用发票，注明的价款为9 433.96元，税额为566.04元。

⓰30日，将50台手机发放给员工作为福利，但未开具发票。

⓱30日，支付维修费，取得相应的增值税专用发票，注明价款200元，税额26元。

⓲30日，为推广新型手机，采用以旧换新方式向消费者个人销售新产品，共收取现

金 87 000 元（已扣除收购旧手机抵价 26 000 元），并开具增值税普通发票。

⑲31 日，报销本月车辆油费，取得增值税专用发票，注明价款 2 000 元，税额 260 元。

⑳31 日，上月销售的手机中有 10 台由于存在质量问题发生销售退回，已按照税务相关规定开具红字增值税专用发票，注明价款 20 000 元，税额 2 600 元。

北京雅晶有限责任公司于 2023 年 1 月 10 日缴纳 2022 年 12 月应交未交增值税 60 000 元；2023 年 1 月取得的增值税专用发票本月均符合抵扣规定；2023 年 2 月 10 日对 2023 年 1 月的增值税进行纳税申报。

### ★任务要求

（1）计算北京雅晶有限责任公司 2023 年 1 月应缴纳的增值税税额。

（2）北京雅晶有限责任公司于 2023 年 2 月 10 日对 2023 年 1 月的增值税进行纳税申报，填写"增值税及附加税费申报表（一般纳税人适用）"及其附表。

▶**项目引例 2-1 解析**　见本项目的任务四。

### ◄项目引例 2-2——小规模纳税人增值税的计算和纳税申报►

北京蓝天有限责任公司为增值税小规模纳税人，法定代表人姓名：刘光鹏；财务负责人：张东；办税员：李萍；地址及电话：北京市海淀区蓝天路 87 号，010-88888887；开户银行及账号：交通银行蓝天路支行 3301022009011503934；统一社会信用代码：91110356426426311B（已办理"一照一码"营业执照），所属行业：销售打印机及办公耗材等。北京蓝天有限责任公司减按 1% 征收率征收增值税，其增值税的纳税期限为 1 个月。

北京蓝天有限责任公司 2023 年 1 月发生的经济业务如下：

❶1 月 10 日，购进打印机，取得增值税专用发票，发票上注明价款 30 000 元，税额 3 900 元。

❷1 月 12 日，销售打印机并开具增值税普通发票，发票上注明含增值税价款 303 000 元。

❸1 月 15 日，购进办公用品支付款项 200 元，取得增值税普通发票。

❹1 月 20 日，销售打印机一批并开具增值税专用发票，发票上注明价款 10 000 元，税额 100 元。

❺1 月 30 日，销售打印机并开具增值税普通发票，发票上注明含增值税价款 5 050 元。

### ★任务要求

（1）计算北京蓝天有限责任公司 2023 年 1 月应缴纳的增值税税额。

（2）北京蓝天有限责任公司于 2023 年 2 月 10 日对 2023 年 1 月的增值税进行纳税申报，填写"增值税及附加税费申报表（小规模纳税人适用）"及其附表。

▶**项目引例 2-2 解析**　见本项目的任务四。

## 任务一　增值税的认知

### 任务引例 2-1

我国境外某工程公司到我国境内给我国境内某单位提供工程勘察勘探服务，请问是否属于增值税的征税范围？

### 一、增值税纳税人和扣缴义务人的确定

#### （一）增值税的纳税人

增值税是指对在中华人民共和国境内（简称境内）销售货物、加工修理修配劳务（简称劳务）、服务、无形资产、不动产，以及进口货物的单位和个人（包括个体工商户），就其销售货物、劳务、服务、无形资产或者不动产的增值额和进口货物金额为计税依据而课征的一种流转税。因此，在中华人民共和国境内销售货物、加工修理修配劳务（简称劳务）、服务、无形资产、不动产，以及进口货物的单位和个人（包括个体工商户），为增值税的纳税人。[1]

**提示** 根据自 2026 年 1 月 1 日起施行的《中华人民共和国增值税法》（简称《增值税法》）的规定，"加工修理修配劳务"不再单独列示，而是并入"服务"，且"加工修理修配劳务"更名为"加工修理修配服务"。因此，根据《增值税法》的规定，增值税是对在中华人民共和国境内（简称境内）销售货物、服务、无形资产、不动产（简称应税交易），以及进口货物的单位和个人（包括个体工商户），就其销售货物、服务、无形资产、不动产的增值额和进口货物金额为计税依据而课征的一种流转税。

**提示** 根据《增值税法》的规定，在中华人民共和国境内（简称境内）销售货物、服务、无形资产、不动产（简称应税交易），以及进口货物的单位和个人（包括个体工商户），为增值税的纳税人，应当依照本法规定缴纳增值税。

**知识答疑 2-1** 如何理解增值额？

在境内销售货物、提供加工修理修配劳务是指销售货物的起运地或者所在地在境内，提供的应税劳务发生在境内。

在境内销售服务、无形资产或者不动产是指：❶服务（租赁不动产除外）或者无形资产（自然资源使用权除外）的销售方或者购买方在境内；❷所销售或者租赁的不动产在境内；❸所销售自然资源使用权的自然资源在境内；❹财政部和国家税务总局规定的其他情形。

**提示** 下列情形不属于在境内销售服务或者无形资产：❶境外单位或者个人向境内单位或者个人销售完全在境外发生的服务；❷境外单位或者个人向境内单位或者个人销售完全在境外使用的无形资产；❸境外单位或者个人向境内单位或者个人出租完全在境外使用的有形动产；❹境外单位或者个人为出境的函件、包裹在境外提供的邮政服务、收派服务；❺境外单位或者个人向境内单位或者个人提供的工程施工地点在境外的建筑服务、工程监理服务；❻境外单位或者个人向境内单位或者个人提供的工程、矿产资源在境外的工程勘察勘探服务；❼境外单位或者个人向境内单位或者个人提供的会议展览地点在境外的会议展览服务；❽财政部和国家税务总局规定的其他情形。

**提示** 根据《增值税法》的规定，在境内发生应税交易，是指下列情形：❶销售货物的，货物的起运地或者所在地在境内；❷销售或者租赁不动产、转让自然资源使用权的，不动产、自然资源

---

[1] 根据学习的需要，本教材将增值税纳税人分为原增值税纳税人和营改增试点纳税人两大类。原增值税纳税人是指按照《增值税暂行条例》（国务院令第 538 号）等文件缴纳增值税的纳税人，其主要涉税行为包括销售货物、提供加工修理修配劳务以及进口货物。营改增试点纳税人是指按照《财政部 国家税务总局关于全面推开营业税改征增值税试点的通知》（财税〔2016〕36 号）等文件缴纳增值税的纳税人，其主要涉税行为包括销售服务、无形资产或者不动产。

所在地在境内；❸销售金融商品的，金融商品在境内发行，或者销售方为境内单位和个人；❹除上述第❷、❸项规定外，销售服务、无形资产的，服务、无形资产在境内消费，或者销售方为境内单位和个人。

> 🟢 提示　单位是指企业、行政单位、事业单位、军事单位、社会团体及其他单位；个人是指个体工商户和其他个人。

### 任务引例2-1解析

根据《财政部　国家税务总局关于全面推开营业税改征增值税试点的通知》（财税〔2016〕36号）附件1《营业税改征增值税试点实施办法》的规定，在中华人民共和国境内（简称境内）销售服务、无形资产或者不动产（以下称应税行为）的单位和个人，为增值税纳税人。在境内销售服务、无形资产或者不动产，是指：❶服务（租赁不动产除外）或者无形资产（自然资源使用权除外）的销售方或者购买方在境内；❷所销售或者租赁的不动产在境内；❸所销售自然资源使用权的自然资源在境内；❹财政部和国家税务总局规定的其他情形。

我国境外某工程公司到我国境内给我国境内某单位提供工程勘察勘探服务属于在境内销售服务行为，因此属于增值税的征税范围。

☞【情境辨析2-1】下列行为中，需要在中国缴纳增值税的有（　　　　）。
A. 韩国的A公司对中国企业上市提供咨询服务
B. 德国的B公司将其在澳大利亚的厂房出租给中国企业使用
C. 美国的C公司向中国企业转让其在中国的连锁经营权
D. 法国的D公司为中国企业在法国的建筑工程提供监理服务

对于销售货物、提供加工修理修配劳务或者进口货物的行为，单位租赁或者承包给其他单位或者个人经营的，以承租人或者承包人为纳税人。

对于销售服务、无形资产或者不动产的行为，单位以承包、承租、挂靠方式经营的，承包人、承租人、挂靠人（以下统称承包人）以发包人、出租人、被挂靠人（以下统称发包人）名义对外经营并由发包人承担相关法律责任的，以该发包人为纳税人。否则，以承包人为纳税人。

> 🟢 提示　2017年7月1日（含）以后，资管产品运营过程中发生的增值税应税行为，以资管产品管理人为增值税纳税人。

建筑企业与发包方（即发包人）签订建筑合同后，以内部授权或者三方协议等方式，授权集团内其他纳税人（以下称"第三方"）为发包方提供建筑服务，并由第三方直接与发包方结算工程款的，由第三方缴纳增值税并向发包方开具增值税专用发票。与发包方签订建筑合同的建筑企业则不缴纳增值税。发包方可凭实际提供建筑服务的纳税人开具的增值税专用发票抵扣进项税额。

> 【实务答疑2-1】　本人拥有一辆小汽车挂靠在出租车公司，以出租车公司的名义对外从事乘客运输服务，并由出租车公司向乘客开具发票，对于该运输服务，本人属于增值税的纳税人，还是出租车公司属于增值税的纳税人？

### （二）增值税的扣缴义务人

境外的单位或者个人在境内提供加工修理修配劳务，在境内未设有经营机构的，以其境内代理人为增值税扣缴义务人；在境内没有代理人的，以购买方为增值税扣缴义务人。

境外单位或者个人在境内销售服务、无形资产或者不动产，在境内未设有经营机构的，以购买方为增值税扣缴义务人。财政部和国家税务总局另有规定的除外。

🌿 **提示**　根据《增值税法》的规定，境外单位和个人在境内发生应税交易，以购买方为扣缴义务人；按照国务院的规定委托境内代理人申报缴纳税款的除外。

### 二、增值税纳税人身份的确定

增值税纳税人分为小规模纳税人和一般纳税人两类，并实行不同的征收和管理方式。

#### （一）小规模纳税人和一般纳税人的标准

1.小规模纳税人的标准

小规模纳税人是指年应征增值税销售额（简称年应税销售额，指销售货物、劳务、服务、无形资产、不动产年应征增值税销售额之和）未超过规定标准的纳税人。

根据规定，凡符合下列条件的视为小规模纳税人：

❶自2018年5月1日起，增值税小规模纳税人标准统一为年应税销售额500万元及以下。

❷年应税销售额超过小规模纳税人标准的其他个人（指自然人）按小规模纳税人纳税（不属于一般纳税人）。

❸对于原增值税纳税人，超过小规模纳税人标准的非企业性单位、不经常发生应税行为的企业可选择按小规模纳税人纳税；对于"营改增"试点纳税人，年应税销售额超过小规模纳税人标准但不经常发生应税行为的单位和个体工商户可选择按照小规模纳税人纳税。

2.一般纳税人的标准

增值税纳税人（以下简称纳税人），年应税销售额超过财政部、国家税务总局规定的小规模纳税人标准（自2018年5月1日起，为500万元及以下）的，除税法另有规定外，应当向其机构所在地主管税务机关办理一般纳税人登记。其中，年应税销售额是指纳税人在连续不超过12个月或4个季度的经营期内累计应征增值税销售额，包括纳税申报销售额、稽查查补销售额、纳税评估调整销售额。纳税申报销售额是指纳税人自行申报的全部应征增值税销售额，其中包括免税销售额和税务机关代开发票销售额。稽查查补销售额和纳税评估调整销售额计入查补税款申报当月（或当季）的销售额，不计入税款所属期销售额。经营期是指在纳税人存续期内的连续经营期间，含未取得销售收入的月份或季度。

销售服务、无形资产或者不动产有扣除项目的纳税人，其应税行为年应税销售额按未扣除之前的销售额计算。纳税人偶然发生的销售无形资产、转让不动产的销售额，不计入应税行为年应税销售额。

年应税销售额未超过规定标准的纳税人，会计核算健全，能够提供准确税务资料的，可以向主管税务机关办理一般纳税人登记。会计核算健全，是指能够按照国家统一的会计制度规定设置账簿，根据合法、有效凭证进行核算。

**实务答疑2-2**　我公司年销售额未超过500万元，但是考虑到业务需求和税负问题，我公司作为一般纳税人对本公司来说是有利的，那我公司能否登记成为一般纳税人，需要满足什么条件？

🌿 **提示**　根据《增值税法》的规定，本法所称小规模纳税人，是指年应征增值税销售额未超过

500 万元的纳税人。小规模纳税人会计核算健全,能够提供准确税务资料的,可以向主管税务机关办理登记,按照本法规定的一般计税方法计算缴纳增值税。根据国民经济和社会发展的需要,国务院可以对小规模纳税人的标准作出调整,报全国人民代表大会常务委员会备案。

### (二)小规模纳税人和一般纳税人的征税管理

小规模纳税人实行简易计税方法,不得抵扣进项税额。

符合增值税一般纳税人条件的纳税人应当向主管税务机关办理登记,以取得法定资格,未办理一般纳税人登记手续的,应按销售额依照增值税税率计算应纳税额,不得抵扣进项税,也不得使用增值税专用发票。经税务机关审核登记的一般纳税人,可按规定领用和使用增值税专用发票,按《增值税暂行条例》的规定计算缴纳增值税。

**提示** 除国家税务总局另有规定外,纳税人一经登记为一般纳税人后,不得再转为小规模纳税人。

自 2020 年 2 月 1 日起,增值税小规模纳税人(其他个人除外)发生增值税应税行为,需要开具增值税专用发票的,可以自愿使用增值税发票管理系统自行开具。选择自行开具增值税专用发票的小规模纳税人,税务机关不再为其代开增值税专用发票。

☞【情境辨析2-2】下列各项中,应当或可以登记为增值税一般纳税人的有( )。

A.年应税销售额 400 万元、会计核算健全的工业企业

B.年应税销售额 800 万元的其他个人(自然人)

C.年应税销售额 550 万元的财税咨询公司

D.年应税销售额 600 万元的从事货物批发的个体工商户

## 三、增值税征税范围的确定

### (一)征税范围的一般规定

**1.销售或进口货物**

销售货物,是指有偿转让货物的所有权。"有偿"是指从购买方取得货币、货物或者其他经济利益。"货物"是指有形动产,包括电力、热力、气体在内。

进口货物,是指申报进入中国海关境内的货物。只要是报关进口的应税货物,均属于增值税的征税范围,除享受免税政策外,在进口环节缴纳增值税。

**2.提供加工或修理修配劳务**

"加工",是指受托加工货物,即委托方提供原料及主要材料,受托方按照委托方的要求,制造货物并收取加工费的业务。"修理修配"是指受托方对损伤和丧失功能的货物进行修复,使其恢复原状和功能的业务。这里的"提供加工或修理修配劳务"都是指有偿提供加工或修理修配劳务。"有偿"是指取得货币、货物或者其他经济利益。单位或个体工商户聘用的员工为本单位或雇主提供加工或修理修配劳务则不包括在内。

**3.销售服务、无形资产或者不动产**

销售服务、无形资产或者不动产,是指有偿提供服务、有偿转让无形资产或者不动产,但属于下列非经营活动的情形除外:

(1)行政单位收取的同时满足以下条件的政府性基金或者行政事业性收费:❶由国务院或者财政部批准设立的政府性基金,由国务院或者省级人民政府及其财政、价格主管部门批准设立的行政事业性收费;❷收取时开具省级以上(含省级)财政部门监(印)制的财政票据;❸所收款项全额上缴财政。

（2）单位或者个体工商户聘用的员工为本单位或者雇主提供取得工资的服务。

（3）单位或者个体工商户为聘用的员工提供的服务。

（4）财政部和国家税务总局规定的其他情形。

有偿，是指取得货币、货物或者其他经济利益。

**提示** 根据《增值税法》的规定，销售货物、服务、无形资产、不动产，是指有偿转让货物、不动产的所有权，有偿提供服务，有偿转让无形资产的所有权或者使用权。

**实务答疑2-3** 我公司聘用的员工为本公司提供安装服务，是否属于增值税的征税范围？另外，我公司为了方便员工上下班，为聘用的员工提供上下班班车运输服务，是否属于增值税的征税范围？

### （二）销售服务、无形资产或者不动产的具体规定

1.销售服务

销售服务，是指提供交通运输服务、邮政服务、电信服务、建筑服务、金融服务、现代服务、生活服务。

（1）交通运输服务。

交通运输服务，是指利用运输工具将货物或者旅客送达目的地，使其空间位置得到转移的业务活动，包括陆路运输服务、水路运输服务、航空运输服务和管道运输服务。

❶陆路运输服务。

陆路运输服务，是指通过陆路（地上或者地下）运送货物或者旅客的运输业务活动，包括铁路运输服务和其他陆路运输服务。

**提示** 出租车公司向使用本公司自有出租车的出租车司机收取的管理费用，按照陆路运输服务缴纳增值税。

❷水路运输服务。

水路运输服务，是指通过江、河、湖、川等天然、人工水道或者海洋航道运送货物或者旅客的运输业务活动。

水路运输的程租、期租业务，属于水路运输服务。

程租业务，是指运输企业为租船人完成某一特定航次的运输任务并收取租赁费的业务。

期租业务，是指运输企业将配备有操作人员的船舶承租给他人使用一定期限，承租期内听候承租方调遣，不论是否经营，均按天向承租方收取租赁费，发生的固定费用均由船东负担的业务。

❸航空运输服务。

航空运输服务，是指通过空中航线运送货物或者旅客的运输业务活动。

航空运输的湿租业务，属于航空运输服务。湿租业务，是指航空运输企业将配备有机组人员的飞机承租给他人使用一定期限，承租期内听候承租方调遣，不论是否经营，均按一定标准向承租方收取租赁费，发生的固定费用均由承租方承担的业务。

航天运输服务，按照航空运输服务缴纳增值税。航天运输服务，是指利用火箭等载体将卫星、空间探测器等空间飞行器发射到空间轨道的业务活动。

❹管道运输服务。

管道运输服务，是指通过管道设施输送气体、液体、固体物质的运输业务活动。

（2）邮政服务。

邮政服务，是指中国邮政集团公司及其所属邮政企业提供邮件寄递、邮政汇兑和机要通信等邮政基本服务的业务活动，包括邮政普遍服务、邮政特殊服务和其他邮政服务。

❶邮政普遍服务。

邮政普遍服务，是指函件、包裹等邮件寄递，以及邮票发行、报刊发行和邮政汇兑等业务活动。

❷邮政特殊服务。

邮政特殊服务，是指义务兵平常信函、机要通信、盲人读物和革命烈士遗物的寄递等业务活动。

❸其他邮政服务。

其他邮政服务，是指邮册等邮品销售、邮政代理等业务活动。

（3）电信服务。

电信服务，是指利用有线、无线的电磁系统或者光电系统等各种通信网络资源，提供语音通话服务，传送、发射、接收或者应用图像、短信等电子数据和信息的业务活动，包括基础电信服务和增值电信服务。

❶基础电信服务。

基础电信服务，是指利用固网、移动网、卫星、互联网，提供语音通话服务的业务活动，以及出租或者出售带宽、波长等网络元素的业务活动。

❷增值电信服务。

增值电信服务，是指利用固网、移动网、卫星、互联网、有线电视网络，提供短信和彩信服务、电子数据和信息的传输及应用服务、互联网接入服务等业务活动。

★提示　卫星电视信号落地转接服务，按照增值电信服务缴纳增值税。

（4）建筑服务。

建筑服务，是指各类建筑物、构筑物及其附属设施的建造、修缮、装饰，线路、管道、设备、设施等的安装以及其他工程作业的业务活动，包括工程服务、安装服务、修缮服务、装饰服务和其他建筑服务。

★提示　物业服务企业为业主提供的装修服务，按照建筑服务缴纳增值税。纳税人将建筑施工设备出租给他人使用并配备操作人员的，按照建筑服务缴纳增值税。

❶工程服务。

工程服务，是指新建、改建各种建筑物、构筑物的工程作业，包括与建筑物相连的各种设备或者支柱、操作平台的安装或者装设工程作业，以及各种窑炉和金属结构工程作业。

❷安装服务。

安装服务，是指生产设备、动力设备、起重设备、运输设备、传动设备、医疗实验设备以及其他各种设备、设施的装配、安置工程作业，包括与被安装设备相连的工作台、梯子、栏杆的装设工程作业，以及被安装设备的绝缘、防腐、保温、油漆等工程作业。

❸修缮服务。

修缮服务，是指对建筑物、构筑物进行修补、加固、养护、改善，使之恢复原来的使用价值或者延长其使用期限的工程作业。

**比较**　有形动产修理属于加工修理修配劳务；建筑物、构筑物的修补、加固、养护、改善属于建筑服务中的修缮服务。

❹装饰服务。

装饰服务，是指对建筑物、构筑物进行修饰装修，使之美观或者具有特定用途的工程作业。

❺其他建筑服务。

其他建筑服务，是指上列工程作业之外的各种工程作业服务。

**比较**　疏浚属于其他建筑服务，但航道疏浚属于物流辅助服务。

（5）金融服务。

金融服务，是指经营金融保险的业务活动，包括贷款服务、直接收费金融服务、保险服务和金融商品转让。

❶贷款服务。

贷款，是指将资金贷予他人使用而取得利息收入的业务活动。

各种占用、拆借资金取得的收入，包括金融商品持有期间（含到期）利息（保本收益、报酬、资金占用费、补偿金等）收入、信用卡透支利息收入、买入返售金融商品利息收入、融资融券收取的利息收入，以及融资性售后回租、押汇、罚息、票据贴现、转贷等业务取得的利息及利息性质的收入，按照贷款服务缴纳增值税。

融资性售后回租，是指承租方以融资为目的，将资产出售给从事融资性售后回租业务的企业后，从事融资性售后回租业务的企业将该资产出租给承租方的业务活动。

**提示**　以货币资金投资收取的固定利润或者保底利润，按照贷款服务缴纳增值税。

**链接**　融资性售后回租属于金融服务——贷款服务；融资租赁属于现代服务——租赁服务。此外，融资租赁仍可进一步分为动产融资租赁和不动产融资租赁，前者适用13%的税率，后者适用9%的税率。

❷直接收费金融服务。

直接收费金融服务，是指为货币资金融通及其他金融业务提供相关服务并且收取费用的业务活动，包括提供货币兑换、账户管理、电子银行、信用卡、信用证、财务担保、资产管理、信托管理、基金管理、金融交易场所（平台）管理、资金结算、资金清算、金融支付等服务。

❸保险服务。

保险服务，是指投保人根据合同约定，向保险人支付保险费，保险人对于合同约定的可能发生的事故因其发生所造成的财产损失承担赔偿保险金责任，或者当被保险人死亡、伤残、疾病或者达到合同约定的年龄、期限等条件时承担给付保险金责任的商业保险行为，包括人身保险服务和财产保险服务。

❹金融商品转让。

金融商品转让，是指转让外汇、有价证券、非货物期货和其他金融商品所有权的业务活动。

其他金融商品转让包括基金、信托、理财产品等各类资产管理产品和各种金融衍生品的转让。

（6）现代服务。

现代服务，是指围绕制造业、文化产业、现代物流产业等提供技术性、知识性服务的业务活动，包括研发和技术服务、信息技术服务、文化创意服务、物流辅助服务、租赁服务、鉴证咨询服务、广播影视服务、商务辅助服务和其他现代服务。

❶研发和技术服务。

研发和技术服务，包括研发服务、合同能源管理服务、工程勘察勘探服务、专业技术服务。

❷信息技术服务。

信息技术服务，是指利用计算机、通信网络等技术对信息进行生产、收集、处理、加工、存储、运输、检索和利用，并提供信息服务的业务活动，包括软件服务、电路设计及测试服务、信息系统服务、业务流程管理服务和信息系统增值服务。

❸文化创意服务。

文化创意服务，包括设计服务、知识产权服务、广告服务和会议展览服务。宾馆、旅馆、旅社、度假村和其他经营性住宿场所提供会议场地及配套服务的活动，**按照会议展览服务缴纳增值税**。

❹物流辅助服务。

物流辅助服务，包括航空服务、港口码头服务、货运客运场站服务、打捞救助服务、装卸搬运服务、仓储服务和收派服务。

🔖**链接**　货运客运场站服务中的车辆停放服务属于不动产租赁服务。

❺租赁服务。

租赁服务，包括融资租赁服务和经营租赁服务。

*水路运输的光租业务、航空运输的干租业务，属于经营租赁。*

光租业务，是指运输企业将船舶在约定的时间内出租给他人使用，不配备操作人员，不承担运输过程中发生的各项费用，只收取固定租赁费的业务活动。

干租业务，是指航空运输企业将飞机在约定的时间内出租给他人使用，不配备机组人员，不承担运输过程中发生的各项费用，只收取固定租赁费的业务活动。

🔖**比较**　水路运输的程租、期租业务属于"交通运输服务——水路运输服务"；航空运输的湿租业务属于"交通运输服务——航空运输服务"。水路运输的光租业务、航空运输的干租业务属于"现代服务——租赁服务"。

🔖**点睛**　通过实质重于形式原则来区分：程租、期租、湿租是连人（司机等）带交通工具一起出租，实质上是提供运输服务；干租、光租是只出租交通工具不带人（司机等），实质上是提供租赁服务。

🔖**比较**　有形动产融资租赁、不动产融资租赁，按现代服务——租赁服务征收增值税。但融资性售后回租服务属于贷款服务，应按照金融服务——贷款服务缴纳增值税。

**知识答疑2-2**　光租、干租、湿租、程租和期租有什么区别？它们分别属于增值税的哪一应税项目？

❻鉴证咨询服务。

鉴证咨询服务，包括认证服务、鉴证服务和咨询服务。

❼广播影视服务。

广播影视服务，包括广播影视节目（作品）的制作服务、发行服务和播映（含放映，下同）服务。

❽商务辅助服务。

商务辅助服务，包括企业管理服务、经纪代理服务、人力资源服务、安全保护服务。*纳税人提供武装守护押运服务，按照安全保护服务缴纳增值税。*

❾其他现代服务。

其他现代服务，是指除研发和技术服务、信息技术服务、文化创意服务、物流辅助服务、租赁服务、鉴证咨询服务、广播影视服务和商务辅助服务以外的现代服务。

▲**提示**　*纳税人对安装运行后的电梯提供的维护保养服务，按照其他现代服务缴纳增值税。纳税人提供植物养护服务，按照其他生活服务缴纳增值税。*

（7）生活服务。

生活服务，是指为满足城乡居民日常生活需求提供的各类服务活动，包括文化体育服务、教育医疗服务、旅游娱乐服务、餐饮住宿服务、居民日常服务和其他生活服务。

❶文化体育服务。

文化体育服务，包括文化服务和体育服务。*纳税人在游览场所经营索道、摆渡车、电瓶车、游船等取得的收入，按照文化体育服务缴纳增值税。*

❷教育医疗服务。

教育医疗服务，包括教育服务和医疗服务。

❸旅游娱乐服务。

旅游娱乐服务，包括旅游服务和娱乐服务。

❹餐饮住宿服务。

餐饮住宿服务，包括餐饮服务和住宿服务。

▲**点睛**　*提供餐饮服务的纳税人销售的外卖食品，按照餐饮服务缴纳增值税。纳税人以长（短）租形式出租酒店式公寓并提供配套服务的，按照住宿服务缴纳增值税。*

**实务答疑2-4**　我公司是一家大型酒店，为增值税一般纳税人，现拟开展外卖业务，该业务是按照"餐饮服务"缴纳增值税，还是按照"货物"缴纳增值税？

❺居民日常服务。

居民日常服务，是指主要为满足居民个人及其家庭日常生活需求提供的服务，包括市容市政管理、家政、婚庆、养老、殡葬、照料和护理、救助救济、美容美发、按摩、桑拿、氧吧、足疗、沐浴、洗染、摄影扩印等服务。

❻其他生活服务。

其他生活服务，是指除文化体育服务、教育医疗服务、旅游娱乐服务、餐饮住宿服务和居民日常服务之外的生活服务。

**2.销售无形资产**

销售无形资产，是指转让无形资产所有权或者使用权的业务活动。无形资产，是指不具实物形态，但能带来经济利益的资产，包括技术、商标、著作权、商誉、自然资源使用权和其他权益性无形资产。

技术，包括专利技术和非专利技术。

自然资源使用权，包括土地使用权、海域使用权、探矿权、采矿权、取水权和其他自然资源使用权。

其他权益性无形资产，包括基础设施资产经营权、公共事业特许权、配额、经营权（包括特许经营权、连锁经营权、其他经营权）、经销权、分销权、代理权、会员权、席位权、网络游戏虚拟道具、域名、名称权、肖像权、冠名权、转会费等。

**3.销售不动产**

销售不动产，是指转让不动产所有权的业务活动。不动产，是指不能移动或者移动后会引起性质、形状改变的财产，包括建筑物、构筑物等。

建筑物，包括住宅、商业营业用房、办公楼等可供居住、工作或者进行其他活动的建造物。

构筑物，包括道路、桥梁、隧道、水坝等建造物。

◆**提示**　转让建筑物有限产权或者永久使用权的，转让在建的建筑物或者构筑物所有权的，以及在转让建筑物或者构筑物时一并转让其所占土地的使用权的，按照销售不动产缴纳增值税。

◆**点睛**　个人转让住房，在2016年4月30日前已签订转让合同，2016年5月1日以后办理产权变更事项的，应缴纳增值税，不缴纳营业税。

◆**提示**　单独转让土地使用权，按销售无形资产缴纳增值税。

☞**【情境辨析2-3】**下列各项中，属于我国增值税征税范围的有（　　）。

A.我国的某单位聘用的员工为本单位提供的运输服务

B.日本某公司转让专利权供我国A公司在日本和我国使用

C.法国某酒店向来自我国境内科研团队提供餐饮服务

D.我国的某出租车公司向使用本公司自有出租车的出租车司机收取的管理费用

**（三）属于征税范围的特殊项目**

（1）货物期货（包括商品期货和贵金属期货），应当征收增值税，在期货的实物交割环节纳税。

（2）银行销售金银的业务，应当征收增值税。

（3）典当业的死当物品销售业务和寄售业代委托人销售寄售物品的业务，均应征收增值税。

（4）电力公司向发电企业收取的过网费，应当征收增值税。

**（四）属于征税范围的特殊行为**

**1.视同销售货物行为**

单位或个体工商户的下列行为，视同销售货物，征收增值税：

（1）将货物交付其他单位或个人代销。

◆**点睛**　本条是指代销业务中的委托方将货物交付其他单位或个人代销。

（2）销售代销货物。

🔖**点睛**  本条是指代销业务中的受托方销售代销货物。

（3）设有两个以上机构并实行统一核算的纳税人，将货物从一个机构移送到其他机构用于销售，但相关机构设在同一县（市）的除外。

🔖**点睛**  这里的"用于销售"是指受货机构发生以下情形之一的经营行为：❶向购货方开具发票；❷向购货方收取货款。受货机构的货物移送行为有上述两项情形之一的，应当向所在地税务机关缴纳增值税；未发生上述两项情形的，则应由总机构统一缴纳增值税。

（4）将自产或委托加工的货物用于非增值税应税项目。

🔖**提示**  由于自2016年5月1日起全面营改增，因此营业税退出了历史舞台，此处的"非增值税应税项目"已经失去了意义。根据财税〔2016〕36号文件精神及增值税相关原理，本条失效。

（5）将自产或委托加工的货物用于集体福利或个人消费。

（6）将自产、委托加工或购进的货物作为投资，提供给其他单位或个体工商户。

（7）将自产、委托加工或购进的货物分配给股东或投资者。

（8）将自产、委托加工或购进的货物无偿赠送其他单位或者个人。

🔖**比较**  纳税人若发生固定资产视同销售行为，对已使用过的固定资产无法确定销售额的，以固定资产净值为销售额。

（**知识答疑2-3**） 设有两个以上机构并实行统一核算的纳税人，将货物从一个机构移送到其他机构用于销售，但相关机构设在同一县（市）的除外。这里的"用于销售"如何理解？

☞【情境辨析2-4】下列行为中，属于视同销售征收增值税的有（    ）。

A.企业将购进的食用油发放给职工作为福利

B.企业将上月购进的原用于生产产品的木材转用于职工餐厅的建设

C.企业将委托加工收回的高档化妆品赠送给客户

D.企业将自产的罐头分配给股东

2.视同销售服务、无形资产或者不动产行为

下列情形视同销售服务、无形资产或者不动产：❶单位或者个体工商户向其他单位或者个人无偿提供服务，但用于公益事业或以社会公众为对象的除外。❷单位或者个人向其他单位或者个人无偿转让无形资产或者不动产，但用于公益事业或者以社会公众为对象的除外。❸财政部和国家税务总局规定的其他情形。

🔖**提示**  纳税人出租不动产，租赁合同中约定免租期的，不属于视同销售服务。

（**实务答疑2-5**） 我公司将闲置的商铺对外出租，与租户签订1年的租赁合同。合同中约定第1个月为免租期，请问免租期是否需要视同提供服务征收增值税？

🔖**提示**  根据《增值税法》的规定，有下列情形之一的，视同应税交易，应当依照本法规定缴纳增值税：❶单位和个体工商户将自产或者委托加工的货物用于集体福利或者个人消费；❷单位和个体工商户无偿转让货物；❸单位和个人无偿转让无形资产、不动产或者金融商品。

3.混合销售行为（详见任务二）

4.兼营行为（详见任务二）

### （五）不征收增值税项目

（1）根据国家指令无偿提供的铁路运输服务、航空运输服务，属于《营业税改征增值税试点实施办法》第十四条规定的用于公益事业的服务。

（2）存款利息。

（3）被保险人获得的保险赔付。

（4）房地产主管部门或者其指定机构、公积金管理中心、开发企业以及物业管理单位代收的住宅专项维修资金。

（5）纳税人在资产重组过程中，通过合并、分立、出售、置换等方式，将全部或者部分实物资产以及与其相关联的债权、负债和劳动力一并转让给其他单位和个人，其中涉及的货物转让行为。

（6）纳税人在资产重组过程中，通过合并、分立、出售、置换等方式，将全部或者部分实物资产以及与其相关联的债权、负债和劳动力一并转让给其他单位和个人，其中涉及的不动产、土地使用权转让行为。

（7）自2020年1月1日起，纳税人取得的财政补贴收入，与其销售货物、劳务、服务、无形资产、不动产的收入或者数量直接挂钩的，应按规定计算缴纳增值税；纳税人取得的其他情形的财政补贴收入，不属于增值税应税收入，不征收增值税。

☞【情境辨析2-5】企业发生的下列行为中，应当缴纳增值税的有（　　　　）。

A.取得存款利息

B.获得保险赔偿

C.向其他单位或者个人无偿提供管理咨询服务

D.收取出租房屋的租金

提示　根据《增值税法》的规定，有下列情形之一的，不属于应税交易，不征收增值税：❶员工为受雇单位或者雇主提供取得工资、薪金的服务；❷收取行政事业性收费、政府性基金；❸依照法律规定被征收、征用而取得补偿；❹取得存款利息收入。

### 四、增值税税率和征收率的判定

增值税一般纳税人计算缴纳增值税时，一般情况下采用一般计税方法适用三种情况的比例税率：第一种是基本税率；第二种是低税率；第三种是出口货物、劳务、服务或者无形资产适用的零税率。自2017年7月1日起，简并增值税税率结构，将原来的13%的增值税税率调整为11%。自2018年5月1日起，增值税一般纳税人发生增值税应税销售行为或者进口货物，原适用17%和11%税率的，税率分别调整为16%、10%。自2019年4月1日起，增值税一般纳税人发生增值税应税销售行为或者进口货物，原适用16%税率的，税率调整为13%；原适用10%税率的，税率调整为9%。增值税一般纳税人计算缴纳增值税时，特殊情况下采用简易计税方法适用征收率。增值税小规模纳税人计算缴纳增值税时，采用简易计税方法适用征收率。自2019年4月1日起，增值税税率和征收率的具体适用范围如下：

（一）基本税率

增值税的基本税率为13%，适用于纳税人销售或者进口货物（适用9%的低税率的除外）、提供加工修理修配劳务、销售有形动产租赁服务。

（二）低税率

增值税的低税率分以下两档：

1.低税率9%

（1）一般纳税人销售或者进口下列货物，税率为9%：

农产品（含粮食，不含淀粉；含干姜、姜黄，不含麦芽、复合胶、人发制品）、自来水、暖气、石油液化气、天然气、食用植物油（含橄榄油，不含肉桂油、桉油、香茅油）、冷气、热水、煤气、居民用煤炭制品、食用盐、农机、饲料、农药、农膜、化肥、沼气、二甲醚、图书、报纸、杂志、音像制品、电子出版物。

（2）一般纳税人销售交通运输、邮政、基础电信、建筑、不动产租赁服务，销售不动产，转让土地使用权，税率为9%。

2.低税率6%

一般纳税人销售增值电信服务、金融服务、现代服务和生活服务，销售土地使用权以外的无形资产，税率为6%。

**▶提示**　租赁服务属于现代服务，但有形动产租赁服务和不动产租赁服务均不适用6%的增值税税率。一般纳税人销售有形动产租赁服务，税率为13%；一般纳税人销售不动产租赁服务，税率为9%。

**知识答疑2-4**　电信服务涉及的增值税税率有哪些？销售无形资产涉及的增值税税率有哪些？

（三）零税率

1.货物或者劳务适用的零税率

纳税人出口货物或者劳务一般情况下适用零税率，这是税收优惠的一种体现，是为了鼓励企业出口货物或者劳务而采用的一种税率。但是，国务院另有规定的除外。

2.服务或者无形资产适用的零税率

中华人民共和国境内（以下称境内）的单位和个人销售的下列服务或者无形资产（即出口服务或者无形资产，统称为"跨境应税行为"），适用增值税零税率：

（1）国际运输服务。国际运输服务是指：❶在境内载运旅客或者货物出境；❷在境外载运旅客或者货物入境；❸在境外载运旅客或者货物。

（2）航天运输服务。

（3）向境外单位提供的完全在境外消费的下列服务：❶研发服务；❷合同能源管理服务；❸设计服务；❹广播影视节目（作品）的制作和发行服务；❺软件服务；❻电路设计及测试服务；❼信息系统服务；❽业务流程管理服务；❾离岸服务外包业务，包括信息技术外包服务（ITO）、技术性业务流程外包服务（BPO）、技术性知识流程外包服务（KPO），其所涉及的具体业务活动，按照《销售服务、无形资产、不动产注释》相对应的业务活动执行；❿转让技术。完全在境外消费，是指：❶服务的实际接受方在境外，且与境内的货物和不动产无关；❷无形资产完全在境外使用，且与境内的货物和不动产无关；❸财政部和国家税务总局规定的其他情形。

（4）财政部和国家税务总局规定的其他服务。

**点睛**　零税率不同于免税。以出口货物为例，出口货物免税仅指在出口销售环节免征增值税销项税额（一般计税方法下）或者应纳增值税额（简易计税方法下），该出口货物在出口前相应的进项税额不能抵扣，也不能退还；而零税率是指对出口货物除了在出口销售环节免征增值税销项税额（一般计税方法下）或者增值税应纳税额（简易计税方法下）外，还要将该出口货物在出口前相应的进项税额按照税法规定的计算公式计算后予以直接退还（免退办法）或者先抵扣后退还（免抵退办法），使该出口货物在出口时完全不含增值税税款，从而以无增值税货物的形式进入国际市场。

**提示**　根据《增值税法》的规定，（1）纳税人销售货物、加工修理修配服务、有形动产租赁服务，进口货物，除第（2）项、第（4）项、第（5）项规定外，税率为13%。（2）纳税人销售交通运输、邮政、基础电信、建筑、不动产租赁服务，销售不动产，转让土地使用权，销售或者进口下列货物，除第（4）项、第（5）项规定外，税率为9%：❶农产品、食用植物油、食用盐；❷自来水、暖气、冷气、热水、煤气、石油液化气、天然气、二甲醚、沼气、居民用煤炭制品；❸图书、报纸、杂志、音像制品、电子出版物；❹饲料、化肥、农药、农机、农膜。（3）纳税人销售服务、无形资产，除第（1）项、第（2）项、第（5）项规定外，税率为6%。（4）纳税人出口货物，税率为零；国务院另有规定的除外。（5）境内单位和个人跨境销售国务院规定范围内的服务、无形资产，税率为零。

### （四）征收率

一般纳税人特殊情况下采用简易计税方法适用征收率。小规模纳税人缴纳增值税采用简易计税方法适用征收率。我国增值税的法定征收率是3%；一些特殊项目适用3%减按2%的征收率；自2020年5月1日至2027年12月31日，从事二手车经销的纳税人销售其收购的二手车，减按0.5%征收率征收增值税。全面"营改增"后的与不动产有关的特殊项目适用5%的征收率；一些特殊项目适用5%减按1.5%的征收率（详见本项目任务二）。

自2020年3月1日至2021年3月31日，湖北省增值税小规模纳税人，适用3%征收率的应税销售收入，免征增值税；适用3%预征率的预缴增值税项目，暂停预缴增值税。自2021年4月1日至2022年3月31日，湖北省增值税小规模纳税人，适用3%征收率的应税销售收入，减按1%征收率征收增值税；适用3%预征率的预缴增值税项目，减按1%预征率预缴增值税。自2020年3月1日至2022年3月31日，除湖北省外，其他省、自治区、直辖市的增值税小规模纳税人，适用3%征收率的应税销售收入，减按1%征收率征收增值税；适用3%预征率的预缴增值税项目，减按1%预征率预缴增值税。自2022年4月1日至2022年12月31日，增值税小规模纳税人适用3%征收率的应税销售收入，免征增值税；适用3%预征率的预缴增值税项目，暂停预缴增值税。自2023年1月1日至2027年12月31日，增值税小规模纳税人适用3%征收率的应税销售收入，减按1%征收率征收增值税；适用3%预征率的预缴增值税项目，减按1%预征率预缴增值税。

**提示**　根据《增值税法》的规定，适用简易计税方法计算缴纳增值税的征收率为3%。

**总结**　租赁业务（包括经营租赁和融资租赁）的税率和征收率归纳见表2-1。

表 2-1　　　　　　　租赁业务（包括经营租赁和融资租赁）的税率和征收率归纳

| 租赁的类型 | 一般计税方法下（适用税率） | 简易计税方法下（适用征收率） |
|---|---|---|
| 不动产租赁 | 9% | 5% |
| 动产租赁 | 13% | 3% |

### 五、增值税优惠政策的运用

#### （一）纳税人销售货物或者劳务的增值税优惠政策

1.《增值税暂行条例》规定的免征增值税政策

（1）销售自产农产品（指农业生产者销售的自产初级农产品，包括制种、"公司+农户"经营模式的畜禽饲养）；

（2）避孕药品和用具；

（3）古旧图书（指向社会收购的古书和旧书）；

（4）直接用于科学研究、科学试验和教学的进口仪器、设备；

（5）外国政府、国际组织无偿援助的进口物资和设备；

（6）由残疾人组织直接进口供残疾人专用的物品；

（7）销售的自己使用过的物品（指其他个人销售自己使用过的物品）。

🌱**提示**　个人有两种：一种是个体工商户；另一种是其他个人。因此，其他个人指的是个体工商户以外的个人，即自然人。

🌱**点睛**　免税是指对货物、劳务、服务、无形资产或者不动产在本流转环节的增值税销项税额（一般计税方法下）或者应纳增值税额（简易计税方法下）予以免征。免税只免征本流转环节的增值税销项税额或者应纳增值税额，对在以前流转环节所缴纳的增值税额（指的是增值税进项税额）不予退还，因此，免税货物、劳务、服务、无形资产或者不动产仍然负担一定的增值税。

☞**【情境辨析2-6】**下列各项中，属于《增值税暂行条例》规定的免税项目的有（　　）。

A.我国某企业销售从社会收购的古旧图书

B.我国某百货公司进口的残疾人轮椅

C.我国自然人销售自己使用过的物品

D.外国企业无偿赞助的进口设备

2.财政部、国家税务总局规定的增值税优惠政策

（1）资源综合利用产品和劳务增值税优惠政策。纳税人销售自产的资源综合利用产品和提供资源综合利用劳务，符合税法规定的相关条件的，可享受增值税即征即退政策。

（2）医疗卫生的增值税优惠政策。

❶非营利性医疗机构：自产自用的制剂免征增值税。

❷营利性医疗机构：取得的收入，按规定征收各项税收。自执业登记起3年内对自产自用的制剂免征增值税。

❸疾病控制机构和妇幼保健机构等的服务收入：按国家规定价格取得的卫生服务收入免征增值税。

❹血站：供应给医疗机构的临床用血免征增值税。

❺供应非临床用血：可按简易计税方法计算应纳税额。

（3）修理修配劳务的增值税优惠。飞机修理，增值税实际税负超过6%的部分即征即退。

（4）软件产品的增值税优惠。增值税一般纳税人销售其自行开发生产的软件产品，按13%税率征收增值税后，对其增值税实际税负超过3%的部分实行即征即退政策。增值税一般纳税人将进口软件产品进行本地化改造后对外销售，其销售的软件产品可享受上述增值税即征即退政策。

即征即退税额=当期软件产品增值税应纳税额－当期软件产品销售额×3%

☞【情境辨析2-7】甲软件开发企业为增值税一般纳税人，本年5月销售自行开发生产的软件产品，开具的增值税专用发票上注明的不含税销售额为68 000元，开具的增值税普通发票上注明的不含税销售额为200 000元，本月购进一批电脑用于软件开发，取得的增值税专用发票上注明金额90 000元，税额11 700元。甲软件开发企业上述业务应退增值税（　　　）元。

A.8 040　　　　　B.11 700　　　　　C.23 140　　　　　D.15 100

（5）对供热企业向居民个人供热而取得的采暖费收入继续免征增值税。

（6）蔬菜流通环节增值税免税政策。

❶自2012年1月1日起，对从事蔬菜批发、零售的纳税人销售的蔬菜免征增值税。

蔬菜是指可作副食的草本、木本植物，包括各种蔬菜、菌类植物和少数可作副食的木本植物。蔬菜的主要品种参照《蔬菜主要品种目录》（略）执行。

经挑选、清洗、切分、晾晒、包装、脱水、冷藏、冷冻等工序加工的蔬菜，属于上述蔬菜的范围。

🍀提示　各种蔬菜罐头不属于免税范围。蔬菜罐头是指蔬菜经处理、装罐、密封、杀菌或无菌包装而制成的食品。

❷从事蔬菜批发、零售的纳税人既销售蔬菜又销售其他增值税应税货物的，应分别核算蔬菜和其他增值税应税货物的销售额；未分别核算的，不得享受蔬菜增值税免税政策。

（7）部分鲜活肉蛋产品流通环节增值税免税政策。

❶自2012年10月1日起，对从事农产品批发、零售的纳税人销售的部分鲜活肉蛋产品免征增值税。

免征增值税的鲜活肉产品，是指猪、牛、羊、鸡、鸭、鹅及其整块或者分割的鲜肉、冷藏或者冷冻肉，内脏、头、尾、骨、蹄、翅、爪等组织。

免征增值税的鲜活蛋产品，是指鸡蛋、鸭蛋、鹅蛋，包括鲜蛋、冷藏蛋以及对其进行破壳分离的蛋液、蛋黄和蛋壳。

❷从事农产品批发、零售的纳税人既销售上述部分鲜活肉蛋产品又销售其他增值税应税货物的，应分别核算上述鲜活肉蛋产品和其他增值税应税货物的销售额；未分别核算的，不得享受部分鲜活肉蛋产品增值税免税政策。

（8）制种行业增值税政策。制种企业在规定的生产经营模式下生产种子，属于农业生产者销售自产农产品，免征增值税。

**实务答疑2-6** 农民专业合作社销售给本社成员农机、农膜、种子，是否应当缴纳增值税？

纳税人兼营免税、减税项目应当分别核算免税、减税项目的销售额；未分别核算销售额的，不得免税、减税。

🔖**提示** 根据《增值税法》的规定，纳税人兼营增值税优惠项目的，应当单独核算增值税优惠项目的销售额；未单独核算的项目，不得享受税收优惠。

### （二）纳税人销售服务、无形资产或者不动产的增值税优惠政策

1.营业税改征增值税过渡期间免税政策

下列项目免征增值税：

（1）托儿所、幼儿园提供的保育和教育服务。

（2）养老机构提供的养老服务。

（3）残疾人福利机构提供的育养服务。

（4）婚姻介绍服务。

（5）殡葬服务。

（6）残疾人员本人为社会提供的服务。

（7）医疗机构提供的医疗服务。

（8）从事学历教育的学校提供的教育服务。

（9）学生勤工俭学提供的服务。

（10）农业机耕、排灌、病虫害防治、植物保护、农牧保险以及相关技术培训业务，家禽、牲畜、水生动物的配种和疾病防治。

（11）纪念馆、博物馆、文化馆、文物保护单位管理机构、美术馆、展览馆、书画院、图书馆在自己的场所提供文化体育服务取得的第一道门票收入。

（12）寺院、宫观、清真寺和教堂举办文化、宗教活动的门票收入。

（13）行政单位之外的其他单位收取的符合《营业税改征增值税试点实施办法》第十条规定条件的政府性基金和行政事业性收费。

（14）个人转让著作权。

（15）个人销售自建自用住房。

（16）2025年12月31日前，公共租赁住房经营管理单位出租公共租赁住房。

（17）台湾航运公司、航空公司从事海峡两岸海上直航、空中直航业务在大陆取得的运输收入。

（18）纳税人提供的直接或者间接国际货物运输代理服务。

（19）符合条件的利息收入。

（20）被撤销金融机构以货物、不动产、无形资产、有价证券、票据等财产清偿债务。

（21）保险公司开办的一年期以上人身保险产品取得的保费收入。

（22）符合条件的金融商品转让收入。

（23）金融同业往来利息收入。

（24）符合条件的担保机构从事中小企业信用担保或者再担保业务取得的收入（不含

信用评级、咨询、培训等收入）3年内免征增值税。

（25）国家商品储备管理单位及其直属企业承担商品储备任务，从中央或者地方财政取得的利息补贴收入和价差补贴收入。

（26）纳税人提供技术转让、技术开发和与之相关的技术咨询、技术服务。

（27）符合条件的合同能源管理服务。

（28）2027年12月31日前，免征图书批发、零售环节增值税。

（29）2027年12月31日前，科普单位的门票收入，以及县级及以上党政部门和科协开展科普活动的门票收入。

（30）政府举办的从事学历教育的高等、中等和初等学校（不含下属单位），举办进修班、培训班取得的全部归该学校所有的收入。

（31）政府举办的职业学校设立的主要为在校学生提供实习场所、并由学校出资自办、由学校负责经营管理、经营收入归学校所有的企业，从事《销售服务、无形资产或者不动产注释》中"现代服务"（不含融资租赁服务、广告服务和其他现代服务）、"生活服务"（不含文化体育服务、其他生活服务和桑拿、氧吧）业务活动取得的收入。

（32）家政服务企业由员工制家政服务员提供家政服务取得的收入。

（33）福利彩票、体育彩票的发行收入。

（34）军队空余房产租赁收入。

（35）为了配合国家住房制度改革，企业、行政事业单位按房改成本价、标准价出售住房取得的收入。

（36）将土地使用权转让给农业生产者用于农业生产。

（37）纳税人采取转包、出租、互换、转让、入股等方式将承包地流转给农业生产者用于农业生产。

（38）涉及家庭财产分割的个人无偿转让不动产、土地使用权。

（39）土地所有者出让土地使用权和土地使用者将土地使用权归还给土地所有者。

（40）县级以上地方人民政府或自然资源行政主管部门出让、转让或收回自然资源使用权（不含土地使用权）。

（41）随军家属就业。

（42）军队转业干部就业。

（43）2027年12月31日前，企业集团内单位（含企业集团）之间的资金无偿借贷行为。

（44）提供社区养老、抚育、家政等服务取得的收入。

（45）纳税人将国有农用地出租给农业生产者用于农业生产。

（46）2027年12月31日前，对金融机构向小型企业、微型企业和个体工商户发放小额贷款取得的利息收入。

（47）2027年12月31日前，纳税人为农户、小型企业、微型企业及个体工商户借款、发行债券提供融资担保取得的担保费收入，以及为上述融资担保（以下称原担保）提供再担保取得的再担保费收入，免征增值税。再担保合同对应多个原担保合同的，原担保合同应全部适用免征增值税政策。否则，再担保合同应按规定缴纳增值税。

☞【情境辨析2-8】下列项目中，免征增值税的有（      ）。

A.销售不动产            B.企业为社会残疾人员提供的服务

C.个人转让著作权       D.学生勤工俭学提供的服务

**实务答疑2-7**   私立（民办）幼儿园能否享受免征增值税的优惠？

**提示**   根据《增值税法》的规定，下列项目免征增值税：

（1）农业生产者销售的自产农产品，农业机耕、排灌、病虫害防治、植物保护、农牧保险以及相关技术培训业务，家禽、牲畜、水生动物的配种和疾病防治；

（2）医疗机构提供的医疗服务；

（3）古旧图书，自然人销售的自己使用过的物品；

（4）直接用于科学研究、科学试验和教学的进口仪器、设备；

（5）外国政府、国际组织无偿援助的进口物资和设备；

（6）由残疾人的组织直接进口供残疾人专用的物品，残疾人个人提供的服务；

（7）托儿所、幼儿园、养老机构、残疾人服务机构提供的育养服务，婚姻介绍服务，殡葬服务；

（8）学校提供的学历教育服务，学生勤工俭学提供的服务；

（9）纪念馆、博物馆、文化馆、文物保护单位管理机构、美术馆、展览馆、书画院、图书馆举办文化活动的门票收入，宗教场所举办文化、宗教活动的门票收入。

上述免税项目具体标准由国务院规定。

**2.营业税改征增值税过渡期间即征即退政策**

（1）一般纳税人提供管道运输服务，对其增值税实际税负超过3%的部分实行增值税即征即退政策。

**点睛**   增值税实际税负，是指纳税人当期提供应税行为实际缴纳的增值税额占纳税人当期提供应税行为取得的全部价款和价外费用的比例。

（2）经中国人民银行、中国银行保险监督管理委员会（现为国家金融监督管理总局）或者商务部批准（含备案）从事融资租赁业务的试点纳税人中的一般纳税人，提供有形动产融资租赁服务和有形动产融资性售后回租服务，对其增值税实际税负超过3%的部分实行增值税即征即退政策。商务部授权的省级商务主管部门和国家经济技术开发区批准（含备案）的从事融资租赁业务和融资性售后回租业务的试点纳税人中的一般纳税人，2016年5月1日后实收资本达到1.7亿元的，从达到标准的当月起按照上述规定执行；2016年5月1日后实收资本未达到1.7亿元但注册资本达到1.7亿元的，在2016年7月31日前仍可按照上述规定执行，2016年8月1日后开展的有形动产融资租赁业务和有形动产融资性售后回租业务不得按照上述规定执行。

**3.营业税改征增值税优惠承继政策**

本地区营业税改征增值税试点实施之日前，如果试点纳税人已经按照有关政策规定享受了营业税税收优惠，在剩余税收优惠政策期限内，可以按照《营业税改征增值税试点实施办法》继续享受有关增值税优惠。

**4.营业税改征增值税试点前发生业务的处理**

（1）试点纳税人发生应税行为，按照国家有关营业税政策规定差额征收营业税的，因取得的全部价款和价外费用不足以抵减允许扣除项目金额，截至纳入"营改增"试点之日前尚未扣除的部分，不得在计算试点纳税人增值税应税销售额时抵减，应当向原主管税务机关申请退还营业税。

（2）试点纳税人发生应税行为，在纳入"营改增"试点之日前已缴纳营业税，"营改增"试点后因发生退款减除营业额的，应当向原主管税务机关申请退还已缴纳的营业税。

（3）试点纳税人纳入"营改增"试点之日前发生的应税行为，因税收检查等原因需要补缴税款的，应按照营业税政策规定补缴营业税。

5.营业税改征增值税零税率政策

见本任务中"四、增值税税率和征收率的判定"下的"（三）零税率"。

6.营业税改征增值税境外服务或者无形资产免税政策

境内的单位和个人销售的下列服务或者无形资产免征增值税，但财政部和国家税务总局规定适用零税率的除外：

（1）下列服务：

❶工程项目在境外的建筑服务。

❷工程项目在境外的工程监理服务。

❸工程、矿产资源在境外的工程勘察勘探服务。

❹会议展览地点在境外的会议展览服务。

❺存储地点在境外的仓储服务。

❻标的物在境外使用的有形动产租赁服务。

❼在境外提供的广播影视节目（作品）的播映服务。

❽在境外提供的文化体育服务、教育医疗服务、旅游服务。

（2）为出口货物提供的邮政服务、收派服务、保险服务。

为出口货物提供的保险服务，包括出口货物保险和出口信用保险。

（3）向境外单位提供的完全在境外消费的下列服务或者无形资产：

❶电信服务。

❷知识产权服务。

❸物流辅助服务（仓储服务、收派服务除外）。

❹鉴证咨询服务。

❺专业技术服务。

❻商务辅助服务。

❼广告投放地在境外的广告服务。

❽无形资产。

（4）以无运输工具承运方式提供的国际运输服务。

（5）为境外单位之间的货币资金融通及其他金融业务提供的直接收费金融服务，且该服务与境内的货物、无形资产和不动产无关。

（6）财政部和国家税务总局规定的其他服务。

7.税额抵减

试点增值税纳税人在制度转换以后，初次购买增值税税控系统专用设备（包括分开票机）所支付的费用，可凭购买增值税税控系统专用设备取得的增值税专用发票，在增值税应纳税额中全额抵减（抵减额为价税合计额），不足抵减的可结转下期继续抵减。非初次购买所支付的费用由纳税人自行负担。

增值税纳税人在制度转换以后，缴纳的技术维护费（不含补缴的转换日以前的技术维护费），可凭技术维护服务单位开具的技术维护费发票，在增值税应纳税额中全额抵减，不足抵减的可结转下期继续抵减。技术维护费按照价格主管部门核定的标准执行。

**点睛** 增值税一般纳税人支付的两项费用在增值税应纳税额中全额抵减的，其增值税专用发票不作为增值税抵扣凭证，其进项税额不得从销项税额中抵扣。

**实务答疑2-8** 我公司每年缴纳的增值税税控系统专用设备的维护费都可以抵减应交的增值税税额吗？

8.选择或者放弃税收减免的规定

纳税人发生应税行为适用免税、减税规定的，可以放弃免税、减税，依照税法规定缴纳增值税。放弃免税、减税后，36个月内不得再申请免税、减税。纳税人要求放弃免税、减税权的，应当以书面形式提交纳税人放弃免（减）税权声明，报主管税务机关备案。纳税人发生应税行为同时适用免税和零税率规定的，纳税人可以选择适用免税或者零税率。

**点睛** 纳税人放弃免税权的原因主要有两点：一是放弃免税权后，有远远超过销项税额的大额进项税额可以抵扣；二是多数购买方有取得增值税专用发票的要求或者需求，只有销售方放弃免税权后，才能对外开具增值税专用发票。

**提示** 根据《增值税法》的规定，纳税人可以放弃增值税优惠；放弃优惠的，在36个月内不得享受该项税收优惠，小规模纳税人除外。

### （三）增值税的起征点

个人发生应税行为的销售额未达到增值税起征点的，免征增值税；达到起征点的，全额计算缴纳增值税。增值税起征点的适用范围仅限于个人，不包括登记为一般纳税人的个体工商户。

1.纳税人销售货物或者劳务的增值税起征点的幅度规定

（1）销售货物的，为月销售额5 000～20 000元（含本数）；

（2）销售加工修理修配劳务的，为月销售额5 000～20 000元（含本数）；

（3）按次纳税的，为每次（日）销售额300～500元（含本数）。

2.纳税人销售服务、无形资产或者不动产的增值税起征点的幅度规定

（1）按期纳税的，为月销售额5 000～20 000元（含本数）。

（2）按次纳税的，为每次（日）销售额300～500元（含本数）。

起征点的调整由财政部和国家税务总局规定。省、自治区、直辖市财政厅（局）和税务局应当在规定的幅度内，根据实际情况确定本地区适用的起征点，并报财政部和国家税务总局备案。

**提示** 根据《增值税法》的规定，小规模纳税人发生应税交易，销售额未达到起征点的，免征增值税；达到起征点的，依照本法规定全额计算缴纳增值税。上述起征点标准由国务院规定，报全国人民代表大会常务委员会备案。

（四）小微企业暂免征收增值税的优惠政策

自 2023 年 1 月 1 日至 2027 年 12 月 31 日，国家税务总局关于增值税小规模纳税人减免增值税等政策有关征管事项规定如下：

（1）增值税小规模纳税人（简称小规模纳税人）发生增值税应税销售行为，合计月销售额未超过 10 万元（以 1 个季度为 1 个纳税期的，季度销售额未超过 30 万元）的，免征增值税。

小规模纳税人发生增值税应税销售行为，合计月销售额超过 10 万元（以 1 个季度为 1 个纳税期的，季度销售额超过 30 万元），但扣除本期发生的销售不动产的销售额后未超过 10 万元（以 1 个季度为 1 个纳税期的，季度销售额未超过 30 万元）的，其销售货物、劳务、服务、无形资产取得的销售额免征增值税。

（2）适用增值税差额征税政策的小规模纳税人，以差额后的销售额确定是否可以享受"自 2023 年 1 月 1 日至 2027 年 12 月 31 日，对月销售额 10 万元（以 1 个季度为 1 个纳税期的，季度销售额 30 万元）以下（含本数）的增值税小规模纳税人，免征增值税"规定中的免征增值税政策。

"增值税及附加税费申报表（小规模纳税人适用）"中的"免税销售额"相关栏次，填写差额后的销售额。

（3）《增值税暂行条例实施细则》第九条所称的其他个人，采取一次性收取租金形式出租不动产取得的租金收入，可在对应的租赁期内平均分摊，分摊后的月租金收入未超过 10 万元的，免征增值税。

（4）小规模纳税人取得应税销售收入，适用"自 2023 年 1 月 1 日至 2027 年 12 月 31 日，对月销售额 10 万元（以 1 个季度为 1 个纳税期的，季度销售额 30 万元）以下（含本数）的增值税小规模纳税人，免征增值税"规定中的免征增值税政策的，纳税人可就该笔销售收入选择放弃免税并开具增值税专用发票。

（5）小规模纳税人取得应税销售收入，适用"自 2023 年 1 月 1 日至 2027 年 12 月 31 日，增值税小规模纳税人适用 3% 征收率的应税销售收入，减按 1% 征收率征收增值税"政策的，应按照 1% 征收率开具增值税发票。纳税人可就该笔销售收入选择放弃减税并开具增值税专用发票。

（6）小规模纳税人取得应税销售收入，纳税义务发生时间在 2022 年 12 月 31 日前并已开具增值税发票，如发生销售折让、中止或者退回等情形需要开具红字发票，应开具对应征收率红字发票或免税红字发票；开票有误需要重新开具的，应开具对应征收率红字发票或免税红字发票，再重新开具正确的蓝字发票。

（7）小规模纳税人发生增值税应税销售行为，合计月销售额未超过 10 万元（以 1 个季度为 1 个纳税期的，季度销售额未超过 30 万元）的，免征增值税的销售额等项目应填写在"增值税及附加税费申报表（小规模纳税人适用）"的"小微企业免税销售额"或者"未达起征点销售额"相关栏次；减按 1% 征收率征收增值税的销售额应填写在"增值税及附加税费申报表（小规模纳税人适用）"的"应征增值税不含税销售额（3% 征收率）"相应栏次，对应减征的增值税应纳税额按销售额的 2% 计算填写在"增值税及附加税费申报表（小规模纳税人适用）"的"本期应纳税额减征额"及"增值税减免税申报明细表"减税项目相应栏次。

（8）按固定期限纳税的小规模纳税人可以选择以1个月或1个季度为纳税期限，一经选择，一个会计年度内不得变更。

（9）按照现行规定应当预缴增值税税款的小规模纳税人，凡在预缴地实现的月销售额未超过10万元（以1个季度为1个纳税期的，季度销售额未超过30万元）的，当期无须预缴税款。在预缴地实现的月销售额超过10万元（以1个季度为1个纳税期的，季度销售额超过30万元）的，适用3%预征率的预缴增值税项目，减按1%预征率预缴增值税。

（10）小规模纳税人中的单位和个体工商户销售不动产，应按其纳税期、上述第（9）条以及其他现行政策规定确定是否预缴增值税；其他个人销售不动产，继续按照现行规定征免增值税。

（11）纳税人按照《财政部 税务总局关于明确增值税小规模纳税人减免增值税等政策的公告》（财政部 税务总局公告2023年第1号）第四条规定申请办理抵减或退还已缴纳税款，如果已经向购买方开具了增值税专用发票，应先将增值税专用发票追回。

**实务答疑2-9** 我公司为增值税一般纳税人，按月申报缴纳增值税，本年5月销售额只有9万元，请问我公司是否可以免缴增值税？

短片

【素养园地】

提示 根据《增值税法》的规定，根据国民经济和社会发展的需要，国务院对支持小微企业发展、扶持重点产业、鼓励创新创业就业、公益事业捐赠等情形可以制定增值税专项优惠政策，报全国人民代表大会常务委员会备案。国务院应当对增值税优惠政策适时开展评估、调整。

退伍创业 税收助力

### 六、增值税专用发票的使用和管理

增值税专用发票，是作为销售方的增值税纳税人销售货物、劳务、服务、无形资产或者不动产开具的发票，是作为购买方增值税纳税人支付增值税额并可按照增值税有关规定据以抵扣增值税进项税额的凭证（据以抵扣增值税进项税额的权利仅限于增值税一般纳税人）。一般纳税人应通过增值税防伪税控系统（自2015年1月1日起，升级为增值税发票管理系统，下同）使用专用发票。使用，包括领用、开具、缴销、认证纸质专用发票及其相应的数据电文。

提示 自2020年2月1日起，增值税小规模纳税人（其他个人除外）发生增值税应税行为，需要开具增值税专用发票的，可以自愿使用增值税发票管理系统自行开具。选择自行开具增值税专用发票的小规模纳税人，税务机关不再为其代开增值税专用发票。

### （一）增值税专用发票的领用和开具范围

#### 1.领用范围

自2020年2月1日起，全面推行小规模纳税人自行开具增值税专用发票之后，增值税一般纳税人和增值税小规模纳税人均可以领用和使用增值税专用发票。有下列情形之一的，不得使用增值税专用发票：

（1）会计核算不健全，不能向税务机关准确提供增值税销项税额、进项税额、应纳税额数据及其他有关增值税税务资料的。上列其他有关增值税税务资料的内容，由省、自治区、直辖市和计划单列市税务机关确定。

（2）应当办理一般纳税人登记而未办理的。

（3）有《税收征收管理法》规定的税收违法行为，拒不接受税务机关处理的。

（4）有下列行为之一，经税务机关责令限期改正而仍未改正的：

❶虚开增值税专用发票。

❷私自印制增值税专用发票。

❸向税务机关以外的单位和个人买取增值税专用发票。

❹借用他人增值税专用发票。

❺未按《增值税专用发票使用规定》第十一条规定的要求开具增值税专用发票。

❻未按规定保管增值税专用发票和专用设备。有下列情形之一的，为未按规定保管专用发票和专用设备：未设专人保管专用发票和专用设备；未按税务机关要求存放专用发票和专用设备；未将认证相符的专用发票抵扣联、"认证结果通知书"和"认证结果清单"装订成册；未经税务机关检查，擅自销毁专用发票基本联次。

❼未按规定申请办理防伪税控系统变更发行。

❽未按规定接受税务机关检查。

有上列情形的，如已领取增值税专用发票，主管税务机关应暂扣其结存的增值税专用发票和税控专用设备。

2.开具范围

纳税人发生应税销售行为，应当向索取增值税专用发票的购买方开具增值税专用发票，并在增值税专用发票上分别注明销售额和销项税额。

属于下列情形之一的，不得开具增值税专用发票：

（1）应税销售行为的购买方为消费者个人的。

（2）发生应税销售行为适用免税规定的。

（3）部分适用增值税简易①征收政策规定的：

❶增值税一般纳税人的单采血浆站销售非临床用人体血液选择简易计税的。

❷纳税人销售旧货，按简易办法依3%征收率减按2%征收增值税的。

❸纳税人销售自己使用过的固定资产②，适用简易办法依照3%征收率减按2%征收增值税政策的。

纳税人销售自己使用过的固定资产，适用简易办法依照3%征收率减按2%征收增值税政策的，可以放弃减税，按照简易办法依照3%征收率缴纳增值税，并可以开具增值税专用发票。

（4）法律、法规及国家税务总局规定的其他情形。

商业企业一般纳税人零售的烟、酒、食品、服装、鞋帽（不包括劳保专用部分）、化妆品等消费品不得开具增值税专用发票。

🔗链接　金融商品转让，不得开具增值税专用发票。从事经纪代理服务，向委托方收取的政府性

---

① "简易"根据不同的语境又可以称为"简易办法"或者"简易计税方法"。全书同。
② "纳税人销售自己使用过的固定资产，适用简易办法依照3%征收率减按2%征收增值税"政策中的"固定资产"属于货物范畴，即动产，而非不动产。全书同。

基金或者行政事业性收费，不得开具增值税专用发票。选择差额计算方法计算销售额的纳税人，提供旅游服务向旅游服务购买方收取并支付的可以从全部价款和价外费用中扣除的费用，不得开具增值税专用发票。

**实务答疑2-10** 我公司为增值税一般纳税人，从作为一般纳税人的超市购买办公用品（笔、纸等），可否要求超市开具增值税专用发票？

☞**【情境辨析2-9】** 下列行为中，不得开具增值税专用发票的是（　　　）。

A.商业企业零售食品

B.商业企业对外批发销售劳保用品

C.商业企业将购进的货物用于对外捐赠

D.军需工厂销售军用产品给某商业企业

### （二）增值税专用发票的基本内容和开具要求

**1.增值税专用发票的联次**

增值税专用发票由基本联次或者基本联次附加其他联次构成，分为三联版和六联版两种。基本联次为三联：第一联为记账联，是销售方记账凭证；第二联为抵扣联，是购买方扣税凭证；第三联为发票联，是购买方记账凭证。其他联次用途，由纳税人自行确定。纳税人办理产权过户手续需要使用发票的，可以使用增值税专用发票第六联。

**实务答疑2-11** 我公司从电子商务平台购买货物取得的增值税电子普通发票是否可以作为原始凭证入账？

**2.增值税专用发票的基本内容**

增值税专用发票的基本内容如下：

（1）购销双方的纳税人名称，购销双方地址；

（2）购销双方的纳税人识别号（或统一社会信用代码，下同）；

（3）发票字轨号码；

（4）销售货物、劳务、服务、无形资产或者不动产的名称、计量单位、数量；

（5）不包括增值税在内的单价及总金额；

（6）增值税税率、增值税税额、填开的日期。

**3.增值税专用发票的开具要求**

增值税专用发票的开具要求如下：

（1）项目齐全，与实际交易相符。

（2）字迹清楚，不得压线、错格。

（3）发票联和抵扣联加盖发票专用章。

🔖**提示**　《中华人民共和国发票管理办法》规定："开具发票应当按照规定的时限、顺序、栏目，全部联次一次性如实开具，开具纸质发票应当加盖发票专用章。"由此可知，发票上应当加盖发票专用章，而非加盖财务专用章。

（4）按照增值税纳税义务发生时间开具。

不符合上列要求的增值税专用发票，购买方有权拒收。

知识答疑2-5 增值税普通发票和增值税专用发票的记账联需要加盖发票专用章吗？

### （三）增值税专用发票进项税额的抵扣时限

自2020年3月1日起，增值税一般纳税人取得2017年1月1日及以后开具的增值税专用发票、海关进口增值税专用缴款书、机动车销售统一发票、收费公路通行费增值税电子普通发票，取消认证确认、稽核比对、申报抵扣的期限。纳税人在进行增值税纳税申报时，应当通过本省（自治区、直辖市和计划单列市）增值税发票综合服务平台对上述扣税凭证信息进行用途确认。

自2020年3月1日起，增值税一般纳税人取得2016年12月31日及以前开具的增值税专用发票、海关进口增值税专用缴款书、机动车销售统一发票，超过认证确认、稽核比对、申报抵扣期限，但符合规定条件的，仍可按照《国家税务总局关于逾期增值税扣税凭证抵扣问题的公告》（国家税务总局公告2011年第50号，国家税务总局公告2017年第36号、2018年第31号修改）、《国家税务总局关于未按期申报抵扣增值税扣税凭证有关问题的公告》（国家税务总局公告2011年第78号，国家税务总局公告2018年第31号修改）的规定，继续抵扣进项税额。

### （四）开具红字专用发票的处理流程

自2016年8月1日起，针对红字发票开具的有关问题规定如下：

（1）增值税一般纳税人开具增值税专用发票（以下简称"专用发票"）后，发生销货退回、开票有误、应税服务中止等情形但不符合发票作废条件，或者因销货部分退回及发生销售折让，需要开具红字专用发票的，按以下方法处理：

❶购买方取得专用发票已用于申报抵扣的，购买方可在增值税发票管理新系统（以下简称"新系统"）中填开并上传"开具红字增值税专用发票信息表"（以下简称"信息表"），在填开"信息表"时不填写相对应的蓝字专用发票信息，应暂依"信息表"所列增值税税额从当期进项税额中转出，待取得销售方开具的红字专用发票后，与"信息表"一并作为记账凭证。

购买方取得专用发票未用于申报抵扣、但发票联或抵扣联无法退回的，购买方填开"信息表"时应填写相对应的蓝字专用发票信息。

销售方开具专用发票尚未交付购买方，以及购买方未用于申报抵扣并将发票联及抵扣联退回的，销售方可在新系统中填开并上传"信息表"。销售方填开"信息表"时应填写相对应的蓝字专用发票信息。

❷主管税务机关通过网络接收纳税人上传的"信息表"，系统自动校验通过后，生成带有"红字发票信息表编号"的"信息表"，并将信息同步至纳税人端系统中。

❸销售方凭税务机关系统校验通过的"信息表"开具红字专用发票，在新系统中以销项负数开具。红字专用发票应与"信息表"一一对应。

❹纳税人也可凭"信息表"电子信息或纸质资料到税务机关对"信息表"内容进行系统校验。

（2）税务机关为小规模纳税人代开专用发票，需要开具红字专用发票的，按照一般纳税人开具红字专用发票的方法处理。

（3）纳税人需要开具红字增值税普通发票的，可以在所对应的蓝字发票金额范围内开具多份红字发票。红字机动车销售统一发票需与原蓝字机动车销售统一发票一一对应。

### （五）增值税专用发票不得作为抵扣进项税额凭证的规定

（1）经认证，有下列情形之一的，不得作为增值税进项税额的抵扣凭证，税务机关退还原件，购买方可要求销售方重新开具专用发票：

❶无法认证。无法认证，是指专用发票所列密文或者明文不能辨认，无法产生认证结果。

❷纳税人识别号认证不符。纳税人识别号认证不符，是指专用发票所列购买方纳税人识别号有误。

❸专用发票代码、号码认证不符。专用发票代码、号码认证不符，是指专用发票所列密文解译后与明文的代码或者号码不一致。

（2）经认证，有下列情形之一的，暂时不得作为增值税进项税额的抵扣凭证，税务机关扣留原件，查明原因，分别情况进行处理：

❶重复认证。重复认证，是指已经认证相符的同一张专用发票再次认证。

❷密文有误。密文有误，是指专用发票所列密文无法解译。

❸认证不符。认证不符，是指纳税人识别号有误，或者专用发票所列密文解译后与明文不一致。本项所称的认证不含（1）项中的❷、❸所列情形。

❹列为失控专用发票。列为失控专用发票，是指认证时的专用发票已被登记为失控专用发票。

（3）专用发票抵扣联无法认证的，可使用专用发票发票联到主管税务机关认证。专用发票发票联复印件留存备查。

### （六）增值税专用发票丢失的处理

一般纳税人丢失已开具专用发票的发票联和抵扣联，如果丢失前已认证相符的，购买方凭销售方提供的相应专用发票记账联复印件及销售方所在地主管税务机关出具的"丢失增值税专用发票已报税证明单"，经购买方主管税务机关审核同意后，可作为增值税进项税额的抵扣凭证；如果丢失前未认证的，购买方凭销售方提供的相应专用发票记账联复印件到主管税务机关进行认证，认证相符的凭该专用发票记账联复印件及销售方所在地主管税务机关出具的"丢失增值税专用发票已报税证明单"，经购买方主管税务机关审核同意后，可作为增值税进项税额的抵扣凭证。

一般纳税人丢失已开具专用发票的抵扣联，如果丢失前已认证相符的，可使用专用发票发票联复印件留存备查；如果丢失前未认证的，可使用专用发票发票联到主管税务机关认证，专用发票发票联复印件留存备查。

一般纳税人丢失已开具专用发票的发票联，可将专用发票抵扣联作为记账凭证，专用发票抵扣联复印件留存备查。

### （七）在新办纳税人中实行增值税专用发票电子化有关事项

（1）自2020年12月21日起，在天津、河北、上海、江苏、浙江、安徽、广东、重庆、四川、宁波和深圳等11个地区的新办纳税人中实行专票电子化，受票方范围为全国。其中，宁波、石家庄和杭州等3个地区已试点纳税人开具增值税电子专用发票（以下简称

"电子专票")的受票方范围扩至全国。

自2021年1月21日起，在北京、山西、内蒙古、辽宁、吉林、黑龙江、福建、江西、山东、河南、湖北、湖南、广西、海南、贵州、云南、西藏、陕西、甘肃、青海、宁夏、新疆、大连、厦门和青岛等25个地区的新办纳税人中实行专票电子化，受票方范围为全国。

实行专票电子化的新办纳税人具体范围由国家税务总局各省、自治区、直辖市和计划单列市税务局（以下简称"各省税务局"）确定。

（2）电子专票由各省税务局监制，采用电子签名代替发票专用章，属于增值税专用发票，其法律效力、基本用途、基本使用规定等与增值税纸质专用发票（以下简称"纸质专票"）相同。

（3）电子专票的发票代码为12位，编码规则：第1位为0，第2~5位代表省、自治区、直辖市和计划单列市，第6~7位代表年度，第8~10位代表批次，第11~12位为13。发票号码为8位，按年度、分批次编制。

（4）自各地专票电子化实行之日起，本地区需要开具增值税纸质普通发票、增值税电子普通发票（以下简称"电子普票"）、纸质专票、电子专票、纸质机动车销售统一发票和纸质二手车销售统一发票的新办纳税人，统一领取税务UKey开具发票。税务机关向新办纳税人免费发放税务UKey，并依托增值税电子发票公共服务平台，为纳税人提供免费的电子专票开具服务。

（5）税务机关按照电子专票和纸质专票的合计数，为纳税人核定增值税专用发票领用数量。电子专票和纸质专票的增值税专用发票（增值税税控系统）最高开票限额应当相同。

（6）纳税人开具增值税专用发票时，既可以开具电子专票，也可以开具纸质专票。受票方索取纸质专票的，开票方应当开具纸质专票。

（7）纳税人开具电子专票后，发生销售退回、开票有误、应税服务中止、销售折让等情形，需要开具红字电子专票的，按照以下规定执行：

❶购买方已将电子专票用于申报抵扣的，由购买方在增值税发票管理系统（以下简称"发票管理系统"）中填开并上传"开具红字增值税专用发票信息表"（以下简称"信息表"），填开"信息表"时不填写相对应的蓝字电子专票信息。

购买方未将电子专票用于申报抵扣的，由销售方在发票管理系统中填开并上传"信息表"，填开"信息表"时应填写相对应的蓝字电子专票信息。

❷税务机关通过网络接收纳税人上传的"信息表"，系统自动校验通过后，生成带有"红字发票信息表编号"的"信息表"，并将信息同步至纳税人端系统中。

❸销售方凭税务机关系统校验通过的"信息表"开具红字电子专票，在发票管理系统中以销项负数开具。红字电子专票应与"信息表"——对应。

❹购买方已将电子专票用于申报抵扣的，应当暂依"信息表"所列增值税税额从当期进项税额中转出，待取得销售方开具的红字电子专票后，与"信息表"一并作为记账凭证。

（8）受票方取得电子专票用于申报抵扣增值税进项税额或申请出口退税、代办退税的，应当登录增值税发票综合服务平台确认发票用途，登录地址由各省税务局确定并公布。

（9）单位和个人可以通过全国增值税发票查验平台（https：//inv-veri.chinatax.gov.cn）对电子专票信息进行查验；可以通过全国增值税发票查验平台下载增值税电子发票版式文件阅读器，查阅电子专票并验证电子签名有效性。

（10）纳税人以电子发票（含电子专票和电子普票）报销入账归档的，按照《财政部 国家档案局关于规范电子会计凭证报销入账归档的通知》（财会〔2020〕6号）的规定执行。

### 七、深化增值税改革中有关增值税发票的规定

（1）增值税一般纳税人在增值税税率调整前（2019年3月31日前）已按原16%、10%适用税率开具的增值税发票，发生销售折让、中止或者退回等情形需要开具红字发票的，按照原适用税率开具红字发票；开票有误需要重新开具的，先按照原适用税率开具红字发票后，再重新开具正确的蓝字发票。

（2）纳税人在增值税税率调整前未开具增值税发票的增值税应税销售行为，需要补开增值税发票的，应当按照原适用税率补开。

（3）增值税发票税控开票软件税率栏次默认显示调整后税率，纳税人发生上述（1）和（2）所列情形的，可以手工选择原适用税率开具增值税发票。

（4）国家税务总局在增值税发票税控开票软件中更新了"商品和服务税收分类编码表"，纳税人应当按照更新后的"商品和服务税收分类编码表"开具增值税发票。

（5）纳税人应当及时完成增值税发票税控开票软件升级和自身业务系统调整。

> **实务答疑2-12** 我公司是一大型超市，为增值税一般纳税人。请问我公司在国内销售商品使用的增值税税率是否相同？另外我公司还有一个运输车队，在国内承接运输服务，是否应当缴纳增值税，税率是多少？

**提示** 根据《增值税法》的规定，纳税人应当依法开具和使用增值税发票。增值税发票包括纸质发票和电子发票。电子发票与纸质发票具有同等法律效力。国家积极推广使用电子发票。

## 任务二　增值税的计算

### 任务引例2-2

我公司是增值税一般纳税人，上月销售给客户货物，本月收到客户支付的延期付款利息。对于延期付款利息，我公司开具发票时适用的增值税税率是多少？

### 一、增值税一般计税方法下应纳税额的计算

增值税的计税方法，主要包括一般计税方法和简易计税方法。我国目前对增值税一般纳税人增值税的计算一般情况下采用一般计税方法，某些特殊情况下采用或者选择采用简易计税方法；我国目前对增值税小规模纳税人增值税的计算采用简易计税方法。

**点睛** 一般计税方法，也就是国际上通行的购进扣税法，即先按当期销售额和适用税率计算出销项税额（这是对销售全额的征税），然后对当期购进项目已经缴纳的税款（所含税款）进行抵扣，从而间接计算出当期增值额部分的应纳税额。

**提示**　根据《增值税法》的规定，❶纳税人发生应税交易，应当按照一般计税方法，通过销项税额抵扣进项税额计算应纳税额的方式，计算缴纳增值税；本法另有规定的除外。❷小规模纳税人可以按照销售额和征收率计算应纳税额的简易计税方法，计算缴纳增值税。❸中外合作开采海洋石油、天然气增值税的计税方法等，按照国务院的有关规定执行。

增值税一般纳税人在一般计税方法下销售货物、劳务、服务、无形资产、不动产（统称应税销售行为），应纳税额为当期销项税额抵扣当期进项税额后的余额。应纳税额的计算公式为：

应纳增值税税额=当期销项税额-当期进项税额

**链接**　当期销项税额小于当期进项税额不足抵扣时，其不足部分可以结转下期继续抵扣。

**提示**　根据《增值税法》的规定，按照一般计税方法计算缴纳增值税的，应纳税额为当期销项税额抵扣当期进项税额后的余额。

境外的单位或者个人在境内提供加工修理修配劳务，在境内未设有经营机构的，以其境内代理人为扣缴义务人；在境内没有代理人的，以购买方为扣缴义务人。

境外的单位或者个人在境内销售服务、无形资产或不动产，在境内未设有经营机构的，以购买方为增值税扣缴义务人。

上述扣缴义务人按照下列公式计算应扣缴税额：

应扣缴税额=购买方支付的价款÷（1+税率）×税率

**提示**　根据《增值税法》的规定，境外单位和个人在境内发生应税交易，以购买方为扣缴义务人；按照国务院的规定委托境内代理人申报缴纳税款的除外。扣缴义务人依照本法规定代扣代缴税款的，按照销售额乘以税率计算应扣缴税额。

### （一）销项税额的计算

一般纳税人在一般计税方法下发生应税销售行为，按照销售额和税法规定的税率计算并收取的增值税额，为销项税额。销项税额的计算公式如下：

销项税额=销售额×税率

在增值税税率确定的情况下，计算销项税额的关键在于正确合理地确定增值税销项税的税基，即销售额。

**提示**　根据《增值税法》的规定，销项税额，是指纳税人发生应税交易，按照销售额乘以本法规定的税率计算的增值税税额。

**提示**　根据《增值税法》的规定，销售额，是指纳税人发生应税交易取得的与之相关的价款，包括货币和非货币形式的经济利益对应的全部价款，不包括按照一般计税方法计算的销项税额和按照简易计税方法计算的应纳税额。

1.一般销售方式下的销售额的确定

（1）一般销售方式下销售货物、提供加工修理修配劳务的销售额的确定。

销售货物、提供加工修理修配劳务的销售额是指纳税人销售货物、加工修理修配劳务向购买方收取的全部价款和价外费用。

**链接**　如果销售的货物是消费税应税产品，则全部价款中包括消费税。如果销售的货物是进口产品，则全部价款中包括进口关税。

价外费用，包括价外向购买方收取的手续费、补贴、基金、集资费、返还利润、奖励费、违约金、滞纳金、延期付款利息、赔偿金、代收款项、代垫款项、包装费、包装物租金、储备费、优质费、运输装卸费以及其他各种性质的价外收费。但下列项目不包括在内：

❶受托加工应征消费税的消费品所代收代缴的消费税。

❷同时符合以下条件的代垫运输费用：承运部门的运输费用发票开具给购买方的；纳税人（销售方）将该项发票转交给购买方的（这里指的是销售方为购买方代垫的运输费用）。

❸同时符合以下条件代为收取的政府性基金或者行政事业性收费：由国务院或者财政部批准设立的政府性基金，由国务院或者省级人民政府及其财政、价格主管部门批准设立的行政事业性收费；收取时开具省级以上财政部门印制的财政票据；所收款项全额上缴财政。

❹销售货物的同时代办保险等而向购买方收取的保险费，以及向购买方收取的代购买方缴纳的车辆购置税、车辆牌照费。

🍃**点睛**　一般情况下，价外费用本身都为含增值税的价外费用，在计算增值税销项税额时，需换算成不含增值税的价外费用。其换算公式为：

**不含税价外费用=含税价外费用÷（1+税率）**

销售额以人民币计算。如果纳税人以人民币以外的货币结算销售额的，应当以外币价格折合成人民币计算。其销售额的人民币折合率，可以选择销售额发生的当天或当月1日中国人民银行公布的市场汇价。纳税人应事先确定采用何种汇率，一旦确定后，在一年内不得变更。

### 任务引例2-2解析

根据《增值税暂行条例》的规定，销售额为纳税人发生应税销售行为收取的全部价款和价外费用，但是不包括收取的销项税额。《增值税暂行条例实施细则》第十二条规定，条例第六条第一款所称价外费用，包括价外向购买方收取的手续费、补贴、基金、集资费、返还利润、奖励费、违约金、滞纳金、延期付款利息、赔偿金、代收款项、代垫款项、包装费、包装物租金、储备费、优质费、运输装卸费以及其他各种性质的价外收费。

因此，你公司收到的延期付款利息，属于收到的销售货物的价外费用，应该按照销售货物所适用的税率开具发票。

☞【情境辨析2-10】增值税一般纳税人收取的下列款项中，应作为价外费用并入销售额计算增值税销项税额的有（　　　）。

A.商业企业销售货物时收取的优质服务费

B.工业企业销售货物时收取的包装费

C.设计公司提供设计服务向客户收取的提前完成奖励费

D.4S店销售小汽车的同时向购买方收取的代购买方缴纳的车辆购置税

（2）一般销售方式下销售服务、无形资产或者不动产的销售额的确定。

销售服务、无形资产或者不动产的销售额，是指纳税人销售服务、无形资产或者不动产向购买方收取的全部价款和价外费用，财政部和国家税务总局另有规定的除外。其中，价外费用是指价外收取的各种性质的价外收费，但不包括代为收取的政府性基金或者行政事业性收费，以及以委托方名义开具发票代委托方收取的款项。

❶贷款服务，以提供贷款服务取得的全部利息及利息性质的收入为销售额。

❷直接收费金融服务，以提供直接收费金融服务收取的手续费、佣金、酬金、管理费、服务费、经手费、开户费、过户费、结算费、转托管费等各类费用为销售额。

❸试点纳税人销售电信服务时，附带赠送用户识别卡、电信终端等货物或者电信服务的，应将其取得的全部价款和价外费用分别核算，按各自适用的税率计算缴纳增值税。

另外，差额征收方式下销售额的确定，见本任务的"三、增值税差额征收应纳税额的计算"。

**任务实例2-1**　甲餐馆为增值税一般纳税人，本年5月取得餐饮收入620 000元（含税），另收取包间服务费10 000元。

【任务要求】计算甲餐馆上述业务的增值税销项税额。

【任务实施】不含税销售额=（620 000+10 000）÷（1+6%）=594 339.62（元）

增值税销项税额=594 339.62×6%=35 660.38（元）

2.价税合并收取情况下销售额的确定

增值税普通发票上的含税销售额需换算成不含税销售额，作为增值税的计税依据。其换算公式为：

销售额=含税销售额÷（1+税率）

▶提示　一般纳税人采用一般计税方法计算"销项税额"的基数"销售额"是不含增值税的，小规模纳税人或一般纳税人采用简易计税方法计算"应纳增值税额"的基数"销售额"也是不含增值税的，如果是含增值税的销售额，先要换算成不含增值税销售额后，再计算销项税额或者应纳增值税税额。

▶提示　根据《增值税法》的规定，增值税为价外税，应税交易的销售额不包括增值税税额。增值税税额，应当按照国务院的规定在交易凭证上单独列明。

3.特殊销售方式下的销售额的确定

（1）采取折扣方式销售。

❶折扣销售，在会计上又叫商业折扣，是指销货方在销售货物时，因购货方购货数量较大或与销货方有特殊关系等原因而给予对方价格上的优惠（直接打折）。其销售额和折扣额在同一张发票的"金额"栏分别注明的，可按折扣后的销售额征收增值税。未在同一张发票的"金额"栏注明折扣额，而仅在发票的"备注"栏注明折扣额的，折扣额不得从销售额中扣除。折扣销售仅限于货物价格的折扣，如果销货方将自产、委托加工或购进的货物用于实物折扣的，则该实物折扣额不能从货物销售额中减除，且该实物应按《增值税暂行条例实施细则》"视同销售货物"中的"无偿赠送其他单位或者个人"计算征收增值税。

**任务实例2-2**　甲服装公司为增值税一般纳税人，本年5月销售给乙公司300套服装，不含税价格为700元/套。由于乙公司购买数量较多，甲服装公司给予乙公司8折的优惠，并按原价开具了增值税专用发票，销售额和折扣额在同一张发票的"备注"栏注明。

【任务要求】计算甲服装公司上述业务的增值税销项税额。

【任务实施】在折扣销售方式下，销售额和折扣额在同一张发票的"金额"栏分别注明的，可按折扣后的销售额征收增值税。未在同一张发票的"金额"栏注明折扣额，而仅在发票的"备注"栏注明折扣额的，折扣额不得从销售额中扣除。

增值税销项税额=700×300×13%=27 300（元）

❷销售折扣，在会计上又叫现金折扣，是指销货方在销售货物或提供应税劳务后，为了鼓励购货方及早偿付货款而协议许诺给予购货方的一种折扣优待（如10天内付款，货款折扣2%；20天内付款，货款折扣1%；30天内全价付款）。销售折扣发生在销货之后，是一种融资性质的理财费用，因此销售折扣不得从销售额中扣除。

🔖**链接** 在计算增值税时，销售折扣不得从销售额中扣除，但是在计算企业所得税时，销售折扣作为财务费用可以在企业所得税税前扣除。

> **任务实例2-3** 甲公司本年5月销售给乙公司10 000件玩具，每件不含税价格为30元，由于乙公司购买数量多，甲公司给予乙公司8折的优惠，折扣额与销售额开在同一张发票上，并在"金额"栏中注明折扣额，同时提供"1/10，N/20"的销售折扣，乙公司于10日内付款。

【任务要求】计算甲公司上述业务的增值税销项税额。

【任务实施】在折扣销售方式下，销售额和折扣额在同一张发票的"金额"栏分别注明的，可按折扣后的销售额缴纳增值税。销售折扣发生在销货之后，是一种融资性质的理财费用，因此销售折扣不得从销售额中扣除。

增值税销项税额=30×10 000×80%×13%=31 200（元）

❸纳税人向购买方开具增值税专用发票后，由于累计购买到一定量或市场价格下降等原因，销货方给予购货方的价格优惠或补偿等折扣、折让行为，可按规定开具红字增值税专用发票。

❹纳税人销售服务、无形资产或者不动产，将价款和折扣额在同一张发票分别注明的，以折扣后的价款为销售额；未在同一张发票分别注明的，以价款为销售额，不得扣减折扣额。

❺纳税人销售服务、无形资产或者不动产，开具增值税专用发票后，发生开票有误或者销售折让、中止、退回等情形的，应当按照国家税务总局的规定开具红字增值税专用发票；未按照规定开具红字增值税专用发票的，不得扣减销项税额或者销售额。

（2）采取以旧换新方式销售。

❶金银首饰以外的以旧换新业务，应按新货物的同期销售价格确定销售额，不得减除旧货物的收购价格。收取旧货物，若取得增值税专用发票，则专用发票上注明的进项税额可以抵扣。

❷金银首饰以旧换新业务，按销售方实际收到的不含增值税的全部价款征税。

> **任务实例2-4** 甲手机店为增值税一般纳税人，本年5月采取以旧换新方式向消费者个人销售手机30台，新手机零售价2 260元/台，旧手机500元/台，共取得差价52 800元。

【任务要求】计算上述以旧换新业务的增值税销项税额。

【任务实施】增值税销项税额=2 260×30÷（1+13%）×13%=7 800（元）

> **任务实例2-5** 甲金银首饰店为增值税一般纳税人，本年5月采取以旧换新方式向消费者销售金项链10条，每条新项链的零售价格为4 000元，每条旧项链作价2 500元，每条项链取得差价款1 500元。

【任务要求】计算甲金银首饰店上述以旧换新业务的增值税销项税额。

【任务实施】增值税销项税额=1 500×10÷（1+13%）×13%=1 725.66（元）

（3）采取还本销售方式销售。还本销售，指销售方将货物出售之后，按约定的时间，一次或分次将货款部分或全部退还给购货方，退还的货款即为还本支出。采取还本销售方式销售货物，其销售额就是货物的销售价格，不得从销售额中减除还本支出。

（4）采取以物易物方式销售。以物易物双方以各自发出的货物核算销售额并计算销项税额。

**点睛** 以物易物双方是否可以抵扣进项税额还要看能否取得对方开具的增值税专用发票等合法扣税凭证、换入的是否属于可抵扣进项税额的货物等因素。若能取得对方开具的增值税专用发票等合法扣税凭证且换入的是可抵扣进项税额的货物，则可以抵扣进项税额。

（5）包装物押金是否计入销售额。包装物是指纳税人包装本单位货物的各种物品。纳税人销售货物时另收取包装物押金，目的是促使购货方及早退回包装物以便周转使用。一般押金的规定如下：纳税人为销售货物而出租、出借包装物收取的押金，单独记账核算的，不并入销售额征税，但对因逾期未收回包装物不再退还的押金，应按所包装货物的适用税率计算征收增值税。

**点睛** 对上述"逾期"的解释如下：根据《国家税务总局关于取消包装物押金逾期期限审批后有关问题的通知》（国税函〔2004〕827号）的规定，纳税人为销售货物出租出借包装物而收取的押金，无论包装物周转使用期限长短，超过1年（含1年）以上仍不退还的均并入销售，应按所包装货物的适用税率征收增值税。

纳税人向购买方收取的逾期包装物押金，应视为含税收入，在征税时换算成不含税收入并入销售额计征增值税。

**比较** 包装物押金不应混同于包装物租金。包装物租金在销货时作为价外费用，应当换算成不含税收入并入当期销售额计征增值税。

**比较** 对销售除啤酒、黄酒外的其他酒类产品而收取的包装物押金，无论是否返还以及会计上如何核算，均应并入当期销售额计征增值税。对销售啤酒、黄酒所收取的押金，按一般押金的规定处理。

**任务实例2-6** 甲啤酒厂为增值税一般纳税人，本年5月销售啤酒取得不含税销售额800万元，已开具增值税专用发票，收取包装物押金22.6万元，本月逾期未收回包装物不再退还的押金为56.5万元。

【任务要求】计算甲啤酒厂上述业务的增值税销项税额。

【任务实施】对于啤酒的包装物押金而言，因逾期未收回包装物不再退还的押金才缴纳增值税，因此销售时收取的22.6万元押金，不并入当期销售额，而因逾期未收回包装物不再退还的押金56.5万元，应并入当期的销售额。

销售额=800+56.5÷（1+13%）=850（万元）

增值税销项税额=850×13%=110.5（万元）

**任务实例2-7** 甲白酒厂为增值税一般纳税人，本年5月销售散装白酒并向购买方开具了增值税专用发票，注明价款800 000元（不含增值税）。随同白酒销售收取包装物押金22 600元，开具收款收据并单独入账核算；本月逾期未收回包装物不再退还的押金为11 300元。

**【任务要求】** 计算甲白酒厂上述业务的增值税销项税额。

**【任务实施】** 对销售除啤酒、黄酒外的其他酒类产品而收取的包装物押金，无论是否返还以及会计上如何核算，均应并入当期销售额征税。

销售额=800 000+22 600÷（1+13%）=820 000（元）

增值税销项税额=820 000×13%=106 600（元）

4.需要核定的销售额的确定

（1）纳税人销售货物价格明显偏低并无正当理由或者有视同销售货物行为而无销售额者，在计算时，其销售额要按照如下规定的顺序来确定：

❶按纳税人最近时期同类货物的平均销售价格确定。

❷按其他纳税人最近时期同类货物的平均销售价格确定。

❸用以上两种方法均不能确定其销售额的情况下，可按组成计税价格确定销售额。其计算公式为：

A.若销售的货物不属于消费税应税消费品：

组成计税价格=成本+利润=成本×（1+成本利润率）

B.若销售的货物属于消费税应税消费品：

a.实行从价定率办法计算纳税的组成计税价格计算公式：

$$\text{组成计税价格}=\text{成本}+\text{利润}+\text{消费税税额}=\text{成本}\times\left(1+\text{成本利润率}\right)+\text{消费税税额}=\text{成本}\times\left(1+\text{成本利润率}\right)\div\left(1-\text{消费税比例税率}\right)$$

b.实行从量定额办法计算纳税的组成计税价格计算公式：

$$\text{组成计税价格}=\text{成本}+\text{利润}+\text{消费税税额}=\text{成本}\times\left(1+\text{成本利润率}\right)+\text{消费税税额}=\text{成本}\times\left(1+\text{成本利润率}\right)+\text{计税数量}\times\text{消费税定额税率}$$

c.实行复合计税办法计算纳税的组成计税价格计算公式：

$$\text{组成计税价格}=\text{成本}+\text{利润}+\text{消费税税额}=\text{成本}\times\left(1+\text{成本利润率}\right)+\text{消费税税额}$$
$$=\left[\text{成本}\times\left(1+\text{成本利润率}\right)+\text{计税数量}\times\text{消费税定额税率}\right]\div\left(1-\text{消费税比例税率}\right)$$

式中，成本分为：销售自产货物的，为实际生产成本；销售外购货物的，为实际采购成本。成本利润率由国家税务总局确定，一般为10%。但属于应采用从价定率及复合计税办法征收消费税的货物，其组成计税价格中的成本利润率，为国家税务总局确定的应税消费品的成本利润率（具体见本教材项目三的表3-3"应税消费品的全国平均成本利润率"）。

**任务实例2-8** 甲化妆品生产企业为增值税一般纳税人，本年5月研制一种新型保健品，为了进行市场宣传，无偿赠送100件给消费者试用。该保健品无同类产品市场价格，生产成本为500元/件，成本利润率为10%。

**【任务要求】** 确定甲化妆品生产企业上述业务的销售额并计算增值税销项税额。

**【任务实施】** 由于该保健品没有同类产品市场价格，因此应当采用组成计税价格确定销售额。

销售额=100×500×（1+10%）=55 000（元）

增值税销项税额=55 000×13%=7 150（元）

（2）纳税人销售服务、无形资产或者不动产价格明显偏低或偏高且不具有合理商业目的，或者发生视同销售服务、无形资产或者不动产行为而无销售额的，主管税务机关有权按照下列顺序确定销售额：

❶按照纳税人最近时期销售同类服务、无形资产或者不动产的平均价格确定。

❷按照其他纳税人最近时期销售同类服务、无形资产或者不动产的平均价格确定。

❸按照组成计税价格确定。组成计税价格的计算公式为：

组成计税价格＝成本×（1+成本利润率）

成本利润率由国家税务总局确定。

　　💚提示　不具有合理商业目的，是指以谋取税收利益为主要目的，通过人为安排，减少、免除、推迟缴纳增值税税款，或者增加退还增值税税款。

　　💚提示　根据《增值税法》的规定，发生视同应税交易以及销售额为非货币形式的，纳税人应当按照市场价格确定销售额。销售额明显偏低或者偏高且无正当理由的，税务机关可以依照《税收征收管理法》和有关行政法规的规定核定销售额。

5.特殊销售行为销售额的确定

（1）混合销售行为。一项销售如果既涉及货物又涉及服务，为混合销售行为。从事货物的生产、批发或者零售的单位和个体工商户的混合销售行为，按照销售货物缴纳增值税；其他单位和个体工商户的混合销售行为，按照销售服务缴纳增值税。从事货物的生产、批发或者零售的单位和个体工商户，包括以从事货物的生产、批发或者零售为主，并兼营销售服务的单位和个体工商户在内。

　　💚提示　纳税人销售活动板房、机器设备、钢结构件等自产货物的同时提供建筑、安装服务，不属于混合销售，应分别核算货物和建筑服务的销售额，分别适用不同的税率或者征收率。

　　💚点睛　货物生产企业销售货物同时提供运输服务，按照销售货物缴纳增值税；培训机构提供培训同时销售培训纸质资料，按照销售服务（生活服务）缴纳增值税。

　　**实务答疑2-13**　一项纳税人销售自产设备并提供安装服务，对于安装服务可以选择简易计税方法计税吗？

　　💚提示　根据《增值税法》的规定，纳税人发生一项应税交易涉及两个以上税率、征收率的，按照应税交易的主要业务适用税率、征收率。

（2）兼营行为。纳税人兼营销售货物、加工修理修配劳务、服务、无形资产或者不动产适用不同税率或者征收率的，应当分别核算适用不同税率或者征收率的销售额，未分别核算销售额的，按照以下方法从高适用税率或者征收率：

❶兼有（兼营）不同税率的销售货物、加工修理修配劳务、服务、无形资产或者不动产，从高适用税率。

❷兼有（兼营）不同征收率的销售货物、加工修理修配劳务、服务、无形资产或者不动产，从高适用征收率。

❸兼有（兼营）不同税率和征收率的销售货物、加工修理修配劳务、服务、无形资产或者不动产，从高适用税率。

　　💚提示　判断混合销售的关键是"同时"；判断兼营的关键是"并"。

☞【情境辨析2-11】下列行为中，属于增值税混合销售行为的有（　　）。

A.商业企业销售货物同时负责安装　　　B.工业企业销售货物同时负责运输

C.超市既销售商品，又提供餐饮服务　　D.饭店提供餐饮服务同时销售酒水

**任务实例2-9**　甲航空公司为增值税一般纳税人，本年5月取得的含税收入包括：航空培训收入57.72万元，航空摄影收入222.6万元，湿租业务收入199.8万元，干租业务收入245.7万元。

【任务要求】计算甲航空公司本年5月的增值税销项税额。

【任务实施】航空培训、航空摄影，属于物流辅助服务，税率为6%；湿租业务属于交通运输服务，税率为9%；干租业务属于有形动产租赁服务，税率为13%。

航空培训收入的销项税额=57.72÷（1+6%）×6%=3.27（万元）

航空摄影收入的销项税额=222.6÷（1+6%）×6%=12.6（万元）

湿租业务收入的销项税额=199.8÷（1+9%）×9%=16.50（万元）

干租业务收入的销项税额=245.7÷（1+13%）×13%=28.27（万元）

🔖提示　根据《增值税法》的规定，纳税人发生两项以上应税交易涉及不同税率、征收率的，应当分别核算适用不同税率、征收率的销售额；未分别核算的，从高适用税率。

### （二）进项税额的计算

进项税额，是指纳税人购进货物、加工修理修配劳务、服务、无形资产或者不动产，支付或者负担的增值税额。

🔖提示　根据《增值税法》的规定，进项税额，是指纳税人购进货物、服务、无形资产、不动产支付或者负担的增值税税额。

1.准予从销项税额中抵扣的进项税额

增值税一般纳税人下列进项税额准予从销项税额中抵扣：

（1）从销售方取得的增值税专用发票（含税控机动车销售统一发票，下同）上注明的增值税额。具体来说，购进货物或接受加工修理修配劳务，从销售方或提供劳务方取得的增值税专用发票上注明的增值税税额为进项税额，准予从销项税额中抵扣；购进服务、无形资产或者不动产，取得的增值税专用发票上注明的增值税税额为进项税额，准予从销项税额中抵扣。

2016年5月1日后取得并在会计制度上按固定资产核算的不动产或者2016年5月1日后取得的不动产在建工程，其进项税额应自取得之日起2年从销项税额中抵扣，第一年抵扣比例为60%，第二年抵扣比例为40%。取得的不动产，包括以直接购买、接受捐赠、接受投资入股、自建以及抵债等各种形式取得不动产，不包括房地产开发企业自行开发的房地产项目。融资租入的不动产以及在施工现场修建的临时建筑物、构筑物，其进项税额不适用上述分2年抵扣的规定。自2019年4月1日起，上述规定停止执行，即纳税人取得不动产或者不动产在建工程的进项税额不再分2年抵扣。此前按照上述规定尚未抵扣完毕的待抵扣进项税额，可自2019年4月税款所属期起从销项税额中抵扣。

**实务答疑2-14**　我公司为增值税一般纳税人，本年3月1日购进一栋办公楼，作为固定资产核算，并于次月开始计提折旧。本年3月我公司取得该办公楼的增值税专用发票，发票上注明金额1 000万元，增值税税额90万元。该增值税专用发票符合抵扣规定。请问我公司应当如何抵扣进项税额？

（2）从海关取得的海关进口增值税专用缴款书上注明的增值税额。

（3）自2018年5月1日起，纳税人购进农产品，原适用11%扣除率的，扣除率调整为10%。自2019年4月1日起，纳税人购进农产品，原适用10%扣除率的，扣除率调整为9%。自2019年4月1日起，纳税人购进农产品，按下列规定抵扣进项税额：

❶除第❷项规定外，纳税人购进农产品，取得一般纳税人开具的增值税专用发票或海关进口增值税专用缴款书的，以增值税专用发票或海关进口增值税专用缴款书上注明的增值税额为进项税额；从按照简易计税方法依照3%征收率计算缴纳增值税的小规模纳税人取得增值税专用发票的，以增值税专用发票上注明的金额和9%（自2017年7月1日起至2018年4月30日，为11%；自2018年5月1日起至2019年3月31日，为10%）的扣除率计算进项税额；取得（开具）农产品销售发票或收购发票的，以农产品销售发票或收购发票上注明的农产品买价和9%（自2017年7月1日起至2018年4月30日，为11%；自2018年5月1日起至2019年3月31日，为10%）的扣除率计算进项税额（买价，是指纳税人购进农产品在农产品收购发票或者销售发票上注明的价款和按照规定缴纳的烟叶税）。

❷自2019年4月1日起的"营改增"试点期间，纳税人购进用于生产或者委托加工13%税率货物的农产品，按照10%的扣除率计算进项税额（自2017年7月1日起至2018年4月30日的"营改增"试点期间，纳税人购进用于生产销售或委托加工17%税率货物的农产品，按照13%的扣除率计算进项税额；自2018年5月1日起至2019年3月31日的"营改增"试点期间，纳税人购进用于生产销售或委托加工16%税率货物的农产品，按照12%的扣除率计算进项税额）。

🔖点睛　自2019年4月1日起，纳税人购进用于生产或者委托加工13%税率货物的农产品，在购进时先抵扣9%，领用用于生产销售或委托加工13%税率货物时再抵扣1%。

❸继续推进农产品增值税进项税额核定扣除试点，纳税人购进农产品进项税额已实行核定扣除的，仍按照《财政部　国家税务总局关于在部分行业试行农产品增值税进项税额核定扣除办法的通知》（财税〔2012〕38号）、《财政部　国家税务总局关于扩大农产品增值税进项税额核定扣除试点行业范围的通知》（财税〔2013〕57号）执行。其中，财税〔2012〕38号文附件1《农产品增值税进项税额核定扣除试点实施办法》中第四条第（二）项规定的扣除率调整为9%（自2017年7月1日起至2018年4月30日，为11%；自2018年5月1日起至2019年3月31日，为10%）；第（三）项规定的扣除率调整为按上述第❶项、第❷项规定执行。

❹纳税人从批发、零售环节购进适用免征增值税政策的蔬菜、部分鲜活肉蛋而取得的普通发票，不得作为计算抵扣进项税额的凭证。

❺纳税人购进农产品既用于生产销售或委托加工13%（自2017年7月1日起至2018年4月30日，为17%；自2018年5月1日起至2019年3月31日，为16%）税率货物，又用于生产销售其他货物服务的，应当分别核算用于生产销售或委托加工13%（自2017年7月1日起至2018年4月30日，为17%；自2018年5月1日起至2019年3月31日，为16%）税率货物和其他货物、服务的农产品进项税额。未分别核算的，统一以增值税专用发票或海关进口增值税专用缴款书上注明的增值税额为进项税额，或以农产品收购发票或销售发票上注明的农产品买价和9%（自2017年7月1日起至2018年4月30日，为11%；自2018年

5月1日起至2019年3月31日，为10%）的扣除率计算进项税额。

❻销售发票，是指农业生产者销售自产农产品适用免征增值税政策而开具的普通发票。

餐饮行业增值税一般纳税人购进农业生产者自产农产品，可以使用税务机关监制的农产品收购发票，按照现行规定计算抵扣进项税额。

有条件的地区，应积极在餐饮行业推行农产品进项税额核定扣除办法，按照财税〔2012〕38号文的有关规定计算抵扣进项税额。

> **实务答疑2-15** 我公司为增值税一般纳税人，从增值税小规模纳税人处购入苗木用于本公司厂区绿化，取得增值税小规模纳税人开具的税率为3%的增值税专用发票，请问我公司应当如何计算抵扣进项税额？

> **任务实例2-10** 甲食品厂为一般纳税人，本年5月购进某农场自产小麦一批，取得的农产品销售发票上注明的价款为88 000元，当月全部领用用于生产饼干；从某供销社（一般纳税人）购进小麦一批，取得的增值税专用发票上注明的不含税价款为100 000元，当月全部领用用于生产面粉。

【任务要求】计算甲食品厂的增值税进项税额。

【任务实施】饼干适用的增值税税率为13%。甲食品厂购进农场自产小麦一批，取得农产品销售发票，当月全部领用用于生产饼干，属于纳税人购进用于生产销售或委托加工13%税率货物的农产品，按照10%的扣除率计算进项税额。

粮食适用的增值税税率为9%。粮食是指各种主食食科植物果实的总称。其征税范围包括小麦、稻谷、玉米、高粱、谷子和其他杂粮（如大麦、燕麦等），以及经碾磨、脱壳等工艺加工后的粮食（如面粉、米，玉米面、渣等）。从供销社购进小麦，用于生产面粉，取得增值税专用发票，按照发票上注明的不含税金额乘以9%的税率计算进项税额。

增值税进项税额=88 000×10%+100 000×9%=17 800（元）

（4）自用的应征消费税的摩托车、汽车、游艇，2013年8月1日（含）以后购入的，其进项税额准予从销项税额中抵扣。

（5）自境外单位或者个人购进劳务、服务、无形资产或者境内的不动产，从税务机关或者扣缴义务人取得的代扣代缴税款的完税凭证上注明的增值税额。

纳税人凭完税凭证抵扣进项税额的，应当具备书面合同、付款证明和境外单位的对账单或者发票。资料不全的，其进项税额不得从销项税额中抵扣。

（6）自2019年4月1日起，购进国内旅客运输服务，其进项税额允许从销项税额中抵扣。

纳税人购进国内旅客运输服务未取得增值税专用发票的，暂按照以下规定确定进项税额：

❶取得增值税电子普通发票的，为发票上注明的税额。

❷取得注明旅客身份信息的航空运输电子客票行程单的，为按照下列公式计算的进项税额：

航空旅客运输进项税额=（票价+燃油附加费）÷（1+9%）×9%

❸取得注明旅客身份信息的铁路车票的，为按照下列公式计算的进项税额：

铁路旅客运输进项税额=票面金额÷（1+9%）×9%

❹取得注明旅客身份信息的公路、水路等其他客票的，为按照下列公式计算的进项税额：

公路、水路等其他旅客运输进项税额=票面金额÷（1+3%）×3%

🍀**提示**　根据《增值税法》的规定，纳税人应当凭法律、行政法规或者国务院规定的增值税扣税凭证从销项税额中抵扣进项税额。

**任务实例2-11**　甲公司是一家生产销售饼干的企业，为增值税一般纳税人，本年5月发生经济业务如下：

（1）1日，从乙公司购入食品添加剂等原材料一批，取得增值税专用发票，发票上注明价款50 000元，税额6 500元。同时支付给丙运输公司运费4 360元（含增值税），取得增值税专用发票，发票上注明运费金额4 000元，税额360元。货款及运费均以银行存款支付。

（2）10日，从农民手中购入免税农产品小麦一批，农产品小麦收购凭证上注明的价款为100 000元，款项已支付。该批农产品本月被全部领用，用于生产增值税税率为13%的饼干。

（3）20日，销售饼干一批给A公司，开具增值税专用发票，发票上注明价款200 000元，税额26 000元。同时支付给丁运输公司运费1 090元（含增值税），取得增值税专用发票，发票上注明运费金额1 000元，税额90元。

上述增值税专用发票本月均符合抵扣条件。

**【任务要求】**　计算甲公司当期应缴纳的增值税税额。

**【任务实施】**　甲公司当期的销项税额=26 000元

当期进项税额=6 500+360+100 000×10%+90=16 950（元）

应纳增值税=销项税额−进项税额=26 000−16 950=9 050（元）

**任务实例2-12**　甲公司为增值税一般纳税人，本年5月接受某境外公司为其提供的咨询服务，10月咨询工作完成。本年5月甲公司支付境外公司咨询服务费折合人民币100万元，境外公司在境内未设有经营机构，本年5月甲公司取得代扣代缴税款的完税凭证。

**【任务要求】**　计算甲公司本年5月支付境外公司咨询服务费可以抵扣的增值税进项税额。

**【任务实施】**　境外单位或者个人在境内发生应税行为，在境内未设有经营机构的，以购买方为增值税扣缴义务人。因此，由接受服务方（购买方）甲公司代扣代缴境外公司咨询服务费收入的增值税额=100÷（1+6%）×6%=5.66（万元）。由于甲公司本年5月取得代扣代缴税款的完税凭证，因此甲公司在计算本年5月应纳税额时可凭代扣代缴税款的完税凭证抵扣进项税额5.66万元。

**2.不得从销项税额中抵扣的进项税额**

下列项目的进项税额不得从销项税额中抵扣：

（1）纳税人购进货物、加工修理修配劳务、服务、无形资产或者不动产，取得的增值税扣税凭证不符合法律、行政法规或者国务院税务主管部门有关规定的。

🍀**点睛**　增值税扣税凭证，是指增值税专用发票、海关进口增值税专用缴款书、农产品收购发票或者销售发票（含农产品核定扣除的进项税额）、代扣代缴税收完税凭证和符合规定的国内旅客运输发票等。

🔖**提示** 纳税人凭完税凭证抵扣进项税额的，应当具备书面合同、付款证明和境外单位的对账单或者发票。资料不全的，其进项税额不得从销项税额中抵扣。

（2）其他不得从销项税额中抵扣进项税额的情形。

❶用于简易计税方法计税项目、免征增值税项目、集体福利或者个人消费的购进货物、劳务、服务、无形资产和不动产。其中涉及的固定资产、无形资产、不动产，仅指专用于上述项目的固定资产、无形资产（不包括其他权益性无形资产）、不动产。

纳税人的交际应酬消费属于个人消费（业务招待活动中所耗用的各类礼品，包括烟、酒、服装，不得抵扣进项税额）。

🔖**提示** 自2018年1月1日起，纳税人租入固定资产、不动产，既用于一般计税方法计税项目，又用于简易计税方法计税项目、免征增值税项目、集体福利或者个人消费的，其进项税额准予从销项税额中全额抵扣。

🔖**点睛** 由于销售建筑服务、销售不动产已经"营改增"，因此纳税人将购进的货物用于修建厂房仓库、装修办公楼的，其进项税额可以抵扣；但是将购进的货物用于集体福利（如修建职工宿舍、食堂、单位幼儿园）或个人消费的，其进项税额不得抵扣。

**实务答疑2-16** 我公司为增值税一般纳税人，为员工购买了上班时的统一工装，并取得了增值税专用发票，其进项税额能否从销项税额中抵扣？

**实务答疑2-17** 我公司为增值税一般纳税人，从事旅客运输服务，现新购入一辆大型客车，并取得了增值税专用发票。该客车除了用于本公司的生产经营外，还负责接送员工上下班，请问其进项税额能否从销项税额中抵扣？

❷非正常损失的购进货物，以及相关的劳务和交通运输服务。

❸非正常损失的在产品、产成品所耗用的购进货物（不包括固定资产）、劳务和交通运输服务。

❹非正常损失的不动产，以及该不动产所耗用的购进货物、设计服务和建筑服务。

❺非正常损失的不动产在建工程所耗用的购进货物、设计服务和建筑服务。

❻购进的贷款服务、餐饮服务、居民日常服务和娱乐服务。

🔖**提示** 2019年3月31日之前，购进的旅客运输服务，其进项税额不得从销项税额中抵扣；自2019年4月1日起，购进的旅客运输服务，其进项税额允许从销项税额中抵扣。

**知识答疑2-6** 为什么购进的餐饮服务、居民日常服务和娱乐服务不能抵扣进项税额？

❼财政部和国家税务总局规定的其他情形。

上述第❹点、第❺点所称货物，是指构成不动产实体的材料和设备，包括建筑装饰材料和给排水、采暖、卫生、通风、照明、通信、煤气、消防、中央空调、电梯、电气、智能化楼宇设备及配套设施。

**提示** 固定资产，是指使用期限超过12个月的机器、机械、运输工具以及其他与生产经营有关的设备、工具、器具等有形动产。

**点睛** 不动产、无形资产的具体范围，按照《销售服务、无形资产或者不动产注释》执行。

**提示** 纳税人新建、改建、扩建、修缮、装饰不动产，均属于不动产在建工程。

**提示** 非正常损失，是指因管理不善造成货物被盗、丢失、霉烂变质，以及因违反法律法规造成货物或者不动产被依法没收、销毁、拆除的情形。

**点睛** 纳税人接受贷款服务向贷款方支付的与该笔贷款直接相关的投融资顾问费、手续费、咨询费等费用，其进项税额不得从销项税额中抵扣。

**实务答疑2-18** 我公司为增值税一般纳税人，从事旅客运输服务，现新购入一辆大型客车，并取得了增值税专用发票。该客车除了用于企业的生产经营外，还负责接送员工上下班，请问其进项税额能否从销项税额中抵扣？

**提示** 根据《增值税法》的规定，纳税人的下列进项税额不得从其销项税额中抵扣：A.适用简易计税方法计税项目对应的进项税额；B.免征增值税项目对应的进项税额；C.非正常损失项目对应的进项税额；D.购进并用于集体福利或者个人消费的货物、服务、无形资产、不动产对应的进项税额；E.购进并直接用于消费的餐饮服务、居民日常服务和娱乐服务对应的进项税额；F.国务院规定的其他进项税额。

❽适用一般计税方法的纳税人，兼营简易计税方法计税项目、免征增值税项目而无法划分不得抵扣的进项税额，按照下列公式计算不得抵扣的进项税额：

$$\text{不得抵扣的进项税额} = \text{当期无法划分的全部进项税额} \times \left( \text{当期简易计税方法计税项目销售额} + \text{免征增值税项目销售额} \right) \div \text{当期全部销售额}$$

主管税务机关可以按照上述公式依据年度数据对不得抵扣的进项税额进行清算。

**实务答疑2-19** 我公司为一家供热公司，既有对居民供热而收取的采暖费收入（免征增值税项目销售额），又有对居民以外的单位供热而收取的采暖费收入（应征增值税项目销售额）。请问我公司为提供热力，购建的供热车间、购进的机器设备进项税额能否抵扣？为提供热力而购进的燃气、煤炭的进项税额能否抵扣？

**任务实例2-13** 甲工业企业为增值税一般纳税人，本年5月用外购的燃料柴油同时生产免征增值税的甲产品和应征增值税的乙产品，外购燃料柴油50吨，取得的增值税专用发票上注明价款80 000元，税额10 400元。当月实现甲产品和乙产品不含税销售收入总额250 000元，其中，甲产品收入为100 000元，乙产品适用9%的税率。甲工业企业兼营免征增值税的甲产品但无法划分不得抵扣的进项税额。

**【任务要求】** 计算甲工业企业本年5月不得抵扣的进项税额，以及本年5月应缴纳的增值税税额。

**【任务实施】**

$$\text{不得抵扣的进项税额} = \text{当月无法划分的全部进项税额} \times \left( \text{当期简易计税方法计税项目销售额} + \text{免征增值税项目销售额} \right) \div \text{当月全部销售额}$$

　　　　　　　=10 400×100 000÷250 000=4 160（元）

应纳增值税=（250 000-100 000）×9%-（10 400-4 160）=7 260（元）

❾已抵扣进项税额的购进货物（不含固定资产）、劳务、服务，发生上述第❶至❼条

规定情形（简易计税方法计税项目、免征增值税项目除外）的，应当将该进项税额从当期进项税额中扣减（即进项税额转出）；无法确定该进项税额的，按照当期实际成本计算应扣减的进项税额。

**任务实例2-14** 甲公司为增值税一般纳税人，本年5月从农民购进一批免税农产品拟用于生产加工应税产品，向农民开具农产品收购发票，并按9%的扣除率抵扣了进项税额；本年6月因管理不善导致该批农产品全部被盗，被盗农产品的账面成本为182万元。本年7月从农民购进一批免税农产品并于当月全部领用生产加工税率为13%的应税产品，向农民开具农产品收购发票，票面金额为100万元，并按10%的扣除率抵扣了进项税额；本年8月产成品加工完毕；本年9月因管理不善导致该批产成品全部被盗。

【任务要求】计算甲公司本年6月应转出的进项税额和本年9月应转出的进项税额。

【任务实施】本年6月应转出的进项税额=182÷（1−9%）×9%=18（万元）

本年9月应转出的进项税额=100×10%=10（万元）

**任务实例2-15** 甲公司为增值税一般纳税人，本年6月因管理不善导致上月购进的库存原材料毁损。该批原材料账面金额为210万元，其中含运费成本10万元。该批原材料和相关运费的进项税额已在购入的上月进行抵扣。其中，原材料的增值税税率为13%，运费的增值税税率为9%。

【任务要求】计算甲公司本年6月应转出的进项税额。

【任务实施】本年6月应转出的进项税额=（210−10）×13%+10×9%=26.9（万元）

❿已抵扣进项税额的固定资产、无形资产或者不动产，发生上述第❶至❼条规定情形的，按照下列公式计算不得抵扣的进项税额：

不得抵扣的进项税额=固定资产、无形资产或者不动产净值×适用税率（购进时的适用税率）

固定资产、无形资产或者不动产净值，是指纳税人根据财务会计制度计提折旧或摊销后的余额。

**任务实例2-16** 甲公司将本年4月购进的用于办公室的空调，于本年7月改变用途，用于员工宿舍。甲公司购进该空调时取得增值税专用发票，不含增值税价款为12 000元，已抵扣进项税额1 560元。该空调使用年限为5年，截至本年7月，该空调的净值为11 400元。

【任务要求】计算甲公司本年7月应转出的进项税额。

【任务实施】本年7月应转出的进项税额=11 400×13%=1 482（元）

另外，按照《增值税暂行条例》第十条和上述第❶条规定情形不得抵扣且未抵扣进项税额的固定资产、无形资产、不动产，发生用途改变，用于允许抵扣进项税额的应税项目，可在用途改变的次月按照下列公式，依据合法有效的增值税扣税凭证，计算可以抵扣的进项税额：

可以抵扣的进项税额=固定资产、无形资产、不动产净值÷（1+适用税率）×适用税率

上述可以抵扣的进项税额应取得合法有效的增值税扣税凭证。

**实务答疑2-20** 我公司为增值税一般纳税人，本年5月购进一批材料用于本公司职工食堂建设，取得的增值税专用发票注明价款100 000元，增值税13 000元。请问该增值税进项税额能否从销项税额中抵扣？

**任务实例2-17**　甲公司为增值税一般纳税人，本年10月将一台职工食堂用的空调调整到行政管理部门使用，该空调的购置时间为本年4月，原值为6 780元（取得增值税专用发票，不含税价格为6 000元、进项税额为780元），折旧年限为5年，净残值率为5%。该空调原来在职工食堂时属于集体福利使用，进项税额未抵扣。

**【任务要求】** 计算本年11月可以抵扣的进项税额。

**【任务实施】** 该空调原来在职工食堂使用时属于集体福利使用，进项税额未抵扣。根据有关规定，不得抵扣且未抵扣进项税额的固定资产、无形资产、不动产，发生用途改变，用于允许抵扣进项税额的应税项目，可在用途改变的次月按照下列公式计算可以抵扣的进项税额：

可以抵扣的进项税额=固定资产、无形资产、不动产净值÷（1+适用税率）×适用税率

这里的净值应是固定资产、无形资产、不动产改变用途当月末的净值。

本年10月末的固定资产净值=6 780-6 780×（1-5%）÷5÷12×6=6 135.9（元）

本年11月可以抵扣的进项税额=固定资产净值÷（1+适用税率）×适用税率=6 135.9÷（1+13%）×13%=705.9（元）

⑪纳税人适用一般计税方法计税的，因销售折让、中止或者退回而退还给购买方的增值税额，应当从当期的销项税额中扣减；因销售折让、中止或者退回而收回的增值税额，应当从当期的进项税额中扣减。

⑫对商业企业向供货方收取的与商品销售量、销售额挂钩（如以一定比例、金额、数量计算）的各种返还收入，均应按照平销返利行为的有关规定冲减当期增值税进项税额。

**任务实例2-18**　甲商场采用平销返利方式销售乙冰箱厂生产的冰箱，本年5月销售冰箱取得零售额100 000元，平价与乙冰箱厂结算，并按合同向乙冰箱厂收取零售额20%的返利收入20 000元。已知甲商场与乙冰箱厂均为增值税一般纳税人。

**【任务要求】** 计算应冲减的进项税额。

**【任务实施】** 应冲减的进项税额=20 000÷（1+13%）×13%=2 300.88（元）

⑬出口业务实行免抵退税办法的，其免抵退税不得免征和抵扣税额，应作进项税额转出处理；出口业务实行免退税办法的，其出口业务在购进时的进项税额与按国家规定的退税率计算的应退税额的差额，应作进项税额转出处理。

⑭有下列情形之一者，应当按照销售额和增值税税率计算应纳税额，不得抵扣进项税额，也不得使用增值税专用发票：一般纳税人会计核算不健全，或者不能够提供准确税务资料的；应当办理一般纳税人登记而未办理的。

**实务答疑2-21**　我公司为增值税一般纳税人。以前期间我公司销售的产品在保修期内出现问题，于是我公司免费为客户提供维修服务，那么免费维修耗用的材料或免费更换的配件是否要作进项税额转出或视同销售处理？

☞ **【情境辨析2-12】** 甲生产制造企业为增值税一般纳税人，其发生的下列进项税额，不得从销项税额中抵扣的有（　　　）。

A.将购进的地板用于装修职工浴室

B.支付存储产成品的仓库所用电费

C.将购进的原材料用于生产免征增值税产品

D.购进一台同时生产应征增值税产品和免征增值税产品的固定资产

3.进项税额结转抵扣、留抵税额等情况的税务处理

（1）纳税人在计算应纳税额时，如果出现当期销项税额小于当期进项税额不足抵扣的情况，当期进项税额不足抵扣的部分可以结转下期继续抵扣。

提示　根据《增值税法》的规定，当期进项税额大于当期销项税额的部分，纳税人可以按照国务院的规定选择结转下期继续抵扣或者申请退还。

（2）增值税一般纳税人（以下称原纳税人）在资产重组中将全部资产、负债、劳动力一并转让给其他增值税一般纳税人（以下称新纳税人），并按程序办理注销税务登记的，其在办理注销税务登记前尚未抵扣的进项税额可以结转至新纳税人处继续抵扣。

（3）增值税一般纳税人注销或取消辅导期一般纳税人资格，转为小规模纳税人时，其存货不作进项税额转出处理，其留抵税额也不予以退税。

（4）增值税加计抵减政策：

❶自2023年1月1日至2027年12月31日，允许先进制造业企业按照当期可抵扣进项税额加计5%抵减应增值税税额。

❷自2023年1月1日至2027年12月31日，对生产销售先进工业母机主机、关键功能部件、数控系统的增值税一般纳税人，允许按当期可抵扣进项税额加计15%抵减企业应纳增值税税额。

❸自2023年1月1日至2027年12月31日，允许集成电路设计、生产、封测、装备、材料企业，按照当期可抵扣进项税额加计15%抵减应纳增值税税额。

（5）增值税期末留抵退税：

❶试行增值税期末留抵税额退税（试行退还60%增量留抵税额）。

自2019年4月1日起，试行增值税期末留抵税额退税制度。同时符合以下条件的纳税人，可以向主管税务机关申请退还增量留抵税额：

A.自2019年4月税款所属期起，连续6个月（按季纳税的，连续两个季度）增量留抵税额均大于零，且第6个月增量留抵税额不低于50万元；

B.纳税信用等级为A级或者B级；

C.申请退税前36个月未发生骗取留抵退税、出口退税或虚开增值税专用发票情形的；

D.申请退税前36个月未因偷税被税务机关处罚两次及以上的；

E.自2019年4月1日起未享受即征即退、先征后返（退）政策的。

增量留抵税额，是指与2019年3月底相比新增加的期末留抵税额。

纳税人当期允许退还的增量留抵税额，按照以下公式计算：

允许退还的增量留抵税额=增量留抵税额×进项构成比例×60%

进项构成比例，为2019年4月至申请退税前一税款所属期内已抵扣的增值税专用发票（含税控机动车销售统一发票）、海关进口增值税专用缴款书、解缴税款完税凭证注明的增值税占同期全部已抵扣进项税额的比重。

❷先进制造业期末留抵退税（全额退还增量留抵税额及扩围）。

自2019年6月1日起，同时符合以下条件的部分先进制造业纳税人，可以自2019年7月及以后纳税申报期向主管税务机关申请退还增量留抵税额：

A.增量留抵税额大于零；

B.纳税信用等级为A级或者B级；

C.申请退税前36个月未发生骗取留抵退税、出口退税或虚开增值税专用发票情形；

D.申请退税前36个月未因偷税被税务机关处罚两次及以上；

E.自2019年4月1日起未享受即征即退、先征后返（退）政策。

部分先进制造业纳税人，是指按照《国民经济行业分类》，生产并销售非金属矿物制品、通用设备、专用设备及计算机、通信和其他电子设备销售额占全部销售额的比重超过50%的纳税人。

销售额比重根据纳税人申请退税前连续12个月的销售额计算确定；申请退税前经营期不满12个月但满3个月的，按照实际经营期的销售额计算确定。

增量留抵税额，是指与2019年3月31日相比新增加的期末留抵税额。

部分先进制造业纳税人当期允许退还的增量留抵税额，按照以下公式计算：

允许退还的增量留抵税额=增量留抵税额×进项构成比例

**比较**　政策由之前的"允许退还的增量留抵税额=增量留抵税额×进项构成比例×60%"更新为"允许退还的增量留抵税额=增量留抵税额×进项构成比例"或者"允许退还的增量留抵税额=增量留抵税额×进项构成比例×100%"。

进项构成比例，为2019年4月至申请退税前一税款所属期内已抵扣的增值税专用发票（含税控机动车销售统一发票）、海关进口增值税专用缴款书、解缴税款完税凭证注明的增值税额占同期全部已抵扣进项税额的比重。

自2021年4月1日起，将部分先进制造业纳税人退还增量留抵税额有关政策扩大至先进制造业，增加医药、化学纤维、铁路、船舶、航空航天和其他运输设备、电气机械和器材、仪器仪表销售额占全部销售额的比重超过50%的纳税人。

❸小微企业和制造业等行业期末留抵退税（一次性退还存量留抵税额及继续扩围）。

A.自2022年4月1日起，加大小微企业增值税期末留抵退税政策力度，将先进制造业按月全额退还增值税增量留抵税额政策范围扩大至符合条件的小微企业（含个体工商户，下同），并一次性退还小微企业存量留抵税额。

B.自2022年4月1日起，加大"制造业"、"科学研究和技术服务业"、"电力、热力、燃气及水生产和供应业"、"软件和信息技术服务业"、"生态保护和环境治理业"和"交通运输、仓储和邮政业"（以下简称制造业等行业）增值税期末留抵退税政策力度，将先进制造业按月全额退还增值税增量留抵税额政策范围扩大至符合条件的制造业等行业企业（含个体工商户，下同），并一次性退还制造业等行业企业存量留抵税额。

C.小微企业和制造业等行业纳税人办理期末留抵退税，需同时符合以下条件：

a.纳税信用等级为A级或者B级；

b.申请退税前36个月未发生骗取留抵退税、骗取出口退税或虚开增值税专用发票情形；

c.申请退税前36个月未因偷税被税务机关处罚两次及以上；

d.2019年4月1日起未享受即征即退、先征后返（退）政策。

D.增量留抵税额，区分以下情形确定：

纳税人获得一次性存量留抵退税前，增量留抵税额为当期期末留抵税额与2019年3月31日相比新增加的留抵税额。

纳税人获得一次性存量留抵退税后，增量留抵税额为当期期末留抵税额。

E.存量留抵税额，区分以下情形确定：

纳税人获得一次性存量留抵退税前，当期期末留抵税额大于或等于2019年3月31日期末留抵税额的，存量留抵税额为2019年3月31日期末留抵税额；当期期末留抵税额小于2019年3月31日期末留抵税额的，存量留抵税额为当期期末留抵税额。

纳税人获得一次性存量留抵退税后，存量留抵税额为零。

F.纳税人按照以下公式计算允许退还的留抵税额：

允许退还的增量留抵税额=增量留抵税额×进项构成比例×100%

允许退还的存量留抵税额=存量留抵税额×进项构成比例×100%

进项构成比例，为2019年4月至申请退税前一税款所属期已抵扣的增值税专用发票（含带有"增值税专用发票"字样全面数字化的电子发票、税控机动车销售统一发票）、收费公路通行费增值税电子普通发票、海关进口增值税专用缴款书、解缴税款完税凭证注明的增值税额占同期全部已抵扣进项税额的比重。

🍃**比较** 与之前的政策相比，计算进项构成比例的分子增加了"收费公路通行费增值税电子普通发票"这一项。

❹期末留抵退税政策进一步扩围。

自2022年7月1日起，将制造业等行业按月全额退还增值税增量留抵税额、一次性退还存量留抵税额的政策范围，扩大至"批发和零售业"、"农、林、牧、渔业"、"住宿和餐饮业"、"居民服务、修理和其他服务业"、"教育""卫生和社会工作"和"文化、体育和娱乐业"。

**任务实例2-19** 甲公司是一家从事批发和零售业的企业，为增值税一般纳税人。甲公司截止至2019年3月的增值税留抵税额为30万元，自2019年4月起满足增值税留抵退税条件，至2022年6月累计增量留抵税额为20万元。甲公司在2022年7月的申报期内计算的用于退还留抵税额的进项构成比例为80%。

【任务要求】计算甲公司2022年7月的申报期内可以退还的增值税留抵税额。

【任务实施】允许退还的增量留抵税额=增量留抵税额×进项构成比例×100%=20×80%×100%=16（万元）

允许退还的存量留抵税额=存量留抵税额×进项构成比例×100%=30×80%×100%=24（万元）

甲公司2022年7月的申报期内可以退还的增值税留抵税额合计=16+24=40（万元）

4.进项税额的抵扣时限

（1）自2017年7月1日起至2020年2月29日，进项税额抵扣时限的规定。

自2017年7月1日起，增值税一般纳税人取得的2017年7月1日及以后开具的增值税专用发票和机动车销售统一发票，应自开具之日起360日内认证或登录增值税发票选择确认平台进行确认，并在规定的纳税申报期内，向主管税务机关申报抵扣进项税额。自2017年7月1日起，增值税一般纳税人取得的2017年7月1日及以后开具的海关进口增值税专用缴款书，应自开具之日起360日内向主管税务机关报送"海关完税凭证抵扣清单"，申请稽核比对。

（2）2020年3月1日起，进项税额抵扣时限的规定。

自2020年3月1日起，增值税一般纳税人取得2017年1月1日及以后开具的增值税专用发票、海关进口增值税专用缴款书、机动车销售统一发票、收费公路通行费增值税电子普通发票，取消认证确认、稽核比对、申报抵扣的期限。纳税人在进行增值税纳税申报时，应当通过本省（自治区、直辖市和计划单列市）增值税发票综合服务平台对上述扣税凭证信息进行用途确认。

自2020年3月1日起，增值税一般纳税人取得2016年12月31日及以前开具的增值税专用发票、海关进口增值税专用缴款书、机动车销售统一发票，超过认证确认、稽核比对、申报抵扣期限，但符合规定条件的，仍可按照《国家税务总局关于逾期增值税扣税凭证抵扣问题的公告》（国家税务总局公告2011年第50号，国家税务总局公告2017年第36号、2018年第31号修改）、《国家税务总局关于未按期申报抵扣增值税扣税凭证有关问题的公告》（国家税务总局公告2011年第78号，国家税务总局公告2018年第31号修改）的规定，继续抵扣进项税额。

### 二、增值税简易计税方法下应纳税额的计算

简易计税方法既适用于小规模纳税人的应税行为，又适用于增值税一般纳税人适用该计税方法的特定应税行为。简易计税方法的应纳税额，是指按照销售额和增值税征收率计算的增值税税额，不得抵扣进项税额。其计算公式为：

应纳税额=销售额×征收率

**提示**　根据《增值税法》的规定，按照简易计税方法计算缴纳增值税的，应纳税额为当期销售额乘以征收率。

**点睛**　简易计税方法下的销售额与一般计税方法下的销售额的内容是一致的，都是销售货物、劳务、服务、无形资产或者不动产向购买方收取的全部价款和价外费用，且不包括从购买方收取的增值税额。

我国增值税的法定征收率是3%；一些特殊项目适用3%减按2%的征收率。全面"营改增"后的与不动产有关的特殊项目适用5%的征收率；一些特殊项目适用5%减按1.5%的征收率。其他有关增值税征收率的规定详见本项目任务一。

#### （一）增值税一般纳税人按照简易计税方法适用征收率的情况

1.增值税一般纳税人销售货物或者劳务按照简易计税方法（包含应当按照简易计税方法和可以选择按照简易计税方法）适用征收率的情况

（1）暂按简易计税方法依照3%的征收率。

增值税一般纳税人销售货物属于下列情形之一的，暂按简易计税方法，自2014年7月1日起依照3%（2014年6月30日之前为4%）的征收率计算缴纳增值税：

❶寄售商店代销寄售物品（包括居民个人寄售的物品在内）。

❷典当业销售死当物品。

（2）按照简易计税方法依照3%征收率减按2%征收。

❶增值税一般纳税人销售使用过的固定资产。增值税一般纳税人销售自己使用过的不得抵扣且未抵扣进项税额的固定资产，按照简易计税方法，自2014年7月1日起依照3%征收率减按2%征收增值税（2014年6月30日之前为依照4%征收率减半征收增值税）。上述业务享有减税权（减按2%），应当开具增值税普通发票，不得开具增值税专用发票。其

销售额和应纳税额的计算公式如下：

销售额=含税销售额÷（1+3%）

应纳税额=销售额×2%

**点睛** 纳税人销售自己使用过的固定资产，适用简易办法依照3%征收率减按2%征收增值税政策的，可以放弃减税，按照简易办法依照3%征收率缴纳增值税，并可以开具增值税专用发票。

**提示** 一般纳税人销售自己使用过的除固定资产以外的物品，应当按照适用税率征收增值税。

**链接** （1）2008年12月31日之前，增值税一般纳税人购进的固定资产，其进项税额不得抵扣；（2）自2009年1月1日起，增值税一般纳税人购进的用于生产经营的固定资产（自用的应征消费税的汽车、摩托车、游艇除外），其进项税额可以抵扣；（3）自2013年8月1日起，增值税一般纳税人购进自用的应征消费税的汽车、摩托车、游艇，其进项税额准予从销项税额中抵扣。

**点睛** 增值税一般纳税人销售自己使用过的2013年8月1日以后购进或者自制的应征消费税的摩托车、汽车、游艇，按照适用税率征收增值税。销售自己使用过的2013年7月31日以前购进或者自制的应征消费税的摩托车、汽车、游艇，按照简易计税方法依照3%征收率减按2%征收增值税。

❷增值税一般纳税人（一般指旧货经营单位）销售旧货。增值税一般纳税人（一般指旧货经营单位）销售旧货，按照简易计税方法，自2014年7月1日起依照3%征收率减按2%征收增值税（2014年6月30日之前为依照4%征收率减半征收增值税），且应该开具增值税普通发票，不得开具增值税专用发票。小规模纳税人销售旧货，减按2%征收率征收增值税（这里指的是增值税小规模纳税人适用3%征收率计算出不含税销售额后再减按2%征收率征收增值税）。旧货是指进入二次流通的具有部分使用价值的货物（含2013年8月1日之前购入不得抵扣进项税且未抵扣进项税的旧汽车、旧摩托车和旧游艇），但不包括个人自己使用过的物品。自2020年5月1日至2027年12月31日，从事二手车经销的纳税人销售其收购的二手车，由原按照简易办法依3%征收率减按2%征收增值税，改为减按0.5%征收增值税，并按下列公式计算销售额：

销售额=含税销售额÷（1+0.5%）

**点睛** 《国家税务总局关于明确二手车经销等若干增值税征管问题的公告》（国家税务总局公告2020年第9号）等文件明确规定，自2020年5月1日至2027年12月31日，从事二手车经销业务的纳税人销售其收购的二手车，减按0.5%征收率征收增值税，并按下列公式计算销售额：销售额=含税销售额/（1+0.5%），而非"销售额=含税销售额/（1+3%）"。

**任务实例2-20** 甲旧机动车交易公司本年5月收购旧机动车70辆，支付收购款4 900 000元，取得增值税普通发票。本年5月甲旧机动车交易公司销售旧机动车60辆，取得销售收入6 000 000元（含增值税）。

【任务要求】计算甲旧机动车交易公司本年5月应缴纳的增值税税额。

【任务实施】应纳增值税=6 000 000÷（1+0.5%）×0.5%=29 850.75（元）

**实务答疑2-22** 我公司为增值税一般纳税人，将日常积攒的旧报纸卖给废品收购站，是否需要缴纳增值税？

**总结** 一般纳税人销售自己使用过的物品或旧货的计税归纳见表2-2。

表2-2　　　　　　　　　一般纳税人销售自己使用过的物品或旧货的计税归纳一览表

| 具体情形 | | 税务处理 |
|---|---|---|
| 销售自己使用过的物品 | 固定资产（动产）按规定不得抵扣且未抵扣进项税额 | 应纳增值税=含税销售额÷（1+3%）×2% |
| | 固定资产（动产）按规定可以抵扣进项税额 | 销项税额=含税销售额÷（1+13%或9%）×13%或9% |
| | 除固定资产以外的物品 | |
| 销售旧货（他人用旧的） | 除"自2020年5月1日至2027年12月31日，从事二手车经销的纳税人销售其收购的二手车"以外的销售旧货（他人用旧的） | 应纳增值税=含税销售额÷（1+3%）×2% |
| | 自2020年5月1日至2027年12月31日，从事二手车经销的纳税人销售其收购的二手车 | 应纳增值税=含税销售额÷（1+0.5%）×0.5% |

◀总结　小规模纳税人销售自己使用过的物品或旧货的计税归纳见表2-3。

表2-3　　　　　　小规模纳税人销售自己使用过的物品或旧货的计税归纳一览表[①]

| 具体情形 | | 税务处理 |
|---|---|---|
| 其他个人（个体工商户以外的个人，即自然人）销售自己使用过的固定资产（动产）或除固定资产以外的物品 | | 免征增值税 |
| 其他个人以外的小规模纳税人 | 销售自己使用过的固定资产（动产） | 应纳税额=含税销售额÷（1+3%）×2% |
| | 销售自己使用过的除固定资产以外的物品 | 应纳税额=含税销售额÷（1+3%）×3% |
| | 除"自2020年5月1日至2027年12月31日，从事二手车经销的纳税人销售其收购的二手车"以外的销售旧货（他人用旧的） | 应纳税额=含税销售额÷（1+3%）×2% |
| | 自2020年5月1日至2027年12月31日，从事二手车经销的纳税人销售其收购的二手车 | 应纳增值税=含税销售额÷（1+0.5%）×0.5% |

**任务实例2-21**　甲企业（非从事二手车经销的纳税人）为增值税一般纳税人，本年5月销售2012年购进的A小汽车，取得含税收入56 000元（小汽车原值为200 000元），甲企业未放弃减税权并开具增值税普通发票，A小汽车2012年购进时不得抵扣且未抵扣进项税额。本年6月甲企业销售2011年购进的B小汽车，取得含税收入66 000元（小汽车原值为250 000元），甲企业放弃减税权并开具增值税专用发票，B小汽车2011年购进时不得抵扣且未抵扣进项税额。

【任务要求】计算甲企业销售A小汽车和B小汽车分别应缴纳的增值税税额。

【任务实施】增值税一般纳税人销售自己使用过的不得抵扣且未抵扣进项税额的固定资产，按照简易计税方法，自2014年7月1日起依照3%征收率减按2%征收增值税。上述业务享有减税权（减按2%），应当开具增值税普通发票，不得开具增值税专用发票。

销售A小汽车应纳增值税=56 000÷（1+3%）×2%=1 087.38（元）

纳税人销售自己使用过的固定资产，适用简易办法依照3%征收率减按2%征收增值税政策的，可以放弃减税，按照简易办法依照3%征收率缴纳增值税，并可以开具增值税专用发票。

---

① 不考虑自2020年3月1日至2022年3月31日的小规模纳税人增值税减免政策，自2022年4月1日至2022年12月31日小规模纳税人增值税免税政策，以及自2023年1月1日至2027年12月31日的小规模纳税人增值税减免政策。没有特别说明，全书同。

销售 B 小汽车应纳增值税=66 000÷（1+3%）×3%=1 922.33（元）

（3）可选择按简易计税方法依照3%的征收率。

增值税一般纳税人销售自产的下列货物，可选择按照简易计税方法，自2014年7月1日起依照3%（2014年6月30日之前为6%）的征收率计算缴纳增值税：

❶县级及县级以下小型水力发电单位生产的电力。小型水力发电单位，是指各类投资主体建设的装机容量为5万千瓦以下（含5万千瓦）的小型水力发电单位。

❷建筑用和生产建筑材料所用的砂、土、石料。

❸以自己采掘的砂、土、石料或其他矿物连续生产的砖、瓦、石灰（不含黏土实心砖、瓦）。

❹用微生物、微生物代谢产物、动物毒素、人或动物的血液或组织制成的生物制品。

❺自来水。对自来水公司销售自来水按简易计税方法依照3%的征收率征收增值税时，不得抵扣其购进自来水取得增值税扣税凭证上注明的增值税税款。

❻商品混凝土（仅限于以水泥为原料生产的水泥混凝土）。

❼属于增值税一般纳税人的单采血浆站销售的非临床用人体血液（此项一旦选择按照简易计税方法适用的征收率计税，不得对外开具增值税专用发票）。

❽自2022年3月1日起，从事再生资源回收的增值税一般纳税人销售其收购的再生资源，可以选择适用简易计税方法依照3%征收率计算缴纳增值税，或适用一般计税方法计算缴纳增值税。

🍀**提示**　增值税一般纳税人选择简易计税方法计算缴纳增值税后，36个月内不得变更。

2.一般纳税人按照销售服务、无形资产或者不动产简易计税方法（多数情况下是可以选择按照简易计税方法，而非必须按照简易计税方法）适用征收率的情况

（1）部分应税服务。

一般纳税人发生下列应税行为可以选择适用简易计税方法计税：

❶公共交通运输服务。公共交通运输服务，包括轮客渡、公交客运、地铁、城市轻轨、出租车、长途客运、班车。班车，是指按固定路线、固定时间运营并在固定站点停靠的运送旅客的陆路运输服务。

❷经认定的动漫企业为开发动漫产品提供的动漫脚本编撰、形象设计、背景设计、动画设计、分镜、动画制作、摄制、描线、上色、画面合成、配音、配乐、音效合成、剪辑、字幕制作、压缩转码（面向网络动漫、手机动漫格式适配）服务，以及在境内转让动漫版权（包括动漫品牌、形象或者内容的授权及再授权）。

动漫企业和自主开发、生产动漫产品的认定标准和认定程序，按照《文化部 财政部 国家税务总局关于印发〈动漫企业认定管理办法（试行）〉的通知》（文市发〔2008〕51号）的规定执行。

❸电影放映服务、仓储服务、装卸搬运服务、收派服务和文化体育服务。

❹以纳入"营改增"试点之日前取得的有形动产为标的物提供的经营租赁服务。

❺在纳入"营改增"试点之日前签订的尚未执行完毕的有形动产租赁合同。

❻提供物业管理服务的纳税人，向服务接受方收取的自来水水费，以扣除其对外支付的自来水水费后的余额为销售额，按照简易计税方法依3%征收率计算缴纳增值税。

❼非企业性单位中的增值税一般纳税人提供的研发和技术服务、信息技术服务、鉴证咨询服务，以及销售技术、著作权等无形资产，可以选择简易计税方法按照3%征收率计

算缴纳增值税。

非企业性单位中的增值税一般纳税人提供"技术转让、技术开发和与之相关的技术咨询、技术服务"，可以参照上述规定，选择简易计税方法按照3%征收率计算缴纳增值税。

❽增值税一般纳税人提供教育辅助服务，可以选择简易计税方法按照3%征收率计算缴纳增值税。

**提示**　一般纳税人发生财政部和国家税务总局规定的特定应税行为，可以选择适用简易计税方法计税，但一经选择，36个月内不得变更。

（2）建筑服务。

❶增值税一般纳税人以清包工方式提供的建筑服务，可以选择适用简易计税方法计税。以清包工方式提供建筑服务，是指施工方不采购建筑工程所需的材料或只采购辅助材料，并收取人工费、管理费或者其他费用的建筑服务。

❷增值税一般纳税人为甲供工程提供的建筑服务，可以选择适用简易计税方法计税。甲供工程，是指全部或部分设备、材料、动力由工程发包方自行采购的建筑工程。一般纳税人销售电梯的同时提供安装服务，其安装服务可以按照甲供工程选择适用简易计税方法计税。

❸增值税一般纳税人为建筑工程老项目提供的建筑服务，可以选择适用简易计税方法计税。建筑工程老项目，是指"建筑工程施工许可证"注明的合同开工日期在2016年4月30日前的建筑工程项目，或者未取得"建筑工程施工许可证"的、建筑工程承包合同注明的开工日期在2016年4月30日前的建筑工程项目。

❹增值税一般纳税人跨县（市）提供建筑服务，选择适用一般计税方法计税的，应以取得的全部价款和价外费用为销售额计算应纳税额。纳税人应以取得的全部价款和价外费用扣除支付的分包款后的余额，按照2%的预征率在建筑服务发生地预缴税款后，向机构所在地主管税务机关进行纳税申报。

❺增值税一般纳税人跨县（市）提供建筑服务，选择适用简易计税方法计税的，应以取得的全部价款和价外费用扣除支付的分包款后的余额为销售额，按照3%的征收率计算应纳税额。纳税人应按照上述计税方法在建筑服务发生地预缴税款后，向机构所在地主管税务机关进行纳税申报。

纳税人在同一地级行政区范围内跨县（市、区）提供建筑服务，不适用《纳税人跨县（市、区）提供建筑服务增值税征收管理暂行办法》（国家税务总局公告2016年第17号）。

**点睛**　纳税人提供建筑服务，按照规定允许从其取得的全部价款和价外费用中扣除的分包款，是指支付给分包方的全部价款和价外费用。

❻建筑工程总承包单位为房屋建筑的地基与基础、主体结构提供工程服务，建设单位自行采购全部或部分钢材、混凝土、砌体材料、预制构件的，适用简易计税方法计税。

**任务实例2-22**　甲公司为增值税一般纳税人，机构所在地为N县。本年5月1日以清包工方式到M县承接A工程项目，并将A工程项目中的部分施工项目分包给了乙公司。5月30日发包方按进度支付工程价款222万元（含增值税）。5月甲公司为该项目购进材料取得的增值税专用发票上注明的税额为8万元；5月甲公司支付给乙公司工程分包款60万元（含增值税），乙公司开具增值税专用发票给甲公司，税额为4.95万元。对A工程项目，甲公司选择适用简易计税方法计算应纳税额。

【任务要求】计算甲公司本年5月上述业务应缴纳的增值税税额。

【任务实施】增值税一般纳税人跨县（市）提供建筑服务，选择适用简易计税方法计税的，应以取得的全部价款和价外费用扣除支付的分包款后的余额为销售额，按照3%的征收率计算应纳税额。纳税人应按照上述计税方法在建筑服务发生地预缴税款后，向机构所在地主管税务机关进行纳税申报。

甲公司本年5月在M县预缴增值税=（222-60）÷（1+3%）×3%=4.72（万元）

在N县差额申报，则：

扣除预缴增值税后应纳增值税=（222-60）÷（1+3%）×3%-4.72=0

应纳增值税合计=4.72+0=4.72（万元）

（3）销售不动产。

❶增值税一般纳税人销售其2016年4月30日前取得（不含自建）的不动产，可以选择适用简易计税方法，以取得的全部价款和价外费用减去该项不动产购置原价或者取得不动产时的作价后的余额为销售额，按照5%的征收率计算应纳税额。纳税人应按照上述计税方法在不动产所在地预缴税款后，向机构所在地主管税务机关进行纳税申报。

❷增值税一般纳税人销售其2016年4月30日前自建的不动产，可以选择适用简易计税方法，以取得的全部价款和价外费用为销售额，按照5%的征收率计算应纳税额。纳税人应按照上述计税方法在不动产所在地预缴税款后，向机构所在地主管税务机关进行纳税申报。

❸房地产开发企业中的增值税一般纳税人，销售自行开发的房地产老项目，可以选择适用简易计税方法按照5%的征收率计税。一般纳税人销售自行开发的房地产老项目适用简易计税方法计税的，以取得的全部价款和价外费用为销售额，不得扣除对应的土地价款。

　　提示　房地产开发企业中的一般纳税人购入未完工的房地产老项目继续开发后，以自己名义立项销售的不动产，属于房地产老项目，可以选择适用简易计税方法按照5%的征收率计算缴纳增值税。

❹房地产开发企业采取预收款方式销售所开发的房地产项目，在收到预收款时按照3%的预征率预缴增值税。

❺个体工商户销售购买的住房，应按照《营业税改征增值税试点过渡政策的规定》第五条的规定征免增值税。纳税人应按照上述计税方法在不动产所在地预缴税款后，向机构所在地主管税务机关进行纳税申报。

任务实例2-23　甲管理咨询公司为增值税一般纳税人，本年7月将一栋办公楼对外转让，取得全部价款5 600万元，该办公楼于2014年购进，购进时价款3 000万元，甲管理咨询公司选择按简易计税方法计税。

【任务要求】计算甲管理咨询公司上述业务应缴纳的增值税税额。

【任务实施】增值税一般纳税人销售其2016年4月30日前取得（不含自建）的不动产，可以选择适用简易计税方法，以取得的全部价款和价外费用减去该项不动产购置原价或者取得不动产时的作价后的余额为销售额，按照5%的征收率计算应纳税额。

应纳增值税＝（5 600－3 000）÷（1+5%）×5%=123.81（万元）

**任务实例2-24**　甲设计公司为增值税一般纳税人，本年7月转让2014年自建的办公楼，取得销售收入1 800万元，该办公楼账面原值为1 000万元，已提折旧300万元。甲设计公司选择适用简易计税方法计税。

【任务要求】计算甲设计公司上述业务应缴纳的增值税税额。

【任务实施】增值税一般纳税人销售其2016年4月30日前自建的不动产，可以选择适用简易计税方法，以取得的全部价款和价外费用为销售额，按照5%的征收率计算应纳税额。

应纳增值税=1 800÷（1+5%）×5%=85.71（万元）

（4）不动产经营租赁服务。

❶增值税一般纳税人出租其2016年4月30日前取得的不动产，可以选择适用简易计税方法，按照5%的征收率计算应纳税额。纳税人出租其2016年4月30日前取得的与机构所在地不在同一县（市）的不动产，应按照上述计税方法在不动产所在地预缴税款，向机构所在地主管税务机关进行纳税申报。不动产所在地与机构所在地在同一县（市、区）的，纳税人向机构所在地主管税务机关申报纳税。

❷增值税一般纳税人出租其在2016年5月1日后取得的、与机构所在地不在同一县（市）的不动产，应按照3%的预征率在不动产所在地预缴税款，向机构所在地主管税务机关申报纳税。不动产所在地与机构所在地在同一县（市、区）的，纳税人应向机构所在地主管税务机关申报纳税。

📌**提示**　自2021年10月1日起，住房租赁企业中的增值税一般纳税人向个人出租住房取得的全部出租收入，可以选择适用简易计税方法，按照5%的征收率减按1.5%计算缴纳增值税，或适用一般计税方法计算缴纳增值税。住房租赁企业中的增值税一般纳税人向个人出租住房适用简易计税方法并进行预缴的，减按1.5%预征率预缴增值税。住房租赁企业中的增值税一般纳税人，对利用非居住存量土地和非居住存量房屋（含商业办公用房、工业厂房改造后出租用于居住的房屋）建设的保障性租赁住房，取得保障性租赁住房项目认定书后，向个人出租上述保障性租赁住房的，比照适用上述增值税政策。其中，住房租赁企业，是指按规定向住房城乡建设部门进行开业报告或者备案的从事住房租赁经营业务的企业。

（5）收取高速公路的车辆通行费。

公路经营企业中的增值税一般纳税人收取"营改增"试点前开工的高速公路的车辆通行费，可以选择适用简易计税方法，减按3%的征收率计算应纳税额。"营改增"试点前开工的高速公路，是指相关施工许可证明上注明的合同开工日期在2016年4月30日前的高速公路。

（6）销售使用过的固定资产。

"营改增"后的增值税一般纳税人，销售自己使用过的"本地区试点实施之日（含）"以后购进或自制的固定资产，按照适用税率征收增值税；销售自己使用过的"本地区试点实施之日"以前购进或者自制的固定资产，按照3%征收率减按2%征收增值税。上述业务享有减税权（减按2%），应当开具增值税普通发票，不得开具增值税专用发票。具体公式为：

销售额=含税销售额÷（1+3%）

应纳增值税税额=销售额×2%

使用过的固定资产，是指纳税人根据财务会计制度已经计提折旧的固定资产。

纳税人销售自己使用过的固定资产，适用简易办法依照3%征收率减按2%征收增值税政策的，可以放弃减税，按照简易办法依照3%征收率缴纳增值税，并可以自开或代开增值税专用发票。

（7）其他情况。

❶2016年4月30日前签订的不动产融资租赁合同，或以2016年4月30日前取得的不动产提供的融资租赁服务，可以选择适用简易计税方法，按照5%的征收率计算缴纳增值税。增值税一般纳税人以经营租赁方式出租其2016年4月30日前取得的不动产，可以选择适用简易计税方法，按照5%的征收率计算应纳税额。

❷纳税人提供人力资源外包服务，按照经纪代理服务缴纳增值税，其销售额不包括受客户单位委托代为向客户单位员工发放的工资和代理缴纳的社会保险、住房公积金。向委托方收取并代为发放的工资和代理缴纳的社会保险、住房公积金，不得开具增值税专用发票，可以开具增值税普通发票。增值税一般纳税人提供人力资源外包服务，可以选择适用简易计税方法，按照5%的征收率计算缴纳增值税。

❸纳税人以经营租赁方式将土地出租给他人使用，按照不动产经营租赁服务缴纳增值税。纳税人转让2016年4月30日前取得的土地使用权，可以选择适用简易计税方法，以取得的全部价款和价外费用减去取得该土地使用权的原价后的余额为销售额，按照5%的征收率计算缴纳增值税。

### （二）增值税小规模纳税人按照简易计税方法计税的规定

1.增值税小规模纳税人按照简易计税方法计税的一般规定

增值税小规模纳税人销售货物、劳务、服务、无形资产或者不动产，按照取得的销售额和增值税的征收率计算应纳的增值税税额，但不得抵扣进项税额。其中销售额为对外销售货物、劳务、服务、无形资产或者不动产时，向对方收取的全部价款和价外费用。具体的确定标准与增值税一般纳税人的销售额相同。

增值税小规模纳税人按征收率征收。增值税小规模纳税人因销售退回或折让而退还给购买方的销售额，应从发生销货退回或折让当期的销售额中扣减，而不必追究其原发票的处理。对于"营改增"增值税小规模纳税人来说，其纳税人适用简易计税方法计税的，因销售折让、中止或者退回而退还给购买方的销售额，应当从当期销售额中扣减，扣减当期销售额后仍有余额造成多缴的税款，可以从以后的应纳税额中扣减。

增值税小规模纳税人销售货物、劳务、服务、无形资产或者不动产，向对方收取的款项往往包含了增值税，因此，在计算应纳增值税税额时，需将含税销售额换算成不含税销售额，具体计算公式为：

销售额=含税销售额÷（1+征收率）

✦提示　小规模纳税人购进货物、劳务、服务、无形资产或者不动产时即使取得了增值税专用发票，也不得抵扣进项税额。一般纳税人采取简易计税方法计税时，购进货物、劳务、服务、无形资产或者不动产时即使取得了增值税专用发票，也不得抵扣进项税额。

增值税一般纳税人购置税控收款机所支付的增值税税额（以购进税控收款机取得的增值税专用发票上注明的增值税税额为准），准予在该企业当期的增值税销项税额中抵扣。增值税小规模纳税人购置税控收款机，经主管税务机关审核批准后，可凭购进税控收款机取得的增值税专用发票，按照发票上注明的增值税税额，抵免当期应纳增值税税额，或者按照购进税控收款机取得的增值税普通发票上注明的价款，依下列公式计算可抵免税额：

可抵免税额=价款÷（1+13%）×13%

**任务实例2-25** 甲公司是一家商业零售企业，为增值税小规模纳税人，本年7月销售货物取得零售收入合计为171 700元，本月购进货物取得增值税普通发票，共支付价款100 000元，同时新购进税控收款机一台，取得增值税专用发票，发票上注明价款5 000元，税额650元。甲公司销售货物适用的增值税征收率为1%。甲公司选择以1个月为增值税的纳税期限。

【任务要求】计算甲公司本年7月应缴纳的增值税税额。

【任务实施】增值税小规模纳税人购置税控收款机，经主管税务机关审核批准后，可凭购进税控收款机取得的增值税专用发票，按照发票上注明的增值税税额，抵免当期应纳增值税税额。

应纳增值税=171 700÷（1+1%）×1%-650=1 050（元）

2.增值税小规模纳税人销售货物或者劳务按照简易计税方法适用征收率的特殊规定

（1）增值税小规模纳税人（除其他个人外）销售自己使用过的固定资产。

增值税小规模纳税人（除其他个人外）销售自己使用过的固定资产，减按2%征收率征收增值税（这里指的是小规模纳税人适用3%征收率计算出不含税销售额后再减按2%征收率征收）。其销售额和应纳税额的计算公式如下：

销售额=含税销售额÷（1+3%）

应纳增值税税额=销售额×2%

（2）增值税小规模纳税人（除其他个人外）销售自己使用过的除固定资产以外的物品。

增值税小规模纳税人（除其他个人外）销售自己使用过的除固定资产以外的物品，应按3%的征收率征收增值税。其销售额和应纳税额的计算公式如下：

销售额=含税销售额÷（1+3%）

应纳增值税税额=销售额×3%

提示 增值税小规模纳税人销售自己使用过的固定资产和旧货按照简易办法（简易计税方法）依照3%征收率减按2%征收增值税的，可以享受小规模纳税人复工复业等相关的增值税优惠政策。例如，自2023年1月1日至2027年12月31日，增值税小规模纳税人销售自己使用过的固定资产和旧货，适用3%征收率的应税销售收入，减按1%征收率征收增值税；适用3%预征率的预缴增值税项目，减按1%预征率预缴增值税。

提示 其他个人销售自己使用过的固定资产或者除固定资产以外的物品，属于上文中的个人（其他个人）销售自己使用过的物品，免征增值税。

**任务实例2-26** 甲餐馆为增值税小规模纳税人，本年7月取得餐饮收入合计为160 000元，同时销售使用过的一台空调，取得收入5 000元。甲餐馆选择以1个月为增值税的纳税期限。

【任务要求】计算甲餐馆本年7月应缴纳的增值税税额。

【任务实施】自2023年1月1日至2027年12月31日，增值税小规模纳税人销售自己使用过的固定资产和旧货，适用3%征收率的应税销售收入，减按1%征收率征收增值税；适用3%预征率的预缴增值税项目，减按1%预征率预缴增值税。

应纳增值税=160 000÷（1+1%）×1%+5 000÷（1+1%）×1%=1 633.66（元）

3.小规模纳税人销售服务、无形资产或者不动产按照简易计税方法适用征收率的特殊规定

（1）小规模纳税人跨县（市）提供建筑服务。

小规模纳税人跨县（市）提供建筑服务，应以取得的全部价款和价外费用扣除支付的分包款后的余额为销售额，按照3%的征收率计算应纳税额。

应纳增值税税额=含税销售额÷（1+3%）×3%

（2）小规模纳税人转让不动产。

小规模纳税人转让不动产（除个人转让其购买的住房外），按5%征收率计算应纳税额。

❶非房地产企业小规模纳税人转让其取得的不动产，除个人转让其购买的住房外，按照以下规定缴纳增值税：

a.小规模纳税人转让其取得（不含自建）的不动产，以取得的全部价款和价外费用扣除不动产购置原价或者取得不动产时的作价后的余额为销售额，按照5%的征收率计算应纳税额。

b.小规模纳税人转让其自建的不动产，以取得的全部价款和价外费用为销售额，按照5%的征收率计算应纳税额。

除其他个人之外的小规模纳税人，应按照上述规定的计税方法向不动产所在地主管税务机关预缴税款，向机构所在地主管税务机关申报纳税；其他个人按照本条规定的计税方法向不动产所在地主管税务机关申报纳税。

❷房地产开发企业中的小规模纳税人采取预收款方式销售自行开发的房地产项目，应在收到预收款时按照3%的预征率预缴增值税。小规模纳税人销售自行开发的房地产项目，应按照《营业税改征增值税试点实施办法》第四十五条规定的纳税义务发生时间，以当期销售额和5%的征收率计算当期应纳税额，抵减已预缴税款后，向主管税务机关申报纳税。未抵减完的预缴税款可以结转下期继续抵减。

（3）个人销售其购买的住房。

个人将购买不足2年的住房对外销售的，按照5%的征收率全额缴纳增值税；个人将购买2年以上（含2年）的住房对外销售的，免征增值税。

自2024年12月1日起，北京市、上海市、广州市和深圳市，凡取消普通住宅和非普通住宅标准的，取消普通住宅和非普通住宅标准后，与全国其他地区适用统一的个人销售住房增值税政策，对该城市个人将购买2年以上（含2年）的住房对外销售的，免征增

值税。

（4）小规模纳税人出租不动产。

小规模纳税人出租不动产，按照以下规定缴纳增值税：

❶单位和个体工商户出租不动产（不含个体工商户出租住房），按照5%的征收率计算应纳税额。个体工商户出租住房，按照5%的征收率减按1.5%计算应纳税额。

不动产所在地与机构所在地不在同一县（市、区）的，纳税人应按照上述计税方法向不动产所在地主管税务机关预缴税款，向机构所在地主管税务机关申报纳税。

不动产所在地与机构所在地在同一县（市、区）的，纳税人应向机构所在地主管税务机关申报纳税。

**提示**　自2021年10月1日起，住房租赁企业中的增值税小规模纳税人向个人出租住房，按照5%的征收率减按1.5%计算缴纳增值税。住房租赁企业中的增值税小规模纳税人向个人出租住房适用简易计税方法并进行预缴的，减按1.5%预征率预缴增值税。住房租赁企业中的增值税小规模纳税人，对利用非居住存量土地和非居住存量房屋（含商业办公用房、工业厂房改造后出租用于居住的房屋）建设的保障性租赁住房，取得保障性租赁住房项目认定书后，向个人出租上述保障性租赁住房的，比照适用上述增值税政策。其中，住房租赁企业，是指按规定向住房城乡建设部门进行开业报告或者备案的从事住房租赁经营业务的企业。

❷其他个人出租不动产（不含住房），按照5%的征收率计算应纳税额，向不动产所在地主管税务机关申报纳税。其他个人出租住房，按照5%的征收率减按1.5%计算应纳税额，向不动产所在地主管税务机关申报纳税。

**总结**　小规模纳税人的征收率运用归纳见表2-4。

表2-4　　　　　　　　小规模纳税人的征收率运用归纳一览表①

| 小规模纳税人的销售标的 | | 适用的征收率 |
|---|---|---|
| 自己使用过的 | 固定资产（动产） | 3%减按2% |
| | 物品 | 3% |
| 自己未使用过的 | 固定资产（动产） | 3% |
| | 旧货 | 3%减按2% |
| 取得或自建的 | 不动产 | 5% |
| 出租 | 不动产 | 5% |
| | 住房租赁企业向个人出租住房 | 5%减按1.5% |
| | 个人出租住房 | 5%减按1.5% |
| 其他"营改增"应税行为 | | 3% |

① 不考虑"自2020年3月1日至2022年3月31日的小规模纳税人增值税征收率减免政策"和"自2020年5月1日至2027年12月31日从事二手车经销的纳税人销售其收购的二手车的增值税减免政策"、"自2022年4月1日至2022年12月31日小规模纳税人增值税免税政策"，以及"自2023年1月1日至2027年12月31日的小规模纳税人增值税减免政策"。没有特别说明，全书同。

**任务实例2-27** 甲公司为小规模纳税人，从事专业的税务咨询服务工作。本年1月15日，向某一般纳税人企业提供税务咨询服务，取得含增值税销售额30.3万元；1月20日，向某小规模纳税人提供税务咨询服务，取得含增值税销售额1.01万元；1月25日，购进办公用品，支付价款2.06万元，并取得增值税普通发票；1月28日，出租自有商铺取得含增值税租金收入1.05万元。甲公司提供税务咨询服务适用的增值税征收率为1%。甲公司选择以1个月为增值税的纳税期限。

【任务要求】计算甲公司本年1月应缴纳的增值税税额。

【任务实施】提供税务咨询服务应纳增值税=（30.3+1.01）÷（1+1%）×1%=0.31（万元）

出租商铺应纳增值税=1.05÷（1+5%）×5%=0.05（万元）

甲公司1月应纳增值税合计=0.31+0.05=0.36（万元）

### 三、增值税差额征收应纳税额的计算

#### （一）一般纳税人一般计税方法下差额征收应纳税额的计算

一般纳税人一般计税方法下差额征收应纳税额的计算公式为：

$$计税销售额=\left(\begin{array}{c}取得的全部含税\\价款和价外费用\end{array}-\begin{array}{c}支付给其他单位\\或个人的含税价款\end{array}\right)÷（1+税率或征收率）$$

应纳增值税税额=计税销售额×税率或征收率

一般纳税人一般计税方法下允许差额征收的具体情况如下：

（1）金融商品转让，按照卖出价扣除买入价后的余额为销售额。转让金融商品出现的正负差，按盈亏相抵后的余额为销售额。若相抵后出现负差，可结转下一纳税期与下期转让金融商品销售额相抵，但年末时仍出现负差的，不得转入下一个会计年度。金融商品的买入价，可以选择按照加权平均法或者移动加权平均法进行核算，选择后36个月内不得变更。

纳税人无偿转让股票时，转出方以该股票的买入价为卖出价，按照"金融商品转让"计算缴纳增值税；在转入方将上述股票再转让时，以原转出方的卖出价为买入价，按照"金融商品转让"计算缴纳增值税。

**提示** 金融商品转让，不得开具增值税专用发票。

**任务实例2-28** 甲公司为增值税一般纳税人，本年5月将持有A公司的债券出售，该债券购入时的价值为200万元，售价为264万元。

【任务要求】计算甲公司上述转让金融商品业务应缴纳的增值税税额。

【任务实施】转让金融商品应纳增值税=（264-200）÷（1+6%）×6%=3.62（万元）

（2）经纪代理服务，以取得的全部价款和价外费用，扣除向委托方收取并代为支付的政府性基金或者行政事业性收费后的余额为销售额。向委托方收取的政府性基金或者行政事业性收费，不得开具增值税专用发票。

（3）融资租赁和融资性售后回租业务。

❶经中国人民银行、银保监会（现为国家金融监督管理总局）或者商务部批准从事融资租赁业务的"营改增"试点纳税人，提供融资租赁服务，以取得的全部价款和价外费用，扣除支付的借款利息（包括外汇借款和人民币借款利息）、发行债券利息和车辆购置税后的余额为销售额。

❷经中国人民银行、银保监会（现为国家金融监督管理总局）或者商务部批准从事融资租赁业务的"营改增"试点纳税人，提供融资性售后回租服务，以取得的全部价款和价外费用（不含本金），扣除对外支付的借款利息（包括外汇借款和人民币借款利息）、发行债券利息后的余额作为销售额。

❸"营改增"试点纳税人根据 2016 年 4 月 30 日前签订的有形动产融资性售后回租合同，在合同到期前提供的有形动产融资性售后回租服务，可继续按照有形动产融资租赁服务缴纳增值税。其销售额的计算可以选择以下方法之一：

a.以向承租方收取的全部价款和价外费用，扣除向承租方收取的价款本金，以及对外支付的借款利息（包括外汇借款和人民币借款利息）、发行债券利息后的余额为销售额。纳税人提供有形动产融资性售后回租服务，计算当期销售额时可以扣除的价款本金，为书面合同约定的当期应当收取的本金。无书面合同或者书面合同没有约定的，为当期实际收取的本金。"营改增"试点纳税人提供有形动产融资性售后回租服务，向承租方收取的有形动产价款本金，不得开具增值税专用发票，可以开具增值税普通发票。

b.以向承租方收取的全部价款和价外费用，扣除支付的借款利息（包括外汇借款和人民币借款利息）、发行债券利息后的余额为销售额。

❹经商务部授权的省级商务主管部门和国家经济技术开发区批准的从事融资租赁业务的"营改增"试点纳税人，2016 年 5 月 1 日后实收资本达到 1.7 亿元的，从达到标准的当月起按照上述第❶、❷、❸项规定执行；2016 年 5 月 1 日后实收资本未达到 1.7 亿元但注册资本达到 1.7 亿元的，在 2016 年 7 月 31 日前仍可按照上述第❶、❷、❸项规定执行，2016 年 8 月 1 日后开展的融资租赁业务和融资性售后回租业务不得按照上述第❶、❷、❸项规定执行。

（4）航空运输企业的销售额，不包括代收的民航发展基金（由原民航机场管理建设费和原民航基础设施建设基金合并而成）和代售其他航空运输企业客票而代收转付的价款。

（5）纳税人中的一般纳税人（以下称一般纳税人）提供客运场站服务，以其取得的全部价款和价外费用，扣除支付给承运方运费后的余额为销售额。

（6）纳税人提供旅游服务，可以选择以取得的全部价款和价外费用，扣除向旅游服务购买方收取并支付给其他单位或者个人的住宿费、餐饮费、交通费、签证费、门票费和支付给其他接团旅游企业的旅游费用后的余额为销售额。

选择上述办法计算销售额的纳税人，向旅游服务购买方收取并支付的上述费用，不得开具增值税专用发票，可以开具增值税普通发票。

> 📌提示　纳税人提供旅游服务，将火车票、飞机票等交通费发票原件交付给旅游服务购买方而无法收回的，以交通费发票复印件作为差额扣除凭证。

**任务实例2-29**　甲公司是一家旅游服务公司，为增值税一般纳税人，本年5月共取得旅游收入 1 091 800 元；向其他单位支付住宿费 235 500 元、餐饮费 184 210 元、交通费 65 370 元、门票费 60 820 元、分包费 436 720 元，均取得增值税普通发票。该纳税人在本月没有其他业务，不考虑上期留抵。甲公司采用差额征收办法缴纳增值税。

【任务要求】计算甲公司本年5月应缴纳的增值税税额。

**【任务实施】**

$$本期可扣除项目金额 = 支付给其他单位或个人的含税价款 = 235\ 500+184\ 210+65\ 370+60\ 820+436\ 720=982\ 620（元）$$

$$计税销售额 = \left(\begin{array}{c}取得的全部含税\\价款和价外费用\end{array} - \begin{array}{c}支付给其他单位\\或个人的含税价款\end{array}\right) \div （1+税率或征收率）$$

$$= （1\ 091\ 800-982\ 620） \div （1+6\%） =103\ 000（元）$$

应纳增值税$=103\ 000×6\%=6\ 180（元）$

（7）纳税人提供建筑服务适用简易计税方法的，以取得的全部价款和价外费用扣除支付的分包款后的余额为销售额。

（8）房地产开发企业中的一般纳税人销售其开发的房地产项目（选择简易计税方法的房地产老项目除外），以取得的全部价款和价外费用，扣除受让土地时向政府部门支付的土地价款后的余额为销售额。

房地产老项目，是指"建筑工程施工许可证"注明的合同开工日期在2016年4月30日前的房地产项目。

（9）纳税人转让不动产缴纳增值税差额扣除的有关规定。

❶纳税人转让不动产，按照有关规定差额缴纳增值税的，如因丢失等原因无法提供取得不动产时的发票，可向税务机关提供其他能证明契税计税金额的完税凭证等资料，进行差额扣除。

❷纳税人以契税计税金额进行差额扣除的，按照下列公式计算增值税应纳税额：

a.2016年4月30日及以前缴纳契税的：

应纳增值税税额=［全部交易价格（含增值税）-契税计税金额（含营业税）］÷（1+5%）×5%

b.2016年5月1日及以后缴纳契税的：

应纳增值税税额=［全部交易价格（含增值税）÷（1+5%）-契税计税金额（不含增值税）］×5%

❸纳税人同时保留取得不动产时的发票和其他能证明契税计税金额的完税凭证等资料的，应当凭发票进行差额扣除。

**提示** 除了上述第（1）项外纳税人从全部价款和价外费用中扣除价款，应当取得符合法律、行政法规和国家税务总局规定的有效凭证。否则，不得扣除。有效凭证包括：发票、境外签收单据、完税凭证、财政票据、其他。有效凭证是指：❶支付给境内单位或者个人的款项，以发票为合法有效凭证；❷支付给境外单位或者个人的款项，以该单位或者个人的签收单据为合法有效凭证，税务机关对签收单据有疑义的，可以要求其提供境外公证机构的确认证明；❸缴纳的税款，以完税凭证为合法有效凭证；❹扣除的政府性基金、行政事业性收费或者向政府支付的土地价款，以省级以上（含省级）财政部门监（印）制的财政票据为合法有效凭证。

### （二）小规模纳税人和一般纳税人简易计税方法下差额征收应纳税额的计算方法

小规模纳税人和一般纳税人简易计税方法下差额征收应纳税额的计算公式为：

计税销售额=（取得的全部含税价款和价外费用-支付给其他单位或个人的含税价款）÷（1+征收率）

应纳增值税税额=计税销售额×征收率

小规模纳税人和一般纳税人简易计税方法下允许差额征收的具体情况与一般纳税人一般计税方法下允许差额征收的具体情况相同。

**总结** 纳税人（总包方）跨县（市、区）提供建筑服务的增值税税务处理见表2-5。

表2-5　纳税人（总包方）跨县（市、区）提供建筑服务的增值税税务处理

| 纳税人资格类型 | 项目类型 | 计税方法 | 预缴税款 | 预征率 | 预缴税款地点 | 纳税申报 | 征收率或者税率 | 纳税申报地点 |
|---|---|---|---|---|---|---|---|---|
| 一般纳税人 | 新项目（指2016年5月1日后开工，下同） | 一般计税 | 差额预缴税款：预缴增值税=差额÷(1+9%)×2% =（全部价款和价外费用－支付的分包款）÷(1+9%)×2% | 2%预征率 | 建筑服务发生地主管税务机关 | 全额缴税，抵减预缴税款：应纳增值税=全部价款和价外费用÷(1+9%)×9% =（全部价款和价外费用）÷(1+9%)×9% －进项税额－预缴增值税 =（全部价款和价外费用）÷(1+9%)×9% －进项税额－（全部价款和价外费用 －支付的分包款）÷(1+9%)×2% | 9%税率 | 机构所在地主管税务机关 |
| | 老项目（指2016年4月30日前开工，下同） | 选择适用一般计税 | | | | | | |
| | 老项目 | 选择适用简易计税 | 差额预缴税款：预缴增值税=差额÷(1+3%)×3% =（全部价款和价外费用－支付的分包款）÷(1+3%)×3% | 3%预征率 | 建筑服务发生地主管税务机关 | 差额缴税，应纳增值税款：应纳增值税=差额÷(1+3%)×3% =（全部价款和价外费用－支付的分包款）÷(1+3%)×3% －(1+3%)×3%－预缴增值税 =（全部价款和价外费用－支付的分包款）÷(1+3%)×3% －支付的分包款）÷(1+3%)×3% =0 | 3%征收率 | 机构所在地主管税务机关 |
| 小规模纳税人 | 单位和个体工商户 新项目或老项目 | 简易计税 | 差额预缴增值税款=差额÷(1+3%)×3% =（全部价款和价外费用－支付的分包款）÷(1+3%)×3% | 3%预征率 | 建筑服务发生地主管税务机关 | 差额缴税，抵减预缴税款：应纳增值税=差额÷(1+3%)×3%－预缴增值税 =（全部价款和价外费用－支付的分包款）÷(1+3%)×3%－（全部价款和价外费用 －支付的分包款）÷(1+3%)×3% =0 | 3%征收率 | 机构所在地主管税务机关 |
| | 其他个人 新项目或老项目 | 简易计税 | —— | | | 差额缴税：应纳增值税=差额÷(1+3%)×3% =（全部价款和价外费用－支付的分包款）÷(1+3%)×3% | 3%征收率 | 建筑服务发生地主管税务机关 |

总结　一般纳税人转让不动产（不包括个体工商户中的一般纳税人转让其购买的住房）的增值税税务处理见表2-6。

表2-6　一般纳税人转让不动产（不包括个体工商户中的一般纳税人转让其购买的住房）的增值税税务处理

| 项目类别 | 建设类别 | 计税方法 | 预缴税款 | 预征率 | 预缴税款地点 | 纳税申报 | 征收率或者税率 | 纳税申报地点 |
|---|---|---|---|---|---|---|---|---|
| 一般纳税人转让老项目（指2016年4月30日前取得，下同） | 非自建（不包括个体工商户中的一般纳税人转让其购买的住房） | 选择适用简易计税 | 差额预缴税款：预缴增值税=转让差额÷(1+5%)×5% | 5%预征率 | 不动产所在地主管税务机关 | 差额缴税，抵减预缴税款：应纳增值税=转让差额÷(1+5%)×5%−预缴增值税=转让差额÷(1+5%)×5%−转让差额÷(1+5%)×5%=0 | 5%征收率 | 机构所在地主管税务机关 |
| | | 选择适用一般计税 | | | | 全额缴税，抵减预缴税款：应纳增值税=出售全价÷(1+9%)×9%−进项税额−预缴增值税=出售全价÷(1+9%)×9%−进项税额−转让差额÷(1+5%)×5% | 9%税率 | |
| | 自建 | 选择适用简易计税 | 全额预缴税款：预缴增值税=出售全价÷(1+5%)×5% | | | 全额缴税，抵减预缴税款：应纳增值税=出售全价÷(1+5%)×5%−预缴增值税=出售全价÷(1+5%)×5%−出售全价÷(1+5%)×5%=0 | 5%征收率 | |
| | | 选择适用一般计税 | | | | 全额缴税，抵减预缴税款：应纳增值税=出售全价÷(1+9%)×9%−进项税额−预缴增值税=出售全价÷(1+9%)×9%−进项税额−出售全价÷(1+5%)×5% | 9%税率 | |
| 一般纳税人转让新项目（指2016年5月1日后取得，下同） | 非自建（不包括个体工商户中的一般纳税人转让其购买的住房） | 一般计税 | 差额预缴税款：预缴增值税=转让差额÷(1+5%)×5% | | | 全额缴税，抵减预缴税款：应纳增值税=出售全价÷(1+9%)×9%−进项税额−预缴增值税=出售全价÷(1+9%)×9%−进项税额−转让差额÷(1+5%)×5% | 9%税率 | |
| | 自建 | 一般计税 | 全额预缴税款：预缴增值税=出售全价÷(1+5%)×5% | | | 全额缴税，抵减预缴税款：应纳增值税=出售全价÷(1+9%)×9%−进项税额−预缴增值税=出售全价÷(1+9%)×9%−出售全价÷(1+5%)×5% | 9%税率 | |

总结 小规模纳税人转让不动产（不包括个人中的小规模纳税人转让其购买的住房）的增值税税务处理（不包括个人转让其购买的住房）的增值税税务处理见表2-7。

表2-7 小规模纳税人转让不动产（不包括个人转让其购买的住房）的增值税税务处理

| 纳税人类别 | 建设类别 | 预缴税款 | 预征率 | 预缴税款地点 | 纳税申报 | 征收率或者税率 | 纳税申报地点 |
| --- | --- | --- | --- | --- | --- | --- | --- |
| 单位中的小规模纳税人、个体工商户中的小规模纳税人转让不动产 | 非自建（不包括个体工商户中的小规模纳税人转让其购买的住房） | 差额预缴税款：预缴增值税=转让差额÷(1+5%)×5% | 5% 预征率 | 不动产所在地主管税务机关 | 差额缴税，抵减预缴税款：应纳增值税=转让差额÷(1+5%)×5%−预缴增值税=转让差额÷(1+5%)×5%−转让差额÷(1+5%)×5%=0 | 5% 征收率 | 机构所在地主管税务机关 |
| | 自建 | 全额预缴税款：预缴增值税=出售全价÷(1+5%)×5% | | | 全额缴税，抵减预缴税款：应纳增值税=出售全价÷(1+5%)×5%−预缴增值税=出售全价÷(1+5%)×5%−出售全价÷(1+5%)×5%=0 | | |
| 其他个人转让不动产 | 非自建（不包括其他个人转让其购买的住房） | — | | | 差额缴税：应纳增值税=转让差额÷(1+5%)×5% | 5% 征收率 | 不动产所在地主管税务机关 |
| | 自建 | — | | | 全额缴税：应纳增值税=出售全价÷(1+5%)×5% | | |

● 总结　个人转让其购买的住房的增值税税务处理

个人转让其购买的住房的增值税税务处理见表2-8。

表2-8　个人转让其购买的住房的增值税税务处理

| 纳税人类别 | 住房类别 | | | 预缴税款 | 预征率 | 预缴税款地点 | 纳税申报 | 征收率或者税率 | 纳税申报地点 |
|---|---|---|---|---|---|---|---|---|---|
| 个体工商户（可以是一般纳税人，也可以是小规模纳税人） | 购买不足2年 | | | 全额预缴税款：预缴增值税=出售全价÷(1+5%)×5% | 5%征收率 | 住房所在地主管税务机关 | 全额缴税，抵减预缴税款：应纳增值税=出售全价÷(1+5%)×5%−预缴增值税=出售全价÷(1+5%)×5%−出售全价÷(1+5%)×5%=0 | 5%征收率 | 机构所在地主管税务机关 |
| | 购买2年以上 | 北上广深 | 非普通住房 | 差额预缴税款：预缴增值税=转让差额÷(1+5%)×5% | 5%征收率 | | 差额缴税，抵减预缴税款：应纳增值税=转让差额÷(1+5%)×5%−预缴增值税=转让差额÷(1+5%)×5%=0 | 5%征收率 | |
| | | | 普通住房 | 免税（预缴额为0） | 5%征收率 | | 免税 | 5%征收率 | |
| | | 其他地区 | | | 5%征收率 | | | 5%征收率 | |
| 其他个人（一定是小规模纳税人） | 购买不足2年 | | | — | | | 全额缴税：应纳增值税=出售全价÷(1+5%)×5% | 5%征收率 | 住房所在地主管税务机关 |
| | 购买2年以上 | 北上广深 | 非普通住房 | — | | | 差额缴税：应纳增值税=转让差额÷(1+5%)×5% | 5%征收率 | |
| | | | 普通住房 | — | | | 免税 | 5%征收率 | |
| | | 其他地区 | | | | | | 5%征收率 | |

总结　一般纳税人出租不动产（不包括个体工商户中的一般纳税人出租住房）的增值税税务处理见表 2-9。

表 2-9　一般纳税人出租不动产（不包括个体工商户中的一般纳税人出租住房）的增值税税务处理

| 出租不动产类别 | 计税方法 | 出租不动产所在地 | 预缴税款 | 预征率 | 预缴税款地点 | 纳税申报 | 征收率或税率 | 纳税申报地点 |
|---|---|---|---|---|---|---|---|---|
| 单位中的一般纳税人出租2016年4月30日前取得的不动产、个体工商户中的一般纳税人出租2016年4月30日前取得的非住房不动产 | 选择简易计税 | 不动产所在地与机构所在地不在同一县（市） | 全额预缴税款：预缴增值税=含税销售额÷（1+5%）×5% | 5% 预征率 | 不动产所在地主管税务机关 | 全额缴税，抵减预缴税款：应纳增值税=含税销售额÷（1+5%）×5%−预缴增值税=含税销售额÷（1+5%）×5%−含税销售额÷（1+5%）×5%=0 | 5% 征收率 | 机构所在地主管税务机关 |
| | | 不动产所在地与机构所在地在同一县（市） | — | | | 全额缴税：应纳增值税=含税销售额÷（1+5%）×5% | | |
| 单位中的一般纳税人出租2016年5月1日后取得的不动产、个体工商户中的一般纳税人出租2016年5月1日后取得的非住房不动产 | 选择一般计税 | 不动产所在地与机构所在地不在同一县（市） | 全额预缴税款：预缴增值税=含税销售额÷（1+9%）×3% | 3% 预征率 | 不动产所在地主管税务机关 | 全额缴税，抵减预缴税款：应纳增值税=含税销售额÷（1+9%）×9%−进项税额−预缴税款=含税销售额÷（1+9%）×9%−进项税额−含税销售额÷（1+9%）×3% | 9% 税率 | 机构所在地主管税务机关 |
| | | 不动产所在地与机构所在地在同一县（市） | — | | | 全额缴税：应纳增值税=含税销售额÷（1+9%）×9%−进项税额 | | |
| 单位中的一般纳税人出租2016年5月1日后取得的不动产、个体工商户中的一般纳税人出租2016年5月1日后取得的非住房不动产 | 一般计税 | 不动产所在地与机构所在地不在同一县（市） | 全额预缴税款：预缴增值税=含税销售额÷（1+9%）×3% | 3% 预征率 | 不动产所在地主管税务机关 | 全额缴税，抵减预缴税款：应纳增值税=含税销售额÷（1+9%）×9%−进项税额−预缴税款=含税销售额÷（1+9%）×9%−进项税额−含税销售额÷（1+9%）×3% | 9% 税率 | 机构所在地主管税务机关 |
| | | 不动产所在地与机构所在地在同一县（市） | — | | | 全额缴税：应纳增值税=含税销售额÷（1+9%）×9%−进项税额 | | |

总结　小规模纳税人出租不动产（不包括个人中的小规模纳税人出租住房）的增值税税务处理见表2-10。

表2-10　小规模纳税人出租不动产（不包括个人中的小规模纳税人出租住房）的增值税税务处理

| 出租不动产的类别 | 出租不动产的所在地 | 预缴税款 | | 纳税申报 | 征收率或者税率 | 纳税申报地点 |
|---|---|---|---|---|---|---|
| | | 预征率 | 预缴税款地点 | | | |
| 单位中的小规模纳税人出租不动产、个体工商户中的小规模纳税人 | 不动产所在地与机构所在地不在同一县（市） | 全额预缴税款：预缴增值税=含税销售额÷(1+5%)×5% 5%预征率 | 不动产所在地主管税务机关 | 全额缴税，抵减预缴税款。应纳增值税=含税销售额÷(1+5%)×5%-预缴增值税 =含税销售额÷(1+5%)×5%-含税销售额÷(1+5%)×5%=0 | 5% 征收率 | 机构所在地主管税务机关 |
| 出租非住房不动产 | 不动产所在地与机构所在地在同一县（市） | — | | 全额缴税：应纳增值税=含税销售额÷(1+5%)×5% | 5% 征收率 | 机构所在地主管税务机关 |
| 其他个人出租非住房不动产 | 无论不动产所在地与机构所在地是否在同一县（市） | — | | 全额缴税：应纳增值税=含税销售额÷(1+5%)×5% | 5% 征收率 | 不动产所在地主管税务机关 |

◆总结　个人出租住房的增值税税务处理见表2-11。

表2-11

个人出租住房的增值税税务处理

| 出租不动产的类别 | 出租不动产的所在地 | 预缴税款 | 预征率 | 预缴税款地点 | 纳税申报 | 征收率或者税率 | 纳税申报地点 |
|---|---|---|---|---|---|---|---|
| 个体工商户中的一般纳税人出租住房 | 不动产所在地与机构所在地不在同一县（市） | 全额预缴税款：预缴增值税=含税销售额÷(1+5%)×1.5% | 5%的预征率减按1.5% | 不动产所在地主管税务机关 | 全额缴税，抵减预缴税款：应纳增值税=含税销售额÷(1+5%)×1.5%-预缴增值税=含税销售额÷(1+5%)×1.5%=0 | 5%的征收率减按1.5% | 机构所在地主管税务机关 |
| | 不动产所在地与机构所在地在同一县（市） | — | | | 全额缴税：应纳增值税=含税销售额÷(1+5%)×1.5% | 5%的征收率减按1.5% | 机构所在地主管税务机关 |
| 个体工商户中的小规模纳税人出租住房 | 不动产所在地与机构所在地不在同一县（市） | 全额预缴税款：预缴增值税=含税销售额÷(1+5%)×1.5% | 5%的预征率减按1.5% | 不动产所在地主管税务机关 | 全额缴税，抵减预缴税款：应纳增值税=含税销售额÷(1+5%)×1.5%-预缴增值税=含税销售额÷(1+5%)×1.5%=0 | 5%的征收率减按1.5% | 机构所在地主管税务机关 |
| | 不动产所在地与机构所在地在同一县（市） | — | | | 全额缴税：应纳增值税=含税销售额÷(1+5%)×1.5% | 5%的征收率减按1.5% | 机构所在地主管税务机关 |
| 其他个人（一定是小规模纳税人）出租住房 | 无论不动产所在地与机构所在地是否在同一县（市） | — | | | 全额缴税：应纳增值税=含税销售额÷(1+5%)×1.5% | 5%的征收率减按1.5% | 不动产所在地主管税务机关 |

**总结** 房地产开发企业销售自行开发的房地产项目的增值税税务处理见表2-12。

表2-12 房地产开发企业销售自行开发的房地产项目的增值税税务处理

| 纳税人的类别 | 预售房产类型 | 计税方法 | 预售税款（若预售，则预缴；反之，不预缴） | 预征率 | 预缴税款地点 | 纳税申报 | 征收率或者税率 | 纳税申报地点 |
|---|---|---|---|---|---|---|---|---|
| 一般纳税人 | 自行开发老项目 | 选择适用简易计税 | 全额预缴税款：预缴增值税=预收款÷(1+5%)×3% | 3%预征率 | 主管税务机关 | 全额缴税，抵减预缴税款：应纳增值税=全部价款和价外费用÷(1+5%)×5%-预缴增值税 =全部价款和价外费用÷(1+5%)×5%-预收款÷(1+5%)×3% | 5%征收率 | 主管税务机关 |
| 一般纳税人 | 自行开发新项目 | 选择适用一般计税 | 全额预缴税款：预缴增值税=预收款÷(1+9%)×3% | 3%预征率 | 主管税务机关 | 差额缴税，抵减预缴税款：应纳增值税=（全部价款和价外费用-当期允许扣除的支付给政府部门的土地价款）÷(1+9%)×9%-进项税额-预缴增值税 =（全部价款和价外费用-当期允许扣除的支付给政府部门的土地价款）÷(1+9%)×9%-进项税额-预收款÷(1+9%)×3% | 9%税率 | 主管税务机关 |
| 小规模纳税人 | 自行开发老项目或者新项目 | 简易计税 | 全额预缴税款：预缴增值税=预收款÷(1+5%)×3% | 3%预征率 | 主管税务机关 | 全额缴税，抵减预缴税款：应纳增值税=含税销售额÷(1+5%)×5%-预缴增值税 =全部价款和价外费用÷(1+5%)×5%-预收款÷(1+5%)×3% | 5%征收率 | 主管税务机关 |

### 四、进口货物应纳税额的计算

不管是一般纳税人还是小规模纳税人进口货物，都按照组成计税价格和税法规定的税率（例如13%）计算应纳税额。

▶**点睛**　一方面，进口货物增值税的计税依据是组成计税价格而非其他金额；另一方面，小规模纳税人进口货物时使用税率计税，而不使用征收率。

进口货物计算增值税应纳税额的计算公式如下：

应纳增值税税额=计税价格×增值税税率

其中，组成计税价格的计算公式如下：

（1）若进口货物不属于消费税应税消费品：

组成计税价格=计税价格+关税

（2）若进口货物属于消费税应税消费品：

❶实行从价定率办法计算纳税的组成计税价格计算公式：

组成计税价格=计税价格+关税+消费税=（计税价格+关税）÷（1－消费税比例税率）

❷实行从量定额办法计算纳税的组成计税价格计算公式：

$$\text{组成计税价格}=\text{计税价格}+\text{关税}+\text{消费税}=\text{计税价格}+\text{关税}+\text{海关核定的应税消费品进口征税数量}\times\text{消费税定额税率}$$

❸实行复合计税办法计算纳税的组成计税价格计算公式：

$$\text{组成计税价格}=\text{计税价格}+\text{关税}+\text{消费税}=\left(\text{计税价格}+\text{关税}+\text{海关核定的应税消费品进口征税数量}\times\text{消费税定额税率}\right)\div\left(1-\text{消费税比例税率}\right)$$

纳税人在计算进口货物的增值税时应该注意以下问题：

（1）进口货物增值税的组成计税价格中包括已纳关税税额，如果进口货物属于消费税应税消费品，其组成计税价格中还要包括进口环节已纳消费税税额。

（2）根据《中华人民共和国海关法》的规定，进出口货物的完税价格，由海关以该货物的成交价格为基础审查确定。成交价格不能确定时，完税价格由海关依法估定。进口货物的完税价格包括货物的货价、货物运抵中华人民共和国境内输入地点起卸前的运输及其相关费用、保险费。根据《中华人民共和国关税法》的规定，进口货物的计税价格（《中华人民共和国关税法》实施之前，被称为"关税完税价格"）以成交价格以及该货物运抵中华人民共和国境内输入地点起卸前的运输及其相关费用、保险费为基础确定。

▶**提示**　根据《增值税法》的规定，进口货物，按照本法规定的组成计税价格乘以适用税率计算缴纳增值税。组成计税价格，为关税计税价格加上关税和消费税；国务院另有规定的，从其规定。

**任务实例2-30**　甲公司（具有进出口经营权）为增值税一般纳税人，本年5月从国外进口一批生产所需原材料，买价95万元，支付运抵我国海关前的运费3万元，装卸费2万元；支付从海关地运往本公司的运费4万元、装卸费和保险费共1万元。该原材料适用的关税税率为10%，增值税税率为13%。该原材料不属于需要缴纳消费税的应税消费品。

**【任务要求】**　计算甲公司进口环节应缴纳的增值税税额。

**【任务实施】**　计税价格=95+3+2=100（万元）

组成计税价格=100×（1+10%）=110（万元）

进口环节应纳增值税=110×13%=14.3（万元）

**任务实例2-31**　甲公司（具有进出口经营权）为增值税小规模纳税人，本年5月从国外进口小汽车一辆，关税完税价格折合人民币120 000元。该小汽车适用的关税税率为20%，消费税税率为5%。

【任务要求】计算甲公司进口环节应缴纳的增值税税额。

【任务实施】进口环节应纳增值税=120 000×（1+20%）÷（1-5%）×13%=19 705.26（元）

# 任务三　增值税出口和跨境业务退（免）税和征税的计算

### 任务引例2-3

我公司是一家外贸企业，不慎丢失增值税专用发票抵扣联，请问还能否办理出口退税？

出口和跨境业务是"出口货物、劳务和跨境应税行为"的简称。一国对出口货物、劳务和跨境应税行为（根据我国税法，跨境应税行为主要包括"出口服务或者无形资产"）实行退（免）税政策是国际贸易中通常采用且被世界各国普遍接受的，是为了鼓励各国出口和跨境业务公平竞争的一种退还或免征间接税（目前我国主要包括增值税、消费税）的税收措施，即对出口货物、劳务和跨境应税行为已承担或应承担的增值税和消费税等间接税实行退还或者免征。

#### 一、出口货物、劳务和跨境应税行为的增值税税收政策

目前，我国的出口货物、劳务和跨境应税行为的增值税税收政策分为以下三种形式：

（1）出口免税并退税。《财政部　国家税务总局关于出口货物劳务增值税和消费税政策的通知》（财税〔2012〕39号，以下简称《通知》）中所说的"适用增值税退（免）税政策的范围"属于适用"出口免税并退税"政策的范围；出口服务或者无形资产（统称跨境应税行为）适用零税率增值税的项目（本项目的任务一中的"2.服务或者无形资产适用的零税率"）也属于适用"出口免税并退税"政策的范围。出口免税是指对货物、劳务、服务或者无形资产在出口销售环节免征增值税，这是把货物、劳务、服务或者无形资产的出口销售环节与出口前的销售环节都同样视为一个增值税征税环节（由于国家鼓励出口而给予出口销售环节免征增值税的优惠）；出口退税是指对货物、劳务、服务或者无形资产在出口前的购买环节（指的是为生产出口货物、劳务、服务或者无形资产而购买原材料等环节）实际承担（负担）的增值税额（主要指的是进项税额），按规定的退税率计算后予以退还。

（2）出口免税不退税。《通知》中所说的"适用增值税免税政策的范围"属于适用"出口免税不退税"政策的范围；出口服务或者无形资产（统称跨境应税行为）免征增值税的项目（本项目的任务一中的"6.营业税改征增值税境外服务或者无形资产免税政策"）也属于适用"出口免税不退税"政策的范围；"境内的单位和个人提供适用增值税零税率的服务或者无形资产，如果属于适用简易计税方法的，实行免征增值税办法"也属于适用"出口免税不退税"政策的范围。出口免税与上述第（1）项含义相同。出口不退税是指适用这个政策的出口货物、劳务、服务或者无形资产因在出口前的购买环节（指的

是为生产出口货物、劳务、服务或者无形资产而购买原材料等环节）是免征增值税的，因此，出口时该货物、劳务、服务或者无形资产的价格中本身就不含增值税，也不需要退还增值税；或者是适用这个政策的出口货物、劳务、服务或者无形资产因在出口前的购买环节（指的是为生产出口货物、劳务、服务或者无形资产而购买原材料等环节）实际承担（负担）的进项税额不得抵扣①，应当计入成本，因此也不需要退还增值税额（主要指的是进项税额）。

（3）出口不免税也不退税。《通知》中所说的"适用增值税征税政策的范围"属于适用"出口不免税也不退税"政策的范围。出口不免税是指对国家限制或禁止出口的某些货物、劳务、服务或者无形资产的出口销售环节视同内销环节，照常征收增值税（指的是销项税额或者应纳增值税额）；出口不退税是指对这些货物、劳务、服务或者无形资产出口不退还出口前的购买环节（指的是为生产出口货物、劳务、服务或者无形资产而购买原材料等环节）实际承担（负担）的增值税额（主要指的是进项税额）。

> 提示　只有"出口免税并退税"政策才涉及增值税的出口退税，"出口免税不退税"政策和"出口不免税也不退税"政策不涉及增值税的出口退税。

## 二、适用增值税退（免）税政策的范围

对下列出口货物、劳务和跨境应税行为，除适用增值税免税政策和增值税征税政策外，实行增值税退（免）税政策（又称免征并退还增值税政策，即上述出口免税并退税政策）：

1.出口企业出口货物

出口企业，是指依法办理工商登记、税务登记、对外贸易经营者备案登记，自营或委托出口货物的单位或个体工商户，以及依法办理工商登记、税务登记但未办理对外贸易经营者备案登记，委托出口货物的生产企业。

> 提示　生产企业，是指具有生产能力（包括加工修理修配能力）的单位或个体工商户。

出口货物，是指企业向海关报关后实行离境并销售给境外单位和个人的货物，分为自营出口货物和委托出口货物两类。

> 提示　对于企业出口给外商的新造集装箱，交付到境内指定堆场，并取得出口货物报关单（出口退税专用），同时符合其他出口退（免）税规定的，准予按照现行规定办理出口退（免）税。

2.出口企业或其他单位视同出口货物

（1）出口企业对外援助、对外承包、境外投资的出口货物。

（2）出口企业经海关报关进入国家批准的出口加工区、保税物流园区、保税港区、综合保税区、珠澳跨境工业区（珠海园区）、中哈霍尔果斯国际边境合作中心（中方配套区域）、保税物流中心（B型）（以下统称特殊区域）并销售给特殊区域内单位或境外单位、个人的货物。

（3）免税品经营企业销售的货物（国家规定不允许经营和限制出口的货物、卷烟和超出免税品经营企业《企业法人营业执照》规定经营范围的货物除外）。

（4）出口企业或其他单位销售给用于国际金融组织或外国政府贷款国际招标建设项目的中标机电产品（以下称中标机电产品）。

---

① 例如，一般纳税人用于免征增值税项目（出口免税就属于这种情形）的购进货物、劳务、服务、无形资产和不动产，其进项税额不得从销项税额中抵扣；增值税小规模纳税人出口的货物、劳务、服务或者无形资产在出口前的购买环节的进项税额也不得抵扣，而应当计入成本。

🔖**提示**　上述中标机电产品，包括外国企业中标再分包给出口企业或其他单位的机电产品。

（5）生产企业销售的自产的海洋工程结构物，或者融资租赁企业及其设立的项目子公司、金融租赁公司及其设立的项目子公司购买并以融资租赁方式出租的国内生产企业生产的海洋工程结构物，但购买方或者承租方需为按实物征收增值税的中外合作油（气）田开采企业。

🔖**点睛**　自2017年1月1日起，生产企业销售自产的海洋工程结构物，或者融资租赁企业及其设立的项目子公司、金融租赁公司及其设立的项目子公司购买并以融资租赁方式出租的国内生产企业生产的海洋工程结构物，应按规定缴纳增值税，不再适用增值税出口退税政策，但购买方或者承租方为按实物征收增值税的中外合作油（气）田开采企业的除外。

（6）出口企业或其他单位销售给国际运输企业用于国际运输工具上的货物。

🔖**点睛**　上述规定暂仅适用于外轮供应公司，远洋运输供应公司销售给外轮、远洋国轮的货物，国内航空供应公司生产销售给国内和国外航空公司国际航班的航空食品。

（7）出口企业或其他单位销售给特殊区域内生产企业生产耗用且不向海关报关而输入特殊区域的水（包括蒸汽）、电力、燃气（以下称输入特殊区域的水电气）。

3.生产企业出口视同自产货物

生产企业出口视同自产货物，免征增值税额（指的是销项税额），相应的进项税额抵减应纳增值税额（不包括适用增值税即征即退、先征后退政策的应纳增值税额），未抵减完的部分予以退还。视同自产货物的具体范围包括：

（1）持续经营以来从未发生骗取出口退税、虚开增值税专用发票或农产品收购发票、接受虚开增值税专用发票（善意取得虚开增值税专用发票除外）行为且同时符合下列条件的生产企业出口的外购货物，可视同自产货物适用增值税退（免）税政策：

❶已取得增值税一般纳税人资格。

❷已持续经营2年及2年以上。

❸纳税信用等级A级。

❹上一年度销售额5亿元以上。

❺外购出口的货物与本企业自产货物同类型或具有相关性。

（2）持续经营以来从未发生骗取出口退税、虚开增值税专用发票或农产品收购发票、接受虚开增值税专用发票（善意取得虚开增值税专用发票除外）行为但不能同时符合上述第（1）条规定的条件的生产企业，出口的外购货物符合下列条件之一的，可视同自产货物申报适用增值税退（免）税政策：

❶同时符合下列条件的外购货物：

a.与本企业生产的货物名称、性能相同。

b.使用本企业注册商标或境外单位或个人提供给本企业使用的商标。

c.出口给进口本企业自产货物的境外单位或个人。

❷与本企业所生产的货物属于配套出口，且出口给进口本企业自产货物的境外单位或个人的外购货物，符合下列条件之一的：

a.用于维修本企业出口的自产货物的工具、零部件、配件。

b.不经过本企业加工或组装，出口后能直接与本企业自产货物组合成成套设备的货物。

❸经集团公司总部所在地的地级以上税务局认定的集团公司，其控股（按照《中华人民共和国公司法》第二百一十六条规定的口径执行）的生产企业之间收购的自产货物以及集团公司与其控股的生产企业之间收购的自产货物。

❹同时符合下列条件的委托加工货物：

a.与本企业生产的货物名称、性能相同，或者是用本企业生产的货物再委托深加工的货物。

b.出口给进口本企业自产货物的境外单位或个人。

c.委托方与受托方必须签订委托加工协议，且主要原材料必须由委托方提供，受托方不垫付资金，只收取加工费，开具加工费（含代垫的辅助材料）的增值税专用发票。

❺用于本企业中标项目下的机电产品。

❻用于对外承包工程项目下的货物。

❼用于境外投资的货物。

❽用于对外援助的货物。

❾生产自产货物的外购设备和原材料（农产品除外）。

4.出口企业对外提供加工修理修配劳务

对外提供加工修理修配劳务，是指对进境复出口货物或从事国际运输的运输工具进行的加工修理修配。

5.融资租赁货物出口退税

对融资租赁企业、金融租赁公司及其设立的项目子公司（以下统称融资租赁出租方），以融资租赁方式租赁给境外承租人且租赁期限在5年（含）以上，并向海关报关后实际离境的货物，试行增值税、消费税出口退税政策。

融资租赁出口货物的范围，包括飞机、飞机发动机、铁道机车、铁道客车车厢、船舶及其他货物，具体应符合《增值税暂行条例实施细则》第二十一条"固定资产"的相关规定。

🍃提示　上述融资租赁企业，仅包括金融租赁公司、经商务部批准设立的外商投资融资租赁公司、经商务部和国家税务总局共同批准开展融资业务试点的内资融资租赁企业、经商务部授权的省级商务主管部门和国家经济技术开发区批准的融资租赁公司。

🍃提示　上述金融租赁公司，仅包括经中国银行保险监督管理委员会（现为国家金融监督管理总局）批准设立的金融租赁公司。

6.增值税一般纳税人提供零税率服务或者无形资产

（1）自2014年1月1日起，增值税一般纳税人提供适用零税率的应税服务，实行增值税退（免）税办法。

（2）自2016年5月1日起，跨境应税行为（出口服务或者无形资产）适用增值税零税率。跨境应税行为，是指中国境内的单位和个人销售规定的服务或者无形资产，规定的服务或者无形资产范围参见《财政部　国家税务总局关于全面推开营业税改征增值税试点的通知》（财税〔2016〕36号）附件4《跨境应税行为适用增值税零税率和免税政策的规定》（即为本项目的任务一中的"2.服务或者无形资产适用的零税率"）。

### 三、出口货物、劳务和跨境应税行为退（免）增值税的基本方法

适用增值税退（免）税政策的出口货物、劳务和跨境应税行为，按照下列规定实行增值税免抵退税办法或免退税办法（免退税办法又称先征后退办法）：

1.免抵退税办法

对于出口货物、劳务而言，适用增值税一般计税方法的生产企业出口自产货物和视同自产货物、对外提供加工修理修配劳务，以及《财政部 国家税务总局关于出口货物劳务增值税和消费税政策的通知》（财税〔2012〕39号）附件5列名生产企业出口非自产货物，实行免抵退税办法。即上述企业在货物、劳务的出口销售环节免征增值税额（指的是销项税额），相应的进项税额抵减应纳增值税额（不包括适用增值税即征即退、先征后退政策的应纳增值税额），未抵减完的部分予以退还。

对于跨境应税行为而言，境内的单位和个人提供适用增值税零税率的服务或者无形资产，适用增值税一般计税方法的生产企业实行免抵退税办法，适用增值税一般计税方法的外贸企业直接将服务或自行研发的无形资产出口，视同生产企业连同其出口货物统一实行免抵退税办法。即上述企业在服务或者无形资产的出口销售环节免征增值税额（指的是销项税额），相应的进项税额抵减应纳增值税额（不包括适用增值税即征即退、先征后退政策的应纳增值税额），未抵减完的部分予以退还。

🔖**总结**　免抵退税办法的整体思路为：出口销售环节免征增值税额（指的是销项税额），相应的进项税额（指的是以前购买环节承担的进项税额）抵减应纳增值税额（不包括适用增值税即征即退、先征后退政策的应纳增值税额），未抵减完的部分予以退还。

2.免退税办法

对于出口货物、劳务而言，不具有生产能力的出口企业（又称外贸企业）或其他单位出口货物或者劳务，实行免退税办法。即不具有生产能力的出口企业（又称外贸企业）或其他单位将外购的货物、劳务出口，在出口销售环节免征增值税额（指的是销项税额），相应的外购货物、劳务的进项税额按规定予以退还。

对于跨境应税行为而言，境内的单位和个人提供适用增值税零税率的服务或者无形资产，适用增值税一般计税方法的外贸企业外购服务或者无形资产出口实行免退税办法。即外贸企业将外购的服务或者无形资产出口，在出口销售环节免征增值税额（指的是销项税额），相应的外购服务或者无形资产的进项税额按规定予以退还。

🔖**总结**　免退税办法的整体思路为：出口销售环节免征增值税额（指的是销项税额），相应的进项税额（指的是以前购买环节承担的进项税额）按规定予以退还。

🔖**提示**　出口服务或者无形资产退（免）税有以下几项特殊规定：

❶境内的单位和个人提供适用增值税零税率的服务或者无形资产，属于适用简易计税方法的，实行免征增值税办法（实际上适用"出口免税不退税"政策）。

❷按照国家有关规定应取得相关资质的国际运输服务项目，纳税人取得相关资质的，适用增值税零税率政策；未取得的，适用增值税免税政策。

❸境内的单位或个人提供程租服务，如果租赁的交通工具用于国际运输服务和港澳台运输服务，由出租方按规定申请适用增值税零税率。

❹境内的单位和个人向境内单位或个人提供期租、湿租服务，如果承租方利用租赁的交通工具向其他单位或个人提供国际运输服务和港澳台运输服务，由承租方适用增值税零税率。境内的单位或个人向境外单位或个人提供期租、湿租服务，由出租方适用增值税零税率。

🔖**点睛**　出口服务或者无形资产（统称跨境应税行为）适用零税率增值税的项目（本项目的任务一中的"2.服务或者无形资产适用的零税率"）属于适用"出口免税并退税"政策的范围。

出口服务或者无形资产（统称跨境应税行为）免征增值税的项目（本项目的任务一中的"6.营业税改征增值税境外服务或者无形资产免税政策"）属于适用"出口免税不退税"政策的范围。

🔖**提示** 纳税人发生应税行为同时适用免税和零税率规定的，可以选择适用免税或者零税率。

🔖**提示** 境内的单位和个人销售适用增值税零税率的服务或者无形资产的，可以放弃适用增值税零税率，选择免税或按规定缴纳增值税。放弃适用增值税零税率后，36个月内不得再申请适用增值税零税率。

🔖**提示** 实行增值税退（免）税办法的增值税零税率服务或者无形资产不得开具增值税专用发票。

### 四、出口货物、劳务和跨境应税行为退（免）增值税计税依据的确定

出口货物、劳务增值税退（免）税的计税依据，按照出口货物、劳务的出口发票（外销发票）、其他普通发票或购进出口货物、劳务的增值税专用发票、海关进口增值税专用缴款书确定；跨境应税行为增值税退（免）税的计税依据，按照《适用增值税零税率应税服务退（免）税管理办法》（国家税务总局公告2014年第11号）等文件执行。具体规定如下：

1.出口货物、劳务的增值税退（免）税的计税依据

（1）生产企业出口货物或者劳务（进料加工复出口货物除外）增值税退（免）税的计税依据，为出口货物或者劳务的实际离岸价（FOB）。实际离岸价应以出口发票上的离岸价为准，但如果出口发票不能反映实际离岸价，主管税务机关有权予以核定。

（2）生产企业进料加工复出口货物增值税退（免）税的计税依据，按出口货物的离岸价（FOB）扣除出口货物所含的海关保税进口料件的金额后确定。

🔖**提示** 海关保税进口料件，是指海关以进料加工贸易方式监管的出口企业从境外和特殊区域等进口的料件，包括出口企业从境外单位或个人购买并从海关保税仓库提取且办理海关进料加工手续的料件，以及保税区外的出口企业从保税区内的企业购进并办理海关进料加工手续的进口料件。

（3）生产企业国内购进无进项税额且不计提进项税额的免税原材料加工后出口的货物的计税依据，按出口货物的离岸价（FOB）扣除出口货物所含的国内购进免税原材料的金额后确定。

（4）外贸企业出口货物（委托加工修理修配货物除外）增值税退（免）税的计税依据，为购进出口货物的增值税专用发票注明的金额或海关进口增值税专用缴款书注明的完税价格。

（5）外贸企业出口委托加工修理修配货物增值税退（免）税的计税依据，为加工修理修配费用增值税专用发票注明的金额。外贸企业应将加工修理修配使用的原材料（进料加工海关保税进口料件除外）作价销售给受托加工修理修配的生产企业，受托加工修理修配的生产企业应将原材料成本并入加工修理修配费用开具发票。

（6）出口进项税额未计算抵扣的已使用过的设备增值税退（免）税的计税依据，按下列公式确定：

$$\frac{退（免）税}{计税依据} = \frac{增值税专用发票上的金额或海关进口}{增值税专用缴款书注明的完税价格} \times \frac{已使用过的设备}{固定资产净值} \div \frac{已使用过的}{设备原值}$$

已使用过的设备固定资产净值=已使用过的设备原值-已使用过的设备已计提累计折旧

已使用过的设备是指出口企业根据财务会计制度已经计提折旧的固定资产。

（7）免税品经营企业销售的货物增值税退（免）税的计税依据，为购进货物的增值税专用发票注明的金额或海关进口增值税专用缴款书注明的完税价格。

（8）中标机电产品增值税退（免）税的计税依据，生产企业为销售机电产品的普通发

票注明的金额，外贸企业为购进货物的增值税专用发票注明的金额或海关进口增值税专用缴款书注明的完税价格。

（9）生产企业向海上石油天然气开采企业销售的自产的海洋工程结构物增值税退（免）税的计税依据，为销售海洋工程结构物的增值税普通发票注明的金额。

（10）输入特殊区域的水电气增值税退（免）税的计税依据，为作为购买方的特殊区域内生产企业购进水（包括蒸汽）、电力、燃气的增值税专用发票注明的金额。

2.跨境应税行为退（免）增值税的计税依据

（1）实行免抵退税办法的零税率服务或者无形资产免抵退税的计税依据。

❶ 以铁路运输方式载运旅客的，为按照铁路合作组织清算规则清算后的实际运输收入。

❷ 以铁路运输方式载运货物的，为按照铁路运输进款清算办法，对"发站"或"到站（局）"名称包含"境"字的货票上注明的运输费用以及直接相关的国际联运杂费清算后的实际运输收入。

❸ 以航空运输方式载运货物或旅客的，如果国际运输或港澳台运输各航段由多个承运人承运，为中国航空结算有限责任公司清算后的实际收入；如果国际运输或港澳台运输各航段由一个承运人承运，为提供航空运输服务取得的收入。

❹ 其他实行免抵退税办法的增值税零税率服务或者无形资产，为提供增值税零税率服务或者无形资产取得的收入。

（2）实行免退税办法的零税率服务或者无形资产免退税的计税依据。

❶ 从境内单位或者个人购进出口零税率服务或者无形资产的，为取得提供方开具的增值税专用发票上注明的金额。

❷ 从境外单位或者个人购进出口零税率服务或者无形资产的，为取得的解缴税款的完税凭证上注明的金额。

▶ 提示　实行退（免）税办法的服务和无形资产，如果主管税务机关认定出口价格偏高的，有权按照核定的出口价格计算退（免）税，核定的出口价格低于外贸企业购进价格的，低于部分对应的进项税额不予退税，转入成本。

### 五、出口货物、劳务和跨境应税行为增值税退税率的判定

1.退税率的一般规定

除财政部和国家税务总局根据国务院决定而明确的增值税出口退税率（以下称退税率）外，出口货物、劳务、服务或者无形资产的退税率为其适用税率。目前我国增值税出口退税率分为五档，即13%、10%、9%、6%和零税率。

2.退税率的特殊规定

（1）外贸企业购进按简易计税方法征税的出口货物、从小规模纳税人购进出口货物，其退税率分别为简易计税方法实际执行的征收率、小规模纳税人征收率。上述出口货物取得增值税专用发票的，退税率按照增值税专用发票上的税率和出口货物退税率孰低的原则确定。

（2）出口企业委托加工修理修配货物，其加工修理修配费用的退税率为出口货物的退税率。

（3）中标机电产品、出口企业向海关报关进入特殊区域销售给特殊区域内生产企业生产耗用的列名原材料、输入特殊区域的水电气，其退税率为适用税率。如果国家调整列名

原材料的退税率，列名原材料应当自调整之日起按调整后的退税率执行。

🌿**提示**　适用不同退税率的货物、劳务和跨境应税行为，应分开报关、核算并申报退（免）税，未分开报关、核算或划分不清的，从低适用退税率。

### 六、增值税退（免）税的计算

#### （一）出口货物或者劳务增值税退（免）税的计算

1.出口货物或者劳务增值税免抵退税的计算

对于出口货物、劳务而言，适用增值税一般计税方法的生产企业出口自产货物和视同自产货物、对外提供加工修理修配劳务，以及《财政部　国家税务总局关于出口货物劳务增值税和消费税政策的通知》（财税〔2012〕39号）附件5列名生产企业出口非自产货物，实行免抵退税办法。

以生产企业出口自产货物为例，对于"免抵退"，具体来说，免是指对生产企业出口的自产货物，免征本企业生产销售环节的增值税额（指的是免征出口销售环节的增值税销项税额）；抵是指生产企业出口自产货物所耗用的原材料、零部件、燃料、动力等所含应予退还的进项税额，先抵减内销货物的应纳税额（即应纳增值税额，指的是内销货物销项税额–内销货物进项税额–上期留抵税额）；退是指生产企业出口的自产货物，在当月内应抵减的进项税额大于内销货物的应纳税额时，对未抵减完的进项税额部分按规定予以退还。

免抵退税办法的计算步骤如下：

（1）当期应纳税额的计算。

当期应纳税额=当期销项税额–（当期进项税额–当期不得免征和抵扣税额）

$$\substack{当期不得免征和\\抵扣税额} = \substack{当期出口\\货物离岸价} \times \substack{外汇人民币\\折合率} \times \left( \substack{出口货物\\适用税率} - \substack{出口货物\\退税率} \right) - \substack{当期不得免征和\\抵扣税额抵减额}$$

当期不得免征和抵扣税额抵减额=当期免税购进原材料价格×（出口货物适用税率–出口货物退税率）

（2）当期免抵退税额的计算。

当期免抵退税额=当期出口货物离岸价×外汇人民币折合率×出口货物退税率–当期免抵退税额抵减额

当期免抵退税额抵减额=当期免税购进原材料价格×出口货物退税率

（3）当期应退税额和免抵税额的计算。

❶当期期末留抵税额≤当期免抵退税额，则：

当期应退税额=当期期末留抵税额

当期免抵税额=当期免抵退税额–当期应退税额

❷当期期末留抵税额>当期免抵退税额，则：

当期应退税额=当期免抵退税额

当期免抵税额=当期免抵退税额–当期应退税额=0

🌿**提示**　当期期末留抵税额（实为当期期末退税前的留抵税额）为当期"增值税及附加税费申报表（一般纳税人适用）"中的"期末留抵税额"。

（4）当期免税购进原材料价格包括当期国内购进的无进项税额且不计提进项税额的免税原材料的价格和当期进料加工保税进口料件的价格，其中当期进料加工保税进口料件的价格为组成计税价格。

当期进料加工保税进口料件的组成计税价格=当期进口料件到岸价格+海关实征关税+海关实征消费税

❶采用"实耗法"的,当期进料加工保税进口料件的组成计税价格为当期进料加工出口货物耗用的进口料件组成计税价格。其计算公式为:

$$\begin{array}{c}\text{当期进料加工保税进口}\\\text{料件的组成计税价格}\end{array}=\begin{array}{c}\text{当期进料加工}\\\text{出口货物离岸价}\end{array}\times\begin{array}{c}\text{外汇人民币}\\\text{折合率}\end{array}\times\begin{array}{c}\text{计划}\\\text{分配率}\end{array}$$

计划分配率=计划进口总值÷计划出口总值×100%

实行纸质手册和电子化手册的生产企业,应根据海关签发的加工贸易手册或加工贸易电子化纸质单证所列的计划进出口总值计算计划分配率。

实行电子账册的生产企业,计划分配率按前一期已核销的实际分配率确定;新启用电子账册的,计划分配率按前一期已核销的纸质手册或电子化手册的实际分配率确定。

❷采用"购进法"的,当期进料加工保税进口料件的组成计税价格为当期实际购进的进料加工进口料件的组成计税价格。

若当期实际不得免征和抵扣税额抵减额大于当期出口货物离岸价×外汇人民币折合率×(出口货物适用税率-出口货物退税率)的,则:

$$\begin{array}{c}\text{当期不得免征和}\\\text{抵扣税额抵减额}\end{array}=\begin{array}{c}\text{当期出口}\\\text{货物离岸价}\end{array}\times\begin{array}{c}\text{外汇人民}\\\text{币折合率}\end{array}\times\left(\begin{array}{c}\text{出口货物}\\\text{适用税率}\end{array}-\begin{array}{c}\text{出口货物}\\\text{退税率}\end{array}\right)$$

🍃**点睛**　免抵退税办法的计算步骤解读〔主要解读上面(1)至(3)个步骤〕:

第一步:免。

免征生产销售环节的增值税(即免征出口销售环节的增值税销项税)。

第二步:剔。

$$\begin{array}{c}\text{当期免抵退税不得}\\\text{免征和抵扣税额}\\\text{\color{green}(属于进项税转出额)}\end{array}=\begin{array}{c}\text{当期出口}\\\text{货物离岸价格}\end{array}\times\begin{array}{c}\text{外汇}\\\text{人民币牌价}\end{array}\times\left(\begin{array}{c}\text{出口货物}\\\text{征税率}\end{array}-\begin{array}{c}\text{出口货物}\\\text{退税率}\end{array}\right)-\begin{array}{c}\text{当期免抵退税不得免}\\\text{征和抵扣税额抵减额}\end{array}$$

$$\text{当期免抵退税不得免征和抵扣税额抵减额}=\text{当期免税购进原材料价格}\times\left(\begin{array}{c}\text{出口货物}\\\text{征税率}\end{array}-\begin{array}{c}\text{出口货物}\\\text{退税率}\end{array}\right)$$

第三步:抵。

$$\begin{array}{c}\text{当期}\\\text{应纳税额}\end{array}=\begin{array}{c}\text{当期内销货物的}\\\text{销项税额}\end{array}-\left(\begin{array}{c}\text{当期全部}\\\text{进项税额}\end{array}-\begin{array}{c}\text{当期免抵退税不得}\\\text{免征和抵扣的税额}\end{array}\right)-\text{上期留抵税额}$$

若当期应纳税额≥0,则不涉及退税,但涉及免抵税;若当期应纳税额<0,则其绝对值便为当期期末退税前的留抵税额。

第四步:退。

首先计算免抵退税总额:

当期免抵退税额=当期出口货物离岸价格×外汇人民币牌价×出口货物退税率-当期免抵退税额抵减额

当期免抵退税额抵减额=当期免税购进原材料价格×出口货物退税率

其次运用孰低原则确定出口退税额,并确定退税之外的免抵税额:

(1)若当期应纳税额<0,且当期期末退税前的留抵税额≤当期免抵退税额:

当期应退税额=当期期末退税前的留抵税额

当期免抵税额=当期免抵退税额-当期应退税额

当期期末退税后的留抵税额(结转下期继续留抵税额)=当期期末退税前的留抵税额-当期应退税额=0

(2)若当期应纳税额<0,且当期期末退税前的留抵税额>当期免抵退税额:

当期应退税额=当期免抵退税额

当期免抵税额=0

当期期末退税后的留抵税额(结转下期继续留抵税额)=当期期末退税前的留抵税额-当期应退税额

（3）若当期应纳税额≥0：

当期期末退税前的留抵税额=0

当期应退税额=0

当期免抵税额=当期免抵退税额

当期期末退税后的留抵税额（结转下期继续留抵税额）=当期期末退税前的留抵税额-当期应退税额=0

当期期末退税前的留抵税额为当期"增值税及附加税费申报表（一般纳税人适用）"中的"期末留抵税额"。

**任务实例2-32** 甲公司是一家自营出口生产企业，为增值税一般纳税人，出口货物的征税率为13%、退税率为10%。甲公司本年5月内销货物取得不含税销售额100万元、税额13万元；本年5月出口货物取得销售额折合人民币200万元。甲公司本年5月购进原材料一批，取得的增值税专用发票注明价款200万元、税额26万元。甲公司本年5月取得的增值税专用发票符合抵扣规定。甲公司本年5月进料加工免税进口料件一批，海关暂免征税，予以放行，组成计税价格为80万元。甲公司上期期末留抵税额为6万元。

**【任务要求】**

（1）计算甲公司当期免抵退税不得免征和抵扣税额；

（2）计算甲公司当期应纳增值税税额；

（3）计算甲公司当期免抵退税额；

（4）计算甲公司当期应退税额、免抵税额及当期期末留抵税额。

**【任务实施】**

（1）当期免抵退税不得免征和抵扣税额抵减额=80×（13%-10%）=2.4（万元）

当期免抵退税不得免征和抵扣税额=200×（13%-10%）-2.4=3.6（万元）

（2）当期应纳增值税税额=100×13%-（26-3.6）-6=-15.4（万元）

当期期末退税前的留抵税额15.4万元

（3）当期免抵退税额抵减额=80×10%=8（万元）

当期免抵退税额=200×10%-8=12（万元）

（4）由于当期期末退税前的留抵税额15.4万元>当期免抵退税额12万元，因此：

当期应退税额=当期免抵退税额=12万元

（5）当期免抵税额=当期免抵退税额-当期应退税额=12-12=0

当期期末退税后的留抵税额（结转下期继续留抵税额）=当期期末退税前的留抵税额-当期应退税额=15.4-12=3.4（万元）

2.出口货物或者劳务增值税免退税的计算

对于出口货物、劳务而言，不具有生产能力的出口企业（又称外贸企业）或其他单位出口货物或者劳务，实行免退税办法。

以出口货物为例，免退是指不具有生产能力的出口企业（又称外贸企业）或其他单位将外购的货物出口，在出口销售环节免征增值税额（指的是销项税额），相应的外购货物的进项税额（以前购买环节承担的进项税额）按规定予以退还。

（1）外贸企业出口委托加工修理修配货物以外的货物。

当期应退税额=购进出口货物的增值税专用发票或海关进口增值税专用缴款书注明的金额×出口货物退税率

（2）外贸企业出口委托加工修理修配货物。

当期应退税额=加工修理修配费用增值税专用发票注明的金额×出口货物退税率

退税率低于适用税率的，相应计算出的差额部分的税款为不予退税金额，需作进项税额转出处理，计入出口货物劳务成本。

$$\begin{array}{l}\text{当期不予退税金额} \\ \text{（进项税额转出额）}\end{array} = \begin{array}{l}\text{购进出口货物的增值税专用发票或海关} \\ \text{进口增值税专用缴款书注明的金额或加工} \\ \text{修理修配费用增值税专用发票注明的金额}\end{array} \times \left(\begin{array}{c}\text{出口货物} \\ \text{征税率}\end{array} - \begin{array}{c}\text{出口货物} \\ \text{退税率}\end{array}\right)$$

### 任务引例2-3解析

根据《国家税务总局关于发布〈出口货物劳务增值税和消费税管理办法〉的公告》（国家税务总局公告2012年第24号）的规定，出口企业和其他单位丢失增值税专用发票抵扣联的，在增值税专用发票认证相符后，可凭增值税专用发票的发票联复印件向主管出口退税的税务机关申报退（免）税。

因此，你公司丢失增值税专用发票抵扣联，在增值税专用发票认证相符后，可凭增值税专用发票的发票联复印件向主管出口退税的税务机关申报退（免）税。

### 任务实例2-33

甲外贸公司本年5月将外购的洗衣机700台报关出口，离岸单价为200美元/台，该笔出口业务已收汇并作销售处理（当日汇率为1美元=6.9元人民币）。本次出口的700台洗衣机系由甲外贸公司分两次购进，第一次购进500台，不含增值税单价为1 300元/台；第二次购进200台，不含增值税单价为1 200元/台。甲外贸公司本年5月购进洗衣机时均已取得增值税专用发票，且本年5月取得的增值税专用发票均符合抵扣规定。

【任务要求】计算甲外贸公司上述业务的应退增值税。

【任务实施】应退增值税＝（500×1 300+200×1 200）×13%＝115 700（元）

### （二）出口服务或者无形资产退（免）税的计算

**1.出口服务或者无形资产增值税免抵退税的计算**

对于跨境应税行为而言，境内的单位和个人提供适用增值税零税率的服务或者无形资产，适用增值税一般计税方法的生产企业实行免抵退税办法，适用增值税一般计税方法的外贸企业直接将服务或自行研发的无形资产出口，视同生产企业连同其出口货物统一实行免抵退税办法。

对于跨境应税行为而言，免抵退指的是上述企业在服务或者无形资产的出口销售环节免征增值税额（指的是销项税额），相应的进项税额（以前购买环节承担的进项税额）抵减应纳增值税额（不包括适用增值税即征即退、先征后退政策的应纳增值税额），未抵减完的部分予以退还。

按照纳税人是否兼营货物或者劳务出口，零税率服务或者无形资产增值税免抵退税纳税人可分为专营零税率服务或者无形资产纳税人、兼营出口货物或者劳务的零税率服务或者无形资产纳税人。

（1）专营零税率服务或者无形资产纳税人免抵退增值税的计算。

专营零税率服务或者无形资产免抵退税的计算程序和方法如下：

❶当期应纳税额的计算。

当期应纳税额＝当期销项税额－当期进项税额－上期留抵税额

若当期应纳税额≥0，则不涉及退税，但涉及免抵税；若当期应纳税额<0，则其绝对值便为当期期末退税前的留抵税额。

❷零税率服务或者无形资产当期免抵退税额的计算。

$$\begin{array}{c}\text{当期零税率服务或者}\\\text{无形资产免抵退税额}\end{array}=\begin{array}{c}\text{当期零税率服务或者}\\\text{无形资产免抵退税计税价格}\end{array}\times\begin{array}{c}\text{外汇}\\\text{人民币牌价}\end{array}\times\begin{array}{c}\text{零税率服务或者}\\\text{无形资产增值税退税率}\end{array}$$

❸当期应退税额和当期免抵税额的计算。

A.若当期应纳税额<0，且当期期末退税前的留抵税额≤当期免抵退税额：

当期应退税额=当期期末退税前的留抵税额

当期免抵税额=当期免抵退税额-当期应退税额

当期期末退税后的留抵税额（结转下期继续留抵税额）=当期期末退税前的留抵税额-当期应退税额=0

B.若当期应纳税额<0，且当期期末退税前的留抵税额>当期免抵退税额：

当期应退税额=当期免抵退税额

当期免抵税额=0

当期期末退税后的留抵税额（结转下期继续留抵税额）=当期期末退税前的留抵税额-当期应退税额

C.若当期应纳税额≥0：

当期期末退税前的留抵税额=0

当期应退税额=0

当期免抵税额=当期免抵退税额

当期期末退税后的留抵税额（结转下期继续留抵税额）=当期期末退税前的留抵税额-当期应退税额=0

🔖**提示**　当期期末退税前的留抵税额为当期"增值税及附加税费申报表（一般纳税人适用）"中的"期末留抵税额"。

**知识答疑2-7**　出口货物免抵退办法与零税率服务或者无形资产免抵退办法有什么区别？

**任务实例2-34**　甲税务咨询有限公司为增值税一般纳税人，已办理了出口退（免）税认定手续，咨询服务的征、退税率均为6%，上期期末留抵税额为15 000元。本年5月发生以下经济业务：

（1）1日，购进打印机和电脑一批，取得增值税专用发票，发票上注明价款700 000元，税额91 000元，开具转账支票一张。

（2）10日，为国内甲公司提供税务咨询服务，开具增值税专用发票，发票上注明价款2 000 000元，税额120 000元，款项未收。

（3）15日，为美国的一家公司提供相关税务咨询服务，成交价格为100 000美元，人民币对美元的汇率中间价为6.88；上述款项20日收到。

（4）29日，支付给乙公司相关的法律顾问费636 000元，取得增值税专用发票，发票上注明价款600 000元，税额36 000元。

（5）30日，购进办公用品一批，取得的增值税专用发票上注明价款50 000元，税额6 500元，开具转账支票一张。

甲税务咨询有限公司本年5月取得的增值税专用发票均符合抵扣规定。

【任务要求】计算甲税务咨询有限公司本年5月的应退增值税。

【任务实施】

（1）当期应纳增值税税额=120 000-（91 000+36 000+6 500）-15 000=-28 500（元）

当期期末退税前的留抵税额=28 500元

（2）当期免抵退税额=100 000×6.88×6%=41 280（元）

（3）由于当期期末退税前的留抵税额28 500元<当期免抵退税额41 280元，因此：

当期应退税额=当期期末退税前的留抵税额=28 500元

（4）当期免抵税额=当期免抵退税额－当期应退税额=41 280－28 500=12 780（元）

当期期末退税后的留抵税额（结转下期继续留抵税额）=当期期末退税前的留抵税额－当期应退税额=28 500－28 500=0

（2）兼营出口货物或者劳务的零税率服务或者无形资产纳税人免抵退增值税的计算。

实行免抵退税办法的增值税零税率服务或者无形资产提供者如果同时出口货物或者劳务（劳务指对外加工修理修配劳务，下同）且未分别核算的，应一并计算免抵退税。税务机关在审批时，应按照增值税零税率服务或者无形资产、出口货物或者劳务免抵退税额的比例划分其退税额和免抵税额。

以兼营出口货物为例，出口货物征税率和退税率不一致，产生免抵退税不得免征和抵扣税额，出口货物必须在出口业务单证齐全和系统信息齐全的条件下方可办理申报，两个因素共同影响出口退税免抵退增值税的计算。

兼营出口货物的零税率服务或者无形资产（未分别核算）纳税人免抵退税的计算公式调整如下：

❶当期应纳税额的计算。

$$当期应纳税额=当期销项税额-\left(\begin{array}{c}当期进项\\税额\end{array}-\begin{array}{c}当期出口货物免抵退税\\不得免征和抵扣税额\end{array}\right)-上期留抵进项税额$$

式中：$$\begin{array}{c}当期出口货物免抵退税\\不得免征和抵扣税额\end{array}=\begin{array}{c}当期出口\\货物离岸价\end{array}×\begin{array}{c}外汇\\人民币牌价\end{array}×\left(\begin{array}{c}出口货物\\征税率\end{array}-\begin{array}{c}出口货物\\退税率\end{array}\right)-\begin{array}{c}当期出口货物免抵\\退税不得免征和\\抵扣税额抵减额\end{array}$$

$$\begin{array}{c}当期出口货物免抵退税不得免征和抵扣税额抵减额\end{array}=\begin{array}{c}免税购进\\原材料价格\end{array}×\left(\begin{array}{c}出口货物\\征税率\end{array}-\begin{array}{c}出口货物\\退税率\end{array}\right)$$

若当期应纳税额≥0，则不涉及退税，但涉及免抵税；若当期应纳税额<0，则其绝对值便为当期期末退税前的留抵税额。

❷当期免抵退税额的计算。

当期免抵退税额=当期零税率服务或者无形资产免抵退税额+当期出口货物免抵退税额

$$=\begin{array}{c}当期零税率服务或者\\无形资产免抵退税计税价格\end{array}×\begin{array}{c}外汇\\人民币牌价\end{array}×\begin{array}{c}零税率服务或者\\无形资产退税率\end{array}+$$

$$\left(\begin{array}{c}当期出口货物的\\离岸价格\end{array}×\begin{array}{c}外汇人民币\\牌价\end{array}×\begin{array}{c}出口货物\\退税率\end{array}-\begin{array}{c}当期出口货物\\免抵退税额抵减额\end{array}\right)$$

式中：当期出口货物免抵退税额抵减额=免税购进原材料价格×出口货物退税率

❸当期应退税额和当期免抵税额的计算。

A.若当期应纳税额<0，且当期期末退税前的留抵税额≤当期免抵退税额：

当期应退税额=当期期末退税前的留抵税额

当期免抵税额=当期免抵退税额－当期应退税额

当期期末退税后的留抵税额（结转下期继续留抵税额）=当期期末退税前的留抵税额－当期应退税额=0

B.若当期应纳税额<0，且当期期末退税前的留抵税额>当期免抵退税额：

当期应退税额=当期免抵退税额

当期免抵税额=0

当期期末退税后的留抵税额（结转下期继续留抵税额）=当期期末退税前的留抵税额−当期应退税额

C.若当期应纳税额≥0：

当期期末退税前的留抵税额=0

当期应退税额=0

当期免抵税额=当期免抵退税额

当期期末退税后的留抵税额（结转下期继续留抵税额）=当期期末退税前的留抵税额−当期应退税额=0

▸提示　当期期末退税前的留抵税额为当期"增值税及附加税费申报表（一般纳税人适用）"中的"期末留抵税额"。

**任务实例2-35**　甲物流公司主要从事仓储、运输、港口以及货物销售等业务，为增值税一般纳税人，具有进出口经营权，并办理了出口退（免）税认定手续。本年5月和6月发生如下业务：

（1）5月1日，接受日本一家国际货物运输代理公司的委托，从青岛承运一批重型设备到悉尼，承运合同注明的运费金额为120万美元，运输费用已全部收讫。

（2）5月4日至8日，报关出口一批外协生产的A产品，共计120万美元。

（3）5月10日，支付联运方运输费用327万元，银行转账付讫，且收到对方开具的增值税专用发票，发票上注明运费金额300万元，税额27万元。

（4）5月25日，取得国内运输收入一笔，开具增值税专用发票，发票上注明运费金额250万元，税额22.5万元；支付当月的油料费，取得增值税专用发票，发票上注明价款300万元，税额39万元。

（5）5月30日，当月出口产品中出口单证全部收齐并且信息齐全的只有70万美元，剩下50万美元的出口到6月才能收到出口报关单。

（6）6月25日，收到主管税务机关审批的免抵退税申报汇总表。

（7）6月28日，开户行通知收到退税款。

甲物流公司本年5月取得的增值税专用发票均符合抵扣规定。假设当月1日人民币对美元汇率中间价为6.3，A产品的征税率为13%，退税率为10%，运输服务征、退税率均为9%。甲物流公司上期期末留抵税额为10 000元。

【任务要求】计算甲物流公司上述业务的应退增值税。

【任务实施】

（1）当期免抵退税不得免征和抵扣税额=1 200 000×6.3×（13%−10%）=226 800（元）

（2）当期应纳增值税税额=225 000−（270 000+390 000−226 800）−10 000=−218 200（元）

当期期末退税前的留抵税额=218 200元

（3）当期免抵退税额=700 000×6.3×13%+1 200 000×6.3×9%=1 253 700（元）

（4）由于当期期末退税前的留抵税额218 200元<当期免抵退税额1 253 700元，因此：

当期应退税额=当期期末退税前的留抵税额=218 200元

（5）当期免抵税额=当期免抵退税额−当期应退税额=1 253 700−218 200=1 035 500（元）

当期期末退税后的留抵税额
（结转下期继续留抵税额）　=当期期末退税前的留抵税额−当期应退税额=218 200−218 200=0

2.出口服务或者无形资产增值税免退税的计算

对于跨境应税行为而言，境内的单位和个人提供适用增值税零税率的服务或者无形资产，适用增值税一般计税方法的外贸企业外购服务或者无形资产出口实行免退税办法。

对于跨境应税行为而言，免退指的是外贸企业将外购的服务或者无形资产出口，在出口销售环节免征增值税额（指的是销项税额），相应的外购服务或者无形资产的进项税额（以前购买环节承担的进项税额）按规定予以退还。

外贸企业外购服务或者无形资产出口免退税的计算公式为：

$$\begin{matrix}\text{外贸企业外购服务或者} \\ \text{无形资产出口应退税额}\end{matrix} = \begin{matrix}\text{从境内单位或者个人购进出口零税率服务或者} \\ \text{无形资产取得的增值税专用发票上注明的金额或} \\ \text{从境外单位或者个人购进出口零税率服务或者无形} \\ \text{资产取得的解缴税款的完税凭证上注明的金额}\end{matrix} \times \begin{matrix}\text{零税率服务或者} \\ \text{无形资产增值税} \\ \text{退税率}\end{matrix}$$

🔖**提示**　出口企业既有适用增值税免抵退项目，也有增值税即征即退、先征后退项目的，增值税即征即退和先征后退项目不参与出口项目免抵退税计算。出口企业应分别核算增值税免抵退项目和增值税即征即退、先征后退项目，并分别申请享受增值税即征即退、先征后退和免抵退税政策。用于增值税即征即退或者先征后退项目的进项税额无法划分的，按照下列公式计算：

$$\begin{matrix}\text{无法划分进项税额中用于增值税} \\ \text{即征即退或者先征后退项目的部分}\end{matrix} = \begin{matrix}\text{当月无法划分的} \\ \text{全部进项税额}\end{matrix} \times \begin{matrix}\text{当月增值税即征即退} \\ \text{或者先征后退项目销售额}\end{matrix} \div \begin{matrix}\text{当月全部销售额、} \\ \text{营业额合计}\end{matrix}$$

**任务实例2-36**　甲公司是一家外贸企业，本年5月从国内乙公司外购一批产品，该产品的购买价为452 000元（取得乙公司开具的增值税专用发票，发票上注明价款400 000元，税额52 000元），然后甲公司将该批产品以600 000元的价格出口给韩国丙公司。该产品的出口退税率为10%。另外甲公司外购国内丁设计公司服务106 000元（取得丁设计公司开具的增值税专用发票，发票上注明价款100 000元，税额6 000元），然后甲公司将该服务以120 000元的价格出口给日本戊公司。甲公司本年5月取得的增值税专用发票均符合抵扣规定。

**【任务要求】** 计算甲公司上述业务的应退增值税。

**【任务实施】** 出口货物应退增值税=400 000×10%=40 000（元）

出口服务应退增值税=100 000×6%=6 000（元）

# 任务四　增值税的纳税申报

## 任务引例2-4

我公司本年1月与A公司签订货物销售合同，因业务需要，本年1月5日开具了发票，但是货物尚未发出也尚未收款。那么我公司本年1月是否发生了增值税纳税义务？

### 一、增值税的征收管理

增值税由税务机关征收，进口货物的增值税由海关代征。个人携带或者邮寄进境自用物品的增值税，连同关税一并计征。具体办法由国务院关税税则委员会会同有关部门制定。

🔖**提示**　根据《增值税法》的规定，增值税由税务机关征收，进口货物的增值税由海关代征。海关应当将代征增值税和货物出口报关的信息提供给税务机关。个人携带或者寄递进境物品增值税的计征办法由国务院制定，报全国人民代表大会常务委员会备案。

### （一）增值税的纳税义务发生时间

1.增值税纳税义务发生时间的基本规定

（1）纳税人销售货物、加工修理修配劳务、服务、无形资产或者不动产，其增值税纳税义务发生时间为收讫销售款项或者取得索取销售款项凭据的当天；先开具发票的，为开具发票的当天。

### 任务引例2-4解析

根据《增值税暂行条例》的规定，发生应税销售行为（销售货物、加工修理修配劳务、服务、无形资产或者不动产），其增值税纳税义务发生时间为收讫销售款项或者取得索取销售款项凭据的当天；先开具发票的，为开具发票的当天。

你公司的业务行为属于先开具发票的行为，先开具发票的增值税纳税义务发生时间为开具发票的当天，因此你公司上述业务增值税纳税义务发生时间为本年1月5日。

（2）纳税人进口货物，其增值税纳税义务发生时间为报关进口的当天。

（3）增值税扣缴义务发生时间为纳税人增值税纳税义务发生的当天。

2.增值税纳税义务发生时间的具体规定

（1）纳税人采取直接收款方式销售货物的，不论货物是否发出，其增值税纳税义务发生时间均为收到销售款项或取得索取销售款项凭据的当天。纳税人销售应税劳务，其增值税纳税义务发生时间为提供劳务同时收讫销售款项或者取得索取销售款项凭据的当天。

**点睛** 纳税人生产经营活动中采取直接收款方式销售货物，已将货物移送对方并暂估销售收入入账，但既未取得销售款项或取得索取销售款项凭据也未开具销售发票的，其增值税纳税义务发生时间为取得销售款项或取得索取销售款项凭据的当天；先开具发票的，为开具发票的当天。

（2）纳税人发生销售服务、无形资产或者不动产行为的，其增值税纳税义务发生时间为收讫销售款项或者取得索取销售款项凭据的当天；先开具发票的，为开具发票的当天。

**点睛** 取得索取销售款项凭据的当天，是指书面合同确定的付款日期；未签订书面合同或者书面合同未确定付款日期的，为服务、无形资产转让完成的当天或者不动产权属变更的当天。

（3）纳税人采取托收承付和委托银行收款方式销售货物的，其增值税纳税义务发生时间为发出货物并办妥托收手续的当天。

（4）纳税人采取赊销和分期收款方式销售货物的，其增值税纳税义务发生时间为书面合同约定的收款日期的当天，无书面合同的或者书面合同没有约定收款日期的，为货物发出的当天。

**实务答疑2-23** 我公司销售大型机械设备，与客户约定两年分期收款，每月15日进账，我公司可以按月给客户开具增值税专用发票吗？如果按月开具的话，销售一台设备要开24张发票，这样可以吗？

（5）纳税人采取预收货款方式销售货物的，其增值税纳税义务发生时间为货物发出的当天，但生产销售生产工期超过12个月的大型机械设备、船舶、飞机等货物，为收到预收款或者书面合同约定的收款日期的当天。

（6）纳税人提供租赁服务采取预收款方式的，其增值税纳税义务发生时间为收到预收款的当天。

（7）纳税人提供建筑服务取得预收款，应在收到预收款时，以取得的预收款扣除支付的分包款后的余额，按照规定的预征率预缴增值税。按照现行规定应在建筑服务发生地预缴增值税的项目，纳税人收到预收款时在建筑服务发生地预缴增值税。按照现行规定无需在建筑服务发生地预缴增值税的项目，纳税人收到预收款时在机构所在地预缴增值税。适用一般计税方法计税的项目预征率为2%，适用简易计税方法计税的项目预征率为3%。

（8）纳税人委托其他纳税人代销货物的，其增值税纳税义务发生时间为收到代销单位的代销清单或者收到全部或者部分货款的当天；未收到代销清单及货款的，为发出代销货物满180天的当天。

（9）纳税人从事金融商品转让的，其增值税纳税义务发生时间为金融商品所有权转移的当天。

（10）证券公司、保险公司、金融租赁公司、证券基金管理公司、证券投资基金以及其他经中国人民银行、银保监会（现为国家金融监督管理总局）、证监会批准成立且经营金融保险业务的机构发放贷款后，自结息日起90天内发生的应收未收利息按现行规定缴纳增值税；自结息日起90天后发生的应收未收利息暂不缴纳增值税，待实际收到利息时按规定缴纳增值税。

（11）纳税人提供建筑服务，被工程发包方从应支付的工程款中扣押的质押金、保证金，未开具发票的，以纳税人实际收到质押金、保证金的当天为增值税纳税义务发生时间。

（12）纳税人发生视同销售货物行为（不包括代销行为），其增值税纳税义务发生时间为货物移送的当天。纳税人发生视同销售服务、无形资产或者不动产行为的，其增值税纳税义务发生时间为服务、无形资产转让完成的当天或者不动产权属变更的当天。

> **提示**　根据《增值税法》的规定，增值税纳税义务发生时间，按照下列规定确定：
> ❶发生应税交易，纳税义务发生时间为收讫销售款项或者取得销售款项索取凭据的当日；先开具发票的，为开具发票的当日。
> ❷发生视同应税交易，纳税义务发生时间为完成视同应税交易的当日。
> ❸进口货物，纳税义务发生时间为货物报关进口的当日。
> ❹增值税扣缴义务发生时间为纳税人增值税纳税义务发生的当日。

☞【情境辨析2-13】下列关于增值税纳税义务发生时间的表述，正确的有（　　）。

A. 纳税人采取预收款方式销售货物的，纳税义务发生时间为货物发出的当天，但生产销售生产工期超过12个月的大型机械设备、船舶、飞机等货物，为收到预收款或者书面合同约定的收款日期的当天

B. 纳税人提供设备租赁服务采取预收款方式的，纳税义务发生时间为出租设备的当天

C. 纳税人发生视同销售无形资产，纳税义务发生时间为无形资产转让完成的当天

D. 纳税人从事金融商品转让的，为金融商品所有权转移的当天

### （二）增值税的纳税期限

增值税的纳税期限分为1日、3日、5日、10日、15日、1个月或者1个季度。纳税人的具体纳税期限，由主管税务机关根据纳税人应纳税额的大小分别核定。

> **点睛**　以1个季度为纳税期限的规定适用于小规模纳税人、银行、财务公司、信托投资公司、信用社，以及财政部和国家税务总局规定的其他纳税人。

不能按照固定期限纳税的，可以按次纳税。

纳税人以1个月或者1个季度为一个纳税期的，自期满之日起15日内申报纳税；以1日、3日、5日、10日或者15日为一个纳税期的，自期满之日起5日内预缴税款，于次月1日起15日内申报纳税并结清上月应纳税款。

扣缴义务人解缴税款的期限，按照上述规定执行。

☞【情境辨析2-14】下列增值税纳税人中，可以以1个月为纳税期限的是（　　）。

A.信用社　　　B.商业银行　　　C.保险公司　　　D.信托投资公司

🔖提示　根据《增值税法》的规定，增值税的计税期间分别为10日、15日、1个月或者1个季度。纳税人的具体计税期间，由主管税务机关根据纳税人应纳税额的大小分别核定。不经常发生应税交易的纳税人，可以按次纳税。

纳税人以1个月或者1个季度为1个计税期间的，自期满之日起15日内申报纳税；以10日或者15日为1个计税期间的，自次月1日起15日内申报纳税。

扣缴义务人解缴税款的计税期间和申报纳税期限，依照上述规定执行。

纳税人进口货物，应当按照海关规定的期限申报并缴纳税款。

纳税人以10日或者15日为1个计税期间的，应当自期满之日起5日内预缴税款。

法律、行政法规对纳税人预缴税款另有规定的，从其规定。

### （三）增值税的纳税地点

1.原增值税纳税人增值税的纳税地点

（1）固定业户应当向其机构所在地主管税务机关申报纳税。总机构和分支机构不在同一县（市）的，应当分别向各自所在地主管税务机关申报纳税；经国务院财政、税务主管部门或者其授权的财政、税务机关批准，可以由总机构汇总向总机构所在地主管税务机关申报纳税。

固定业户到外县（市）销售货物或者劳务，应当向其机构所在地的主管税务机关报告外出经营事项，并向其机构所在地的主管税务机关申报纳税；未报告的，应当向销售地或者劳务发生地的主管税务机关申报纳税；未向销售地或者劳务发生地的主管税务机关申报纳税的，由其机构所在地的主管税务机关补征税款。

（2）非固定业户销售货物或者应税劳务，应当向其销售地或者劳务发生地的主管税务机关申报纳税；未向销售地或者劳务发生地的主管税务机关申报纳税的，由其机构所在地或者居住地的主管税务机关补征税款。

（3）进口货物，应当向报关地海关申报纳税。

（4）扣缴义务人应当向其机构所在地或者居住地的主管税务机关申报缴纳其扣缴的税款。

2."营改增"试点增值税纳税人增值税的纳税地点

（1）固定业户应当向其机构所在地或者居住地主管税务机关申报纳税。总机构和分支机构不在同一县（市）的，应当分别向各自所在地的主管税务机关申报纳税；经财政部和国家税务总局或者其授权的财政和税务机关批准，可以由总机构汇总向总机构所在地的主管税务机关申报纳税。

（2）非固定业户应当向应税行为发生地主管税务机关申报纳税；未申报纳税的，由其机构所在地或者居住地主管税务机关补征税款。

（3）原以地市一级机构汇总缴纳营业税的金融机构，"营改增"后继续以地市一级机构汇总缴纳增值税。

同一省（自治区、直辖市、计划单列市）范围内的金融机构，经省（自治区、直辖市、计划单列市）税务机关和财政厅（局）批准，可以由总机构汇总向总机构所在地的主管税务机关申报缴纳增值税。

（4）其他个人提供建筑服务，销售或者租赁不动产，转让自然资源使用权，应向建筑服务发生地、不动产所在地、自然资源所在地主管税务机关申报纳税。

（5）扣缴义务人应当向其机构所在地或者居住地主管税务机关申报缴纳扣缴的税款。

> 提示　根据《增值税法》的规定，增值税纳税地点，按照下列规定确定：
>
> ❶有固定生产经营场所的纳税人，应当向其机构所在地或者居住地主管税务机关申报纳税。总机构和分支机构不在同一县（市）的，应当分别向各自所在地的主管税务机关申报纳税；经省级以上财政、税务主管部门批准，可以由总机构汇总向总机构所在地的主管税务机关申报纳税。
>
> ❷无固定生产经营场所的纳税人，应当向其应税交易发生地主管税务机关申报纳税；未申报纳税的，由其机构所在地或者居住地主管税务机关补征税款。
>
> ❸自然人销售或者租赁不动产，转让自然资源使用权，提供建筑服务，应当向不动产所在地、自然资源所在地、建筑服务发生地主管税务机关申报纳税。
>
> ❹进口货物的纳税人，应当按照海关规定的地点申报纳税。
>
> ❺扣缴义务人，应当向其机构所在地或者居住地主管税务机关申报缴纳扣缴的税款；机构所在地或者居住地在境外的，应当向应税交易发生地主管税务机关申报缴纳扣缴的税款。

### 二、增值税的纳税申报实务

#### （一）一般纳税人增值税的纳税申报实务

1.申报及缴纳程序

一般纳税人办理纳税申报，需要经过发票认证、抄报税、纳税申报、税款缴纳、清卡解锁等程序。

（1）发票认证。

增值税一般纳税人本期申报抵扣的增值税专用发票必须先进行认证，纳税人可以持增值税专用发票的抵扣联在办税服务厅认证窗口认证，或进行远程认证（指的是网上增值税专用发票认证）。网上增值税专用发票认证是指增值税一般纳税人月底前使用扫描仪采集专用发票抵扣联票面信息，扫入认证专用软件（增值税发票抵扣联企业信息采集系统），生成电子数据，通过互联网报送税务机关，由税务机关进行解密认证，并将认证结果信息返回纳税人的一种专用发票认证方式。税务机关认证后，向纳税人下达"认证结果通知书"和"认证结果清单"。对于认证不符及密文有误的抵扣联，税务机关暂不予抵扣，并当场扣留作调查处理。未经认证的，不得申报抵扣。专用发票认证一般在月末进行。自2019年3月1日起，将取消增值税发票认证（指的是扫描认证）的纳税人范围扩大至全部一般纳税人。一般纳税人取得增值税发票（包括增值税专用发票、机动车销售统一发票、收费公路通行费增值税电子普通发票，下同）后，可以自愿使用增值税发票综合服务平台查询、选择用于申报抵扣、出口退税或者代办退税的增值税发票信息（一般称作发票勾选确认或者勾选认证）。

（2）抄报税。

抄税是指开票纳税人将增值税发票管理系统中当月开具的增值税发票的信息读入纳税人开发票使用的金税卡；报税是指纳税人将金税卡中的开票信息报送给税务机关。纳税人在征期内登入开票软件，通过"报税处理"功能中的"网上抄报"系统自动实现抄报税功能，将企业的开票信息联网上报给税务机关。

（3）纳税申报。

纳税申报主要是指提交税费申报表等资料，而广义的纳税申报还包括上一步抄报税。

纳税申报工作可分为上门申报和网上申报。纳税人在次月1日起15日内，不论有无销售额，均应按主管税务机关核定的纳税期限按期向当地税务机关申报。

上门申报是指纳税人到办税服务大厅纳税申报窗口请购，或到税务局网站下载、打印整套"增值税及附加税费申报表（一般纳税人适用）"及其附表，依填报说明进行填写。纳税人携带填写好的"增值税及附加税费申报表（一般纳税人适用）"及其附表和相关资料到办税服务厅纳税窗口进行纳税申报。

网上申报是指纳税人通过网络，填写"增值税及附加税费申报表（一般纳税人适用）"及其附表，并向主管税务机关提交上述申报表等资料的一种纳税申报方法。目前，我国绝大多数地区已经实行网上申报。

（4）税款缴纳。

对于实行税库银联网的纳税人，税务机关将纳税申报表单据送到纳税人的开户银行，由银行进行自动转账处理；而对于未实行税库银联网的纳税人应当到税务机关指定的银行进行现金缴纳。

（5）清卡解锁。

网上申报缴纳税款成功后，纳税人需再次登入开票软件，执行"清卡解锁"操作，本步操作是将开票信息进行整理，纳税人可以转入下期进行开票处理。如果企业在征期内没有按期进行纳税申报，金税卡将自动锁死，纳税人将无法进行下期的购买发票和开票处理。

2.纳税申报时需提交的资料

增值税一般纳税人（以下简称纳税人）纳税申报，必须实行电子信息采集。使用增值税发票管理系统开具增值税专用发票的纳税人必须在抄报税成功后，方可向所在地税务局办税服务厅进行纳税申报。

🍀点睛　自2021年5月1日起，海南、陕西、大连和厦门开展增值税、消费税分别与城市维护建设税、教育费附加、地方教育附加申报表整合试点，启用"增值税及附加税费申报表（一般纳税人适用）"、"增值税及附加税费申报表（小规模纳税人适用）"、"增值税及附加税费预缴表"及其附列资料和"消费税及附加税费申报表"。自2021年8月1日起，上述申报表整合工作在全国推开，增值税、消费税分别与城市维护建设税、教育费附加、地方教育附加申报表整合，启用"增值税及附加税费申报表（一般纳税人适用）"、"增值税及附加税费申报表（小规模纳税人适用）"、"增值税及附加税费预缴表"及其附列资料和"消费税及附加税费申报表"。

增值税一般纳税人对增值税进行纳税申报时，应当填报"增值税及附加税费预缴表附列资料（附加税费情况表）"（略）以及"增值税及附加税费预缴表"（略）；"增值税及附加税费申报表附列资料（一）（本期销售情况明细）"（见表2-13）、"增值税及附加税费申报表附列资料（二）（本期进项税额明细）"（见表2-14）、"增值税及附加税费申报表附列资料（三）（服务、不动产和无形资产扣除项目明细）"（略）、"增值税及附加税费申报表附列资料（四）（税额抵减情况表）"（略）、"增值税及附加税费申报表（一般纳税人适用）附列资料（五）（附加税费情况表）"（见表2-15）、"增值税减免税申报明细表"（略）以及"增值税及附加税费申报表（一般纳税人适用）"（见表2-16）。

表2-13

增值税纳税申报表附列资料（一）

（本期销售情况明细）

纳税人名称：(公章) 北京雅晶有限责任公司

税款所属时间：2023年01月01日至2023年01月31日

金额单位：元至角分

| 项目及栏次 | | | 开具增值税专用发票 | | 开具其他发票 | | 未开具发票 | | 纳税检查调整 | | 合　计 | | 价税合计 | 服务、不动产和无形资产扣除项目本期实际扣除金额 | 扣除后 | |
|---|---|---|---|---|---|---|---|---|---|---|---|---|---|---|---|---|
| | | | 销售额 | 销项(应纳)税额 | 销售额 | 销项(应纳)税额 | 销售额 | 销项(应纳)税额 | 销售额 | 销项(应纳)税额 | 销售额 9=1+3+5+7 | 销项(应纳)税额 10=2+4+6+8 | 11=9+10 | | 含税(免税)销售额 13=11-12 | 销项(应纳)税额 14=13÷(100%+税率或征收率)×税率或征收率 |
| | | | 1 | 2 | 3 | 4 | 5 | 6 | 7 | 8 | | | | 12 | | |
| 一、一般计税方法计税 | 全部征税项目 | 13%税率的货物及加工修理修配劳务 | 1 | 180 000.00 | 23 400.00 | 640 000.00 | 83 200.00 | 108 849.56 | 14 150.44 | | | 928 849.56 | 120 750.44 | 1 049 600.00 | — | 1 049 600.00 | 120 750.44 |
| | | 13%税率的货物及不动产和无形资产 | 2 | — | — | — | — | — | — | | | — | — | — | — | — | — |
| | | 9%税率的货物及加工修理修配劳务 | 3 | | | | | | | | | | | | | | |
| | | 9%税率的服务、不动产和无形资产 | 4 | | | | | | | | | | | | | | |
| | | 6%税率 | 5 | | | | | | | | | | | | | | |
| | 其中：即征即退项目 | 即征即退货物及加工修理修配劳务 | 6 | — | | | | | | | | | | | | | |
| | | 即征即退服务、不动产和无形资产 | 7 | — | | | | | | | | | | | | | |
| 二、简易计税方法计税 | 全部征税项目 | 6%征收率 | 8 | | | | | | | | | | | | | | |
| | | 5%征收率的货物及加工修理修配劳务 | 9a | — | | | | | | | | | | | | | |
| | | 5%征收率的服务、不动产和无形资产 | 9b | — | | | | | | | | | | | | | |
| | | 4%征收率 | 10 | | | | | | | | | | | | | | |
| | | 3%征收率的货物及加工修理修配劳务 | 11 | — | | | | | | | | | | | | | |
| | | 3%征收率的服务、不动产和无形资产 | 12 | | | | | | | | | | | | | | | |
| | | 预征率　% | 13a | | | | | | | | | | | | | | |
| | | 预征率　% | 13b | | | | | | | | | | | | | | |
| | | 预征率　% | 13c | | | | | | | | | | | | | | |
| | 其中：即征即退项目 | 即征即退货物及加工修理修配劳务 | 14 | — | | | | | | | | | | | | | |
| | | 即征即退服务、不动产和无形资产 | 15 | — | | | | | | | | | | | | | |
| 三、免抵退税 | | 货物及加工修理修配劳务 | 16 | — | | | | | | | | | | | | | |
| | | 服务、不动产和无形资产 | 17 | | | | | | | | | | | | | | | |
| 四、免税 | | 货物及加工修理修配劳务 | 18 | | | | | | | | | | | | | | | |
| | | 服务、不动产和无形资产 | 19 | — | | | | | | | | | | | | | |

表2-14　　　　　　　增值税及附加税费申报表附列资料（二）

（本期进项税额明细）

税款所属时间：2023年01月01日至2023年01月31日

纳税人名称：（公章）北京雅晶有限责任公司　　　　　　　　　　金额单位：元至角分

| 一、申报抵扣的进项税额 | | | | |
|---|---|---|---|---|
| 项　目 | 栏　次 | 份数 | 金　额 | 税　额 |
| （一）认证相符的增值税专用发票 | 1=2+3 | 11 | 690 633.96 | 88 102.04 |
| 其中：本期认证相符且本期申报抵扣 | 2 | 11 | 690 633.96 | 88 102.04 |
| 前期认证相符且本期申报抵扣 | 3 | | | |
| （二）其他扣税凭证 | 4=5+6+7+8a+8b | 30 | 5 000.00 | 450.00 |
| 其中：海关进口增值税专用缴款书 | 5 | | | |
| 农产品收购发票或者销售发票 | 6 | | | |
| 代扣代缴税收缴款凭证 | 7 | | — | |
| 加计扣除农产品进项税额 | 8a | — | — | |
| 其他 | 8b | 30 | 5 000.00 | 450.00 |
| （三）本期用于购建不动产的扣税凭证 | 9 | | | |
| （四）本期用于抵扣的旅客运输服务扣税凭证 | 10 | 30 | 5 000.00 | 450.00 |
| （五）外贸企业进项税额抵扣证明 | 11 | | — | |
| 当期申报抵扣进项税额合计 | 12=1+4+11 | | 695 633.96 | 88 552.04 |
| 二、进项税额转出额 | | | | |
| 项　目 | 栏　次 | | 税　额 | |
| 本期进项税额转出额 | 13=14至23之和 | | 6 500.00 | |
| 其中：免税项目用 | 14 | | | |
| 集体福利、个人消费 | 15 | | | |
| 非正常损失 | 16 | | 6 500.00 | |
| 简易计税方法征税项目用 | 17 | | | |
| 免抵退税办法不得抵扣的进项税额 | 18 | | | |
| 纳税检查调减进项税额 | 19 | | | |
| 红字专用发票信息表注明的进项税额 | 20 | | | |
| 上期留抵税额抵减欠税 | 21 | | | |
| 上期留抵税额退税 | 22 | | | |
| 异常凭证转出进项税额 | 23a | | | |
| 其他应作进项税额转出的情形 | 23b | | | |
| 三、待抵扣进项税额 | | | | |
| 项　目 | 栏　次 | 份数 | 金　额 | 税　额 |
| （一）认证相符的增值税专用发票 | 24 | — | — | — |
| 期初已认证相符但未申报抵扣 | 25 | | | |
| 本期认证相符且本期未申报抵扣 | 26 | | | |
| 期末已认证相符但未申报抵扣 | 27 | | | |
| 其中：按照税法规定不允许抵扣 | 28 | | | |
| （二）其他扣税凭证 | 29=30至33之和 | | | |
| 其中：海关进口增值税专用缴款书 | 30 | | | |
| 农产品收购发票或者销售发票 | 31 | | | |
| 代扣代缴税收缴款凭证 | 32 | | — | |
| 其他 | 33 | | | |
| | 34 | | | |
| 四、其他 | | | | |
| 项　目 | 栏　次 | 份数 | 金　额 | 税　额 |
| 本期认证相符的增值税专用发票 | 35 | 11 | 690 633.96 | 88 102.04 |
| 代扣代缴税额 | 36 | | — | |

表 2-15

纳税人名称：（公章）北京雅昌有限责任公司

## 增值税及附加税费申报表（一般纳税人适用）附列资料（五）
### （附加税费情况表）①

税（费）款所属时间：2023年01月01日至2023年01月31日

金额单位：元（列至角分）

本期是否适用小微企业"六税两费"减免政策　□是　☑否

□一般企业　☑小型微利企业　□个体工商户

| 税（费）种 | 计税（费）依据 | | | 税率（费率）(%) | 本期应纳税（费）额 | 减免政策 | | | | | | 本期已缴税（费）额 | 本期应补（退）税（费）额 |
|---|---|---|---|---|---|---|---|---|---|---|---|---|---|
| | | | | | | 适用减免政策主体 | | 小微企业"六税两费"减免政策 | | 试点建设培育产教融合型企业减免政策 | | | |
| | 增值税税额 | 增值税免抵税额 | 留抵退税本期扣除额 | | | 减免性质代码 | 减免税（费）额 | 减征比例(%) | 减征额 | 减免性质代码 | 本期减免金额 | 年 月 至 年 月 | |
| | 1 | 2 | 3 | 4 | 5=(1+2-3)×4 | 6 | 7 | 8 | 9=(5-7)×8 | 10 | 11 | 12 | 13=5-7-9-11-12 |
| 城市维护建设税　1 | 38 698.40 | | | 7% | 2 708.89 | | | | | — | — | | 2 708.89 |
| 教育费附加　2 | 38 698.40 | | | 3% | 1 160.95 | | | | | | | | 1 160.95 |
| 地方教育附加　3 | 38 698.40 | | | 2% | 773.97 | | | | | | | | 773.97 |
| 合计　4 | — | — | — | — | 4 643.81 | | | | — | | | | 4 643.81 |

本期是否适用试点建设培育产教融合型企业减免政策　□是　☑否

| | | |
|---|---|---|
| 当期新增投资额 | | 5 |
| 上期留抵可抵免金额 | | 6 |
| 结转下期可抵免金额 | | 7 |

可用于扣除的增值税留抵退税额使用情况

| | | |
|---|---|---|
| 当期新增可用于扣除的留抵退税额 | | 8 |
| 上期结存可用于扣除的留抵退税额 | | 9 |
| 结转下期可用于扣除的留抵退税额 | | 10 |

① 本表属于"项目六 其他税种纳税实务（上）"的"任务一 城市维护建设税、教育费附加和地方教育附加纳税（费）实务"的学习内容。

表 2-16

## 增值税及附加税费申报表
### （一般纳税人适用）①

根据国家税收法律法规及增值税相关规定制定本表。纳税人不论有无销售额，均应按税务机关核定的纳税期限填写本表，并向当地税务机关申报。

税款所属时间：自 2023 年 01 月 01 日至 2023 年 01 月 31 日　填表日期：2023 年 02 月 10 日　　金额单位：元至角分

纳税人识别号（统一社会信用代码）：9111035642642631 1 B　　　　　　　　　　　　所属行业：制造业

| 纳税人名称：北京雅晶有限责任公司 | | 法定代表人姓名 | 马然 | 注册地址 | 北京市海淀区光明路88号 | | 生产经营地址 | 北京市海淀区光明路88号 | |
|---|---|---|---|---|---|---|---|---|---|
| 开户银行及账号 | | 交通银行光明路支行 3301022009011503954 | | 登记注册类型 | 其他有限责任公司 | | 电话号码 | 010-88888888 | |

| 项目 | | 栏次 | 一般项目 | | 即征即退项目 | |
|---|---|---|---|---|---|---|
| | | | 本月数 | 本年累计 | 本月数 | 本年累计 |
| 销售额 | （一）按适用税率计税销售额 | 1 | 928 849.56 | 928 849.56 | | |
| | 其中：应税货物销售额 | 2 | 928 849.56 | 928 849.56 | | |
| | 应税劳务销售额 | 3 | | | | |
| | 纳税检查调整的销售额 | 4 | | | | |
| | （二）按简易办法计税销售额 | 5 | | | | |
| | 其中：纳税检查调整的销售额 | 6 | | | | |
| | （三）免、抵、退办法出口销售额 | 7 | | | — | — |
| | （四）免税销售额 | 8 | | | — | — |
| | 其中：免税货物销售额 | 9 | | | — | — |
| | 免税劳务销售额 | 10 | | | — | — |
| 税款计算 | 销项税额 | 11 | 120 750.44 | 120 750.44 | | |
| | 进项税额 | 12 | 88 552.04 | 88 552.04 | | |
| | 上期留抵税额 | 13 | | | | |
| | 进项税额转出 | 14 | 6 500.00 | 6 500.00 | | |
| | 免、抵、退应退税额 | 15 | | | — | — |
| | 按适用税率计算的纳税检查应补缴税额 | 16 | | | — | — |
| | 应抵扣税额合计 | 17=12+13-14-15+16 | 82 052.04 | 82 052.04 | | |
| | 实际抵扣税额 | 18（如17<11，则为17，否则为11） | 82 052.04 | 82 052.04 | | |
| | 应纳税额 | 19=11-18 | 38 698.40 | 38 698.40 | | |
| | 期末留抵税额 | 20=17-18 | | | | |
| | 简易计税办法计算的应纳税额 | 21 | | | | |
| | 按简易计税办法计算的纳税检查应补缴税额 | 22 | | | | |
| | 应纳税额减征额 | 23 | | | | |
| | 应纳税额合计 | 24=19+21-23 | 38 698.40 | 38 698.40 | | |
| 税款缴纳 | 期初未缴税额（多缴为负数） | 25 | 60 000.00 | 60 000.00 | | |
| | 实收出口开具专用缴款书退税额 | 26 | | | — | — |
| | 本期已缴税额 | 27=28+29+30+31 | 60 000.00 | 60 000.00 | | |
| | ①分次预缴税额 | 28 | | | — | — |
| | ②出口开具专用缴款书预缴税额 | 29 | | | — | — |
| | ③本期缴纳上期应纳税额 | 30 | 60 000.00 | 60 000.00 | | |
| | ④本期缴纳欠缴税额 | 31 | | | | |
| | 期末未缴税额（多缴为负数） | 32=24+25+26-27 | 38 698.40 | 38 698.40 | | |
| | 其中：欠缴税额（≥0） | 33=25+26-27 | | | — | — |
| | 本期应补（退）税额 | 34=24-28-29 | 38 698.40 | 38 698.40 | | |
| | 即征即退实际退税额 | 35 | | | — | — |
| | 期初未缴查补税额 | 36 | | | — | — |
| | 本期入库查补税额 | 37 | | | — | — |
| | 期末未缴查补税额 | 38=16+22+36-37 | | | — | — |
| 附加税费 | 城市维护建设税本期应补（退）税额 | 39 | 2 708.89 | 2 708.89 | | |
| | 教育费附加本期应补（退）费额 | 40 | 1 160.95 | 1 160.95 | | |
| | 地方教育附加本期应补（退）费额 | 41 | 773.97 | 773.97 | | |

声明：此表是根据国家税收法律法规及相关规定填写的，本人（单位）对填报内容（及附带资料）的真实性、可靠性、完整性负责。

纳税人（签章）：北京雅晶有限责任公司　　　2023 年 02 月 10 日

| 经办人：王丽 | 受理人： |
|---|---|
| 经办人身份证号：略 | 受理税务机关（章）： |
| 代理机构签章： | 受理日期：　　年　月　日 |
| 代理机构统一社会信用代码： | |

---

① 本表的"第39至41栏次"属于"项目六　其他税种纳税实务（上）"的"任务一　城市维护建设税、教育费附加和地方教育附加纳税（费）实务"的学习内容。

### 项目引例2-1解析

（1）计算北京雅晶有限责任公司2023年1月应缴纳的增值税税额。

❶逐笔分析经济业务，确定是销项税额还是进项税额，并计算出具体数额。

**业务❶**：商业折扣销售额和折扣额在同一张发票上金额栏分别注明的，可按折扣后的销售额征收增值税。

销项税额=610 200÷（1+13%）×13%=70 200（元）

进项税额=450元

**业务❷**：采取预收货款方式销售货物的，其纳税义务发生时间为货物发出的当天，但生产销售生产工期超过12个月的大型机械设备、船舶、飞机等货物，其纳税义务发生时间为收到预收款或者书面合同约定的收款日期的当天。且由于未开具发票，因此不产生销项税额。

**业务❸**：进项税额=130元

**业务❹**：购进的旅客运输服务中未取得增值税专用发票，也未取得电子普通发票，取得的客票（出租车发票）未注明旅客身份信息，不得抵扣进项税额。

**业务❺**：销项税额=10 000÷（1+13%）×13%=1 150.44（元）

**业务❻**：进项税额=6 500元

**业务❼**：取得增值税普通发票，进项税额不得抵扣。

**业务❽**：进项税额=65 000+270=65 270（元）

**业务❾**：取得增值税普通发票，进项税额不得抵扣。购进的餐饮服务即使取得了增值税专用发票，进项税额也不得从销项税额中抵扣。

**业务❿**：进项税额=600元

**业务⓫**：销售折扣（现金折扣）发生在销货之后，是一种融资性质的理财费用，因此，销售折扣不得从销售额中扣除。

销项税额=2 000×100×13%=26 000（元）

**业务⓬**：购进的货物发生非正常损失，其进项税额不得抵扣。由于该原材料的进项税额已于购进当期申报抵扣，因此，应作进项税额转出处理。

进项税额转出=6 500元

**业务⓭**：进项税额=13 000元

**业务⓮**：进项税额=1 300元

**业务⓯**：进项税额=5 450÷（1+9%）×9%+566.04=1 016.04（元）

**业务⓰**：自产的货物用于集体福利，应视同销售。

销项税额=2 000×50×13%=13 000（元）

**业务⓱**：进项税额=26元

**业务⓲**：采取以旧换新方式销售货物的（金银首饰除外），应按新货物的同期销售价格确定销售额，不得减除旧货物的收购价格。

销项税额=（87 000+26 000）÷（1+13%）×13%=13 000（元）

**业务⓳**：进项税额=260元

**业务⓴**：销项税额=-2 600元

❷计算本期销项税额。

本期销项税额=70 200+1 150.44+26 000+13 000+13 000-2 600=120 750.44（元）

❸计算本期可抵扣的进项税额。

本期进项税额＝450+130+6 500+65 270+600+13 000+1 300+1 016.04+26+260=88 552.04（元）

本期进项税额转出＝6 500元

本期可抵扣进项税额＝88 552.04-6 500=82 052.04（元）

❹计算本期增值税实际应纳税额。

本月应纳增值税合计＝本期销项税额-本期可抵扣进项税额=120 750.44-82 052.04=38 698.40（元）

（2）北京雅晶有限责任公司于2023年2月10日对2023年1月的增值税进行纳税申报，填写"增值税及附加税费申报表（一般纳税人适用）"及其附表。

❶根据"应交税费——应交增值税"明细账及开票系统开票信息、增值税认证结果通知单和相应的增值税发票等，填写"增值税及附加税费申报表附列资料（一）（本期销售情况明细）"（见表2-13）、"增值税及附加税费申报表附列资料（二）（本期进项税额明细）"（见表2-14）、"增值税及附加税费申报表（一般纳税人适用）附列资料（五）（附加税费情况表）"（见表2-15）。

其中，增值税及附加税费申报表附列资料（一）（本期销售情况明细）（见表2-13）中的数据确定如下：

第1栏次中第1列的销售额＝200 000-20 000=180 000（元）

第1栏次中第2列的销项税额＝26 000-2 600=23 400（元）

第1栏次中第3列的销售额＝540 000+100 000=640 000（元）

第1栏次中第4列的销项税额＝70 200+13 000=83 200（元）

第1栏次中第5列的销售额＝8 849.56+100 000=108 849.56（元）

第1栏次中第6列的销项税额＝1 150.44+13 000=14 150.44（元）

第1栏次中第9列的销售额＝180 000+640 000+108 849.56=928 849.56（元）

第1栏次中第10列的销项税额＝23 400+83 200+14 150.44=120 750.44（元）

增值税及附加税费申报表附列资料（二）（本期进项税额明细）（见表2-14）中的数据确定如下：

第1栏次中：金额=690 633.96元（第2栏和第3栏相应的数字相加）；税额=88 102.04元（第2栏和第3栏相应的数字相加）

第2栏次中：金额=5 000+1 000+50 000+500 000+3 000+10 000+100 000+10 000+9 433.96+200+2 000
　　　　　　=690 633.96（元）

　　　　　　税额=450+130+6 500+65 270+600+13 000+1 300+566.04+26+260=88 102.04（元）

第4栏次中：金额=5 000元（第5栏、第6栏、第7栏、第8a栏和第8b栏相应的数字相加）；税额=450元（第5栏、第6栏、第7栏、第8a栏和第8b栏相应的数字相加）

第8b栏次中：金额=5 000元；税额=450元

第10栏次中：金额=5 000元；税额=450元

第12栏次中：金额=690 633.96+5 000=695 633.96（元）（第1栏、第4栏和第11栏相应的数字相加）；税额=450元（第1栏、第4栏和第11栏相应的数字相加）；税额=88 102.04+450=88 552.04（元）

第13栏次中：税额=6 500元

第16栏次中：税额=6 500元

第35栏次中：金额=690 633.96元；税额=88 102.04元

❷根据"应交税费——应交增值税"明细账，"增值税及附加税费申报表附列资料（一）（本期销售情况明细）""增值税及附加税费申报表附列资料（二）（本期进项税额明细）""增值税及附加税费申报表（一般纳税人适用）附列资料（五）（附加税费情况表）"等资料，填

写"增值税及附加税费申报表（一般纳税人适用）"（见表2-16）[网上申报时在填完附列资料等相关附表后，主表"增值税及附加税费申报表（一般纳税人适用）"大部分数据自动生成]。

（二）小规模纳税人增值税的纳税申报实务

小规模纳税人对增值税进行纳税申报时，应当填报"增值税及附加税费预缴表附列资料（附加税费情况表）"（略）以及"增值税及附加税费预缴表"（略），"增值税及附加税费申报表（小规模纳税人适用）附列资料（一）（服务、不动产和无形资产扣除项目明细）"（略）、"增值税及附加税费申报表（小规模纳税人适用）附列资料（二）（附加税费情况表）"（见表2-17）、"增值税减免税申报明细表"（见表2-18）以及"增值税及附加税费申报表（小规模纳税人适用）"（见表2-19）。

表 2-17　　　　增值税及附加税费申报表（小规模纳税人适用）附列资料（二）[①]
（附加税费情况表）

税（费）款所属时间：2023年01月01日至2023年01月31日
纳税人名称：（公章）北京蓝天有限责任公司　　　　　　　　　　　金额单位：元（列至角分）

| 税（费）种 | 计税（费）依据 增值税税额 | 税（费）率（%） | 本期应纳税（费）额 | 本期减免税（费）额 | | 增值税小规模纳税人"六税两费"减征政策 | | 本期已缴税（费）额 | 本期应补（退）税（费）额 |
| | | | | 减免性质代码 | 减免税（费）额 | 减征比例（%） | 减征额 | | |
| | 1 | 2 | 3=1×2 | 4 | 5 | 6 | 7=（3-5）×6 | 8 | 9=3-5-7-8 |
| 城市维护建设税 | 3 150.00 | 7% | 220.50 | | | 50% | 110.25 | | 110.25 |
| 教育费附加 | 3 150.00 | 3% | 94.50 | | | 50% | 47.25 | | 47.25 |
| 地方教育附加 | 3 150.00 | 2% | 63.00 | | | 50% | 31.50 | | 31.50 |
| 合计 | — | — | 378.00 | | | — | 189.00 | | 189.00 |

表 2-18　　　　　　　　　增值税减免税申报明细表

税款所属时间：自2023年01月01日至2023年01月31日
纳税人名称（公章）：北京蓝天有限责任公司　　　　　　　　　　金额单位：元（列至角分）

| 一、减税项目 | | | | | | |
| 减税性质代码及名称 | 栏次 | 期初余额 | 本期发生额 | 本期应抵减税额 | 本期实际抵减税额 | 期末余额 |
| | | 1 | 2 | 3=1+2 | 4≤3 | 5=3-4 |
| 合计 | 1 | | 6 300.00 | 6 300.00 | 6 300.00 | |
| | 2 | | | | | |
| | 3 | | | | | |
| | 4 | | | | | |
| | 5 | | | | | |
| | 6 | | | | | |

| 二、免税项目 | | | | | |
| 免税性质代码及名称 | 栏次 | 免征增值税项目销售额 | 免征增值税销售额扣除项目本期实际扣除金额 | 扣除后免税销售额 | 免税销售额对应的进项税额 | 免税额 |
| | | 1 | 2 | 3=1+2 | 4 | 5 |
| 合计 | 7 | | | | | |
| 出口免税 | 8 | — | — | — | | |
| 其中：跨境服务 | 9 | — | — | — | | |
| | 10 | | | | | |
| | 11 | | | | | |
| | 12 | | | | | |
| | 13 | | | | | |
| | 14 | | | | | |
| | 15 | | | | | |
| | 16 | | | | | |

---

① 本表属于"项目六　其他税种纳税实务（上）"的"任务一　城市维护建设税、教育费附加和地方教育附加纳税（费）实务"的学习内容。

表 2-19　　　　　　　　　　　　　增值税及附加税费申报表
（小规模纳税人适用）①

纳税人识别号（统一社会信用代码）：91110356426426311B
纳税人名称：北京蓝天有限责任公司　　　　　　　　　　　　金额单位：元（列至角分）
税款所属期：2023 年 01 月 01 日至 2023 年 01 月 31 日　　　　填表日期：2023 年 02 月 10 日

| 项目 | | 栏次 | 本期数 | | 本年累计 | |
|---|---|---|---|---|---|---|
| | | | 货物及劳务 | 服务、不动产和无形资产 | 货物及劳务 | 服务、不动产和无形资产 |
| 一、计税依据 | （一）应征增值税不含税销售额（3%征收率） | 1 | 315 000.00 | | 略 | |
| | 增值税专用发票不含税销售额 | 2 | 10 000.00 | | 略 | |
| | 其他增值税发票不含税销售额 | 3 | 305 000.00 | | 略 | |
| | （二）应征增值税不含税销售额（5%征收率） | 4 | — | | — | |
| | 增值税专用发票不含税销售额 | 5 | — | | — | |
| | 其他增值税发票不含税销售额 | 6 | — | | — | |
| | （三）销售使用过的固定资产不含税销售额 | 7（7≥8） | | — | | — |
| | 其中：其他增值税发票不含税销售额 | 8 | | — | | — |
| | （四）免税销售额 | 9=10+11+12 | | | | |
| | 其中：小微企业免税销售额 | 10 | | | | |
| | 未达起征点销售额 | 11 | | | | |
| | 其他免税销售额 | 12 | | | | |
| | （五）出口免税销售额 | 13（13≥14） | | | | |
| | 其中：其他增值税发票不含税销售额 | 14 | | | | |
| 二、税款计算 | 本期应纳税额 | 15 | 9 450.00 | | 略 | |
| | 本期应纳税额减征额 | 16 | 6 300.00 | | 略 | |
| | 本期免税额 | 17 | | | | |
| | 其中：小微企业免税额 | 18 | | | | |
| | 未达起征点免税额 | 19 | | | | |
| | 应纳税额合计 | 20=15-16 | 3 150.00 | | 略 | |
| | 本期预缴税额 | 21 | | — | | — |
| | 本期应补（退）税额 | 22=20-21 | 3 150.00 | | — | — |
| 三、附加税费 | 城市维护建设税本期应补（退）税额 | 23 | | 220.50 | | |
| | 教育费附加本期应补（退）费额 | 24 | | 94.50 | | |
| | 地方教育附加本期应补（退）费额 | 25 | | 63.00 | | |

　　声明：此表是根据国家税收法律法规及相关规定填写的，本人（单位）对填报内容（及附带资料）的真实性、可靠性、完整性负责。

　　　　　　　　　纳税人（签章）：北京蓝天有限责任公司　　　　　　　　2023 年 02 月 10 日

| 经办人：李萍 | 受理人： |
|---|---|
| 经办人身份证号：略 | 受理税务机关（章）： |
| 代理机构签章： | |
| 代理机构统一社会信用代码： | 受理日期：　年　月　日 |

① 本表的"第 23 至 25 栏次"属于"项目六　其他税种纳税实务（上）"的"任务一　城市维护建设税、教育费附加和地方教育附加纳税（费）实务"的学习内容。

**项目引例2-2解析**

（1）计算北京蓝天有限责任公司2023年1月应缴纳的增值税税额。

小规模纳税人实行简易计税，购进业务的进项税额不得抵扣。

1月12日销售打印机（开具增值税普通发票）应纳增值税=303 000÷（1+1%）×1%=300 000×1%=3 000（元）

1月20日销售打印机（开具增值税专用发票）应纳增值税=10 000×1%=100（元）

1月30日销售打印机（开具增值税普通发票）应纳增值税=5 050÷（1+1%）×1%=5 000×1%=50（元）

2023年1月应纳增值税合计=3 000+100+50=3 150（元）

（2）北京蓝天有限责任公司于2023年2月10日对2023年1月的增值税进行纳税申报，填写"增值税及附加税费申报表（小规模纳税人适用）"及其附表。

根据"应交税费——应交增值税"明细账和相应的增值税发票等原始凭证等资料，填写"增值税及附加税费申报表（小规模纳税人适用）附列资料（二）（附加税费情况表）"（见表2-17）、"增值税减免税申报明细表"（见表2-18）、"增值税及附加税费申报表（小规模纳税人适用）"（见表2-19）。

其中，根据《国家税务总局关于支持个体工商户复工复业等税收征收管理事项的公告》（国家税务总局公告2020年第5号）的填写规定，"增值税及附加税费申报表（小规模纳税人适用）"（见表2-19）中填制的数据确定如下：

第1栏次中的货物及劳务本期不含税销售额=10 000+303 000÷（1+1%）+5 050÷（1+1%）=315 000（元）

第2栏次中的货物及劳务本期不含税销售额=10 000元

第3栏次中的货物及劳务本期不含税销售额=303 000÷（1+1%）+5 050÷（1+1%）=305 000（元）

第15栏次中的货物及劳务本期应纳税额=315 000×3%=9 450（元）

第16栏次中的货物及劳务本期应纳税额减征额=315 000×（3%-1%）=6 300（元）

第20栏次中的货物及劳务本期应纳税额合计=9 450-6 300=3 150（元）

或　　　　　　　　　　　　　=315 000×1%=3 150（元）

**▶项目练习◀**

1.甲企业为增值税一般纳税人，本年5月购进车间生产用的锅炉，本年11月将锅炉改变用途用于职工浴室。已知该锅炉购入原值为100万元，进项税额13万元已进行了抵扣，累计折旧为10万元。

要求：计算甲企业本年11月需转出的进项税额。

2.甲食品加工企业为增值税小规模纳税人，适用的增值税征收率为3%（假设该企业放弃1%的增值税征收率）。本年第三季度取得销售收入380 000元（含增值税）；直接从农户购进农产品，价值30 000元，取得农产品收购发票；从乙公司购进原材料56 500元（含增值税），取得增值税专用发票。甲食品加工企业选择按照季度申报缴纳增值税。

要求：计算甲食品加工企业本年第三季度应缴纳的增值税税额。

3.甲公司是一家自营出口的生产企业（增值税一般纳税人），出口货物的征税率为13%、退税率为10%。本年5月有关经营业务为：购进原材料一批，取得的增值税专用发票注明的价款为500万元，税额为65万元，且该增值税专用发票本月符合抵扣规定。本月内销货物开具增值税专用发票，发票上注明金额300万元，税额39万元，款项已经存入银行。本月出口货物的销售额折合人民币300万元。上期末留抵税额5万元。

要求：

（1）计算甲公司当期的"免抵退"税额。

（2）假设购进货物准予抵扣的进项税额为112万元，计算甲公司当期的"免抵退"税额。

#### ►项目实训◄

1.位于市区的甲金融机构为增值税一般纳税人，本年第三季度业务收支情况如下：

（1）取得贷款利息收入1 900万元，另外取得加息、罚息收入100万元。

（2）开展股票买卖业务，买入价960万元，卖出价1 050万元。

（3）取得结算手续费收入180万元；结算罚款收入10万元。

（4）将2亿元人民币投资于某商业企业，每年收取固定利润1 500万元，且第三季度已经收到全年固定利润1 500万元。

（5）为电信部门代收电话费，第三季度收入为580万元，支付给委托方价款520万元。

（6）受某公司委托发放贷款，金额3 000万元，贷款期限为3个月，年利率为5%，已经收到贷款企业的利息并转交给委托方，银行按贷款利息收入的10%收取手续费。

（7）购进办公用品一批，取得增值税专用发票，价税合计金额为22.6万元。

（8）购进办公楼一幢，取得增值税专用发票，价税合计金额为1 090万元。

上述收入均为含税收入。甲金融机构取得的增值税专用发票本年第三季度均符合抵扣规定。

要求：计算甲金融机构第三季度应缴纳的增值税税额。

2.甲公司为一生产企业（增值税一般纳税人），主要生产A、B两种产品，本年7月发生下列业务：

（1）1日，购进原材料一批，取得增值税专用发票，价款为100 000元，增值税为13 000元。同时支付给运输公司运费，并取得增值税专用发票，注明运费20 000元，增值税1 800元。货款及运费价税合计均以银行存款支付。

（2）3日，购进一批免税农产品，农产品收购凭证上注明的价款为90 000元，款项以银行存款支付。该批农产品于本期全部用于生产增值税税率为13%的产品。

（3）9日，收到乙公司投资的原材料，双方协议不含税作价1 100 000元，该原材料的增值税税率为13%，取得增值税专用发票一张。

（4）11日，收到某公司捐赠的低值易耗品一批，双方确定的货物价值为不含税价22 000元，取得增值税专用发票，注明的增值税为2 860元。

（5）12日，将某企业逾期未退还的包装物押金6 000元转作其他业务收入。

（6）13日，购进小汽车一辆，取得增值税专用发票，注明的价款为200 000元，增值税为26 000元，用银行存款支付。

（7）14日，销售A产品一批，开具增值税专用发票，注明的价款为1 000 000元，增值税为130 000元，货款已收到。

（8）15日，将B产品一批用于本公司职工宿舍建设，按公司销售同类产品的价格计算，价款为80 000元。该批产品的成本为60 000元，适用的增值税税率为13%。

（9）18日，某单位将A产品一部分退还给甲公司，价款为100 000元，增值税为13 000元，退货款已用银行存款支付，甲公司已开具红字增值税专用发票。

（10）20日，向某小学捐赠A产品一批，按当月该种产品的平均售价计算，不含税价款为50 000元，成本为40 000元，产品适用的增值税税率为13%，开具普通发票。

（11）23日，将自产新产品分配给股东，未开具发票。该批新产品无同类产品市场售价，适用的增值税税率为13%，产品成本为800 000元（假设成本利润率为10%）。

（12）25日，为促销A产品，采取以旧换新方式向消费者个人销售A产品900 000元（已扣除收购旧货支付的款项100 000元），开具普通发票6张。

（13）26日，将购进的原材料一批用于职工食堂建设。该批材料成本为62 400元，其进项税额为8 112元。该批原材料系以前期间购进，已在购进当月申报抵扣进项税额。

（14）27日，进口原材料一批，海关核定的完税价格为600 000元，海关征收的进口关税为150 000元，增值税税率为13%。甲公司取得的海关进口增值税专用缴款书本年7月已经申请稽核比对并且稽核比对结果为相符。货款以银行存款支付。

（15）29日，在清库时发现A产品盘亏12 000元，B产品盘亏8 000元，经调查，系管理不善而被盗。经过计算，其所耗用的原材料的进项税额为1 560元。

甲公司取得的增值税专用发票本年7月均符合抵扣规定。

要求：计算甲公司本年7月应缴纳的增值税税额。

项目三

# 消费税纳税实务

**学习目标**

1.会界定消费税纳税人，会判断哪些产品应当缴纳消费税，会选择消费税适用税率，能确定不同类别的应税消费品的消费税纳税义务环节。

2.能根据相关业务资料计算直接对外销售应税消费品的应纳税额、自产自用应税消费品的应纳税额、委托加工应税消费品的应纳税额、进口应税消费品的应纳税额。

3.能根据相关业务资料进行消费税出口退（免）税和征税的计算，能合理选择和运用出口应税消费品的消费税税收政策，能根据相关业务资料计算消费税应退税额。

4.能确定消费税的纳税义务发生时间、纳税期限和纳税地点，能根据相关业务资料填写"消费税及附加税费申报表"以及相关申报表，并能进行消费税纳税申报。

**素养提升**

纳税人应当充分运用国家出台的消费税税收政策，合法合规纳税。

1.我国对某些高档消费品、奢侈品（如高档化妆品、贵重首饰及珠宝玉石、高尔夫球及球具）征收消费税，有利于引导群众理性消费，限制铺张浪费，体现了"弘扬勤俭节约精神，培育时代新风新貌"的精神。

2.我国对小汽车中的乘用车根据汽缸容量（排气量）的大小规定了1%至40%不等的消费税税率，汽缸容量（排气量）越小，消费税税率也就越小，不仅有利于引导乘用车生产企业降低汽缸容量（排气量），以降低消费税税负，而且有利于引导消费者购买汽缸容量（排气量）小的汽车，以便享受因降低消费税税负而产生的价格上的优惠，还有利于促进节能环保。

▶**项目引例——消费税的计算和纳税申报**◀

山东东方卷烟有限公司为增值税一般纳税人（位于市区），纳税人识别号：91370150258325261N；财务负责人：李强；办税员：刘文；电话：0531-28989898。山东东方卷烟有限公司主要生产销售东方牌卷烟，东方牌卷烟平均售价100元/条（不含增值税），最高销售价格为120元/条（不含增值税）。山东东方卷烟有限公司2023年1月发生下列经济业务：

（1）1日，将自产东方牌卷烟5标准箱（1标准箱=250标准条，1标准条=200支）作为福利发放给本公司职工个人。

（2）5日，将外购的成本为30万元的一批烟叶发给江苏南方烤烟有限公司加工成烟丝共计1.5吨。江苏南方烤烟有限公司提供辅料，加工后直接发给山东东方卷烟有限公司，共收取辅料及加工费5万元（不含增值税），开具增值税专用发票给山东东方卷烟有限公司（受托方没有同类产品售价）。山东东方卷烟有限公司同时收到江苏南方烤烟有限公司的消费税代收代缴税款凭证，注明消费税15万元（（30+5）÷（1-30%）×30%）。山东东方卷烟有限公司生产车间本月领用委托加工收回烟丝的60%用于继续生产东方牌卷烟。

（3）7日，外购已税烟丝，取得增值税专用发票，注明价款50万元，增值税6.5万元，本月生产领用其中的80%用于生产东方牌卷烟。

（4）12日，将自产的东方牌卷烟50标准箱（1标准箱=250标准条，1标准条=200支）抵偿山东丰收超市的相关货款。

（5）25日，向山东宏盛烟草商贸公司销售东方牌卷烟100标准箱（1标准箱=250标准条，1标准条=200支），取得不含税销售额250万元，并收取包装物租金共计22.6万元。

（6）28日，没收某客户卷烟逾期未收回包装物的押金5.65万元。

（7）上月应交未交消费税为120万元，本月12日缴纳上月应交未交消费税120万元。

卷烟的消费税比例税率为每标准条调拨价格在70元（不含增值税）以上（含70元）的，为56%，每标准条调拨价格在70元（不含增值税）以下（不含70元）的，为36%；卷烟的消费税定额税率为每支0.003元。烟丝的消费税税率为30%。

⭐ **任务要求**

（1）计算山东东方卷烟有限公司2023年1月应缴纳的消费税税额。

（2）山东东方卷烟有限公司于2023年2月10日对2023年1月的消费税进行纳税申报，填写"消费税及附加税费申报表"及其附表。

▶ **项目引例解析**　见本项目的任务四。

# 任务一　消费税的认知

## 任务引例3-1

甲大型超市销售高档化妆品、啤酒、白酒，以及金银首饰，是否需要缴纳消费税和增值税？该超市销售普通化妆品、食品、生活用品、办公用品，是否需要缴纳消费税和增值税？

### 一、消费税纳税人和代收代缴义务人的确定

#### （一）消费税的纳税人

消费税是对特定的消费品和消费行为征收的一种流转税。在我国，消费税是对我国境内从事生产、委托加工、进口、批发或者零售应税消费品（属于应当征收消费税的消费品，以下简称应税消费品）的单位和个人，就其销售额、销售数量，在特定环节征收的一种税。

凡在中华人民共和国境内生产、委托加工和进口《中华人民共和国消费税暂行条例》（以下简称《消费税暂行条例》）规定的应税消费品的单位和个人，以及国务院确定的销售（主要是指批发或者零售）《消费税暂行条例》规定的某些应税消费品的单位和个人，均为消费税的纳税人。

🔖**提示**   境内，是指生产、委托加工和进口应税消费品的起运地或所在地在境内。单位，是指企业、行政单位、事业单位、军事单位、社会团体及其他单位；个人，是指个体工商户以及其他个人。

### （二）消费税的代收代缴义务人

委托加工的应税消费品，除受托方为个人外，由受托方在向委托方交货时代收代缴税款，该受托方为消费税的代收代缴义务人。

## 二、消费税征税范围的确定

### （一）征税范围的确定原则

（1）某些过度消费会对人身健康、社会秩序、生态环境等方面造成危害的特殊消费品，如烟，酒，鞭炮、焰火，小汽车，摩托车，电池，涂料。

（2）某些高档消费品、奢侈品、非生活必需品，如高档化妆品、贵重首饰及珠宝玉石、高尔夫球及球具、高档手表、游艇。

（3）某些不可再生和替代的稀缺消费品，如成品油。

🔖**提示**   消费税的征税范围不是一成不变的，随着我国经济的发展，可以根据国家的政策和经济状况及消费结构的变化进行适当的调整。

### （二）征税范围的具体规定

（1）烟。

烟是指凡是以烟叶为原料加工生产的产品。烟的征税范围包括卷烟、雪茄烟和烟丝。

🔖**提示**   卷烟包括进口卷烟、白包卷烟、手工卷烟和未经国务院批准纳入计划的企业及个人生产的卷烟。

🔖**点睛**   自2022年11月1日起，将电子烟纳入消费税征收范围，在烟税目下增设电子烟子目。电子烟是指用于产生气溶胶供人抽吸等的电子传输系统，包括烟弹、烟具以及烟弹与烟具组合销售的电子烟产品。烟弹是指含有雾化物的电子烟组件。烟具是指将雾化物雾化为可吸入气溶胶的电子装置。

（2）酒。

酒是酒精度在1度以上的各种酒类饮料。酒类包括粮食白酒、薯类白酒、黄酒、啤酒、果啤和其他酒。

🔖**点睛**   对饮食业、商业、娱乐业举办的啤酒屋（啤酒坊）利用啤酒生产设备生产的啤酒，应当征收消费税。

🔖**提示**   对以黄酒为酒基生产的配制或泡制酒，按其他酒征收消费税。葡萄酒按其他酒征收消费税。

🔖**点睛**   自2014年12月1日起，取消酒精消费税。取消酒精消费税后，"酒及酒精"品目相应改为"酒"，并继续按现行消费税政策执行，同时取消汽车轮胎消费税。自2015年2月1日起，对电池和涂料征收消费税。自2016年10月1日起，取消对普通美容、修饰类化妆品征收消费税，将"化妆品"税目名称更改为"高档化妆品"。

**实务答疑3-1**   我公司生产销售的调味料酒，是否需缴纳消费税？

（3）高档化妆品。

高档化妆品包括高档美容、修饰类化妆品，高档护肤类化妆品和成套化妆品。高档美容、修饰类化妆品和高档护肤类化妆品是指生产（进口）环节销售（完税）价格（不含增值税）在10元/毫升（克）或15元/片（张）及以上的美容、修饰类化妆品和护肤类化妆品。

➤**提示**　舞台、戏剧、影视演员化妆用的上妆油、卸妆油、油彩，不属于本税目的征税范围。

（4）贵重首饰及珠宝玉石。

贵重首饰及珠宝玉石包括凡以金、银、白金、宝石、珍珠、钻石、翡翠、珊瑚、玛瑙等高贵稀有物质以及其他金属、人造宝石等制作的各种纯金银首饰及镶嵌首饰和经采掘、打磨、加工的各种珠宝玉石。对出国人员免税商店销售的金银首饰也征收消费税。

**实务答疑3-2**　我公司是一家金店，除销售金银首饰之外，还销售金条。对于销售金条，我公司是否也需要缴纳消费税？

（5）鞭炮、焰火。

鞭炮、焰火包括各种类型的鞭炮、焰火。体育上用的发令纸、鞭炮药引线，不按本税目征收。

（6）成品油。

成品油包括汽油、柴油、石脑油、溶剂油、航空煤油、润滑油、燃料油7个子目。

（7）小汽车。

小汽车是指由动力驱动，具有4个或4个以上车轮的非轨道承载的车辆。沙滩车、雪地车、卡丁车、高尔夫车不属于消费税征税范围，不征收消费税。本税目包括乘用车、中轻型商用客车和超豪华小汽车等3个子税目。

（8）摩托车。

摩托车包括轻便摩托车和摩托车两种。对发动机气缸容量在250ml（不含）以下的小排量摩托车不征收消费税。

（9）高尔夫球及球具。

高尔夫球及球具是指从事高尔夫球运动所需的各种专用装备，包括高尔夫球、高尔夫球杆及高尔夫球包（袋）等。

➤**提示**　高尔夫球杆的杆头、杆身和握把属于本税目的征税范围。

（10）高档手表。

高档手表是指销售价格（不含增值税）每只在10 000元（含）以上的各类手表。本税目征税范围包括符合以上标准的各类手表。

（11）游艇。

游艇是指长度大于8米（含）小于90米（含），船体由玻璃钢、钢、铝合金、塑料等多种材料制作，可以在水上移动的水上浮载体。

（12）木制一次性筷子。

木制一次性筷子，又称卫生筷子，是指以木材为原料经过锯段、浸泡、旋切、刨切、烘干、筛选、打磨、倒角、包装等环节加工而成的各类供一次性使用的筷子。

（13）实木地板。

实木地板是指以木材为原料，经锯割、干燥、刨光、截断、开榫、涂漆等工序加工而成的块状或条状的地面装饰材料。

（14）电池。

电池，是一种将化学能、光能等直接转换为电能的装置，一般由电极、电解质、容器、极端，通常还有隔离层组成的基本功能单元，以及用一个或多个基本功能单元装配成的电池组，范围包括原电池、蓄电池、燃料电池、太阳能电池和其他电池。

**点睛**　自2015年2月1日起对电池（铅蓄电池除外）征收消费税；对无汞原电池、金属氢化物镍蓄电池（又称"氢镍蓄电池"或"镍氢蓄电池"）、锂原电池、锂离子蓄电池、太阳能电池、燃料电池、全钒液流电池免征消费税。2015年12月31日前对铅蓄电池缓征消费税，自2016年1月1日起对铅蓄电池按4%税率征收消费税。

（15）涂料。

涂料是指涂于物体表面能形成具有保护、装饰或特殊性能的固态涂膜的一类液体或固体材料之总称。自2015年2月1日起对施工状态下挥发性有机物（Volatile Organic Compounds，VOC）含量低于420克/升（含）的涂料免征消费税。

**知识答疑3-1**　消费税和增值税之间是什么关系？

☞【情境辨析3-1】下列消费品中，属于消费税征税范围的有（　　　　）。
A.薯类白酒　　　　　　B.啤酒　　　　　　C.化妆品　　　　　　D.手表

### 三、消费税税率的判定

消费税实行从价定率的比例税率、从量定额的定额税率和从价定率与从量定额相结合的复合计税三种形式，分别设置了不同的税率。

**总结**　多数消费品采用比例税率，最高税率为56%，最低税率为1%；对成品油和黄酒、啤酒等实行定额税率；对卷烟、白酒（含粮食白酒和薯类白酒）实行从价定率与从量定额相结合的复合计税办法。

现行"消费税税目税率表"见表3-1。

表3-1　　　　　　　　　　消费税税目税率表

| 税目 | 税率 |
| --- | --- |
| 一、烟 | |
| 　1.卷烟 | |
| 　　（1）甲类卷烟（生产或进口环节） | 56%加0.003元/支（生产环节） |
| 　　（2）乙类卷烟（生产或进口环节） | 36%加0.003元/支（生产环节） |
| 　　（3）甲类卷烟和乙类卷烟（批发环节） | 11%加0.005元/支（批发环节） |
| 　2.雪茄烟（生产或进口环节） | 36%（生产环节） |
| 　3.烟丝（生产或进口环节） | 30%（生产环节） |
| 　4.电子烟 | |
| 　　（1）电子烟（生产或进口环节） | 36% |
| 　　（2）电子烟（批发环节） | 11% |
| 二、酒 | |
| 　1.白酒（含粮食白酒和薯类白酒） | 20%加0.5元/500克（或者500毫升） |
| 　2.黄酒 | 240元/吨 |
| 　3.啤酒 | |
| 　　（1）甲类啤酒 | 250元/吨 |
| 　　（2）乙类啤酒 | 220元/吨 |
| 　4.其他酒 | 10% |

| 税　目 | 税　率 |
|---|---|
| 三、高档化妆品 | 15% |
| 四、贵重首饰及珠宝玉石 | |
| 　1.金银首饰、铂金首饰和钻石及钻石饰品（零售环节） | 5%（零售环节） |
| 　2.其他贵重首饰和珠宝玉石 | 10% |
| 五、鞭炮、焰火 | 15% |
| 六、成品油 | |
| 　1.汽油 | 1.52元/升 |
| 　2.柴油 | 1.2元/升 |
| 　3.航空煤油（暂缓征收） | 1.2元/升 |
| 　4.石脑油 | 1.52元/升 |
| 　5.溶剂油 | 1.52元/升 |
| 　6.润滑油 | 1.52元/升 |
| 　7.燃料油 | 1.2元/升 |
| 七、摩托车 | |
| 　1.气缸容量（排气量，下同）为250毫升（含250毫升）的 | 3% |
| 　2.气缸容量在250毫升以上的 | 10% |
| 八、小汽车 | |
| 　1.乘用车 | |
| 　　（1）气缸容量（排气量，下同）在1.0升（含1.0升）以下的 | 1% |
| 　　（2）气缸容量在1.0升以上至1.5升（含1.5升）的 | 3% |
| 　　（3）气缸容量在1.5升以上至2.0升（含2.0升）的 | 5% |
| 　　（4）气缸容量在2.0升以上至2.5升（含2.5升）的 | 9% |
| 　　（5）气缸容量在2.5升以上至3.0升（含3.0升）的 | 12% |
| 　　（6）气缸容量在3.0升以上至4.0升（含4.0升）的 | 25% |
| 　　（7）气缸容量在4.0升以上的 | 40% |
| 　2.中轻型商用客车 | 5% |
| 　3.超豪华小汽车（零售环节） | 零售环节的税率为10%，生产环节的税率同乘用车和中轻型商用客车的税率；对纯电动、燃料电池等没有气缸容量（排气量）的超豪华小汽车仅在零售环节征收消费税 |
| 九、高尔夫球及球具 | 10% |
| 十、高档手表 | 20% |
| 十一、游艇 | 10% |
| 十二、木制一次性筷子 | 5% |
| 十三、实木地板 | 5% |
| 十四、电池 | 4% |
| 十五、涂料 | 4% |

在消费税税率运用中应注意以下几个具体问题：

（1）对兼营不同税率的应税消费品适用税目、税率的规定。

对纳税人兼营不同税率的应税消费品，应当分别核算其销售额或销售数量。未分别核算销售额或销售数量的，或者将不同税率的应税消费品组成成套消费品销售的，从高适用税率征收。

（2）对卷烟适用税目、税率的具体规定。

对白包卷烟、手工卷烟、自产自用没有同牌号规格调拨价格的卷烟、委托加工没有同牌号规格调拨价格的卷烟、未经国务院批准纳入计划的企业和个人生产的卷烟，除按定额税率征收外，一律按56%的比例税率征收。

（3）卷烟相关单位换算：1标准箱=250标准条，1标准条=200支，1标准箱=50 000支。卷烟在生产环节的定额税率为0.003元/支，相当于0.6元/标准条，150元/标准箱。卷烟在批发环节的定额税率为0.005元/支，相当于1元/标准条，250元/标准箱。

（4）甲类卷烟，是指每标准条（200支，下同）调拨价格在70元（不含增值税）以上（含70元）的卷烟；乙类卷烟，是指每标准条调拨价格在70元（不含增值税）以下（不含70元）的卷烟。

（5）甲类啤酒，是指每吨出厂价（含包装物及包装物押金）在3 000元（不含增值税）以上（含3 000元）的啤酒；乙类啤酒，是指每吨出厂价（含包装物及包装物押金）在3 000元（不含增值税）以下（不含3 000元）的啤酒。

（6）消费税税目、税率的调整由国务院确定，地方无权调整。

☞【情境辨析3-2】下列应税消费品中，采用复合计税方式的有（　　　　）。

A.卷烟　　　　　　B.粮食白酒　　　　　　C.啤酒　　　　　　D.薯类白酒

### 四、消费税纳税义务环节的归类

消费税的纳税环节主要有：生产环节[①]、委托加工环节、进口环节、批发环节（仅适用于卷烟、电子烟）、零售环节（仅适用于金银首饰、铂金首饰和钻石及钻石饰品，超豪华小汽车）。

#### （一）消费税的基本纳税环节

（1）纳税人生产的应税消费品，于纳税人销售时纳税。

▶点睛　这里的销售主要是指出厂环节的销售。

（2）纳税人自产自用的应税消费品，用于连续生产应税消费品的，不纳税；用于其他方面的，于移送使用时纳税。

▶点睛　"用于连续生产应税消费品"，是指纳税人将自产自用应税消费品作为直接材料生产最终应税消费品，自产自用应税消费品构成最终应税消费品的实体。"用于其他方面"，是指纳税人将自产自用的应税消费品用于生产非应税消费品、在建工程、管理部门、非生产机构、提供劳务、馈赠、赞助、集资、广告、样品、职工福利、奖励等方面。

（3）委托加工的应税消费品，除受托方为个人外，由受托方在向委托方交货时代收代缴税款。

（4）进口的应税消费品，于报关进口时纳税。

---

① 生产环节包括生产后用于销售和自产自用。

**实务答疑3-3** 我公司为一家饭店,在经营场所内售卖酒类产品是否需要缴纳消费税?

### (二)"贵重首饰及珠宝玉石"税目下"金银首饰和钻石及钻石饰品"子税目消费税的纳税环节

自1995年1月1日起,金银首饰消费税由生产销售环节征收改为零售环节征收。改在零售环节征收消费税的金银首饰仅限于金基、银基合金首饰以及金、银和金基、银基合金的镶嵌首饰。从2002年1月1日起,钻石及钻石饰品消费税改为零售环节征收。从2003年5月1日起,铂金首饰消费税改为零售环节征收。金银首饰、铂金首饰和钻石及钻石饰品消费税适用税率为5%,在纳税人销售金银首饰、铂金首饰和钻石及钻石饰品时征收。其计税依据是不含增值税的销售额。

对既销售金银首饰,又销售非金银首饰的生产、经营单位,应将两类商品划分清楚,分别核算销售额。凡划分不清楚或不能分别核算,在生产环节销售的,一律从高适用税率征收消费税;在零售环节销售的,一律按金银首饰征收消费税。金银首饰与其他产品组成成套消费品销售,应按销售额全额征收消费税。

金银首饰连同包装物销售的,无论包装物是否单独计价,也无论会计上如何核算,均应并入金银首饰的销售额,计征消费税。

带料加工的金银首饰,应按受托方销售同类金银首饰的销售价格确定计税依据征收消费税。没有同类金银首饰销售价格的,按照组成计税价格计算纳税。

**提示** 纳税人采用以旧换新(含翻新改制)方式销售的金银首饰,应按实际收取的不含增值税的全部价款确定计税依据征收消费税。

**知识答疑3-2** 根据《财政部 国家税务总局关于调整金银首饰消费税纳税环节有关问题的通知》(财税字〔1994〕95号)的规定,纳税人采用以旧换新(含翻新改制)方式销售的金银首饰,应按实际收取的不含增值税的全部价款确定计税依据征收消费税。如何理解这里的"实际收取的不含增值税的全部价款",这与金银首饰以旧换新业务的增值税计税依据相同吗?

### (三)"烟"税目下"卷烟"子税目的纳税环节

卷烟消费税在生产和批发两个环节征收。自2009年5月1日起,在卷烟批发环节加征一道从价税,在中华人民共和国境内从事卷烟批发业务的单位和个人,批发销售的所有牌号规格的卷烟,按其销售额(不含增值税)征收5%的消费税。纳税人应将卷烟销售额与其他商品销售额分开核算,未分开核算的,一并征收消费税。纳税人销售给纳税人以外的单位和个人的卷烟于销售时纳税。纳税人之间销售的卷烟不缴纳消费税。卷烟批发企业的机构所在地,总机构与分支机构不在同一地区的,由总机构申报纳税。自2015年5月10日起,将卷烟批发环节从价税税率由5%提高至11%,并按0.005元/支加征从量税。

**点睛** 纳税人兼营卷烟批发和零售业务的,应当分别核算批发和零售环节的销售额、销售数量;未分别核算批发和零售环节销售额、销售数量的,按照全部销售额、销售数量计征批发环节消费税。

### （四）"烟"税目下"电子烟"子税目消费税的纳税环节

电子烟消费税在生产和批发两个环节征收。自2022年11月1日起，将电子烟纳入消费税征收范围，在烟税目下增设电子烟子税目（简称"子目"）。在中华人民共和国境内生产（进口）、批发电子烟的单位和个人为消费税纳税人。

电子烟生产环节纳税人，是指取得烟草专卖生产企业许可证，并取得或经许可使用他人电子烟产品注册商标（以下称持有商标）的企业。通过代加工方式生产电子烟的，由持有商标的企业缴纳消费税。电子烟批发环节纳税人，是指取得烟草专卖批发企业许可证并经营电子烟批发业务的企业。电子烟进口环节纳税人，是指进口电子烟的单位和个人。

纳税人生产、批发电子烟的，按照生产、批发电子烟的销售额计算纳税。电子烟生产环节纳税人采用代销方式销售电子烟的，按照经销商（代理商）销售给电子烟批发企业的销售额计算纳税。纳税人进口电子烟的，按照组成计税价格计算纳税。

电子烟生产环节纳税人从事电子烟代加工业务的，应当分开核算持有商标电子烟的销售额和代加工电子烟的销售额；未分开核算的，一并缴纳消费税。

> 提示　只有卷烟、电子烟在批发环节征收消费税，而烟丝、雪茄烟在批发环节不缴纳消费税。

### （五）"小汽车"税目下"超豪华小汽车"子税目消费税的纳税环节

自2016年12月1日起，"小汽车"税目下增设"超豪华小汽车"子税目。征税范围为每辆零售价格130万元（不含增值税）及以上的乘用车和中轻型商用客车，即乘用车和中轻型商用客车子税目中的超豪华小汽车。对超豪华小汽车，在生产（进口）环节按现行税率征收消费税的基础上，在零售环节加征消费税，税率为10%。将超豪华小汽车销售给消费者的单位和个人为超豪华小汽车零售环节纳税人。

自2025年7月20日起，征收范围调整为"每辆零售价格90万元（不含增值税）及以上的各种动力类型（含纯电动、燃料电池等动力类型）的乘用车和中轻型商用客车"。零售环节销售额，是指纳税人向购买方收取的与购车行为相关的全部价款和价外费用，包括以精品、配饰和服务等名义收取的价款。自2025年7月20日起，对纯电动、燃料电池等没有气缸容量（排气量）的超豪华小汽车仅在零售环节征收消费税。自2025年7月20日起，对纳税人销售二手超豪华小汽车，不征收消费税。上述二手车，是指从办理完注册登记手续至达到国家强制报废标准之前进行交易并转移所有权的车辆。

#### 任务引例3-1解析

高档化妆品、啤酒、白酒，以及金银首饰，属于消费税的征税范围，其中，高档化妆品、啤酒、白酒在生产环节纳税，金银首饰在零售环节纳税，因此，甲大型超市仅对销售的金银首饰缴纳消费税。普通化妆品、食品、生活用品、办公用品不属于消费税的征税范围，因此不缴纳消费税。甲大型超市销售的以上所有货物均属于销售货物的增值税纳税范围，都应当缴纳增值税。

☞【情境辨析3-3】下列经济业务中，应当缴纳消费税的有（　　　）。

A.批发卷烟　　　　　　　　　　B.生产销售金银首饰

C.零售珍珠饰品　　　　　　　　D.生产销售高档手表

☞ 【情境辨析3-4】关于卷烟的消费税政策，下列说法正确的是（    ）。

A.卷烟在批发环节加征一道从量税

B.从事卷烟批发业务的单位和个人，批发销售的所有牌号规格的卷烟，均按其销售额（不含增值税）征收消费税，不需征收从量税

C.从事卷烟批发的纳税人应将卷烟销售额与其他商品销售额分开核算，未分开核算的，一并征收消费税

D.卷烟批发企业在计算卷烟批发环节应纳消费税时准予扣除已含的生产环节的消费税税款

☞ 【情境辨析3-5】下列各项经济业务中，应同时征收增值税和消费税的有（    ）。

A.批发环节销售的卷烟                    B.零售环节销售的金基合金首饰

C.生产环节销售的普通化妆品              D.进口环节购进的高档手表

## 任务二    消费税的计算

### 任务引例3-2

我公司将自产的实木地板用于办公室的改扩建，从消费税的角度，是否属于视同销售？从增值税的角度，是否属于视同销售？

**一、直接对外销售应税消费品应纳消费税的计算**

**（一）从价定率办法下应税消费品应纳税额的计算**

从价定率办法下应税消费品应纳税额的基本计算公式为：

从价定率办法下应税消费品应纳税额=应税消费品销售额×比例税率[①]

应税消费品销售额的确定如下：

（1）销售额为纳税人销售应税消费品向购买方收取的全部价款和价外费用。其中，价外费用，是指价外向购买方收取的手续费、补贴、基金、集资费、返还利润、奖励费、违约金、滞纳金、延期付款利息、赔偿金、代收款项、代垫款项、包装费、包装物租金、储备费、优质费、运输装卸费以及其他各种性质的价外收费。但同时符合以下条件代为收取的政府性基金或者行政事业性收费不包括在内：❶由国务院或者财政部批准设立的政府性基金；❷由国务院或者省级人民政府及其财政、价格主管部门批准设立的行政事业性收费；❸收取时开具省级以上财政部门印制的财政票据；❹所收款项全额上缴财政。

（2）由于应税消费品在缴纳消费税时，与一般货物一样，都还要缴纳增值税。因此，《中华人民共和国消费税暂行条例实施细则》明确规定，应税消费品的销售额，不包括应向购货方收取的增值税税额。如果纳税人应税消费品的销售额中未扣除增值税税款或者因不得开具增值税专用发票而导致价款和增值税税款合并收取的，在计算消费税时，应当换算为不含增值税税款的销售额。其换算公式为：

应税消费品的销售额=含增值税的销售额÷（1+增值税税率或征收率）

---

[①]    本项目公式中的比例税率指消费税比例税率，下同。

◆点睛　增值税是价外税，计算增值税的价格中不包括增值税；消费税是价内税，计算消费税的价格中包括消费税。消费税应税销售额应当是不含增值税但含消费税的销售额。

◆提示　通常所说的"不含税价格"指的是不含增值税的价格。

◆点睛　如果消费税纳税人是增值税一般纳税人，销售应税消费品应适用13%的增值税税率；如果消费税纳税人是增值税小规模纳税人，销售应税消费品应适用3%的增值税征收率。

（3）应税消费品连同包装物销售的，无论包装物是否单独计价以及在会计上如何核算，均应并入应税消费品的销售额中缴纳消费税。如果包装物不作价随同产品销售，而是收取押金，此项押金则不应并入应税消费品的销售额中缴纳消费税。但对因逾期未收回的包装物不再退还的或者已收取的时间超过12个月的押金，应并入应税消费品的销售额，按照应税消费品的适用税率缴纳消费税。对既作价随同应税消费品销售，又另外收取押金的包装物，凡纳税人在规定的期限内没有退还的，其押金均应并入应税消费品的销售额，按照应税消费品的适用税率缴纳消费税。

◆提示　为了堵塞税收漏洞，财政部、国家税务总局下发了《关于酒类产品包装物押金征税问题的通知》（财税字〔1995〕53号），规定从1995年6月1日起，对酒类（黄酒、啤酒除外）产品生产企业销售酒类产品而收取的包装物押金，无论押金是否返还与会计上如何核算，均需并入酒类产品销售额中，依据酒类产品的适用税率计征消费税。

◆知识答疑3-3　对于包装物的押金，在增值税和消费税上的处理是否一致？

☞【情境辨析3-6】企业生产销售白酒取得的下列款项中，应并入销售额计征消费税的有（　　）。

A.优质费　　　　　　　　　　　　　B.包装物租金
C.品牌使用费　　　　　　　　　　　D.包装物押金

◆知识答疑3-4　如何理解符合以下条件的代垫运费不包括在价外费用中：承运部门的运输费用发票开具给购买方的；纳税人将该项发票转交给购买方的？

（4）纳税人销售的应税消费品，以人民币以外的货币结算销售额的，其销售额的人民币折合率可以选择销售额发生的当天或者当月1日的人民币汇率中间价。纳税人应事先确定采用何种折合率，确定后1年内不得变更。

（5）纳税人通过自设非独立核算门市部销售自产应税消费品，应当按照门市部对外销售数额计算征收消费税。

◆点睛　纳税人通过自设独立核算门市部销售自产应税消费品的，应当按照纳税人销售给独立核算门市部的销售额或者销售数量计算征收消费税。

（6）纳税人用于换取生产资料和消费资料、投资入股和抵偿债务等方面的应税消费品，应当以纳税人同类应税消费品的最高销售价格为依据计算消费税。

◆比较　纳税人用于换取生产资料和消费资料、投资入股和抵偿债务等方面的应税消费品，应当以纳税人同类应税消费品的"最高"销售价格作为计税依据计算征收消费税；纳税人将自己生产的应税消费品用于其他方面的（如用于职工福利），按照纳税人最近时期同类应税消费品的"平均"销售价格（"平均"销售价格指的是"加权平均"销售价格；没有"平均"销售价格的，按照组成计税价格）作为计税依据计算征收消费税。

☞【情境辨析3-7】纳税人将应税消费品用于（    ）应当以同类应税消费品的最高销售价格为依据计算消费税。

A.换取生产资料和消费资料              B.生产非应税消费品

C.投资入股                          D.抵偿债务

**任务实例3-1** 甲公司是一家化妆品生产企业，为增值税一般纳税人，本年5月15日，向乙超市销售高档化妆品一批，开具增值税专用发票，取得不含增值税销售额50万元，增值税6.5万元。5月20日，向丙单位销售高档化妆品一批，开具增值税普通发票，取得含增值税销售额4.52万元；连同高档化妆品一同销售包装物取得含税销售额1.13万元。本月逾期未收回包装物不再退还的押金为2.26万元。高档化妆品适用的消费税税率为15%。

【任务要求】

（1）计算甲公司本年5月上述业务的应税销售额。

（2）计算甲公司本年5月上述业务的增值税销项税额。

（3）计算甲公司本年5月上述业务应缴纳的消费税税额。

【任务实施】

（1）高档化妆品的应税销售额=50+（4.52+1.13+2.26）÷（1+13%）=57（万元）

（2）增值税销项税额=57×13%=7.41（万元）

（3）应纳消费税=57×15%=8.55（万元）

## （二）从量定额办法下应税消费品应纳税额的计算

从量定额办法下应税消费品应纳税额的基本计算公式为：

从量定额办法下应税消费品应纳税额=应税消费品的数量×定额税率[①]

1.应税消费品数量的确定

根据应税消费品的应税行为，应税消费品的数量具体规定为：

（1）销售（包括出厂销售[②]、批发、零售）应税消费品的，为应税消费品的销售（包括出厂销售、批发、零售）数量。

（2）自产自用应税消费品的（用于连续生产应税消费品的除外[③]），为应税消费品的移送使用数量。

（3）委托加工应税消费品的，为纳税人收回的应税消费品数量。

（4）进口的应税消费品，为海关核定的应税消费品进口征税数量。

🔖**点睛** 实行从量定额计税的，消费税的计算与销售价格无关，不存在通过组成计税价格计算消费税的问题。

🔖**提示** 纳税人通过自设的非独立核算门市部销售自产应税消费品的，应当按照门市部对外销售数量征收消费税。

---

① 本项目公式中的定额税率指消费税定额税率，下同。
② 出厂销售又称生产销售。
③ 注：将自产自用的应税消费品用于连续生产应税消费品，在此移送环节不纳税。

2.计量单位的换算标准

按照消费税规定，对黄酒、啤酒、成品油等应税消费品采取从量定额办法计算应纳税额。其计量单位的换算标准见表3-2。

表 3-2　　　　　　　　　　　　　应税消费品计量单位的换算

| 序　号 | 名　称 | 计量单位的换算单位 |
|---|---|---|
| 1 | 黄酒 | 1吨=962升 |
| 2 | 啤酒 | 1吨=988升 |
| 3 | 汽油 | 1吨=1 388升 |
| 4 | 柴油 | 1吨=1 176升 |
| 5 | 航空煤油 | 1吨=1 246升 |
| 6 | 石脑油 | 1吨=1 385升 |
| 7 | 溶剂油 | 1吨=1 282升 |
| 8 | 润滑油 | 1吨=1 126升 |
| 9 | 燃料油 | 1吨=1 015升 |

**任务实例3-2**　甲啤酒厂为增值税一般纳税人，本年5月10日，向甲商场销售啤酒550吨，每吨出厂价格3 300元（含增值税），开具增值税专用发票；5月20日，向乙酒店销售啤酒10吨，每吨出厂价格3 500元（含增值税），开具增值税普通发票。每吨出厂价（含包装物及包装物押金）在3 000元（不含增值税）以上（含3 000元）的啤酒，适用的定额税率为250元/吨；每吨出厂价（含包装物及包装物押金）在3 000元以下的啤酒，适用的定额税率为220元/吨。当期可以抵扣的增值税进项税额为100 000元。

**【任务要求】**

（1）计算甲啤酒厂本年5月应缴纳的增值税税额。

（2）计算甲啤酒厂本年5月应缴纳的消费税税额。

**【任务实施】**　每吨出厂价（含包装物及包装物押金）在3 000元（不含增值税）以上（含3 000元）的啤酒，适用定额税率为250元/吨；每吨出厂价（含包装物及包装物押金）在3 000元（不含增值税）以下（不含3 000元）的啤酒，适用定额税率为220元/吨。

（1）含税销售额=550×3 300+10×3 500=1 850 000（元）

应纳增值税=1 850 000÷（1+13%）×13%-100 000=112 831.86（元）

（2）销售给甲商场啤酒每吨出厂价=3 300÷（1+13%）=2 920.35（元）<3 000元，适用的消费税定额税率为220元/吨。

应纳消费税=销售数量×定额税率=550×220=121 000（元）

销售给乙酒店啤酒每吨出厂价=3 500÷（1+13%）=3 097.35（元）>3 000元，适用的消费税定额税率为250元/吨。

应纳消费税=销售数量×定额税率=10×250=2 500（元）

5月应纳消费税合计=121 000+2 500=123 500（元）

**（三）从价定率和从量定额复合计税办法下应税消费品应纳税额的计算**

现行消费税的征税范围中，只有卷烟和白酒（粮食白酒和薯类白酒）采用从价定率和从量定额复合计税（简称复合计税）办法。复合计税办法下应税消费品应纳税额的基本计算公式为：

从价定率和从量定额复合计税法下应税消费品应纳税额=应税消费品销售额×比例税率+应税消费品的数量×定额税率

1.卷烟最低计税价格的核定

根据国家税务总局令第26号，自2012年1月1日起，卷烟消费税最低计税价格核定范围为卷烟生产企业在生产环节销售的所有牌号规格的卷烟。

计税价格由国家税务总局按照卷烟批发环节销售价格扣除卷烟批发环节批发毛利核定并发布。计税价格的核定公式如下：

某牌号规格卷烟计税价格=批发环节销售价格×（1−适用的批发环节毛利率）

卷烟批发环节销售价格，按照税务机关采集的所有卷烟批发企业在价格采集期内销售的该牌号规格卷烟的数量、销售额进行加权平均计算。其计算公式如下：

$$批发环节销售价格 = \frac{\sum 该牌号规格卷烟各采集点的销售额}{\sum 该牌号规格卷烟各采集点的销售数量}$$

未经国家税务总局核定计税价格的新牌号、新规格卷烟，生产企业应按卷烟调拨价格申报纳税。

已经国家税务总局核定计税价格的卷烟，生产企业实际销售价格高于计税价格的，按实际销售价格确定适用税率，计算应纳税款并申报纳税；实际销售价格低于计税价格的，按计税价格确定适用税率，计算应纳税款并申报纳税。

**任务实例3-3** 甲卷烟生产企业的A牌卷烟出厂价格为每标准条60元（不含增值税），税务机关采集其批发价格为每标准条120元（不含增值税），国家税务总局核定的同类卷烟的批发环节毛利率为29%。本年5月，甲卷烟生产企业出厂销售A牌卷烟350标准箱（每标准箱250条，每标准条200支）。甲类卷烟为每标准条调拨价格在70元（含70元，不含增值税）以上，乙类卷烟为每标准条调拨价格在70元（不含增值税）以下。卷烟的消费税比例税率为每标准条调拨价格在70元（不含增值税）以上（含70元）的，为56%，每标准条调拨价格在70元（不含增值税）以下（不含70元）的，为36%；卷烟的消费税定额税率为每支0.003元。

**【任务要求】** 计算甲卷烟生产企业本年5月应缴纳的消费税税额。

**【任务实施】** A牌卷烟计税价格=120×（1−29%）=85.2（元/条）>70元，属于甲类卷烟。

应纳消费税=85.2×350×250×56%+350×250×200×0.003=4 227 300（元）

2.白酒最低计税价格的核定

（1）白酒消费税最低计税价格核定范围。白酒生产企业销售给销售单位的白酒，生产企业消费税计税价格低于销售单位对外销售价格（不含增值税，下同）70%以下的，税务机关应核定消费税最低计税价格。

销售单位是指销售公司、购销公司以及委托境内其他单位或个人包销本企业生产的白酒的商业机构。销售公司、购销公司是指专门购进并销售白酒生产企业生产的白酒，并与该白酒生产企业存在关联性质。包销是指销售单位依据协定价格从白酒生产企业购进白酒，同时承担大部分包装材料等成本费用，并负责销售白酒。

白酒生产企业应将各种白酒的消费税计税价格和销售单位销售价格，按照规定的式样及要求，在主管税务机关规定的时限内填报。白酒消费税最低计税价格由白酒生产企业自行申报，税务机关核定。

主管税务机关应将白酒生产企业申报的销售给销售单位的消费税计税价格低于销售单

位对外销售价格70%以下、年销售额1 000万元以上的各种白酒，按照规定的式样及要求，在规定的时限内逐级上报至国家税务总局。国家税务总局选择其中部分白酒核定消费税最低计税价格，其他需要核定消费税最低计税价格的白酒，消费税最低计税价格由各省、自治区、直辖市和计划单列市税务局核定。

（2）白酒消费税最低计税价格核定标准。

❶白酒生产企业销售给销售单位的白酒，生产企业消费税计税价格高于销售单位对外销售价格70%以上（含70%）的，税务机关暂不核定消费税最低计税价格。

❷白酒生产企业销售给销售单位的白酒，生产企业消费税计税价格低于销售单位对外销售价格70%以下的，消费税最低计税价格由税务机关根据生产规模、白酒品牌、利润水平等情况在销售单位对外销售价格50%~70%的范围内自行核定。其中生产规模较大、利润水平较高的企业生产的需要核定消费税最低计税价格的白酒，税务机关核价幅度原则上应选择在销售单位对外销售价格的60%~70%。自2017年5月1日起，白酒消费税最低计税价格核定比例由50%~70%统一调整为60%，已核定最低计税价格的白酒，税务机关应按照调整后的比例重新核定。

（3）白酒消费税最低计税价格的重新核定。

已核定最低计税价格的白酒，销售单位对外销售价格持续上涨或下降时间达到3个月以上、累计上涨或下降幅度在20%（含）以上的白酒，税务机关重新核定最低计税价格。

（4）白酒消费税计税价格的适用。

已核定最低计税价格的白酒，生产企业实际销售价格高于消费税最低计税价格的，按实际销售价格申报纳税；实际销售价格低于消费税最低计税价格的，按最低计税价格申报纳税。

### （四）外购应税消费品已纳消费税扣除（抵扣）的计算

由于某些应税消费品是用外购已缴纳消费税的应税消费品连续生产出来的，在对这些连续生产出来的应税消费品计算征税时，税法规定应按当期生产领用数量计算准予扣除外购的应税消费品已纳的消费税税款。扣除范围包括：

（1）外购已税烟丝为原料生产的卷烟；
（2）外购已税高档化妆品为原料生产的高档化妆品；
（3）外购已税珠宝玉石为原料生产的贵重首饰及珠宝玉石；
（4）外购已税鞭炮、焰火为原料生产的鞭炮、焰火；
（5）外购已税杆头、杆身和握把为原料生产的高尔夫球杆；
（6）外购已税木制一次性筷子为原料生产的木制一次性筷子；
（7）外购已税实木地板为原料生产的实木地板；
（8）外购已税汽油、柴油、石脑油、燃料油、润滑油为原料生产的应税成品油。

**提示**　自2015年5月1日起，从葡萄酒生产企业购进、进口葡萄酒连续生产应税葡萄酒的，准予从葡萄酒消费税应纳税额中扣除所耗用应税葡萄酒已纳消费税税款。

**链接**　烟草批发企业在计算应纳消费税时不得扣除已含的生产环节的消费税税款。

**总结**　外购应税消费品已纳消费税可扣除的项目都是同一税目、同一纳税环节；扣除范围不包括酒类（葡萄酒除外）、小汽车、摩托车、高档手表、游艇、电池、涂料；用于生产非应税消费品的不得扣除。

上述当期准予扣除外购应税消费品已纳消费税税款的计算公式为：

$$\text{当期准予扣除外购应税消费品已纳税款} = \text{当期准予扣除外购应税消费品的买价（或数量）} \times \text{外购应税消费品适用的比例税率（或定额税率）}$$

$$\text{当期准予扣除外购应税消费品的买价（或数量）} = \text{期初库存的外购应税消费品的买价（或数量）} + \text{当期购进的外购应税消费品的买价（或数量）} - \text{期末库存的外购应税消费品的买价（或数量）}$$

其中，外购应税消费品的买价是指购货发票上注明的销售额（不含增值税）。需要说明的是，纳税人用外购已税珠宝玉石生产的改在零售环节征收消费税的金银首饰，在计税时一律不得扣除外购已税珠宝玉石已纳税款。

**知识答疑3-5** 如何理解外购应税消费品已纳消费税扣除的计算？

**任务实例3-4** 甲卷烟生产企业为增值税一般纳税人，本年5月初库存外购应税烟丝20万元（不含增值税），当月又外购应税烟丝50万元（不含增值税），月末库存外购烟丝10万元（不含增值税），其余当月全部被领用用于生产卷烟。

**【任务要求】** 计算甲卷烟生产企业本年5月准予扣除的外购烟丝已缴纳的消费税税额。

**【任务实施】** 当月准予扣除的外购烟丝买价=20+50-10=60（万元）

当月准予扣除的外购烟丝已缴纳的消费税税额=60×30%=18（万元）

**【素养园地】**

税收大数据搭建产业链供需桥梁

### 二、自产自用应税消费品应纳消费税的计算

#### （一）自产自用应税消费品的确定

自产自用，是指纳税人生产应税消费品后，不是用于直接对外销售，而是用于自己连续生产应税消费品，或用于其他方面。如果纳税人用于连续生产应税消费品，在自产自用环节不缴纳消费税；如果用于其他方面，一律于移送使用时，按视同销售缴纳消费税。用于其他方面包括将应税消费品用于本企业连续生产非应税消费品、在建工程、管理部门、非生产机构、提供劳务、馈赠、赞助、集资、广告、样品、职工福利、奖励等方面。

#### 任务引例3-2解析

从消费税的角度，纳税人生产应税消费品后，用于自己连续生产非应税消费品、在建工程、管理部门、非生产机构、提供劳务、馈赠、赞助、集资、广告、样品、职工福利、奖励等方面，应视同销售缴纳消费税。你公司的行为属于将自产的应税消费品用于"在建工程"，应视同销售缴纳消费税。

从增值税的角度，将自产的货物用于集体福利或个人消费、作为投资提供给其他单位或个体工商户、分配给股东或投资者、无偿赠送其他单位或者个人，应视同销售缴纳增值税。你公司的行为不属于上述情形，不应视同销售缴纳增值税。

#### （二）自产自用应税消费品计税依据的确定

（1）实行从价定率办法计算纳税的自产自用应税消费品计税依据的确定。

实行从价定率办法计算纳税的自产自用应税消费品按照纳税人生产的同类消费品的销

售价格计算纳税；没有同类消费品销售价格的，按照组成计税价格计算纳税。

实行从价定率办法计算纳税的组成计税价格计算公式为：

组成计税价格=（成本+利润）÷（1-比例税率）

=成本×（1+成本利润率）÷（1-比例税率）

🔖 **提示**　只有当纳税人没有同类消费品销售价格时，才需计算组成计税价格。

（2）实行从量定额办法计算纳税的自产自用应税消费品计税依据的确定。

实行从量定额办法计算纳税的自产自用应税消费品的计税依据为移送使用数量。

（3）实行复合计税办法计算纳税的自产自用应税消费品计税依据的确定。

从价部分，按照纳税人生产的同类消费品的销售价格计算纳税；没有同类消费品销售价格的，按照组成计税价格计算纳税。从量部分，按照纳税人自产自用应税消费品的移送使用数量作为计税依据计算纳税。

实行复合计税办法计算纳税的组成计税价格计算公式为：

组成计税价格=（成本+利润+自产自用数量×定额税率）÷（1-比例税率）

=［成本×（1+成本利润率）+自产自用数量×定额税率］÷（1-比例税率）

**知识答疑3-6**　如何理解消费税的"组成计税价格"计算公式？

其中，（1）和（3）中的"同类消费品的销售价格"是指纳税人当月销售的同类消费品的销售价格，如果当月同类消费品各个销售价格高低不同，应按销售数量加权平均计算。但销售的应税消费品有下列情形之一的，不得列入加权平均计算：

❶销售价格明显偏低且无正当理由的。

❷无销售价格的。

如果当月无销售或者当月未完结，应按照同类消费品上月或者最近月份的销售价格计算纳税。

上述公式中的"成本"是指应税消费品的产品生产成本。

上述公式中的"利润"是指根据应税消费品的全国平均成本利润率计算的利润。应税消费品的全国平均成本利润率由国家税务总局确定。

应税消费品的全国平均成本利润率（含新增和调整后的应税消费品），见表3-3。

表3-3　　　　　　　　　　**应税消费品的全国平均成本利润率**

| 消费品 | 全国平均成本利润率（%） | 消费品 | 全国平均成本利润率（%） |
| --- | --- | --- | --- |
| 甲类卷烟 | 10 | 摩托车 | 6 |
| 乙类卷烟 | 5 | 高尔夫球及球具 | 10 |
| 雪茄烟 | 5 | 高档手表 | 20 |
| 烟丝 | 5 | 游艇 | 10 |
| 电子烟 | 10 | 木制一次性筷子 | 5 |
| 粮食白酒 | 10 | 实木地板 | 5 |
| 薯类白酒 | 5 | 乘用车 | 8 |
| 其他酒 | 5 | 中轻型商用客车 | 5 |
| 高档化妆品 | 5 | 电池 | 4 |
| 鞭炮、焰火 | 5 | 涂料 | 7 |
| 贵重首饰及珠宝玉石 | 6 | | |

### （三）自产自用应税消费品应纳税额的计算

（1）实行从价定率办法计算纳税的自产自用应税消费品应纳税额的计算公式：

❶有同类消费品销售价格的：

应纳税额=同类应税消费品单位销售价格×自产自用数量×比例税率

❷没有同类消费品销售价格的：

应纳税额=组成计税价格×比例税率

（2）实行从量定额办法计算纳税的自产自用应税消费品应纳税额的计算公式：

应纳税额=自产自用数量×定额税率

（3）实行复合计税办法计算纳税的自产自用应税消费品应纳税额的计算公式：

❶有同类消费品销售价格的：

应纳税额=同类应税消费品单位销售价格×自产自用数量×比例税率+自产自用数量×定额税率

❷没有同类消费品销售价格的：

应纳税额=组成计税价格×比例税率+自产自用数量×定额税率

**任务实例3-5** 甲化妆品公司为增值税一般纳税人，本年5月将一批自产的高档化妆品用作职工福利，其生产成本为95 000元。该批高档化妆品无同类产品市场销售价格，成本利润率为5%，适用的消费税税率为15%。

【任务要求】计算甲化妆品公司该批高档化妆品业务的应纳消费税税额和增值税销项税额。

【任务实施】组成计税价格=95 000×（1+5%）÷（1-15%）=117 352.94（元）

应纳消费税=117 352.94×15%=17 602.94（元）

增值税销项税额=117 352.94×13%=15 255.88（元）

**任务实例3-6** 甲地板企业为增值税一般纳税人，本年5月销售自产地板两批：第一批800箱，取得不含增值税销售额170万元；第二批500箱，取得不含增值税销售额120万元。另将同型号地板200箱赠送给福利院，300箱发给职工作为福利。实木地板适用的消费税税率为5%。

【任务要求】计算甲地板企业本年5月应缴纳的消费税税额。

【任务实施】将自产的地板赠送给福利院和发给职工作为福利，均属于自产应税消费品用于其他方面，要视同销售，于移送使用时按照纳税人生产的同类消费品的销售价格计算缴纳消费税；由于这不属于换取生产资料和消费资料、投资入股和抵偿债务，因此，不按照最高销售价格计算缴纳消费税，而按照同类消费品的销售价格（加权平均销售价格）计算缴纳消费税。

应纳消费税=［170+120+（170+120）÷（800+500）×（200+300）］×5%=20.08（万元）

## 三、委托加工应税消费品应纳消费税的计算

### （一）委托加工应税消费品的确定

委托加工的应税消费品，是指由委托方提供原料和主要材料，受托方只收取加工费和代垫部分辅助材料加工的应税消费品。对于由受托方提供原材料生产的应税消费品，或者受托方先将原材料卖给委托方，然后再接受加工的应税消费品，以及由受托方以委托方名义购进原材料生产的应税消费品，不论在财务上是否作销售处理，都不得作为委托加工应税消费品，而应当按照销售自制应税消费品缴纳消费税。

委托加工的应税消费品，除受托方为个人外，由受托方在向委托方交货时代收代缴税款。委托加工收回的应税消费品，委托方用于连续生产应税消费品的，所纳税款准予按规

定抵扣。委托加工的应税消费品收回后直接出售的，不再缴纳消费税。

✦点睛　委托方将收回的应税消费品，以不高于受托方的计税价格出售的，为直接出售，不再缴纳消费税；委托方以高于受托方的计税价格出售的，不属于直接出售，需按照规定申报缴纳消费税，在计税时准予扣除受托方已代收代缴的消费税。委托个人加工的应税消费品，由委托方收回后缴纳消费税。

☞【情境辨析3-8】下列各项中，符合委托加工应税消费品应纳消费税规定的是（　　）。

A. 受托方（除个人外）应在向委托方交货时代收代缴消费税税款

B. 委托加工收回的应税消费品，委托方用于连续生产应税消费品的，受托方代收代缴的消费税税款准予扣除

C. 受托方代委托方购进材料加工应税消费品，不属于税法上的委托加工业务

D. 委托加工业务的消费税的计税依据是委托方销售同类应税消费品的平均价格

### （二）委托加工应税消费品计税依据的确定

（1）实行从价定率办法计算纳税的委托加工应税消费品计税依据的确定。

实行从价定率办法计算纳税的委托加工应税消费品按照受托方的同类消费品的销售价格计算纳税；没有同类消费品销售价格的，按照组成计税价格计算纳税。

实行从价定率办法计算纳税的组成计税价格计算公式为：

组成计税价格=（材料成本+加工费）÷（1-比例税率）

（2）实行从量定额办法计算纳税的委托加工应税消费品计税依据的确定。

实行从量定额办法计算纳税的委托加工应税消费品的计税依据为委托加工收回的应税消费品数量（委托加工数量）。

（3）实行复合计税办法计算纳税的委托加工应税消费品计税依据的确定。

从价部分，按照受托方的同类消费品的销售价格计算纳税；没有同类消费品销售价格的，按照组成计税价格计算纳税。从量部分，按照纳税人委托加工数量作为计税依据计算纳税。

实行复合计税办法计算纳税的组成计税价格计算公式为：

组成计税价格=（材料成本+加工费+委托加工数量×定额税率）÷（1-比例税率）

上述各组成计税价格公式中的"材料成本"是指委托方所提供加工的材料实际成本。委托加工应税消费品的纳税人，必须在委托加工合同上如实注明（或者以其他方式提供）材料成本；凡未提供材料成本的，受托方主管税务机关有权核定其材料成本。"加工费"是受托方加工应税消费品向委托方收取的全部费用（包括代垫的辅助材料实际成本）。

✦提示　委托加工的应税消费品计算消费税时，应按受托方同类应税消费品的销售价格（没有同类应税消费品销售价格的，则按组成计税价格）计算；而计算增值税时，应按受托方收取的加工费（包括代垫的辅助材料的成本）计算。

### （三）委托加工应税消费品应纳税额的计算

（1）实行从价定率办法计算纳税的委托加工应税消费品应纳税额的计算公式为：

❶ 受托方有同类消费品销售价格的：

应纳税额=同类应税消费品单位销售价格×委托加工数量×比例税率

❷ 受托方没有同类消费品销售价格的：

应纳税额=组成计税价格×比例税率

（2）实行从量定额办法计算纳税的委托加工应税消费品应纳税额的计算公式为：

应纳税额＝委托加工数量×定额税率

（3）实行复合计税办法计算纳税的委托加工应税消费品应纳税额的计算公式为：

❶受托方有同类消费品销售价格的：

应纳税额＝同类应税消费品单位销售价格×委托加工数量×比例税率＋委托加工数量×定额税率

❷受托方没有同类消费品销售价格的：

应纳税额＝组成计税价格×比例税率＋委托加工数量×定额税率

**知识答疑3-7** 委托加工的应税消费品，消费税与增值税的计算有什么不同？

**任务实例3-7** 甲鞭炮生产企业本年7月受托为某单位加工一批鞭炮。受托加工合同上注明委托单位提供原材料的实际成本为30万元，收取委托单位不含增值税加工费4万元，其中包括代垫的辅助材料0.1万元。甲鞭炮生产企业当地无该鞭炮的同类产品市场价格。

【任务要求】计算甲鞭炮生产企业应代收代缴的消费税税额。

【任务实施】组成计税价格中的加工费是受托方加工应税消费品向委托方收取的全部费用（包括代垫的辅助材料实际成本）。

组成计税价格＝（30＋4）÷（1－15%）＝40（万元）

甲鞭炮生产企业应代收代缴消费税＝40×15%＝6（万元）

### （四）委托加工收回的应税消费品已纳税款的扣除

委托加工的应税消费品因为已由受托方代收代缴消费税，因此，委托方收回货物后用于连续生产应税消费品的，其已纳税款准予按照规定从连续生产的应税消费品应纳税额中扣除。扣除范围包括：

（1）以委托加工收回的已税烟丝为原料生产的卷烟；

（2）以委托加工收回的已税高档化妆品为原料生产的高档化妆品；

（3）以委托加工收回的已税珠宝玉石为原料生产的贵重首饰及珠宝玉石；

（4）以委托加工收回的已税鞭炮、焰火为原料生产的鞭炮、焰火；

（5）以委托加工收回的已税杆头、杆身和握把为原料生产的高尔夫球杆；

（6）以委托加工收回的已税木制一次性筷子为原料生产的木制一次性筷子；

（7）以委托加工收回的已税实木地板为原料生产的实木地板；

（8）以委托加工收回的已税汽油、柴油、石脑油、燃料油、润滑油为原料生产的应税成品油。

上述委托加工收回的应税消费品连续生产的应税消费品准予从应纳消费税税额中按当期生产领用数量计算扣除其已纳消费税款。当期准予扣除的委托加工应税消费品已纳税款的计算公式为：

$$\begin{array}{c}\text{当期准予扣除的委托加工}\\\text{应税消费品已纳税款}\end{array}=\begin{array}{c}\text{期初库存的委托加工}\\\text{应税消费品已纳税款}\end{array}+\begin{array}{c}\text{当期收回的委托加工}\\\text{应税消费品已纳税款}\end{array}-\begin{array}{c}\text{期末库存的委托加工}\\\text{应税消费品已纳税款}\end{array}$$

▲提示　纳税人用委托加工收回的已税珠宝玉石生产的改在零售环节征收消费税的金银首饰，在计税时一律不得扣除已税珠宝玉石的已纳税款。

**任务实例3-8**　甲日化生产企业为增值税一般纳税人，本年1月委托乙日化加工厂加工高档化妆品A，收回时乙日化加工厂向甲日化生产企业代收消费税400元。甲日化生产企业本年1月委托丙日化加工厂加工高档化妆品A，收回时丙日化加工厂向甲日化生产企业代收消费税500元。甲日化生产企业将高档化妆品A收回后继续加工生产高档化妆品B并对外出售，本年1月取得不含增值税销售额12 000元。甲日化生产企业本年1月月初库存的委托加工高档化妆品A已纳税款为300元，月末库存的委托加工高档化妆品A已纳税款为350元，当月领用的高档化妆品A均用于生产高档化妆品B。

**【任务要求】**

（1）计算甲日化生产企业本年1月准予扣除的委托加工高档化妆品A已纳税款。

（2）计算甲日化生产企业本年1月的应纳消费税。

**【任务实施】** 本年1月准予扣除的委托加工高档化妆品A已纳税款=300+（400+500）-350=850（元）

应纳消费税=12 000×15%-850=950（元）

### 四、进口应税消费品应纳消费税的计算

#### （一）进口应税消费品计税依据的确定

（1）实行从价定率办法计算纳税的进口应税消费品计税依据的确定。

实行从价定率办法计算纳税的进口应税消费品的计税依据为组成计税价格。

实行从价定率办法计算纳税的组成计税价格计算公式为：

组成计税价格=（计税价格+关税）÷（1-比例税率）

（2）实行从量定额办法计算纳税的进口应税消费品计税依据的确定。

实行从量定额办法计算纳税的进口应税消费品的计税依据为海关核定的应税消费品进口征税数量。

（3）实行复合计税办法计算纳税的进口应税消费品计税依据的确定。

从价部分，按照组成计税价格计算纳税。从量部分，按照海关核定的应税消费品进口征税数量作为计税依据计算纳税。

实行复合计税办法计算纳税的组成计税价格计算公式为：

组成计税价格=（计税价格+关税+海关核定的应税消费品进口征税数量×定额税率）÷（1-比例税率）

★**链接**　进口应税消费品同时涉及缴纳进口环节增值税，进口环节增值税的组成计税价格与消费税的组成计税价格相同。

#### （二）进口应税消费品应纳税额的计算

（1）实行从价定率办法计算纳税的进口应税消费品应纳税额的计算公式为：

应纳税额=计税价格×比例税率

（2）实行从量定额办法计算纳税的进口应税消费品应纳税额的计算公式为：

应纳税额=海关核定的应税消费品进口征税数量×定额税率

（3）实行复合计税办法计算纳税的进口应税消费品应纳税额的计算公式为：

应纳税额=组成计税价格×比例税率+海关核定的应税消费品进口征税数量×定额税率

**任务实例3-9**　甲汽车销售公司为增值税一般纳税人，本年5月进口220辆小汽车，每辆小汽车关税完税价格为12万元。该批小汽车适用的关税税率为25%、消费税税率为5%。

**【任务要求】** 计算甲汽车销售公司进口该批小汽车应缴纳的消费税税额和增值税税额。

【任务实施】应纳关税=12×220×25%=660（万元）

组成计税价格=（12×220+660）÷（1-5%）=3 473.68（万元）

应纳消费税=3 473.68×5%=173.68（万元）

应纳增值税=3 473.68×13%=451.58（万元）

> **任务实例3-10**　甲进出口公司本年5月进口白酒3 000吨，关税完税价格为30 000万元，该批白酒适用的关税税率为30%，适用的消费税比例税率为20%、定额税率为0.5元/500克。

【任务要求】计算甲进出口公司进口该批白酒应缴纳的消费税税额和增值税税额。

【任务实施】应纳关税=30 000×30%=9 000（万元）

组成计税价格=（30 000+9 000+3 000×1 000×2×0.5÷10 000）÷（1-20%）=49 125（万元）

应纳消费税=49 125×20%+3 000×1 000×2×0.5÷10 000=10 125（万元）

应纳增值税=（30 000+9 000+10 125）×13%=6 386.25（万元）

或　应纳增值税=49 125×13%=6 386.25（万元）

# 任务三　消费税出口退（免）税和征税的计算

## 任务引例3-3

我公司为一家生产企业，直接出口自产的应税消费品享受增值税出口退税政策。请问我公司出口应税消费品时对于消费税也予以退税吗？

目前，我国的出口应税消费品的消费税税收政策分为以下三种形式：

### 一、出口免税并退税

#### 1.适用范围

有出口经营权的外贸企业购进应税消费品直接出口，以及外贸企业受其他外贸企业委托代理出口应税消费品，在出口销售环节免征消费税，并可退还生产环节的消费税。

> **点睛**　外贸企业只有受其他外贸企业委托，代理出口应税消费品才可办理退税，外贸企业受其他企业（主要是非生产性的一般商贸企业）委托，代理出口应税消费品是不予退（免）税的。

> **提示**　《财政部　国家税务总局关于出口货物劳务增值税和消费税政策的通知》（财税〔2012〕39号）规定如下：出口企业出口或视同出口适用增值税退（免）税的货物，免征消费税，如果属于购进出口的货物，退还前一环节对其已征的消费税。

#### 2.消费税退税的计税依据

出口货物的消费税应退税额的计税依据，按购进出口货物的消费税专用缴款书和海关进口消费税专用缴款书确定。

> **点睛**　具体来说，出口货物的消费税应退税额的计税依据，按购进的用于出口货物的"出口货物消费税专用缴款书"或进口的用于出口货物的"海关进口消费税专用缴款书"确定。

> **提示**　《国家税务总局关于使用出口货物消费税专用缴款书管理办法的通知》（国税明电〔1993〕71号）规定如下：（1）出口企业直接从生产企业收购消费税应税货物用于出口的，由生产企业所在地税务机关在征税时开具"出口货物消费税专用缴款书"（以下简称"专用税票"）；（2）专用税票经税务、国库（经收处）收款盖章后，由生产企业转交出口企业，在货物出口后据以申请退还消费税；

（3）出口企业将收购的已征收消费税的货物销售给其他企业出口的，可由主管其出口退税的税务机关在专用税票上盖章或者开具专用税票分割单交其他企业据以申请退税。

属于从价定率计征消费税的，出口货物的消费税应退税额的计税依据为已征且未在内销应税消费品应纳税额中抵扣的购进出口货物金额；属于从量定额计征消费税的，出口货物的消费税应退税额的计税依据为已征且未在内销应税消费品应纳税额中抵扣的购进出口货物数量；属于复合计征消费税的，出口货物的消费税应退税额的计税依据按从价定率和从量定额的计税依据分别确定。

3.消费税退税的计算

$$\frac{从价定率计征}{消费税应退税额}=\frac{从价定率计征}{消费税的退税计税依据}\times\frac{比例}{税率}=\frac{已征且未在内销应税消费品应纳}{税额中抵扣的购进出口货物金额}\times\frac{比例}{税率}$$

$$\frac{从量定额计征}{消费税应退税额}=\frac{从量定额计征}{消费税的退税计税依据}\times\frac{定额}{税率}=\frac{已征且未在内销应税消费品应纳}{税额中抵扣的购进出口货物数量}\times\frac{定额}{税率}$$

$$\frac{复合计征}{消费税应退税额}=\frac{从价定率计征}{消费税的退税计税依据}\times\frac{比例}{税率}+\frac{从量定额计征}{消费税的退税计税依据}\times\frac{定额}{税率}$$

$$=\frac{已征且未在内销应税消费品应纳}{税额中抵扣的购进出口货物金额}\times\frac{比例}{税率}+\frac{已征且未在内销应税消费品应纳}{税额中抵扣的购进出口货物数量}\times\frac{定额}{税率}$$

**任务实例3-11** 甲外贸公司为增值税一般纳税人，具有出口经营权，本年1月从乙化妆品生产企业购进高档化妆品一批，取得的增值税专用发票上注明价款30万元，增值税税额3.9万元，取得的出口货物消费税专用缴款书上注明计税金额30万元，消费税税额4.5万元。当月该批高档化妆品全部出口取得销售收入50万元。该批高档化妆品适用的增值税退税率为13%，适用的消费税税率为15%。

【任务要求】计算甲外贸公司本年1月出口高档化妆品应退的增值税和消费税。

【任务实施】应退的增值税=30×13%=3.9（万元）

应退的消费税=30×15%=4.5（万元）

应退的增值税和消费税合计=3.9+4.5=8.4（万元）

**二、出口免税不退税**

有出口经营权的生产企业自营出口或生产企业委托外贸企业代理出口自产的应税消费品，依据其实际出口数量免征消费税，不予退还消费税。

免征消费税是指对生产企业按其实际出口数量免征生产环节（这里的生产环节即为出口销售环节）的消费税。

**点睛** 生产环节指的是第一道生产销售环节，即出厂销售环节，由于出口，因此这里的生产环节即为出口销售环节。

不予办理退还消费税，是指因已免征生产环节（这里的生产环节即为出口销售环节）的消费税，该应税消费品出口时，已不含有消费税，所以不需要再退还消费税。

**提示** 《财政部 国家税务总局关于出口货物劳务增值税和消费税政策的通知》（财税〔2012〕39号）规定如下：出口企业出口或视同出口适用增值税免税政策的货物，免征消费税，但不退还其以前环节已征的消费税，且不允许在内销应税消费品应纳消费税款中抵扣。

**点睛** 这项"出口免税不退税"的消费税政策规定与项目二的任务三中"出口免税不退税"的增值税政策规定是不同的。

就"出口免税不退税"的消费税政策而言，消费税出口免税是指对生产企业按其实际出口数量免征生产环节（这里的生产环节即为出口销售环节）的消费税；消费税出口不退税，是指因已免征生产环节（这里的生产环节即为出口销售环节）的消费税，该应税消费品出口时，已不含有消费税，所以不需要再退还消费税。

就"出口免税不退税"的增值税政策而言，增值税出口免税是指对货物、劳务和跨境应税行为在出口销售环节免征增值税，这是把货物、劳务和跨境应税行为出口销售环节与出口前的销售环节都同样视为一个增值税征税环节；增值税出口不退税是指适用这个政策的出口货物、劳务和跨境应税行为因在前一道生产、销售环节或进口环节是免征增值税的，因此，出口时该货物、劳务和跨境应税行为的价格中本身就不含增值税，也不需要退还增值税。

### 任务引例3-3解析

根据《消费税暂行条例》的规定，对纳税人出口应税消费品，免征消费税；国务院另有规定的除外。

有出口经营权的生产企业自营出口或生产企业委托外贸企业代理出口自产的应税消费品，依据其实际出口数量免征消费税，不予退还消费税。免征消费税是指对生产企业按其实际出口数量免征生产环节（这里的生产环节即为出口销售环节）的消费税。不予办理退还消费税，是指因已免征生产环节（这里的生产环节即为出口销售环节）的消费税，该应税消费品出口时，已不含有消费税，所以不需要再退还消费税。因此，你公司作为一家生产企业，直接出口自产的应税消费品，依据实际出口数量免征消费税，不予办理退还消费税。

### 三、出口不免税也不退税

除生产企业、外贸企业外的其他企业（主要是非生产性的一般商贸企业）委托外贸企业代理出口应税消费品一律不予退（免）税，即不免税也不退税。

🍃**提示**　《财政部 国家税务总局关于出口货物劳务增值税和消费税政策的通知》（财税〔2012〕39号）规定如下：出口企业出口或视同出口适用增值税征税政策的货物，应按规定缴纳消费税，不退还其以前环节已征的消费税，且不允许在内销应税消费品应纳消费税款中抵扣。

🍃**点睛**　消费税出口退（免）税的其他有关规定如下：（1）出口的应税消费品办理退税后，发生退关，或者国外退货进口时予以免税的，报关出口者必须及时向其所在地主管税务机关申报补缴已退的消费税税款。（2）纳税人直接出口的应税消费品办理免税后，发生退关或国外退货，复进口时已予以免税的，经所在地主管税务机关批准，可暂不办理补税，待其转为国内销售时，再向其主管税务机关申报补缴消费税。

**知识答疑3-8**　外贸企业增值税出口退税与消费税出口退税的退税率规定有何不同？

# 任务四　消费税的纳税申报

### 任务引例3-4

我单位的总公司在山东济南，生产销售的产品应当缴纳消费税。近期在济南不同区又设立了几家分支机构，请问分支机构的消费税可以由我总公司汇总缴纳吗？

### 一、消费税的征收管理

#### （一）消费税的纳税义务发生时间

（1）纳税人销售应税消费品的，按不同的销售结算方式，其消费税纳税义务发生时间分别为：

❶采取赊销和分期收款结算方式的，为书面合同约定的收款日期的当天，书面合同没有约定收款日期或者无书面合同的，为发出应税消费品的当天；

❷采取预收货款结算方式的，为发出应税消费品的当天；

❸采取托收承付和委托银行收款方式的，为发出应税消费品并办妥托收手续的当天；

❹采取其他结算方式的，为收讫销售款项或者取得索取销售款项凭据的当天。

（2）纳税人自产自用应税消费品的，其消费税纳税义务发生时间为移送使用的当天。

（3）纳税人委托加工应税消费品的，其消费税纳税义务发生时间为纳税人提货的当天。

（4）纳税人进口应税消费品的，其消费税纳税义务发生时间为报关进口的当天。

🍃**比较** 除委托加工应税消费品的消费税纳税义务发生时间有特殊规定之外，消费税纳税义务发生时间与增值税纳税义务发生时间基本一致。

（二）消费税的纳税期限

消费税的纳税期限分别为1日、3日、5日、10日、15日、1个月或者1个季度。纳税人的具体纳税期限，由主管税务机关根据纳税人应纳税额的大小分别核定；不能按照固定期限纳税的，可以按次纳税。

纳税人以1个月或者1个季度为一期纳税的，自期满之日起15日内申报纳税；以1日、3日、5日、10日或者15日为一期纳税的，自期满之日起5日内预缴税款，于次月1日起至15日内申报纳税并结清上月应纳税款。

纳税人进口应税消费品，应当自海关填发海关进口消费税专用缴款书之日起15日内缴纳税款。

🍃**比较** 消费税纳税期限的有关规定与增值税纳税期限的有关规定基本一致。

（三）消费税的纳税地点

（1）纳税人销售应税消费品及自产自用应税消费品，除国家另有规定外，应当向纳税人机构所在地或居住地的主管税务机关申报纳税。

（2）纳税人到外县（市）销售或者委托外县（市）代销自产应税消费品的，于应税消费品销售后，向机构所在地或者居住地主管税务机关申报纳税。

（3）纳税人的总机构与分支机构不在同一县（市）的，应当分别向各自机构所在地的主管税务机关申报纳税；经财政部、国家税务总局或者其授权的财政、税务机关批准，可以由总机构汇总向总机构所在地的主管税务机关申报纳税。

（4）委托加工的应税消费品，除受托方为个人外，由受托方向机构所在地或居住地的主管税务机关解缴消费税税款。委托个人加工的应税消费品，由委托方向其机构所在地或居住地的主管税务机关申报纳税。

（5）进口的应税消费品，由进口人或者其代理人向报关地海关申报纳税。

（6）出口的应税消费品办理退税后，发生的退关，或者国外退货进口时予以免税的，报关出口者必须及时向其机构所在地或者居住地主管税务机关申报补缴已退的消费税税款。

（7）纳税人销售应税消费品，如果因质量等原因由购买者退回时，经机构所在地或者居住地主管税务机关审核批准后，可退还已缴纳的消费税税款。

**任务引例3-4解析**

根据《财政部 国家税务总局关于消费税纳税人总分支机构汇总缴纳消费税有关政策的

通知》（财税〔2012〕42号）的规定，纳税人的总机构与分支机构不在同一县（市），但在同一省（自治区、直辖市）范围内，经省（自治区、直辖市）财政厅（局）、税务局审批同意，可以由总机构汇总向总机构所在地的主管税务机关申报缴纳消费税。因此，总分支机构在同一省（自治区、直辖市）范围内，经省（自治区、直辖市）财政厅（局）、税务局审批同意，可以由总机构汇总向总机构所在地的主管税务机关申报缴纳消费税。

## 二、消费税的纳税申报实务

纳税人对消费税进行纳税申报时，应当填报"本期准予扣除税额计算表"[①]（见表3-4）、"本期准予扣除税额计算表（成品油消费税纳税人适用）"[②]（略）、"本期减（免）税额明细表"（略）、"本期委托加工收回情况报告表"（略）、"卷烟批发企业月份销售明细清单（卷烟批发环节消费税纳税人适用）"[③]（略）、"卷烟生产企业合作生产卷烟消费税情况报告表（卷烟生产环节消费税纳税人适用）"[④]（略）、"消费税附加税费计算表"（见表3-5）、"消费税及附加税费申报表"（见表3-6）。

表3-4　　　　　　　　　　　　本期准予扣除税额计算表　　　　　　金额单位：元（列至角分）

| 准予扣除项目 | | | | 卷烟 | | 合计 |
|---|---|---|---|---|---|---|
| 一、本期准予扣除的委托加工应税消费品已纳税款计算 | | 期初库存委托加工应税消费品已纳税款 | 1 | 0.00 | | 0.00 |
| | | 本期收回委托加工应税消费品已纳税款 | 2 | 150 000.00 | | 150 000.00 |
| | | 期末库存委托加工应税消费品已纳税款 | 3 | 60 000.00 | | 60 000.00 |
| | | 本期领用不准予扣除委托加工应税消费品已纳税款 | 4 | 0.00 | | 0.00 |
| | | 本期准予扣除委托加工应税消费品已纳税款 | 5=1+2-3-4 | 90 000.00 | | 90 000.00 |
| 二、本期准予扣除的外购应税消费品已纳税款计算 | （一）从价计税 | 期初库存外购应税消费品买价 | 6 | 0.00 | | 0.00 |
| | | 本期购进应税消费品买价 | 7 | 500 000.00 | | 500 000.00 |
| | | 期末库存外购应税消费品买价 | 8 | 100 000.00 | | 100 000.00 |
| | | 本期领用不准予扣除外购应税消费品买价 | 9 | 0.00 | | 0.00 |
| | | 适用税率 | 10 | 30% | | |
| | | 本期准予扣除外购应税消费品已纳税款 | 11=（6+7-8-9）×10 | 120 000.00 | | 120 000.00 |
| | （二）从量计税 | 期初库存外购应税消费品数量 | 12 | | | |
| | | 本期外购应税消费品数量 | 13 | | | |
| | | 期末库存外购应税消费品数量 | 14 | | | |
| | | 本期领用不准予扣除外购应税消费品数量 | 15 | | | |
| | | 适用税率 | 16 | | | |
| | | 计量单位 | 17 | | | |
| | | 本期准予扣除的外购应税消费品已纳税款 | 18=（12+13-14-15）×16 | | | |
| 三、本期准予扣除税款合计 | | | 19=5+11+18 | 210 000.00 | | 210 000.00 |

---

① 本表由外购（含进口）或委托加工收回应税消费品用于连续生产应税消费品、委托加工收回的应税消费品以高于受托方计税价格出售的纳税人（成品油消费税纳税人除外）填写。

② 本表由外购（含进口）或委托加工收回已税汽油、柴油、石脑油、润滑油、燃料油（以下简称应税油品）用于连续生产应税消费品的成品油消费税纳税人填写。

③ 本表由卷烟批发环节消费税纳税人填报，于办理消费税纳税申报时一并报送。

④ 本表由卷烟生产环节消费税纳税人填报，未发生合作生产卷烟业务的纳税人不填报本表。

表 3-5 　　　　　　　　　　　　**消费税附加税费计算表**①　　　　　　　金额单位：元（列至角分）

| 本期是否适用小微企业"六税两费"减免政策 | | | | 减免政策适用主体 | 增值税小规模纳税人：□是　□否 | | | | |
| --- | --- | --- | --- | --- | --- | --- | --- | --- | --- |
| | | □是　☑否 | | | 增值税一般纳税人：□个体工商户　□小型微利企业 | | | | |
| | | | | 适用减免政策起止时间 | 　年　月至　　年　月 | | | | |
| 税（费）种 | 计税（费）依据 | 税（费）率（%） | 本期应纳税（费）额 | 本期减免税（费）额 | | 小微企业"六税两费"减免政策 | | 本期已缴税（费）额 | 本期应补（退）税（费）额 |
| | 消费税税额 | | | 减免性质代码 | 减免税（费）额 | 减征比例（%） | 减征额 | | |
| | 1 | 2 | 3=1×2 | 4 | 5 | 6 | 7=（3-5）×6 | 8 | 9=3-5-7-8 |
| 城市维护建设税 | 2 263 250.00 | 7% | 158 427.50 | | | | | | 158 427.50 |
| 教育费附加 | 2 263 250.00 | 3% | 67 897.50 | | | | | | 67 897.50 |
| 地方教育附加 | 2 263 250.00 | 2% | 45 265.00 | | | | | | 45 265.00 |
| 合计 | — | — | 271 590.00 | | | | | | 271 590.00 |

表 3-6 　　　　　　　　　　　　**消费税及附加税费申报表**②

税款所属期：自2023年01月01日至2023年01月31日
纳税人识别号（统一社会信用代码）：913701502583252611N
纳税人名称：山东东方卷烟有限公司　　　　　　　　　（公章）金额单位：元（列至角分）

| 应税消费品名称 | 适用税率 | | 计量单位 | 本期销售数量 | 本期销售额 | 本期应纳税额 |
| --- | --- | --- | --- | --- | --- | --- |
| | 定额税率 | 比例税率 | | | | |
| | 1 | 2 | 3 | 4 | 5 | 6=1×4+2×5 |
| 卷烟 | 30元 | 56% | 万支 | 775.00 | 4 375 000.00 | 2 473 250.00 |
| | | | | | | |
| | | | | | | |
| 合计 | — | — | | | | 2 473 250.00 |

| | 栏次 | 本期税费额 |
| --- | --- | --- |
| 本期减（免）税额 | 7 | 0.00 |
| 期初留抵税额 | 8 | 0.00 |
| 本期准予扣除税额 | 9 | 210 000.00 |
| 本期应扣除税额 | 10=8+9 | 210 000.00 |
| 本期实际扣除税额 | 11 ［10<（6-7），则为10，否则为6-7］ | 210 000.00 |
| 期末留抵税额 | 12=10-11 | 0.00 |
| 本期预缴税额 | 13 | 0.00 |
| 本期应补（退）税额 | 14=6-7-11-13 | 2 263 250.00 |
| 城市维护建设税本期应补（退）税额 | 15 | 158 427.50 |
| 教育费附加本期应补（退）费额 | 16 | 67 897.50 |
| 地方教育附加本期应补（退）费额 | 17 | 45 265.00 |

　　声明：此表是根据国家税收法律法规及相关规定填写的，本人（单位）对填报内容（及附带资料）的真实性、可靠性、完整性负责。

　　　　　　　　　　　　　　纳税人（签章）：山东东方卷烟有限公司　　2023年02月10日

| 经办人：刘文 经办人身份证号：略 代理机构签章： 代理机构统一社会信用代码： | 受理人： 受理税务机关（章）： 受理日期：　　年　月　日 |
| --- | --- |

---

　　① 本表属于"项目六　其他税种纳税实务（上）"的"任务一　城市维护建设税、教育费附加和地方教育附加纳税（费）实务"的学习内容。
　　② 本表的"第15至17栏次"属于"项目六　其他税种纳税实务（上）"的"任务一　城市维护建设税、教育费附加和地方教育附加纳税（费）实务"的学习内容。

**项目引例解析**

（1）计算山东东方卷烟有限公司2023年1月应缴纳的消费税税额。

❶逐笔计算未抵扣委托加工和外购已税消费品消费税之前的应纳消费税和本期准予抵扣的消费税。

A.将生产的应税消费品作为职工福利，应视同销售。

5标准箱=5×250=1 250（标准条）=1 250×200=250 000（支）

用于员工福利卷烟应纳消费税=1 250×100×56%+250 000×0.003=70 750（元）

B.对于委托加工业务，山东东方卷烟有限公司收到了江苏南方烤烟有限公司的消费税代收代缴税款凭证，注明消费税15万元。当期领用60%，则：

可以扣除的烟丝的消费税=15×60%×10 000=90 000（元）

C.外购烟丝，取得增值税专用发票，当期领用80%，则：

可以扣除的烟丝的消费税=50×30%×80%×10 000=120 000（元）

D.纳税人用于换取生产资料和消费资料、投资入股和抵偿债务等方面的应税消费品，应当以纳税人同类应税消费品的最高销售价格作为计税依据计算消费税。

50标准箱=50×250=12 500（标准条）=12 500×200=2 500 000（支）

用于抵偿债务卷烟应纳消费税=12 500×120×56%+2 500 000×0.003=847 500（元）

E.销售应税消费品100标准箱=100×250=25 000（标准条）=25 000×200=5 000 000（支）

销售卷烟应纳消费税=25 000×100×56%+22.6×10 000÷（1+13%）×56%+5 000 000×0.003

　　　　　　　=1 527 000（元）

F.没收包装物押金应纳消费税=5.65×10 000÷（1+13%）×56%=28 000（元）

❷计算当期应纳消费税。

消费税应税销售额=1 250×100+12 500×120+25 000×100+22.6×10 000÷（1+13%）+5.65×10 000÷（1+13%）

　　　　　　　=4 375 000（元）

当期应纳消费税合计=70 750+847 500+1 527 000+28 000=2 473 250（元）

❸计算当期应补（退）消费税。

本期应补（退）消费税=2 473 250−90 000−120 000=2 263 250（元）

（2）山东东方卷烟有限公司于2023年2月10日对2023年1月的消费税进行纳税申报，填写"消费税及附加税费申报表"及其附表。

❶根据"应交税费——应交消费税"明细账等，填写"本期准予扣除税额计算表"（见表3-4）、"本期委托加工收回情况报告表"（略）、"消费税附加税费计算表"（见表3-5）。

❷根据"应交税费——应交消费税"明细账、"本期准予扣除税额计算表"（见表3-4）、"本期委托加工收回情况报告表"（略）、"消费税附加税费计算表"（见表3-5）等，填写"消费税及附加税费申报表"（见表3-6）。

▶ **项目练习** ◀

1.甲酒厂为增值税一般纳税人，本年7月生产白酒200箱，每箱净重30千克，取得不含税销售收入120 000元，收取包装物押金2 260元，押金单独记账，货款及押金均已收到。

要求：计算甲酒厂上述业务应缴纳的消费税税额。

2.甲日化工厂本年7月委托A厂加工高档化妆品，收回时被代收代缴消费税400元；委托B厂加工高档化妆品，收回时被代收代缴消费税500元。甲日化工厂将上述两种高档化妆品收回后继续加工生产某高档化妆品出售，当月销售额为10 000元。甲日化工厂期初库存的委托加工应税消费品已纳消费税270元，期末库存的委托加工应税消费品已纳消费税300元。

要求：计算甲日化工厂本年7月应缴纳的消费税税额。

#### ◆项目实训◆

甲酒厂为增值税一般纳税人，主要经营白酒的生产和销售，本年6月发生以下经济业务：

（1）进口一辆小汽车，计税价格为50万元，适用的关税税率为25%，缴纳进口环节税金取得完税凭证后将小汽车运回企业，将其作为固定资产供管理部门使用。

（2）向某商场销售自产白酒100吨，开具增值税普通发票，取得含税收入339万元，另收取包装物押金56.5万元。

（3）采取分期收款方式向某单位销售自产白酒20吨，合同规定不含税销售额共计70万元，本月收取80%的货款，其余货款于下月10日收取，由于该单位资金紧张，甲酒厂本月实际取得价税合计金额33.9万元。

（4）将自产的10吨白酒与某企业换取原材料一批，取得对方开具的增值税专用发票，注明价款25万元，增值税3.25万元。已知该批白酒的实际生产成本为1.2万元/吨，最低不含税销售价格为2.2万元/吨，平均不含税销售价格为2.5万元/吨，最高不含税销售价格为2.8万元/吨。

（5）生产一种新型白酒1吨，将其全部赠送给关联企业，已知该种白酒没有同类产品的销售价格，生产成本为1.5万元。

小汽车适用的消费税税率为9%；白酒适用的消费税比例税率为20%、定额税率为0.5元/500克，成本利润率为10%。甲酒厂取得的增值税专用发票本年6月均符合抵扣规定。

要求：

（1）计算甲酒厂本年6月向税务机关申报缴纳的消费税税额。

（2）计算甲酒厂本年6月向税务机关申报缴纳的增值税税额。

# 项目四
# 企业所得税纳税实务

1.会界定企业所得税纳税人，会判断哪些业务应当缴纳企业所得税，会选择企业所得税适用税率，能充分运用企业所得税优惠政策。

2.能确定企业所得税的计税依据，能根据相关业务资料确定企业所得税的收入总额，确定不征税收入和免税收入，确定企业所得税准予扣除的项目，确定企业所得税不得扣除的项目，能根据相关业务资料进行亏损弥补。

3.能根据相关业务资料对固定资产、生物资产、无形资产、长期待摊费用、存货和投资资产的涉税业务进行税务处理。

4.会识别哪些经济业务属于企业重组，能把握企业重组的一般性税务处理和特殊性税务处理的条件，并能根据相关业务资料进行企业重组的一般性税务处理和特殊性税务处理。

5.能根据相关业务资料计算居民企业和非居民企业的应纳税额，能根据相关业务资料计算境外所得的抵扣税额。

6.会判断哪些业务可能被税务机关进行特别纳税调整，能明确税务机关进行特别纳税调整的方法和税务机关进行核定征收的方法，会计算因特别纳税调整而加收的利息，识记追溯时限。

7.能确定企业所得税的纳税义务发生时间、纳税期限和纳税地点，能根据相关业务资料填写"中华人民共和国企业所得税年度纳税申报表（A表）"等申报表，并能进行企业所得税纳税申报。

纳税人应当充分运用国家出台的企业所得税税收政策，合法合规纳税。

1.我国出台了国家需要重点扶持的高新技术企业减按15%的税率征收企业所得税的优惠政策，有利于扶持高新技术企业加大科研力度，发展智能产业、拓展智能生活，体现了"强化企业科技创新主体地位，发挥科技型骨干企业引领支撑作用"的精神。

2.我国出台了西部大开发的企业所得税优惠政策，有利于推进西部大开发形成新格局，促进区域协调发展，巩固国家生态安全屏障，促进陆海内外联动和东西双向互济，增强内生增长动力，保障和改善民生。

**▶项目引例——企业所得税的计算和纳税申报◀**

山东庆云有限责任公司为一家居民企业，为增值税一般纳税人，统一社会信用代码为91370722004056710T，企业从业人数在2025年的每一个季度均为400人，资产总额在2025年的每一个季度均为7 000万元，所属行业为工业企业（制造业企业）。法定代表人为：张明，会计主管为：李珍。

2025年度公司经济业务活动如下：

（1）取得销售收入3 000万元。

（2）发生销售成本1 500万元。

（3）发生税金及附加50万元。

（4）发生销售费用700万元（其中广告费500万元、职工薪酬50万元、资产折旧摊销费50万元、办公费50万元、差旅费50万元）。

（5）管理费用600万元（其中业务招待费20万元、职工薪酬50万元、资产折旧摊销费100万元、办公费200万元、差旅费180万元、用于X产品新技术的研究开发费用共计50万元（直接从事研发活动的本企业在职人员费用10万元（工资8万元，五险一金2万元），研发活动直接消耗的材料22万元，专门用于研发活动的仪器的折旧费3万元，有关无形资产（软件）摊销费5万元，中间试验和产品试制的有关费用3万元，样品、样机及一般测试手段购置费2万元，研发成果论证、评审、验收、鉴定费用3万元，设计、制定、资料和翻译费用2万元））。

（6）发生财务费用50万元（均为利息支出）。

（7）发生固定资产处置净损益（收益）100万元，发生无形资产处置净损益（损失）2万元。

（8）发生营业外支出78万元（含通过公益性社会团体向C市D希望小学捐款2万元，支付税收滞纳金76万元）。

（9）发生投资收益40万元，为2025年12月取得直接投资于其他居民企业连续12个月以上的权益性投资收益（已在投资方所在地按15%的税率缴纳了企业所得税）。被投资企业名称为：山东兴胜股份有限公司，统一社会信用代码为91371111112222223Q，投资金额300万元，占被投资企业注册资本的40%。

（10）公司在A、B两国设有分支机构，在A国机构的税后所得为35万元，A国所得税税率为30%；在B国机构的税后所得为32万元，B国所得税税率为20%。在A、B两国已分别缴纳所得税15万元、8万元。假设A、B两国的应税所得额的计算与我国税法相同。公司选择"分国（地区）不分项"的方法来计算其来源于境外的应纳税所得额。

（11）经汇总，计入成本、费用中的实发工资总额为150万元，拨缴职工工会经费3万元，支出职工福利费25万元、职工教育经费14.25万元。该公司为员工缴纳各类基本社会保障性缴款60万元，未缴纳补充养老和医疗保险，为员工缴纳住房公积金40万元，未超过当地政府规定标准。

山东庆云有限责任公司2025年度无以前年度亏损（2020—2024年均无亏损）。2025年度前三个季度已经预缴企业所得税共计34.25万元；2025年第四季度营业收入为800万元，营业成本为400万元，利润总额为50万元，2025年第四季度预缴企业所得税12.5万元，

2026年1月12日对2025年第四季度预缴企业所得税进行纳税申报，2026年5月15日进行企业所得税年度纳税申报（企业所得税汇算清缴）。另外，山东庆云有限责任公司选择2026年办理2025年度企业所得税汇算清缴时统一享受研发费用加计扣除优惠政策。

⭐ **任务要求**

（1）计算山东庆云有限责任公司2025年第四季度应预缴的企业所得税税额和2025年度汇算清缴应补（退）的企业所得税税额。

（2）山东庆云有限责任公司于2026年1月12日对2025年第四季度的预缴企业所得税进行纳税申报，填写2025年第四季度的"中华人民共和国企业所得税月（季）度预缴纳税申报表（A类）"。

（3）山东庆云有限责任公司于2026年5月15日进行企业所得税年度纳税申报（企业所得税汇算清缴），填写2025年度的"企业所得税年度纳税申报主表"及其附表。

▶ **项目引例解析**　见本项目的任务七。

# 任务一　企业所得税的认知

## 任务引例4-1

我公司本年1月被认定为高新技术企业，且设立了单独的技术研发部门进行技术研发，请问我公司可能享受哪些企业所得税税收优惠？

### 一、企业所得税纳税人和扣缴义务人的确定

#### （一）企业所得税的纳税人

企业所得税是对我国境内的企业和其他取得收入的组织的生产经营所得和其他所得征收的一种所得税。

在中华人民共和国境内，企业和其他取得收入的组织（以下统称企业）为企业所得税的纳税人，依照《中华人民共和国企业所得税法》（简称《企业所得税法》）的规定缴纳企业所得税。个人独资企业、合伙企业不适用《企业所得税法》。

🔖 **点睛**　这里所说的个人独资企业、合伙企业是指依据中国法律、行政法规的规定成立，在中国境内的个人独资企业和合伙企业，不包括境外依据外国法律成立的个人独资企业和合伙企业。

🔖 **提示**　合伙企业以每个合伙人为纳税人，合伙企业的合伙人是自然人的，作为自然人的合伙人缴纳个人所得税；合伙人是法人或其他组织的，作为法人或其他组织的合伙人缴纳企业所得税，该合伙人在缴纳企业所得税时，适用《企业所得税法》。

**知识答疑4-1**　个人独资企业投资者和合伙企业自然人合伙人不是企业所得税的纳税人，取得所得缴纳什么税？

缴纳企业所得税的企业分为居民企业和非居民企业，分别承担不同的纳税责任。

1. 居民企业

居民企业是指依法在中国境内成立，或者依照外国（地区）法律成立但实际管理机构在中国境内的企业，包括除个人独资企业和合伙企业以外的公司、企业、事业单位、社会团体、民办非企业单位、基金会、外国商会、农民专业合作社以及取得收入的其他组织。

2.非居民企业

非居民企业，是指依照外国（地区）法律成立且实际管理机构不在中国境内，但在中国境内设立机构、场所的，或者在中国境内未设立机构、场所，但有来源于中国境内所得的企业。

实际管理机构是指对企业的生产经营、人员、账务、财产等实施实质性全面管理和控制的机构。机构、场所是指在中国境内从事生产经营活动的机构、场所，包括：

❶管理机构、营业机构、办事机构；

❷工厂、农场、开采自然资源的场所；

❸提供劳务的场所；

❹从事建筑、安装、装配、修理、勘探等工程作业的场所；

❺其他从事生产经营活动的机构、场所。

🔖**点睛**　非居民企业委托营业代理人在中国境内从事生产经营活动的，包括委托单位或者个人经常代其签订合同，或者储存、交付货物等，该营业代理人视为非居民企业在中国境内设立的机构、场所。

☞【情境辨析4-1】下列各项中，不属于企业所得税纳税人的企业有（　　　）。

A.依外国法律成立但实际管理机构在中国境内的企业

B.在中国境内成立的个体工商户

C.在中国境内成立的个人独资企业

D.在中国境内未设立机构、场所，但有来源于中国境内所得的企业

### （二）企业所得税的扣缴义务人

1.支付人为扣缴义务人

非居民企业在中国境内未设立机构、场所的，或者虽设立机构、场所但取得的所得与其所设机构、场所没有实际联系的，其来源于中国境内的所得应缴纳的所得税，实行源泉扣缴，以支付人为扣缴义务人。税款由扣缴义务人在每次支付或者到期应支付时，从支付或者到期应支付的款项中扣缴。

支付人是指依照有关法律规定或者合同约定对非居民企业直接负有支付相关款项义务的单位或者个人。

🔖**提示**　支付包括现金支付、汇拨支付、转账支付和权益兑价支付等货币支付和非货币支付。到期应支付的款项是指支付人按照权责发生制原则应当计入相关成本、费用的应付款项。

2.指定扣缴义务人

对非居民企业在中国境内取得工程作业和劳务所得应缴纳的所得税，税务机关可以指定工程价款或者劳务费的支付人为扣缴义务人。

税法规定的可以指定扣缴义务人的情形包括：

（1）预计工程作业或提供劳务期限不足一个纳税年度，且有证据表明不履行纳税义务的；

（2）没有办理税务登记或者临时税务登记，且未委托中国境内的代理人履行纳税义务的；

（3）未按照规定期限办理企业所得税纳税申报或者预缴申报的；

（4）其他规定情形。

3.扣缴义务人的其他规定

扣缴义务人由县级以上税务机关指定，并同时告知扣缴义务人所扣税款的计算依据、计算方法、扣缴期限。

扣缴义务人每次代扣的税款，应当自代扣之日起7日内缴入国库，并向所在地的税务机关报送扣缴企业所得税报告表。

扣缴义务人未依法扣缴或者无法履行扣缴义务的，由纳税人在所得发生地缴纳。在中国境内存在多处所得发生地的，由纳税人选择其中一地申报缴纳企业所得税。

纳税人未依法缴纳税款的，税务机关可以从该纳税人在中国境内其他收入项目（指该纳税人在中国境内取得的其他各种来源的收入）的支付人应付的款项中，追缴该纳税人的应纳税款。

税务机关在追缴该纳税人应纳税款时，应当将追款理由、追缴数额、扣缴期限和缴纳方式等告知该纳税人。

## 二、企业所得税征税对象的确定

### （一）居民企业的征税对象

居民企业应当就其来源于中国境内、境外的所得缴纳企业所得税。所得包括销售货物所得、提供劳务所得、转让财产所得、股息红利等权益性投资所得、利息所得、租金所得、特许权使用费所得、接受捐赠所得和其他所得。

### （二）非居民企业的征税对象

非居民企业在中国境内设立机构、场所的，应当就其所设机构、场所取得的来源于中国境内的所得，以及发生在中国境外但与其所设机构、场所有实际联系的所得，缴纳企业所得税。其中"实际联系"是指非居民企业在中国境内设立的机构、场所拥有据以取得所得的股权、债权，以及拥有、管理、控制据以取得所得的财产等。

非居民企业在中国境内未设立机构、场所的，或者虽设立机构、场所但取得的所得与其所设机构、场所没有实际联系的，应当就其来源于中国境内的所得缴纳企业所得税。

来源于中国境内、境外的所得，按照以下原则确定：

❶销售货物所得，按照交易活动发生地确定；

❷提供劳务所得，按照劳务发生地确定；

❸转让财产所得：不动产转让所得按照不动产所在地确定，动产转让所得按照转让动产的企业或者机构、场所所在地确定，权益性投资资产转让所得按照被投资企业所在地确定；

❹股息、红利等权益性投资所得，按照分配所得的企业所在地确定；

❺利息所得、租金所得、特许权使用费所得，按照负担、支付所得的企业或者机构、场所所在地确定，或者按照负担、支付所得的个人住所地确定；

❻其他所得，由国务院财政、税务主管部门确定。

☞【情境辨析4-2】根据企业所得税法律制度的规定，下列关于所得来源地的确定的说法中，正确的有（　　）。

A.销售货物所得按照交易活动发生地确定

B.提供劳务所得按照提供劳务的企业或者机构、场所所在地确定

C.不动产转让所得按照转让不动产的企业或者机构、场所所在地确定

D.权益性投资资产转让所得按照被投资企业所在地确定

### 三、企业所得税税率的判定

企业所得税税率是体现国家与企业分配关系的核心要素。税率设计的原则是兼顾国家、企业、职工个人三者间的利益，既要保证财政收入的稳定增长，又要使企业在发展生产、经营方面有一定的财力保证；既要考虑到企业的实际情况和负担能力，又要维护税率的统一性。

企业所得税实行比例税率。比例税率简便易行，透明度高，不会因征税而改变企业间的收入分配比例，有利于促进效率的提高。现行规定如下：

❶基本税率为25%。居民企业应当就其来源于中国境内、境外的所得缴纳企业所得税，适用的企业所得税税率为25%；非居民企业在中国境内设立机构、场所的，应当就其所设机构、场所取得的来源于中国境内的所得，以及发生在中国境外但与其所设机构、场所有实际联系的所得，缴纳企业所得税，适用的企业所得税税率为25%。

❷低税率为20%。非居民企业在中国境内未设立机构、场所的，或者虽设立机构、场所但取得的所得与其所设机构、场所没有实际联系的，应当就其来源于中国境内的所得缴纳企业所得税，适用税率为20%。但实际征税时减按10%的税率征收。

☞【情境辨析4-3】根据企业所得税法律制度的规定，下列各项中，表述不正确的是（　　　）。

A.居民企业应当就其来源于中国境内、境外的所得缴纳企业所得税

B.在中国境内未设立机构、场所的非居民企业，应当就其来源于中国境内的所得依照15%的税率缴纳企业所得税

C.在中国境内设立机构、场所的非居民企业，取得的所得与其境内所设机构、场所没有实际联系的，应当就其来源于中国境内的所得依照10%的税率缴纳企业所得税

D.在中国境内设立机构、场所的非居民企业取得发生在中国境外但与其境内所设机构、场所有实际联系的所得，依照25%的税率缴纳企业所得税

### 四、企业所得税优惠政策的运用

税收优惠是指国家运用税收政策在税收法律、行政法规中规定对某一部分特定企业和课税对象给予减轻或免除税收负担的一种措施。税法规定的企业所得税的税收优惠方式包括免税、减税、加计扣除、加速折旧、减计收入、税额抵免等。

#### （一）免税与减税优惠

1.从事农、林、牧、渔业项目的所得

企业（包括"公司+农户"经营模式的企业）从事农、林、牧、渔业项目的所得，包括免征和减征两部分。

（1）企业从事下列项目的所得，免征企业所得税：❶蔬菜、谷物、薯类、油料、豆类、棉花、麻类、糖料、水果、坚果的种植；❷农作物新品种的选育；❸中药材的种植；❹林木的培育和种植；❺牲畜、家禽的饲养等；❻林产品的采集；❼灌溉、农产品初加工、兽医、农技推广、农机作业和维修等农、林、牧、渔服务业项目；❽远洋捕捞。

（2）企业从事下列项目的所得，减半征收企业所得税：❶花卉、茶以及其他饮料作物和香料作物的种植；❷海水养殖、内陆养殖等。

2.从事国家重点扶持的公共基础设施项目投资经营的所得

税法所称国家重点扶持的公共基础设施项目，是指《公共基础设施项目企业所得税优惠目录》规定的港口码头、机场、铁路、公路、城市公共交通、电力、水利等项目。

企业从事国家重点扶持的公共基础设施项目的投资经营的所得，自项目取得第一笔生产经营收入所属纳税年度起，第1年至第3年免征企业所得税，第4年至第6年减半征收企业所得税。

🍃提示　企业承包经营、承包建设和内部自建自用上述规定的项目，不得享受上述企业所得税优惠。

3.从事符合条件的环境保护、节能节水项目的所得

符合条件的环境保护、节能节水项目，包括公共污水处理、公共垃圾处理、沼气综合开发利用、节能减排技术改造、海水淡化等。

企业从事符合条件的环境保护、节能节水项目的所得，自项目取得第一笔生产经营收入所属纳税年度起，第1年至第3年免征企业所得税，第4年至第6年减半征收企业所得税。

🍃提示　依照规定享受减免税优惠的项目，在减免税期限内转让的，受让方自受让之日起，可以在剩余期限内享受规定的减免税优惠；减免税期限届满后转让的，受让方不得就该项目重复享受减免税优惠。

4.符合条件的技术转让所得

（1）符合条件的技术转让所得免征、减征企业所得税，是指一个纳税年度内，居民企业转让技术所有权所得不超过500万元的部分，免征企业所得税；超过500万元的部分，减半征收企业所得税。

（2）技术转让的范围，包括居民企业转让专利技术、计算机软件著作权、集成电路布图设计权、植物新品种、生物医药新品种，以及财政部和国家税务总局确定的其他技术。

（3）技术转让应签订技术转让合同。其中，境内的技术转让须经省级以上（含省级）科技部门认定登记，跨境的技术转让须经省级以上（含省级）商务部门认定登记，涉及财政经费支持产生技术的转让，需省级以上（含省级）科技部门审批。

（4）居民企业技术出口应由有关部门按照商务部、科技部发布的《中国禁止出口限制出口技术目录》进行审查。居民企业取得禁止出口和限制出口技术转让所得，不享受技术转让减免企业所得税优惠政策。

（5）居民企业从直接或间接持有股权之和达到100%的关联方取得的技术转让所得，不享受技术转让减免企业所得税优惠政策。

**实务答疑4-1**　我公司转让专利技术，同时随同该技术一起转让的还有一套仪器设备，取得技术转让收入300元（含仪器设备价款）。对该笔技术转让收入是否可以全额享受企业所得税优惠？

（二）高新技术企业优惠

国家需要重点扶持的高新技术企业减按15%的税率征收企业所得税。高新技术企业

是指在《国家重点支持的高新技术领域》内，持续进行研究开发与技术成果转化，形成企业核心自主知识产权，并以此为基础开展经营活动，在中国境内（不包括港、澳、台地区）注册1年以上的居民企业。

认定为高新技术企业须同时满足以下条件：

（1）企业申请认定时须注册成立1年以上。

（2）企业通过自主研发、受让、受赠、并购等方式，获得对其主要产品（服务）在技术上发挥核心支持作用的知识产权的所有权。

（3）对企业主要产品（服务）发挥核心支持作用的技术属于《国家重点支持的高新技术领域》规定的范围。

（4）企业从事研发和相关技术创新活动的科技人员占企业当年职工总数的比例不低于10%。

（5）企业近3个会计年度（实际经营期不满3年的按实际经营时间计算，下同）的研究开发费用总额占同期销售收入总额的比例符合如下要求：

❶最近1年销售收入小于5 000万元（含）的企业，比例不低于5%；

❷最近1年销售收入在5 000万元至2亿元（含）的企业，比例不低于4%；

❸最近1年销售收入在2亿元以上的企业，比例不低于3%。

其中，企业在中国境内发生的研究开发费用总额占全部研究开发费用总额的比例不低于60%。

（6）最近1年高新技术产品（服务）收入占企业同期总收入的比例不低于60%。

（7）企业创新能力评价应达到相应要求。

（8）企业申请认定前1年内未发生重大安全、重大质量事故或严重环境违法行为。

### （三）技术先进型服务企业优惠

自2018年1月1日起，对经认定的技术先进型服务企业（服务贸易类），减按15%的税率征收企业所得税。

### （四）小型微利企业优惠

自2019年1月1日至2021年12月31日，对小型微利企业年应纳税所得额不超过100万元的部分，减按25%计入应纳税所得额，按20%的税率缴纳企业所得税；对年应纳税所得额超过100万元但不超过300万元的部分，减按50%计入应纳税所得额，按20%的税率缴纳企业所得税。自2021年1月1日至2022年12月31日，对小型微利企业年应纳税所得额不超过100万元的部分，在上述优惠政策基础上，再减半征收企业所得税，即减按12.5%计入应纳税所得额，按20%的税率缴纳企业所得税。自2023年1月1日至2027年12月31日，对小型微利企业年应纳税所得额不超过100万元的部分，减按25%计入应纳税所得额，按20%的税率缴纳企业所得税。自2022年1月1日至2027年12月31日，对小型微利企业年应纳税所得额超过100万元但不超过300万元的部分，减按25%计入应纳税所得额，按20%的税率缴纳企业所得税。上述小型微利企业是指从事国家非限制和禁止行业，且同时符合年度应纳税所得额不超过300万元、从业人数不超过300人、资产总额不超过5 000万元等3个条件的企业。

从业人数，包括与企业建立劳动关系的职工人数和企业接受的劳务派遣用工人数。所称从业人数和资产总额指标，应按企业全年的季度平均值确定。具体计算公式如下：

季度平均值=（季初值+季末值）÷2

全年季度平均值=全年各季度平均值之和÷4

年度中间开业或者终止经营活动的，以其实际经营期作为一个纳税年度确定上述相关指标。

> **提示**　与小型微利企业所得税优惠政策有关的征管问题规定如下：
>
> （1）符合财政部、税务总局规定的小型微利企业条件的企业（简称小型微利企业），按照相关政策规定享受小型微利企业所得税优惠政策。企业设立不具有法人资格分支机构的，应当汇总计算总机构及其各分支机构的从业人数、资产总额、年度应纳税所得额，依据合计数判断是否符合小型微利企业条件。
>
> （2）小型微利企业无论按查账征收方式或核定征收方式缴纳企业所得税，均可享受小型微利企业所得税优惠政策。
>
> （3）小型微利企业在预缴和汇算清缴企业所得税时，通过填写纳税申报表，即可享受小型微利企业所得税优惠政策。小型微利企业应准确填报基础信息，包括从业人数、资产总额、年度应纳税所得额、国家限制或禁止行业等，信息系统将为小型微利企业智能预填优惠项目、自动计算减免税额。
>
> （4）小型微利企业预缴企业所得税时，资产总额、从业人数、年度应纳税所得额指标，暂按当年度截至本期预缴申报所属期末的情况进行判断。
>
> （5）原不符合小型微利企业条件的企业，在年度中间预缴企业所得税时，按照相关政策标准判断符合小型微利企业条件的，应按照截至本期预缴申报所属期末的累计情况，计算减免税额。当年度此前期间如因不符合小型微利企业条件而多预缴的企业所得税税款，可在以后季度应预缴的企业所得税税款中抵减。
>
> （6）企业预缴企业所得税时享受了小型微利企业所得税优惠政策，但在汇算清缴时发现不符合相关政策标准的，应当按照规定补缴企业所得税税款。
>
> （7）小型微利企业所得税统一实行按季度预缴。按月度预缴企业所得税的企业，在当年度4月、7月、10月预缴申报时，若按相关政策标准判断符合小型微利企业条件的，下一个预缴申报期起调整为按季度预缴申报，一经调整，当年度内不再变更。

**任务实例4-1**　甲企业为一家居民企业，属于符合条件的小型微利企业，本年应纳税所得额为250万元。

**【任务要求】** 计算甲企业本年应缴纳的企业所得税税额。

**【任务实施】** 应纳企业所得税=100×25%×20%+（250-100）×25%×20%=12.5（万元）

或　应纳企业所得税=250×25%×20%=12.5（万元）

### （五）加计扣除优惠

（1）企业开展研发活动中实际发生的研发费用，未形成无形资产计入当期损益的，在按规定据实扣除的基础上，自2023年1月1日起，再按照实际发生额的100%在税前加计扣除；形成无形资产的，自2023年1月1日起，按照无形资产成本的200%在税前摊销（该政策作为制度性安排长期实施）。集成电路企业和工业母机企业开展研发活动中实际发生的研发费用，未形成无形资产计入当期损益的，在按规定据实扣除的基础上，在2023年1月1日至2027年12月31日期间，再按照实际发生额的120%在税前扣除；形成无形资产的，在上述期间按照无形资产成本的220%在税前摊销。

企业委托外部机构或个人开展研发活动发生的费用，可按规定税前扣除；加计扣除时按照研发活动发生费用的80%作为加计扣除基数。自2018年1月1日起，取消企业委托境外研发费用不得加计扣除的限制，即2018年1月1日起，委托境外进行研发活动所发生的费用，按照费用实际发生额的80%计入委托方的委托境外研发费用。委托境外研发费用不超过境内符合条件的研发费用2/3的部分，可以按规定在企业所得税税前加计扣除。上述费用实际发生额应按照独立交易原则确定。委托方与受托方存在关联关系的，受托方应向委托方提供研发项目费用支出明细情况。委托境外进行研发活动不包括委托境外个人进行的研发活动。

> ★提示 除烟草制造业、住宿和餐饮业、批发和零售业、房地产业、租赁和商务服务业、娱乐业、财政部和国家税务总局规定的其他行业以外，其他行业企业均可享受研究开发费用加计扣除的具体政策。

### 任务引例4-1解析

第一，国家需要重点扶持的高新技术企业减按15%的税率征收企业所得税。第二，企业开展研发活动中实际发生的研发费用，未形成无形资产计入当期损益的，在按规定据实扣除的基础上，自2023年1月1日起，再按照实际发生额的100%在税前加计扣除；形成无形资产的，自2023年1月1日起，按照无形资产成本的200%在税前摊销（该政策作为制度性安排长期实施）。第三，符合条件的技术转让所得，居民企业转让技术所有权所得不超过500万元的部分，免征企业所得税；超过500万元的部分，减半征收企业所得税。

> **实务答疑4-2** 我公司是一家机械制造企业，有一技术研发部门，该技术研发部门发生的哪些费用可以计入研究开发费用进行加计扣除？

（2）企业安置残疾人员所支付的工资。企业安置残疾人员的，在按照支付给残疾职工工资据实扣除的基础上，按照支付给残疾职工工资的100%加计扣除。

（3）自2022年1月1日起，对企业出资给非营利性科学技术研究开发机构（科学技术研究开发机构以下简称科研机构）、高等学校和政府性自然科学基金用于基础研究的支出，在计算应纳税所得额时可按实际发生额在税前扣除，并可按100%在税前加计扣除。对非营利性科研机构、高等学校接收企业、个人和其他组织机构基础研究资金收入，免征企业所得税。

### （六）创业投资企业优惠

创业投资企业从事国家需要重点扶持和鼓励的创业投资，可以按投资额的一定比例抵扣应纳税所得额。

创业投资企业优惠，是指创业投资企业采取股权投资方式投资于未上市的中小高新技术企业2年以上的，可以按照其投资额的70%在股权持有满2年的当年抵扣该创业投资企业的应纳税所得额；当年不足抵扣的，可以在以后纳税年度结转抵扣。例如，甲企业20×8年1月1日向乙企业（未上市的中小高新技术企业）投资100万元，股权持有到20×9年12月31日。甲企业20×9年度可抵扣的应纳税所得额为70万元。

（1）公司制创业投资企业采取股权投资方式直接投资于种子期、初创期科技型企业（以下简称初创科技型企业）满2年（24个月，下同）的，可以按照投资额的70%在股权持有满2年的当年抵扣该公司制创业投资企业的应纳税所得额；当年不足抵扣的，可以在以后纳税年度结转抵扣。

（2）有限合伙制创业投资企业（以下简称合伙创投企业）采取股权投资方式直接投资

于初创科技型企业满2年的，该合伙创投企业的合伙人分别按以下方式处理：

❶法人合伙人可以按照对初创科技型企业投资额的70%抵扣法人合伙人从合伙创投企业分得的所得；当年不足抵扣的，可以在以后纳税年度结转抵扣。

❷个人合伙人可以按照对初创科技型企业投资额的70%抵扣个人合伙人从合伙创投企业分得的经营所得；当年不足抵扣的，可以在以后纳税年度结转抵扣。

（3）天使投资个人采取股权投资方式直接投资于初创科技型企业满2年的，可以按照投资额的70%抵扣转让该初创科技型企业股权取得的应纳税所得额；当期不足抵扣的，可以在以后取得转让该初创科技型企业股权的应纳税所得额时结转抵扣。

天使投资个人投资多个初创科技型企业的，对其中办理注销清算的初创科技型企业，天使投资个人对其投资额的70%尚未抵扣完的，可自注销清算之日起36个月内抵扣天使投资个人转让其他初创科技型企业股权取得的应纳税所得额。

（4）有限合伙制创业投资企业采取股权投资方式投资于未上市的中小高新技术企业满2年的，其法人合伙人可按照对未上市中小高新技术企业投资额的70%抵扣该法人合伙人从该有限合伙制创业投资企业分得的应纳税所得额，当年不足抵扣的，可以在以后纳税年度结转抵扣。

## （七）加速折旧优惠

企业的固定资产由于技术进步等原因，确需加速折旧的，可以缩短折旧年限或者采取加速折旧的方法。可采用以上折旧方法的固定资产是指：

（1）由于技术进步，产品更新换代较快的固定资产；

（2）常年处于强震动、高腐蚀状态的固定资产。

采取缩短折旧年限方法的，最低折旧年限不得低于规定折旧年限的60%；若为购置已使用过的固定资产，其最低折旧年限不得低于税法规定最低折旧年限减去已使用年限后剩余年限的60%。最低折旧年限一经确定，一般不得变更。

> 🟢**提示**　采取加速折旧方法的，可以采取双倍余额递减法或者年数总和法。

依据财税〔2014〕75号文件，对有关固定资产加速折旧企业所得税政策问题规定如下：

（1）对生物药品制造业，专用设备制造业，铁路、船舶、航空航天和其他运输设备制造业，计算机、通信和其他电子设备制造业，仪器仪表制造业，信息传输、软件和信息技术服务业等6个行业的企业2014年1月1日后新购进的固定资产，可缩短折旧年限或采取加速折旧的方法。

对上述6个行业的小型微利企业2014年1月1日后新购进的研发和生产经营共用的仪器、设备，单位价值不超过100万元的，允许一次性计入当期成本费用在计算应纳税所得额时扣除，不再分年度计算折旧；单位价值超过100万元的，可缩短折旧年限或采取加速折旧的方法。

（2）对所有行业企业2014年1月1日后新购进的专门用于研发的仪器、设备，单位价值不超过100万元的，允许一次性计入当期成本费用在计算应纳税所得额时扣除，不再分年度计算折旧；单位价值超过100万元的，可缩短折旧年限或采取加速折旧的方法。

（3）对所有行业企业持有的单位价值不超过5 000元的固定资产，允许一次性计入当期成本费用在计算应纳税所得额时扣除，不再分年度计算折旧。

（4）企业按照上述（1）（2）项规定缩短折旧年限的，最低折旧年限不得低于《企业所得税法实施条例》第六十条规定折旧年限的60%；采取加速折旧方法的，可采取双倍余额递减法或者年数总和法。除了上述（1）（2）（3）项之外的企业固定资产加速折旧所得税处理问题，继续按照《企业所得税法》及其实施条例和现行税收政策规定执行。

另外，依据财税〔2015〕106号文件，对有关固定资产加速折旧企业所得税政策问题补充规定如下：

（1）对轻工、纺织、机械、汽车等4个领域重点行业的企业2015年1月1日后新购进的固定资产，可由企业选择缩短折旧年限或采取加速折旧的方法。

（2）对上述行业的小型微利企业2015年1月1日后新购进的研发和生产经营共用的仪器、设备，单位价值不超过100万元的，允许一次性计入当期成本费用在计算应纳税所得额时扣除，不再分年度计算折旧；单位价值超过100万元的，可由企业选择缩短折旧年限或采取加速折旧的方法。

（3）企业按上述规定缩短折旧年限的，最低折旧年限不得低于《企业所得税法实施条例》第六十条规定折旧年限的60%；采取加速折旧方法的，可采取双倍余额递减法或者年数总和法。

**点睛**　自2019年1月1日起，适用财税〔2014〕75号文件和财税〔2015〕106号文件规定固定资产加速折旧优惠的行业范围，扩大至全部制造业领域。

**提示**　企业在2018年1月1日至2027年12月31日期间新购进的设备、器具，单位价值不超过500万元的，允许一次性计入当期成本费用在计算应纳税所得额时扣除，不再分年度计算折旧。设备、器具，是指除房屋、建筑物以外的固定资产。

**点睛**　按照《企业所得税法》及其实施条例的有关规定，企业根据自身生产经营需要，也可选择不实行加速折旧政策。

**实务答疑4-3**　我公司的固定资产折旧在税法上不允许采用加速折旧法，请问在会计的账务处理上，是否可以选择加速折旧法？

## （八）减计收入优惠

（1）企业以《资源综合利用企业所得税优惠目录》规定的资源作为主要原材料，生产国家非限制和禁止并符合国家和行业相关标准的产品取得的收入，减按90%计入收入总额。

（2）自2019年6月1日起至2025年12月31日，为社区提供养老、托育、家政等服务的机构，提供社区养老、托育、家政服务取得的收入，在计算应纳税所得额时，减按90%计入收入总额。

（3）2027年12月31日前，继续对金融机构农户小额贷款的利息收入，在计算应纳税所得额时，按90%计入收入总额。

（4）2027年12月31日前，继续对保险公司为种植业、养殖业提供保险业务取得的保费收入，在计算应纳税所得额时，按90%计入收入总额。

### （九）税额抵免优惠

税额抵免，是指企业购置并实际使用《环境保护专用设备企业所得税优惠目录》、《节能节水专用设备企业所得税优惠目录》和《安全生产专用设备企业所得税优惠目录》规定的环境保护、节能节水、安全生产等专用设备的，该专用设备的投资额的10%可以从企业当年的应纳税额中抵免；当年不足抵免的，可以在以后5个纳税年度结转抵免。

享受前款规定的企业所得税优惠的企业，应当实际购置并自身实际投入使用前款规定的专用设备；企业购置上述专用设备在5年内转让、出租的，应当停止享受企业所得税优惠，并补缴已经抵免的企业所得税税款。转让的受让方可以按照该专用设备投资额的10%抵免当年企业所得税应纳税额；当年应纳税额不足抵免的，可以在以后5个纳税年度结转抵免。

企业同时从事适用不同企业所得税待遇的项目的，其优惠项目应当单独计算所得，并合理分摊企业的期间费用；没有单独计算的，不得享受企业所得税优惠。

自2009年1月1日起，增值税一般纳税人购进生产用固定资产发生的进项税额可从其销项税额中抵扣。如果增值税进项税额允许抵扣，其专用设备投资额不再包括增值税进项税额；如果增值税进项税额不允许抵扣，其专用设备投资额应为增值税专用发票上注明的价税合计金额，企业购买专用设备取得普通发票的，其专用设备投资额为普通发票上注明的金额。

企业在2024年1月1日至2027年12月31日期间发生的节能节水、环境保护和安全生产专用设备数字化、智能化改造投入，不超过该专用设备购置时原计税基础50%的部分，可按照10%比例抵免企业当年应纳税额。企业当年应纳税额不足抵免的，可以向以后年度结转，但结转年限最长不得超过5年。

> 🍀**提示**　企业同时从事适用不同企业所得税待遇的项目的，其优惠项目应当单独计算所得，并合理分摊企业的期间费用；没有单独计算的，不得享受企业所得税优惠。

### （十）民族自治地方企业优惠

民族自治地方的自治机关对本民族自治地方的企业应缴纳的企业所得税中属于地方分享的部分，可以决定减征或者免征。自治州、自治县决定减征或者免征的，须报省、自治区、直辖市人民政府批准。但对民族自治地方内国家限制和禁止行业的企业，不得减征或者免征企业所得税。

### （十一）非居民企业优惠

在中国境内未设立机构、场所，或者虽设立机构、场所但取得的所得与其所设机构、场所没有实际联系的非居民企业减按10%的税率征收企业所得税。该类非居民企业取得下列所得免征企业所得税：❶外国政府向中国政府提供贷款取得的利息所得；❷国际金融组织向中国政府和居民企业提供优惠贷款取得的利息所得；❸经国务院批准的其他所得。

### （十二）其他有关行业的优惠

1.鼓励集成电路产业和软件产业发展的优惠

（1）自2020年1月1日起，国家鼓励的集成电路线宽小于28纳米（含），且经营期在

15年以上的集成电路生产企业或项目，第1年至第10年免征企业所得税；国家鼓励的集成电路线宽小于65纳米（含），且经营期在15年以上的集成电路生产企业或项目，第1年至第5年免征企业所得税，第6年至第10年按照25%的法定税率减半征收企业所得税；国家鼓励的集成电路线宽小于130纳米（含），且经营期在10年以上的集成电路生产企业或项目，第1年至第2年免征企业所得税，第3年至第5年按照25%的法定税率减半征收企业所得税。

对于按照集成电路生产企业享受税收优惠政策的，优惠期自获利年度起计算；对于按照集成电路生产项目享受税收优惠政策的，优惠期自项目取得第1笔生产经营收入所属纳税年度起计算，集成电路生产项目需单独进行会计核算、计算所得，并合理分摊期间费用。

国家鼓励的线宽小于130纳米（含）的集成电路生产企业，属于国家鼓励的集成电路生产企业清单年度之前5个纳税年度发生的尚未弥补完的亏损，准予向以后年度结转，总结转年限最长不得超过10年。

（2）2020年1月1日起，国家鼓励的集成电路设计、装备、材料、封装、测试企业和软件企业，自获利年度起，第1年至第2年免征企业所得税，第3年至第5年按照25%的法定税率减半征收企业所得税。

（3）2020年1月1日起，国家鼓励的重点集成电路设计企业和软件企业，自获利年度起，第1年至第5年免征企业所得税，接续年度减按10%的税率征收企业所得税。

2.经营性文化事业单位转制为企业的优惠

经营性文化事业单位转制为企业，自转制注册之日起5年内免征企业所得税。上述税收政策执行至2027年12月31日。企业在2027年12月31日享受上述税收政策不满5年的，可继续享受至5年期满为止。

> 提示　经营性文化事业单位是指从事新闻出版、广播影视和文化艺术的事业单位。

3.鼓励证券投资基金发展的优惠

（1）对证券投资基金从证券市场中取得的收入，包括买卖股票、债券的差价收入，股权的股息、红利收入。债券的利息收入及其他收入，暂不征收企业所得税。

（2）对投资者从证券投资基金分配中取得的收入，暂不征收企业所得税。

（3）对证券投资基金管理人运用基金买卖股票、债券的差价收入，暂不征收企业所得税。

4.债券利息减免税的优惠

（1）对企业取得的2012年及以后年度发行的地方政府债券利息收入，免征企业所得税。

（2）自2018年11月7日起至2021年11月6日止，对境外机构投资境内债券市场取得的债券利息收入暂免征收企业所得税。自2021年11月7日至2025年12月31日，上述政策继续执行。

> 提示　暂免征收企业所得税的范围不包括境外机构在境内设立的机构、场所取得的与该机构、场所有实际联系的债券利息。

（3）对企业投资者持有2024—2027年发行的铁路债券取得的利息收入，减半征收企业所得税。

🔖**提示**　铁路债券是指以中国国家铁路集团有限公司为发行和偿还主体的债券，包括中国铁路建设债券、中期票据、短期融资券等债务融资工具。

5.从事污染防治的第三方企业的优惠

自2024年1月1日起至2027年12月31日止，对符合条件的从事污染防治的第三方企业减按15%的税率征收企业所得税。第三方防治企业是指受排污企业或政府委托，负责环境污染治理设施（包括自动连续监测设施）运营维护的企业。

6.生产和装配伤残人员专门用品企业的优惠

2027年12月31日前，对符合条件的生产和装配伤残人员专门用品，且在民政部发布的《中国伤残人员专门用品目录》范围之内的居民企业，免征企业所得税。

## （十三）西部大开发的优惠

自2021年1月1日至2030年12月31日，对设在西部地区的鼓励类产业企业减按15%的税率征收企业所得税。本条所称鼓励类产业企业是指以《西部地区鼓励类产业目录》中规定的产业项目为主营业务，且其主营业务收入占企业收入总额60%以上的企业。

## （十四）海南自由贸易港的优惠

自2020年1月1日至2024年12月31日，海南自由贸易港实施以下企业所得税优惠政策（自2025年1月1日至2027年12月31日，该政策继续执行）：

（1）对注册在海南自由贸易港并实质性运营的鼓励类产业企业，减按15%的税率征收企业所得税。

🔖**提示**　上述鼓励类产业企业，是指以海南自由贸易港鼓励类产业目录中规定的产业项目为主营业务，且其主营业务收入占企业收入总额60%以上的企业。实质性运营，是指企业的实际管理机构设在海南自由贸易港，并对企业生产经营、人员、账务、财产等实施实质性全面管理和控制。对不符合实质性运营的企业，不得享受优惠。

对总机构设在海南自由贸易港的符合条件的企业，仅就其设在海南自由贸易港的总机构和分支机构的所得，适用15%税率；对总机构设在海南自由贸易港以外的企业，仅就其设在海南自由贸易港内的符合条件的分支机构的所得，适用15%税率。具体征管办法按照国家税务总局有关规定执行。

（2）对在海南自由贸易港设立的旅游业、现代服务业、高新技术产业企业新增境外直接投资取得的所得，免征企业所得税。

上述新增境外直接投资所得应当符合以下条件：

❶从境外新设分支机构取得的营业利润，或从持股比例超过20%（含）的境外子公司分回的与新增境外直接投资相对应的股息所得。

❷被投资国（地区）的企业所得税法定税率不低于5%。

🔖**提示**　上述旅游业、现代服务业、高新技术产业，按照海南自由贸易港鼓励类产业目录执行。

（3）对在海南自由贸易港设立的企业，新购置（含自建、自行开发）固定资产或无形资产，单位价值不超过500万元（含）的，允许一次性计入当期成本费用在计算应纳税所得额时扣除，不再分年度计算折旧和摊销；新购置（含自建、自行开发）固定资产或无形资产，单位价值超过500万元的，可以缩短折旧、摊销年限或采取加速折旧、摊销的方法。

> **提示** 上述固定资产，是指除房屋、建筑物以外的固定资产。

# 任务二　企业所得税应纳税所得额的计算

## 任务引例4-2

我公司为一家居民企业，2022年12月将一台机器设备出租给甲公司，租期从2023年1月1日至2025年12月31日共3年，由于该设备市场需求量很大，甲公司2023年1月一次性支付3年租金360万元。请问在计算企业所得税时，我公司收取的这360万元租金收入是在2023年一次性确认，还是分摊到3年分别确认？

### 一、企业所得税计税依据确定的基本方法

应纳税额的多少，取决于应纳税所得额和适用税率两个因素。应纳税所得额的计算一般有间接计算法和直接计算法两种方法。

#### （一）间接计算法

间接计算法下，在会计利润总额的基础上加上或减去按照税法规定调整的项目金额后，即为应纳税所得额。计算公式为：

应纳税所得额=会计利润总额±纳税调整项目金额

> **提示** 纳税调整项目金额包括两方面的内容：一是企业的财务会计处理和税法规定不一致的应予以调整的金额；二是企业按税法规定准予扣除的金额。

> **知识答疑4-2** 会计利润总额是指什么，是如何计算出来的？

#### （二）直接计算法

直接计算法下，企业每一纳税年度的收入总额减除不征税收入、免税收入、各项扣除以及允许弥补的以前年度亏损后的余额为应纳税所得额。计算公式为：

应纳税所得额=收入总额-不征税收入-免税收入-各项扣除金额-弥补亏损

> **提示** 应税收入、不征税收入和免税收入均应计入收入总额。

### 二、收入总额的确定

企业的收入总额包括以货币形式和非货币形式从各种来源取得的收入。企业取得收入的货币形式包括现金、银行存款、应收账款、应收票据、准备持有至到期的债券投资以及债务的豁免等；企业以非货币形式取得的收入，包括固定资产、生物资产、无形资产、股权投资、存货、不准备持有至到期的债券投资、劳务以及有关权益等，这些非货币性资产应当按照公允价值确定收入额，公允价值是指按照市场价格确定的价值。

> **提示** 全面"营改增"后，计算企业所得税的各种收入均为不含增值税的收入。

收入的具体构成如下：

#### （一）一般收入的确认

（1）销售货物收入。它是指企业销售商品、产品、原材料、包装物、低值易耗品以及

其他存货取得的收入。

企业销售商品同时满足下列条件的，应确认收入的实现：

❶商品销售合同已经签订，企业已将商品所有权相关的主要风险和报酬转移给购货方。

❷企业对已售出的商品既没有保留通常与所有权相联系的继续管理权，也没有实施有效控制。

❸收入的金额能够可靠地计量。

❹已发生或将发生的销售方的成本能够可靠地核算。

符合上述收入确认条件，采取下列商品销售方式的，应按以下规定确认收入实现时间：

❶销售商品采用托收承付方式的，在办妥托收手续时确认收入。

❷销售商品采取预收款方式的，在发出商品时确认收入。

❸销售商品需要安装和检验的，在购买方接受商品以及安装和检验完毕时确认收入。如果安装程序比较简单，可在发出商品时确认收入。

❹销售商品采用支付手续费方式委托代销的，在收到代销清单时确认收入。

（2）提供劳务收入。它是指企业从事建筑安装、修理修配、交通运输、仓储租赁、金融保险、邮电通信、咨询经纪、文化体育、科学研究、技术服务、教育培训、餐饮住宿、中介代理、卫生保健、社区服务、旅游、娱乐、加工以及其他劳务服务活动取得的收入。

企业在各个纳税期末，提供劳务交易的结果能够可靠估计的，应采用完工进度（完工百分比）法确认提供劳务收入。

提供劳务交易的结果能够可靠估计，是指同时满足下列条件：

❶收入的金额能够可靠地计量。

❷交易的完工进度能够可靠地确定。

❸交易中已发生和将发生的成本能够可靠地核算。

企业提供劳务完工进度的确定，可选用下列方法：

❶已完工作的测量。

❷已提供劳务占劳务总量的比例。

❸发生成本占总成本的比例。

企业应按照从接受劳务方已收或应收的合同或协议价款确定劳务收入总额，根据纳税期末提供劳务收入总额乘以完工进度扣除以前纳税年度累计已确认提供劳务收入后的金额，确认当期劳务收入；同时，按照提供劳务估计总成本乘以完工进度扣除以前纳税期间累计已确认劳务成本后的金额，结转当期劳务成本。

☞【情境辨析4-4】本年年末，甲造船厂拟对一艘在建远洋客轮按照完工进度法确认其提供劳务的收入。下列测算方法中，符合企业所得税法律制度规定的有（　　）。

A.已完工作的测量　　　　　　　　B.发生成本占总成本的比例

C.已提供劳务占劳务总量的比例　　D.已建造时间占合同约定时间的比例

下列提供劳务满足收入确认条件的，应按规定确认收入：

❶安装费。安装费应根据安装完工进度确认收入。安装工作是商品销售附带条件的，

安装费在确认商品销售实现时确认收入。

❷宣传媒介的收费。宣传媒介的收费应在相关的广告或商业行为出现于公众面前时确认收入。广告的制作费，应根据制作广告的完工进度确认收入。

❸软件费。为特定客户开发软件的收费，应根据开发的完工进度确认收入。

❹服务费。包含在商品售价内可区分的服务费，在提供服务的期间分期确认收入。

❺艺术表演、招待宴会和其他特殊活动的收费。艺术表演、招待宴会和其他特殊活动的收费在相关活动发生时确认收入。收费涉及几项活动的，预收的款项应合理分配给每项活动，分别确认收入。

❻会员费。申请入会或加入会员，只允许取得会籍，所有其他服务或商品都要另行收费的，在取得该会员费时确认收入。申请入会或加入会员后，会员在会员期内不再付费就可得到各种服务或商品，或者以低于非会员的价格销售商品或提供服务的，该会员费应在整个受益期内分期确认收入。

❼特许权费。属于提供设备和其他有形资产的特许权费，在交付资产或转移资产所有权时确认收入；属于提供初始及后续服务的特许权费，在提供服务时确认收入。

❽劳务费。长期为客户提供重复的劳务收取的劳务费，在相关劳务活动发生时确认收入。

（3）转让财产收入。它是指企业转让固定资产、生物资产、无形资产、股权、债权等财产取得的收入。转让财产收入应当按照从财产受让方已收或应收的合同或协议价款确认收入。

（4）股息、红利等权益性投资收益。它是指企业因权益性投资从被投资方取得的收入。股息、红利等权益性投资收益，除国务院财政、税务主管部门另有规定外，按照被投资方作出利润分配决定的日期确认收入的实现。

（5）利息收入。它是指企业将资金提供给他人使用但不构成权益性投资，或者因他人占用本企业资金取得的收入，包括存款利息、贷款利息、债券利息、欠款利息等收入。利息收入应按照合同约定的债务人应付利息的日期确认收入的实现。

（6）租金收入。它是指企业提供固定资产、包装物或者其他有形资产的使用权取得的收入。租金收入应按照合同约定的承租人应付租金的日期确认收入的实现。

**任务引例4-2解析**

根据《国家税务总局关于贯彻落实企业所得税法若干税收问题的通知》（国税函〔2010〕79号）的规定，企业提供固定资产、包装物或者其他有形资产的使用权取得的租金收入，应按交易合同或协议规定的承租人应付租金的日期确认收入的实现。其中，如果交易合同或协议中规定租赁期限跨年度，且租金提前一次性支付的，根据《企业所得税法实施条例》第九条规定的收入与费用配比原则，出租人可对上述已确认的收入，在租赁期内，分期均匀计入相关年度收入。

因此，你公司应每年确认120万元（360÷3）的租金收入，实际上应当每月确认10万元（120÷12）的租金收入。

（7）特许权使用费收入。它是指企业提供专利权、非专利技术、商标权、著作权以及其他特许使用权取得的收入。特许权使用费收入应按照合同约定的特许权使用人应付特许权使用费的日期确认收入的实现。

（8）接受捐赠收入。它是指企业接受的来自其他企业、组织或者个人无偿给予的货币性资产、非货币性资产。接受捐赠收入按照实际收到捐赠资产的日期确认收入的实现。

🌱**总结** ❶股息、红利等权益性投资收益，按照被投资方作出利润分配决定的日期确认收入的实现；❷利息收入、租金收入和特许权使用费收入均以合同约定的日期确认收入的实现；❸接受捐赠收入以实际收到捐赠资产的日期确认收入的实现。

（9）其他收入。它是指企业取得的除以上收入外的其他收入，包括企业资产溢余收入、逾期未退包装物押金收入、确实无法偿付的应付款项、已经作坏账损失处理后又收回的应收款项、债务重组收入、补贴收入、违约金收入、汇兑收益等。

🌱**点睛**　企业取得财产（包括各类资产、股权、债权等）转让收入、债务重组收入、接受捐赠收入、无法偿付的应付款收入等，不论是以货币形式，还是以非货币形式体现，除另有规定外，均应一次性计入确认收入的年度计算缴纳企业所得税。

☞**【情境辨析4-5】**下列关于企业所得税收入确认时间的表述中，正确的有（　　　）。

A.股息、红利等权益性投资收益，按照投资方收到分配金额的日期确认收入的实现

B.利息收入，按照合同约定的债务人应付利息的日期确认收入的实现

C.租金收入，在实际收到租金收入时确认收入的实现

D.接受捐赠收入，在实际收到捐赠资产时确认收入的实现

**（二）特殊收入的确认**

（1）采取分期收款方式销售货物，按照合同约定的收款日期确认收入的实现。

（2）采用售后回购方式销售商品，销售的商品按售价确认收入，回购的商品作为购进商品处理。有证据表明不符合销售收入确认条件的，如以销售商品方式进行融资，收到的款项应确认为负债。回购价格大于原售价的，差额应在回购期间确认为利息费用。

（3）采取以旧换新方式销售商品，应当按照销售商品收入的确认条件确认收入，回收的商品作为购进商品处理。

（4）采取商业折扣（折扣销售）条件销售商品，企业为促进商品销售而在商品价格上给予的价格扣除属于商业折扣，商品销售涉及商业折扣的，应当按照扣除商业折扣后的金额确定销售商品收入金额。

（5）采取现金折扣（销售折扣）条件销售商品，债权人为鼓励债务人在规定的期限内付款而向债务人提供的债务扣除属于现金折扣，销售商品涉及现金折扣的，应当按扣除现金折扣前的金额确定销售商品收入金额，现金折扣在实际发生时作为财务费用扣除。

（6）采取折让方式销售商品：企业因售出商品的质量不合格等原因而在售价上给予的减让属于销售折让；企业因售出商品质量、品种不符合要求等原因而发生的退货属于销售退回。企业已经确认销售收入的售出商品发生销售折让和销售退回，应当在发生当期冲减当期销售商品收入。

（7）采取买一赠一等方式组合销售本企业商品的，不属于捐赠，应将总的销售金额按各项商品的公允价值的比例来分摊确认各项的销售收入。

（8）企业受托加工制造大型机械设备、船舶、飞机等，以及从事建筑、安装、装配业务或者提供劳务等，持续时间超过12个月的：按照纳税年度内完工进度或者完成的工作量确认收入的实现。

（9）采取产品分成方式取得收入的，以企业分得产品的时间确认收入的实现，其收入额按照产品的公允价值确定。

（10）企业发生非货币性资产交换，以及将货物、财产、劳务用于捐赠、偿债、赞助、集资、广告、样品、职工福利和进行利润分配等用途，应当视同销售货物、转让财产和提供劳务，但国务院财政、税务主管部门另有规定的除外。

☞【情境辨析4-6】下列各项中，符合所得税确认收入原则的有（　　　）。

A. 商品销售涉及商业折扣的，应当按照扣除商业折扣后的金额确定销售商品收入金额

B. 销售商品采取预收款方式的，在发出商品时确认收入

C. 采取以旧换新方式销售商品，应当按照新商品的价格减去回收商品的价格确认收入

D. 采取分期收款方式销售货物的，按照合同约定的收款日期确认收入的实现

### （三）处置资产收入的确认

根据《国家税务总局关于企业处置资产所得税处理问题的通知》（国税函〔2008〕828号）等文件，对处置资产收入的确认规定如下：

（1）企业发生下列情形的处置资产，除将资产转移至境外以外，由于资产所有权属在形式和实质上均不发生改变，可作为内部处置资产，不视同销售确认收入，相关资产的计税基础延续计算：

❶将资产用于生产、制造、加工另一产品。

❷改变资产形状、结构或性能。

❸改变资产用途（如自建商品房转为自用或经营）。

❹将资产在总机构及其分支机构之间转移。

❺上述两种或两种以上情形的混合。

❻其他不改变资产所有权属的用途。

（2）企业将资产移送他人的下列情形，因资产所有权属已发生改变而不属于内部处置资产，应按规定视同销售确认收入：

❶用于市场推广或销售。

❷用于交际应酬。

❸用于职工奖励或福利。

❹用于股息分配。

❺用于对外捐赠。

❻其他改变资产所有权属的用途。

（3）企业发生第（2）条规定情形的，除另有规定外，应按照被移送资产的公允价值确认销售收入。

知识答疑4-3　对于视同销售问题，会计、增值税及企业所得税的处理上有什么不同？

实务答疑4-4　我公司将自产的产品用于对外捐赠，请问在会计上是否确认收入？在税法上计算企业所得税时是否作视同销售处理？

### 三、不征税收入和免税收入的确定

国家为了扶持和鼓励某些特殊的纳税人和特定的项目，或者避免因征税影响企业的正常经营，对企业取得的某些收入予以不征税或免税，以减轻企业的负担，促进经济的协调发展。

#### （一）不征税收入

收入总额中的下列收入为不征税收入：

（1）财政拨款，是指各级人民政府对纳入预算管理的事业单位、社会团体等组织拨付的财政资金，但国务院和国务院财政、税务主管部门另有规定的除外。

（2）依法收取并纳入财政管理的行政事业性收费、政府性基金。行政事业性收费，是指依照法律、行政法规等有关规定，按照国务院规定程序批准，在实施社会公共管理，以及在向公民、法人或者其他组织提供特定公共服务过程中，向特定对象收取并纳入财政管理的费用。政府性基金，是指企业依照法律、行政法规等有关规定，代政府收取的具有专项用途的财政资金。

（3）国务院规定的其他不征税收入，是指企业取得的，由国务院财政、税务主管部门规定专项用途并经国务院批准的财政性资金。

财政性资金，是指企业取得的来源于政府及其有关部门的财政补助、补贴、贷款贴息，以及其他各类财政专项资金，包括直接减免的增值税和即征即退、先征后退、先征后返的各种税收，但不包括企业按规定取得的出口退税款。

> 提示　县级以上人民政府将国有资产无偿划入企业，凡指定专门用途并按规定进行管理的，企业可作为不征税收入进行企业所得税处理。其中，该项资产属于非货币性资产的，应按政府确定的接收价值计算不征税收入。
>
> 2018年9月20日起，对全国社会保障基金理事会及基本养老保险基金投资管理机构在国务院批准的投资范围内，运用养老基金投资取得的归属于养老基金的投资收入，作为企业所得税不征税收入。
>
> 2018年9月10日起，对全国社会保障基金取得的直接股权投资收益、股权投资基金收益，作为企业所得税不征税收入。

> 提示　❶企业的不征税收入用于支出所形成的费用，不得在计算应纳税所得额时扣除；❷企业的不征税收入用于支出所形成的资产，其计算的折旧、摊销不得在计算应纳税所得额时扣除。

#### （二）免税收入

企业的下列收入为免税收入：

（1）国债利息收入。

（2）符合条件的居民企业之间的股息、红利等权益性投资收益（该收益是指居民企业直接投资于其他居民企业取得的投资收益，且该收益不包括连续持有居民企业公开发行并上市流通的股票不足12个月取得的投资收益）。

（3）在中国境内设立机构、场所的非居民企业从居民企业取得与该机构、场所有实际联系的股息、红利等权益性投资收益（该收益不包括连续持有居民企业公开发行并上市流通的股票不足12个月取得的投资收益）。

（4）符合条件的非营利组织的收入。

（5）非营利组织其他免税收入。具体包括：❶接受其他单位或者个人捐赠的收入；❷除《企业所得税法》第七条规定的财政拨款以外的其他政府补助收入，但不包括因政府购买服务取得的收入；❸按照省级以上民政、财政部门规定收取的会费；❹不征税收入和免税收入孳生的银行存款利息收入；❺财政部、国家税务总局规定的其他收入。

**总结**　不征税收入与免税收入的区别与联系见表4-1。

表 4-1　　　　　　　　　　不征税收入与免税收入的区别与联系

| 项目 | 不征税收入 | 免税收入 |
|------|-----------|---------|
| 联系 | 均属于企业所得税所称的"收入总额"，在计算企业所得税应纳税所得额时应扣除 | |
| 区别 | （1）不征税收入是指不应列入征税范围的收入<br>（2）不征税收入对应的费用、折旧、摊销一般不得在计算应纳税所得额时扣除 | （1）免税收入是应列入征税范围的收入，只是国家出于特殊考虑给予税收优惠，但在一定时期有可能恢复征税<br>（2）免税收入对应的费用、折旧、摊销一般可以在计算应纳税所得额时扣除 |

☞**【情境辨析4-7】**根据企业所得税法律制度的规定，下列收入中，属于免税收入的有（　　　）。

A.企业购买国债取得的利息收入

B.居民企业直接投资于其他居民企业，连续持有居民企业公开发行并上市流通的股票16个月取得的投资收益

C.财政拨款收入

D.在中国境内设立机构的非居民企业连续持有上市公司股票不足12个月取得的投资收益

### 四、准予扣除项目的确定

#### （一）税前扣除项目的确定原则

企业申报的扣除项目和金额要真实、合法。所谓真实是指能提供有关支出确属已经实际发生的证明；合法是指符合国家税法的规定，若其他法规规定与税收法规规定不一致，应以税收法规的规定为准。除税收法规另有规定外，税前扣除一般应遵循以下原则：

（1）权责发生制原则，是指企业费用应在发生的所属期扣除，而不是在实际支付时确认扣除。

（2）配比原则，是指企业发生的费用应当与收入配比扣除。除特殊规定外，企业发生的费用不得提前或滞后申报扣除。

（3）相关性原则，即企业可扣除的费用从性质和根源上必须与所取得的应税收入直接相关。

（4）确定性原则，即企业可扣除的费用不论何时支付，其金额必须是确定的。

（5）合理性原则，即企业可扣除的费用符合生产经营活动常规，应当计入当期损益或者有关资产成本的必要和正常的支出。

### （二）准予扣除项目的基本范围

（1）税前扣除项目包括成本、费用、税金、损失和其他支出。

❶成本，是指企业在生产经营活动中发生的销售成本、销货成本、业务支出以及其他耗费。

❷费用，是指企业在生产经营活动中发生的销售费用、管理费用和财务费用，已经计入成本的有关费用除外。

❸税金，是指企业发生的除企业所得税和允许抵扣的增值税以外的各项税金及其附加。

🔖**链接**　根据《财政部关于印发〈增值税会计处理规定〉的通知》（财会〔2016〕22号）的规定，全面"营改增"后，"营业税金及附加"科目名称调整为"税金及附加"科目。该科目核算企业经营活动发生的消费税、城市维护建设税、资源税、教育费附加及房产税、土地使用税（城镇土地使用税的简称）、车船税、印花税等相关税费；利润表中的"营业税金及附加"项目调整为"税金及附加"项目。

**知识答疑4-4**　允许企业所得税税前扣除的税金及附加有哪些？扣除的形式有哪两种？

❹损失，是指企业在生产经营活动中发生的固定资产和存货的盘亏、毁损、报废损失，转让财产损失，呆账损失，坏账损失，自然灾害等不可抗力因素造成的损失以及其他损失。企业发生的损失，减除责任人赔偿和保险赔款后的余额，依照国务院财政、税务主管部门的规定扣除。企业已经作为损失处理的资产，在以后纳税年度又全部收回或者部分收回时，应当计入当期收入。

🔖**链接**　并非所有的损失都可以税前扣除。准予税前扣除的损失不包括各种行政性罚款、被没收财物的损失以及刑事责任附加刑中的罚金、没收财产等。

❺其他支出，是指除成本、费用、税金、损失外，企业在生产经营活动中发生的与生产经营活动有关的、合理的支出。

**实务答疑4-5**　我公司老总出国考察期间取得国外的票据，在企业所得税税前可否扣除？

（2）在计算应纳税所得额时，下列项目可按照实际发生额或者规定的标准扣除：

❶工资薪金支出。它是指企业每一纳税年度支付给在本企业任职或者受雇的员工的所有现金形式或者非现金形式的劳动报酬，包括基本工资、奖金、津贴、补贴、年终加薪、加班工资，以及与员工任职或者受雇有关的其他支出。企业发生的合理的工资薪金支出，准予扣除。

**知识答疑4-5**　什么叫合理的工资薪金支出？

**实务答疑4-6** 我公司对本公司2022年12月的员工工资，在2022年12月进行了计提，但到2023年1月才进行发放，请问我公司在计算2022年应纳税所得额时，是否可以扣除2022年12月计提的工资？

❷职工福利费、工会经费、职工教育经费。

a.企业发生的职工福利费支出，不超过工资薪金总额14%的部分准予扣除。

b.企业拨缴的工会经费，不超过工资薪金总额2%的部分准予扣除。

c.除国务院财政、税务主管部门另有规定外，企业发生的职工教育经费支出，不超过工资薪金总额8%的部分准予扣除，超过部分准予在以后纳税年度结转扣除。

d.集成电路设计企业和符合条件软件企业的职工培训费用，应单独进行核算并按实际发生额在计算应纳税所得额时扣除。集成电路设计企业和符合条件的软件企业应准确划分职工教育经费中的职工培训费支出，对于不能准确划分的，以及准确划分后职工教育经费中扣除职工培训费用的余额，一律按照工资、薪金总额8%的比例扣除。

**总结** "职工福利费、工会经费、职工教育经费"这三项经费中只有"职工教育经费"可以结转以后纳税年度税前扣除。

**知识答疑4-6** 职工教育经费列支范围包括哪些内容？

**任务实例4-2** 甲企业为一家居民企业，其经营范围为手机的生产销售，本年计入成本、费用中的企业生产经营部门员工的合理的实发工资薪金为540万元，当年实际发生工会经费15万元、职工福利费70万元、职工教育经费16万元。

【任务要求】计算甲企业上述项目应调整的应纳税所得额。

【任务实施】工会经费的扣除限额=540×2%=10.8（万元）<实际发生额15万元，只能按照扣除限额10.8万元在税前扣除，应调增应纳税所得额=15-10.8=4.2（万元）。

职工福利费的扣除限额=540×14%=75.6（万元）>实际发生额70万元，可以按照实际发生额70万元全额在税前扣除，不需要调整应纳税所得额。

职工教育经费的扣除限额=540×8%=43.2（万元）>实际发生额16万元，可以按照实际发生额16万元全额在税前扣除，不需要调整应纳税所得额。

**任务实例4-3** 甲企业为一家居民企业，属于软件生产企业，本年实际发生合理的工资薪金支出500万元、职工福利费支出90万元、职工教育经费支出60万元（含职工培训费用15万元）。

【任务要求】计算甲企业上述项目应调整的应纳税所得额。

【任务实施】职工福利费扣除限额=500×14%=70（万元）<实际发生额90万元，只能按照扣除限额70万元在税前扣除，应调增应纳税所得额=90-70=20（万元）。

由于甲企业为软件企业，因此职工培训费用15万元可以据实全额扣除，扣除职工培训费后的职工教育经费=60-15=45（万元）>扣除职工培训费后的职工教育经费扣除限额=500×8%=40（万元），只能按照扣除限额40万元在税前扣除，应调增应纳税所得额=45-40=5（万元）。

❸社会保险费。

a.企业依照国务院有关主管部门或者省级人民政府规定的范围和标准为职工缴纳的"五险一金"，即基本养老保险费、基本医疗保险费、失业保险费、工伤保险费、生育保险费等基本社会保险费和住房公积金，准予扣除。

b.企业为投资者或者职工支付的补充养老保险费、补充医疗保险费，在国务院财政、税务主管部门规定的范围和标准内，准予扣除。

🔖**提示**　企业根据国家有关政策规定，为在本企业任职或者受雇的全体员工支付的补充养老保险费、补充医疗保险费，分别在不超过职工工资总额5%标准内的部分，在计算应纳税所得额时准予扣除；超过的部分，不予扣除。

🔖**链接**　（1）企业参加财产保险，按照规定缴纳的保险费，准予扣除。（2）除企业依照国家有关规定为特殊工种职工支付的人身安全保险费和国务院财政、税务主管部门规定可以扣除的其他商业保险费外，企业为投资者或者职工支付的商业保险费，不得扣除。（3）企业职工因公出差乘坐交通工具发生的人身意外保险费支出，准予企业在计算应纳税所得额时扣除。（4）企业参加雇主责任险、公众责任险等责任保险，按照规定缴纳的保险费，准予在企业所得税税前扣除。该项规定适用于2018年度及以后年度企业所得税汇算清缴。

**知识答疑4-7**　企业为在本企业任职或者受雇的全体员工支付的补充养老保险费、补充医疗保险费，在国务院财政、税务主管部门规定的范围和标准内，准予扣除。这个标准是多少？

❹利息费用。

企业在生产、经营活动中发生的利息费用，按下列规定扣除：

a.非金融企业向金融企业借款的利息支出、金融企业的各项存款利息支出和同业拆借利息支出、企业经批准发行债券的利息支出可据实扣除。

b.非金融企业向非金融企业借款的利息支出，不超过按照金融企业同期同类贷款利率计算的数额的部分可据实扣除，超过部分不许扣除。

🔖**链接**　企业从其关联方接受的债权性投资与权益性投资的比例超过财政部、国家税务总局的规定标准而发生的利息支出，不能在计算应纳税所得额时扣除。财政部、国家税务总局的规定标准如下：企业实际支付给关联方的利息支出，除另有规定外，其接受关联方债权性投资与其权益性投资的比例为：金融企业5∶1；其他企业2∶1。

**实务答疑4-7**　我公司为新设立的一家企业，由于某投资者投资未到位，导致公司从银行借入生产经营所需的必要资金，请问因投资者投资未到位而发生的利息支出，是否可以在计算企业所得税应纳税所得额时扣除？

**任务实例4-4**　甲公司为一家居民企业，本年度"财务费用"账户中含有以下两笔利息支出：1月初以年利率6%向某银行借入的期限为10个月的生产周转用资金500万元的借款利息；1月初向无关联的非金融企业借入的与第一笔借款同期的生产周转用资金100万元的借款利息8万元。

【任务要求】计算甲公司本年度可在计算应纳税所得额时扣除的利息费用。

【任务实施】可扣除的金融机构利息=500×6%÷12×10=25（万元）

向非金融企业借入款项可扣除的利息费用限额=100×6%÷12×10=5（万元）＜实际发生

额8万元，只能按照扣除限额5万元在税前扣除。

可税前扣除的利息费用合计=25+5=30（万元）

❺借款费用。

a.企业在生产经营活动中发生的合理的不需要资本化的借款费用，准予扣除。

b.企业为购置、建造固定资产、无形资产和经过12个月以上的建造才能达到预定可销售状态的存货发生借款的，在有关资产购置、建造期间发生的合理的借款费用，应予以资本化，作为资本性支出计入有关资产的成本；有关资产交付使用后发生的借款利息，可在发生当期扣除。

📌**提示** 准予扣除的借款费用和借款利息不包括需要资本化的借款费用和借款利息。

❻汇兑损失。

企业在货币交易中以及纳税年度终了时将人民币以外的货币性资产、负债按照期末即期人民币汇率中间价折算为人民币时产生的汇兑损失，除已经计入有关资产成本以及向所有者进行利润分配外，准予扣除。

**知识答疑4-8** 如何理解"借款费用的资本化"？

❼业务招待费。

企业发生的与生产经营活动有关的业务招待费支出，按照发生额的60%扣除，但最高不得超过当年销售（营业）收入的5‰。

作为业务招待费限额的计算基数的收入范围，是当年销售（营业）收入。销售（营业）收入包括销售货物收入、让渡资产使用权（收取资产租金或使用费）收入、提供劳务收入等主营业务收入，还包括其他业务收入、视同销售收入等，但是不含营业外收入、转让固定资产或无形资产所有权收入、投资收益（从事股权投资业务的企业除外）。

📌**提示** 对从事股权投资业务的企业（包括集团公司总部、创业投资企业等），其从被投资企业所分配的股息、红利以及股权转让收入，可以按规定的比例计算业务招待费扣除限额。

📌**点睛** 企业在筹建期间，发生的与筹办活动有关的业务招待费支出，可按实际发生额的60%计入企业筹办费，并按有关规定在税前扣除。

**实务答疑4-8** 我公司本年处于筹建期间，尚未有营业收入，请问本年我公司发生与筹办活动有关的业务招待费是否可以据实在税前全部扣除？

**任务实例4-5** 甲企业为一家居民企业，本年实现产品销售收入2 000万元、让渡专利使用权收入300万元、原材料销售收入50万元、出租包装物收入50万元、视同销售货物收入400万元、转让商标所有权收入150万元、接受捐赠收入20万元、债券利息收入10万元，发生业务招待费60万元。

【任务要求】计算甲企业本年度可在企业所得税税前扣除的业务招待费金额。

【任务实施】转让商标所有权收入、接受捐赠收入、债券利息收入，均不属于主营业务收入、其他业务收入、视同销售收入范畴，不能作为计算业务招待费扣除限额的基数。

业务招待费扣除限额的计算基数=2 000+300+50+50+400=2 800（万元）

第一限额标准：业务招待费发生额的60%=60×60%=36（万元）

第二限额标准：销售（营业）收入的5‰=2 800×5‰=14（万元）

由于14万元<36万元，因此甲企业本年度可在企业所得税税前扣除的业务招待费金额为14万元。

❽广告费和业务宣传费。

企业发生的符合条件的广告费和业务宣传费支出，除国务院财政、税务主管部门另有规定外，不超过当年销售（营业）收入15%的部分，准予扣除；超过部分，准予结转以后纳税年度扣除。

2016年1月1日起至2025年12月31日，对化妆品制造或销售、医药制造和饮料制造（不含酒类制造）企业发生的广告费和业务宣传费支出，不超过当年销售（营业）收入30%的部分，准予扣除；超过部分，准予在以后纳税年度结转扣除。对签订广告费和业务宣传费分摊协议（以下简称分摊协议）的关联企业，其中一方发生的不超过当年销售（营业）收入税前扣除限额比例内的广告费和业务宣传费支出可以在本企业扣除，也可以将其中的部分或全部按照分摊协议归集至另一方扣除。另一方在计算本企业广告费和业务宣传费支出企业所得税税前扣除限额时，可将按照上述办法归集至本企业的广告费和业务宣传费不计算在内。

🔖**提示** 烟草企业的烟草广告费和业务宣传费支出，一律不得在计算应纳税所得额时扣除。

🔖**点睛** 企业在筹建期间发生的广告费和业务宣传费，可按实际发生额计入企业筹办费，并按有关规定在税前扣除。

**实务答疑4-9** 我公司与甲公司为关联企业，双方签订有广告费和业务宣传费分摊协议，甲公司当期实际发生广告费和业务宣传费500万元，未超过甲公司广告费和业务宣传费的扣除限额，按照分摊协议将其中200万元的广告费和业务宣传费分摊给我公司进行扣除，请问我公司分摊来的200万元的广告费和业务宣传费如何在企业所得税税前扣除？

**任务实例4-6** 甲企业为一家居民企业，本年实现产品销售收入1 500万元、原材料销售收入100万元、出租房屋收入200万元、接受捐赠收入50万元、转让无形资产所有权收入10万元。该企业当年实际发生广告费200万元、业务宣传费80万元。

【任务要求】计算甲企业本年可在企业所得税税前扣除的广告费、业务宣传费。

【任务实施】接受捐赠收入和转让无形资产所有权收入，均不属于主营业务收入、其他业务收入、视同销售收入范畴，不能作为计算广告费、业务宣传费扣除限额的基数。

广告费、业务宣传费扣除限额的计算基数=1 500+100+200=1 800（万元）

当年销售收入的15%=1 800×15%=270（万元）<广告费、业务宣传费的实际发生额=200+80=280（万元），则甲企业本年可在企业所得税税前扣除的广告费、业务宣传费金额为270万元。

❾环境保护专项资金。

企业依照法律、行政法规有关规定提取的用于环境保护、生态恢复等方面的专项资金，准予扣除。专项资金提取后改变用途的，不得扣除。

❿租赁费。

企业根据生产经营活动的需要租入固定资产支付的租赁费，按照下列方法扣除：

a.以经营租赁方式租入固定资产发生的租赁费支出，按照租赁期限均匀扣除。

**提示**　经营租赁，是指所有权不转移的租赁。

**链接**　如果交易合同或协议中规定租赁期限跨年度且租金提前一次性支付的，出租人可对上述已确认的收入，在租赁期内，分期均匀计入相关年度收入。

b.以融资租赁方式租入固定资产发生的租赁费支出，按照规定构成融资租入固定资产价值的部分应当提取折旧费，分期扣除。

**提示**　融资租赁，是指实质上转移了与资产所有权有关的全部风险和报酬的租赁。

⓫劳动保护支出。

企业发生的合理的劳动保护支出，准予扣除。

⓬公益性捐赠支出。

公益性捐赠，是指企业通过公益性社会组织或者县级以上人民政府及其部门，用于符合法律规定的慈善活动、公益事业的捐赠。企业当年发生以及以前年度结转的公益性捐赠支出，不超过年度利润总额12%的部分，准予扣除；超过年度利润总额12%的部分，准予结转以后3年内在计算应纳税所得额时扣除。

**点睛**　具体来说，企业当年发生及以前年度结转的公益性捐赠支出，准予在当年税前扣除的部分，不能超过企业当年年度利润总额的12%；企业发生的公益性捐赠支出未在当年税前扣除的部分，准予向以后年度结转扣除，但结转年限自捐赠发生年度的次年起计算最长不得超过3年；企业在对公益性捐赠支出计算扣除时，应先扣除以前年度结转的捐赠支出，再扣除当年发生的捐赠支出。

**点睛**　公益性社会组织，应当依法取得公益性捐赠税前扣除资格。年度利润总额，是指企业依照国家统一会计制度的规定计算的年度会计利润。

**提示**　纳税人"直接"向受赠人的捐赠属于非公益性捐赠，不得在企业所得税税前扣除。

自2021年1月1日起，企业或个人通过公益性群众团体用于符合法律规定的公益慈善事业捐赠支出，准予按税法规定在计算应纳税所得额时扣除。公益性群众团体，包括依照《社会团体登记管理条例》规定不需进行社团登记的人民团体以及经国务院批准免予登记的社会团体，且按规定条件和程序已经取得公益性捐赠税前扣除资格。

自2019年1月1日至2025年12月31日，企业通过公益性社会组织或者县级（含县级）以上人民政府及其组成部门，用于目标脱贫地区的扶贫捐赠支出，准予在计算企业所得税应纳税所得额时据实扣除。在政策执行期限内，目标脱贫地区实现脱贫的，可继续适用上述政策。企业同时发生扶贫捐赠支出和其他公益性捐赠支出，在计算公益性捐赠支出年度扣除限额时，符合条件的扶贫捐赠支出不计算在内。

☞**【情境辨析4-8】**下列企业所得税税前扣除的项目超支部分准予结转以后纳税年度扣除的有（　　　）。

A.职工福利费　　　　　　　　　　B.职工教育经费

C.广告费和业务宣传费　　　　　　D.公益性捐赠支出

> **任务实例4-7**　甲企业为一家居民企业，本年按照规定计算出的利润总额为500万元，当年通过省级人民政府机关对受灾地区捐赠50万元，直接到受灾现场给受灾灾民发放慰问金15万元。

【任务要求】计算甲企业本年捐赠应调整的应纳税所得额。

【任务实施】可在企业所得税税前扣除的公益性捐赠支出限额=500×12%=60（万元）>通过省级人民政府机关对受灾地区的捐赠50万元，可以按照实际发生额50万元全额在税前扣除，不需要调整应纳税所得额。直接给受赠人捐赠的15万元在企业所得税税前不得扣除。因此当年捐赠应调增应纳税所得额15万元。

⓭有关资产的费用。

企业转让各类固定资产发生的费用，允许扣除。企业按规定计算的固定资产折旧费、无形资产和递延资产的摊销费，准予扣除。

⓮总机构分摊的费用。

非居民企业在中国境内设立的机构、场所，就其中国境外总机构发生的与该机构、场所生产经营有关的费用，能够提供总机构出具的费用汇集范围、定额、分配依据和方法等证明文件，并合理分摊的，准予扣除。

⓯资产损失。

企业当期发生的固定资产和流动资产盘亏、毁损净损失，由其提供清查盘存资料，经主管税务机关审核后，准予扣除；企业因存货盘亏、毁损、报废等原因不得从销项税额中抵扣的进项税额，应视同企业财产损失，准予与存货损失一起在税前按规定扣除。

> **点睛**　对于存货损失，其进项税额是否可以作为损失额税前扣除，要区分以下两种情况：（1）存货因管理不善损失，对应的进项税额不得抵扣，但可以在企业所得税税前扣除，损失额=存货成本+不得抵扣的进项税额-责任人赔偿和保险赔款；（2）存货因不可抗力损失，对应的进项税额仍然可以抵扣，损失额=存货成本-责任人赔偿和保险赔款。

> **提示**　资产损失取消了审批制度，取而代之的是"申报扣除"制度。企业发生的资产损失，应按规定的程序和要求向主管税务机关申报后方能在税前扣除。未经申报的损失，不得在税前扣除。

> **任务实例4-8**　甲企业是一家居民企业，为增值税一般纳税人，本年7月因管理不善毁损一批上月购入的原材料油漆，账面成本为11 000元（含运费1 000元）。甲企业在原材料油漆的购入当期分别取得税率为13%的原材料增值税专用发票和税率为9%的运费增值税专用发票，且均已经抵扣进项税额。保险公司审理后同意赔付7 000元，甲企业的损失已向税务机关进行了专项申报。

【任务要求】计算甲企业可在企业所得税税前扣除的损失金额。

【任务实施】不得抵扣的进项税额=（11 000-1 000）×13%+1 000×9%=1 300+90=1 390（元）

可在企业所得税税前扣除的损失金额=11 000+1 390-7 000=5 390（元）

⓰手续费及佣金支出。

a.企业发生的与生产经营有关的手续费及佣金支出，不超过以下规定计算限额以内的部分，准予扣除；超过部分，不得扣除：

保险企业：自2019年1月1日起，保险企业发生与其经营活动有关的手续费及佣金支出，不超过当年全部保费收入扣除退保金等后余额的18%（含本数）的部分，在计算应纳税所得额时准予扣除；超过部分，允许结转以后年度扣除。

其他企业：按其与具有合法经营资格中介服务机构或个人（不含交易双方及其雇员、代理人和代表人等）所签订服务协议或合同确认的收入金额的5%计算限额。

b.企业应与具有合法经营资格中介服务机构或个人签订代办协议或合同，并按国家有关规定支付手续费及佣金。除委托个人代理外，企业以现金等非转账方式支付的手续费及佣金不得在税前扣除。企业为发行权益性证券支付给有关证券承销机构的手续费及佣金不得在税前扣除。

c.企业不得将手续费及佣金支出计入回扣、业务提成、返利、进场费等费用。

d.企业已计入固定资产、无形资产等相关资产的手续费及佣金支出，应当通过折旧、摊销等方式分期扣除，不得在发生当期直接扣除。

e.企业支付的手续费及佣金不得直接冲减服务协议或合同金额，并如实入账。

f.企业应当如实向当地主管税务机关提供当年手续费及佣金计算分配表和其他相关资料，并依法取得合法真实凭证。

⑰党组织工作经费。

a.国有企业（包括国有独资、全资和国有资本绝对控股、相对控股企业）纳入管理费用的党组织工作经费，实际支出不超过职工年度工资薪金总额1%的部分，可以据实在企业所得税税前扣除。

b.非公有制企业党组织工作经费纳入企业管理费列支，不超过职工年度工资薪金总额1%的部分，可以据实在企业所得税税前扣除。

⑱其他项目。

依照有关法律、行政法规和国家有关税法规定准予扣除的其他项目，如会员费、合理的会议费、差旅费、违约金、诉讼费用等。

**◆总结**　允许在以后纳税年度结转扣除的费用有：（1）职工教育经费；（2）广告费和业务宣传费支出；（3）公益性捐赠支出（最长3年）；（4）保险企业：发生与其经营活动有关的手续费及佣金支出。

### 五、不得扣除项目的确定

在计算应纳税所得额时，下列支出不得扣除：

（1）向投资者支付的股息、红利等权益性投资收益款项。

（2）企业所得税税款。

（3）税收滞纳金，是指纳税人违反税收法规，被税务机关处以的滞纳金。

（4）罚金、罚款和被没收财物的损失，是指纳税人违反国家有关法律、法规规定，被有关部门处以的罚款，以及被司法机关处以的罚金和被没收财物的损失。

**知识答疑4-9**　违反经济合同而支付的违约金，可否在企业所得税前扣除？

（5）超过规定标准的捐赠支出。

（6）赞助支出，是指企业发生的与生产经营活动无关的各种非广告性质支出。

（7）未经核定的准备金支出，是指不符合国务院财政、税务主管部门规定的各项资产减值准备、风险准备等准备金支出。

（8）企业之间支付的管理费、企业内营业机构之间支付的租金和特许权使用费，以及非银行企业内营业机构之间支付的利息。

（9）与取得收入无关的其他支出。

> **提示**　企业以其取得的不征税收入用于支出所形成的费用或资产（包括对资产计提的折旧、摊销）不得在税前扣除，但企业取得的各项免税收入所对应的各项成本费用，除另有规定外，可以在计算企业所得税应纳税所得额时扣除。

☞**【情境辨析4-9】**下列各项支出中，按照企业所得税相关规定可在税前扣除的是（　　）。

A.税收滞纳金
B.非广告性赞助支出
C.企业所得税税款
D.未超过规定标准的捐赠支出

### 六、亏损弥补

亏损是指企业依照企业所得税法的规定，将每一纳税年度的收入总额减除不征税收入、免税收入和各项扣除后小于零的数额。税法规定，企业某一纳税年度发生的亏损可以用下一年度的所得弥补，下一年度的所得不足以弥补的，可以逐年延续弥补，但最长不得超过5年。企业在汇总计算缴纳所得税时，其境外营业机构的亏损不得抵减境内营业机构的盈利。

> **提示**　这里的"5年"内不论是盈利还是亏损，都作为实际弥补期限计算；先亏先补，后亏后补。也就是说，亏损弥补期限是自亏损年度报告的下一年度起连续5年不间断地计算。

> **点睛**　自2018年1月1日起，当年具备高新技术企业或科技型中小企业资格（以下统称资格）的企业，其具备资格年度之前5个年度发生的尚未弥补完的亏损，准予结转以后年度弥补，最长结转年限由5年延长至10年。

**任务实例4-9**　甲企业[①]为一家居民企业，一直执行5年亏损弥补规定，且20×2年首次出现亏损。经税务机关审定的甲企业7年（20×2—20×8年）的应纳税所得额（未弥补亏损）情况见表4-2。

表4-2　　　　经税务机关审定的甲企业7年的应纳税所得额（未弥补亏损）情况　　　　单位：万元

| 年度 | 20×2 | 20×3 | 20×4 | 20×5 | 20×6 | 20×7 | 20×8 |
|---|---|---|---|---|---|---|---|
| 应纳税所得额情况 | -150 | -20 | 20 | 70 | -40 | 10 | 95 |

**【任务要求】**计算甲企业7年间应缴纳的企业所得税税额。

**【任务实施】**对于20×2年度的亏损，要用20×3年度至20×7年度的所得弥补，尽管其间20×3年度、20×6年度亏损，也要占用5年抵亏期的抵扣年度，且先亏先补。20×2年度的亏损150万元，20×4年度弥补20万元，20×5年度弥补70万元，20×7年度弥补10万元，剩余的50万元未弥补的亏损不能用20×8年度所得弥补。20×3年度的亏损，要用20×4年度至20×8年度的所得弥补，因20×4年度、20×5年度、20×7年度所得用于弥补20×2年度的亏损，所以20×3年度的亏损20万元，用20×8年度的所得弥补。20×6年度的亏损40万元可用20×8年度的所得弥补。20×8年度弥补20×3年度亏损20万元、20×6年度亏损40万元，则20×8年度剩余应纳税所得额=95-20-40=35（万元），要计算缴纳企业所得税，应纳企业所得税=35×25%=8.75（万元）。

---

① 除非特别说明，本书例题中的企业均不符合小型微利企业的条件。

# 任务三  资产的税务处理

### 任务引例4-3

我公司有一房屋，根据专业判断该房屋预期给企业带来经济利益的年限为30年，因此我公司在会计上按照30年对该房屋计提折旧，而税法规定房屋、建筑物计算折旧的最低年限为20年，请问是否需要调整应纳税所得额？

资产是由于资本投资而形成的财产，对于资本性支出以及无形资产受让、开办、开发费用，不允许作为成本、费用从纳税人的收入总额中一次性扣除，只能采取分次计提折旧或分次摊销的方式予以扣除。即纳税人经营活动中使用的固定资产的折旧费用、无形资产和长期待摊费用的摊销费用可以扣除。税法规定，纳入税务处理范围的资产形式主要有固定资产、生物资产、无形资产、长期待摊费用、投资资产、存货等，均以历史成本为计税基础。历史成本是指企业取得该项资产时实际发生的支出。企业持有各项资产期间资产增值或者减值，除国务院财政、税务主管部门规定可以确认损益外，不得调整该资产的计税基础。

## 一、固定资产的税务处理

固定资产是指企业为生产产品、提供劳务、出租或者经营管理而持有的、使用时间超过12个月的非货币性资产，包括房屋、建筑物、机器、机械、运输工具以及其他与生产经营活动有关的设备、器具、工具等。

### （一）固定资产的计税基础

（1）外购的固定资产，以购买价款和支付的相关税费以及直接归属于使该资产达到预定用途发生的其他支出为计税基础。

（2）自行建造的固定资产，以竣工结算前发生的支出为计税基础。

（3）融资租入的固定资产，以租赁合同约定的付款总额和承租人在签订租赁合同过程中发生的相关费用为计税基础，租赁合同未约定付款总额的，以该资产的公允价值和承租人在签订租赁合同过程中发生的相关费用为计税基础。

（4）盘盈的固定资产，以同类固定资产的重置完全价值为计税基础。

（5）通过捐赠、投资、非货币性资产交换、债务重组等方式取得的固定资产，以该资产的公允价值和支付的相关税费为计税基础。

（6）改建的固定资产，除已足额提取折旧的固定资产和租入的固定资产以外的其他固定资产，以改建过程中发生的改建支出增加计税基础。

### （二）固定资产折旧的范围

在计算应纳税所得额时，企业按照规定计算的固定资产折旧，准予扣除。下列固定资产不得计算折旧扣除：

（1）房屋、建筑物以外未投入使用的固定资产；

（2）以经营租赁方式租入的固定资产；

（3）以融资租赁方式租出的固定资产；

（4）已足额提取折旧仍继续使用的固定资产；

（5）与经营活动无关的固定资产；

（6）单独估价作为固定资产入账的土地；

（7）其他不得计算折旧扣除的固定资产。

**点睛**　经营租赁方式租入固定资产：由出租人计算折旧扣除，承租人不得计算折旧扣除；融资租赁方式租出固定资产：由承租人计算折旧扣除，出租人不得计算折旧扣除。

☞**【情境辨析4-10】**根据企业所得税相关规定，下列表述中，正确的是（　　）。

A.企业未使用的房屋和建筑物，不得计算折旧扣除

B.企业以经营租赁方式租入的固定资产，应当计算折旧扣除

C.企业盘盈的固定资产，以该固定资产的原值为计税基础

D.企业未使用的机器设备，不得计算折旧扣除

### （三）固定资产折旧的计算方法

（1）企业应当自固定资产投入使用月份的次月起计算折旧；停止使用的固定资产，应当自停止使用月份的次月起停止计算折旧。

（2）企业应当根据固定资产的性质和使用情况，合理确定固定资产的预计净残值。固定资产的预计净残值一经确定，不得变更。

（3）固定资产按照直线法计算的折旧，准予扣除。

**链接**　符合采用加速折旧方法的固定资产，可以选择采用双倍余额递减法或者年数总和法。

### （四）固定资产折旧的计算年限

除国务院财政、税务主管部门另有规定外，固定资产计算折旧的最低年限如下：

（1）房屋、建筑物，为20年。

（2）飞机、火车、轮船、机器、机械和其他生产设备，为10年。

（3）与生产经营活动有关的器具、工具、家具等，为5年。

（4）飞机、火车、轮船以外的运输工具，为4年。

（5）电子设备，为3年。

从事开采石油、天然气等矿产资源的企业，在开始商业性生产前发生的费用和有关固定资产的折耗、折旧方法，由国务院财政、税务主管部门另行规定。

**任务引例4-3解析**

根据《企业所得税法实施条例》的规定，除国务院财政、税务主管部门另有规定外，固定资产计算折旧的最低年限如下：房屋、建筑物，为20年。由于房屋、建筑物的"最低折旧年限"为20年，因此企业实际计算折旧年限只要不低于20年，便不需要调整应纳税所得额。你公司实际计算折旧年限为30年，超过20年，因此不需要调整应纳税所得额。

**任务实例4-10**　甲企业是一家居民企业，为增值税一般纳税人，本年6月5日为其销售部门购进1辆轿车，取得机动车销售统一发票，注明价款17万元，税额2.21万元，企业发生运杂费及上牌照税费3万元，该轿车于当月投入使用。甲企业固定资产预计净残值率为5%，甲企业按照轿车的最低折旧年限采用直线法计提折旧。

**【任务要求】**计算甲企业购买的轿车在计算本年企业所得税时可税前扣除的折旧额。

**【任务实施】**从2013年8月1日起，企业购进轿车的进项税额可以抵扣。轿车折旧年限最低为4年。

由于本年6月5日购买，因此从本年7月起开始计提折旧。

该轿车账面成本=17+3=20（万元）

本年依照税法规定可扣除的折旧额=20×（1-5%）÷（4×12）×6=2.375（万元）

## 二、生物资产的税务处理

生物资产，是指有生命的动物和植物。生物资产分为消耗性生物资产、生产性生物资产和公益性生物资产。上述3类生物资产中，只有生产性生物资产可以计算折旧扣除。消耗性生物资产，是指为出售而持有的，或在将来收获为农产品的生物资产，包括生长中的农田作物、蔬菜、用材林以及存栏待售的牲畜等。生产性生物资产，是指为产出农产品、提供劳务或出租等目的而持有的生物资产，包括经济林、薪炭林、产畜和役畜等。公益性生物资产，是指以防护、环境保护为主要目的的生物资产，包括防风固沙林、水土保持林和水源涵养林等。

**举例** 蛋鸡为生产性生物资产；肉食鸡为消耗性生物资产。

### （一）生产性生物资产的计税基础

生产性生物资产按照以下方法确定计税基础：

（1）外购的生产性生物资产，以购买价款和支付的相关税费为计税基础。

（2）通过捐赠、投资、非货币性资产交换、债务重组等方式取得的生产性生物资产，以该资产的公允价值和支付的相关税费为计税基础。

### （二）生产性生物资产的折旧方法和折旧年限

生产性生物资产按照直线法计算的折旧，准予扣除。企业应当自生产性生物资产投入使用月份的次月起计算折旧；停止使用的生产性生物资产，应当自停止使用月份的次月起停止计算折旧。

企业应当根据生产性生物资产的性质和使用情况，合理确定生产性生物资产的预计净残值。生产性生物资产的预计净残值一经确定，不得变更。

生产性生物资产计算折旧的最低年限如下：

（1）林木类生产性生物资产，为10年。

（2）畜类生产性生物资产，为3年。

**【情境辨析4-11】**甲农场外购奶牛支付价款30万元，根据企业所得税法律制度的规定，税前扣除方法为（　　　）。

A.按直线法以不低于10年的折旧年限计算折旧税前扣除

B.按奶牛寿命在税前分期扣除

C.按直线法以不低于3年的折旧年限计算折旧税前扣除

D.一次性在税前扣除

## 三、无形资产的税务处理

无形资产，是指企业长期使用、但没有实物形态的资产，包括专利权、商标权、著作权、土地使用权、非专利技术、商誉等。

### （一）无形资产的计税基础

无形资产按照以下方法确定计税基础：

（1）外购的无形资产，以购买价款和支付的相关税费以及直接归属于使该资产达到预定用途发生的其他支出为计税基础。

（2）自行开发的无形资产，以开发过程中该资产符合资本化条件后至达到预定用途前发生的支出为计税基础。

（3）通过捐赠、投资、非货币性资产交换、债务重组等方式取得的无形资产，以该资产的公允价值和支付的相关税费为计税基础。

### （二）无形资产摊销的范围

在计算应纳税所得额时，企业按照规定计算的无形资产摊销费用，准予扣除。

下列无形资产不得计算摊销费用扣除：

（1）自行开发的支出已在计算应纳税所得额时扣除的无形资产。

（2）自创商誉。

（3）与经营活动无关的无形资产。

（4）其他不得计算摊销费用扣除的无形资产。

### （三）无形资产的摊销方法及年限

无形资产的摊销，采取直线法计算。无形资产的摊销年限不得低于10年。作为投资或者受让的无形资产，有关法律规定或者合同约定了使用年限的，可以按照规定或者约定的使用年限分期摊销。

🍀**点睛**  外购商誉的支出，在企业整体转让或者清算时，准予扣除。

☞**【情境辨析4-12】**下列各项中，不得计算折旧或摊销在企业所得税税前扣除的有（    ）。

A.自创商誉

B.外购商标权

C.房屋、建筑物以外的未投入使用的固定资产

D.单独估价作为固定资产入账的土地

## 四、长期待摊费用的税务处理

长期待摊费用，是指企业发生的应在1个年度以上或几个年度进行摊销的费用。在计算应纳税所得额时，企业发生的下列支出作为长期待摊费用，按照规定摊销的，准予扣除：

（1）已足额提取折旧的固定资产的改建支出。

（2）租入固定资产的改建支出。

（3）固定资产的大修理支出。

（4）其他应当作为长期待摊费用的支出。

企业的固定资产修理支出（非固定资产大修理支出）可在发生当期直接扣除。固定资产的改建支出，是指改变房屋或者建筑物结构、延长使用年限等发生的支出。已足额提取折旧的固定资产的改建支出，按照固定资产预计尚可使用年限分期摊销；租入固定资产的改建支出，按照合同约定的剩余租赁期限分期摊销；改建的固定资产延长使用年限的，除已足额提取折旧的固定资产、租入固定资产的改建支出外，其他的固定资产发生改建支出，应当适当延长折旧年限。

大修理支出，按照固定资产尚可使用年限分期摊销。

企业所得税法所指固定资产的大修理支出，是指同时符合下列条件的支出：

❶修理支出达到取得固定资产时的计税基础50%以上。

❷修理后固定资产的使用年限延长2年以上。

其他应当作为长期待摊费用的支出，自支出发生月份的次月起，分期摊销，摊销年限不得低于3年。

☞【情境辨析4-13】甲商贸公司本年1月以经营租赁方式租入临街门面房，租期5年。本年2月该公司对该门面房进行改建装修，发生改建费用30万元。下列关于改建费用税务处理的说法中，正确的是（      ）。

A.改建费用应作为长期待摊费用处理

B.改建费用应从本年1月开始进行摊销

C.改建费用可以在发生当期一次性税前扣除

D.改建费用应在3年的期限内摊销

### 五、存货的税务处理

存货，是指企业持有以备出售的产品或者商品、处在生产过程中的在产品、在生产或者提供劳务过程中耗用的材料和物料等。

#### （一）存货的计税基础

存货按照以下方法确定成本：

（1）通过支付现金方式取得的存货，以购买价款和支付的相关税费为成本。

（2）通过支付现金以外的方式取得的存货，以该存货的公允价值和支付的相关税费为成本。

（3）生产性生物资产收获的农产品，以产出或者采收过程中发生的材料费、人工费和分摊的间接费用等必要支出为成本。

#### （二）存货的成本计算方法

企业使用或者销售的存货的成本计算方法，可以在先进先出法、加权平均法、个别计价法中选用一种。计价方法一经选用，不得随意变更。

> 提示　存货的计价方法中，没有后进先出法。

> 点睛　企业转让以上资产，在计算企业应纳税所得额时，资产的净值允许扣除。其中，资产的净值是指有关资产、财产的计税基础减除已经按照规定扣除的折旧、折耗、摊销、准备金等后的余额。

> 提示　除国务院财政、税务主管部门另有规定外，企业在重组过程中，应当在交易发生时确认有关资产的转让所得或者损失，相关资产应当按照交易价格重新确定计税基础。

### 六、投资资产的税务处理

投资资产，是指企业对外进行权益性投资和债权性投资而形成的资产。

#### （一）投资资产的成本

投资资产按以下方法确定投资成本：

❶通过支付现金方式取得的投资资产，以购买价款为成本。

❷通过支付现金以外的方式取得的投资资产，以该资产的公允价值和支付的相关税费为成本。

#### （二）投资资产成本的扣除方法

企业对外投资期间，投资资产的成本在计算应纳税所得额时不得扣除，企业在转让或者处置投资资产时，投资资产的成本准予扣除。

# 任务四 企业重组的所得税处理

## 任务引例4-4

企业重组的特殊性税务处理有什么好处？

### 一、企业重组的认知

企业重组，是指企业在日常经营活动以外发生的法律结构或经济结构重大改变的交易，包括企业法律形式改变、债务重组、股权收购、资产收购、合并、分立等。

（1）企业法律形式改变，是指企业注册名称、住所以及企业组织形式等的简单改变，但符合《财政部 国家税务总局关于企业重组业务企业所得税处理若干问题的通知》（财税〔2009〕59号）规定其他重组的类型除外。

（2）债务重组，是指在债务人发生财务困难的情况下，债权人按照其与债务人达成的书面协议或者法院裁定书，就其债务人的债务作出让步的事项。

（3）股权收购，是指一家企业（以下称为收购企业）购买另一家企业（以下称为被收购企业）的股权，以实现对被收购企业控制的交易。收购企业支付对价的形式包括股权支付、非股权支付或两者的组合。

（4）资产收购，是指一家企业（以下称为受让企业）购买另一家企业（以下称为转让企业）实质经营性资产的交易。受让企业支付对价的形式包括股权支付、非股权支付或两者的组合。

（5）合并，是指一家或多家企业（以下称为被合并企业）将其全部资产和负债转让给另一家现存或新设的企业（以下称为合并企业），被合并企业股东换取合并企业的股权或非股权支付，实现两个或两个以上企业的依法合并。

（6）分立，是指一家企业（以下称为被分立企业）将部分或全部资产分离转让给现存或新设的企业（以下称为分立企业），被分立企业股东换取分立企业的股权或非股权支付，实现企业的依法分立。

**提示** 股权支付，是指企业重组中购买、换取资产的一方支付的对价中，以本企业或其控股企业的股权、股份作为支付的形式；非股权支付，是指以本企业的现金、银行存款、应收款项、本企业或其控股企业股权和股份以外的有价证券、存货、固定资产、其他资产以及承担债务等作为支付的形式。

### 二、企业重组的一般性税务处理

（1）企业由法人转变为个人独资企业、合伙企业等非法人组织，或将登记注册地转移至中华人民共和国境外（包括港澳台地区），应视同企业进行清算、分配，股东重新投资成立新企业。企业的全部资产以及股东投资的计税基础均以公允价值为基础确定。

企业发生其他法律形式简单改变的，可直接变更税务登记，除另有规定外，有关企业所得税纳税事项（包括亏损结转、税收优惠等权益和义务）由变更后企业承继，但因住所发生变化而不符合税收优惠条件的除外。

（2）企业债务重组，相关交易应按以下规定处理：

❶以非货币性资产清偿债务，应当分解为转让（销售）相关非货币性资产、按非货币性资产公允价值清偿债务两项业务，确认相关资产的所得或损失。

❷发生债权转股权的，应当分解为债务清偿和股权投资两项业务，确认有关债务清偿

所得或损失。

❸债务人应当按照支付的债务清偿额低于债务计税基础的差额，确认债务重组所得；债权人应当按照收到的债务清偿额低于债权计税基础的差额，确认债务重组损失。

❹债务人的相关所得税纳税事项原则上保持不变。

**任务实例4-11** 甲公司为一家居民企业，本年5月与乙公司达成债务重组协议，甲公司以一批库存商品抵偿所欠乙公司一年前发生的债务26万元，该批库存商品的账面成本为16万元，市场不含税销售价为20万元，该批商品适用的增值税税率为13%。甲公司适用25%的企业所得税税率。假定不考虑城市维护建设税、教育费附加和地方教育附加。

**【任务要求】**

（1）计算甲公司该项重组业务应缴纳的企业所得税税额；

（2）计算乙公司的债务重组损失。

**【任务实施】**

❶甲公司以非货币性资产清偿债务，应当分解为转让（销售）相关非货币性资产、按非货币性资产公允价值清偿债务两项业务的两项所得，此处简称销售货物所得和清偿债务所得：

销售货物所得=20-16=4（万元）

清偿债务所得（债务重组利得）=26-20×（1+13%）=3.4（万元）

因该重组事项应确认应纳税所得额合计=4+3.4=7.4（万元）

甲公司应纳企业所得税=7.4×25%=1.85（万元）

❷乙公司的债务重组损失=26-20-20×13%=3.4（万元）

（3）企业股权收购、资产收购重组交易，相关交易应按以下规定处理：

❶被收购方应确认股权、资产转让所得或损失。

❷收购方取得股权或资产的计税基础应以公允价值为基础确定。

❸被收购企业的相关所得税事项原则上保持不变。

**任务实例4-12** 甲公司为一家居民企业，本年5月以600万元的银行存款购买取得乙公司的部分经营性资产，甲公司购买乙公司该部分经营性资产的账面价值为500万元，计税基础为550万元，公允价值为600万元。

**【任务要求】** 对甲公司（受让方、收购方）、乙公司（转让方、被收购方）的该项业务进行相关税务处理。

**【任务实施】** 一般性税务处理方法的涉税处理如下：

❶乙公司（转让方、被收购方）的税务处理：

乙公司应确认资产转让所得=600-550=50（万元）

❷甲公司（受让方、收购方）的税务处理：

甲公司购买该经营性资产后，应以该资产的公允价值600万元为基础确定计税基础。

（4）企业合并，当事各方应按下列规定处理：

❶合并企业应按公允价值确定接受被合并企业各项资产和负债的计税基础。

❷被合并企业及其股东都应按清算进行所得税处理。

❸被合并企业的亏损不得在合并企业结转弥补。

（5）企业分立，当事各方应按下列规定处理：

❶被分立企业应对分立出去的资产按公允价值确认资产转让所得或损失。

❷分立企业应按公允价值确认接受资产的计税基础。

❸被分立企业继续存在时，其股东取得的对价应视同被分立企业分配进行处理。

❹被分立企业不再继续存在时，被分立企业及其股东都应按清算进行所得税处理。

❺企业分立，相关企业的亏损不得相互结转弥补。

### 三、企业重组的特殊性税务处理

（1）企业重组同时符合下列条件的，适用特殊性税务处理规定：

❶具有合理的商业目的，且不以减少、免除或者推迟缴纳税款为主要目的。

❷被收购、合并或分立部分的资产或股权比例符合下述（2）规定的比例。

❸企业重组后的连续12个月内不改变重组资产原来的实质性经营活动。

❹重组交易对价中涉及股权支付金额符合下述（2）规定的比例。

❺企业重组中取得股权支付的原主要股东，在重组后连续12个月内，不得转让所取得的股权。

（2）企业重组符合上述5个条件的，交易各方对其交易中的股权支付部分，可以按以下规定进行特殊性税务处理：

❶企业债务重组确认的应纳税所得额占该企业当年应纳税所得额50%以上，可以在5个纳税年度内，均匀计入各年度的应纳税所得额。

企业发生债权转股权业务，对债务清偿和股权投资两项业务暂不确认有关债务清偿所得或损失，股权投资的计税基础以原债权的计税基础确定。企业的其他相关所得税事项保持不变。

❷股权收购，收购企业购买的股权不低于被收购企业全部股权的50%，且收购企业在该股权收购发生时的股权支付金额不低于其交易支付总额的85%，可以选择按以下规定处理：

a.被收购企业的股东取得收购企业股权的计税基础，以被收购股权的原有计税基础确定。

b.收购企业取得被收购企业股权的计税基础，以被收购股权的原有计税基础确定。

c.收购企业、被收购企业的原有各项资产和负债的计税基础和其他相关所得税事项保持不变。

❸资产收购，受让企业收购的资产不低于转让企业全部资产的50%，且受让企业在该资产收购发生时的股权支付金额不低于其交易支付总额的85%，可以选择按以下规定处理：

a.转让企业取得受让企业股权的计税基础，以被转让资产的原有计税基础确定。

b.受让企业取得转让企业资产的计税基础，以被转让资产的原有计税基础确定。

❹企业合并，企业股东在该企业合并发生时取得的股权支付金额不低于其交易支付总额的85%，以及同一控制下且不需要支付对价的企业合并，可以选择按以下规定处理：

a.合并企业接受被合并企业资产和负债的计税基础，以被合并企业的原有计税基础确定。

b.被合并企业合并前的相关所得税事项由合并企业承继。

c.可由合并企业弥补的被合并企业亏损的限额=被合并企业净资产公允价值×截至合并业务发生当年年末国家发行的最长期限的国债利率。

d.被合并企业股东取得合并企业股权的计税基础，以其原持有的被合并企业股权的计税基础确定。

### 任务引例4-4解析

根据《财政部 国家税务总局关于企业重组业务企业所得税处理若干问题的通知》（财税〔2009〕59号）的第五条规定，企业重组同时符合下列条件的，适用特殊性税务处理规定：（1）具有合理的商业目的，且不以减少、免除或者推迟缴纳税款为主要目的。（2）被收购、合并或分立部分的资产或股权比例符合本通知规定的比例。（3）企业重组后的连续12个月内不改变重组资产原来的实质性经营活动。（4）重组交易对价中涉及股权支付金额符合本通知规定比例。（5）企业重组中取得股权支付的原主要股东，在重组后连续12个月内，不得转让所取得的股权。

以企业债务重组为例，企业债务重组符合《财政部 国家税务总局关于企业重组业务企业所得税处理若干问题的通知》（财税〔2009〕59号）第五条规定条件的，交易各方对其交易中的股权支付部分，可以按以下规定进行特殊性税务处理：企业债务重组确认的应纳税所得额占该企业当年应纳税所得额50%以上，可以在5个纳税年度的期间内，均匀计入各年度的应纳税所得额。企业发生债权转股权业务，对债务清偿和股权投资两项业务暂不确认有关债务清偿所得或损失，股权投资的计税基础以原债权的计税基础确定。企业的其他相关所得税事项保持不变。

由此可见，企业重组的特殊性税务处理会产生延期纳税的好处，但需要注意的是，企业重组的特殊性税务处理需要满足一定的前提条件，其中重要的一个前提条件是"具有合理的商业目的，且不以减少、免除或者推迟缴纳税款为主要目的"。

**任务实例4-13** 甲公司为一家生产摩托车的居民企业。甲公司本年10月6日合并乙股份公司，乙股份公司全部资产公允价值为6 000万元，全部负债为4 000万元，未超过弥补年度的亏损额为800万元。合并时甲公司给乙股份公司的股权支付额为1 800万元、银行存款200万元。由于1 800÷（1 800+200）×100%=90%>85%，因此，该合并业务符合企业重组特殊性税务处理的条件且选择此方法执行（假定当年国家发行的最长期限的国债年利率为6%）。

【任务要求】计算可由合并企业弥补被合并企业亏损的限额。

【任务实施】

$$可由合并企业弥补的被合并企业亏损的限额=被合并企业净资产公允价值×截至合并业务发生当年年末国家发行的最长期限的国债利率$$

$$=（6 000-4 000）×6%=120（万元）$$

由于800万元>120万元，因此，可由合并企业弥补被合并企业亏损的限额为120万元。

❺企业分立，被分立企业所有股东按原持股比例取得分立企业的股权，分立企业和被分立企业均不改变原来的实质经营活动，且被分立企业股东在该企业分立发生时取得的股权支付金额不低于其交易支付总额的85%，可以选择按以下规定处理：

a.分立企业接受被分立企业资产和负债的计税基础，以被分立企业的原有计税基础确定。

b.被分立企业已分立出去资产相应的所得税事项由分立企业继承。

c.被分立企业未超过法定弥补期限的亏损额可按分立资产占全部资产的比例进行分配，由分立企业继续弥补。

d.被分立企业的股东取得分立企业的股权（以下简称"新股"），如需部分或全部放弃原持有的被分立企业的股权（以下简称"旧股"），"新股"的计税基础应以放弃"旧股"的计税基础确定。如不需放弃"旧股"，则其取得"新股"的计税基础可从以下两种方法中选择确定：直接将"新股"的计税基础确定为零；或者以被分立企业分立出去的净资产占被分立企业全部净资产的比例先调减原持有的"旧股"的计税基础，再将调减的计税基础平均分配到"新股"上。

❻重组交易各方按上述❶至❺项规定对交易中股权支付暂不确认有关资产的转让所得或损失的，其非股权支付仍应在交易当期确认相应的资产转让所得或损失，并调整相应资产的计税基础。

$$\text{非股权支付对应的资产转让所得或损失} = \left(\text{被转让资产的公允价值} - \text{被转让资产的计税基础}\right) \times \left(\text{非股权支付金额} \div \text{被转让资产的公允价值}\right)$$

**任务实例4-14** 甲公司为一家居民企业，共有股权1 000万股，为了将来有更好的发展，本年5月将其80%的股权让乙公司收购，然后成为乙公司的子公司。假定收购日甲公司每股资产的计税基础为7元，每股资产的公允价值为9元。在收购对价中乙公司以股权形式支付6 480万元，以银行存款支付720万元。

**【任务要求】**计算甲公司上述业务的应税所得及应缴纳的企业所得税税额。

**【任务实施】**甲公司取得非股权支付额对应的资产转让所得计算思路如下：

❶从股权收购比重以及股权支付金额占交易额的比重看是否适用于企业重组的特殊性税务处理：

股权收购比重=80%，大于规定的50%。

股权支付金额占交易额的比重=6 480÷（6 480+720）×100%=90%，大于规定的85%。

因此，适用企业重组的特殊性税务处理。

❷公允价值中的高于原计税基础的增加值=1 000×80%×（9-7）=1 600（万元）

❸非股权支付比例=720÷（6 480+720）×100%=10%

❹甲公司取得股权支付额对应的所得不确认损益，但是非股权支付额对应的收益应确认资产转让所得=1 600×10%=160（万元）。

❺甲公司应纳企业所得税=160×25%=40（万元）

（3）企业发生涉及中国境内与境外（包括港澳台地区）之间的股权和资产收购交易时，除应符合本任务"三、企业重组的特殊性税务处理"中的（1）规定的条件外，还应同时符合下列条件，才可选择适用特殊性税务处理规定：

❶非居民企业向其100%直接控股的另一非居民企业转让其拥有的居民企业股权，没有因此造成以后该项股权转让所得预提税负担变化，且转让方非居民企业向主管税务机关书面承诺在3年（含3年）内不转让其拥有受让方非居民企业的股权。

❷非居民企业向与其具有100%直接控股关系的居民企业转让其拥有的另一居民企业股权。

❸居民企业以其拥有的资产或股权向其100%直接控股的非居民企业进行投资。

❹财政部、国家税务总局核准的其他情形。

（4）在企业吸收合并中，合并后的存续企业性质及适用税收优惠的条件未发生改变的，可以继续享受合并前该企业剩余期限的税收优惠，其优惠金额按存续企业合并前一年的应纳税所得额（亏损计为零）计算。

在企业存续分立中，分立后的存续企业性质及适用税收优惠的条件未发生改变的，可以继续享受分立前该企业剩余期限的税收优惠，其优惠金额按该企业分立前一年的应纳税所得额（亏损计为零）乘以分立后存续企业资产占分立前该企业全部资产的比例计算。

（5）企业在重组发生前后连续12个月内，分步对其资产、股权进行交易，应根据实质重于形式原则将上述交易作为一项企业重组交易进行处理。

（6）企业发生符合规定的特殊性重组条件并选择特殊性税务处理的，当事各方应在该重组业务完成当年企业所得税年度申报时，向主管税务机关提交书面备案资料，证明其符合各类特殊性重组规定的条件。企业未按规定书面备案的，一律不得按特殊性重组业务进行税务处理。

# 任务五　企业所得税的计算

## 任务引例4-5

我公司为一家高新技术企业，依照企业所得税法享受15%的优惠税率，我公司取得的境外所得在进行境外所得税税额抵免限额计算中适用25%的税率还是15%的税率？

### 一、居民企业以及在中国境内设立机构、场所的，且取得的所得与该机构、场所有实际联系的非居民企业查账征收应纳税额的计算

居民企业以及在中国境内设立机构、场所的，且取得的所得与该机构、场所有实际联系的非居民企业应纳所得税税额等于应纳税所得额乘以适用税率，基本计算公式为：

应纳所得税税额=应纳税所得额×适用税率−减免税额−抵免税额

根据计算公式可以看出，应纳税额的多少，取决于应纳税所得额和适用税率两个因素。我们在本项目任务二中已经学过，应纳税所得额的计算一般有间接计算法和直接计算法两种方法。

### 任务实例4-15　甲企业为一家居民企业，本年发生经济业务活动如下：

（1）全年取得产品销售收入为6 000万元。

（2）发生产品销售成本4 000万元。

（3）取得其他业务收入800万元。

（4）发生其他业务成本694万元。

（5）发生税金及附加300万元。

（6）发生管理费用760万元，其中，开发新技术的研究开发费用为60万元，业务招待费用为70万元。

（7）发生财务费用200万元。

（8）取得投资收益74万元，其中，40万元为取得购买国债的利息收入，34万元为取得直接投资于其他居民企业的权益性收益（已在投资方所在地按15%的税率缴纳了企业所得税）。

（9）取得资产处置收益100万元。

（10）发生营业外支出250万元（其中含公益性捐赠38万元）。

【任务要求】计算甲企业本年应缴纳的企业所得税税额。

【任务实施】

（1）利润总额=6 000−4 000+800−694−300−760−200+74+100−250=770（万元）

（2）研究开发费用调减应纳税所得额=60×100%=60（万元）

（3）实际发生业务招待费的60%=70×60%=42（万元）

销售（营业）收入的5‰=（6 000+800）×5‰=34（万元）

按照规定，业务招待费税前扣除限额应为34万元，因此：

业务招待费调增应纳税所得额=70−34=36（万元）

（4）国债利息收入免征企业所得税，应调减应纳税所得额40万元。

（5）取得的直接投资于其他居民企业的权益性收益属于免税收入，应调减应纳税所得额34万元。

（6）公益性捐赠扣除标准=770×12%=92.4（万元）

实际捐赠额38万元小于扣除标准92.4万元，可按实际捐赠额扣除，不作纳税调整。

（7）应纳税所得额=770-60+36-40-34=672（万元）

（8）甲企业本年应纳企业所得税=672×25%=168（万元）

## 二、境外所得抵扣税额的计算

企业取得的下列所得已在境外缴纳的所得税税额，可以从其当期应纳税额中抵免，抵免限额为该项所得依照《企业所得税法》规定计算的应纳税额；超过抵免限额的部分，可以在以后5个年度内，用每年度抵免限额抵免当年应抵税额后的余额进行抵补：

（1）居民企业来源于中国境外的应税所得；

（2）非居民企业在中国境内设立机构、场所，取得发生在中国境外但与该机构、场所有实际联系的应税所得。

居民企业从其直接或间接控制的外国企业分得的来源于中国境外的股息、红利等权益性投资收益，外国企业在境外实际缴纳的所得税税额中属于该项所得负担的部分，可以作为该居民企业的可抵免境外所得税税额，在企业所得税法规定的抵免限额内抵免。

直接控制，是指居民企业直接持有外国企业20%以上股份。

间接控制，是指居民企业以间接持股方式持有外国企业20%以上股份，具体认定办法由国务院财政、税务主管部门另行制定。

已在境外缴纳的所得税税额，是指企业来源于中国境外的所得依照中国境外税收法律以及相关规定应当缴纳并已经实际缴纳的企业所得税性质的税款。

抵免限额，是指企业来源于中国境外的所得，依照企业所得税法及其实施条例的规定计算的应纳税额。除国务院财政、税务主管部门另有规定外，该抵免限额应当分国（地区）不分项计算，计算公式如下：

$$抵免限额 = \text{企业所得税法及其实施条例的} \atop 规定计算的应纳税总额 \times \text{来源于某国（地区）} \atop 的应纳税所得额 \div \text{中国境内、境外} \atop 应纳税所得总额$$

以上公式可以简化成：

抵免限额=来源于某国（地区）的应纳税所得额×我国法定税率

自2017年1月1日起，企业可以选择按国（地区）别分别计算（即"分国（地区）不分项"），或者不按国（地区）别汇总计算（即"不分国（地区）不分项"）其来源于境外的应纳税所得额，并按照上述公式中规定的税率，分别计算其可抵免境外所得税税额和抵免限额。上述方式一经选择，5年内不得改变。企业选择采用不同于以前年度的方式（以下简称新方式）计算可抵免境外所得税税额和抵免限额时，对该企业以前年度按照财税〔2009〕125号文件规定没有抵免完的余额，可在税法规定结转的剩余年限内，从按新方式计算的抵免限额中继续结转抵免。

### 任务引例4-5解析

根据《财政部　国家税务总局关于企业境外所得税收抵免有关问题的通知》（财税〔2009〕125号）的规定，企业应按照有关规定分国（地区）别计算境外税额的抵免限额。某国（地区）所得税抵免限额=中国境内、境外所得依照企业所得税法及其实施条例的规定计算的应纳税总额×来源于某国（地区）的应纳税所得额÷中国境内、境外应纳税所得总额。据以计算公式中"中国境内、境外所得依照企业所得税法及其实施条例的规定计算的应纳税总额"的税率，除国务院财政、税务主管部门另有规定外，应为企业所得税法第四条第一款规定的税率（即25%）。根据《国家税务总局关于发布〈企业境外所得税收抵免操作指南〉的公告》（国家税务总局公告2010年第1号）的规定，中国境内外所得依照企业所得税法及实施条例的规定计算的应纳税总额的税率是25%，即使企业境内所得按税收法规规定享受企业所得税优惠的，在进行境外所得税税额抵免限额计算中的中国境内、外所得应纳税总额所适用的税率也应为25%。

因此，你公司作为一家高新技术企业，依照企业所得税法享受15%的优惠税率，你公司取得的境外所得在进行境外所得税税额抵免限额计算中应适用25%的税率，而非15%的税率。

**任务实例4-16** 甲企业为一家居民企业，本年度境内应纳税所得额为300万元，适用25%的企业所得税税率。另外，甲企业分别在A、B两国设有分支机构（我国与A、B两国已经缔结避免双重征税协定）。

（1）本年在A国分支机构的应纳税所得额为100万元，A国税率为20%；在A国缴纳了20万元企业所得税。

（2）本年在B国分支机构的应纳税所得额为60万元，B国税率为30%；在B国缴纳了18万元企业所得税。

假设甲企业在A、B两国所得按我国税法计算的应纳税所得额和按A、B两国税法计算的应纳税所得额一致，甲企业选择"分国（地区）不分项"的方法来计算其来源于境外的应纳税所得额。

**【任务要求】** 计算甲企业汇总时在我国应缴纳的企业所得税税额。

**【任务实施】**

（1）甲企业按我国税法计算的境内、境外所得的应纳所得税：

应纳企业所得税=（300+100+60）×25%=115（万元）

（2）A、B两国的扣除限额：

A国扣除限额=115×[100÷（300+100+60）]=25（万元）

或　　　　　=100×25%=25（万元）

B国扣除限额=115×[60÷（300+100+60）]=15（万元）

或　　　　　=60×25%=15（万元）

在A国缴纳的企业所得税为20万元，低于扣除限额25万元，可全额扣除。

在B国缴纳的企业所得税为18万元，高于扣除限额15万元，其超过扣除限额的部分3万元当年不能扣除。

（3）汇总时在我国应纳所得税=115-20-15=80（万元）

**【素养园地】**

动漫

"走出去"企业在境外遇到税收问题怎么办？

### 三、居民企业核定征收应纳税额的计算

为了加强企业所得税的征收管理，对部分中小企业采取核定征收的办法计算其应纳税

额，根据《税收征收管理法》，核定征收企业所得税的有关规定如下：

（一）确定所得税核定征收的范围

本办法适用于居民企业纳税人，纳税人具有下列情形之一的，核定征收企业所得税：

（1）依照法律、行政法规的规定可以不设置账簿的；

（2）依照法律、行政法规的规定应当设置但未设置账簿的；

（3）擅自销毁账簿或者拒不提供纳税资料的；

（4）虽设置账簿，但账目混乱或者成本资料、收入凭证、费用凭证残缺不全，难以查账的；

（5）发生纳税义务，未按照规定的期限办理纳税申报，经税务机关责令限期申报，逾期仍不申报的；

（6）申报的计税依据明显偏低，又无正当理由的。

特殊行业、特殊类型的纳税人和一定规模以上的纳税人不适用以上规定。上述特定纳税人由国家税务总局另行明确。

（二）核定征收办法的有关规定

（1）纳税人具有下列情形之一的，核定其应税所得率：

❶能正确核算（查实）收入总额，但不能正确核算（查实）成本费用总额的；

❷能正确核算（查实）成本费用总额，但不能正确核算（查实）收入总额的；

❸通过合理方法，能计算和推定纳税人收入总额或成本费用总额的。

（2）纳税人不属于以上情形的，核定其应纳所得税税额。

（3）税务机关采用下列方法核定征收企业所得税：

❶参照当地同类行业或者类似行业中经营规模和收入水平相近的纳税人的税负水平核定；

❷按照应税收入额或成本费用支出额定率核定；

❸按照耗用的原材料、燃料、动力等推算或测算核定；

❹按照其他合理方法核定。

采用一种方法不足以正确核定应纳所得额或应纳税额的，可以同时采用两种以上的方法核定。采用两种以上方法测算的应纳税额不一致时，可按测算的应纳税额从高核定。

（4）采用应税所得率方式核定征收企业所得税的，应纳所得税税额的计算公式如下：

应纳所得税税额=应纳税所得额×适用税率

应纳税所得额=应税收入额×应税所得率

　　　　　　=成本（费用）支出额÷（1-应税所得率）×应税所得率

应税所得率的范围见表4-3。

表4-3　　　　　　　　　　　　应税所得率表

| 行　业 | 应税所得率 |
|---|---|
| 农、林、牧、渔业 | 3%～10% |
| 制造业 | 5%～15% |
| 批发和零售贸易业 | 4%～15% |
| 交通运输业 | 7%～15% |
| 建筑业 | 8%～20% |
| 饮食业 | 8%～25% |
| 娱乐业 | 15%～30% |
| 其他行业 | 10%～30% |

#### 四、在中国境内未设立机构、场所的，或者虽设立机构、场所但取得的所得与其所设机构、场所没有实际联系的非居民企业查账征收应纳税额的计算

对于在中国境内未设立机构、场所的，或者虽设立机构、场所但取得的所得与其所设机构、场所没有实际联系的非居民企业的所得，其来源于中国境内的所得按照下列方法计算应纳税所得额：

（1）股息、红利等权益性投资收益和利息、租金、特许权使用费所得，以收入全额为应纳税所得额；

（2）转让财产所得，以收入全额减除财产净值后的余额为应纳税所得额；

（3）其他所得，参照前两项规定的办法计算应纳税所得额。

✎ **提示**　财产净值是指财产的计税基础减除已经按照规定扣除的折旧、折耗、摊销、准备金等后的余额。

对于在中国境内未设立机构、场所的，或者虽设立机构、场所但取得的所得与其所设机构、场所没有实际联系的非居民企业的应纳税额计算公式为：

应纳税额=年应纳税所得额×税率（减按10%）

**任务实例4-17**　A国的甲企业在中国境内未设立机构、场所，但在本年度从中国境内取得了下列所得：股息20万元、利息50万元、特许权使用费100万元，同时，甲企业转让了其在中国境内的财产，转让收入为150万元，该财产的净值为120万元。

【任务要求】计算甲企业本年度在中国境内应缴纳的企业所得税税额。

【任务实施】甲企业取得的股息、利息和特许权使用费的应纳税所得额=20+50+100=170（万元）

甲企业取得财产转让所得的应纳税所得额=150−120=30（万元）

甲企业在本年度应纳所得税税额=（170+30）×10%=20（万元）

#### 五、非居民企业核定征收应纳税额的计算

非居民企业因会计账簿不健全，资料残缺难以查账，或者其他原因不能准确计算并据实申报其应纳税所得额的，税务机关有权采取以下方法核定其应纳税所得额：

（1）按收入总额核定应纳税所得额：适用于能够正确核算收入或通过合理方法推定收入总额，但不能正确核算成本费用的非居民企业。计算公式如下：

应纳税所得额=收入总额×经税务机关核定的利润率

（2）按成本费用核定应纳税所得额：适用于能够正确核算成本费用，但不能正确核算收入总额的非居民企业。计算公式如下：

应纳税所得额=成本费用总额÷（1−经税务机关核定的利润率）×经税务机关核定的利润率

（3）按经费支出换算收入核定应纳税所得额：适用于能够正确核算经费支出总额，但不能正确核算收入总额和成本费用的非居民企业。计算公式如下：

应纳税所得额=本期经费支出额÷（1−核定利润率）×核定利润率

（4）税务机关可按照以下标准确定非居民企业的利润率：

❶从事承包工程作业、设计和咨询劳务的，利润率为15%～30%。

❷从事管理服务的，利润率为30%～50%。

❸从事其他劳务或劳务以外经营活动的，利润率不低于15%。

税务机关有根据认为非居民企业的实际利润率明显高于上述标准的，可以按照比上述标准更高的利润率核定其应纳税所得额。

（5）非居民企业与中国居民企业签订机器设备或货物销售合同，同时提供设备安装、装配、技术培训、指导、监督服务等劳务，其销售货物合同中未列明提供上述劳务服务收费金额，或者计价不合理的，主管税务机关可以根据实际情况，参照相同或相近业务的计价标准核定劳务收入。无参照标准的，以不低于销售货物合同总价款的10%为原则，确定非居民企业的劳务收入。

（6）非居民企业为中国境内客户提供劳务取得的收入，凡其提供的服务全部发生在中国境内的，应全额在中国境内申报缴纳企业所得税。凡其提供的服务同时发生在中国境内外的，应以劳务发生地为原则划分其境内外收入，并就其在中国境内取得的劳务收入申报缴纳企业所得税。税务机关对其境内外收入划分的合理性和真实性有疑义的，可以要求非居民企业提供真实有效的证明，并根据工作量、工作时间、成本费用等因素合理划分其境内外收入；如非居民企业不能提供真实有效的证明，税务机关可视同其提供的服务全部发生在中国境内，确定其劳务收入并据以征收企业所得税。

（7）采取核定征收方式征收企业所得税的非居民企业，在中国境内从事适用不同核定利润率的经营活动，并取得应税所得的，应分别核算并适用相应的利润率计算缴纳企业所得税；凡不能分别核算的，应从高适用利润率，计算缴纳企业所得税。

（8）拟采取核定征收方式的非居民企业应填写"非居民企业所得税征收方式鉴定表"（简称"鉴定表"），报送主管税务机关。主管税务机关应对企业报送的"鉴定表"的适用行业及所适用的利润率进行审核，并签注意见。

对经审核不符合核定征收条件的非居民企业，主管税务机关应自收到企业提交的"鉴定表"后15个工作日内向其下达《税务事项通知书》，将鉴定结果告知企业。非居民企业未在上述期限内收到《税务事项通知书》的，其征收方式视同已被认可。

（9）税务机关发现非居民企业采用核定征收方式计算申报的应纳税所得额不真实，或者明显与其承担的功能风险不相匹配的，有权予以调整。

## 任务六　特别纳税调整

### 任务引例4-6

我公司是一家在华投资的外商投资企业，将所生产手机销售给国外的母公司，定价是1 000元/台，而如果将同样的手机销售给国内零售商，定价为1 500元/台。请问我公司按照1 000元/台的定价销售给国外的母公司，会受到税务机关的质疑并被税务机关进行特别纳税调整吗？

#### 一、调整范围

企业与其关联方之间的业务往来，不符合独立交易原则而减少企业或者其关联方应纳税收入或者所得额的，税务机关有权按照合理方法调整。

#### （一）关联方

关联方，是指与企业有下列关联关系之一的企业、其他组织或者个人：

（1）在资金、经营、购销等方面存在直接或者间接的控制关系；

（2）直接或者间接地同为第三者控制；

（3）在利益上具有相关联的其他关系。

（二）关联企业之间关联业务的税务处理

（1）企业与其关联方共同开发、受让无形资产，或者共同提供、接受劳务发生的成本，在计算应纳税所得额时应当按照独立交易原则进行分摊。

（2）企业与其关联方分摊成本时，应当按照成本与预期收益相配比的原则进行分摊，并在税务机关规定的期限内，按照税务机关的要求报送有关资料。

（3）企业与其关联方分摊成本时违反以上第（1）（2）项规定的，其自行分摊的成本不得在计算应纳税所得额时扣除。

（4）企业可以向税务机关提出与其关联方之间业务往来的定价原则和计算方法，税务机关与企业协商、确认后，达成预约定价安排。

> **提示**　预约定价安排，是指企业就其未来年度关联交易的定价原则和计算方法，向税务机关提出申请，与税务机关按照独立交易原则协商、确认后达成的协议。

### 任务引例4-6解析

你公司按照1 000元/台的定价销售给国外的母公司，很有可能会受到税务机关的质疑并被税务机关进行特别纳税调整。为了避免上述情况的出现，你公司可以事先向税务机关提出与其关联方之间业务往来的定价原则和计算方法，税务机关与企业协商、确认后，达成预约定价安排。预约定价安排，是指企业就其未来年度关联交易的定价原则和计算方法，向税务机关提出申请，与税务机关按照独立交易原则协商、确认后达成的协议。

具体来说，你公司可以从产品销售数量、营销费用以及可能产生的坏账损失等方面，对向关联方销售和向第三方企业销售进行比较分析，并与税务机关协商：第一，企业销售给国外的母公司的产品数量可能比销售给国内零售商的多，这样可以有一定的价格折扣。第二，关联企业交易的相应营销费用会非常小。第三，在日后的收账上，关联企业之间产生坏账的可能性要远远小于第三方无关联的企业。

（5）企业向税务机关报送年度企业所得税纳税申报表时，应当就其与关联方之间的业务往来，附送年度关联业务往来报告表。

税务机关在进行关联业务调查时，企业及其关联方，以及与关联业务调查有关的其他企业应当按照规定提供相关资料。相关资料是指：

❶与关联业务往来有关的价格、费用的制定标准、计算方法和说明等同期资料。

❷关联业务往来所涉及的财产、财产使用权、劳务等的再销售（转让）价格或者最终销售（转让）价格的相关资料。

❸与关联业务调查有关的其他企业应当提供的与被调查企业可比的产品价格、定价方式以及利润水平等资料。

❹其他与关联业务往来有关的资料。

（6）由居民企业，或者由居民企业和中国居民控制的设立在实际税负明显低于25%的税率水平的国家（地区）的企业，并非由于合理的经营需要而对利润不作分配或者减少分配的，上述利润中应归属于该居民企业的部分，应当计入该居民企业的当期收入。所指的控制包括：

❶居民企业或者中国居民直接或者间接单一持有外国企业10%以上有表决权股份，

且由其共同持有该外国企业50%以上股份；

❷居民企业，或者居民企业和中国居民持股比例没有达到第❶项规定的标准，但在股份、资金、经营、购销等方面对该外国企业构成实质控制；

❸上述所指的实际税负明显偏低是指实际税负明显低于《企业所得税法》规定的25%税率的50%。

（7）对资本弱化的行为的控制。

❶企业接受的投资类别。企业从其关联方接受的债权性投资，是指企业直接或间接从关联方获得的，需要偿还本金和支付利息或者需要以其他具有支付利息性质的方式予以补偿的融资。企业间接从关联方获得的债权性投资，包括：关联方通过无关联第三方提供的债权性投资；无关联第三方提供的、由关联方担保且负有连带责任的债权性投资；其他间接从关联方获得的具有负债实质的债权性投资。

🍂点睛　企业的权益性投资是指企业接受的不需要偿还本金和支付利息，投资人对企业净资产拥有所有权的投资。

❷接受的债权性投资的利息支出。企业实际支付给关联方的利息支出，如果能够按照《企业所得税法》及其实施条例的有关规定提供相关资料，并证明相关交易活动符合独立交易原则的；或者该企业的实际税负不高于境内关联方的，其实际支付给境内关联方的利息支出，在计算应纳税所得额时准予扣除。除此之外，企业在计算应纳税所得额时，实际支付给关联方的利息支出，不超过规定比例（接受关联方债权性投资与权益性投资的比例为：金融企业5∶1；其他企业2∶1）和《企业所得税法》及其实施条例有关规定计算的部分，准予扣除；超过部分，不得在发生当期和以后年度扣除。

🍂比较　企业同时从事金融业务和非金融业务，其实际支付给关联方的利息支出，应按照合理方法分开计算；没有按照合理方法分开计算的，一律按上述比例计算准予税前扣除的利息支出。

❸债权性投资的利息收入。企业自关联方取得的不符合规定的利息收入应按照有关规定缴纳企业所得税。

（8）对母子公司间提供服务支付费用有关企业所得税的处理。

❶母公司为其子公司提供各种服务而发生的费用，应按照独立企业之间公平交易原则确定服务的价格，作为企业正常的劳务费用进行税务处理。

母子公司未按照独立企业之间的业务往来收取价款的，税务机关有权予以调整。

❷母公司向其子公司提供各项服务，双方应签订服务合同或协议，明确规定提供服务的内容、收费标准及金额等，凡按上述合同或协议规定所发生的服务费，母公司应作为营业收入申报纳税；子公司作为成本费用在税前扣除。

❸母公司向其多个子公司提供同类项服务，其收取的服务费可以采取分项签订合同或协议收取；也可以采取服务分摊协议的方式，即由母公司与各子公司签订服务费用分摊合同或协议，以母公司为其子公司提供服务所发生的实际费用并附加一定比例利润作为向子公司收取的总服务费，在各服务受益子公司（包括盈利企业、亏损企业和享受减免税企业）之间按《企业所得税法》第四十一条第二款的规定合理分摊。

❹母公司以管理费形式向子公司提取费用，子公司因此支付给母公司的管理费，不得在税前扣除。

❺子公司申报税前扣除向母公司支付的服务费用，应向主管税务机关提供与母公司签订的服务合同或协议等与税前扣除该项费用相关的材料。不能提供相关材料的，支付的服务费用不得税前扣除。

### 二、调整方法

税法规定对关联企业所得不实的，调整方法如下：

（1）可比非受控价格法，是指按照没有关联关系的交易各方进行相同或者类似业务往来的价格进行定价的方法。

（2）再销售价格法，是指按照从关联方购进商品再销售给没有关联关系的交易方的价格，减除相同或者类似业务的销售毛利进行定价的方法。

（3）成本加成法，是指按照成本加合理的费用和利润进行定价的方法。

（4）交易净利润法，是指按照没有关联关系的交易各方进行相同或者类似业务往来取得的净利润水平确定利润的方法。

（5）利润分割法，是指将企业与其关联方的合并利润或者亏损在各方之间采用合理标准进行分配的方法。

（6）其他符合独立交易原则的方法。

**任务实例4-18** 甲公司为一家居民企业，本年5月申报以25万元从境外关联公司乙公司购入一批产品，又将这批产品以20万元转售给无关联关系的丙公司。税务机关可按其转售给无关联关系的丙公司的价格减除合理的销售毛利，来调整甲公司与关联公司乙公司的交易价格。假定甲公司合理的销售毛利率为20%。

**【任务要求】** 按照再销售价格法调整甲公司从境外关联公司进货的价格（境外关联公司向甲公司销货的价格）。

**【任务实施】** 按照再销售价格法调整甲公司从境外关联公司进货的价格=20×（1-20%）=16（万元）

税务机关可按这一价格调整甲公司从境外关联公司进货的价格。

### 三、核定征收

企业不提供与其关联方之间业务往来资料，或者提供虚假、不完整资料，未能真实反映其关联业务往来情况的，税务机关有权依法核定其应纳税所得额。核定方法有：

（1）参照同类或者类似企业的利润率水平核定。

（2）按照企业成本加合理的费用和利润的方法核定。

（3）按照关联企业集团整体利润的合理比例核定。

（4）按照其他合理方法核定。

### 四、加收利息和追溯时限

企业实施其他不具有合理商业目的的安排而减少其应纳税收入或者所得额的，税务机关有权按照合理方法调整。不具有合理商业目的，是指以减少、免除或者推迟缴纳税款为主要目的。

#### （一）特别纳税调整的加收利息规定

税务机关根据企业所得税法及其实施条例作出的纳税调整决定，应在补征税款的基础上，从每一调整年度次年6月1日起至补缴税款之日止的期限，按日加收利息。所称利息，应当按照税款所属纳税年度中国人民银行公布的与补税期间同期的人民币贷款基准利率加5个百分点计算。

🔖**提示**　特别纳税调整加收的利息，不得在计算应纳税所得额时扣除。

### （二）特别纳税调整的追溯

企业与其关联方之间的业务往来，不符合独立交易原则，或者企业实施其他不具有合理商业目的的安排的，税务机关有权在该业务发生的纳税年度起10年内，进行纳税调整。

☞**【情境辨析4-14】** 企业与其关联方之间的业务往来，不符合独立交易原则，或者企业实施其他不具有合理商业目的安排的，税务机关有权在该业务发生的纳税年度起（　　）内，进行纳税调整。

A.3年　　　　　　　B.5年　　　　　　　C.8年　　　　　　　D.10年

# 任务七　企业所得税的纳税申报

### 任务引例4-7

我公司设有不具有法人资格的营业机构，请问企业所得税是否需要汇总纳税？增值税是否需要汇总纳税？

## 一、企业所得税的征收管理

### （一）企业所得税的纳税期限

企业所得税按年计征，分月或者分季预缴，年终汇算清缴，多退少补。

企业所得税的纳税年度，自公历1月1日起至12月31日止。企业在一个纳税年度的中间开业，或者由于合并、关闭等原因终止经营活动，使该纳税年度的实际经营期不足12个月的，应当以其实际经营期为一个纳税年度。企业清算时，应当以清算期间作为一个纳税年度。

企业按月或按季预缴的，应当自月份或者季度终了之日起15日内，向税务机关报送预缴企业所得税纳税申报表，预缴税款。

企业自年度终了之日起5个月内，向税务机关报送年度企业所得税纳税申报表，并汇算清缴，结清应缴税款或应退税款。对于2021年度及以后年度企业所得税汇算清缴，纳税人在纳税年度内预缴企业所得税税款超过汇算清缴应纳税款的，纳税人应及时申请退税，主管税务机关应及时按有关规定办理退税，不再抵缴其下一年度应缴企业所得税税款。

企业在一个纳税年度中间开业，或者终止经营活动，使该纳税年度的实际经营期不足12个月的，应当以其实际经营期为一个纳税年度。企业依法清算时，应当以清算期间作为一个纳税年度。企业应当在办理注销登记前，就其清算所得向税务机关申报并依法缴纳企业所得税。

🔖**提示**　企业在年度中间终止经营活动的，应当自实际经营终止之日起60日内，向税务机关办理当期企业所得税汇算清缴。

**知识答疑4-10**　企业所得税按年计征，分月或者分季预缴，请问预缴的依据是什么？

### （二）企业所得税的纳税地点

除税收法规、行政法规另有规定外，居民企业以企业登记注册地为纳税地点；但登记注册地在境外的，以实际管理机构所在地为纳税地点。企业登记注册地，是指企业依照国家有关规定登记注册的住所地。除国务院另有规定外，企业之间不得合并缴纳企业所得税。

🔶**点睛**　居民企业在中国境内设立不具有法人资格的营业机构的，应当汇总计算并缴纳企业所得税。企业汇总计算并缴纳所得税时，应当统一核算应纳税所得额。

### 任务引例4-7解析

对于企业所得税，根据《企业所得税法》的规定，居民企业在中国境内设立不具有法人资格的营业机构的，应当汇总计算并缴纳企业所得税；根据《企业所得税法实施条例》的规定，企业汇总计算并缴纳企业所得税时，应当统一核算应纳税所得额。

对于增值税，根据《增值税暂行条例》的规定，总机构和分支机构不在同一县（市）的，应当分别向各自所在地主管税务机关申报纳税；经国务院财政、税务主管部门或者其授权的财政、税务机关批准，可以由总机构汇总向总机构所在地的主管税务机关申报纳税。

因此，你公司设有不具有法人资格的营业机构，对于是否汇总纳税的问题，企业所得税与增值税的纳税方式是不一样的。

非居民企业在中国境内设立机构、场所的，应当就其所设机构、场所取得的来源于中国境内的所得，以及发生在中国境外但是与其所设机构、场所有实际联系的所得，以机构、场所所在地为纳税地点。非居民企业在中国境内设立两个或者两个以上的机构、场所的，经税务机关审核批准，可以选择由其主要机构、场所汇总缴纳企业所得税。非居民企业在中国未设立机构、场所的，或者虽然设立机构、场所但取得的所得与其所设机构、场所没有实际联系的，以扣缴义务人所在地为纳税地点。

### （三）纳税申报的其他要求

企业在报送企业所得税纳税申报表时，应当按照规定附送财务会计报告和其他有关资料。

依照企业所得税法缴纳的企业所得税，以人民币计算；所得以人民币以外的货币计算的，应当折合成人民币计算并缴纳税款。

企业在纳税年度内无论盈利或者亏损，都应当依照《企业所得税法》第五十四条规定的期限，向税务机关报送预缴企业所得税纳税申报表、年度企业所得税纳税申报表、财务会计报告和税务机关规定应当报送的其他有关资料。

## 二、企业所得税的纳税申报实务

### （一）企业所得税的预缴纳税申报实务

实行查账征收企业所得税的居民企业在月度、季度预缴申报时，应当填报"中华人民共和国企业所得税月（季）度预缴纳税申报表（A类）"（见表4-4）；执行《跨地区经营汇总纳税企业所得税征收管理办法》（国家税务总局公告2012年第57号发布，2018年第31号修改）的跨地区经营汇总纳税企业的分支机构，使用"中华人民共和国企业所得税月（季）度预缴纳税申报表（A类）"进行月度、季度预缴申报和年度汇算清缴申报；省（自治区、直辖市和计划单列市）税务机关对仅在本省（自治区、直辖市和计划单列市）内设立不具有法人资格分支机构的企业，参照《跨地区经营汇总纳税企业所得税征收管理办法》征收管理的，企业的分支机构按照本公告第三条规定进行月度、季度预缴申报和年度汇算清缴申报。

实行核定征收企业所得税的居民企业在月（季）度预缴纳税申报时，应当填报"中华人民共和国企业所得税月（季）度预缴和年度纳税申报表（B类）"；此外，实行核定应税所得率方式的居民企业在年度纳税申报时也填报本表。

表4-4　　A200000　　中华人民共和国企业所得税月（季）度预缴纳税申报表（A类）

税款所属期间：2025 年 10 月 01 日至 2025 年 12 月 31 日

纳税人识别号（统一社会信用代码）：91370722004056710T

纳税人名称：山东庆云有限责任公司　　　　　　　　　　　　金额单位：人民币元（列至角分）

| 优惠及附报事项 | | | | | | | | |
|---|---|---|---|---|---|---|---|---|
| **有 关 信 息** | | | | | | | | |
| 项　目 | 一季度 | | 二季度 | | 三季度 | | 四季度 | | 季度平均值 |
| | 季初 | 季末 | 季初 | 季末 | 季初 | 季末 | 季初 | 季末 | |
| 从业人数 | 400 | 400 | 400 | 400 | 400 | 400 | 400 | 400 | 400 |
| 资产总额（万元） | 7 000 | 7 000 | 7 000 | 7 000 | 7 000 | 7 000 | 7 000 | 7 000 | 7 000 |
| 国家限制或禁止行业 | □是　☑否 | | | | 小型微利企业 | | | □是　☑否 | |

| | 附报事项名称 | | 金额或选项 |
|---|---|---|---|
| 事项1 | □职工薪酬 | 已计入成本费用的职工薪酬（单位：元） | 略 |
| | | 实际支付给职工的应付职工薪酬（单位：元） | 略 |
| 事项2 | □出口方式（复选：发生了自营出口业务\发生了委托出口业务\承担了代理出口业务） | | 略 |
| 事项3 | | | |

| | 预缴税款计算 | 本年累计金额 |
|---|---|---|
| 1 | 营业收入 | 30 000 000.00 |
| 1.1 | 其中：自营出口收入 | |
| 1.2 | 委托出口收入 | |
| 1.3 | 出口代理费收入 | |
| 2 | 减：营业成本 | 15 000 000.00 |
| 3 | 减：税金及附加 | 500 000.00 |
| 4 | 减：销售费用 | 7 000 000.00 |
| 5 | 减：管理费用 | 5 500 000.00 |
| 6 | 减：研发费用 | 500 000.00 |
| 7 | 减：财务费用 | 500 000.00 |
| 8 | 加：其他收益 | |
| 9 | 加：投资收益（9.1+9.2+…）（损失以"—"号填列） | 1 070 000.00 [①] |
| 9.1 | 符合条件的居民企业之间的股息、红利等权益性投资收益 | 400 000.00 |
| 9.2 | 境外分支机构税后利润 | 670 000.00 |
| 9.3 | （填写投资收益事项名称） | |
| 10 | 加：净敞口套期收益（损失以"—"号填列） | |
| 11 | 加：公允价值变动收益（损失以"—"号填列） | |
| 12 | 加：信用减值损失（损失以"—"号填列） | |
| 13 | 加：资产减值损失（损失以"—"号填列） | |
| 14 | 加：资产处置收益（损失以"—"号填列） | 980 000.00 [②] |
| 15 | 营业利润（亏损以"—"号填列） | 3 050 000.00 |
| 16 | 加：营业外收入 | |
| 17 | 减：营业外支出 | 780 000.00 |
| 18 | 利润总额（15+16-17） | 2 270 000.00 |
| 19 | 加：特定业务计算的应纳税所得额 | |
| 19.1 | 其中：销售未完工产品的收入 | |

---

①　400 000+350 000+320 000=1 070 000

②　1 000 000-20 000=980 000

续表

| | | 预缴税款计算 | 本年累计金额 |
|---|---|---|---|
| 20 | 减：不征税收入 | | |
| 21 | 减：资产加速折旧、摊销（扣除）调减额（填写A201020） | | |
| 22 | 减：免税收入、减计收入、加计扣除（22.1+22.2+…） | | 400 000.00 |
| 22.1 | | 符合条件的居民企业之间的股息、红利等权益性投资收益免征企业所得税 | 400 000.00 |
| 22.2 | | （填写优惠事项名称） | |
| 23 | 减：所得减免（23.1+23.2+……） | | |
| 23.1 | | （填写优惠事项名称） | |
| 23.2 | | （填写优惠事项名称） | |
| 24 | 减：弥补以前年度亏损 | | |
| 25 | 实际利润额（18+19-20-21-22-23-24）\按照上一纳税年度应纳税所得额平均额确定的应纳税所得额 | | 1 870 000.00 |
| 26 | 税率（25%） | | 25% |
| 27 | 应纳所得税额（25×26） | | 467 500.00 |
| 28 | 减：减免所得税额（28.1+28.2+……） | | |
| 28.1 | | （填写优惠事项及代码） | |
| 28.2 | | （填写优惠事项及代码） | |
| 29 | 减：抵免所得税额 | | |
| 29.1 | | 其中：本年允许抵免专用设备投资额（填写专用设备投资类型） | |
| 29.2 | | 本年允许抵免专用设备投资额（填写专用设备投资类型） | |
| 30 | 减：本年累计已预缴所得税额 | | 342 500.00 |
| 31 | 减：特定业务预缴（征）所得税额 | | |
| 32 | 本期应补（退）所得税额（27-28-29-30-31）\税务机关确定的本期应纳所得税额 | | 125 000.00 |
| | | 汇总纳税企业总分机构税款计算 | |
| 33 | 总机构 | 总机构本期分摊应补（退）所得税额（34+35+36） | |
| 34 | | 其中：总机构分摊应补（退）所得税额（填写A202000表） | |
| 35 | | 财政集中分配应补（退）所得税额（填写A202000表） | |
| 36 | | 总机构主体生产经营部门分摊应补（退）所得税额（填写A202000表） | |
| 37 | 分支机构 | 分支机构本期分摊比例 | |
| 38 | | 分支机构本期分摊应补（退）所得税额 | |
| | | 实际缴纳企业所得税计算 | |
| 39 | 减：民族自治地区企业所得税地方分享部分（□免征 □减征：减征幅度＿＿＿%） | 本期实际减免金额 | |
| 40 | 实际应补（退）所得税额 | | |

谨声明：本纳税申报表是根据国家税收法律法规及相关规定填报的，是真实的、可靠的、完整的。

　　　　　　　　　　纳税人（签章）：山东庆云有限责任公司　　　　2026年01月12日

| 经办人：略 | 受理人： |
|---|---|
| 经办人身份证号：略 | 受理税务机关（章）： |
| 代理机构签章： | 受理日期：　　年　　月　　日 |
| 代理机构统一社会信用代码： | |

国家税务总局监制

### （二）企业所得税的年度汇算清缴纳税申报实务

实行查账征收企业所得税的居民企业在年度企业所得税汇算清缴时，应填报"企业所得税年度纳税申报主表"（见表4-9）以及附表（见表4-5至表4-8，包括但不限于，即部分附表略）。

表4-5 　　　　　　　A105050　职工薪酬支出及纳税调整明细表

| 行次 | 项目 | 账载金额 | 实际发生额 | 税收规定扣除率 | 以前年度累计结转扣除额 | 税收金额 | 纳税调整金额 | 累计结转以后年度扣除额 |
|---|---|---|---|---|---|---|---|---|
|  |  | 1 | 2 | 3 | 4 | 5 | 6（1-5） | 7（1+4-5） |
| 1 | 一、工资薪金支出 | 1 500 000.00 | 1 500 000.00 | * | * | 1 500 000.00 |  | * |
| 2 | 其中：股权激励 |  |  | * | * |  |  | * |
| 3 | 二、职工福利费支出 | 250 000.00 | 250 000.00 | 0.14 | * | 210 000.00 | 40 000.00 | * |
| 4 | 三、职工教育经费支出 | 142 500.00 | 142 500.00 | * |  | 120 000.00 | 22 500.00 | 22 500.00 |
| 5 | 其中：按税收规定比例扣除的职工教育经费 | 142 500.00 | 142 500.00 | 0.08 |  | 120 000.00 | 22 500.00 | 22 500.00 |
| 6 | 　　　按税收规定全额扣除的职工培训费用 |  |  | 1.00 | * |  |  | * |
| 7 | 四、工会经费支出 | 30 000.00 | 30 000.00 | 0.02 | * | 30 000.00 |  |  |
| 8 | 五、各类基本社会保障性缴款 | 600 000.00 | 600 000.00 |  |  | 600 000.00 |  |  |
| 9 | 六、住房公积金 | 400 000.00 | 400 000.00 | * | * | 400 000.00 |  | * |
| 10 | 七、补充养老保险 |  |  |  | * |  |  | * |
| 11 | 八、补充医疗保险 |  |  |  | * |  |  | * |
| 12 | 九、其他 |  |  | * |  |  |  |  |
| 13 | 合计（1+3+4+7+8+9+10+11+12） | 2 922 500.00 | 2 922 500.00 | * |  | 2 860 000.00 | 62 500.00 | 22 500.00 |

表4-6 　　　A105060　广告费和业务宣传费等跨年度纳税调整明细表

| 行次 | 项目 | 广告费和业务宣传费 | 保险企业手续费及佣金支出 |
|---|---|---|---|
|  |  | 1 | 2 |
| 1 | 一、本年支出 | 5 000 000.00 |  |
| 2 | 减：不允许扣除的支出 |  |  |
| 3 | 二、本年符合条件的支出（1-2） | 5 000 000.00 |  |
| 4 | 三、本年计算扣除限额的基数 | 30 000 000.00 |  |
| 5 | 乘：税收规定扣除率 | 0.15 |  |
| 6 | 四、本企业计算的扣除限额（4×5） | 4 500 000.00 |  |
| 7 | 五、本年结转以后年度扣除额（3>6，本行=3-6；3≤6，本行=0） | 500 000.00 |  |
| 8 | 加：以前年度累计结转扣除额 |  |  |
| 9 | 减：本年扣除的以前年度结转额 [3>6，本行=0；3≤6，本行=8与（6-3）孰小值] |  |  |
| 10 | 六、按照分摊协议归集至其他关联方的金额（10≤3与6孰小值） |  | * |
| 11 | 按照分摊协议从其他关联方归集至本企业的金额 |  | * |
| 12 | 七、本年支出纳税调整金额（3>6，本行=2+3-6+10-11；3≤6，本行=2+10-11-9） | 500 000.00 |  |
| 13 | 八、累计结转以后年度扣除额（7+8-9） | 500 000.00 |  |

表 4-7

**A105070 捐赠支出及纳税调整明细表**

单位：元（列至角分）

| 行次 | 项目 | 账载金额 1 | 以前年度结转可扣除的捐赠额 2 | 按税收规定计算的扣除限额 3 | 税收金额 4 | 纳税调增金额 5 | 纳税调减金额 6 | 可结转以后年度扣除的捐赠额 7 |
|---|---|---|---|---|---|---|---|---|
| 1 | 一、非公益性捐赠 | | * | * | * | * | * | * |
| 2 | 二、限额扣除的公益性捐赠（3+4+5+6） | 20 000.00 | * | 272 400.00 | 20 000.00 | | | |
| 3 | 前三年度（2022年） | * | * | * | * | * | | * |
| 4 | 前二年度（2023年） | * | * | * | * | * | | * |
| 5 | 前一年度（2024年） | * | * | * | * | * | | |
| 6 | 本年（2025年） | 20 000.00 | * | 272 400.00 | 20 000.00 | | * | * |
| 7 | 三、全额扣除的公益性捐赠 | * | * | * | | * | * | * |
| 8 | 1. | * | * | * | | * | * | * |
| 9 | 2. | * | * | * | | * | * | * |
| 10 | 3. | * | * | * | | * | | * |
| 11 | 合计（1+2+7） | 20 000.00 | * | 272 400.00 | 20 000.00 | | | |
| 附列资料 | 2015年度至本年度发生的公益性扶贫捐赠合计金额 | 20 000.00 | * | 272 400.00 | 20 000.00 | * | | * |

表 4-8　　　　　　　　　　　　**A105000 纳税调整项目明细表**　　　　　　单位：元（列至角分）

| 行次 | 项　目 | 账载金额 1 | 税收金额 2 | 调增金额 3 | 调减金额 4 |
|---|---|---|---|---|---|
| 1 | 一、收入类调整项目（2+3+…8+10+11） | * | | | |
| 2 | （一）视同销售收入（填写A105010） | * | | | * |
| 3 | （二）未按权责发生制原则确认的收入（填写A105020） | | | | |
| 4 | （三）投资收益（填写A105030） | | | | |
| 5 | （四）按权益法核算长期股权投资对初始投资成本调整确认收益 | * | * | | * |
| 6 | （五）交易性金融资产初始投资调整 | * | * | | * |
| 7 | （六）公允价值变动净损益 | | * | | |
| 8 | （七）不征税收入 | * | * | | |
| 9 | 　其中：专项用途财政性资金（填写A105040） | * | * | | |
| 10 | （八）销售折扣、折让和退回 | | | | |
| 11 | （九）其他 | | | | |
| 12 | 二、扣除类调整项目（13+14+…24+26+27+28+29+30） | * | * | 1 402 500.00 | |
| 13 | （一）视同销售成本（填写A105010） | * | | | * |
| 14 | （二）职工薪酬（填写A105050） | 2 922 500.00 | 2 860 000.00 | 62 500.00 | |
| 15 | （三）业务招待费支出 | 200 000.00 | 120 000.00 | 80 000.00 | * |
| 16 | （四）广告费和业务宣传费支出（填写A105060） | * | * | 500 000.00 | |
| 17 | （五）捐赠支出（填写A105070） | 20 000.00 | 20 000.00 | | |
| 18 | （六）利息支出 | 500 000.00 | 500 000.00 | | |
| 19 | （七）罚金、罚款和被没收财物的损失 | | * | | * |
| 20 | （八）税收滞纳金、加收利息 | 760 000.00 | * | 760 000.00 | * |
| 21 | （九）赞助支出 | | * | | * |
| 22 | （十）与未实现融资收益相关在当期确认的财务费用 | | | | * |
| 23 | （十一）佣金和手续费支出 | | | | * |
| 24 | （十二）不征税收入用于支出所形成的费用 | * | * | | * |
| 25 | 　其中：专项用途财政性资金用于支出所形成的费用（填写A105040） | * | * | | * |
| 26 | （十三）跨期扣除项目 | | | | |
| 27 | （十四）与取得收入无关的支出 | | * | | * |
| 28 | （十五）境外所得分摊的共同支出 | * | * | | * |
| 29 | （十六）党组织工作经费 | | | | |
| 30 | （十七）其他 | | | | |
| 31 | 三、资产类调整项目（32+33+34+35） | * | * | | |
| 32 | （一）资产折旧、摊销（填写A105080） | | | | |
| 33 | （二）资产减值准备金 | | * | | |
| 34 | （三）资产损失（填写A105090） | | | | |
| 35 | （四）其他 | | | | |
| 36 | 四、特殊事项调整项目（37+38+…+43） | * | * | | |
| 37 | （一）企业重组及递延纳税事项（填写A105100） | | | | |
| 38 | （二）政策性搬迁（填写A105110） | | * | | |
| 39 | （三）特殊行业准备金（填写A105120）（39.1+39.2+39.4+39.5+39.6+39.7） | | * | | |
| 39.1 | 1.保险公司保险保障基金 | | | | |
| 39.2 | 2.保险公司准备金 | | | | |
| 39.3 | 　其中：已发生未报案未决赔款准备金 | | | | |
| 39.4 | 3.证券行业准备金 | | | | |
| 39.5 | 4.期货行业准备金 | | | | |
| 39.6 | 5.中小企业融资（信用）担保机构准备金 | | | | |
| 39.7 | 6.金融企业、小额贷款公司准备金（填写A105120） | * | * | | |
| 40 | （四）房地产开发企业特定业务计算的纳税调整额（填写A105010） | * | | | |
| 41 | （五）合伙企业法人合伙人应分得的应纳税所得额 | | | | |
| 42 | （六）发行永续债利息支出 | | | | |
| 43 | （七）其他 | * | * | | |
| 44 | 五、特别纳税调整应税所得 | * | * | | |
| 45 | 六、其他 | * | * | | |
| 46 | 合计（1+12+31+36+44+45） | * | * | 1 402 500.00 | |

表 4-9　　　　　　　**A100000　企业所得税年度纳税申报主表**

税款所属期间：2025 年 01 月 01 日至 2025 年 12 月 31 日

纳税人统一社会信用代码（纳税人识别号）：91370722004056710T

纳税人名称：**山东庆云有限责任公司（公章）**　　　　　　　　　　金额单位：元（列至角分）

| 行次 | 类别 | 项目 | 金额 |
|---|---|---|---|
| 1 | | 一、营业收入（填写 A101010/101020/103000） | 30 000 000.00 |
| 2 | | 减：营业成本（填写 A102010/102020/103000） | 15 000 000.00 |
| 3 | | 减：税金及附加 | 500 000.00 |
| 4 | | 减：销售费用（填写 A104000） | 7 000 000.00 |
| 5 | | 减：管理费用（填写 A104000） | 5 500 000.00 |
| 6 | | 减：研发费用（填写 A104000） | 500 000.00 |
| 7 | | 减：财务费用（填写 A104000） | 500 000.00 |
| 8 | 利润总额计算 | 加：其他收益 | |
| 9 | | 加：投资收益（损失以"-"号填列） | 1 070 000.00① |
| 10 | | 加：净敞口套期收益（损失以"-"号填列） | |
| 11 | | 加：公允价值变动收益（损失以"-"号填列） | |
| 12 | | 加：信用减值损失（损失以"-"号填列） | |
| 13 | | 加：资产减值损失（损失以"-"号填列） | |
| 14 | | 加：资产处置收益（损失以"-"号填列） | 980 000.00② |
| 15 | | 二、营业利润（亏损以"-"号填列） | 3 050 000.00 |
| 16 | | 加：营业外收入（填写 A101010/101020/103000） | |
| 17 | | 减：营业外支出（填写 A102010/102020/103000） | 780 000.00 |
| 18 | | 三、利润总额（15+16-17） | 2 270 000.00 |
| 19 | 应纳税所得额计算 | 减：境外所得（填写 A108010） | 670 000.00 |
| 20 | | 加：纳税调整增加额（填写 A105000） | 1 402 500.00 |
| 21 | | 减：纳税调整减少额（填写 A105000） | |
| 22 | | 减：免税、减计收入及加计扣除（22.1+22.2+…） | 900 000.00 |
| 22.1 | | 符合条件的居民企业之间的股息、红利等权益性投资收益免征企业所得税 | 400 000.00 |
| 22.2 | | 企业开发新技术、新产品、新工艺发生的研究开发费用加计扣除（按 100% 加计扣除） | 500 000.00 |
| 23 | | 加：境外应税所得抵减境内亏损（填写 A108000） | |
| 24 | | 四、纳税调整后所得（18-19+20-21-22+23） | 2 102 500.00 |
| 25 | | 减：所得减免（填写 A107020） | |
| 26 | | 减：弥补以前年度亏损（填写 A106000） | |
| 27 | | 减：抵扣应纳税所得额（填写 A107030） | |
| 28 | | 五、应纳税所得额（24-25-26-27） | 2 102 500.00 |
| 29 | 应纳税额计算 | 税率（25%） | 0.25 |
| 30 | | 六、应纳所得税额（28×29） | 525 625.00 |
| 31 | | 减：减免所得税额（31.1+31.2+…） | |
| 31.1 | | （填写优惠事项名称） | |
| 31.2 | | （填写优惠事项名称） | |
| 32 | | 减：抵免所得税额（填写 A107050） | |
| 33 | 应纳税额计算 | 七、应纳税额（30-31-32） | 525 625.00 |
| 34 | | 加：境外所得应纳所得税额（填写 A108000） | 225 000.00 |
| 35 | | 减：境外所得抵免所得税额（填写 A108000） | 205 000.00 |
| 36 | | 八、实际应纳所得税额（33+34-35） | 545 625.00 |
| 37 | | 减：本年累计预缴所得税额 | 467 500.00 |
| 38 | | 九、本年应补（退）所得税额（36-37） | 78 125.00 |
| 39 | 实际应补（退）税额计算 | 其中：总机构分摊本年应补（退）所得税额（填写 A109000） | |
| 40 | | 财政集中分配本年应补（退）所得税额（填写 A109000） | |
| 41 | | 总机构主体生产经营部门分摊本年应补（退）所得税额（填写 A109000） | |
| 42 | | 减：民族自治地区企业所得税地方分享部分：（□免征　□减征：减征幅度____%） | |
| 43 | | 减：稽查查补（退）所得税额 | |
| 44 | | 减：特别纳税调整补（退）所得税额 | |
| 45 | | 十、本年实际应补（退）所得税额（38-42-43-44） | 78 125.00 |

---

① 400 000+350 000+320 000=1 070 000

② 1 000 000-20 000=980 000

## 项目引例解析

（1）计算山东庆云有限责任公司2025年第四季度应预缴的企业所得税税额和2025年度汇算清缴应补（退）的企业所得税税额。

❶逐笔分析经济业务，并计算出2025年度的会计利润总额。

会计利润总额=3 000-1 500-50-700-600-50+100-2+40+35+32-78=227（万元），不用单独进行计算，可根据会计账簿数据取数。

❷计算境外所得。

境外税后所得额=35+32=67（万元）

❸计算2025年度的纳税调整增加额。

A.广告费和业务宣传费的扣除限额=3 000×15%=450（万元），由于500万元>450万元，因此：

广告费和业务宣传费应调增应纳税所得额=500-450=50（万元）

B.业务招待费的扣除限额=3 000×5‰=15（万元），业务招待费发生额的60%=20×60%=12（万元），由于15万元>12万元，因此：

业务招待费应调增应纳税所得额=20-12=8（万元）

C.公益性捐赠支出的扣除限额=227×12%=27.24（万元），由于2万元<27.24万元，因此，公益性捐赠支出无须进行纳税调整。

D.支付的税收滞纳金应调增应纳税所得额=76万元

E.工会经费扣除限额=150×2%=3（万元），实际拨缴3万元，因此无须进行纳税调整。

F.职工福利费的扣除限额=150×14%=21（万元），由于25万元>21万元，因此：

职工福利费应调增应纳税所得额=25-21=4（万元）

G.职工教育经费的扣除限额=150×8%=12（万元），由于14.25万元>12万元，因此：

职工教育经费应调增应纳税所得额=14.25-12=2.25（万元）

纳税调整增加额合计=50+8+76+4+2.25=140.25（万元）

❹计算2025年度的纳税调整减少额。

纳税调整减少额=0

❺计算免税、减计收入及加计扣除额。

A.符合条件的居民企业之间的股息、红利等权益性投资收益额=40万元

B.开发新技术、新产品、新工艺发生的研究开发费用加计扣除额=50×100%=50（万元）

免税、减计收入及加计扣除额合计=40+50=90（万元）

❻计算2025年度的应纳税所得额。

应纳税所得额=227-67+140.25-90=210.25（万元）

❼计算2025年度的实际应纳所得税税额。

境内所得应纳所得税税额=210.25×25%=52.5625（万元）

境外税后所得换算为税前所得（税前所得即为境外应纳税所得额）：

A国的税前所得=35÷（1-30%）=50（万元）

或 A国的税前所得=35+15=50（万元）

B国的税前所得=32÷（1-20%）=40（万元）

或 B国的税前所得=32+8=40（万元）

境外所得应纳所得税税额=（50+40）×25%=22.5（万元）

A国的抵免限额=50×25%=12.5（万元）

　　B国的抵免限额=40×25%=10（万元）

　　在A国实际缴纳企业所得税15万元，大于抵免限额12.5万元，只能抵免12.5万元，超过限额的2.5万元（15-12.5）当年不得抵免，但可以在以后5个年度内，用每年度抵免限额抵免当年应抵税额后的余额进行抵补。

　　在B国实际缴纳企业所得税8万元，小于抵免限额10万元，可按照8万元全额抵扣。

　　境外所得抵免所得额=12.5+8=20.5（万元）

　　境外所得应补缴的企业所得税=22.5-20.5=2（万元）

　　实际应纳企业所得税=52.5625+22.5-20.5=52.5625+2=54.5625（万元）

　　❽计算2025年度应补缴或退回企业所得税。

　　2025年度应补缴企业所得税=52.5625+2-（34.25+12.5）=54.5625-46.75=7.8125（万元）

　　（2）山东庆云有限责任公司于2026年1月12日对2025年第四季度的预缴企业所得税进行纳税申报，填写2025年第四季度的"中华人民共和国企业所得税月（季）度预缴纳税申报表（A类）"。

　　填"中华人民共和国企业所得税月（季）度预缴纳税申报表（A类）"（见表4-4）。

　　（3）山东庆云有限责任公司于2026年5月15日进行企业所得税年度纳税申报（企业所得税汇算清缴），填写2025年度的"企业所得税年度纳税申报主表"及其附表。

　　❶填写职工薪酬支出及纳税调整明细表（见表4-5）、广告费和业务宣传费等跨年度纳税调整明细表（见表4-6）、捐赠支出及纳税调整明细表（见表4-7）和纳税调整项目明细表（见表4-8）等附表（略）。

　　❷填写（自动生成）"企业所得税年度纳税申报主表"（见表4-9）。

## ▶ 项目练习 ◀

　　1.甲企业为一家居民企业，本年度发生财务费用60万元，其中支付银行借款利息20万元，支付因向某商场借款500万元而发生的全年利息32万元。同期银行贷款年利率为6%。

　　要求：计算甲公司本年度可在企业所得税税前扣除的利息费用。

　　2.甲公司为一家居民企业，符合小型微利企业的条件，本年度会计利润为60万元；当年2月取得国债利息收入8万元，并在计算会计利润时作为投资收益。甲公司无其他纳税调整项目。

　　要求：计算甲公司本年度应缴纳的企业所得税税额。

## ▶ 项目实训 ◀

　　甲企业为一家居民企业，属于符合条件的国家重点扶持的高新技术企业，不符合小型微利企业的条件，本年发生经营业务如下：

　　（1）取得产品销售收入5 000万元。

　　（2）发生产品销售成本3 600万元。

　　（3）发生税金及附加40万元。

　　（4）发生销售费用770万元（其中广告费和业务宣传费共计760万元）。

　　（5）发生管理费用480万元（其中业务招待费25万元）。

　　（6）发生财务费用60万元。

　　（7）取得营业外收入80万元。

（8）发生营业外支出50万元（含通过公益性社会团体向贫困山区捐款30万元，支付税收滞纳金6万元）。

（9）计入成本、费用中的实发工资总额为200万元，拨缴职工工会经费5万元，发生职工福利费31万元，发生职工教育经费18万元。

（10）本年甲企业购进并投入使用了一台环境保护专业设备（符合《环境保护专用设备企业所得税优惠目录》规定的环境保护设备），取得增值税专用发票，注明的价款为100万元，税额为13万元，款项已付。

要求：计算甲企业本年应缴纳的企业所得税税额。

# 个人所得税纳税实务

## 学习目标

1.会界定个人所得税纳税人，会判断哪些业务应当缴纳个人所得税，会选择个人所得税适用税率，能充分运用个人所得税优惠政策。

2.能根据相关业务资料计算工资、薪金所得，劳务报酬所得，稿酬所得，特许权使用费所得（就居民个人而言，统称为综合所得）的应纳税额；经营所得的应纳税额；财产租赁所得的应纳税额；财产转让所得的应纳税额；利息、股息、红利所得和偶然所得的应纳税额，以及个人所得税几种特殊情况的应纳税额。

3.能根据相关业务资料填写个人所得税扣缴申报表，并能进行手工纳税申报及网上纳税申报，能根据相关业务资料填写"个人所得税扣缴申报表""个人所得税年度自行纳税申报表"等，并能进行个人所得税纳税申报。

## 素养提升

纳税人应当充分运用国家出台的个人所得税税收政策，合法合规纳税。

1.我国自2019年1月1日起开始全面实施综合与分类相结合的个人所得税改革，这次改革通过提高基本费用减除标准、增加专项附加扣除、优化调整税率结构、扩大低档税率的级距等方式，使得广大纳税人的税收负担普遍降低，使个人所得税税负水平更趋合理、公平。

2.我国税务部门近年来持续加强对高收入人群、高风险行业的税收监管，会同相关部门深入开展影视行业税收秩序综合治理，有利于进一步规范影视行业税收秩序，促进影视行业长期健康规范发展，体现了"完善个人所得税制度，规范收入分配秩序，规范财富积累机制，保护合法收入，调节过高收入"的精神。

### ➤ 项目引例——个人所得税的计算与代扣代缴（预扣预缴） ◄

山东蓝天有限责任公司（统一社会信用代码为91370890900987880S）的员工选择在本公司发放工资、薪金所得时享受专项附加扣除，并按照要求向本公司财务部报送了"个人所得税专项附加扣除信息表"，本公司会计人员已将本公司员工报送的"个人所得税专项附加扣除信息表"报送至主管税务机关。2025年2月13日，山东蓝天有限责任公司对2025年1月发放的工资、薪金进行个人所得税全员全额扣缴申报。山东蓝天有限责任公司共有6位员工，三险一金的计提基数为个人的上年度月平均工资、薪金额（与本年度每月税前工资、薪金收入相等），养老保险、医疗保险、失业保险、住房公积金的计提比例分别为8%、2%、0.5%、8%，且该公司的所有员工的三险一金均未超过标准，都可税前扣除。

其中：

（1）张强（法定代表人，身份证号：370702197802280000）每月税前工资、薪金收入75 000元，三险一金的计提基数为75 000元，个人负担的养老保险、医疗保险、失业保险、住房公积金分别为6 000元、1 500元、375元、6 000元，子女教育专项附加扣除额为1 000元，赡养老人专项附加扣除额为3 000元。

（2）李红（财务负责人，身份证号：370702197902130141）每月税前工资、薪金收入42 000元，三险一金的计提基数为42 000元，个人负担的养老保险、医疗保险、失业保险、住房公积金分别为3 360元、840元、210元、3 360元，赡养老人专项附加扣除额为3 000元。

（3）王强（经理，身份证号：370702198002150325）每月税前工资、薪金收入36 000元，三险一金的计提基数为36 000元，个人负担的养老保险、医疗保险、失业保险、住房公积金分别为2 880元、720元、180元、2 880元，住房贷款利息专项附加扣除额为1 000元，赡养老人专项附加扣除额为3 000元。

（4）李晓（记账会计兼办税员，身份证号：370702198202190045）每月税前工资、薪金收入10 000元，三险一金的计提基数为10 000元，个人负担的养老保险、医疗保险、失业保险、住房公积金分别为800元、200元、50元、800元，子女教育专项附加扣除额为2 000元，住房贷款利息专项附加扣除额为1 000元。

（5）徐升（销售人员，身份证号：370702198502130458）每月税前工资、薪金收入8 000元，三险一金的计提基数为8 000元，个人负担的养老保险、医疗保险、失业保险、住房公积金分别为640元、160元、40元、640元，住房贷款利息专项附加扣除额为1 000元。

（6）赵平（采购人员，身份证号：370702198602130123）每月税前工资、薪金收入5 600元，三险一金的计提基数为5 600元，个人负担的养老保险、医疗保险、失业保险、住房公积金分别为448元、112元、28元、448元，住房贷款利息专项附加扣除额为1 000元。

山东蓝天有限责任公司上述6位员工依法确定的其他扣除均为0。

⭐ **任务要求**

（1）计算山东蓝天有限责任公司2025年1月应代扣（预扣）的个人所得税税额。

（2）山东蓝天有限责任公司于2025年2月15日对2025年1月的个人所得税进行扣缴申报，填写"个人所得税基础信息表（A表）（适用于扣缴义务人填报）"和"个人所得税扣缴申报表"。

▶ **项目引例解析**　　见本项目的任务三。

# 任务一　个人所得税的认知

## 任务引例5-1

我公司每年都对业绩突出的员工组织免费出境游，对于每个人的实际花费是否需要缴纳个人所得税？

### 一、个人所得税纳税人和扣缴义务人的确定

#### (一) 个人所得税的纳税人

个人所得税是对个人取得的各项应税所得所征收的一种所得税。

取得应税所得的个人，为个人所得税的纳税人。个人所得税的纳税人具体包括自然人个人、个体工商户、个人独资企业投资者、合伙企业自然人合伙人。在我国，依据住所和居住时间两个标准，将个人所得税的纳税人分为居民个人和非居民个人两大类，各自承担不同的纳税义务。

**1.居民个人**

在中国境内有住所，或者无住所而一个纳税年度内在中国境内居住累计满 183 天的个人，为居民个人。居民个人从中国境内和境外取得的所得，依照个人所得税法的规定缴纳个人所得税。

🚩**提示**　在中国境内有住所，是指因户籍、家庭、经济利益关系而在中国境内习惯性居住；从中国境内和境外取得的所得，分别是指来源于中国境内的所得和来源于中国境外的所得。

🚩**点睛**　除国务院财政、税务主管部门另有规定外，下列所得，不论支付地点是否在中国境内，均为来源于中国境内的所得：

(1) 因任职、受雇、履约等在中国境内提供劳务取得的所得；

(2) 将财产出租给承租人在中国境内使用而取得的所得；

(3) 许可各种特许权在中国境内使用而取得的所得；

(4) 转让中国境内的不动产等财产或者在中国境内转让其他财产取得的所得；

(5) 从中国境内企业、事业单位、其他组织以及居民个人取得的利息、股息、红利所得。

**2.非居民个人**

在中国境内无住所又不居住，或者无住所而一个纳税年度内在中国境内居住累计不满 183 天的个人，为非居民个人。非居民个人从中国境内取得的所得，依照个人所得税法的规定缴纳个人所得税。

🚩**点睛**　上述纳税年度，自公历 1 月 1 日起至 12 月 31 日止。

🚩**提示**　在中国境内无住所的个人，在中国境内居住累计满 183 天的年度连续不满 6 年的，经向主管税务机关备案，其来源于中国境外且由境外单位或者个人支付的所得，免予缴纳个人所得税；在中国境内居住累计满 183 天的任一年度中有一次离境超过 30 天的，其在中国境内居住累计满 183 天的年度连续年限重新起算。

在中国境内无住所的个人，在一个纳税年度内在中国境内居住累计不超过 90 天的，其来源于中国境内的所得，由境外雇主支付并且不由该雇主在中国境内的机构、场所负担的部分，免予缴纳个人所得税。

居民个人和无住所居民个人有关个人所得税政策

在中国境内无住所的个人（无住所个人）居住时间的判定标准规定如下：无住所个人一个纳税年度在中国境内累计居住满 183 天的，如果此前 6 年在中国境内每年累计居住天数都满 183 天而且没有任何一年单次离境超过 30 天，该纳税年度来源于中国境内、境外所得应当缴纳个人所得税；如果此前 6 年的任一年在中国境内累计居住天数不满 183 天或者单次离境超过 30 天，该纳税年度来源于中国境外且由境外单位或者个人支付的所得，免予缴纳个人所得税。这里的"此前 6 年"，是指该纳税年度的前 1 年至前 6 年的连续 6 个年度，此前 6 年的起始年度自 2019 年

个人所得税 183 天居住时间判定标准

（含）以后年度开始计算。无住所个人一个纳税年度内在中国境内累计居住天数，按照个人在中国境内累计停留的天数计算。在中国境内停留的当天满24小时的，计入中国境内居住天数，在中国境内停留的当天不足24小时的，不计入中国境内居住天数。

### （二）个人所得税的扣缴义务人

个人所得税以支付所得的单位或者个人为扣缴义务人。

## 二、个人所得税征税对象的确定

个人所得税的征税对象是个人取得的应税所得。个人所得的形式，包括现金、实物、有价证券和其他形式的经济利益。所得为实物的，应当按照取得的凭证上所注明的价格计算应纳税所得额；无凭证的实物或者凭证上所注明的价格明显偏低的，参照市场价格核定应纳税所得额。所得为有价证券的，根据票面价格和市场价格核定应纳税所得额。所得为其他形式的经济利益的，参照市场价格核定应纳税所得额。

下列各项个人所得，应当缴纳个人所得税：（1）工资、薪金所得；（2）劳务报酬所得；（3）稿酬所得；（4）特许权使用费所得；（5）经营所得；（6）利息、股息、红利所得；（7）财产租赁所得；（8）财产转让所得；（9）偶然所得。

### （一）工资、薪金所得

工资、薪金所得，是指个人因"任职或者受雇"而取得的工资、薪金、奖金、年终加薪、劳动分红、津贴、补贴以及与任职或者受雇有关的其他所得。

"年终加薪、劳动分红"不分种类和取得情况，一律按工资、薪金所得征税。

不属于工资、薪金性质的"补贴、津贴"，不征收个人所得税，具体包括：❶独生子女补贴；❷执行公务员工资制度未纳入基本工资总额的补贴、津贴差额和家属成员的副食补贴；❸托儿补助费；❹差旅费津贴、误餐补助。

> **知识答疑5-1** 如何理解误餐补助？

退休人员再任职取得的收入，在减除按税法规定的费用扣除标准后，按"工资、薪金所得"项目缴纳个人所得税。

离退休人员按规定领取离退休工资或养老金外，另从原任职单位取得的各类补贴、奖金、实物，不属于免税项目，应按"工资、薪金所得"应税项目的规定缴纳个人所得税。

对商品营销活动中，企业对营销业绩突出的雇员以培训班、研讨会、工作考察等名义组织旅游活动，通过免收差旅费、旅游费对个人实行的营销业绩奖励（包括实物、有价证券等），应根据所发生费用的金额并入营销人员当期的工资、薪金所得，按照"工资、薪金所得"项目征收个人所得税。

### 任务引例5-1解析

《财政部　国家税务总局关于企业以免费旅游方式提供对营销人员个人奖励有关个人所得税政策的通知》（财税〔2004〕11号）规定，按照我国现行个人所得税法律法规有关规定，对商品营销活动中，企业和单位对营销业绩突出人员以培训班、研讨会、工作考察等名义组织旅游活动，通过免收差旅费、旅游费对个人实行的营销业绩奖励（包括实物、有价证券等），应根据所发生费用全额计入营销人员应税所得，依法征收个人所得税，并由提供上述费用的企业和单位代扣代缴。其中，对企业雇员享受的此类奖励，应与当期的工资、薪金合并，按照"工资、薪金所得"项目征收个人所得税；对其他人员享受的此类奖励，应作为当期的劳务收入，按照"劳务报酬所得"项目征收个人所得税。

☞【情境辨析5-1】下列各项中，应当按照工资、薪金所得项目征收个人所得税的有（　　）。

A.劳动分红　　　　　　　　　B.独生子女补贴

C.差旅费津贴　　　　　　　　D.年终奖励

### （二）劳务报酬所得

劳务报酬所得，是指个人从事劳务取得的所得，包括从事设计、装潢、安装、制图、化验、测试、医疗、法律、会计、咨询、讲学、翻译、审稿、书画、雕刻、影视、录音、录像、演出、表演、广告、展览、技术服务、介绍服务、经纪服务、代办服务以及其他劳务取得的所得。

上述各项所得一般属于个人独立从事自由职业取得的所得或属于独立个人劳动所得。

🏷提示　个人担任董事职务所取得的董事费收入，属于劳务报酬性质，按"劳务报酬所得"项目征税。

> 知识答疑5-2　如何区分劳务报酬所得与工资、薪金所得？

☞【情境辨析5-2】根据个人所得税法律制度的规定，下列个人所得中，应按"劳务报酬所得"项目征收个人所得税的有（　　）。

A.某大学教授从甲企业取得的咨询费

B.某公司高管从乙大学取得的讲课费

C.某设计院设计师从丙设计公司取得的设计费

D.某公司对非雇员的营销业绩奖励

在校学生因参与勤工俭学活动（包括参与学校组织的勤工俭学活动）而取得属于《个人所得税法》规定的应税所得项目的所得，应依法缴纳个人所得税。

对商品营销活动中，企业和单位对营销业绩突出的非雇员以培训班、研讨会、工作考察等名义组织旅游活动，通过免收差旅费、旅游费对个人实行的营销业绩奖励（包括实物、有价证券等），应根据所发生费用的全额作为该营销人员当期的劳务收入，按照"劳务报酬所得"项目征收个人所得税，并由提供上述费用的企业和单位代扣代缴。

### （三）稿酬所得

稿酬所得，是指个人因其作品以图书、报刊等形式出版、发表而取得的所得。作品包括文学作品、书画作品、摄影作品，以及其他作品。作者去世后，财产继承人取得的遗作稿酬，也应征收个人所得税。

《个人所得税法》将具有特许权使用费和劳务报酬性质的稿酬所得单独列为一个独立的税目，不仅因为稿酬所得有着不完全等同于特许权使用费所得和一般劳务报酬所得的特点，而且有利于单独制定征税办法，体现国家的优惠、照顾政策。

### （四）特许权使用费所得

特许权使用费所得，是指个人提供专利权、商标权、著作权、非专利技术以及其他特许权的使用权取得的所得。提供著作权的使用权取得的所得，不包括稿酬所得。

作者将自己的文字作品手稿原件或复印件拍卖取得的所得，应按"特许权使用费所得"项目征收个人所得税。

个人取得特许权的经济赔偿收入，应按"特许权使用费所得"项目缴纳个人所得税，税款由支付赔偿的单位或个人代扣代缴。

从 2005 年 5 月 1 日起，编剧从电视剧的制作单位取得的剧本使用费，不再区分剧本的使用方是否为其任职单位，统一按"特许权使用费所得"项目征收个人所得税。

🔖**点睛**　一般情况下无形资产使用权的转让按特许权使用费所得征税，但土地使用权、股权、债权（股权、债权属于广义的"无形资产"范畴）例外，土地使用权、股权、债权的转让按"财产转让所得"项目征税。

### （五）经营所得

经营所得，是指：❶个体工商户从事生产、经营活动取得的所得，个人独资企业投资人、合伙企业的个人合伙人来源于境内注册的个人独资企业、合伙企业生产、经营的所得；❷个人依法从事办学、医疗、咨询以及其他有偿服务活动取得的所得；❸个人对企业、事业单位承包经营、承租经营以及转包、转租取得的所得；❹个人从事其他生产、经营活动取得的所得。

个体工商户、个人独资企业和合伙企业或个人从事种植业、养殖业、饲养业、捕捞业取得的所得，暂不征收个人所得税。

个体工商户和从事生产经营的个人，取得与生产、经营活动无关的其他各项应税所得，应分别按照有关规定，计算征收个人所得税。

出租车归属为个人的，属于"经营所得"，包括：从事个体出租车运营的出租车驾驶员取得的收入；出租车属个人所有，但挂靠出租汽车经营单位或企事业单位，驾驶员向挂靠单位缴纳管理费的；或出租汽车经营单位将出租车所有权转移给驾驶员的，出租车驾驶员从事客货运营取得的收入。

出租汽车经营单位对出租车驾驶员采取单车承包或承租方式运营，出租车驾驶员从事客运取得的收入，按"工资、薪金所得"项目征税。

**实务答疑5-1**　本人拥有一辆小汽车，打算从事出租车运营，通过挂靠在某出租车公司名下，由出租车公司统一向客户开具发票，本人只需要向出租车公司缴纳一定的管理费。请问本人应如何缴纳个人所得税？

### （六）财产租赁所得

财产租赁所得是指个人出租不动产、机器设备、车船以及其他财产取得的所得。

### （七）财产转让所得

财产转让所得，是指个人转让有价证券、股权、合伙企业中的财产份额、不动产、机器设备、车船以及其他财产取得的所得。从 1997 年 1 月 1 日起，对个人转让上市公司股票取得的所得继续暂免征收个人所得税，但从 2010 年 1 月 1 日起，对个人转让上市公司限售股征收个人所得税。转让境外上市公司股票所得按照财产转让所得缴纳个人所得税。

### （八）利息、股息、红利所得

利息、股息、红利所得，是指个人拥有债权、股权等而取得的利息、股息、红利所得。

个人取得国债利息、国家发行的金融债券利息、教育储蓄存款利息，均免征个人所得税。

储蓄存款在1999年10月31日前孳生的利息，不征收个人所得税；储蓄存款在1999年11月1日至2007年8月14日孳生的利息，按照20%的税率征收个人所得税；储蓄存款在2007年8月15日至2008年10月8日孳生的利息，按照5%的税率征收个人所得税；储蓄存款在2008年10月9日后（含10月9日）孳生的利息，暂免征收个人所得税。

自2015年9月8日起，个人从公开发行和转让市场取得的上市公司股票，持股期限超过1年的，股息红利所得暂免征收个人所得税。个人从公开发行和转让市场取得的上市公司股票，持股期限在1个月以内（含1个月）的，其股息红利所得全额计入应纳税所得额；持股期限在1个月以上至1年（含1年）的，暂减按50%计入应纳税所得额；上述所得统一适用20%的税率计征个人所得税。

### （九）偶然所得

偶然所得是指个人得奖、中奖、中彩以及其他偶然性质的所得。

> **实务答疑5-2** 今年春节，老板为了激励员工，以本公司的名义，通过微信平台向员工发放红包。请问对员工来说，是否需要缴纳个人所得税？

🔖**提示**　个人取得的所得，难以界定应纳税所得项目的，由国务院税务主管部门确定。

### 三、个人所得税税率的判定

个人所得税分别按不同个人所得项目，规定了超额累进税率和比例税率两种形式。

### （一）工资、薪金所得，劳务报酬所得，稿酬所得，特许权使用费所得个人所得税的预扣率（预扣预缴）

1.居民个人工资、薪金所得预扣预缴个人所得税的预扣率

居民个人工资、薪金所得预扣预缴个人所得税的预扣率表见表5-1。

表5-1　　　　居民个人工资、薪金所得预扣预缴个人所得税的预扣率表

| 级数 | 累计预扣预缴应纳税所得额 | 预扣率（%） | 速算扣除数（元） |
|---|---|---|---|
| 1 | 不超过36 000元的部分 | 3 | 0 |
| 2 | 超过36 000元至144 000元的部分 | 10 | 2 520 |
| 3 | 超过144 000元至300 000元的部分 | 20 | 16 920 |
| 4 | 超过300 000元至420 000元的部分 | 25 | 31 920 |
| 5 | 超过420 000元至660 000元的部分 | 30 | 52 920 |
| 6 | 超过660 000元至960 000元的部分 | 35 | 85 920 |
| 7 | 超过960 000元的部分 | 45 | 181 920 |

2.居民个人劳务报酬所得预扣预缴个人所得税的预扣率

居民个人劳务报酬所得预扣预缴个人所得税的预扣率表见表5-2。

表5-2　　　　　　居民个人劳务报酬所得预扣预缴个人所得税的预扣率表

| 级数 | 预扣预缴应纳税所得额 | 预扣率（%） | 速算扣除数（元） |
|------|------|------|------|
| 1 | 不超过20 000元的 | 20 | 0 |
| 2 | 超过20 000元至50 000元的部分 | 30 | 2 000 |
| 3 | 超过50 000元的部分 | 40 | 7 000 |

3.居民个人稿酬所得、特许权使用费所得预扣预缴个人所得税的预扣率

居民个人稿酬所得、特许权使用费所得适用20%的比例预扣率。

（二）工资、薪金所得，劳务报酬所得，稿酬所得，特许权使用费所得个人所得税的适用税率（非预扣预缴）

1.居民个人综合所得个人所得税的适用税率（按年汇算清缴）

就居民个人而言，工资、薪金所得，劳务报酬所得，稿酬所得，特许权使用费所得统称为综合所得。综合所得，适用3%至45%的七级超额累进税率。居民个人综合所得个人所得税的税率表（按年）见表5-3。

表5-3　　　　　　居民个人综合所得个人所得税的税率表（按年）

| 级数 | 全年应纳税所得额 | 税率（%） | 速算扣除数（元） |
|------|------|------|------|
| 1 | 不超过36 000元的 | 3 | 0 |
| 2 | 超过36 000元至144 000元的部分 | 10 | 2 520 |
| 3 | 超过144 000元至300 000元的部分 | 20 | 16 920 |
| 4 | 超过300 000元至420 000元的部分 | 25 | 31 920 |
| 5 | 超过420 000元至660 000元的部分 | 30 | 52 920 |
| 6 | 超过660 000元至960 000元的部分 | 35 | 85 920 |
| 7 | 超过960 000元的部分 | 45 | 181 920 |

（注：表5-3所称"全年应纳税所得额"是指依照《个人所得税法》第六条的规定，居民个人取得综合所得以每一纳税年度收入额减除费用60 000元以及专项扣除、专项附加扣除和依法确定的其他扣除后的余额）

2.非居民个人工资、薪金所得，劳务报酬所得，稿酬所得，特许权使用费所得个人所得税的适用税率

非居民个人工资、薪金所得，劳务报酬所得，稿酬所得，特许权使用费所得个人所得税的税率表见表5-4[①]（依照表5-3按月换算后）。

表5-4　　非居民个人工资、薪金所得，劳务报酬所得，稿酬所得，特许权使用费所得

个人所得税的税率表

| 级数 | 应纳税所得额 | 税率（%） | 速算扣除数（元） |
|------|------|------|------|
| 1 | 不超过3 000元的 | 3 | 0 |
| 2 | 超过3 000元至12 000元的部分 | 10 | 210 |
| 3 | 超过12 000元至25 000元的部分 | 20 | 1 410 |
| 4 | 超过25 000元至35 000元的部分 | 25 | 2 660 |
| 5 | 超过35 000元至55 000元的部分 | 30 | 4 410 |
| 6 | 超过55 000元至80 000元的部分 | 35 | 7 160 |
| 7 | 超过80 000元的部分 | 45 | 15 160 |

① 在2017年12月31日前，居民个人取得全年一次性奖金，可以选择不并入当年综合所得，以全年一次性奖金收入除以12个月得到的数额，按照按月换算后的综合所得税率表（简称月度税率表）（见表5-4），确定适用税率和速算扣除数，单独计算纳税。

☞【情境辨析5-3】下列各项中，属于《个人所得税法》中规定的综合所得的有（　　）。

A.工资、薪金所得　　　　　　　　　B.劳务报酬所得

C.经营所得　　　　　　　　　　　　D.特许权使用费所得

### （三）经营所得的适用税率

经营所得，适用5%至35%的五级超额累进税率。经营所得个人所得税的税率表见表5-5。

表 5-5　　　　　　　　　　　经营所得个人所得税的税率表

| 级数 | 全年应纳税所得额 | 税率（%） | 速算扣除数（元） |
|---|---|---|---|
| 1 | 不超过30 000元的 | 5 | 0 |
| 2 | 超过30 000元至90 000元的部分 | 10 | 1 500 |
| 3 | 超过90 000元至300 000元的部分 | 20 | 10 500 |
| 4 | 超过300 000元至500 000元的部分 | 30 | 40 500 |
| 5 | 超过500 000元的部分 | 35 | 65 500 |

### （四）财产租赁所得，财产转让所得，利息、股息、红利所得和偶然所得的适用税率

财产租赁所得，财产转让所得，利息、股息、红利所得和偶然所得，适用比例税率，税率为20%。

◀ 提示　为了配合国家住房制度改革，支持住房租赁市场的健康发展，从2008年3月1日起，对个人出租住房取得的所得暂减按10%的税率征收个人所得税。

### 四、个人所得税优惠政策的运用

#### （一）法定免税项目

（1）省级人民政府、国务院部委和中国人民解放军军以上单位，以及外国组织、国际组织颁发的科学、教育、技术、文化、卫生、体育、环境保护等方面的奖金。

◀ 提示　"省政府"给奥运会冠军颁发的体育奖金免税，"县政府"给奥运会冠军颁发的体育奖金仍需缴纳个人所得税。

（2）国债和国家发行的金融债券的利息。

（3）按照"国家统一规定"发给的补贴、津贴（指按照国务院规定发给的政府特殊津贴、院士津贴，以及国务院规定免予缴纳个人所得税的其他补贴、津贴）。

（4）福利费、抚恤金、救济金。

福利费是指根据国家有关规定，从单位提留的福利费或者从工会经费中支付给个人的生活补助费。抚恤金是指国家或组织发给因公受伤或残疾的人员、因公牺牲以及病故人员的家属的费用。救济金是指国家各级人民政府民政部门支付给个人的生活困难补助费。

（5）保险赔款。

（6）军人的转业费、复员费、退役金。

（7）按照"国家统一规定"发给干部、职工的安家费、退职费、基本养老金或者退休费、离休费、离休生活补助费。

（8）依照有关法律规定应予免税的各国驻华使馆、领事馆的外交代表、领事官员和其他人员的所得。

（9）中国政府参加的国际公约、签订的协议中规定免税的所得。

（10）国务院规定的其他免税所得。

### （二）法定减税项目

有下列情形之一的，可以减征个人所得税，具体幅度和期限，由省、自治区、直辖市人民政府规定，并报同级人民代表大会常务委员会备案：

（1）残疾、孤老人员和烈属的所得。

> **提示** 对残疾人个人取得的"劳动所得"才能适用减税规定，具体所得项目为工资、薪金所得，劳务报酬所得，稿酬所得，特许权使用费所得和经营所得。

（2）因自然灾害遭受重大损失的。

国务院可以规定其他减税情形，报全国人民代表大会常务委员会备案。

### （三）其他免税和暂免征税项目

（1）外籍个人以非现金形式或实报实销形式取得的住房补贴、伙食补贴、搬迁费、洗衣费。

（2）外籍个人按合理标准取得的境内、境外出差补贴。

（3）外籍个人取得的语言训练费、子女教育费等，经当地税务机关审核批准为合理的部分。

> **提示** 2019年1月1日至2023年12月31日期间，外籍个人符合居民个人条件的，可以选择享受个人所得税专项附加扣除，也可以选择按照相关法律文件规定，享受住房补贴、语言训练费、子女教育费等津补贴免税优惠政策，但不得同时享受。外籍个人一经选择，在一个纳税年度内不得变更。自2024年1月1日至2027年12月31日，上述政策继续执行。

（4）外籍个人从外商投资企业取得的股息、红利所得。

（5）个人在上海、深圳证券交易所转让从上市公司公开发行和转让市场取得的股票，转让所得暂不征收个人所得税。

（6）自2018年11月1日（含）起，对个人转让全国中小企业股份转让系统（新三板）挂牌公司非原始股取得的所得，暂免征收个人所得税。非原始股是指个人在新三板挂牌公司挂牌后取得的股票，以及由上述股票孳生的送、转股。

（7）个人举报、协查各种违法、犯罪行为而获得的奖金。

（8）个人转让自用达5年以上，并且是家庭唯一生活用房取得的所得。

（9）对个人购买福利彩票、赈灾彩票、体育彩票，一次中奖收入在1万元以下的（含1万元），暂免征收个人所得税；超过1万元的，全额征收个人所得税。

（10）达到离休、退休年龄，但确因工作需要，适当延长离休、退休年龄的高级专家（指享受国家发放的政府特殊津贴的专家、学者），其在延长离休、退休期间的工资、薪金所得，视同离休、退休工资。

（11）对国有企业职工，因企业依法被宣告破产，从破产企业取得的一次性安置费收入。

（12）职工与用人单位解除劳动关系取得的一次性补偿收入（包括用人单位发放的经济补偿金、生活补助费和其他补助费用），在当地上年职工年平均工资3倍数额以内的部分，可免征个人所得税；超过该标准的一次性补偿收入，应按照国家有关规定征收个人所得税。

（13）城镇企业、事业单位及其职工个人按照《失业保险条例》规定的比例，实际缴付的失业保险费，均不计入职工个人当期的工资、薪金收入，免予征收个人所得税。城镇企业、事业单位和职工个人超过上述规定的比例缴付失业保险费的，将其超过规定比例缴付的部分计入职工个人当期的工资、薪金收入，依法计征个人所得税。

（14）企业和个人按照国家或地方政府规定的比例，提取并向指定金融机构实际缴付的住房公积金、医疗保险金、基本养老保险金。

（15）个人领取原提存的住房公积金、医疗保险金、基本养老保险金，以及具备《失业保险条例》中规定条件的失业人员领取的失业保险金。

（16）个人取得的教育储蓄存款利息所得和按照国家或省级人民政府规定的比例缴付的住房公积金、医疗保险金、基本养老保险金、失业保险金存入银行个人账户所取得的利息所得。

（17）自2008年10月9日（含）起，对储蓄存款利息所得暂免征收个人所得税。

（18）自2019年7月1日起至2024年6月30日，个人持有全国中小企业股份转让系统挂牌公司的股票，持股期限超过1年的，对股息红利所得暂免征收个人所得税；个人持有挂牌公司的股票，持股期限在1个月以内（含1个月）的，其股息红利所得全额计入应纳税所得额；持股期限在1个月以上至1年（含1年）的，其股息红利所得暂减按50%计入应纳税所得额。上述所得统一适用20%的税率计征个人所得税。自2024年7月1日至2027年12月31日，上述政策继续执行。

（19）对被拆迁人按照国家有关城镇房屋拆迁管理办法规定的标准取得的拆迁补偿款。

（20）个体工商户、个人独资企业和合伙企业或个人从事种植业、养殖业、饲养业、捕捞业取得的所得。

（21）企业在销售商品（产品）和提供服务过程中向个人赠送礼品，属于下列情形之一的，不征收个人所得税：

❶企业通过价格折扣、折让方式向个人销售商品（产品）和提供服务；

❷企业在向个人销售商品（产品）和提供服务的同时给予赠品，如通信企业对个人购买手机赠话费、入网费，或者购话费赠手机等；

❸企业对累积消费达到一定额度的个人按消费积分反馈礼品。

（22）自2019年1月1日起至2023年12月31日，广东省、深圳市按内地与香港个人所得税税负差额，对在大湾区工作的境外（含港澳台，下同）高端人才和紧缺人才给予补贴，该补贴免征个人所得税。自2024年1月1日至2027年12月31日，上述政策继续执行。

在大湾区工作的境外高端人才和紧缺人才的认定与补贴办法，按照广东省、深圳市的有关规定执行。其适用范围包括广东省广州市、深圳市、珠海市、佛山市、惠州市、东莞市、中山市、江门市和肇庆市等大湾区珠三角九市。

（23）自2020年1月1日至2024年12月31日，对在海南自由贸易港工作的高端人才和紧缺人才，其个人所得税实际税负超过15%的部分，予以免征。自2025年1月1日至2027年12月31日，上述政策继续执行。

享受上述优惠政策的所得包括来源于海南自由贸易港的综合所得（包括工资、薪金，劳务报酬，稿酬，特许权使用费四项所得）、经营所得以及经海南省认定的人才补贴性所得。

纳税人在海南省办理个人所得税年度汇算清缴时享受上述优惠政策。

对享受上述优惠政策的高端人才和紧缺人才实行清单管理，由海南省商财政部、国家税务总局制定具体管理办法。

（24）自2019年1月1日起至2023年12月31日，一个纳税年度内在船航行时间累计满183天的远洋船员，其取得的工资、薪金收入减按50%计入应纳税所得额，依法缴纳个人所得税。自2025年1月1日至2027年12月31日，上述政策继续执行。

远洋船员是指在海事管理部门依法登记注册的国际航行船舶船员和在渔业管理部门依法登记注册的远洋渔业船员。

在船航行时间是指远洋船员在国际航行或作业船舶和远洋渔业船舶上的工作天数。一个纳税年度内的在船航行时间为一个纳税年度内在船航行时间的累计天数。

**提示** 远洋船员可选择在当年预扣预缴税款或者在次年个人所得税汇算清缴时享受上述优惠政策。

（25）自2023年1月1日起至2027年12月31日，对个体工商户年应纳税所得额不超过200万元的部分，减半征收个人所得税。个体工商户在享受现行其他个人所得税优惠政策的基础上，可叠加享受本条优惠政策。个体工商户不区分征收方式，均可享受。

（26）自2022年1月1日起，对法律援助人员按照《中华人民共和国法律援助法》规定获得的法律援助补贴，免征增值税和个人所得税。法律援助机构向法律援助人员支付法律援助补贴时，应当为获得补贴的法律援助人员办理个人所得税劳务报酬所得免税申报。

（27）自2022年10月1日至2023年12月31日，对出售自有住房并在现住房出售后1年内在市场重新购买住房的纳税人，对其出售现住房已缴纳的个人所得税予以退税优惠。其中，新购住房金额大于或等于现住房转让金额的，全部退还已缴纳的个人所得税；新购住房金额小于现住房转让金额的，按新购住房金额占现住房转让金额的比例退还出售现住房已缴纳的个人所得税。享受上述规定优惠政策的纳税人须同时满足以下条件：❶纳税人出售和重新购买的住房应在同一城市范围内。同一城市范围是指同一直辖市、副省级城市、地级市（地区、州、盟）所辖全部行政区划范围。❷出售自有住房的纳税人与新购住房之间须直接相关，应为新购住房产权人或产权人之一。另外，对于出售多人共有住房或新购住房为多人共有的，应按照纳税人所占产权份额确定该纳税人现住房转让金额或新购住房金额。自2024年1月1日至2025年12月31日，上述政策继续执行。

（28）自2024年1月1日起，在全国范围实施个人养老金递延纳税优惠政策。在缴费环节，个人向个人养老金资金账户的缴费，按照12 000元/年的限额标准，在综合所得或经营所得中据实扣除；在投资环节，计入个人养老金资金账户的投资收益暂不征收个人所得税；在领取环节，个人领取的个人养老金，不并入综合所得，单独按照3%的税率计算缴纳个人所得税，其缴纳的税款记入"工资、薪金所得"项目。个人缴费享受税前扣除优惠时，以个人养老金信息管理服务平台出具的扣除凭证为扣税凭据。取得工资薪金所得、按累计预扣法预扣预缴个人所得税劳务报酬所得的，其缴费可以选择在当年预扣预缴或次年汇算清缴时在限额标准内据实扣除。选择在当年预扣预缴的，应及时将相关凭证提供给扣缴单位。扣缴单位应按照税法有关要求，为纳税人办理税前扣除有关事项。取得其他劳务报酬、稿酬、特许权使用费等所得或经营所得的，其缴费在次年汇算清缴时在限额标准内据实扣除。个人按规定领取个人养老金时，由开立个人养老金资金账户所在市的商业银行机构代扣代缴其应缴的个人所得税。

【素养园地】

个人养老金税收
优惠一扫即办

☞【情境辨析5-4】个人取得的下列所得可以免征个人所得税的有（　　　）。

A.个人购买国债取得的利息　　　　　B.军人取得的转业安置费

C.个人购买福利彩票一次中奖2 000元　　　D.在校学生勤工俭学取得的所得

## 任务二　个人所得税的计算

### 任务引例5-2

某高校李老师本年每月从本单位领取工资收入7 000元；本年3月去其他学校进行学术报告共取得劳务报酬3 000元；本年8月在出版社出版教材一部，共取得稿酬所得10 000元；本年12月购买福利彩票中得奖金6 000元。请问对于李老师的以上所得，是否需要按年度合并计算个人所得税应纳税额？

#### 一、居民个人综合所得个人所得税的计算

##### （一）居民个人综合所得预扣预缴个人所得税的计算

扣缴义务人向居民个人支付工资、薪金所得，劳务报酬所得，稿酬所得，特许权使用费所得时，按以下方法预扣预缴个人所得税，并向主管税务机关报送"个人所得税扣缴申报表"。年度预扣预缴税额与年度应纳税额不一致的，由居民个人于次年3月1日至6月30日向主管税务机关办理综合所得年度汇算清缴，税款多退少补：

1.扣缴义务人向居民个人支付工资、薪金所得预扣预缴个人所得税的计算

（1）扣缴义务人向居民个人支付工资、薪金所得预扣预缴个人所得税的基本规定。

扣缴义务人向居民个人支付工资、薪金所得时，应当按照累计预扣法计算预扣税款，并按月办理全员全额扣缴申报。

具体计算公式如下：

$$本期应预扣预缴税额 = \left(累计预扣预缴应纳税所得额 \times 预扣率 - 速算扣除数\right) - 累计减免税额 - 累计已预扣预缴税额$$

$$累计预扣预缴应纳税所得额 = 累计收入 - 累计免税收入 - 累计减除费用 - 累计专项扣除 - 累计专项附加扣除 - 累计依法确定的其他扣除$$

其中：累计减除费用，按照 5 000 元/月乘以纳税人当年截至本月在本单位的任职受雇月份数计算。

专项扣除，包括居民个人按照国家规定的范围和标准缴纳的基本养老保险、基本医疗保险、失业保险等社会保险费和住房公积金等。

专项附加扣除，包括子女教育、继续教育、大病医疗、住房贷款利息或者住房租金、赡养老人等支出，具体范围、标准和实施步骤由国务院确定，并报全国人民代表大会常务委员会备案。

**提示** 自 2020 年 7 月 1 日起，对一个纳税年度内首次取得工资、薪金所得的居民个人，扣缴义务人在预扣预缴个人所得税时，可按照 5 000 元/月乘以纳税人当年截至本月份数计算累计减除费用。首次取得工资、薪金所得的居民个人，是指自纳税年度首月起至新入职时，未取得工资、薪金所得或者未按照累计预扣法预扣预缴过连续性劳务报酬所得个人所得税的居民个人。自 2021 年 1 月 1 日起，对上一完整纳税年度内每月均在同一单位预扣预缴工资、薪金所得个人所得税且全年工资、薪金收入不超过 6 万元的居民个人，扣缴义务人在预扣预缴本年度工资、薪金所得个人所得税时，累计减除费用自 1 月份起直接按照全年 6 万元计算扣除。即在纳税人累计收入不超过 6 万元的月份，暂不预扣预缴个人所得税；在其累计收入超过 6 万元的当月及年内后续月份，再预扣预缴个人所得税。扣缴义务人应当按规定办理全员全额扣缴申报，并在"个人所得税扣缴申报表"相应纳税人的备注栏注明"上年各月均有申报且全年收入不超过 6 万元"字样。对按照累计预扣法预扣预缴劳务报酬所得个人所得税的居民个人，扣缴义务人比照上述规定执行。

上述公式中，计算居民个人工资、薪金所得预扣预缴税额的预扣率、速算扣除数，按表 5-1 执行。

享受子女教育、继续教育、住房贷款利息或者住房租金、赡养老人专项附加扣除的纳税人，自符合条件开始，可以向支付工资、薪金所得的扣缴义务人提供上述专项附加扣除有关信息，由扣缴义务人在预扣预缴税款时，按其在本单位本年可享受的累计扣除额办理扣除；也可以在次年 3 月 1 日至 6 月 30 日内，向汇缴地主管税务机关办理汇算清缴申报时扣除。享受大病医疗专项附加扣除的纳税人，由其在次年 3 月 1 日至 6 月 30 日内，自行向汇缴地主管税务机关办理汇算清缴申报时扣除。

**提示** 纳税人选择在扣缴义务人发放工资、薪金所得时享受专项附加扣除的，首次享受时应当填写并向扣缴义务人报送"个人所得税专项附加扣除信息表"（简称"扣除信息表"）；纳税年度中间相关信息发生变化的，纳税人应当更新"扣除信息表"相应栏次，并及时报送给扣缴义务人。

更换工作单位的纳税人，需要由新任职、受雇扣缴义务人办理专项附加扣除的，应当在入职的当月，填写并向扣缴义务人报送"扣除信息表"。

纳税人次年需要由扣缴义务人继续办理专项附加扣除的，应当于每年 12 月份对次年享受专项附加扣除的内容进行确认，并报送至扣缴义务人。纳税人未及时确认的，扣缴义务人于次年 1 月起暂停扣除，待纳税人确认后再行办理专项附加扣除。

扣缴义务人应当将纳税人报送的专项附加扣除信息，在次月办理扣缴申报时一并报送至主管税务机关。

纳税人选择在汇算清缴申报时享受专项附加扣除的，应当填写并向汇缴地主管税务机关报送"扣除信息表"。

纳税人同时从两处以上取得工资、薪金所得，并由扣缴义务人减除专项附加扣除的，对同一专项附加扣除项目，在一个纳税年度内只能选择从一处取得的所得中减除。

居民个人向扣缴义务人提供有关信息并依法要求办理专项附加扣除的，扣缴义务人应当按照规定在工资、薪金所得按月预扣预缴税款时予以扣除，不得拒绝。居民个人未取得工资、薪金所得，仅取得劳务报酬所得、稿酬所得、特许权使用费所得需要享受专项附加扣除的，应当在次年3月1日至6月30日内，自行向汇缴地主管税务机关报送"扣除信息表"，并在办理汇算清缴申报时扣除。一个纳税年度内，纳税人在扣缴义务人预扣预缴税款环节未享受或未足额享受专项附加扣除的，可以在当年内向支付工资、薪金的扣缴义务人申请在剩余月份发放工资、薪金时补充扣除，也可以在次年3月1日至6月30日内，向汇缴地主管税务机关办理汇算清缴时申报扣除。

扣缴义务人办理工资、薪金所得预扣预缴税款时，应当根据纳税人报送的"扣除信息表"为纳税人办理专项附加扣除。

纳税人年度中间更换工作单位的，在原单位任职、受雇期间已享受的专项附加扣除金额，不得在新任职、受雇单位扣除。原扣缴义务人应当自纳税人离职不再发放工资、薪金所得的当月起，停止为其办理专项附加扣除。

**知识答疑5-3** 专项附加扣除信息采集的方法有哪些？

（2）个人所得税专项附加扣除的基本规定。

❶子女教育。

自2023年1月1日起，纳税人的子女接受全日制学历教育的相关支出（子女教育专项附加扣除标准），由每个子女每月1 000元提高到2 000元。

学历教育包括义务教育（小学、初中教育）、高中阶段教育（普通高中、中等职业、技工教育）、高等教育（大学专科、大学本科、硕士研究生、博士研究生教育）。

年满3岁至小学入学前处于学前教育阶段的子女，按上述规定执行。

父母可以选择由其中一方按扣除标准的100%扣除，也可以选择由双方分别按扣除标准的50%扣除，具体扣除方式在一个纳税年度内不能变更。

纳税人需要留存的备查资料包括：子女在境外接受教育的，应当留存境外学校录取通知书、留学签证等境外教育佐证资料。

计算时间认定：学前教育阶段，为子女年满3周岁当月至小学入学前一月。学历教育，为子女接受全日制学历教育入学的当月至全日制学历教育结束的当月。学历教育的期间，包含因病或其他非主观原因休学但学籍继续保留的休学期间，以及施教机构按规定组织实施的寒暑假等假期。

❷继续教育。

纳税人在中国境内接受学历（学位）继续教育的支出，在学历（学位）教育期间按照每月400元定额扣除。同一学历（学位）继续教育的扣除期限不能超过48个月。纳税人接受技能人员职业资格继续教育、专业技术人员职业资格继续教育的支出，在取得相关证书的当年，按照3 600元定额扣除。

个人接受本科及以下学历（学位）继续教育，符合《个人所得税专项附加扣除暂行办法》规定扣除条件的，可以选择由其父母扣除，也可以选择由本人扣除。

纳税人需要留存的备查资料包括：纳税人接受技能人员职业资格继续教育、专业技术人员职业资格继续教育的，应当留存职业资格相关证书等资料。

计算时间认定：学历（学位）继续教育，为在中国境内接受学历（学位）继续教育入学的当月至学历（学位）继续教育结束的当月，同一学历（学位）继续教育的扣除期限最长不得超过48个月。学历（学位）继续教育的期间，包含因病或其他非主观原因休学但学籍继续保留的休学期间，以及施教机构按规定组织实施的寒暑假等假期。技能人员职业资格继续教育、专业技术人员职业资格继续教育，为取得相关证书的当年。

**实务答疑5-3** 本人今年不仅考取了中级会计师资格证书，还考取了税务师证书，是否可以享受双倍专项附加扣除？

❸大病医疗。

在一个纳税年度内，纳税人发生的与基本医保相关的医药费用支出，扣除医保报销后个人负担（指医保目录范围内的自付部分）累计超过15 000元的部分，由纳税人在办理年度汇算清缴时，在80 000元限额内据实扣除。

纳税人发生的医药费用支出可以选择由本人或者其配偶扣除；未成年子女发生的医药费用支出可以选择由其父母一方扣除。

纳税人及其配偶、未成年子女发生的医药费用支出，按《个人所得税专项附加扣除暂行办法》第十一条的规定（即上上段的规定）分别计算扣除额。

纳税人需要留存的备查资料包括：大病患者医药服务收费及医保报销相关票据原件或复印件，或者医疗保障部门出具的纳税年度医药费用清单等资料。

计算时间认定：为医疗保障信息系统记录的医药费用实际支出的当年。

❹住房贷款利息。

纳税人本人或者配偶单独或共同使用商业银行或者住房公积金个人住房贷款为本人或者其配偶购买中国境内住房，发生的首套住房贷款利息支出，在实际发生贷款利息的年度，按照每月1 000元的标准定额扣除，扣除期限最长不超过240个月。纳税人只能享受一次首套住房贷款的利息扣除。

首套住房贷款是指购买住房享受首套住房贷款利率的住房贷款。

经夫妻双方约定，可以选择由其中一方扣除，具体扣除方式在一个纳税年度内不能变更。

夫妻双方婚前分别购买住房发生的首套住房贷款，其贷款利息支出，婚后可以选择其中一套购买的住房，由购买方按扣除标准的100%扣除，也可以由夫妻双方对各自购买的住房分别按扣除标准的50%扣除，具体扣除方式在一个纳税年度内不能变更。

纳税人需要留存的备查资料包括：住房贷款合同、贷款还款支出凭证等资料。

计算时间认定：为贷款合同约定开始还款的当月至贷款全部归还或贷款合同终止的当

月，扣除期限最长不得超过240个月。

**实务答疑5-4**　本人婚前贷款为本人购买中国境内住房，发生的首套住房贷款利息支出，婚后是否可以由夫妻双方各自扣除1 000元的50%，还是必须由本人扣除1 000元？

❺住房租金。

纳税人在主要工作城市没有自有住房而发生的住房租金支出，可以按照以下标准定额扣除：

a.直辖市、省会（首府）城市、计划单列市以及国务院确定的其他城市，扣除标准为每月1 500元。

b.除前一项所列城市以外，市辖区户籍人口超过100万的城市，扣除标准为每月1 100元；市辖区户籍人口不超过100万的城市，扣除标准为每月800元。

纳税人的配偶在纳税人的主要工作城市有自有住房的，视同纳税人在主要工作城市有自有住房。

市辖区户籍人口，以国家统计局公布的数据为准。

主要工作城市是指纳税人任职受雇的直辖市、计划单列市、副省级城市、地级市（地区、州、盟）全部行政区域范围；纳税人无任职受雇单位的，为受理其综合所得汇算清缴的税务机关所在城市。

夫妻双方主要工作城市相同的，只能由一方扣除住房租金支出。

住房租金支出由签订租赁住房合同的承租人扣除。

纳税人及其配偶在一个纳税年度内不能同时分别享受住房贷款利息和住房租金专项附加扣除。

纳税人需要留存的备查资料包括：住房租赁合同或协议等资料。

计算时间认定：为租赁合同（协议）约定的房屋租赁期开始的当月至租赁期结束的当月。提前终止合同（协议）的，以实际租赁期限为准。

❻赡养老人。

纳税人赡养1位及以上被赡养人的赡养支出，统一按照以下标准定额扣除：

自2023年1月1日起，赡养老人专项附加扣除标准，由每月2 000元提高到3 000元，其中，独生子女每月扣除3 000元；非独生子女与兄弟姐妹分摊每月3 000元的扣除额度，每人不超过1 500元。需要分摊享受的，可以由赡养人均摊或者约定分摊，也可以由被赡养人指定分摊。约定或者指定分摊的须签订书面分摊协议，指定分摊优先于约定分摊。具体分摊方式和额度在一个纳税年度内不能变更。

被赡养人是指年满60岁的父母，以及子女均已去世的年满60岁的祖父母、外祖父母。

纳税人需要留存的备查资料包括：约定或指定分摊的书面分摊协议等资料。

计算时间认定：为被赡养人年满60周岁的当月至赡养义务终止的年末。

❼3岁以下婴幼儿照护

自2023年1月1日起，3岁以下婴幼儿照护专项附加扣除标准，由每个婴幼儿每月1 000元提高到2 000元。

父母可以选择由其中一方按扣除标准的100%扣除，也可以选择由双方分别按扣除标准的50%扣除，具体扣除方式在一个纳税年度内不能变更。

纳税人享受3岁以下婴幼儿照护专项附加扣除，应当填报配偶及子女的姓名、身份证件类型（如居民身份证、子女出生医学证明等）及号码以及本人与配偶之间扣除分配比例等信息。

纳税人需要留存的备查资料包括：子女的出生医学证明等资料。

计算时间认定：为婴幼儿出生的当月至年满3周岁的前一个月。

> **实务答疑5-5** 赡养岳父岳母或公婆的费用是否可以享受个人所得税专项附加扣除？

> **实务答疑5-6** 本人为非独生子女，因父母跟我生活，其他兄弟姐妹对父母照顾得很少。请问本人在经过其他兄弟姊妹同意的前提下，是否可以由本人每月扣除2 000元的赡养老人扣除标准？

☞ 【情境辨析5-5】计算居民个人的综合所得的应纳税所得额中的专项附加扣除，包括（     ）。

A.子女教育支出                 B.大病医疗支出

C.住房贷款利息                 D.赡养老人支出

> **任务实例5-1** 我国居民个人王某就职于我国的甲公司。本年每月税前工资、薪金收入为30 000元，每月减除费用为5 000元。王某个人每月负担的基本养老保险为2 400元、基本医疗保险为600元、失业保险为150元、住房公积金为2 400元，"三险一金"合计为5 550元[①]。王某本年每月专项附加扣除和其他依法确定的其他扣除金额合计均为2 000元。王某在上一完整纳税年度内全年工资、薪金收入超过6万元。居民个人工资、薪金所得预扣预缴个人所得税的预扣率表见表5-1。

**【任务要求】** 计算王某本年每月工资、薪金所得应由甲公司预扣预缴的个人所得税税额。

**【任务实施】**

王某1月工资、薪金所得应由甲公司预扣预缴的个人所得税 = （30 000-5 000-5 550-2 000）×3%=17 450×3%=523.5（元）

王某2月工资、薪金所得应由甲公司预扣预缴的个人所得税 = （30 000×2-5 000×2-5 550×2-2 000×2）×3%-523.5=34 900×3%-523.5

=1 047-523.5=523.5（元）

王某3月工资、薪金所得应由甲公司预扣预缴的个人所得税 = （30 000×3-5 000×3-5 550×3-2 000×3）×10%-2 520-523.5-523.5

=52 350×10%-2 520-523.5-523.5=1 668（元）

王某4月工资、薪金所得应由甲公司预扣预缴的个人所得税 = （30 000×4-5 000×4-5 550×4-2 000×4）×10%-2 520-523.5-523.5-1 668

=69 800×10%-2 520-523.5-523.5-1 668=1 745（元）

王某5月工资、薪金所得应由甲公司预扣预缴的个人所得税 = （30 000×5-5 000×5-5 550×5-2 000×5）×10%-2 520-523.5-523.5-1 668-1 745

=87 250×10%-2 520-523.5-523.5-1 668-1 745=1 745（元）

---

① 该"三险一金"数据是理论数据，没有考虑实务中"三险一金"的缴费基数不能超过上年度本市职工平均工资的300%，下同。

王某6月工资、薪金
所得应由甲公司预扣＝（30 000×6－5 000×6－5 550×6－2 000×6）×10％－2 520－523.5－523.5－1 668－1 745－1 745
预缴的个人所得税

$$=104\ 700×10\%-2\ 520-523.5-523.5-1\ 668-1\ 745-1\ 745=1\ 745（元）$$

王某7月工资、薪金所得应由
甲公司预扣预缴的个人所得税 ＝（30 000×7－5 000×7－5 550×7－2 000×7）×10％－2 520－523.5－523.5－1 668－1 745

$$-1\ 745-1\ 745=122\ 150×10\%-2\ 520-523.5-523.5-1\ 668-1\ 745-1\ 745-1\ 745=1\ 745（元）$$

王某8月工资、薪金
所得应由甲公司预扣＝（30 000×8－5 000×8－5 550×8－2 000×8）×10％－2 520－523.5－523.5－1 668－1 745－1 745－
预缴的个人所得税

$$1\ 745-1\ 745=139\ 600×10\%-2\ 520-523.5-523.5-1\ 668-1\ 745-1\ 745-1\ 745=1\ 745（元）$$

王某9月工资、薪金所得应由
甲公司预扣预缴的个人所得税 ＝（30 000×9－5 000×9－5 550×9－2 000×9）×20％－16 920－523.5－523.5－1 668－

$$1\ 745-1\ 745-1\ 745-1\ 745-1\ 745=157\ 050×20\%-16\ 920-523.5-523.5-$$

$$1\ 668-1\ 745-1\ 745-1\ 745-1\ 745-1\ 745=3\ 050（元）$$

王某10月工资、薪金所得应由
甲公司预扣预缴的个人所得税 ＝（30 000×10－5 000×10－5 550×10－2 000×10）×20％－16 920－523.5－523.5

$$-1\ 668-1\ 745-1\ 745-1\ 745-1\ 745-1\ 745-3\ 050=174\ 500×20\%-16\ 920-$$

$$523.5-523.5-1\ 668-1\ 745-1\ 745-1\ 745-1\ 745-1\ 745-3\ 050=3\ 490（元）$$

王某11月工资、薪金
所得应由甲公司预扣＝（30 000×11－5 000×11－5 550×11－2 000×11）×20％－16 920－523.5－523.5－1 668－1 745－
预缴的个人所得税

$$1\ 745-1\ 745-1\ 745-1\ 745-3\ 050-3\ 490=191\ 950×20\%-16\ 920-523.5-523.5-1\ 668-$$

$$1\ 745-1\ 745-1\ 745-1\ 745-1\ 745-3\ 050-3\ 490=3\ 490（元）$$

王某12月工资、薪金所得应由
甲公司预扣预缴的个人所得税 ＝（30 000×12－5 000×12－5 550×12－2 000×12）×20％－16 920－523.5－523.5－

$$1\ 668-1\ 745-1\ 745-1\ 745-1\ 745-1\ 745-3\ 050-3\ 490-3\ 490$$

$$=209\ 400×20\%-16\ 920-523.5-523.5-1\ 668-1\ 745-1\ 745-1\ 745-1\ 745-$$

$$1\ 745-3\ 050-3\ 490-3\ 490=3\ 490（元）$$

王某本年工资、薪金所得应由甲
公司预扣预缴的个人所得税合计 ＝523.5＋523.5＋1 668＋1 745＋1 745＋1 745＋1 745＋1 745＋3 050＋3 490＋

$$3\ 490+3\ 490+3\ 490=24\ 960（元）$$

2.扣缴义务人向居民个人支付劳务报酬所得、稿酬所得、特许权使用费所得预扣预缴个人所得税的计算

扣缴义务人向居民个人支付劳务报酬所得、稿酬所得、特许权使用费所得，按次或者按月预扣预缴个人所得税。

具体预扣预缴方法如下：

劳务报酬所得、稿酬所得、特许权使用费所得以收入减除费用后的余额为收入额。其中，稿酬所得的收入额减按70％计算。

劳务报酬所得、稿酬所得、特许权使用费所得每次收入不超过4 000元的，减除费用按800元计算；每次收入4 000元以上的，减除费用按20％计算。

🍀提示　劳务报酬所得、稿酬所得、特许权使用费所得，属于一次性收入的，以取得该项收入为一次；属于同一项目连续性收入的，以一个月内取得的收入为一次。

劳务报酬所得、稿酬所得、特许权使用费所得，以每次收入额为预扣预缴应纳税所得

额。劳务报酬所得适用20%至40%的超额累进预扣率（见表5-2），稿酬所得、特许权使用费所得适用20%的比例预扣率。

劳务报酬所得应预扣预缴税额=预扣预缴应纳税所得额×预扣率-速算扣除数

稿酬所得、特许权使用费所得应预扣预缴税额=预扣预缴应纳税所得额×20%

🍃**点睛** 保险营销员、证券经纪人取得的佣金收入，属于劳务报酬所得，以不含增值税的收入减除20%的费用后的余额为收入额，收入额减去展业成本以及附加税费后，并入当年综合所得，计算缴纳个人所得税。保险营销员、证券经纪人展业成本按照收入额的25%计算。扣缴义务人向保险营销员、证券经纪人支付佣金收入时，应按照《国家税务总局关于发布〈个人所得税扣缴申报管理办法（试行）〉的公告》（国家税务总局公告2018年第61号）规定的累计预扣法计算预扣税款。

🍃**点睛** 正在接受全日制学历教育的学生因实习取得劳务报酬所得的，扣缴义务人预扣预缴个人所得税时，可按照《国家税务总局关于发布〈个人所得税扣缴申报管理办法（试行）〉的公告》（国家税务总局公告2018年第61号）规定的累计预扣法计算并预扣预缴税款。

**任务实例 5-2** 接【任务实例 5-1】，除获得以上工资薪酬所得外，王某本年3月参加非任职单位组织的演出取得一次性劳务报酬收入共计45 000元，4月向某报刊投稿发表文章一篇，取得一次性稿酬收入共计8 000元，8月从电视剧制造中心获得剧本使用费即一次性特许权使用费收入2 000元。上述收入均为税前收入，且均来源于中国境内。假设不考虑增值税等因素。居民个人劳务报酬所得预扣预缴个人所得税的预扣率见表5-2。

【任务要求】计算王某应由相应单位预扣预缴的个人所得税税额。

【任务实施】（1）王某劳务报酬所得的应纳税所得额=45 000×（1-20%）=36 000（元）

经查表5-2得知，适用税率为30%，速算扣除数为2 000元。

王某劳务报酬所得应预扣预缴的个人所得税=45 000×（1-20%）×30%-2 000=8 800（元）

（2）王某稿酬所得应预扣预缴的个人所得税=8 000×（1-20%）×70%×20%=896（元）

（3）王某特许权使用费所得应预扣预缴的个人所得税=（2 000-800）×20%=240（元）

## （二）居民个人综合所得汇算清缴个人所得税的计算

自2019年1月1日起，居民个人的综合所得（工资、薪金所得，劳务报酬所得，稿酬所得，特许权使用费所得），以每一纳税年度的收入额减除费用60 000元以及专项扣除、专项附加扣除和依法确定的其他扣除后的余额，为应纳税所得额。各项所得的计算，以人民币为单位。所得为人民币以外的货币的，按照人民币汇率中间价折合成人民币缴纳税款。

居民个人的综合所得适用七级超额累进税率，其应纳税额的计算公式为：

应纳税额=年应纳税所得额×适用税率-速算扣除数

$$=\left(\text{每一纳税年度的收入额}-60\ 000-\genfrac{}{}{0pt}{}{\text{专项扣除、专项附加扣除和}}{\text{依法确定的其他扣除}}\right)\times\text{适用税率}-\text{速算扣除数}$$

$$=\left[\genfrac{}{}{0pt}{}{\text{工资、薪金}}{\text{收入额}}+\genfrac{}{}{0pt}{}{\text{劳务报酬}}{\text{收入}}\times(1-20\%)+\genfrac{}{}{0pt}{}{\text{稿酬}}{\text{收入}}\times(1-20\%)\times70\%+\genfrac{}{}{0pt}{}{\text{特许权使用}}{\text{费收入}}\times(1-20\%)\right.$$

$$\left.-60\ 000-\genfrac{}{}{0pt}{}{\text{专项扣除、专项附加扣除和}}{\text{依法确定的其他扣除}}\right]\times\text{适用税率}-\text{速算扣除数}$$

🔖**比较**　（1）预扣预缴时：劳务报酬所得、稿酬所得、特许权使用费所得以收入减除费用后的余额为收入额。其中，稿酬所得的收入额减按70%计算。劳务报酬所得、稿酬所得、特许权使用费所得每次收入不超过4 000元的，减除费用按800元计算；每次收入4 000元以上的，减除费用按20%计算。

（2）汇算清缴时：劳务报酬所得、稿酬所得、特许权使用费所得以收入减除20%的费用后的余额为收入额。稿酬所得的收入额减按70%计算。

专项扣除，包括居民个人按照国家规定的范围和标准缴纳的基本养老保险、基本医疗保险、失业保险等社会保险费和住房公积金等；专项附加扣除，包括子女教育、继续教育、大病医疗、住房贷款利息或者住房租金、赡养老人等支出，具体范围、标准和实施步骤由国务院确定，并报全国人民代表大会常务委员会备案。其他扣除，包括个人缴付符合国家规定的企业年金、职业年金，个人购买符合国家规定的商业健康保险、税收递延型商业养老保险的支出，以及国务院规定可以扣除的其他项目。

专项扣除、专项附加扣除和依法确定的其他扣除，以居民个人一个纳税年度的应纳税所得额为限额；一个纳税年度扣除不完的，不结转以后年度扣除。

居民个人取得综合所得，按年计算个人所得税；有扣缴义务人的，由扣缴义务人按月或者按次预扣预缴税款；需要办理汇算清缴的，应当在取得所得的次年3月1日至6月30日内办理汇算清缴。预扣预缴办法由国务院税务主管部门制定。

### 任务引例5-2解析

自2019年1月1日起，扣缴义务人向居民个人支付工资、薪金所得，劳务报酬所得，稿酬所得，特许权使用费所得（统称为综合所得）时，按税法规定的方法预扣预缴个人所得税，并向主管税务机关报送"个人所得税扣缴申报表"。年度预扣预缴税额与年度应纳税额不一致的，由居民个人于次年3月1日至6月30日向主管税务机关办理综合所得年度汇算清缴，税款多退少补。也就是说，李老师的工资、薪金所得，劳务报酬所得，稿酬所得由扣缴义务人在向李老师支付时预扣预缴，若年度预扣预缴税额与年度应纳税额不一致，则由李老师于次年3月1日至6月30日向主管税务机关办理综合所得年度汇算清缴，税款多退少补。李老师本年12月购买福利彩票中得奖金6 000元属于偶然所得，由支付奖金的福利彩票机构代扣代缴，年终不汇算清缴，即不按年度合并计算个人所得税应纳税额。

### 任务实例5-3

接【任务实例5-1】【任务实例5-2】，居民个人王某次年3月1日至6月30日内办理汇算清缴。居民个人综合所得个人所得税的税率表（按年）见表5-3。

**【任务要求】** 计算王某次年3月1日至6月30日内汇算清缴应补缴（或申请退回）的个人所得税税额。

**【任务实施】** 本年王某综合所得的应纳税所得额=30 000×12+45 000×（1-20%）+8 000×（1-20%）×70%+2 000×（1-20%）-60 000-5 550×12-2 000×12=251 480（元）

本年王某综合所得的应纳个人所得税=251 480×20%-16 920=33 376（元）

由于本年各相关单位已经预扣代缴了个人所得税共计=24 960+8 800+896+240=34 896（元），因此次年3月1日至6月30日内汇算清缴时，王某应申请退回个人所得税=34 896-

33 376=1 520（元）。

### 二、非居民个人工资、薪金所得，劳务报酬所得，稿酬所得，特许权使用费所得个人所得税的计算

扣缴义务人向非居民个人支付工资、薪金所得，劳务报酬所得，稿酬所得和特许权使用费所得时，应当按以下方法按月或者按次代扣代缴个人所得税：

非居民个人的工资、薪金所得，以每月收入额减除费用5 000元后的余额为应纳税所得额；劳务报酬所得、稿酬所得、特许权使用费所得，以每次收入额为应纳税所得额，适用按月换算后的非居民个人月度税率表（表5-4）计算应纳税额。其中，劳务报酬所得、稿酬所得、特许权使用费所得以收入减除20%的费用后的余额为收入额。稿酬所得的收入额减按70%计算。

非居民个人工资、薪金所得，劳务报酬所得，稿酬所得，特许权使用费所得应纳税额 ＝应纳税所得额×税率－速算扣除数

（1）非居民个人的工资、薪金所得适用七级超额累进税率，其应纳税额的计算公式为：

应纳税额＝月应纳税所得额×适用税率－速算扣除数＝（每月工资、薪金收入额－5 000）×适用税率－速算扣除数

（2）非居民个人的劳务报酬所得适用七级超额累进税率，其应纳税额的计算公式为：

应纳税额＝应纳税所得额×适用税率－速算扣除数

　　　　＝每次收入额×适用税率－速算扣除数

　　　　＝劳务报酬收入×（1－20%）×适用税率－速算扣除数

（3）非居民个人的稿酬所得适用七级超额累进税率，其应纳税额的计算公式为：

应纳税额＝应纳税所得额×适用税率－速算扣除数

　　　　＝每次收入额×适用税率－速算扣除数

　　　　＝稿酬收入×（1－20%）×70%×适用税率－速算扣除数

（4）非居民个人的特许权使用费所得适用七级超额累进税率，其应纳税额的计算公式为：

应纳税额＝应纳税所得额×适用税率－速算扣除数

　　　　＝每次收入额×适用税率－速算扣除数

　　　　＝特许权使用费收入×（1－20%）×适用税率－速算扣除数

**提示**　非居民个人取得工资、薪金所得，劳务报酬所得，稿酬所得，特许权使用费所得，有扣缴义务人的，由扣缴义务人按月或者按次代扣代缴税款，不办理汇算清缴。

**任务实例5-4**　非居民个人杰西任职于中国的某一企业，本年每月从任职公司取得税前工资、薪金收入13 000元；本年2月为甲公司进行管理咨询服务，取得一次性税前劳务报酬收入30 000元；本年6月向乙出版社投稿取得稿酬收入20 000元；本年10月从丙公司取得一次性税前特许权使用费收入3 000元。上述收入来源于中国境内，且不享受免税优惠政策。非居民个人工资、薪金所得，劳务报酬所得，稿酬所得，特许权使用费所得个人所得税的税率表见表5-4。

**【任务要求】** 计算杰西本年度工资、薪金所得，劳务报酬所得，稿酬所得，特许权使用费所得应缴纳的个人所得税税额。

**【任务实施】**

（1）杰西每月工资、薪金所得的应纳税所得额=13 000−5 000=8 000（元），经查表5-4得知，适用税率为10%，速算扣除数为210元。

杰西每月工资、薪金所得应纳（公司应代扣代缴）个人所得税=8 000×10%−210=590（元）

杰西本年度工资、薪金所得应纳（公司应代扣代缴）个人所得税=590×12=7 080（元）

（2）杰西劳务报酬所得的应纳税所得额=30 000×（1−20%）=24 000（元），经查表5-4得知，适用税率为20%，速算扣除数为1 410元。

杰西劳务报酬所得应纳（甲公司应代扣代缴）个人所得税=24 000×20%−1 410=3 390（元）

（3）杰西稿酬所得的应纳税所得额=20 000×（1−20%）×70%=11 200（元），经查表5-4得知，适用税率为10%，速算扣除数为210元。

杰西稿酬所得应纳（乙出版社应代扣代缴）个人所得税=11 200×10%−210=910（元）

（4）杰西特许权使用费所得的应纳税所得额=3 000×（1−20%）=2 400（元），经查表5-4得知，适用税率为3%。

杰西特许权使用费所得应纳（丙公司应代扣代缴）个人所得税=2 400×3%=72（元）

（5）杰西本年度应纳个人所得税合计=7 080+3 390+910+72=11 452（元）

### 三、经营所得个人所得税的计算

经营所得，以每一纳税年度的收入总额减除成本、费用以及损失后的余额，为应纳税所得额。

经营所得应纳税额的计算公式为：

应纳税额=应纳税所得额×适用税率−速算扣除数

　　　　=（全年收入总额−成本、费用、损失）×适用税率−速算扣除数

成本、费用，是指生产、经营活动中发生的各项直接支出和分配计入成本的间接费用以及销售费用、管理费用、财务费用；所称损失，是指生产、经营活动中发生的固定资产和存货的盘亏、毁损、报废损失，转让财产损失，坏账损失，自然灾害等不可抗力因素造成的损失以及其他损失。

取得经营所得的个人，没有综合所得的，计算其每一纳税年度的应纳税所得额时，应当减除费用6万元、专项扣除、专项附加扣除以及依法确定的其他扣除。专项附加扣除在办理汇算清缴时减除。

从事生产、经营活动，未提供完整、准确的纳税资料，不能正确计算应纳税所得额的，由主管税务机关核定应纳税所得额或者应纳税额。

**链接**　纳税人取得经营所得，按年计算个人所得税，由纳税人在月度或者季度终了后15日内向税务机关报送纳税申报表，并预缴税款；在取得所得的次年3月31日前办理汇算清缴。

### 四、财产租赁所得个人所得税的计算

#### （一）应纳税所得额的计算

财产租赁所得，以一个月内取得的收入为一次。财产租赁所得，每次收入不超过4 000元的，减除费用800元；4 000元以上的，减除20%的费用，其余额为应纳税所得额。财产租赁所得应纳税所得额的计算公式如下：

（1）每次（月）收入不超过4 000元的：

应纳税所得额=每次（月）收入额−准予扣除项目−修缮费用（800元为限）−800

（2）每次（月）收入超过 4 000 元的：

应纳税所得额=［每次（月）收入额-准予扣除项目-修缮费用（800元为限）］×（1-20%）

个人出租财产取得的财产租赁收入，在计算缴纳个人所得税时，应依次扣除以下费用：

❶准予扣除项目：主要指财产租赁过程中缴纳的税费。

❷由纳税人负担的该出租财产实际开支的修缮费用。修缮费的扣除以每次 800 元为限。一次扣除不完的，准予在下一次继续扣除，直到扣完为止。

❸税法规定的费用扣除标准（即定额减除费用800元或定率减除20%的费用）。

个人出租房屋的个人所得税应税收入不含增值税，计算房屋出租所得可扣除的税费不包括本次出租缴纳的增值税。个人转租房屋的，其向房屋出租方支付的租金及增值税额，在计算转租所得时予以扣除。免征增值税的，确定计税依据时，租金收入不扣减增值税额。

> **提示**　财产租赁所得，以一个月内取得的收入为一次。

（二）应纳税额的计算

财产租赁所得适用20%的比例税率，但对个人出租住房取得的所得暂减按10%的税率征收个人所得税。财产租赁所得应纳税额的计算公式如下：

（1）每次（月）收入不超过 4 000 元的：

应纳税额=应纳税所得额×适用税率（20%或10%）

或　　　　　　=［每次（月）收入额-准予扣除项目-修缮费用（800元为限）-800］×适用税率（20%或10%）

（2）每次（月）收入超过 4 000 元的：

应纳税额=应纳税所得额×适用税率（20%或10%）

或　　　　　　=［每次（月）收入额-准予扣除项目-修缮费用（800元为限）］×（1-20%）×适用税率（20%或10%）

> **任务实例5-5**　王某本年 5 月 1 日起将其位于市区的一套住房按市价出租给李某，租期为 1 年，每月王某从李某收取租金 3 700 元。本年 5 月发生修缮费用 1 200 元，已取得合法有效的支出凭证。假设不考虑出租过程中的其他税费。

【任务要求】计算王某本年 5 月和本年 6 月出租房屋应缴纳的个人所得税税额。

【任务实施】王某本年 5 月应纳个人所得税=（3 700-800-800）×10%=210（元）

王某本年 6 月应缴纳的个人所得税=［3 700-（1 200-800）-800］×10%=250（元）

### 五、财产转让所得个人所得税的计算

（一）应纳税所得额的计算

财产转让所得，以转让财产的收入额减除财产原值和合理费用后的余额，为应纳税所得额。

> **点睛**　财产转让所得，按照一次转让财产的收入额减除财产原值和合理费用后的余额计算纳税。

财产转让所得应纳税所得额的计算公式为：

应纳税所得额=收入总额-财产原值-合理费用

财产原值，按照下列方法确定：

（1）有价证券，为买入价以及买入时按照规定交纳的有关费用；

（2）建筑物，为建造费或者购进价格以及其他有关费用；

（3）土地使用权，为取得土地使用权所支付的金额、开发土地的费用以及其他有关费用；

（4）机器设备、车船，为购进价格、运输费、安装费以及其他有关费用。

其他财产，参照上述规定的方法确定财产原值。

纳税人未提供完整、准确的财产原值凭证，不能按照上述规定的方法确定财产原值的，由主管税务机关核定财产原值。

合理费用，是指卖出财产时按照规定支付的有关税费。

个人转让房屋的个人所得税应税收入不含增值税，其取得房屋时所支付价款中包含的增值税计入财产原值，计算转让所得时可扣除的税费不包括本次转让缴纳的增值税。免征增值税的，确定计税依据时，转让房地产取得的收入不扣减增值税额。

（二）应纳税额的计算

财产转让所得应纳税额的计算公式为：

应纳税额=应纳税所得额×适用税率

= （收入总额-财产原值-合理税费）×20%

**任务实例5-6** 李某本年5月转让2010年购买的房屋一套，不含增值税售价为218万元，转让过程中支付的除增值税外的相关税费为11.8万元。该套房屋的购买价为120万元，购房过程中支付的相关税费为4万元。所有税费支出均取得合法凭证。

【任务要求】计算李某转让房屋所得应缴纳的个人所得税税额。

【任务实施】应纳个人所得税= （218-120-4-11.8） ×20%=82.2×20%=16.44（万元）

### 六、利息、股息、红利所得和偶然所得个人所得税的计算

利息、股息、红利所得和偶然所得个人所得税按次征收。利息、股息、红利所得和偶然所得的应纳税所得额即为每次收入额。利息、股息、红利所得和偶然所得应纳税额的计算公式为：

应纳税额=应纳税所得额×适用税率=每次收入额×20%

提示 利息、股息、红利所得，以支付利息、股息、红利时取得的收入为一次。偶然所得，以每次取得该项收入为一次。

**任务实例5-7** 李某本年3月购买福利彩票中奖20 000元，5月购买体育彩票中奖5 000元。

【任务要求】计算李某两次中奖应缴纳的个人所得税税额。

【任务实施】对个人购买福利彩票、赈灾彩票、体育彩票，一次中奖收入在1万元以下的（含1万元），暂免征收个人所得税；超过1万元的，全额征收个人所得税。

本年3月李某购买福利彩票中奖20 000元，超过1万元，应全额计算缴纳个人所得税。

应纳个人所得税=20 000×20%=4 000（元）

本年5月购买体育彩票中奖5 000元，未超过1万元，暂免征收个人所得税。

### 七、个人所得税几种特殊情况的计算或处理

（一）全年一次性奖金及其他奖金个人所得税的计算

根据《财政部 税务总局关于延续实施全年一次性奖金个人所得税政策的公告》（财政

部　税务总局公告2023年第30号）文件的规定，在2027年12月31日前，居民个人取得全年一次性奖金，符合《国家税务总局关于调整个人取得全年一次性奖金等计算征收个人所得税方法问题的通知》（国税发〔2005〕9号）规定的，不并入当年综合所得，以全年一次性奖金收入除以12个月得到的数额，按照按月换算后的综合所得税率表（见表5-4），确定适用税率和速算扣除数，单独计算纳税。计算公式为：

应纳税额=全年一次性奖金收入×适用税率-速算扣除数

居民个人取得全年一次性奖金，也可以选择并入当年综合所得计算纳税。

雇员取得除全年一次性奖金以外的其他各种名目奖金，如半年奖、季度奖、加班奖、先进奖、考勤奖等，一律与当月工资、薪金收入合并，按税法规定缴纳个人所得税。

**任务实例5-8**　中国居民个人刘某本年12月取得全年一次性奖金72 000元（税前奖金），刘某选择该全年一次性奖金不并入当年综合所得计算缴纳个人所得税。按月换算后的综合所得税率表见表5-4。

【任务要求】计算刘某本年12月取得的全年一次性奖金应缴纳的个人所得税税额。

【任务实施】以全年一次性资金收入除以12个月得到的数额=72 000÷12=6 000（元）

经查表5-4得知，适用税率为10%，速算扣除数为210元。

刘某全年一次性奖金应纳个人所得税=72 000×10%-210=6 990（元）

### （二）公益慈善事业的捐赠支出的扣除

自2019年1月1日起，公益慈善事业捐赠有关个人所得税政策规定如下：

（1）个人通过中华人民共和国境内公益性社会组织、县级以上人民政府及其部门等国家机关，向教育、扶贫、济困等公益慈善事业的捐赠（以下简称公益捐赠），发生的公益捐赠支出，可以按照个人所得税法有关规定在计算应纳税所得额时扣除。

**点睛**　根据《个人所得税法》的规定，个人将其所得对教育、扶贫、济困等公益慈善事业进行捐赠，捐赠额未超过纳税人申报的应纳税所得额30%的部分，可以从其应纳税所得额中扣除；国务院规定对公益慈善事业捐赠实行全额税前扣除的，从其规定。

**提示**　境内公益性社会组织，包括依法设立或登记并按规定条件和程序取得公益性捐赠税前扣除资格的慈善组织、其他社会组织和群众团体。

（2）个人发生的公益捐赠支出金额，按照以下规定确定：

❶捐赠货币性资产的，按照实际捐赠金额确定；

❷捐赠股权、房产的，按照个人持有股权、房产的财产原值确定；

❸捐赠除股权、房产以外的其他非货币性资产的，按照非货币性资产的市场价格确定。

（3）居民个人按照以下规定扣除公益捐赠支出：

❶居民个人发生的公益捐赠支出可以在财产租赁所得、财产转让所得、利息股息红利所得、偶然所得（以下统称分类所得）、综合所得或者经营所得中扣除。在当期一个所得项目扣除不完的公益捐赠支出，可以按规定在其他所得项目中继续扣除。

❷居民个人发生的公益捐赠支出，在综合所得、经营所得中扣除的，扣除限额分别为当年综合所得、当年经营所得应纳税所得额的30%；在分类所得中扣除的，扣除限额为当月分类所得应纳税所得额的30%。

❸居民个人根据各项所得的收入、公益捐赠支出、适用税率等情况，自行决定在综合所得、分类所得、经营所得中扣除的公益捐赠支出的顺序。

（4）居民个人在综合所得中扣除公益捐赠支出的，应按照以下规定处理：

❶居民个人取得工资、薪金所得的，可以选择在预扣预缴时扣除，也可以选择在年度汇算清缴时扣除。

居民个人选择在预扣预缴时扣除的，应按照累计预扣法计算扣除限额，其捐赠当月的扣除限额为截至当月累计应纳税所得额的30%（全额扣除的从其规定，下同）。个人从两处以上取得工资、薪金所得，选择其中一处扣除，选择后当年不得变更。

❷居民个人取得劳务报酬所得、稿酬所得、特许权使用费所得的，预扣预缴时不扣除公益捐赠支出，统一在汇算清缴时扣除。

❸居民个人取得全年一次性奖金、股权激励等所得，且按规定采取不并入综合所得而单独计税方式处理的，公益捐赠支出扣除比照上述分类所得的扣除规定处理。

（5）居民个人发生的公益捐赠支出，可在捐赠当月取得的分类所得中扣除。当月分类所得应扣除未扣除的公益捐赠支出，可以按照以下规定追补扣除：

❶扣缴义务人已经代扣但尚未解缴税款的，居民个人可以向扣缴义务人提出追补扣除申请，退还已扣税款。

❷扣缴义务人已经代扣且解缴税款的，居民个人可以在公益捐赠之日起90日内提请扣缴义务人向征收税款的税务机关办理更正申报追补扣除，税务机关和扣缴义务人应当予以办理。

❸居民个人自行申报纳税的，可以在公益捐赠之日起90日内向主管税务机关办理更正申报追补扣除。

居民个人捐赠当月有多项多次分类所得的，应先在其中一项一次分类所得中扣除。已经在分类所得中扣除的公益捐赠支出，不再调整到其他所得中扣除。

（6）在经营所得中扣除公益捐赠支出，应按以下规定处理：

❶个体工商户发生的公益捐赠支出，在其经营所得中扣除。

❷个人独资企业、合伙企业发生的公益捐赠支出，其个人投资者应当按照捐赠年度合伙企业的分配比例（个人独资企业分配比例为100%），计算归属于每一个人投资者的公益捐赠支出，个人投资者应将其归属的个人独资企业、合伙企业公益捐赠支出和本人需要在经营所得扣除的其他公益捐赠支出合并，在其经营所得中扣除。

❸在经营所得中扣除公益捐赠支出的，可以选择在预缴税款时扣除，也可以选择在汇算清缴时扣除。

❹经营所得采取核定征收方式的，不扣除公益捐赠支出。

（7）非居民个人发生的公益捐赠支出，未超过其在公益捐赠支出发生的当月应纳税所得额30%的部分，可以从其应纳税所得额中扣除。扣除不完的公益捐赠支出，可以在经营所得中继续扣除。

非居民个人按规定可以在应纳税所得额中扣除公益捐赠支出而未实际扣除的，可按照上述第（5）条规定追补扣除。

（8）国务院规定对公益捐赠全额税前扣除的，按照规定执行。个人同时发生按30%

扣除和全额扣除的公益捐赠支出，自行选择扣除次序。

（9）公益性社会组织、国家机关在接受个人捐赠时，应当按照规定开具捐赠票据；个人索取捐赠票据的，应予以开具。

个人发生公益捐赠时不能及时取得捐赠票据的，可以暂时凭公益捐赠银行支付凭证扣除，并向扣缴义务人提供公益捐赠银行支付凭证复印件。个人应在捐赠之日起90日内向扣缴义务人补充提供捐赠票据，如果个人未按规定提供捐赠票据的，扣缴义务人应在30日内向主管税务机关报告。

机关、企事业单位统一组织员工开展公益捐赠的，纳税人可以凭汇总开具的捐赠票据和员工明细单扣除。

（10）个人通过扣缴义务人享受公益捐赠扣除政策，应当告知扣缴义务人符合条件可扣除的公益捐赠支出金额，并提供捐赠票据的复印件，其中捐赠股权、房产的还应出示财产原值证明。扣缴义务人应当按照规定在预扣预缴、代扣代缴税款时予扣除，并将公益捐赠扣除金额告知纳税人。

个人自行办理或扣缴义务人为个人办理公益捐赠扣除的，应当在申报时一并报送"个人所得税公益慈善事业捐赠扣除明细表"（略）。个人应留存捐赠票据，留存期限为5年。

**任务实例5-9** 李某本年5月转让2010年购买的房屋一套，不含增值税售价为220万元，转让过程中支付的除增值税外的相关税费10万元。该套房屋的购买价为120万元，购房过程中支付的相关税费为4万元。所有税费支出均取得合法凭证。李某将转让收入中的30万元通过民政部门捐赠给灾区。

**【任务要求】** 计算李某转让房屋所得应缴纳的个人所得税税额。

**【任务实施】** 捐赠扣除限额=（220-120-4-10）×30%=25.8（万元）<实际捐赠30万元，因此按照扣除限额税前扣除。

李某转让房屋应纳个人所得税=（220-120-4-10-25.8）×20%=60.2×20%=12.04（元）

### （三）个人无偿受赠房屋有关个人所得税的计算

房屋产权所有人将房屋产权无偿赠与他人的，受赠人因无偿受赠房屋取得的受赠收入，按照"偶然所得"项目计算缴纳个人所得税。但对于以下情形的房屋产权无偿赠与，对当事双方不征收个人所得税：（1）房屋产权所有人将房屋产权无偿赠与配偶、父母、子女、祖父母、外祖父母、孙子女、外孙子女、兄弟姐妹；（2）房屋产权所有人将房屋产权无偿赠与对其承担直接抚养或者赡养义务的抚养人或者赡养人；（3）房屋产权所有人死亡，依法取得房屋产权的法定继承人、遗嘱继承人或者受遗赠人。

对受赠人无偿受赠房屋计征个人所得税时，其应纳税所得额为房地产赠与合同上标明的赠与房屋价值减除赠与过程中受赠人支付的相关税费后的余额。赠与合同标明的房屋价值明显低于市场价格或房地产赠与合同未标明赠与房屋价值的，税务机关可依据受赠房屋的市场评估价格或采取其他合理方式确定受赠人的应纳税所得额。

受赠人转让受赠房屋的，以其转让受赠房屋的收入减除原捐赠人取得该房屋的实际购置成本以及赠与和转让过程中受赠人支付的相关税费后的余额，为受赠人的应纳税所得额，依法计征个人所得税。受赠人转让受赠房屋价格明显偏低且无正当理由的，税务机关可以依据该房屋的市场评估价格或其他合理方式确定的价格核定其转让收入。

#### （四）两人或两个以上的个人共同取得一项收入的个人所得税的计算

两人或两个以上的个人共同取得同一项目收入的，应当对每个人取得的收入分别按照个人所得税法的规定计算纳税，即按"先分、后扣、再税"的办法计算各自应该缴纳的个人所得税。

**任务实例5-10**　刘某和张某两人合著一本书，通过甲出版社出版。刘某和张某共取得稿酬所得11 200元，其中，刘某分得8 000元，张某分得3 200元。

**【任务要求】**　计算刘某和张某应由甲出版社预扣预缴的个人所得税税额。

**【任务实施】**　刘某应由甲出版社预扣预缴的个人所得税=8 000×（1−20%）×70%×20%=896（元）

张某应由甲出版社预扣预缴的个人所得税=（3 200−800）×70%×20%=336（元）

#### （五）境外所得已纳税款抵免的计算

下列所得，为来源于中国境外的所得：

（1）因任职、受雇、履约等在中国境外提供劳务取得的所得。

（2）中国境外企业以及其他组织支付且负担的稿酬所得。

（3）许可各种特许权在中国境外使用而取得的所得。

（4）在中国境外从事生产、经营活动而取得的与生产、经营活动相关的所得。

（5）从中国境外企业、其他组织以及非居民个人取得的利息、股息、红利所得。

（6）将财产出租给承租人在中国境外使用而取得的所得。

（7）转让中国境外的不动产、转让对中国境外企业以及其他组织投资形成的股票、股权以及其他权益性资产（以下称权益性资产）或者在中国境外转让其他财产取得的所得。但转让对中国境外企业以及其他组织投资形成的权益性资产，该权益性资产被转让前3年（连续36个公历月份）内的任一时间，被投资企业或其他组织的资产公允价值50%以上直接或间接来自于中国境内的不动产的，取得的所得为来源于中国境内的所得。

（8）中国境外企业、其他组织以及非居民个人支付且负担的偶然所得。

（9）财政部、税务总局另有规定的，按照相关规定执行。

居民个人从中国境外取得的所得，可以从其应纳税额中抵免已在境外缴纳的个人所得税税额，但抵免额不得超过该纳税人境外所得依照我国个人所得税法规定计算的应纳税额。

已在境外缴纳的个人所得税税额，是指居民个人来源于中国境外的所得，依照该所得来源国家（地区）的法律应当缴纳并且实际已经缴纳的所得税税额。

居民个人从中国境内和境外取得的综合所得、经营所得，应当分别合并计算应纳税额；从中国境内和境外取得的其他所得，应当分别单独计算应纳税额。

纳税人境外所得依照个人所得税法规定计算的应纳税额，是居民个人抵免已在境外缴纳的综合所得、经营所得以及其他所得的所得税税额的限额（以下简称抵免限额）。除国务院财政、税务主管部门另有规定外，来源于中国境外一个国家（地区）的综合所得抵免限额、经营所得抵免限额以及其他所得抵免限额之和，为来源于该国家（地区）所得的抵免限额。

居民个人在中国境外一个国家（地区）实际已经缴纳的个人所得税税额，低于依照以上规定计算出的来源于该国家（地区）所得的抵免限额的，应当在中国缴纳差额部分的税款；超过来源于该国家（地区）所得的抵免限额的，其超过部分不得在本纳税年度的应纳税额中抵免，但是可以在以后纳税年度来源于该国家（地区）所得的抵免限额的余额中补扣。补扣期限最长不得超过5年。

居民个人申请抵免已在境外缴纳的个人所得税税额，应当提供境外税务机关出具的税款所属年度的有关纳税凭证。

**任务实例5-11** 中国居民个人张某在本年度从A国取得彩票收入50 000元。张某在A国已经缴纳个人所得税8 000元。张某在A国没有其他收入。

**【任务要求】** 计算张某在A国取得的彩票收入在我国应当补缴的个人所得税税额。

**【任务实施】** 张某偶然所得个人所得税扣除限额（按照中国税法规定应纳个人所得税税额）=50 000×20%=10 000（元）

张某在我国应补缴个人所得税=10 000-8 000=2 000（元）

### 八、个人所得税的纳税调整

有下列情形之一的，税务机关有权按照合理方法进行纳税调整：

（1）个人与其关联方之间的业务往来不符合独立交易原则而减少本人或者其关联方应纳税额，且无正当理由；

（2）居民个人控制的，或者居民个人和居民企业共同控制的设立在实际税负明显偏低的国家（地区）的企业，无合理经营需要，对应当归属于居民个人的利润不作分配或者减少分配；

（3）个人实施其他不具有合理商业目的的安排而获取不当税收利益。

税务机关依照以上规定作出纳税调整，需要补征税款的，应当补征税款，并依法加收利息。

**点睛** 上述利息，应当按照税款所属纳税申报期最后一日中国人民银行公布的与补税期间同期的人民币贷款基准利率计算，自税款纳税申报期满次日起至补缴税款期限届满之日止按日加收。纳税人在补缴税款期限届满前补缴税款的，利息加收至补缴税款之日。

### 九、个人所得税的信息管理规定

公安、人民银行、金融监督管理等相关部门应当协助税务机关确认纳税人的身份、金融账户信息。教育、卫生、医疗保障、民政、人力资源社会保障、住房城乡建设、公安、人民银行、金融监督管理等相关部门应当向税务机关提供纳税人子女教育、继续教育、大病医疗、住房贷款利息、住房租金、赡养老人等专项附加扣除信息。

个人转让不动产的，税务机关应当根据不动产登记等相关信息核验应缴的个人所得税，登记机构办理转移登记时，应当查验与该不动产转让相关的个人所得税的完税凭证。个人转让股权办理变更登记的，市场主体登记机关应当查验与该股权交易相关的个人所得税的完税凭证。

有关部门依法将纳税人、扣缴义务人遵守本法的情况纳入信用信息系统，并实施联合激励或者惩戒。

## 任务三　个人所得税的代扣代缴（含预扣预缴）与自行申报实务

### 任务引例5-3

本人取得了中奖所得，发奖方未代扣代缴个人所得税，请问本人需要自行办理个人所得税纳税申报吗?

### 一、个人所得税的代扣代缴(含预扣预缴)实务

#### (一) 个人所得税扣缴义务人的相关规定

我国实行个人所得税代扣代缴和个人自行申报纳税相结合的征收管理制度。个人所得税采取代扣代缴办法,有利于控制税源,保证税收收入,简化征纳手续,加强个人所得税管理。个人所得税以支付所得的单位或者个人为扣缴义务人。纳税人有中国公民身份号码的,以中国公民身份号码为纳税人识别号;纳税人没有中国公民身份号码的,由税务机关赋予其纳税人识别号。扣缴义务人扣缴税款时,纳税人应当向扣缴义务人提供纳税人识别号。扣缴义务人应当按照国家规定办理全员全额扣缴申报,并向纳税人提供其个人所得和已扣缴税款等信息。扣缴义务人向个人支付应税款项时,应当依照个人所得税法规定预扣或者代扣税款,按时缴库,并专项记载备查。支付,包括现金支付、汇拨支付、转账支付和以有价证券、实物以及其他形式的支付。扣缴义务人对纳税人的应扣未扣税款应由纳税人予以补缴。

对扣缴义务人按照所扣缴的税款,税务机关应付给2%的手续费。不包括税务机关、司法机关等查补或者责令补扣的税款。

> 🍃**提示**　扣缴义务人领取的扣缴手续费可用于提升办税能力、奖励办税人员。

税务机关按照个人所得税法付给扣缴义务人手续费,应当填开退还书;扣缴义务人凭退还书,按照国库管理有关规定办理退库手续。

扣缴义务人应当按照纳税人提供的信息计算税款、办理扣缴申报,不得擅自更改纳税人提供的信息。

扣缴义务人发现纳税人提供的信息与实际情况不符的,可以要求纳税人修改。纳税人拒绝修改的,扣缴义务人应当报告税务机关,税务机关应当及时处理。

纳税人发现扣缴义务人提供或者扣缴申报的个人信息、支付所得、扣缴税款等信息与实际情况不符的,有权要求扣缴义务人修改。扣缴义务人拒绝修改的,纳税人应当报告税务机关,税务机关应当及时处理。

纳税人需要享受税收协定待遇的,应当在取得应税所得时主动向扣缴义务人提出,并提交相关信息、资料,扣缴义务人代扣代缴税款时按照享受税收协定待遇有关办法办理。

扣缴义务人依法履行代扣代缴义务,纳税人不得拒绝。纳税人拒绝的,扣缴义务人应当及时报告税务机关。

扣缴义务人有未按照规定向税务机关报送资料和信息、未按照纳税人提供信息虚报虚扣专项附加扣除、应扣未扣税款、不缴或少缴已扣税款、借用或冒用他人身份等行为的,依照《税收征收管理法》等相关法律、行政法规处理。

#### (二) 个人所得税代扣代缴的范围

居民个人取得综合所得,按年计算个人所得税;有扣缴义务人的,由扣缴义务人按月或者按次预扣预缴税款;需要办理汇算清缴的,应当在取得所得的次年3月1日至6月30日内办理汇算清缴。预扣预缴办法由国务院税务主管部门制定。

居民个人向扣缴义务人提供专项附加扣除信息的,扣缴义务人按月预扣预缴税款时应

当按照规定予以扣除，不得拒绝。

非居民个人取得工资、薪金所得，劳务报酬所得，稿酬所得和特许权使用费所得，有扣缴义务人的，由扣缴义务人按月或者按次代扣代缴税款，不办理汇算清缴。

纳税人取得利息、股息、红利所得，财产租赁所得，财产转让所得和偶然所得，按月或者按次计算个人所得税，有扣缴义务人的，由扣缴义务人按月或者按次代扣代缴税款。

作为单位的扣缴义务人向个人支付应纳税所得时，不论纳税人是否属于本单位人员，均应代扣代缴其应纳的个人所得税税款。

扣缴义务人首次向纳税人支付所得时，应当按照纳税人提供的纳税人识别号等基础信息，填写个人所得税基础信息表（A表），并于次月扣缴申报时向税务机关报送。

扣缴义务人对纳税人向其报告的相关基础信息变化情况，应当于次月扣缴申报时向税务机关报送。

🍂**点睛**　全员全额扣缴申报，是指扣缴义务人在代扣税款的次月15日内，向主管税务机关报送其支付所得的所有个人的有关信息、支付所得数额、扣除事项和数额、扣缴税款的具体数额和总额以及其他相关涉税信息资料。实行个人所得税全员全额扣缴申报的应税所得包括：

（1）工资、薪金所得；

（2）劳务报酬所得；

（3）稿酬所得；

（4）特许权使用费所得；

（5）利息、股息、红利所得；

（6）财产租赁所得；

（7）财产转让所得；

（8）偶然所得。

纳税人、扣缴义务人应当按照规定保存与专项附加扣除相关的资料。税务机关可以对纳税人提供的专项附加扣除信息进行抽查，具体办法由国务院税务主管部门另行规定。税务机关发现纳税人提供虚假信息的，应当责令改正并通知扣缴义务人；情节严重的，有关部门应当依法予以处理，纳入信用信息系统并实施联合惩戒。

### （三）个人所得税的代扣代缴期限

扣缴义务人每月或者每次预扣、代扣的税款，应当在次月15日内缴入国库，并向税务机关报送个人所得税扣缴申报表。

支付工资、薪金所得的扣缴义务人应当于年度终了后两个月内，向纳税人提供其个人所得和已扣缴税款等信息。纳税人年度中间需要提供上述信息的，扣缴义务人应当提供。

纳税人取得除工资、薪金所得以外的其他所得，扣缴义务人应当在扣缴税款后，及时向纳税人提供其个人所得和已扣缴税款等信息。

### （四）个人所得税代扣代缴的纳税申报实务

扣缴义务人代扣代缴个人所得税时，应当填报"个人所得税基础信息表（A表）（适用于扣缴义务人填报）"（见表5-6）或"个人所得税基础信息表（B表）（适用于自然人填报）"（略）、"个人所得税扣缴申报表"（见表5-7）。

表 5-6

## 个人所得税基础信息表（A表）
### （适用于扣缴义务人填报）

扣缴义务人名称：山东蓝天有限责任公司

扣缴义务人纳税人识别号（统一社会信用代码）：91370890900987880S

| 序号 | 纳税人识别号 | 纳税人基本信息 | | | | | 任职受雇从业信息 | | | | | 联系方式 | | | | | 银行账户 | | 投资信息 | | 其他信息 | | 非居民个人信息（带*必填） | | | | | 备注 |
| --- | --- | --- | --- | --- | --- | --- | --- | --- | --- | --- | --- | --- | --- | --- | --- | --- | --- | --- | --- | --- | --- | --- | --- | --- | --- | --- | --- | --- |
| | | *纳税人姓名 | *身份证件类型 | *身份证件号码（带*必填） | *出生日期 | *国籍(地区) | 类型 | 职务 | 学历 | 任职受雇从业日期 | 离职日期 | 手机号码 | 户籍所在地 | 经常居住地 | 联系地址 | 电子邮箱 | 开户银行 | 银行账号 | 投资额(元) | 投资比例 | 是否残疾/烈属/孤老 | 残疾烈属证号 | *出生地 | *性别 | *首次入境时间 | *预计离境时间 | |
| 1 | 2 | 3 | 4 | 5 | 6 | 7 | 8 | 9 | 10 | 11 | 12 | 13 | 14 | 15 | 16 | 17 | 18 | 19 | 20 | 21 | 22 | 23 | 24 | 25 | 26 | 27 | 29 |
| 1 | 370702197802280000 | 张强 | 居民身份证 | 370702197802280000 | 19780228 | 中华人民共和国 | 雇员 | 略 | 略 | 略 | 略 | 略 | 略 | 略 | 略 | 略 | 略 | 略 | 略 | 略 | 略 | 略 | | | | | |
| 2 | 370702197902130141 | 李红 | 居民身份证 | 370702197902130141 | 19790213 | 中华人民共和国 | 雇员 | 略 | 略 | 略 | 略 | 略 | 略 | 略 | 略 | 略 | 略 | 略 | 略 | 略 | 略 | 略 | | | | | |
| 3 | 370702198002150325 | 王强 | 居民身份证 | 370702198002150325 | 19800215 | 中华人民共和国 | 雇员 | 略 | 略 | 略 | 略 | 略 | 略 | 略 | 略 | 略 | 略 | 略 | 略 | 略 | 略 | 略 | | | | | |
| 4 | 370702198202190045 | 李晓 | 居民身份证 | 370702198202190045 | 19820219 | 中华人民共和国 | 雇员 | 略 | 略 | 略 | 略 | 略 | 略 | 略 | 略 | 略 | 略 | 略 | 略 | 略 | 略 | 略 | | | | | |
| 5 | 370702198502130458 | 徐升 | 居民身份证 | 370702198502130458 | 19850213 | 中华人民共和国 | 雇员 | 略 | 略 | 略 | 略 | 略 | 略 | 略 | 略 | 略 | 略 | 略 | 略 | 略 | 略 | 略 | | | | | |
| 6 | 370702198602130123 | 赵平 | 居民身份证 | 370702198602130123 | 19860213 | 中华人民共和国 | 雇员 | 略 | 略 | 略 | 略 | 略 | 略 | 略 | 略 | 略 | 略 | 略 | 略 | 略 | 略 | 略 | | | | | |

谨声明：本表是根据国家税收法律法规及相关规定填报的，是真实的、可靠的、完整的。

纳税义务人（签章）：山东蓝天有限责任公司

经办人签字：李晓

经办人身份证件号码：370702198202190045

代理机构统一社会信用代码：

受理人：

受理税务机关（章）：

受理日期：　　年　月　日

2025 年 02 月 15 日

国家税务总局监制

表 5-7

税款所属期：2025年01月01日 至 2025年01月31日

扣缴义务人名称：山东蓝天有限责任公司

扣缴义务人纳税人识别号（统一社会信用代码）：91370809090098788 0S

金额单位：人民币元（列至角分）

## 个人所得税扣缴申报表

| 序号 | 姓名 | 身份证件类型 | 身份证件号码 | 纳税人识别号 | 是否为非居民个人 | 所得项目 | 收入额计算 收入 | 费用 | 免税收入 | 减除费用 | 专项扣除 基本养老保险费 | 基本医疗保险费 | 失业保险费 | 住房公积金 | 其他扣除 商业健康保险 | 税延养老保险 | 年金 | 财产原值 | 允许扣除的税费 | 其他 | 累计情况(工薪) 累计收入额 | 累计减除费用 | 累计专项扣除 | 累计专项附加扣除 子女教育 | 继续教育 | 住房贷款利息或住房租金 | 赡养老人 | 3岁以下婴幼儿照护 | 其他 | 累计 | 减免 | 准予 | 税额计算 应纳税所得额 | 税率/预扣率 | 速算扣除数 | 应纳税额 | 减免税额 | 已扣缴税额 | 应补/退税额 | 备注 |
|---|---|---|---|---|---|---|---|---|---|---|---|---|---|---|---|---|---|---|---|---|---|---|---|---|---|---|---|---|---|---|---|---|---|---|---|---|---|---|---|---|
| 1 | 2 | 3 | 4 | 5 | 6 | 7 | 8 | 9 | 10 | 11 | 12 | 13 | 14 | 15 | 16 | 17 | 18 | 19 | 20 | 21 | 22 | 23 | 24 | 25 | 26 | 27 | 28 | 29 | 30 | 31 | 32 | 33 | 34 | 35 | 36 | 37 | 38 | 39 | 40 | 41 |
| 1 | 赵 | 居民身份证 | 370702197802280000 | | 否 | 工资、薪金所得 | 75 000 | | | 5 000 | 6 000 | 1 500 | 375 | 6 000 | | | | | | | 75 000 | 5 000 | 13 875 | 1 000 | | | | 3 000 | | | | | 52 125 | 10% | 2 520 | 2 692.5 | | | 2 692.5 | |
| 2 | 李 | 居民身份证 | 370702197902130141 | | 否 | 工资、薪金所得 | 42 000 | | | 5 000 | 3 360 | 840 | 210 | 3 360 | | | | | | | 42 000 | 5 000 | 7 770 | | | | | 3 000 | | | | | 26 250 | 3% | | 786.9 | | | 786.9 | |
| 3 | 王 | 居民身份证 | 370702198002150025 | | 否 | 工资、薪金所得 | 36 000 | | | 5 000 | 2 880 | 720 | 180 | 2 880 | | | | | | | 36 000 | 5 000 | 6 660 | | | 1 000 | | 3 000 | | | | | 20 340 | 3% | | 610.2 | | | 610.2 | |
| 4 | 韩 | 居民身份证 | 370702198202190045 | | 否 | 工资、薪金所得 | 10 000 | | | 5 000 | 800 | 200 | 50 | 800 | | | | | | | 10 000 | 5 000 | 1 850 | 2 000 | | 1 000 | | | | | | | 150 | 3% | | 4.5 | | | 4.5 | |
| 5 | 徐 | 居民身份证 | 370702198502130458 | | 否 | 工资、薪金所得 | 8 000 | | | 5 000 | 640 | 160 | 40 | 640 | | | | | | | 8 000 | 5 000 | 1 480 | | | 1 000 | | | | | | | 520 | 3% | | 15.6 | | | 15.6 | |
| 6 | 赵 | 居民身份证 | 370702198602130123 | | 否 | 工资、薪金所得 | 5 600 | | | 5 000 | 448 | 112 | 28 | 448 | | | | | | | 5 600 | 5 000 | 1 036 | | | 1 000 | | | | | | | 0 | | | 0 | | | 0 | |
| 合计 | | | | | | | 176 600 | | | 30 000 | 14 128 | 3 532 | 883 | 14 128 | | | | | | | 176 600 | 30 000 | 32 671 | 3 000 | | 4 000 | | 9 000 | | | | | 99 365 | 0.19 | 2 520 | 4 109.7 | | | 4 109.7 | |

谨声明：本表是根据国家税收法律法规及相关规定填报的，是真实的、可靠的、完整的。

经办人签字：李晓

经办人身份证件号码：370702198202190045

代理机构签章：

代理机构统一社会信用代码：

扣缴义务人（签章）：山东蓝天有限责任公司

受理人：

受理税务机关（章）：

受理日期：　　年　月　日

2025 年 02 月 15 日

**项目引例解析**

（1）计算山东蓝天有限责任公司2025年1月应代扣（预扣）的个人所得税税额。

居民个人的综合所得，以每一纳税年度的收入额减除费用6万元以及专项扣除、专项附加扣除和依法确定的其他扣除后的余额，为应纳税所得额。

居民个人取得综合所得，按年计算个人所得税；有扣缴义务人的，由扣缴义务人按月或者按次预扣预缴税款；需要办理汇算清缴的，应当在取得所得的次年3月1日至6月30日内办理汇算清缴。预扣预缴办法由国务院税务主管部门制定。

❶ 计算张强应纳个人所得税（由山东蓝天有限责任公司代扣（预扣）个人所得税）。

张强2025年1月工资、薪金所得的应纳税所得额

$$=75\,000-5\,000-（6\,000+1\,500+375+6\,000）-（1\,000+3\,000）$$
$$=75\,000-5\,000-13\,875-4\,000=52\,125（元）$$

张强2025年1月工资、薪金所得应纳个人所得税$=52\,125×10\%-2\,520=2\,692.5$（元）

❷ 计算李红应纳个人所得税（由山东蓝天有限责任公司代扣（预扣）个人所得税）。

李红2025年1月工资、薪金所得的应纳税所得额

$$=42\,000-5\,000-（3\,360+840+210+3\,360）-3\,000$$
$$=42\,000-5\,000-7\,770-3\,000=26\,230（元）$$

李红2025年1月工资、薪金所得应纳个人所得税$=26\,230×3\%=786.9$（元）

❸ 计算王强应纳个人所得税（由山东蓝天有限责任公司代扣（预扣）个人所得税）。

王强2025年1月工资、薪金所得的应纳税所得额

$$=36\,000-5\,000-（2\,880+720+180+2\,880）-（1\,000+3\,000）$$
$$=36\,000-5\,000-6\,660-4\,000=20\,340（元）$$

王强2025年1月工资、薪金所得应纳个人所得税$=20\,340×3\%=610.2$（元）

❹ 计算李晓应纳个人所得税（由山东蓝天有限责任公司代扣（预扣）个人所得税）。

李晓2025年1月工资、薪金所得的应纳税所得额

$$=10\,000-5\,000-（800+200+50+800）-（2\,000+1\,000）$$
$$=10\,000-5\,000-1\,850-3\,000=150（元）$$

李晓2025年1月工资、薪金所得应纳个人所得税$=150×3\%=4.5$（元）

❺ 计算徐升应纳个人所得税（由山东蓝天有限责任公司代扣（预扣）个人所得税）。

徐升2025年1月工资、薪金所得的应纳税所得额

$$=8\,000-5\,000-（640+160+40+640）-1\,000$$
$$=8\,000-5\,000-1\,480-1\,000=520（元）$$

徐升2025年1月工资、薪金所得应纳个人所得税$=520×3\%=15.6$（元）

❻ 计算赵平应纳个人所得税（由山东蓝天有限责任公司代扣（预扣）个人所得税）。

赵平2025年1月工资、薪金所得的应纳税所得额

$$=5\,600-5\,000-（448+112+28+448）-1\,000$$
$$=5\,600-5\,000-1\,036-1\,000=-1\,436（元）$$

因此，赵平不需要缴纳个人所得税（不需要由山东蓝天有限责任公司代扣（预扣）个人所得税）。

2025年1月山东蓝天有限责任公司代扣(预扣)的个人所得税合计$=2\,692.5+786.9+610.2+4.5+15.6=4\,109.7$（元）

（2）山东蓝天有限责任公司于2025年2月15日对2025年1月的个人所得税进行扣缴申报，填写"个人所得税基础信息表（A表）（适用于扣缴义务人填报）"（见表5-6）和"个人所得税扣缴申报表"（见表5-7）。

## 二、个人所得税的自行申报实务

### （一）个人所得税自行申报的范围

有下列情形之一的，纳税人应当依法办理纳税申报：

（1）取得综合所得需要办理汇算清缴；

（2）取得应税所得没有扣缴义务人；

（3）取得应税所得，扣缴义务人未扣缴税款；

（4）取得境外所得；

（5）因移居境外注销中国户籍；

（6）非居民个人在中国境内从两处以上取得工资、薪金所得；

（7）国务院规定的其他情形。

### （二）个人所得税自行申报的期限

居民个人取得综合所得，按年计算个人所得税；有扣缴义务人的，由扣缴义务人按月或者按次预扣预缴税款；需要办理汇算清缴的，应当在取得所得的次年3月1日至6月30日内办理汇算清缴。预扣预缴办法由国务院税务主管部门制定。

纳税人取得经营所得，按年计算个人所得税，由纳税人在月度或者季度终了后15日内向税务机关报送纳税申报表，并预缴税款；在取得所得的次年3月31日前办理汇算清缴。

> **提示** 自2022年7月14日起，按月申报预缴经营所得个人所得税的市场主体办理歇业后，可自下一季度起调整为按季预缴申报。被税务机关认定为非正常户的市场主体，在解除非正常状态之前，歇业期间不适用上述简化纳税申报方式。

纳税人取得应税所得没有扣缴义务人的，应当在取得所得的次月15日内向税务机关报送纳税申报表，并缴纳税款。

取得应税所得，扣缴义务人未扣缴税款的，纳税人应当在取得所得的次年6月30日前，缴纳税款；税务机关通知限期缴纳的，纳税人应当按照期限缴纳税款。

### 任务引例5-3解析

根据《个人所得税法》的规定，取得应税所得，扣缴义务人未扣缴税款，纳税人应当依法办理纳税申报。纳税人取得应税所得，扣缴义务人未扣缴税款的，纳税人应当在取得所得的次年6月30日前，缴纳税款；税务机关通知限期缴纳的，纳税人应当按照期限缴纳税款。

因此，你取得了中奖所得，发奖方未代扣代缴个人所得税，你需要自行办理个人所得税纳税申报。

居民个人从中国境外取得所得的，应当在取得所得的次年3月1日至6月30日内申报纳税。

非居民个人在中国境内从两处以上取得工资、薪金所得的，应当在取得所得的次月15日内申报纳税。

纳税人因移居境外注销中国户籍的，应当在注销中国户籍前办理税款清算。

纳税人办理汇算清缴退税或者扣缴义务人为纳税人办理汇算清缴退税的，税务机关审核后，按照国库管理的有关规定办理退税。

> 🔖**提示**　纳税人可以采用远程办税端、邮寄等方式申报，也可以直接到主管税务机关申报。

### （三）个人所得税自行申报的地点

（1）需要办理汇算清缴的纳税人，应当在取得所得的次年3月1日至6月30日内，向任职、受雇单位所在地主管税务机关办理纳税申报，并报送个人所得税年度自行纳税申报表。

（2）纳税人有两处以上任职、受雇单位的，选择向其中一处任职、受雇单位所在地主管税务机关办理纳税申报。

（3）纳税人没有任职、受雇单位的，向户籍所在地或经常居住地主管税务机关办理纳税申报。

（4）纳税人取得经营所得，按年计算个人所得税，由纳税人在月度或季度终了后15日内，向经营管理所在地主管税务机关办理预缴纳税申报，并报送个人所得税经营所得纳税申报表（A表）。在取得所得的次年3月31日前，向经营管理所在地主管税务机关办理汇算清缴，并报送个人所得税经营所得纳税申报表（B表）；从两处以上取得经营所得的，选择向其中一处经营管理所在地主管税务机关办理年度汇总申报，并报送个人所得税经营所得纳税申报表（C表）。

（5）纳税人取得应税所得，扣缴义务人未扣缴税款的，应当区别以下情形办理纳税申报：

❶居民个人取得综合所得的，按照上述（1）（2）（3）项的规定办理。

❷非居民个人取得工资、薪金所得，劳务报酬所得，稿酬所得，特许权使用费所得的，应当在取得所得的次年6月30日前，向扣缴义务人所在地主管税务机关办理纳税申报，并报送个人所得税自行纳税申报表（A表）。有两个以上扣缴义务人均未扣缴税款的，选择向其中一处扣缴义务人所在地主管税务机关办理纳税申报。

非居民个人在次年6月30日前离境（临时离境除外）的，应当在离境前办理纳税申报。

❸纳税人取得利息、股息、红利所得，财产租赁所得，财产转让所得和偶然所得的，应当在取得所得的次年6月30日前，按相关规定向主管税务机关办理纳税申报，并报送个人所得税自行纳税申报表（A表）。

税务机关通知限期缴纳的，纳税人应当按照期限缴纳税款。

（6）居民个人从中国境外取得所得的，应当在取得所得的次年3月1日至6月30日内，向中国境内任职、受雇单位所在地主管税务机关办理纳税申报；在中国境内没有任职、受雇单位的，向户籍所在地或中国境内经常居住地主管税务机关办理纳税申报；户籍所在地与中国境内经常居住地不一致的，选择其中一地主管税务机关办理纳税申报；在中国境内没有户籍的，向中国境内经常居住地主管税务机关办理纳税申报。

（7）纳税人因移居境外注销中国户籍的，应当在申请注销中国户籍前，向户籍所在地主管税务机关办理纳税申报，进行税款清算。

❶纳税人在注销户籍年度取得综合所得的，应当在注销户籍前，办理当年综合所得的汇算清缴，并报送个人所得税年度自行纳税申报表（A表）。尚未办理上一年度综合所得汇算清缴的，应当在办理注销户籍纳税申报时一并办理。

❷纳税人在注销户籍年度取得经营所得的，应当在注销户籍前，办理当年经营所得的汇算清缴，并报送个人所得税经营所得纳税申报表（B表）。从两处以上取得经营所得的，还应当一并报送个人所得税经营所得纳税申报表（C表）。尚未办理上一年度经营所得汇算清缴的，应当在办理注销户籍纳税申报时一并办理。

❸纳税人在注销户籍当年取得利息、股息、红利所得，财产租赁所得，财产转让所得和偶然所得的，应当在注销户籍前，申报当年上述所得的完税情况，并报送个人所得税自行纳税申报表（A表）。

❹纳税人有未缴或者少缴税款的，应当在注销户籍前，结清欠缴或未缴的税款。纳税人存在分期缴税且未缴纳完毕的，应当在注销户籍前，结清尚未缴纳的税款。

❺纳税人办理注销户籍纳税申报时，需要办理专项附加扣除、依法确定的其他扣除的，应当向税务机关报送个人所得税专项附加扣除信息表、商业健康保险税前扣除情况明细表、个人税收递延型商业养老保险税前扣除情况明细表等。

（8）非居民个人在中国境内从两处以上取得工资、薪金所得的，应当在取得所得的次月15日内，向其中一处任职、受雇单位所在地主管税务机关办理纳税申报，并报送个人所得税自行纳税申报表（A表）。

**提示**　残疾、孤老人员和烈属取得综合所得办理汇算清缴时，汇算清缴地与预扣预缴地规定不一致的，用预扣预缴地规定计算的减免税额与用汇算清缴地规定计算的减免税额相比较，按照孰高值确定减免税额。

### （四）个人所得税综合所得汇算清缴

根据《个人所得税综合所得汇算清缴管理办法》（2025年2月26日国家税务总局令第57号公布，自2025年2月26日起施行）的规定，对个人所得税综合所得汇算清缴的管理要求归纳如下：

1.综合所得和汇算清缴的认知

纳税人取得综合所得，按纳税年度合并计算个人所得税，并依法办理汇算清缴。

（1）综合所得的含义。

综合所得，是指纳税人取得的工资薪金所得、劳务报酬所得、稿酬所得和特许权使用费所得。

（2）汇算清缴的含义。

汇算清缴，是指纳税人汇总一个纳税年度内取得的综合所得收入额，减除费用6万元以及专项扣除、专项附加扣除、依法确定的其他扣除和符合条件的公益慈善事业捐赠后，适用综合所得个人所得税税率并减去速算扣除数，减去减免税额后计算本年度实际应纳税额，再减去已预缴税额，确定该纳税年度应退或者应补税额，在法定期限内向税务机关办理纳税申报并结清税款的行为。

（3）汇算清缴的计算公式。

汇算清缴的计算公式如下：

$$
\begin{aligned}
\text{应退或} \\
\text{应补} \\
\text{税额}
\end{aligned}
=
\left[
\left(
\begin{aligned}
\text{综合} \\
\text{所得} \\
\text{收入额}
\end{aligned}
-60\,000\text{元}-
\begin{aligned}
\text{"三险一金"} \\
\text{等专项} \\
\text{扣除}
\end{aligned}
-
\begin{aligned}
\text{子女教育} \\
\text{等专项} \\
\text{附加扣除}
\end{aligned}
-
\begin{aligned}
\text{依法确定} \\
\text{的其他} \\
\text{扣除}
\end{aligned}
-
\begin{aligned}
\text{符合条件的} \\
\text{公益慈善} \\
\text{事业捐赠}
\end{aligned}
\right)
\times
\begin{aligned}
\text{适用} \\
\text{税率}
\end{aligned}
-
\begin{aligned}
\text{速算} \\
\text{扣除数}
\end{aligned}
-
\begin{aligned}
\text{减免} \\
\text{税额}
\end{aligned}
\right]
-
\begin{aligned}
\text{已预缴} \\
\text{税额}
\end{aligned}
$$

**提示** 纳税人取得境外所得，应当按照有关规定据实申报。

（4）纳税年度的确定。

纳税人按照实际取得综合所得的时间，确定综合所得所属纳税年度。

取得境外所得的境外纳税年度与公历年度不一致的，以境外纳税年度最后一日所在的公历年度，为境外所得对应的我国纳税年度。

（5）办理汇算清缴的期限。

纳税人应当在取得综合所得的纳税年度的次年3月1日至6月30日内办理汇算清缴。在中国境内无住所的纳税人在汇算清缴开始前离境的，可以在离境前办理。

（6）无须办理汇算清缴的情形。

纳税人取得综合所得时已依法预缴个人所得税且符合下列情形之一的，无须办理汇算清缴：

❶汇算清缴需补税但综合所得收入全年不超过规定金额的；

❷汇算清缴需补税但不超过规定金额的；

❸已预缴税额与汇算清缴实际应纳税额一致的；

❹符合汇算清缴退税条件但不申请退税的。

**点睛** 2019年1月1日至2023年12月31日居民个人取得的综合所得，年度综合所得收入不超过12万元且需要汇算清缴补税的，或者年度汇算清缴补税金额不超过400元的，居民个人可免于办理个人所得税综合所得汇算清缴。居民个人取得综合所得时存在扣缴义务人未依法预扣预缴税款的情形除外。自2024年1月1日至2027年12月31日，上述政策继续执行。

（7）需要依法办理汇算清缴的情形。

纳税人取得综合所得并且符合下列情形之一的，需要依法办理汇算清缴：

❶已预缴税额大于汇算清缴实际应纳税额且申请退税的；

❷已预缴税额小于汇算清缴实际应纳税额且不符合上述"（6）无须办理汇算清缴的情形"的；

❸因适用所得项目错误、扣缴义务人未依法履行扣缴义务、取得综合所得无扣缴义务人，造成纳税年度少申报或者未申报综合所得的。

2.汇算清缴的准备及有关事项的填报

（1）汇算清缴前相关事项的准备和确认。

纳税人在汇算清缴前应确认填报的联系电话、银行账户等基础信息的有效性，并通过个人所得税APP（以下简称个税APP）、自然人电子税务局网站（以下简称网站）或者扣缴义务人查阅确认综合所得、相关扣除、已缴税额等信息。

（2）可以在汇算清缴时填报或补充的扣除事项。

纳税人可以在汇算清缴时填报或补充下列扣除：

❶减除费用6万元；

❷符合条件的基本养老保险、基本医疗保险、失业保险等社会保险费和住房公积金等专项扣除；

❸符合条件的3岁以下婴幼儿照护、子女教育、继续教育、大病医疗、住房贷款利息或者住房租金、赡养老人等专项附加扣除；

❹符合条件的企业年金和职业年金、商业健康保险、个人养老金等其他扣除；

❺符合条件的公益慈善事业捐赠。

纳税人填报上述第❷项至第❺项扣除的，应当按照规定留存或者提供有关证据资料。

（3）汇算清缴准备及有关事项填报的其他要求。

❶同时取得综合所得和经营所得的纳税人，可在综合所得或者经营所得中申报减除费用6万元、专项扣除、专项附加扣除以及依法确定的其他扣除，但不得重复申报减除。

❷纳税人填报的专项附加扣除，应当符合个人所得税法及国家有关规定。

❸纳税人与其他填报人共同填报3岁以下婴幼儿照护、子女教育、大病医疗、住房贷款利息或者住房租金、赡养老人等专项附加扣除的，应当与其他填报人在允许扣除的标准内确认扣除金额。

❹纳税人享受相关减税或免税等税收优惠政策的，应当在填报前认真了解政策规定，确认符合条件。

❺纳税人对扣缴义务人申报的综合所得等信息有异议的，应当先行与扣缴义务人核实确认。确有错误且扣缴义务人拒不更正的，或者存在身份被冒用等情况无法与扣缴义务人取得联系的，纳税人可以通过个税APP、网站等向税务机关发起申诉。

3.汇算清缴的办理及服务

（1）办理汇算清缴的方式。

纳税人可以选择下列方式办理汇算清缴：

❶自行办理。

❷通过任职受雇单位（含按累计预扣法预扣预缴其劳务报酬所得个人所得税的单位，以下统称单位）代为办理；纳税人提出要求的，单位应当代为办理或者培训、辅导纳税人完成申报和退（补）税；由单位代为办理的，纳税人应当与单位以书面或者电子等方式进行确认，纳税人未与单位确认的，单位不得代为办理。

❸委托涉税专业服务机构或者其他单位及个人办理。委托办理的，纳税人应当与受托人签订授权书。

**提示** 纳税人优先通过个税APP、网站办理汇算清缴，也可以通过邮寄方式或到办税服务厅办理。选择邮寄方式办理的，纳税人应当将申报表寄送至主管税务机关所在省、自治区、直辖市和计划单列市税务局公告的地址。

（2）对汇算清缴信息资料的要求。

❶纳税人办理汇算清缴，需确保填报信息真实、准确、完整。

❷通过单位代为办理或者委托受托人办理的，纳税人应当如实向单位或者受托人提供纳税年度的全部综合所得、相关扣除、享受税收优惠等信息资料。

❸纳税人、代为办理汇算清缴的单位，需将全部综合所得、相关扣除、享受税收优惠等信息资料自汇算清缴期结束之日起留存5年。

（3）代为办理汇算清缴的单位或者受托人的相关义务。

代为办理汇算清缴的单位或者受托人为纳税人办理汇算清缴后，应当及时将办理情况通知纳税人。纳税人发现汇算清缴存在错误的，可以要求单位或者受托人更正申报，也可以自行更正申报。

（4）办理汇算清缴期所面向主管税务机关的确认。

❶在汇算清缴期内纳税人自行办理或者委托受托人办理的，向纳税人任职受雇单位的主管税务机关申报；有两处及以上任职受雇单位的，可自主选择向其中一处主管税务机关申报。由单位代为办理汇算清缴的，向单位的主管税务机关申报。

❷纳税人没有任职受雇单位的，向其主要收入来源地、户籍所在地或者经常居住地的主管税务机关申报。主要收入来源地，是指纳税年度向纳税人累计发放劳务报酬、稿酬及特许权使用费金额最大的扣缴义务人所在地。

❸汇算清缴期结束后，税务部门为尚未办理汇算清缴的纳税人确定其主管税务机关。

❹除特殊规定外，纳税人一个纳税年度的汇算清缴主管税务机关一经确定不得变更。

（5）税务机关对汇算清缴的服务。

❶税务机关依托个税APP、网站提供申报表项目预填服务，帮助纳税人便捷办理汇算清缴。

❷税务机关开展汇算清缴政策解读和操作辅导，通过个税APP、网站、12366等渠道提供涉税咨询。

❸独立完成汇算清缴存在困难的特殊人群提出申请，税务机关可以为其提供个性化便民服务。

❹税务机关在汇算清缴初期提供预约办理服务，有办理需求的纳税人可以通过个税APP预约。

❺税务机关、单位分批分期引导提醒纳税人在确定的时间段内办理汇算清缴。

（6）汇算清缴的延期。

纳税人不能按期办理汇算清缴需要延期的，应当在汇算清缴期结束前向税务机关提出延期申请，经税务机关核准后，可以延期办理；但应在汇算清缴期内按照上一汇算清缴期实际缴纳的税额或者税务机关核定的税额预缴税款，并在核准的延期内完成汇算清缴。

4.汇算清缴的退（补）税

（1）纳税人依法办理汇算清缴，实际应纳税额小于已预缴税额的，可以申请汇算清缴退税。纳税人汇算清缴补税的，应当在汇算清缴期结束前缴纳税款。

（2）综合所得收入额不超过6万元且已预缴个人所得税的纳税人，在汇算清缴期内可以通过个税APP、网站选择简易申报方式办理汇算清缴退税。

▶提示　对符合汇算清缴退税条件且生活负担较重的纳税人，税务机关提供优先退税服务。

（3）纳税人提交汇算清缴退税申请后，税务机关依法开展退税审核。税务机关审核发现退税申请不符合规定，应当通知纳税人补充提供资料或更正汇算清缴申报，纳税人拒不提供资料或者拒不更正申报的，税务机关不予退税。

（4）申请汇算清缴退税及其他退税的纳税人，存在下列情形的，需在办理以前年度汇算清缴补税、更正申报或者提供资料后申请退税：

❶未依法办理以前年度汇算清缴补税的；

❷经税务机关通知以前年度汇算清缴存在疑点且未更正申报或提供资料的。

（5）纳税人申请汇算清缴退税，应当提供其在中国境内开设的符合条件的银行账户。税务机关按规定审核后办理税款退库。

纳税人未提供本人有效银行账户或者提供的账户信息有误的，按规定更正后申请退税。

（6）纳税人办理汇算清缴补税的，可以通过网上银行、办税服务厅、银行柜台、非银行支付机构等渠道缴纳税款。

选择邮寄方式办理汇算清缴补税的，纳税人应当通过个税APP、网站或者主管税务机关确认汇算清缴进度并及时缴纳税款。

5.汇算清缴的管理措施及法律责任

（1）汇算清缴期结束后，对未申报补税或者未足额补税的纳税人，税务机关依法追缴其不缴或者少缴的税款、加收滞纳金，并在其个人所得税纳税记录中予以标注。纳税人纠正其未申报或未补税行为后，税务机关应当及时撤销标注。

（2）纳税人因申报信息填写错误造成汇算清缴多退或少缴税款，主动改正或经税务机关提醒后及时改正的，税务机关可以按照"首违不罚"原则免予处罚。

（3）纳税人存在未按规定办理纳税申报、不缴或者少缴税款、进行虚假纳税申报、不配合税务检查、虚假承诺等行为，纳入信用信息系统，构成严重失信的，按照有关规定实施失信约束。

（4）单位未按照规定为纳税人代为办理汇算清缴，或者冒用纳税人身份办理扣缴申报、汇算清缴的，按照有关规定处理，并纳入企业纳税信用评价。企业法定代表人、合伙企业自然人合伙人、个人独资企业投资者等未依法办理汇算清缴的，关联纳入企业纳税信用评价。

（5）受托人协助纳税人虚假申报、骗取退税或者实施其他与汇算清缴相关的税收违法行为，按照税收征管法及涉税专业服务管理等规定处理，并纳入涉税专业服务信用评价管理。

（6）汇算清缴期结束后，对未申报补税或者未足额补税的纳税人，税务机关依法责令其限期改正并送达相关文书，逾期仍不改正的，税务机关可依据税收征管法规定处理处罚。情节严重的，予以公开曝光。

（7）税务机关、代为办理单位、受托人应当依法为纳税人涉税信息保密。

（8）税务机关及其工作人员违反法律法规等规定，侵犯纳税人合法权益的，纳税人可以依法投诉、举报或者申请行政复议、提起行政诉讼。

🍃**提示**　纳税人取得财产租赁等分类所得（财产租赁所得，财产转让所得，偶然所得和利息、股息、红利所得），以及按规定不并入综合所得计算纳税的所得，不适用《个人所得税综合所得汇算清缴管理办法》。

🍃**提示**　非居民个人取得工资薪金所得、劳务报酬所得、稿酬所得、特许权使用费所得，不适用《个人所得税综合所得汇算清缴管理办法》。

**（五）个人所得税自行申报的纳税申报实务**

纳税人自行申报个人所得税时，根据不同的情况应当分别填报"个人所得税自行纳税申报表"（略）、"个人所得税年度自行纳税申报表（A表）（仅取得境内综合所得年度汇算适用）"（见表5-8）、"个人所得税经营所得纳税申报表"（A表）（B表）（C表）（略）等。

表 5-8 　　　　　　　　**个人所得税年度自行纳税申报表（A表）**

（仅取得境内综合所得年度汇算适用）

税款所属期：2022年01月01日至2022年12月31日
纳税人姓名：张明
纳税人识别号：280987199008120132　　　　　　　　　　　金额单位：人民币元（列至角分）

| 基本情况 | | | | | |
|---|---|---|---|---|---|
| 手机号码 | 13188888888 | 电子邮箱 | 131777777@163.com | 邮政编码 | 050021 |
| 联系地址 | 河北省石家庄市裕华区青年街道和平路222号 | | | | |

| 纳税地点（单选） | | |
|---|---|---|
| 1.有任职受雇单位的，需选本项并填写"任职受雇单位信息"： | ☑任职受雇单位所在地 | |
| 任职受雇单位信息 | 名称 | 河北飞云运输有限责任公司 |
| | 纳税人识别号 | 91370890900984567P |
| 2.没有任职受雇单位的，可以从本栏次选择一地： | □户籍所在地　□经常居住地 □主要收入来源地 | |
| 户籍所在地/经常居住地/主要收入来源地 | ____省（区、市）____市____区（县）____街道（乡、镇） | |

| 申报类型（单选） | |
|---|---|
| ☑首次申报 | □更正申报 |

| 综合所得个人所得税计算 | | |
|---|---|---|
| 项目 | 行次 | 金额 |
| 一、收入合计（第1行=第2行+第3行+第4行+第5行） | 1 | 217 000.00 |
| （一）工资、薪金 | 2 | 144 000.00 |
| （二）劳务报酬 | 3 | 3 000.00 |
| （三）稿酬 | 4 | 30 000.00 |
| （四）特许权使用费 | 5 | 40 000.00 |
| 二、费用合计〔第6行=（第3行+第4行+第5行）×20%〕 | 6 | 14 600.00 |
| 三、免税收入合计（第7行=第8行+第9行） | 7 | 7 200.00 |
| （一）稿酬所得免税部分〔第8行=第4行×（1-20%）×30%〕 | 8 | 7 200.00 |
| （二）其他免税收入（附报"个人所得税减免税事项报告表"） | 9 | |
| 四、减除费用 | 10 | 60 000.00 |
| 五、专项扣除合计（第11行=第12行+第13行+第14行+第15行） | 11 | 26 640.00 |
| （一）基本养老保险费 | 12 | 11 520.00 |
| （二）基本医疗保险费 | 13 | 2 880.00 |
| （三）失业保险费 | 14 | 720.00 |
| （四）住房公积金 | 15 | 11 520.00 |
| 六、专项附加扣除合计（附报"个人所得税专项附加扣除信息表"） （第16行=第17行+第18行+第19行+第20行+第21行+第22行+第23行） | 16 | 48 000.00 |
| （一）子女教育 | 17 | 24 000.00 |
| （二）继续教育 | 18 | |
| （三）大病医疗 | 19 | |
| （四）住房贷款利息 | 20 | |
| （五）住房租金 | 21 | |
| （六）赡养老人 | 22 | 24 000.00 |
| （七）3岁以下婴幼儿照护 | 23 | |
| 七、其他扣除合计（第24行=第25行+第26行+第27行+第28行+第29行+第30行） | 24 | |
| （一）年金 | 25 | |

续表

| 项目 | 行次 | 金额 |
|---|---|---|
| （二）商业健康保险（附报"商业健康保险税前扣除情况明细表"） | 26 | |
| （三）税延养老保险（附报"个人税收递延型商业养老保险税前扣除情况明细表"） | 27 | |
| （四）允许扣除的税费 | 28 | |
| （五）个人养老金 | 29 | |
| （六）其他 | 30 | |
| 八、准予扣除的捐赠额（附报"个人所得税公益慈善事业捐赠扣除明细表"） | 31 | |
| 九、应纳税所得额<br>（第32行=第1行-第6行-第7行-第10行-第11行-第16行-第24行-第31行） | 32 | 60 560.00 |
| 十、税率（%） | 33 | 10 |
| 十一、速算扣除数 | 34 | 2 520.00 |
| 十二、应纳税额（第35行=第32行×第33行-第34行） | 35 | 3 536.00 |
| **全年一次性奖金个人所得税计算** | | |
| （无住所居民个人预判为非居民个人取得的数月奖金，选择按全年一次性奖金计税的填写本部分） | | |
| 一、全年一次性奖金收入 | 36 | |
| 二、准予扣除的捐赠额（附报"个人所得税公益慈善事业捐赠扣除明细表"） | 37 | |
| 三、税率（%） | 38 | |
| 四、速算扣除数 | 39 | |
| 五、应纳税额［第40行=（第36行-第37行）×第38行-第39行］ | 40 | |
| **税额调整** | | |
| 一、综合所得收入调整额（需在"备注"栏说明调整具体原因、计算方式等） | 41 | |
| 二、应纳税额调整额 | 42 | |
| **应补/退个人所得税计算** | | |
| 一、应纳税额合计（第43行=第35行+第40行+第42行） | 43 | 3 536.00 |
| 二、减免税额（附报"个人所得税减免税事项报告表"） | 44 | |
| 三、已缴税额 | 45 | 10 480.80 |
| 四、应补/退税额（第46行=第43行-第44行-第45行） | 46 | -6 944.80 |
| **无住所个人附报信息** | | |

| 纳税年度内在中国境内居住天数 | | 已在中国境内居住年数 | |
|---|---|---|---|
| | | | |

退税申请
（应补/退税额小于0的填写本部分）

☑申请退税（需填写"开户银行名称""开户银行省份""银行账号"）　□放弃退税

| 开户银行名称 | 中国工商银行 | 开户银行省份 | 河北省 |
|---|---|---|---|
| 银行账号 | 9551112223334445 | | |

备注

谨声明：本表是根据国家税收法律法规及相关规定填报的，本人对填报内容（附带资料）的真实性、可靠性、完整性负责。

　　　　　　　　　　　纳税人签字：张明　　　　　　　　　　　　　2023年06月10日

| 经办人签字：张明<br>经办人身份证件类型：居民身份证<br>经办人身份证件号码：280987199008120132<br>代理机构签章：<br>代理机构统一社会信用代码： | 受理人：<br>受理税务机关（章）：<br>受理日期：　　年　　月　　日 |
|---|---|

国家税务总局监制

**任务实例5-12** 居民个人张明为中国境内河北飞云运输有限责任公司（纳税人识别号：9137089090984567P）的员工，手机号：13188888888，电子邮箱：131777777@163.com，邮政编码：050021，联系地址：河北省石家庄市裕华区青年街道和平路222号，开户银行名称：中国工商银行，开户银行省份：河北省，银行账号：9551112223334445，身份证上载明的"公民身份号码"为：280987199008120132。2022年取得的收入情况如下：

（1）2022年每月取得中国境内河北飞云运输有限责任公司支付的税前工资、薪金收入12 000元。三险一金的计提基数为12 000元，每月个人负担的养老保险、医疗保险、失业保险、住房公积金分别为960元、240元、60元、960元，每月子女教育专项附加扣除额为2 000元，每月赡养老人专项附加扣除额为2 000元。甲公司已经为张明预扣预缴个人所得税280.8元。

（2）2022年2月为中国境内乙公司提供咨询服务，取得税前劳务报酬收入共计3 000元。乙公司已经为张明预扣预缴个人所得税440元。

（3）2022年8月出版小说一部，取得中国境内丙出版社支付的税前稿酬收入共计30 000元。丙出版社已经为张明预扣预缴个人所得税3 360元。

（4）2022年11月取得中国境内丁公司支付的税前特许权使用费收入共计40 000元。丁公司已经为张明预扣预缴个人所得税6 400元。

居民个人综合所得个人所得税的税率表（按年）见表5-3。

**【任务要求】**

（1）计算张明2022年度综合所得汇算清缴时应补缴或者申请退回的个人所得税税额。

（2）张明于2023年6月10日对2022年度的综合所得的个人所得税进行汇算清缴，填写"个人所得税年度自行纳税申报表（A表）（仅取得境内综合所得年度汇算适用）"。

**【任务实施】**

（1）计算张明2022年度综合所得汇算清缴时应补缴或者申请退回的个人所得税税额。

2022年度综合所得的应纳税所得额=12 000×12+3 000×（1-20%）+30 000×（1-20%）×70%+40 000×（1-20%）-60 000-960×12-240×12-60×12-960×12-2 000×12-2 000×12=60 560（元）

经查表5-3得知，适用税率为10%，速算扣除数为2 520元。

2022年度综合所得应纳个人所得税=60 560×10%-2 520=3 536（元）

2022年度综合所得应申请退回个人所得税=（280.8+440+3 360+6 400）-3 536

=10 480.8-3 536=6 944.8（元）

（2）张明于2023年6月10日对2022年度的综合所得的个人所得税进行汇算清缴，填写"个人所得税年度自行纳税申报表（A表）（仅取得境内综合所得年度汇算适用）"。

填写"个人所得税年度自行纳税申报表（A表）（仅取得境内综合所得年度汇算适用）"，见表5-8。

其中，第2行：工资、薪金所得=12 000×12=144 000（元）

第3行：劳务报酬所得=3 000元

第4行：稿酬所得=30 000元

第5行：特许权使用费所得=40 000元

第1行：收入合计=144 000+3 000+30 000+40 000=217 000（元）

第6行：费用合计=（3 000+30 000+40 000）×20%=14 600（元）

第8行：稿酬所得免税部分=30 000×（1-20%）×（1-70%）=7 200（元）

第7行：免税收入合计=7 200元

第10行：减除费用=60 000元

第12行：基本养老保险费=960×12=11 520（元）

第13行：基本医疗保险费=240×12=2 880（元）

第14行：失业保险费=60×12=720（元）

第15行：住房公积金=960×12=11 520（元）

第11行：专项扣除合计=11 520+2 880+720+11 520=26 640（元）

第17行：子女教育=2 000×12=24 000（元）

第22行：赡养老人=2 000×12=24 000（元）

第16行：专项附加扣除合计=24 000+24 000=48 000（元）

第32行：应纳税所得额=217 000-14 600-7 200-60 000-26 640-48 000=60 560（元）

第33行：税率=10%

第34行：速算扣除数=2 520元

第35行：应纳税额=60 560×10%-2 520=3 536（元）

第43行：应纳税额=3 536元

第45行：已缴税额=280.8+440+3 360+6 400=10 480.8（元）

第46行：应补/退税额=3 536-10 480.8=-6 944.8（元）（负数代表退税额）

### ►项目练习◄

1.刘某为甲公司员工，本年每月工资、薪金均为32 000元，每月减除费用为5 000元，专项扣除为4 000元，享受专项附加扣除共计2 000元，没有其他扣除，也没有减免收入及减免税额等情况。居民个人工资、薪金所得预扣预缴个人所得税的预扣率表见表5-1。

要求：分别计算刘某本年1月、2月、3月工资、薪金所得应由甲公司预扣预缴的个人所得税税额。

2.非居民个人珍妮在北京办公，本年7月受邀去深圳为甲公司的2名高管讲课，为期7天。珍妮可从甲公司获取税前劳务报酬80 000元，但有关交通费、食宿费等由珍妮自理，珍妮共支出20 000元。非居民个人工资、薪金所得，劳务报酬所得，稿酬所得，特许权使用费所得个人所得税的税率表见表5-4。

要求：计算珍妮本年7月应缴纳的个人所得税税额。

### ►项目实训◄

中国居民个人王某为境内甲上市公司的职员，本年取得下列收入：

（1）每月取得甲上市公司支付的税前工资、薪金收入15 000元。甲上市公司为王某全年代扣代缴（预扣预缴）了个人所得税共计3 786元，甲上市公司每月为王某代扣代缴（预扣预缴）个人所得税时已经税前扣除了专项扣除额2 745元〔15 000×（0.08+0.02+0.003+0.08）〕、专项附加扣除额2 000元。王某没有其他专项附加扣除和依法确定的其他扣除。

（2）2月，为中国境内乙公司提供咨询取得一次性税前劳务报酬收入30 000元。乙公司已经为王某代扣代缴（预扣预缴）了个人所得税共计5 200元（30 000×（1-20%）×30%-2 000）。

（3）4月，出版小说一部，取得中国境内丙出版社支付的税前稿酬收入3 000元。丙出版社已经为王某代扣代缴（预扣预缴）了个人所得税共计308元［（3 000-800）×70%×20%］。

（4）8月，取得中国境内丁公司支付的税前特许权使用费收入5 000元。丁公司已经为王某代扣代缴（预扣预缴）了个人所得税共计800元（5 000×（1-20%）×20%）。

（5）11月，购进甲种债券30 000份，每份买入价6元，支付相关税费780元，12月卖出该债券20 000份，每份卖出价9元，支付相关税费600元。

（6）通过拍卖行将一幅珍藏多年的祖传字画拍卖，取得拍卖收入320 000元，主管税务机关核定王某收藏该字画发生的费用为80 000元，拍卖时支付相关税费25 000元。

居民个人综合所得个人所得税的税率表（按年）见表5-3。

要求：

（1）计算王某本年综合所得的应纳税所得额。

（2）计算王某本年综合所得应缴纳的个人所得税税额。

（3）计算王某本年综合所得汇算清缴时应补缴或者申请退回的个人所得税税额。

（4）计算王某取得转让债券所得应缴纳的个人所得税税额。

（5）计算王某取得拍卖字画所得应缴纳的个人所得税税额。

# 项目六
# 其他税种纳税实务（上）

**学习目标**

1.能判定哪些业务应缴纳城市维护建设税、教育费附加和地方教育附加，能根据相关业务资料计算城市维护建设税，能根据相关业务资料填写"增值税及附加税费预缴表附列资料（附加税费情况表）""增值税及附加税费预缴表""增值税及附加税费申报表（一般纳税人适用）附列资料（五）（附加税费情况表）""增值税及附加税费申报表（一般纳税人适用）""增值税及附加税费申报表（小规模纳税人适用）附列资料（二）（附加税费情况表）""增值税及附加税费申报表（小规模纳税人适用）""消费税附加税费计算表""消费税及附加税费申报表"，并能进行城市维护建设税、教育费附加和地方教育附加的税费申报。

2.能判定哪些业务应缴纳资源税，能根据相关业务资料计算资源税，能根据相关业务资料填写"资源税税源明细表""财产和行为税纳税申报表"等申报表，并能进行资源税的纳税申报。

3.能判定哪些业务应缴纳土地增值税，能根据相关业务资料计算土地增值税，能根据相关业务资料填写"土地增值税税源明细表""财产和行为税纳税申报表"等申报表，并能进行土地增值税的纳税申报。

4.能判定哪些业务应缴纳城镇土地使用税，能根据相关业务资料计算城镇土地使用税，能根据相关业务资料填写"城镇土地使用税 房产税税源明细表""财产和行为税纳税申报表"等申报表，并能进行城镇土地使用税的纳税申报。

5.能判定哪些业务应缴纳房产税，能根据相关业务资料计算房产税，能根据相关业务资料填写"城镇土地使用税 房产税税源明细表""财产和行为税纳税申报表"等申报表，并能进行房产税的纳税申报。

6.能判定哪些业务应缴纳耕地占用税，能根据相关业务资料计算耕地占用税，能根据相关业务资料填写"耕地占用税税源明细表""财产和行为税纳税申报表"等申报表，并能进行手工纳税申报及网上纳税申报。

**素养提升**

纳税人应当充分运用国家出台的相关税收政策，合法合规纳税。

1.我国征收资源税，有利于促进国家资源的适度开采和节约使用，促进产业结构优化升级，促进资源再生产业的发展，实现我国经济社会可持续发展。

2.我国征收耕地占用税，有利于合理配置土地资源，加强土地管理，保护耕地资源，补偿因占用耕地而造成的农业损失，保证农业生产的稳定发展，体现了"牢牢守住十八亿亩耕地红线，逐步把永久基本农田全部建成高标准农田"的精神。

▶️ **项目引例——城市维护建设税、教育费附加和地方教育附加计算和申报** ◀️

接"项目二　增值税纳税实务"的"项目引例2-1——一般纳税人增值税的计算和纳税申报"资料。

⭐ **任务要求**

（1）计算北京雅晶有限责任公司2023年1月应缴纳的城市维护建设税、教育费附加和地方教育附加。

（2）北京雅晶有限责任公司于2023年2月10日对2023年1月的城市维护建设税、教育费附加和地方教育附加进行税费申报，填写"增值税及附加税费申报表（一般纳税人适用）附列资料（五）（附加税费情况表）"以及"增值税及附加税费申报表（一般纳税人适用）"的第39至41栏次。

▶️ **项目引例解析**　见本项目的任务一。

## 任务一　城市维护建设税、教育费附加和地方教育附加纳税（费）实务

### 任务引例6-1

我公司生产销售手机，销售货物缴纳增值税但不缴纳消费税，请问我公司需要缴纳城市维护建设税吗？

#### 一、城市维护建设税、教育费附加和地方教育附加的认知

（一）城市维护建设税、教育费附加和地方教育附加纳税（费）人和扣缴义务人的确定

1.城市维护建设税、教育费附加和地方教育附加的纳税（费）人

城市维护建设税（简称"城建税"）、教育费附加和地方教育附加的纳税人，是在中华人民共和国境内缴纳增值税、消费税（简称"两税"）的单位和个人。

单位包括国有企业、集体企业、私营企业、股份制企业、其他企业和行政单位、事业单位、军事单位、社会团体、其他单位；个人包括个体工商户以及其他个人。

🔺 **提示**　自2010年12月1日起，对外商投资企业、外国企业及外籍个人征收城市维护建设税、教育费附加和地方教育附加。

### 任务引例6-1解析

根据《城市维护建设税法》的规定，在中华人民共和国境内缴纳增值税、消费税的单位和个人，为城市维护建设税的纳税人。

你公司虽然缴纳增值税而不缴纳消费税，但仍然属于城市维护建设税的纳税人，需要缴纳城市维护建设税。

2.城市维护建设税、教育费附加和地方教育附加的扣缴义务人

代扣代缴、代收代缴增值税、消费税的单位和个人，同时也是城市维护建设税、教育

费附加和地方教育附加的代扣代缴、代收代缴义务人。

（二）城市维护建设税、教育费附加和地方教育附加征税（费）范围的确定

城市维护建设税、教育费附加和地方教育附加的征税（费）范围比较广。凡是在市区、县城、镇，以及市区、县城、镇以外的其他地区，只要是缴纳增值税、消费税的单位和个人，均属于城市维护建设税、教育费附加和地方教育附加的征税（费）范围。

对进口货物或者境外单位和个人向境内销售劳务、服务、无形资产缴纳的增值税、消费税税额，不征收城市维护建设税、教育费附加和地方教育附加。

【素养园地】

支持绿色发展！这 56
项税费优惠政策请收好

## 二、城市维护建设税、教育费附加和地方教育附加的计算

（一）城市维护建设税、教育费附加和地方教育附加计税（费）依据的确定

城市维护建设税、教育费附加和地方教育附加的计税（费）依据为纳税人依法实际缴纳的增值税、消费税税额。

具体来说，依法实际缴纳的增值税、消费税税额，是指纳税人依照增值税、消费税相关法律法规和税收政策规定计算的应当缴纳的增值税、消费税税额（不含因进口货物或境外单位和个人向境内销售劳务、服务、无形资产缴纳的增值税、消费税税额），加上增值税免抵税额，扣除直接减免的增值税、消费税税额和期末留抵退税退还的增值税税额后的金额。

增值税免抵税额，是指出口货物、劳务或者跨境销售服务、无形资产增值税免抵税额。

直接减免的增值税、消费税税额，是指依照增值税、消费税相关法律法规和税收政策规定，直接减征或免征的增值税、消费税税额，不包括实行先征后返、先征后退、即征即退办法退还的增值税、消费税税额。

纳税人自收到留抵退税额之日起，应当在下一个税费申报期从城市维护建设税、教育费附加和地方教育附加计税（费）依据中扣除。留抵退税额仅允许在按照增值税一般计税方法确定的城市维护建设税、教育费附加和地方教育附加计税（费）依据中扣除。当期未扣除完的余额，在以后税费申报期按规定继续扣除。

对于增值税小规模纳税人更正、查补此前按照一般计税方法确定的城市维护建设税、教育费附加和地方教育附加计税（费）依据，允许扣除尚未扣除完的留抵退税额。

对增值税免抵税额征收的城市维护建设税、教育费附加和地方教育附加，纳税人应在税务机关核准免抵税额的下一个税费申报期内向主管税务机关申报缴纳。

🍀**提示** 纳税人违反增值税、消费税有关税法而加收的滞纳金和罚款，是税务机关对纳税人违法行为的经济制裁，不作为城市维护建设税、教育费附加和地方教育附加的计税（费）依据，但纳税人在被查补增值税、消费税和被处以罚款时，应同时对其偷（逃）漏的城市维护建设税、教育费附加和地方教育附加进行补税（费）、征收滞纳金和罚款。

🍀**点睛** 城市维护建设税、教育费附加和地方教育附加以纳税人依法实际缴纳的增值税、消费税

税额为计税（费）依据并随增值税、消费税同时征收，如果要免征或者减征增值税（出口货物、劳务或者跨境销售服务、无形资产增值税免抵税额除外）、消费税，也就要同时免征或者减征城市维护建设税、教育费附加和地方教育附加。

☞【情境辨析6-1】下列各项中，应作为城市维护建设税计税依据的有（　　）。

A.消费税税额　　　　　　　　　　B.增值税税额

C.土地增值税税额　　　　　　　　D.关税税额

（二）城市维护建设税税率、教育费附加和地方教育附加征收率的判定

1.城市维护建设税的税率

城市维护建设税采用比例税率。按纳税人所在地的不同，设置3档差别比例税率，见表6-1。

表6-1　　　　　　　　　　　城市维护建设税税率表

| 纳税人所在地 | 税率 |
| --- | --- |
| 市区 | 7% |
| 县城和镇 | 5% |
| 市区、县城和镇以外的其他地区 | 1% |

点睛　城市维护建设税纳税人按所在地在市区、县城、镇和不在上述区域适用不同税率。市区、县城、镇按照行政区划确定。行政区划变更的，自变更完成当月起适用新行政区划对应的城市维护建设税税率，纳税人在变更完成当月的下一个纳税申报期按新税率申报缴纳。

城市维护建设税的适用税率，应当按照纳税人所在地的规定税率执行。但是，对下列两种情况，可按缴纳增值税、消费税所在地的规定税率就地缴纳城市维护建设税：

（1）由受托方代扣代缴、代收代缴增值税、消费税的单位和个人，其代扣代缴、代收代缴的城市维护建设税按受托方所在地适用税率执行；

（2）流动经营等无固定纳税地点的单位和个人，在经营地缴纳增值税、消费税的，其城市维护建设税的缴纳按经营地适用税率执行。

2.教育费附加和地方教育附加的征收率

教育费附加征收率为3%。地方教育附加的征收率统一为2%。

（三）城市维护建设税、教育费附加和地方教育附加优惠政策的运用

城市维护建设税、教育费附加和地方教育附加原则上不单独减免，但因城市维护建设税、教育费附加和地方教育附加又具附加税（费）性质，当主税（增值税、消费税）发生减免时，城市维护建设税、教育费附加和地方教育附加相应发生减免。城市维护建设税、教育费附加和地方教育附加的减免具体有以下几种情况：

（1）城市维护建设税、教育费附加和地方教育附加按减免后实际缴纳的增值税、消费税税额计征，即随增值税、消费税的减免而减免（出口货物、劳务或者跨境销售服务、无形资产增值税免抵税额除外）。

（2）对由于减免增值税、消费税而发生退税的，可同时退还已征收的城市维护建设税、教育费附加和地方教育附加。但对出口货物、劳务和跨境销售服务、无形资产退还增

值税、消费税的，不退还已缴纳的城市维护建设税、教育费附加和地方教育附加。

🏷 **链接**　对进口货物或者境外单位和个人向境内销售劳务、服务、无形资产缴纳的增值税、消费税税额，不征收城市维护建设税、教育费附加和地方教育附加。

（3）因纳税人多缴发生的增值税、消费税退税，同时退还已缴纳的城市维护建设税、教育费附加和地方教育附加。增值税、消费税实行先征后返、先征后退、即征即退的，除另有规定外，不予退还随增值税、消费税附征的城市维护建设税、教育费附加和地方教育附加。

（4）对国家重大水利工程建设基金免征城市维护建设税、教育费附加和地方教育附加。

（5）根据国民经济和社会发展的需要，国务院对重大公共基础设施建设、特殊产业和群体以及重大突发事件应对等情形可以规定减征或者免征城市维护建设税，报全国人民代表大会常务委员会备案。

🏷 **提示**　自2023年1月1日至2027年12月31日，对增值税小规模纳税人、小型微利企业和个体工商户减半征收资源税（不含水资源税）、城市维护建设税、房产税、城镇土地使用税、印花税（不含证券交易印花税）、耕地占用税和教育费附加、地方教育附加。增值税小规模纳税人、小型微利企业和个体工商户已依法享受资源税、城市维护建设税、房产税、城镇土地使用税、印花税、耕地占用税、教育费附加、地方教育附加等其他优惠政策的，可叠加享受上述规定的优惠政策。

☞ **【情境辨析6-2】**下列关于城市维护建设税的表述中，正确的有（　　　）。

A.免征增值税、消费税时应同时免征城市维护建设税

B.对出口产品退还增值税的，不退还已缴纳的城市维护建设税

C.对出口货物、劳务和跨境销售服务、无形资产退还增值税、消费税的，不退还已缴纳的城市维护建设税

D.对海关进口的产品征收的增值税、消费税，应征收城市维护建设税

**（四）城市维护建设税、教育费附加和地方教育附加应纳税（费）额的计算**

城市维护建设税、教育费附加和地方教育附加的应纳税（费）额的计算公式为：

应纳城市维护建设税=纳税人依法实际缴纳的增值税、消费税税额×适用税率

应纳教育费附加=纳税人依法实际缴纳的增值税、消费税税额×适用征收率（3%）

应纳地方教育附加=纳税人依法实际缴纳的增值税、消费税税额×适用征收率（2%）

**任务实例6-1**　甲公司位于某市区，本年5月应纳增值税为40 000元、应纳消费税为52 000元。

**【任务要求】** 计算甲公司本年5月应缴纳的城市维护建设税、教育费附加和地方教育附加。

**【任务实施】** 应纳城市维护建设税=（40 000+52 000）×7%=6 440（元）

应纳教育费附加=（40 000+52 000）×3%=2760（元）

应纳地方教育附加=（40 000+52 000）×2%=1840（元）

**三、城市维护建设税、教育费附加和地方教育附加的税费申报**

**（一）城市维护建设税、教育费附加和地方教育附加的纳税（费）义务发生时间**

城市维护建设税、教育费附加和地方教育附加的纳税（费）义务发生时间与增值税、消费税的纳税义务发生时间一致，分别与增值税、消费税同时缴纳；城市维护建设税、教

育费附加和地方教育附加的扣缴义务人为负有增值税、消费税扣缴义务的单位和个人，在扣缴增值税、消费税的同时扣缴城市维护建设税、教育费附加和地方教育附加。

**点睛**　同时缴纳是指在缴纳增值税、消费税时，应当在增值税、消费税同一缴纳地点、同一缴纳期限内，一并缴纳对应的城市维护建设税、教育费附加和地方教育附加。采用委托代征、代扣代缴、代收代缴、预缴、补缴等方式缴纳增值税、消费税的，应当同时缴纳城市维护建设税、教育费附加和地方教育附加。代扣代缴，不含因境外单位和个人向境内销售劳务、服务、无形资产代扣代缴增值税的情形。

### （二）城市维护建设税、教育费附加和地方教育附加的纳税（费）期限

城市维护建设税、教育费附加和地方教育附加的纳税（费）期限与增值税、消费税的纳税期限一致。根据增值税和消费税法律制度的规定，增值税、消费税的纳税期限分别为1日、3日、5日、10日、15日、1个月或者1个季度；纳税人的具体纳税期限，由税务机关根据纳税人应纳税额的大小分别核定；不能按照固定期限纳税的，可以按次纳税。

**提示**　扣缴义务人解缴税款的期限，依照上述规定执行。

### （三）城市维护建设税、教育费附加和地方教育附加的纳税（费）地点

纳税人实际缴纳增值税、消费税的地点，就是该纳税人缴纳城市维护建设税、教育费附加和地方教育附加的地点。但是下列情况除外：

（1）代扣代缴、代收代缴增值税、消费税的单位和个人，同时也是城市维护建设税的代扣代缴、代收代缴义务人，其城市维护建设税、教育费附加和地方教育附加的纳税（费）地点在代扣代收地。

（2）跨省开采的油田，下属生产单位与核算单位不在一个省内的，其生产的原油，在油井所在地缴纳增值税，其应纳税款由核算单位按照各油井的产量和规定税率，计算汇拨各油井所在地缴纳。因此，各油井应纳的城市维护建设税、教育费附加和地方教育附加，应由核算单位计算，随同增值税一并汇拨油井所在地，由油井在缴纳增值税的同时，一并缴纳城市维护建设税、教育费附加和地方教育附加。

（3）对流动经营等无固定纳税地点的单位和个人，城市维护建设税、教育费附加和地方教育附加应随同增值税、消费税在经营地按适用税率缴纳。

（4）纳税人跨地区提供建筑服务、销售和出租不动产的，应在建筑服务发生地、不动产所在地预缴增值税时，以预缴增值税税额为计税（费）依据，并按预缴增值税所在地的城市维护建设税适用税率、教育费附加和地方教育附加征收率就地计算缴纳城市维护建设税、教育费附加和地方教育附加。

预缴增值税的纳税人在其机构所在地申报缴纳增值税时，以其实际缴纳的增值税税额为计税（费）依据，并按机构所在地的城市维护建设税适用税率、教育费附加和地方教育附加征收率就地计算缴纳城市维护建设税、教育费附加和地方教育附加。

### （四）城市维护建设税、教育费附加和地方教育附加税费申报实务

纳税人对城市维护建设税、教育费附加和地方教育附加进行税费申报时，应当根据不同的情形分别填报"增值税及附加税费预缴表附列资料（附加税费情况表）"（略）以及"增值税及附加税费预缴表"（略）；"增值税及附加税费申报表（一般纳税人适用）附列资

料（五）（附加税费情况表）"（见表2-15）以及"增值税及附加税费申报表（一般纳税人适用）"（见表2-16）；"增值税及附加税费申报表（小规模纳税人适用）附列资料（二）（附加税费情况表）"（见表2-17）以及"增值税及附加税费申报表（小规模纳税人适用）"（见表2-19）；"消费税附加税费计算表"（见表3-5）以及"消费税及附加税费申报表"（见表3-6）。

**项目引例解析**

（1）计算北京雅晶有限责任公司2023年1月应缴纳的城市维护建设税、教育费附加和地方教育附加。

应纳城市维护建设税=38 698.40×7%=2 708.89（元）

应纳教育费附加=38 698.40×3%=1 160.95（元）

应纳地方教育附加=38 698.40×2%=773.97（元）

（2）北京雅晶有限责任公司于2023年2月10日对2023年1月的城市维护建设税、教育费附加和地方教育附加进行税费申报，填写"增值税及附加税费申报表（一般纳税人适用）附列资料（五）（附加税费情况表）"（见表2-15）以及"增值税及附加税费申报表（一般纳税人适用）"（见表2-16）的第39至41栏次。

**任务实例6-2** 接"项目二 增值税纳税实务"的"项目引例2-2——小规模纳税人增值税的计算和纳税申报"资料，当地规定，小规模纳税人"六税两费"按50%幅度减征。

**【任务要求】**

（1）计算北京蓝天有限责任公司2023年1月的应纳城市维护建设税、教育费附加和地方教育附加。

（2）北京蓝天有限责任公司2023年2月10日对2023年1月的城市维护建设税、教育费附加和地方教育附加进行税费申报，填写"增值税及附加税费申报表（小规模纳税人适用）附列资料（二）（附加税费情况表）"以及"增值税及附加税费申报表（小规模纳税人适用）"的第23至25栏次。

**【任务实施】**

（1）计算北京蓝天有限责任公司2023年1月的应纳城市维护建设税、教育费附加和地方教育附加。

应纳城市维护建设税=3 150×7%=220.5（元）

应纳教育费附加=3 150×3%=94.5（元）

应纳地方教育附加3 150×2%=63（元）

作为增值税小规模纳税人城市维护建设税减征额=220.5×50%=110.25（元）

作为增值税小规模纳税人教育费附加减征额=94.5×50%=47.25（元）

作为增值税小规模纳税人地方教育附加减征额=63×50%=31.5（元）

本期应补（退）城市维护建设税=220.5-110.25=110.25（元）

本期应补（退）教育费附加=94.5-47.25=47.25（元）

本期应补（退）地方教育附加=63-31.5=31.5（元）

（2）北京蓝天有限责任公司2023年2月10日对2023年1月的城市维护建设税、教育费附加和地方教育附加进行税费申报，填写"增值税及附加税费申报表（小规模纳税人适用）附列资料（二）（附加税费情况表）"（见表2-17）以及"增值税及附加税费申报表（小规模纳税人适用）"（见表2-19）的第23至25栏次。

**任务实例6-3** 接"项目三　消费税纳税实务"的"项目引例——消费税的计算和纳税申报"资料。

【任务要求】

（1）计算山东东方卷烟有限公司2023年1月与消费税相关的应纳城市维护建设税、教育费附加和地方教育附加。

（2）山东东方卷烟有限公司2023年2月10日对2023年1月与消费税相关的城市维护建设税、教育费附加和地方教育附加进行税费申报，填写"消费税附加税费计算表"以及"消费税及附加税费申报表"的第15至17栏次。

【任务实施】

（1）计算山东东方卷烟有限公司2023年1月与消费税相关的应纳城市维护建设税、教育费附加和地方教育附加。

与消费税相关的应纳城市维护建设税=2 263 250.00×7%=158 427.5（元）

与消费税相关的应纳教育费附加=2 263 250.00×3%=67 897.5（元）

与消费税相关的应纳地方教育附加=2 263 250.00×2%=45 265（元）

（2）山东东方卷烟有限公司2023年2月10日对2023年1月与消费税相关的城市维护建设税、教育费附加和地方教育附加进行税费申报，填写"消费税附加税费计算表"（见表3-5）以及"消费税及附加税费申报表"（见表3-6）的第15至17栏次。

# 任务二　资源税纳税实务

## 任务引例6-2

我公司是一家生产建材产品的企业，请问我公司在收购应税矿产品时有代扣代缴资源税的义务吗？

### 一、资源税的认知

#### （一）资源税纳税人的确定

资源税的纳税人是指在中华人民共和国领域和中华人民共和国管辖的其他海域开发应税资源（产品）的单位和个人。

对资源税纳税人的理解，应注意以下3点：

（1）资源税仅对在中华人民共和国领域和中华人民共和国管辖的其他海域开发应税资源（产品）的单位和个人征收，对进口的相关产品不征收资源税。由于对进口的相关产品不征收资源税，相应地，对出口的相关产品也不免征或退还已纳资源税。

**提示**　资源税进口不征，出口不退（免）。

（2）资源税纳税人不仅包括符合规定的中国企业和个人，还包括外商投资企业和外国企业。

（3）中外合作开采陆上、海上石油资源的企业依法缴纳资源税。2011年11月1日前已依法订立中外合作开采陆上、海上石油资源合同的，在该合同有效期内，继续依照国家有关规定缴纳矿区使用费，不缴纳资源税；合同期满后，依法缴纳资源税。

### 任务引例6-2解析

根据《国家税务总局关于公布取消一批税务证明事项以及废止和修改部分规章规范性文件的决定》（国家税务总局令第48号）的规定，废止了《中华人民共和国资源税代扣代缴管理办法》（国税发〔1998〕49号文件印发，国家税务总局令第44号修改）。根据《关于〈国家税务总局关于公布取消一批税务证明事项以及废止和修改部分规章规范性文件的决定〉的解读》，取消"资源税管理证明"后，实行纳税人自主申报，不再采用代扣代缴的征管方式。

因此，资源税由在中华人民共和国领域和中华人民共和国管辖的其他海域开发应税资源的单位和个人自行缴纳，你公司没有代扣代缴的义务。

#### （二）资源税征税范围的确定

应税资源的具体范围，由《中华人民共和国资源税法》（简称《资源税法》）所附"资源税税目税率表"确定。我国目前资源税的征税范围仅涉及矿产品和盐两大类，具体包括：

（1）能源矿产，包括：原油；天然气、页岩气、天然气水合物；煤；煤成（层）气；铀、钍；油页岩、油砂、天然沥青、石煤；地热。

（2）金属矿产，包括：黑色金属和有色金属。

（3）非金属矿产，包括：矿物类、岩石类和宝玉石类。

（4）水气矿产，包括：二氧化碳气、硫化氢气、氦气、氡气；矿泉水。

（5）盐，包括：钠盐、钾盐、镁盐、锂盐；天然卤水；海盐。

纳税人开采或者生产应税产品自用的，应当依照《资源税法》的规定缴纳资源税；但是，自用于连续生产应税产品的，不缴纳资源税。纳税人自用应税产品应当缴纳资源税的情形，包括纳税人以应税产品用于非货币性资产交换、捐赠、偿债、赞助、集资、投资、广告、样品、职工福利、利润分配或者连续生产非应税产品等。

另外，自2016年7月1日起在河北省开展水资源税改革试点，采取水资源费改税方式，将地表水和地下水纳入征税范围，实行从量定额计征。自2017年12月1日起在北京、天津、山西、内蒙古、山东、河南、四川、陕西、宁夏9个省（自治区、直辖市）扩大水资源税改革试点。2024年10月15日，财政部、国家税务总局、水利部联合公布《水资源税改革试点实施办法》，宣布自2024年12月1日起全面实施水资源税改革试点。

◤提示　由于资源产品属于有形动产，资源税的征税范围与增值税的征税范围有一定程度的重叠。

◤链接　纳税人自产自用的应税消费品，用于连续生产应税消费品的，不纳税（消费税）；用于其他方面的（用于生产非应税消费品、在建工程、管理部门、馈赠、赞助、集资、广告、样品、职工福利、奖励等），视同销售，在移送使用时纳税（消费税）。

◤提示　资源税对生产者或开采者征收，并且于其销售或自用时一次性征收，批发、零售等环节不征收资源税。

◤点睛　资源税只针对开采我国境内的不可再生的自然资源征收，且仅限于初级矿产品或者原矿。

☞【情境辨析6-3】下列属于资源税的纳税人的是（　　　　）。

A.在中国境内开采并销售煤炭的个人

B.在中国境内生产并销售天然气的国有企业

C.在中国境内仅从事批发应税资源的销售企业

D.进口应税资源的国有企业

### （三）资源税税目的确定

资源税的税目依照"资源税税目税率表"（见表6-2）执行。

资源税的各税目征税时有的对原矿征税，有的对选矿征税，具体按照"资源税税目税率表"的规定执行，主要包括以下三类：❶按原矿征税；❷按选矿征税；❸按原矿或者选矿征税。

纳税人以自采原矿（经过采矿过程采出后未进行选矿或者加工的矿石）直接销售，或者自用于应当缴纳资源税情形的，按照原矿计征资源税。

纳税人以自采原矿洗选加工为选矿产品（通过破碎、切割、洗选、筛分、磨矿、分级、提纯、脱水、干燥等过程形成的产品，包括富集的精矿和研磨成粉、粒级成型、切割成型的原矿加工品）销售，或者将选矿产品自用于应当缴纳资源税情形的，按照选矿产品计征资源税，在原矿移送环节不缴纳资源税。

> 提示　对于无法区分原生岩石矿种的粒级成型砂石颗粒，按照"砂石"税目征收资源税。

### 二、资源税的计算

#### （一）资源税计税依据的确定

资源税按照"资源税税目税率表"实行从价计征或者从量计征。

"资源税税目税率表"中规定可以选择实行从价计征或者从量计征的，具体计征方式由省、自治区、直辖市人民政府提出，报同级人民代表大会常务委员会决定，并报全国人民代表大会常务委员会和国务院备案。

应税产品为矿产品的，包括原矿和选矿产品。

1.资源税从价计征的计税依据

资源税从价计征的计税依据为资源税应税产品的销售额。

（1）销售额确定的基本规定。

销售额是指纳税人销售应税产品向购买方收取的全部价款和价外费用，不包括增值税销项税额。

计入销售额中的相关运杂费用，凡取得增值税发票或者其他合法有效凭据的，准予从销售额中扣除。相关运杂费用是指应税产品从坑口或者洗选（加工）地到车站、码头或者购买方指定地点的运输费用、建设基金以及随运销产生的装卸、仓储、港杂费用。

> 点睛　纳税人将其开采的应税产品直接出口的，按其离岸价格（不含增值税）计算销售额征收资源税。

（2）特殊情形下销售额的确定。

纳税人申报的应税产品销售额明显偏低且无正当理由的，或者有自用应税产品行为而无销售额的，主管税务机关可以按下列方法和顺序确定其应税产品销售额：

❶按纳税人最近时期同类产品的平均销售价格确定。

❷按其他纳税人最近时期同类产品的平均销售价格确定。

❸按后续加工非应税产品销售价格，减去后续加工环节的成本利润后确定。

❹按应税产品组成计税价格确定。

组成计税价格=成本×（1+成本利润率）÷（1-资源税税率）

上述公式中的成本利润率由省、自治区、直辖市税务机关确定。

❺按其他合理方法确定。

（3）外购应税产品购进金额、购进数量的扣减。

纳税人用已纳资源税的应税产品进一步加工应税产品销售的，不再缴纳资源税。

纳税人外购应税产品与自采应税产品混合销售或者混合加工为应税产品销售的，在计算应税产品销售额或者销售数量时，准予扣减外购应税产品的购进金额或者购进数量；当期不足扣减的，可结转下期扣减。纳税人应当准确核算外购应税产品的购进金额或者购进数量，未准确核算的，一并计算缴纳资源税。

🍀提示　纳税人核算并扣减当期外购应税产品购进金额、购进数量，应当依据外购应税产品的增值税专用发票、海关进口增值税专用缴款书或者其他合法有效凭据。

纳税人以外购原矿与自采原矿混合为原矿销售，或者以外购选矿产品与自产选矿产品混合为选矿产品销售的，在计算应税产品销售额或者销售数量时，直接扣减外购原矿或者外购选矿产品的购进金额或者购进数量。

纳税人以外购原矿与自采原矿混合洗选加工为选矿产品销售的，在计算应税产品销售额或者销售数量时，按照下列方法进行扣减：

$$\frac{准予扣减的外购应税}{产品购进金额（数量）}=\frac{外购原矿购进}{金额（数量）}×\left(\frac{本地区原矿}{适用税率}÷\frac{本地区选矿}{产品适用税率}\right)$$

不能按照上述方法计算扣减的，按照主管税务机关确定的其他合理方法进行扣减。

2.资源税从量计征的计税依据

资源税从量计征的计税依据为从量计征的应税产品的销售数量。应税产品的销售数量，包括纳税人开采或者生产应税产品的实际销售数量和自用于应当缴纳资源税情形的应税产品数量。

（二）资源税税率的判定

"资源税税目税率表"见表6-2。

"资源税税目税率表"中规定实行幅度税率的，其具体适用税率由省、自治区、直辖市人民政府统筹考虑该应税资源的品位、开采条件以及对生态环境的影响等情况，在"资源税税目税率表"规定的税率幅度内提出，报同级人民代表大会常务委员会决定，并报全国人民代表大会常务委员会和国务院备案。"资源税税目税率表"中规定征税对象为原矿或者选矿的，应当分别确定具体适用税率。

纳税人开采或者生产不同税目应税产品的，应当分别核算不同税目应税产品的销售额或者销售数量；未分别核算或者不能准确提供不同税目应税产品的销售额或者销售数量的，从高适用税率。

纳税人开采或者生产同一税目下适用不同税率应税产品的，应当分别核算不同税率应税产品的销售额或者销售数量；未分别核算或者不能准确提供不同税率应税产品的销售额或者销售数量的，从高适用税率。

表 6-2                           资源税税目税率表

| 税目 | | | 征税对象 | 税率 |
|---|---|---|---|---|
| 能源矿产 | 原油 | | 原矿 | 6% |
| | 天然气、页岩气、天然气水合物 | | 原矿 | 6% |
| | 煤 | | 原矿或者选矿 | 2%~10% |
| | 煤成（层）气 | | 原矿 | 1%~2% |
| | 铀、钍 | | 原矿 | 4% |
| | 油页岩、油砂、天然沥青、石煤 | | 原矿或者选矿 | 1%~4% |
| | 地热 | | 原矿 | 1%~20%或者每立方米1~30元 |
| 金属矿产 | 黑色金属 | 铁、锰、铬、钒、钛 | 原矿或者选矿 | 1%~9% |
| | 有色金属 | 铜、铅、锌、锡、镍、锑、镁、钴、铋、汞 | 原矿或者选矿 | 2%~10% |
| | | 铝土矿 | 原矿或者选矿 | 2%~9% |
| | | 钨 | 选矿 | 6.5% |
| | | 钼 | 选矿 | 8% |
| | | 金、银 | 原矿或者选矿 | 2%~6% |
| | | 铂、钯、钌、锇、铱、铑 | 原矿或者选矿 | 5%~10% |
| | | 轻稀土 | 选矿 | 7%~12% |
| | | 中重稀土 | 选矿 | 20% |
| | | 铍、锂、锆、锶、铷、铯、铌、钽、锗、镓、铟、铊、铪、铼、镉、硒、碲 | 原矿或者选矿 | 2%~10% |
| 非金属矿产 | 矿物类 | 高岭土 | 原矿或者选矿 | 1%~6% |
| | | 石灰岩 | 原矿或者选矿 | 1%~6%或者每吨（或者每立方米）1~10元 |
| | | 磷 | 原矿或者选矿 | 3%~8% |
| | | 石墨 | 原矿或者选矿 | 3%~12% |
| | | 萤石、硫铁矿、自然硫 | 原矿或者选矿 | 1%~8% |
| | | 天然石英砂、脉石英、粉石英、水晶、工业用金刚石、冰洲石、蓝晶石、硅线石（矽线石）、长石、滑石、刚玉、菱镁矿、颜料矿物、天然碱、芒硝、钠硝石、明矾石、砷、硼、碘、溴、膨润土、硅藻土、陶瓷土、耐火粘土、铁矾土、凹凸棒石粘土、海泡石粘土、伊利石粘土、累托石粘土 | 原矿或者选矿 | 1%~12% |
| | | 叶蜡石、硅灰石、透辉石、珍珠岩、云母、沸石、重晶石、毒重石、方解石、蛭石、透闪石、工业用电气石、白垩、石棉、蓝石棉、红柱石、石榴子石、石膏 | 原矿或者选矿 | 2%~12% |
| | | 其他粘土（铸型用粘土、砖瓦用粘土、陶粒用粘土、水泥配料用粘土、水泥配料用红土、水泥配料用黄土、水泥配料用泥岩、保温材料用粘土） | 原矿或者选矿 | 1%~5%或者每吨（或者每立方米）0.1~5元 |
| | 岩石类 | 大理岩、花岗岩、白云岩、石英岩、砂岩、辉绿岩、安山岩、闪长岩、板岩、玄武岩、片麻岩、角闪岩、页岩、浮石、凝灰岩、黑曜岩、霞石正长岩、蛇纹岩、麦饭石、泥灰岩、含钾岩石、含钾砂页岩、天然油石、橄榄岩、松脂岩、粗面岩、辉长岩、辉石岩、正长岩、火山灰、火山渣、泥炭 | 原矿或者选矿 | 1%~10% |
| | | 砂石 | 原矿或者选矿 | 1%~5%或者每吨（或者每立方米）0.1~5元 |
| | 宝玉石类 | 宝石、玉石、宝石级金刚石、玛瑙、黄玉、碧玺 | 原矿或者选矿 | 4%~20% |
| 水气矿产 | 二氧化碳气、硫化氢气、氦气、氡气 | | 原矿 | 2%~5% |
| | 矿泉水 | | 原矿 | 1%~20%或者每立方米1~30元 |
| 盐 | 钠盐、钾盐、镁盐、锂盐 | | 选矿 | 3%~15% |
| | 天然卤水 | | 原矿 | 3%~15%或者每吨（或者每立方米）1~10元 |
| | 海盐 | | 原矿或者选矿 | 2%~5% |

（三）资源税优惠政策的运用

（1）有下列情形之一的，免征资源税：

❶开采原油以及在油田范围内运输原油过程中用于加热的原油、天然气；

❷煤炭开采企业因安全生产需要抽采的煤成（层）气；

❸青藏铁路公司及其所属单位运营期间自采自用的砂、石等材料。

（2）有下列情形之一的，减征资源税：

❶从低丰度油气田开采的原油、天然气，减征20%资源税；

❷高含硫天然气、三次采油和从深水油气田开采的原油、天然气，减征30%资源税；

❸稠油、高凝油减征40%资源税；

❹从衰竭期矿山开采的矿产品，减征30%资源税；

❺2027年12月31日前，对页岩气资源税减征30%；

❻2027年12月31日前，对充填开采置换出来的煤炭，资源税减征50%。

根据国民经济和社会发展的需要，国务院对有利于促进资源节约集约利用、保护环境等情形可以规定免征或者减征资源税，报全国人民代表大会常务委员会备案。

（3）有下列情形之一的，省、自治区、直辖市可以决定免征或者减征资源税：

❶纳税人开采或者生产应税产品过程中，因意外事故或者自然灾害等原因遭受重大损失；

❷纳税人开采共伴生矿、低品位矿、尾矿。

这里的免征或者减征资源税的具体办法，由省、自治区、直辖市人民政府提出，报同级人民代表大会常务委员会决定，并报全国人民代表大会常务委员会和国务院备案。

🍃**提示** 纳税人的免税、减税项目，应当单独核算销售额或者销售数量；未单独核算或者不能准确提供销售额或者销售数量的，不予免税或者减税。

纳税人开采或者生产同一应税产品，其中既有享受减免税政策的，又有不享受减免税政策的，按照免税、减税项目的产量占比等方法分别核算确定免税、减税项目的销售额或者销售数量。

纳税人开采或者生产同一应税产品同时符合两项或者两项以上减征资源税优惠政策的，除另有规定外，只能选择其中一项执行。

（四）资源税应纳税额的计算

实行从价计征的，应纳税额按照应税产品的销售额乘以具体适用税率（比例税率）计算。实行从量计征的，应纳税额按照应税产品的销售数量乘以具体适用税率（定额税率）计算。

（1）采用从价计征办法应纳税额的计算公式：

应纳税额=应税产品的销售额×比例税率

（2）采用从量计征办法应纳税额的计算公式：

应纳税额=应税产品的销售数量×定额税率

**任务实例6-4** 甲煤矿本年5月开采原煤100万吨，当月对外销售90万吨；为职工宿舍供暖，使用本月开采的原煤2万吨；向洗煤车间移送本月开采的原煤5万吨用于加工洗煤，尚未对外销售；其余3万吨原煤待售。已知该煤矿每吨原煤不含增值税售价为500元（不含从坑口到车站、码头等的运输费用），适用的资源税税率为6%。

**【任务要求】** 计算甲煤矿本年5月应缴纳的资源税税额。

**【任务实施】** 甲煤矿本年5月应纳资源税=（90+2）×500×6%=2 760（万元）

### 三、资源税的纳税申报

资源税由税务机关依照《资源税法》和《税收征收管理法》的规定征收管理。海上开采的原油和天然气资源税由海洋石油税务管理机构征收管理。税务机关与自然资源等相关部门应当建立工作配合机制，加强资源税征收管理。

#### （一）资源税的纳税义务发生时间

纳税人销售应税产品，纳税义务发生时间为收讫销售款项或者取得索取销售款项凭据的当日；纳税人自用应税产品的，纳税义务发生时间为移送应税产品的当日。

#### （二）资源税的纳税期限

资源税按月或者按季申报缴纳；不能按固定期限计算缴纳的，可以按次申报缴纳。

纳税人按月或者按季申报缴纳的，应当自月度或者季度终了之日起15日内，向税务机关办理纳税申报并缴纳税款；按次申报缴纳的，应当自纳税义务发生之日起15日内，向税务机关办理纳税申报并缴纳税款。

#### （三）资源税的纳税地点

纳税人应当在矿产品的开采地或者海盐的生产地缴纳资源税。

#### （四）资源税的纳税申报实务

纳税人对资源税进行纳税申报时，应当填报"资源税税源明细表"（表6-3）、"财产和行为税减免税明细申报附表"[①]（略）、"财产和行为税纳税申报表"[②]（见表6-4）。

表6-3　　　　　　　　　　　　资源税税源明细表

税款所属期限：自2023年09月01日至2023年09月30日

纳税人识别号（统一社会信用代码）：91370709864221122Y

纳税人名称：山东和祥铁矿有限公司　　　　　　　　　　　　金额单位：人民币元（列至角分）

| 序号 | 税目 | 子目 | 计量单位 | 销售数量 | 准予扣减的外购应税产品购进数量 | 计税销售数量 | 销售额 | 准予扣除的运杂费 | 准予扣减的外购应税产品购进金额 | 计税销售额 |
|---|---|---|---|---|---|---|---|---|---|---|
| | | | | | | | **申报计算明细** | | | |
| | 1 | 2 | 3 | 4 | 5 | 6=4-5 | 7 | 8 | 9 | 10=7-8-9 |
| 1 | 铁矿 | 原矿 | 吨 | 10 000.00 | | | 5 000 000.00 | 0.00 | 0.00 | 5 000 000.00 |
| 2 | | | | | | | | | | |
| 合计 | | | | | | | 5 000 000.00 | 0.00 | 0.00 | 5 000 000.00 |

| 序号 | 税目 | 子目 | 减免性质代码和项目名称 | 计量单位 | 减免税销售数量 | 减免税销售额 | 适用税率 | 减征比例 | 本期减免税额 |
|---|---|---|---|---|---|---|---|---|---|
| | | | | | | | | | **减免税计算明细** |
| | 1 | 2 | 3 | 4 | 5 | 6 | 7 | 8 | 9①=5×7×8 |
| | | | | | | | | | 9②=6×7×8 |
| 1 | | | | | | | | | |
| 2 | | | | | | | | | |
| 合计 | | | | | | | | | |

---

① 本表为"财产和行为税纳税申报表"的附表，适用于申报城镇土地使用税、房产税、契税、耕地占用税、土地增值税、印花税、车船税、环境保护税、资源税的减免税。

② 本表适用于申报城镇土地使用税、房产税、契税、耕地占用税、土地增值税、印花税、车船税、烟叶税、环境保护税、资源税。本表根据各税种税源明细表自动生成，申报前需填写税源明细表。本表包含一张附表"财产和行为税减免税明细申报附表"。

表6-4

纳税人识别号（统一社会信用代码）：91370709864221122Y

纳税人名称：山东和祥铁矿有限公司

## 财产和行为税纳税申报表

金额单位：人民币元（列至角分）

| 序号 | 税种 | 税目 | 税款所属期起 | 税款所属期止 | 计税依据 | 税率 | 应纳税额 | 减免税额 | 已缴税额 | 应补（退）税额 |
|---|---|---|---|---|---|---|---|---|---|---|
| 1 | 资源税 | 铁矿 | 2023年09月01日 | 2023年09月30日 | 5 000 000.00 | 2% | 100 000.00 | 0.00 | 0.00 | 100 000.00 |
| 2 | 土地增值税 | | 2023年09月30日 | 2023年09月30日 | 35 454 285.72 | 30% | 10 636 285.72 | 0.00 | 0.00 | 10 636 285.72 |
| 3 | 城镇土地使用税 | | 2023年07月01日 | 2023年09月30日 | 16 000 000.00 | 9.00 | 36 000.00 | 0.00 | 0.00 | 36 000.00 |
| 4 | 房产税 | | 2023年07月01日 | 2023年09月30日 | 63 000 000.00 | 1.2% | 189 000.00 | 0.00 | 0.00 | 189 000.00 |
| 5 | 耕地占用税 | | 2023年10月08日 | 2023年10月08日 | 16 000.00 | 40.00 | 640 000.00 | 0.00 | 0.00 | 640 000.00 |
| 6 | 车船税 | 乘用车 | 2023年09月01日 | 2023年12月31日 | 1 | 660.00 | 220.00 | 0.00 | 0.00 | 220.00 |
| 7 | 契税 | | 2023年10月10日 | 2023年10月10日 | 20 000 000.00 | 3% | 600 000.00 | 0.00 | 0.00 | 600 000.00 |
| 8 | 环境保护税 | 大气污染物 | 2023年07月01日 | 2023年09月30日 | 1 050.00 | 1.20 | 1 260.00 | 0.00 | 0.00 | 1 260.00 |
| 9 | 印花税 | 买卖合同 | 2023年09月01日 | 2023年09月30日 | 5 200 000.00 | 0.3‰ | 1 560.00 | 0.00 | 0.00 | 1 560.00 |
| 10 | 印花税 | 土地使用权、房屋等建筑物和构筑物所有权转让书据 | 2023年09月01日 | 2023年09月30日 | 120 000 000.00 | 0.5‰ | 60 000.00 | 0.00 | 0.00 | 60 000.00 |
| 11 | 合计 | — | — | — | — | — | 12 264 325.72 | 0.00 | 0.00 | 12 264 325.72 |

声明：此表是根据国家税收法律法规及相关规定填写的，本人（单位）对填报内容（及附带资料）的真实性、可靠性、完整性负责。

纳税人（签章）：山东和祥铁矿有限公司

2023年10月10日

经办人：略

经办人身份证号：略

代理机构签章：

代理机构统一社会信用代码：

受理人：

受理税务机关（章）：

受理日期：　年　月　日

**任务实例6-5**　山东和祥铁矿有限公司为增值税一般纳税人，其纳税人识别号为91370709864221122Y，法定代表人为李明，注册地址和生产经营地址均为山东省济南市开发区和祥路777号，开户银行为中国工商银行济南和祥路支行，账号为33010220090119512365，电话号码为0531-777777××，其资源税纳税期限为1个月。山东和祥铁矿有限公司2023年9月生产铁矿原矿12 000吨。当月对外销售铁矿原矿10 000吨，双方买卖合同（2023年9月20日签订）上记载每吨不含增值税售价为500元，合计不含增值税售价为5 000 000元。已售出的铁矿原矿的成本为3 500 000元。该批铁矿原矿已经发出，款项已存入银行。该批铁矿原矿的资源税税率为2%。山东和祥铁矿有限公司2023年10月10日对2023年9月的资源税进行纳税申报。

**【任务要求】**

（1）计算山东和祥铁矿有限公司2023年9月上述业务的增值税销项税额和应纳资源税。

（2）山东和祥铁矿有限公司2023年10月10日对2023年9月的资源税进行纳税申报，填写"资源税税源明细表"和"财产和行为税纳税申报表"。

**【任务实施】**

（1）计算山东和祥铁矿有限公司2023年9月上述业务的增值税销项税额和应纳资源税。

增值税销项税额=10 000×500×13%=5 000 000×13%=650 000（元）

应纳资源税=10 000×500×2%=5 000 000×2%=100 000（元）

（2）山东和祥铁矿有限公司2023年10月10日对2023年9月的资源税进行纳税申报，填写"资源税税源明细表"（见表6-3）和"财产和行为税纳税申报表"（见表6-4）。

# 任务三　土地增值税纳税实务

**任务引例6-3**

我公司为一家房地产开发企业，销售地下车位使用权，与业主签订合同约定使用年限为20年，使用费一次性收取，请问该业务是否应当缴纳土地增值税？

## 一、土地增值税的认知

### （一）土地增值税纳税人的确定

土地增值税的纳税人，是指转让国有土地使用权、地上建筑物及其附着物（简称"房地产"）并取得收入的单位和个人。单位包括各类企业、事业单位、国家机关和社会团体及其他组织。个人包括个体经营者（个体工商户）。土地增值税也适用于外商投资企业、外国企业及外籍纳税人。

> **链接**　契税的纳税人，是指在我国境内"承受"土地、房屋权属转移的单位和个人。

### （二）土地增值税征税范围的确定

1.土地增值税征税范围的基本规定

（1）土地增值税对转让国有土地使用权的行为征税，对出让国有土地的行为不征税。转让国有土地使用权，是指土地使用者通过向国家支付土地出让金等形式取得国有土地使用权后，将国有土地使用权再转让的行为，是国有土地使用权的二级市场上的转让行为。

土地增值税征税范围不包括国有土地使用权出让。国有土地出让，是指土地使用者为得到国有土地使用权而向国家支付土地出让金，国家以土地所有者的身份将土地使用权在一定期限内让与土地使用者的行为。因为土地使用权的出让方是国家，出让收入在性质上相当于政府凭借其拥有的国有土地所有权而在土地一级市场上收取的租金，所以，政府出让土地的行为及取得的收入不属于土地增值税的征税范围。

（2）土地增值税既对转让国有土地使用权的行为征税，也对地上的建筑物及其附着物连同国有土地使用权一并转让的行为征税。

地上的建筑物，是指建于土地上的一切建筑物，包括地上地下的各种附属设施。附着物，是指附着于土地上的不能移动，一经移动即遭损坏的物品。

（3）土地增值税只对有偿转让的房地产征税，对以继承、赠与等方式无偿转让的房地产，不予征税。

转让国有土地使用权、地上的建筑物及其附着物并取得收入，是指以出售或者其他方式有偿转让房地产的行为，不包括以继承、赠与方式无偿转让房地产的行为。不征土地增值税的房地产赠与行为包括以下两种情况：❶房产所有人、土地使用权所有人将房屋产权、土地使用权赠与直系亲属或承担直接赡养义务人的行为。❷房产所有人、土地使用权所有人通过中国境内非营利的社会团体、国家机关将房屋产权、土地使用权赠与教育、民政和其他社会福利、公益事业的行为。社会团体是指中国青少年发展基金会、希望工程基金会、宋庆龄基金会、减灾委员会、中国红十字会、中国残疾人联合会、全国老年基金会、老区促进会，以及经民政部门批准成立的其他非营利的公益性组织。

🔗 **链接** *国有土地使用权出让、土地使用权转让时，承受人均应缴纳契税。*

**2.土地增值税征税范围的特殊规定**

（1）房地产开发企业开发的房地产转为自用或出租。

房地产开发企业将开发的部分房地产转为企业自用或用于出租等商业用途时，如果产权未发生转移，不征收土地增值税。

（2）房地产的交换。

由于房地产交换既发生了房产产权、土地使用权的转移，交换双方又取得了实物形态的收入，因此属于土地增值税的征税范围。但对个人之间互换自有居住用房地产的，经当地税务机关核实，可以免征土地增值税。

🔗 **链接** *土地使用权互换、房屋互换，互换价格相等的，互换双方计税依据为零；互换价格不相等的，以其差额为计税依据，由支付差额的一方缴纳契税。*

（3）合作建房。

对于一方出地，另一方出资金，双方合作建房，建成后按比例分房自用的，暂免征收土地增值税；建成后转让的，应征收土地增值税。

（4）房地产的出租。

房地产出租，出租人虽取得了收入，但没有发生房产产权、土地使用权的转让，因此不属于土地增值税的征税范围。

（5）房地产的抵押和抵债。

房产的产权、土地使用权在抵押期间并没有发生权属的变更，因此，对房地产的抵押，在抵押期间不征收土地增值税。待抵押期满后，视该房地产是否转移产权而确定是否征收土地增值税。

对于以房地产抵债而发生房地产权属转让的，应列入土地增值税的征税范围。

**链接**　土地、房屋权属的抵押，不属于契税的征税范围。以土地、房屋权属偿还债务，视同发生权属转移，承受人应当缴纳契税。

（6）房地产的代建行为。

房地产的代建行为，是指房地产开发公司代客户进行房地产的开发，开发完成后向客户收取代建收入的行为。对于房地产开发公司而言，代建行为虽然取得了收入，但没有发生房地产权属的转移，其收入属于劳务收入性质，因此不属于土地增值税的征税范围。

（7）房地产的评估增值。

国有企业在清产核资时对房地产进行重新评估而产生的评估增值，因其既没有发生房地产权属的转移，房产产权、土地使用权人也未取得收入，因此不属于土地增值税的征税范围。

（8）土地使用者处置土地使用权。

土地使用者转让、抵押或置换土地，无论其是否取得了该土地的使用权属证书，无论其在转让、抵押或置换土地过程中是否与对方当事人办理了土地使用权属证书变更登记手续，只要土地使用者享有占有、使用、收益或处分该土地的权利，且有合同等证据表明其实质转让、抵押或置换了土地并取得了相应的经济利益，土地使用者及其对方当事人就应当按照税法规定缴纳土地增值税和契税等。

3.与企业改制重组有关的土地增值税征税范围的规定

2027年12月31日前，执行以下企业改制重组有关土地增值税政策：

（1）企业按照《中华人民共和国公司法》有关规定整体改制，包括非公司制企业改制为有限责任公司或股份有限公司，有限责任公司变更为股份有限公司，股份有限公司变更为有限责任公司，对改制前的企业将国有土地使用权、地上的建筑物及其附着物（以下称房地产）转移、变更到改制后的企业，暂不征土地增值税。整体改制是指不改变原企业的投资主体，并承继原企业权利、义务的行为。

（2）按照法律规定或者合同约定，两个或两个以上企业合并为一个企业，且原企业投资主体存续的，对原企业将房地产转移、变更到合并后的企业，暂不征土地增值税。

（3）按照法律规定或者合同约定，企业分设为两个或两个以上与原企业投资主体相同的企业，对原企业将房地产转移、变更到分立后的企业，暂不征土地增值税。

（4）单位、个人在改制重组时以房地产作价入股进行投资，对其将房地产转移、变更到被投资的企业，暂不征土地增值税。

（5）上述改制重组有关土地增值税政策不适用于房地产转移任意一方为房地产开发企业的情形。

（6）改制重组后再转让房地产并申报缴纳土地增值税时，对"取得土地使用权所支付的金额"，按照改制重组前取得该宗国有土地使用权所支付的地价款和按国家统一规定缴纳的有关费用确定；经批准以国有土地使用权作价出资入股的，为作价入股时县级及以上自然资源部门批准的评估价格。按购房发票确定扣除项目金额的，按照改制重组前购房发票所载金额并从购买年度起至本次转让年度止每年加计5%计算扣除项目金额，购买年度是指购房发票所载日期的当年。

**点睛** 不改变原企业的投资主体、投资主体相同，是指企业改制重组前后出资人不发生变动，出资人的出资比例可以发生变动；投资主体存续，是指原企业出资人必须存在于改制重组后的企业，出资人的出资比例可以发生变动。

☞**【情境辨析6-4】**下列情形中，应当计算缴纳土地增值税的是（　　）。

A.工业企业向房地产开发企业转让国有土地使用权

B.县城居民之间互换自有居住用房屋

C.房地产公司出租高档住宅

D.房地产开发企业代客户进行房地产开发，开发完成后向客户收取代建收入

## 二、土地增值税的计算

### （一）土地增值税计税依据的确定

土地增值税的计税依据是纳税人转让房地产所取得的土地增值额。而土地增值额（简称"增值额"）为纳税人转让房地产所取得的收入减除《中华人民共和国土地增值税暂行条例》（简称《土地增值税暂行条例》）规定的扣除项目金额后的余额。其中：

1.应税收入的确定

纳税人转让房地产取得的应税收入，包括转让房地产取得的全部价款及有关的经济利益，从形式上看包括货币收入、实物收入和其他收入。非货币收入要折合成货币金额计入收入总额。

**提示** 营业税改征增值税后，土地增值税纳税人转让房地产取得的收入为不含增值税收入。适用增值税一般计税方法的纳税人，其转让房地产的土地增值税应税收入不含增值税销项税额；适用简易计税方法的纳税人，其转让房地产的土地增值税应税收入不含增值税应纳税额。免征增值税的，确定计税依据时，转让房地产取得的收入不扣减增值税额。

为方便纳税人，简化土地增值税预征税款计算，房地产开发企业采取预收款方式销售自行开发的房地产项目的，可按照以下方法计算土地增值税预征计征依据：

土地增值税预征计征依据=预收款-应预缴增值税税款

房地产开发企业在营改增后进行房地产开发项目土地增值税清算时，按以下方法确定应税收入：

土地增值税应税收入=营改增前转让房地产取得的收入+营改增后转让房地产取得的不含增值税收入

**任务引例6-3解析**

根据《土地增值税暂行条例》及《土地增值税暂行条例实施细则》的规定，土地增值税是对以出售或者其他方式有偿转让国有土地使用权、地上的建筑物及其附着物的行为所征收的税。

以出售或者其他方式有偿转让国有土地使用权、地上的建筑物及其附着物，应当以办理相应产权为标志，产权未发生转移就不构成出售或转让，转让地下车位使用权相当于只发生出租地下车位的行为，因此，你公司不缴纳土地增值税，而且地下车位的成本在计算土地增值税时不得作为房地产开发成本扣除。

另外，根据《关于建筑服务等营改增试点政策的通知》（财税〔2017〕58号的规定，

《营业税改征增值税试点实施办法》（财税〔2016〕36号）第四十五条第（二）项修改为"纳税人提供租赁服务采取预收款方式的，其纳税义务发生时间为收到预收款的当天。"

因此，你公司一次性收取（预收）了使用费，需要以收取的"使用费全额"（不含增值税）为计税依据，按照"不动产租赁服务"（属于"租赁服务"）以9%的税率一次性计算缴纳增值税。

2.纳税人从转让收入中减除的扣除项目

纳税人从转让收入中减除的扣除项目包括以下几方面内容：

（1）取得土地使用权所支付的金额（适用新建房转让和存量房地产转让）。

取得土地使用权所支付的金额包括纳税人为取得土地使用权所支付的地价款和按国家统一规定缴纳的费用。

🍃**提示**　按国家统一规定缴纳的有关费用（取得土地使用权时），是指纳税人在取得土地使用权过程中为办理有关手续，按国家统一规定缴纳的有关登记、过户手续费。房地产开发企业为取得土地使用权所支付的契税，应视同"按国家统一规定缴纳的有关费用"，计入"取得土地使用权所支付的金额"中扣除（指的是计入"取得土地使用权所支付的金额"中作为从转让收入中减除的扣除项目）。

（2）房地产开发成本（适用新建房转让）。

房地产开发成本是指纳税人房地产开发项目实际发生的成本，包括土地征用及拆迁补偿费、前期工程费、建筑安装工程费、基础设施费、公共配套设施费、开发间接费用。

❶土地征用及拆迁补偿费，包括土地征用费、耕地占用税、劳动力安置费及有关地上、地下附着物拆迁补偿的净支出、安置动迁用房支出等。

❷前期工程费，包括规划、设计、项目可行性研究和水文、地质、勘察、测绘、"三通一平"等支出。

❸建筑安装工程费，是指以出包方式支付给承包单位的建筑安装工程费，以自营方式发生的建筑安装工程费。

❹基础设施费，包括开发小区内道路、供水、供电、供气、排污、排洪、通信、照明、环卫、绿化等工程发生的支出。

❺公共配套设施费，包括不能有偿转让的开发小区内公共配套设施发生的支出。

❻开发间接费用，是指直接组织、管理开发项目发生的费用，包括工资、职工福利费、折旧费、修理费、办公费、水电费、劳动保护费、周转房摊销等。

（3）房地产开发费用（适用新建房转让）。

房地产开发费用是指与房地产开发项目有关的销售费用、管理费用、财务费用。房地产开发费用的计算方法如下：

❶纳税人能按转让房地产项目分摊利息支出并能提供金融机构贷款证明的，允许扣除的房地产开发费用=利息（最高不能超过按商业银行同类同期贷款利率计算的金额）+（取得土地使用权所支付的金额+房地产开发成本）×5%以内；

❷纳税人不能按转让房地产项目分摊利息支出或不能提供金融机构贷款证明的（也包含全部使用自有资金的无借款的情况），允许扣除的房地产开发费用=（取得土地使用权所支付的金额+房地产开发成本）×10%以内；

🍃**提示**　财政部、国家税务总局对扣除项目金额中利息支出的计算问题做了两点专门规定：一是利息的上浮幅度按国家的有关规定执行，超过上浮幅度的部分不允许扣除；二是对于超过贷款期限的利息部分和加罚的利息不允许扣除。

❸房地产开发企业既向金融机构借款，又有其他借款的，其房地产开发费用计算扣除时不能同时适用上述❶、❷项所述两种办法。

❹土地增值税清算时，已经计入房地产开发成本的利息支出，应调整至财务费用中计算扣除。

（4）与转让房地产有关的税金（*适用新建房转让和存量房地产转让*）。

营改增后，与转让房地产有关的税金包括城市维护建设税、印花税（*非房地产开发企业的印花税可以在此扣除；房地产开发企业由于印花税包含在管理费用中且通过管理费用扣除，故不能在此重复扣除*）。教育费附加视同税金扣除。"营改增"后，计算土地增值税增值额的扣除项目中"与转让房地产有关的税金"不包括增值税。土地增值税扣除项目涉及的增值税进项税额，允许在销项税额中计算抵扣的，不计入扣除项目；不允许在销项税额中计算抵扣的，可以计入扣除项目。

🏷️ **点睛**　从法理上来看，地方教育附加是可以视同"与转让房地产有关的税金"作为土地增值税的扣除项目（"土地增值税的扣除项目"是"计算土地增值税增值额的扣除项目"的简称）的，但国家层面没有明确的文件规定，各地具体执行也不一样。纳税人应当事先咨询当地税务机关，然后进行具体的操作。

🏷️ **提示**　自2016年5月1日"销售不动产"营改增之后，转让不动产不再缴纳营业税，而是缴纳增值税，但增值税属于价外税，不作为税金单独扣除。

"营改增"后，房地产开发企业实际缴纳的城市维护建设税（简称"城建税"）、教育费附加，凡能够按清算项目准确计算的，允许据实扣除。凡不能按清算项目准确计算的，则按该清算项目预缴增值税时实际缴纳的城建税、教育费附加扣除。其他转让房地产行为的城建税、教育费附加扣除比照上述规定执行。

房地产开发企业在营改增后进行房地产开发项目土地增值税清算时，按以下方法确定与转让房地产有关的税金：

$$与转让房地产有关的税金=\begin{smallmatrix}"营改增"前实际缴纳的\\营业税、城建税、教育费附加\end{smallmatrix}+"营改增"后允许扣除的城建税、教育费附加$$

☞【情境辨析6-5】房地产开发企业销售自行开发的房地产项目。在确定土地增值税的扣除项目时，允许单独扣除的税费包括（　　）。

A.增值税、印花税

B.房产税、城市维护建设税、教育费附加

C.城市维护建设税、教育费附加

D.印花税、城市维护建设税、教育费附加

（5）财政部规定的其他扣除项目（*适用新建房转让*）。

从事房地产开发的纳税人可加计扣除=（取得土地使用权所支付的金额+房地产开发成本）×20%

🏷️ **提示**　❶此项加计扣除金额对房地产开发企业有效，非房地产开发企业不享受此项政策；❷取得土地使用权后未经开发就转让的，不得加计扣除。

（6）旧房及建筑物的评估价（*适用存量房地产转让*）。

税法规定，转让旧房的，应按房屋及建筑物的评估价格、取得土地使用权所支付的地价款和按国家统一规定缴纳的有关费用以及在转让环节缴纳的税金作为扣除项目金额计征土地增值税。

❶"旧房及建筑物的评估价格"是指转让已使用过的房屋及建筑物时，由政府批准设立的房地产评估机构评定的重置成本价乘以成新度折扣率后的价格。评估价格须经当地税务机关确认。

评估价格＝重置成本价×成新度折扣率

纳税人转让旧房及建筑物，凡不能取得评估价格，但能提供购房发票的，经当地税务部门确认，《中华人民共和国土地增值税暂行条例》第六条第（一）、（三）项规定的扣除项目的金额（即取得土地使用权所支付的金额；新建房及配套设施的成本、费用，或者旧房及建筑物的评估价格，下同）可按发票所载金额并从购买年度起至转让年度止每年加计5%计算扣除。计算扣除项目时，"每年"按购房发票所载日期起至售房发票开具之日止，每满12个月计一年；超过一年，未满12个月但超过6个月的，可以视同为一年。

"营改增"后，纳税人转让旧房及建筑物，凡不能取得评估价格，但能提供购房发票的，《土地增值税暂行条例》第六条第（一）、（三）项规定的扣除项目的金额按照下列方法计算：

a.提供的购房凭据为营改增前取得的营业税发票的，按照发票所载金额（不扣减营业税）并从购买年度起至转让年度止每年加计5%计算。

b.提供的购房凭据为营改增后取得的增值税普通发票的，按照发票所载价税合计金额从购买年度起至转让年度止每年加计5%计算。

c.提供的购房发票为营改增后取得的增值税专用发票的，按照发票所载不含增值税金额加上不允许抵扣的增值税进项税额之和，并从购买年度起至转让年度止每年加计5%计算。

对纳税人购房时缴纳的契税，凡能提供契税完税凭证的，准予作为"与转让房地产有关的税金"予以扣除，但不作为加计5%的基数。

对于转让旧房及建筑物，既没有评估价格，又不能提供购房发票的，税务机关可以根据《税收征收管理法》第三十五条的规定，实行核定征收。

❷对取得土地使用权时未支付地价款或不能提供已支付的地价款凭据的，不允许扣除取得土地使用权时所支付的金额。

（二）土地增值税税率的判定

土地增值税采用四级超率累进税率。与超额累进税率相比，超额累进税率的累进依据为绝对数；超率累进税率的累进依据为相对数。土地增值税的累进依据为增值额与扣除项目金额之间的比率。土地增值税税率表见表6-5。

表6-5　　　　　　　　　　　　　　土地增值税税率表

| 级数 | 增值额与扣除项目金额的比率 | 税率 | 速算扣除系数 |
|---|---|---|---|
| 1 | 不超过50%的部分 | 30% | 0 |
| 2 | 超过50%至100%的部分 | 40% | 5% |
| 3 | 超过100%至200%的部分 | 50% | 15% |
| 4 | 超过200%的部分 | 60% | 35% |

☞【情境辨析6-6】甲房地产开发公司转让商品房取得收入7 500万元，计算增值额时允许扣除项目金额为3 000万元，则适用的土地增值税税率为（　　）。

A.30%　　　　　　　B.40%　　　　　　　C.50%　　　　　　　D.60%

### （三）土地增值税优惠政策的运用

（1）建造普通标准住宅出售，增值额未超过扣除项目金额20%的，免征土地增值税。

自2024年12月1日起，取消普通住宅和非普通住宅标准的城市，根据《中华人民共和国土地增值税暂行条例》第八条第一项，纳税人建造普通标准住宅出售，增值额未超过扣除项目金额20%的，继续免征土地增值税。

（2）因国家建设需要依法征收、收回的房地产，免征土地增值税。

（3）因城市实施规划、国家建设的需要而搬迁，由纳税人自行转让原房地产的，免征土地增值税。

（4）从2008年11月1日起，对个人销售住房暂免征收土地增值税。

### （四）土地增值税应纳税额的计算

计算土地增值税的步骤和公式如下：

第一步，计算转让房地产应税收入总额。

第二步，计算扣除项目金额。

第三步，用转让房地产应税收入总额减除扣除项目金额计算土地增值额。

土地增值额=转让房地产应税收入总额−扣除项目金额

第四步，计算土地增值额与扣除项目金额之间的比例，以确定适用税率和速算扣除系数。

第五步，套用公式计算土地增值税应纳税额。公式为：

土地增值税应纳税额=土地增值额×适用税率−扣除项目金额×速算扣除系数

### （五）房地产开发企业土地增值税的清算

1.土地增值税的清算单位

土地增值税以国家有关部门审批的房地产开发项目为单位进行清算，对于分期开发的项目，以分期项目为单位清算。

开发项目中同时包含普通住宅和非普通住宅的，应分别计算增值额。

2.土地增值税的清算条件

（1）符合下列情形之一的，纳税人应进行土地增值税的清算：

❶房地产开发项目全部竣工、完成销售的；

❷整体转让未竣工决算房地产开发项目的；

❸直接转让土地使用权的。

（2）符合下列情形之一的，主管税务机关可要求纳税人进行土地增值税清算：

❶已竣工验收的房地产开发项目，已转让的房地产建筑面积占整个项目可售建筑面积的比例在85%以上，或该比例虽未超过85%，但剩余的可售建筑面积已经出租或自用的；

❷取得销售（预售）许可证满3年仍未销售完毕的；

❸纳税人申请注销税务登记但未办理土地增值税清算手续的；

❹省级税务机关规定的其他情况。

3.非直接销售和自用房地产的收入确定

（1）房地产开发企业将开发产品用于职工福利、奖励、对外投资、分配给股东或投资人、抵偿债务、换取其他单位和个人的非货币性资产等，发生所有权转移时应视同销售房地产，其收入按下列方法和顺序确认：

❶按本企业在同一地区、同一年度销售的同类房地产的平均价格确定；

❷由主管税务机关参照当地当年、同类房地产的市场价格或评估价值确定。

（2）房地产开发企业将开发的部分房地产转为企业自用或用于出租等商业用途时，如果产权未发生转移，不征收土地增值税，在税款清算时不列收入，不扣除相应的成本和费用。

（3）土地增值税清算时，已全额开具商品房销售发票的，按照发票所载金额确认收入；未开具发票或未全额开具发票的，以交易双方签订的销售合同所载的售房金额及其他收益确认收入。销售合同所载商品房面积与有关部门实际测量面积不一致，在清算前已发生补、退房款的，应在计算土地增值税时予以调整。

4.土地增值税的核定征收

房地产开发企业有下列情形之一的，税务机关可以参照与其开发规模和收入水平相近的当地企业的土地增值税税负情况，按不低于预征率的征收率核定征收土地增值税：

（1）依照法律、行政法规的规定应当设置但未设置账簿的；

（2）擅自销毁账簿或者拒不提供纳税资料的；

（3）虽设置账簿，但账目混乱或者成本资料、收入凭证、费用凭证残缺不全，难以确定转让收入或扣除项目金额的；

（4）符合土地增值税清算条件，未按照规定的期限办理清算手续，经税务机关责令限期清算，逾期仍不清算的；

（5）申报的计税依据明显偏低，又无正当理由的。

核定征收必须严格依照税收法律法规规定的条件进行，任何单位和个人不得擅自扩大核定征收范围，严禁在清算中出现"以核定为主、一核了之""求快图省"的做法。凡擅自将核定征收作为本地区土地增值税清算主要方式的，必须立即纠正。对确需核定征收的，要严格按照税收法律法规的要求，从严、从高确定核定征收率。为了规范核定工作，核定征收率原则上不得低于5%，各省级税务机关要结合本地实际，区分不同房地产类型制定核定征收率。

5.清算后再转让房地产的处理

在土地增值税清算时未转让的房地产，清算后销售或有偿转让的，纳税人应按规定进行土地增值税的纳税申报，扣除项目金额按清算时的单位建筑面积成本费用乘以清算的总建筑面积计算。

单位建筑面积成本费用=清算时的扣除项目总金额÷清算的总建筑面积

6.土地增值税清算后应补缴的土地增值税加收滞纳金

纳税人按规定预缴土地增值税后，清算补缴的土地增值税，在主管税务机关规定的期限内补缴的，不加收滞纳金。

### 三、土地增值税的纳税申报

#### （一）土地增值税的纳税期限

土地增值税的纳税人应当自转让房地产合同签订之日起7日内向房地产所在地主管税务机关办理纳税申报，并在税务机关核定的期限内缴纳土地增值税。

根据《土地增值税暂行条例实施细则》的规定，对纳税人在项目全部竣工结算前转让房地产取得的收入可以预征土地增值税。具体办法由各省、自治区、直辖市税务局根据当地情况制定。因此，对纳税人预售房地产所取得的收入，当地税务机关规定预征土地增值税的，纳税人应当到主管税务机关办理纳税申报，并按规定比例预缴，待办理决算后，多退少补；当地税务机关规定不预征土地增值税的，也应在取得收入时先到税务机关登记或备案。

为更好发挥土地增值税的调节作用，根据《土地增值税暂行条例》及其实施细则等有关规定，自2024年12月1日起，将土地增值税预征率下限降低0.5个百分点。调整后，除保障性住房外，东部地区省份预征率下限为1.5%，中部和东北地区省份预征率下限为1%，西部地区省份预征率下限为0.5%（地区的划分按照国务院有关文件的规定执行）。

#### （二）土地增值税的纳税地点

土地增值税的纳税人应向房地产所在地主管税务机关办理纳税申报。房地产所在地是指房地产的坐落地。纳税人转让的房地产坐落在两个或两个以上地区的，应按房地产所在地分别申报纳税。

#### （三）土地增值税的纳税申报实务

纳税人对土地增值税进行纳税申报时，应当填报"土地增值税税源明细表"（见表6-6）、"财产和行为税减免税明细申报附表"（略）、"财产和行为税纳税申报表"（见表6-4）。

表 6-6　　　　　　　　　　土地增值税税源明细表（节选）①

税款所属期限：自2023年09月30日至2023年09月30日
纳税人识别号（统一社会信用代码）：91370709864221122Y
纳税人名称：**山东和祥铁矿有限公司**　　　　　　金额单位：人民币元（列至角分）；面积单位：平方米

| 土地增值税申报计算及减免信息 | | | | |
|---|---|---|---|---|
| 申报类型： | | | | |
| 1.从事房地产开发的纳税人预缴适用 □ | | | | |
| 2.从事房地产开发的纳税人清算适用 □ | | | | |
| 3.从事房地产开发的纳税人按核定征收方式清算适用 □ | | | | |
| 4.纳税人整体转让在建工程适用 □ | | | | |
| 5.从事房地产开发的纳税人清算后尾盘销售适用 □ | | | | |
| 6.转让旧房及建筑物的纳税人适用 ☑ | | | | |
| 7.转让旧房及建筑物的纳税人核定征收适用 □ | | | | |
| 项目名称 | 略 | | 项目编码 | 略 |
| 项目地址 | 略 | | | |
| 项目总可售面积 | 略 | | 自用和出租面积 | 略 |
| 已售面积　略 | 其中：普通住宅已售面积　略 | 其中：非普通住宅已售面积　略 | 其中：其他类型房地产已售面积　略 | |
| 清算时已售面积 | 略 | | 清算后剩余可售面积 | 略 |

---

① 土地增值税税源明细表原表的内容较多，涉及不同情形土地增值税的缴纳，为了研究需要，此处为节选后的土地增值税税源明细表。土地增值税税源明细表原表可以通过国家税务总局以下网址下载：http://www.chinatax.gov.cn/chinatax/n810341/n810825/c101434/c5163487/content.html，也可以扫描右侧二维码进行下载。

续表

| 申报类型 | 项目 | 序号 | 金额 |
|---|---|---|---|
| | 一、转让房地产收入总额 | 1=2+3+4 | 114 285 714.29 |
| | 1.货币收入 | 2 | 114 285 714.29 |
| | 2.实物收入 | 3 | |
| | 3.其他收入 | 4 | |
| | 二、扣除项目金额合计 | （一）5=6+7+10+15 （二）5=11+12+14+15 | 78 831 428.57 |
| 6.转让旧房及建筑物的纳税人适用 | （一）提供评估价格 | | |
| | 1.取得土地使用权所支付的金额 | 6 | 30 000 000.00 |
| | 2.旧房及建筑物的评估价格 | 7=8×9 | 48 000 000.00 |
| | 其中：旧房及建筑物的重置成本价 | 8 | 80 000 000.00 |
| | 成新度折扣率 | 9 | 60% |
| | 3.评估费用 | 10 | 200 000.00 |
| | （二）提供购房发票 | | |
| | 1.购房发票金额 | 11 | |
| | 2.发票加计扣除金额 | 12=11×5%×13 | |
| | 其中：房产实际持有年数 | 13 | |
| | 3.购房契税 | 14 | |
| 7.转让旧房及建筑物的纳税人核定征收适用 | 4.与转让房地产有关的税金等 | 15=16+17+18+19 | 631 428.57 |
| | 其中：营业税 | 16 | |
| | 城市维护建设税 | 17 | 285 714.29 |
| | 印花税 | 18 | 60 000.00 |
| | 教育费附加 | 19 | 285 714.28 |
| | 三、增值额 | 20=1-5 | 35 454 285.72 |
| | 四、增值额与扣除项目金额之比（%） | 21=20÷5 | 44.97% |
| | 五、适用税率（核定征收率）（%） | 22 | 30% |
| | 六、速算扣除系数（%） | 23 | 0.00 |
| | 七、减免税额 | 24=26+28+30 | |
| | 其中：减免税（1）减免性质代码和项目名称（1） | 25 | |
| | 减免税额（1） | 26 | |
| | 减免税（2）减免性质代码和项目名称（2） | 27 | |
| | 减免税额（2） | 28 | |
| | 减免税（3）减免性质代码和项目名称（3） | 29 | |
| | 减免税额（3） | 30 | |

**任务实例6-6** 接【任务实例6-5】的资料，山东和祥铁矿有限公司2023年9月底转让其自建的位于县城的一栋办公楼，取得含增值税销售收入12 000万元（作为产权转移书据的商品房销售合同中价税未分别列明），款项已存入银行。山东和祥铁矿有限公司与购买方于2023年9月30日签订商品房销售合同。2012年建造该办公楼时，取得土地使用权所支付的金额为3 000万元，发生建造成本4 000万元。款项均以银行存款支付。该办公楼转让时已经计提折旧3 200万元。转让时经政府批准的房地产评估机构评估后，确定该办公楼的重置成本价为8 000万元，成新度折扣率为60%。土地使用权、房屋等建筑物和构筑物所有权转让书据印花税税率为0.5‰，山东和祥铁矿有限公司支付给房地产评估机构的评估费用为20万元（含增值税，取得增值税普通发票），款项以银行存款支付。山东和祥铁矿有限公司选择简易计税方法缴纳增值税。当地税务机关认为：因转让房地产缴纳的教育费附加、地方教育附加均可视同"与转让房地产有关的税金"，作为土地增值税的扣除项目。

【任务要求】

（1）计算山东和祥铁矿有限公司2023年9月上述业务的应纳增值税和应纳土地增值税。

（2）山东和祥铁矿有限公司2023年10月10日对土地增值税进行纳税申报，填写"土地增值税税源明细表"和"财产和行为税纳税申报表"。

## 【任务实施】

（1）计算山东和祥铁矿有限公司2023年9月上述业务的应纳增值税和应纳土地增值税。

❶计算应纳增值税。

根据《国家税务总局关于发布〈纳税人转让不动产增值税征收管理暂行办法〉的公告》（国家税务总局公告2016年第14号）（注：房地产开发企业销售自行开发的房地产项目不适用本办法）的规定，一般纳税人转让其2016年4月30日前自建的不动产，可以选择适用简易计税方法计税，以取得的全部价款和价外费用为销售额，按照5%的征收率计算应纳税额。纳税人应按照上述计税方法向不动产所在地主管税务机关预缴税款，向机构所在地主管税务机关申报纳税。

应预缴增值税=120 000 000÷（1+5%）×5%=5 714 285.71（元）

应纳增值税=应预缴增值税=5 714 285.71元

❷计算销售房地产缴纳土地增值税。

根据《财政部 国家税务总局关于营改增后契税 房产税 土地增值税 个人所得税计税依据问题的通知》（财税〔2016〕43号）的规定，营改增后，土地增值税纳税人转让房地产取得的收入为不含增值税收入［对于一般纳税人适用简易计税方法计税的情况，不含增值税收入=含增值税收入−增值税额=含增值税收入÷（1+增值税征收率）］。

房地产转让收入额（不含增值税收入）=120 000 000÷（1+5%）=114 285 714.29（元）

取得土地使用权所支付的金额=30 000 000元

办公楼的评估价格=80 000 000×60%=48 000 000（元）

支付的评估费用=200 000元

应纳城市维护建设税=5 714 285.71×5%=285 714.29（元）

应纳教育费附加=5 714 285.71×3%=171 428.57（元）

应纳地方教育附加=5 714 285.71×2%=114 285.71（元）

应税产权转移书据印花税的计税依据，为产权转移书据所列的金额，不包括列明的增值税税款。

计算土地增值税时可扣除的印花税=120 000 000×0.5‰=60 000（元）

与转让房地产有关的税金=285 714.29+171 428.57+114 285.71+60 000=631 428.57（元）

计算土地增值税时允许扣除项目金额的合计数=30 000 000+48 000 000+200 000+631 428.57

=78 831 428.57（元）

转让办公楼的增值额=114 285 714.29−78 831 428.57=35 454 285.72（元）

增值率（增值额与扣除项目金额之比）=35 454 285.72÷78 831 428.57×100%=44.97%

经查表6-5得知，适用税率为30%，速算扣除系数为0。

应纳土地增值税=35 454 285.72×30%=10 636 285.72（元）

（2）山东和祥铁矿有限公司2023年10月10日对土地增值税进行纳税申报，填写"土地增值税税源明细表"（见表6-6）和"财产和行为税纳税申报表"（见表6-4）。

## 任务四　城镇土地使用税纳税实务

### 任务引例6-4

我公司有一块地属于直接用于采摘、观光的种植、养殖、饲养的土地，请问该用地是否需要缴纳城镇土地使用税？

## 一、城镇土地使用税的认知

### （一）城镇土地使用税纳税人的确定

城镇土地使用税的纳税人，是指在城市、县城、建制镇、工矿区范围内使用土地的单位和个人。单位，包括国有企业、集体企业、私营企业、股份制企业、外商投资企业、外国企业及其他企业和事业单位、社会团体、国家机关、军队及其他单位。个人，包括个体工商户及其他个人。

具体规定如下：

（1）拥有土地使用权的单位和个人，为纳税人。

（2）拥有土地使用权的单位和个人不在土地所在地的，土地的代管人或实际使用人为纳税人。

（3）土地使用权未确定或权属纠纷未解决的，土地的实际使用人为纳税人。

（4）土地使用权共有的，共有各方均为纳税人，以共有各方实际使用土地的面积占总面积的比例，分别计算城镇土地使用税，由共有各方分别缴纳。

💡**提示**　一般情况下，用于租赁的房屋，由出租方缴纳城镇土地使用税。但在城镇土地使用税征税范围内，承租集体所有建设用地的，由直接从集体经济组织承租土地的单位和个人，缴纳城镇土地使用税。

### （二）城镇土地使用税征税范围的确定

凡在城市、县城、建制镇、工矿区范围内的土地，不论是属于国家所有的土地，还是集体所有的土地，都属于城镇土地使用税的征税范围。建立在城市、县城、建制镇和工矿区以外的工矿企业则不需缴纳城镇土地使用税。

**知识答疑6-1**　什么是城市、县城、建制镇、工矿区？

💡**提示**　自2009年1月1日起，公园、名胜古迹内的索道公司经营用地，应按规定缴纳城镇土地使用税。

☞【情境辨析6-7】下列土地属于城镇土地使用税征税范围的有（　　　）。

A.县城中属于私营企业所有的土地　　B.城市中属于国有企业的土地

C.建制镇属于外资企业所有的土地　　D.工矿区属于外资企业所有的土地

## 二、城镇土地使用税的计算

### （一）城镇土地使用税计税依据的确定

城镇土地使用税以纳税人实际占用的土地面积为计税依据，土地面积计量标准为每平方米，即税务机关根据纳税人实际占用的土地面积，按照规定的税额计算应纳税额，向纳税人征收城镇土地使用税。

纳税人实际占用的土地面积按下列方法确定：

（1）由省、自治区、直辖市人民政府确定的单位组织测定土地面积的，以测定的面积为准。

（2）尚未组织测量，但纳税人持有政府部门核发的土地使用证书的，以证书确认的土地面积为准。

（3）尚未核发土地使用证书的，应由纳税人申报土地面积，据以纳税，待核发土地使用证以后再作调整。

☞【情境辨析6-8】甲企业在市区拥有一块地，尚未由有关部门组织测量面积，但持有政府部门核发的土地使用证书。下列关于甲企业履行城镇土地使用税纳税义务的表述中，正确的是（　　　）。

A.暂缓履行纳税义务

B.自行测量土地面积并履行纳税义务

C.以证书确认的土地面积作为计税依据履行纳税义务

D.待将来有关部门测定完土地面积后再履行纳税义务

## （二）城镇土地使用税税率的判定

城镇土地使用税采用定额税率，即采用有幅度的差别税额，按大、中、小城市和县城、建制镇、工矿区分别规定每平方米城镇土地使用税年应纳税额。

大、中、小城市以公安部门登记在册的非农业正式户口人数为依据。人口在50万以上者为大城市；人口在20万至50万之间者为中等城市；人口在20万以下者为小城市。城镇土地使用税税率见表6-7。

表6-7　　　　　　　　　　　城镇土地使用税税率

| 级别 | 人口（人） | 每平方米税额（元） |
| --- | --- | --- |
| 大城市 | 50万以上 | 1.5～30 |
| 中等城市 | 20万～50万 | 1.2～24 |
| 小城市 | 20万以下 | 0.9～18 |
| 县城、建制镇、工矿区 | | 0.6～12 |

提示　经济落后地区，城镇土地使用税的适用税额标准可适当降低，但降低幅度不得超过上述规定最低税额的30%。

## （三）城镇土地使用税优惠政策的运用

1.城镇土地使用税减免的一般规定

（1）国家机关、人民团体、军队自用的土地，免征城镇土地使用税。上述自用的土地是指这些单位本身的办公用地和公务用地。

（2）由国家财政部门拨付事业经费的单位自用的土地，免征城镇土地使用税。上述自用的土地是指这些单位本身的业务用地。

（3）宗教寺庙、公园、名胜古迹自用的土地，免征城镇土地使用税。宗教寺庙自用的土地，是指举行宗教仪式等的用地和寺庙内的宗教人员生活用地。公园、名胜古迹自用的土地，是指供公共参观游览的用地及其管理单位的办公用地。

提示　以上（1）（2）（3）中的生产、营业用地和其他用地，不属于免税范围，应按规定缴纳城镇土地使用税。例如，公园、名胜古迹中附设的营业单位，如影剧院、饮食部、茶社、照相馆等使用的土地，应按规定缴纳城镇土地使用税。

（4）市政街道、广场、绿化地带等公共用地，免征城镇土地使用税。非社会性的公共用地，如企业内的广场、道路、绿化等占用的土地，不能免税。

（5）直接用于农、林、牧、渔业的生产用地，免征城镇土地使用税。

提示　直接用于农、林、牧、渔业的生产用地，是指直接从事种植、养殖、饲养的专业用地，不包括农副产品加工场地和生活、办公用地。

（6）经批准开山填海整治的土地和改造的废弃土地，从使用的月份起免缴城镇土地使用税5～10年。

（7）对非营利性医疗机构、疾病控制机构和妇幼保健机构等卫生机构和非营利性科研机构自用的土地，免征城镇土地使用税。

（8）对国家拨付事业经费和企业办的各类学校、托儿所、幼儿园自用的土地，免征城镇土地使用税。

（9）对民航机场用地中的机场飞行区（包括跑道、滑行道、停机坪、安全带、夜航灯光区）用地、场内外通信导航设施用地和飞行区四周排水防洪设施用地，免征城镇土地使用税。机场道路，区分为场内、场外道路，场外道路用地免征城镇土地使用税；场内道路用地依照规定征收城镇土地使用税。机场工作区（包括办公、生产和维修用地及候机楼、停车场）用地、生活区用地、绿化用地，均须依照规定征收城镇土地使用税。

（10）对盐场的盐滩、盐矿的矿井用地，暂免征收城镇土地使用税。

2.城镇土地使用税减免的特殊规定（包括但不限于）

（1）凡是缴纳了耕地占用税的，从批准征用之日起满1年后征收城镇土地使用税；征用非耕地因不需要缴纳耕地占用税，应从批准征用之次月起征收城镇土地使用税。

（2）对免税单位无偿使用纳税单位的土地（如公安、海关等单位使用铁路、民航等单位的土地），免征城镇土地使用税；对纳税单位无偿使用免税单位的土地，纳税单位应照章缴纳城镇土地使用税。

> ★点睛　主要看"无偿使用方"是否为免税单位：若为免税单位的，相应免税；若为纳税单位的，应照章纳税。

（3）对政府部门和企事业单位、社会团体以及个人等社会力量投资兴办的福利性、非营利性的老年服务机构，其自用的土地，免征城镇土地使用税。

（4）对于各类危险品仓库、厂房所需的防火、防爆、防毒等安全防范用地，可由各省、自治区、直辖市税务局确定，暂免征收城镇土地使用税；对仓库库区、厂房本身用地，应照章征收城镇土地使用税。

（5）对企业的铁路专用线、公路等用地，除另有规定者外，在企业厂区（包括生产、办公及生活区）以内的，应照章征收城镇土地使用税；在厂区以外、与社会公用地段未加隔离的，暂免征收城镇土地使用税。

（6）对企业厂区（包括生产、办公及生活区）以内的绿化用地，应照章征收城镇土地使用税，厂区以外的公共绿化用地和向社会开放的公园用地，暂免征收城镇土地使用税。

（7）自2019年6月1日至2025年12月31日，为社区提供养老、托育、家政等服务的机构自有或其通过承租、无偿使用等方式取得并用于提供社区养老、托育、家政服务的土地，免征城镇土地使用税。

（8）自2023年1月1日至2027年12月31日，对物流企业自有（包括自用和出租）或承租的大宗商品仓储设施用地，减按所属土地等级适用税额标准的50%计征城镇土地使用税。

### 任务引例6-4解析

根据《财政部　国家税务总局关于房产税、城镇土地使用税有关政策的通知》（财税〔2006〕186号）的规定，在城镇土地使用税征税范围内经营采摘、观光农业的单位和个人，其直接用于采摘、观光的种植、养殖、饲养的土地，免征城镇土地使用税。

**实务答疑6-1** 我公司有一地下建筑用地，如何征收城镇土地使用税？

☞【情境辨析6-9】下列土地中，免征城镇土地使用税的是（　　）。

A.营利性医疗机构自用的土地　　　　B.公园内附设照相馆使用的土地

C.生产企业使用海关部门的免税土地　　D.老年服务机构自用的土地

## （四）城镇土地使用税应纳税额的计算

城镇土地使用税应纳税额可以通过纳税人实际占用的土地面积乘以该土地所在地段的适用税率求得。其计算公式为：

全年应纳税额=实际占用应税土地面积（平方米）×适用税率

### 三、城镇土地使用税的纳税申报

#### （一）城镇土地使用税的纳税义务发生时间

（1）纳税人购置新建商品房，自房屋交付使用之次月起，缴纳城镇土地使用税。

（2）纳税人购置存量房，自办理房屋权属转移、变更登记手续，房地产权属登记机关签发房屋权属证书之次月起，缴纳城镇土地使用税。

（3）纳税人出租、出借房产（由房产所有人缴纳），自交付出租、出借房产之次月起，缴纳城镇土地使用税。

（4）以出让或转让方式有偿取得土地使用权的，应由受让方从合同约定交付土地时间的次月起缴纳城镇土地使用税；合同未约定交付时间的，由受让方从合同签订的次月起缴纳城镇土地使用税。

（5）纳税人新征用的耕地，自批准征用之日起满1年时开始缴纳城镇土地使用税。

（6）纳税人新征用的非耕地，自批准征用次月起缴纳城镇土地使用税。

📌 提示　自2009年1月1日起，纳税人因土地的权利发生变化而依法终止城镇土地使用税纳税义务的，其应纳税款的计算应截止到土地权利发生变化的当月末。

#### （二）城镇土地使用税的纳税期限

城镇土地使用税适用按年计算、分期缴纳的征收方法，具体纳税期限由省、自治区、直辖市人民政府确定。

以山东省为例，《国家税务总局山东省税务局关于财产和行为税有关政策问题的公告》（国家税务总局山东省税务局公告2019年第3号）规定，城镇土地使用税按季或半年缴纳的，申报纳税期限为季度或半年终了后15日内。

#### （三）城镇土地使用税的纳税地点

城镇土地使用税在土地所在地缴纳。

纳税人使用的土地不属于同一省、自治区、直辖市管辖的，由纳税人分别向土地所在地的税务机关缴纳城镇土地使用税；在同一省、自治区、直辖市管辖范围内，纳税人跨地区使用的土地，其纳税地点由各省、自治区、直辖市税务局确定。

#### （四）城镇土地使用税的纳税申报实务

纳税人对城镇土地使用税进行纳税申报时，应当填报"城镇土地使用税　房产税税源明细表"（见表6-8）、"财产和行为税减免税明细申报附表"（略）、"财产和行为税纳税申报表"（见表6-4）。

表6-8　城镇土地使用税　房产税税源明细表

纳税人识别号（统一社会信用代码）：91370709864221122Y

纳税人名称：山东和祥铁矿有限公司

金额单位：人民币元（列至角分）；面积单位：平方米

**一、城镇土地使用税税源明细**

|  |  |
|---|---|
| *纳税人类型 | 土地使用权人☑　集体土地使用人□　代管人□　实际使用人□　无偿使用人□（必选） |
| 土地使用权纳税人识别号（统一社会信用代码） | 91370709864221122Y |
| 土地使用权人名称 | 山东和祥铁矿有限公司 |
| *土地编号 | 系统自动赋予编号　略 |
| 土地名称 | A 土地 |
| 不动产权证号 | 略 |
| 不动产单元代码 | 略 |
| 宗地号 | 略 |
| *土地性质 | 国有☑　集体□（必选） |
| *土地取得方式 | 划拨□　出让□　转让☑　租赁□　其他□（必选） |
| *土地用途 | 工业☑　商业□　居住□　综合□　其他□（必选）　房地产开发企业的开发用地□ |
| *土地坐落地址（详细地址） | 山东省（自治区、直辖市）济南市（区）东关乡镇（街道）青年路100号（必填） |
| *土地所属主管税务所（科、分局） | 系统自动带出 |
| *土地取得时间 | 2018年07月 |
| 变更类型 | 地价 |
| 纳税义务终止（权属转移□　土地面积变更□　土地等级变更□　其他□）信息项变更（土地面积变更□　减免税变更□　其他□） | 变更时间　年　月 |
| *占用土地面积 | 16 000.00 |
| 土地等级 | 一级 |
| *税额标准 | 系统自动带出 |
| 减免税土地面积 | 系统自动带出 |
| 月减免税金额 | |

| 减免部分 | 序号 | 减免性质代码和项目名称 | 减免起始时间 | | 减免终止时间 | | 减免税土地面积 | 月减免税金额 |
|---|---|---|---|---|---|---|---|---|
| | | | 减免起始月份 | | 减免终止月份 | | | |
| | | | 年 | 月 | 年 | 月 | | |
| | 1 | | | | | | | |
| | 2 | | | | | | | |
| | 3 | | | | | | | |

续表

## 二、房产税税源明细①

### （一）从价计征房产税明细

| *纳税人类型 | ☑产权所有人□　经营管理人□　承典人□　房屋代管人□　融资租赁承租人□　房屋使用人□（必选） | 所有人纳税人识别号（统一社会信用代码） | 91370709864221122Y | 所有人名称 | 山东和祥铁矿有限公司 |
|---|---|---|---|---|---|
| *房产编号 | 略 | 房产□　房产单元代码□ | | 房产名称 | A房产 |
| 不动产权证号 | 略 | | | | |
| *房屋坐落地址（详细地址） | 山东省（自治区、直辖市）济南市（区）开发县　东关乡镇（街道）青年路100号（必填） | | | | |
| *房产所属主管税务所（科、分局） | 系统自动带出 | | | | |
| 房屋所在土地编号 | 系统自动带出 | | | | |

| 房产取得时间 | 2018年07月 | 变更类型 | 略 | 信息项变更□　纳税义务终止（权属转移□　其他□）　出租房产原值变更□　减免税原值变更□　申报租金收入变更□　减免税变更□ | 变更时间 | 年　月 |
|---|---|---|---|---|---|---|
| *房产用途 | | | ☑工业　商业及办公□　住房□　其他□ | | | |
| 建筑面积 | | 其中：出租房产面积 | 0.00 | | | |
| 房产原值 | 90 000 000.00 | 其中：出租房产原值 | 0.00 | 计税比例 | | 70% |
| | | 减免税房产原值 | 0.00 | | | 月减免税金额 |

| 减免税部分 | 序号 | 减免性质代码和项目名称 | 减免起止时间 | | 月减免税金额 |
|---|---|---|---|---|---|
| | | | 减免起始月份　年　月 | 减免终止月份　年　月 | |
| | 1 | | | | |
| | 2 | | | | |
| | 3 | | | | |

### （二）从租计征房产税明细

| *房产编号 | | 房产名称 | |
|---|---|---|---|
| *房产所属主管税务所（科、分局） | | | |
| 承租方名称 | | | |
| 承租方纳税人识别号（统一社会信用代码） | | | |
| *出租房产面积 | | *申报租金收入 | |
| *申报租金所属租赁期起 | | 申报租金所属租赁期止 | |

| 减免税部分 | 序号 | 减免性质代码和项目名称 | 减免起止时间 | | 月减免税金额 |
|---|---|---|---|---|---|
| | | | 减免起始月份　年　月 | 减免终止月份　年　月 | |
| | 1 | | | | |
| | 2 | | | | |
| | 3 | | | | |

① 首次进行纳税申报的纳税人，需要填写全部房产的相关信息。此后办理纳税申报时，纳税人的房产及相关信息未发生变化的，可仅对已填报的信息进行确认；发生变化的，仅就变化的内容进行填写。

**任务实例6-7**　接【任务实例6-5】的资料，山东和祥铁矿有限公司2023年第三季度生产经营用地的土地面积为16 000平方米，土地名称为A土地。山东和祥铁矿有限公司为土地使用权人。土地性质为国有土地。土地取得方式为转让。土地用途为工业用途。土地坐落地址为山东省济南市开发区东关街道青年路100号。土地所属主管税务机关为山东省济南市开发区税务局。土地取得时间为2018年7月。该土地为一级土地，城镇土地使用税的单位税额为每平方米9元。按照当地规定，城镇土地使用税按年计算、每季度缴纳一次。山东和祥铁矿有限公司2023年10月10日对2023年第三季度的城镇土地使用税进行纳税申报。

## 【任务要求】

（1）计算山东和祥铁矿有限公司2023年第三季度的应纳城镇土地使用税。

（2）山东和祥铁矿有限公司2023年10月10日对2023年第三季度的城镇土地使用税进行纳税申报，填写"城镇土地使用税　房产税税源明细表"中的"一、城镇土地使用税税源明细"和"财产和行为税纳税申报表"。

## 【任务实施】

（1）计算山东和祥铁矿有限公司2023年第三季度的应纳城镇土地使用税。

2023年第三季度应纳城镇土地使用税=16 000×9÷4=36 000（元）

（2）山东和祥铁矿有限公司2023年10月10日对2023年第三季度的城镇土地使用税进行纳税申报，填写"城镇土地使用税　房产税税源明细表"（见表6-8）中的"一、城镇土地使用税税源明细"和"财产和行为税纳税申报表"（见表6-4）。

# 任务五　房产税纳税实务

### 任务引例6-5

我公司将房屋交由A公司无租使用，请问无租使用期间房产税应如何缴纳？

## 一、房产税的认知

### （一）房产税纳税人的确定

房产税的纳税人是指在我国城市、县城、建制镇和工矿区（不包括农村）内拥有房屋产权（简称"房产"）的单位和个人，具体包括产权所有人、承典人、房产代管人或者使用人。

（1）产权属于国家所有的，其经营管理的单位为纳税人。

（2）产权属于集体和个人所有的，集体单位和个人为纳税人。

（3）产权出典的房产，由承典人依照房产余值缴纳房产税。

产权出典是指产权所有人为了某种需要，将自己的房屋在一定期限内转让给他人使用，以押金形式换取一定数额的现金（或者实物），并立有某种合同（契约）的行为。在此，房屋所有人称为房屋"出典人"，支付现金（或者实物）的人称为房屋的"承典人"。

> **链接**　房产出租的，房产产权所有人（出租人）为纳税人。

（4）产权所有人、承典人均不在房产所在地的，房产代管人或者使用人为纳税人。

（5）产权未确定以及租典（租赁、出典）纠纷未解决的，房产代管人或者使用人为纳税人。

（6）无租使用其他单位房产的应税单位和个人，依照房产余值代缴纳房产税。

### 任务引例6-5解析

根据《财政部 国家税务总局关于房产税 城镇土地使用税有关问题的通知》（财税〔2009〕128号）规定，无租使用其他单位房产的应税单位和个人，依照房产余值代缴纳房产税。

因此，你公司将房屋交由A公司无租使用，无租使用期间应由A公司依照房产余值代缴纳房产税。

☞【情境辨析6-10】下列情形中，应由房产代管人或使用人缴纳房产税的有（　　）。

A.产权未确定的 　　　　　　　B.产权承典人不在房产所在地

C.产权所有人不在房产所在地 　　D.产权租典纠纷未解决

### （二）房产税征税范围的确定

房产税的征税对象是房产，即有屋面和围护结构（有墙或两边有柱），能够遮风避雨，可提供人们在其中生产、学习、工作、娱乐、居住或储藏物资的场所。

房产税的征税范围是城市、县城、建制镇和工矿区的房屋，不包括农村的房屋。

另外，房地产开发企业建造的商品房，在出售前，不征收房产税，但对出售前房地产开发企业已使用或出租、出借的商品房应按规定征收房产税。

**提示** 独立于房屋之外的建筑物，如围墙、烟囱、水塔、菜窖、室外游泳池等不属于房产税的征税范围。

### 二、房产税的计算

#### （一）房产税计税依据的确定

房产税的计税依据是房产的计税余值或房产的租金收入。按照房产计税余值征税的，称为从价计征；按照房产租金收入计征的，称为从租计征。

**1.从价计征房产税的计税依据**

从价计征房产税的计税依据为房产的计税余值。房产的计税余值是指按照房产原值一次减除10%～30%后的余值（具体减除幅度由省、自治区、直辖市人民政府确定）。

**总结** 对于房产原值的规定主要有以下几点：

（1）房产原值是指纳税人按照会计制度规定，在会计账簿"固定资产"科目中记载的房屋原价。因此，凡按会计制度规定在账簿中记载有房屋原价的，应以房屋原价按规定减除一定比例后作为房产余值计征房产税；没有记载房屋原价的，按照上述原则，并参照同类房屋确定房产原值，按规定计征房产税。

值得注意的是：自2009年1月1日起，对依照房产原值计税的房产，不论是否记载在账簿"固定资产"科目中，均应按照房屋原价计算缴纳房产税。房屋原价应根据国家有关会计制度规定进行核算。对纳税人未按国家会计制度规定核算并记载的，应按规定予以调整或重新评估。自2010年12月21日起，对按照房产原值计税的房产，无论会计上如何核算，房产原值均应包含地价，包括为取得土地使用权支付的价款、开发土地发生的成本费用等。宗地容积率低于0.5的，按房产建筑面积的2倍计算土地面积并据此确定计入房产原值的地价。

（2）房产原值应包括与房屋不可分割的各种附属设备或一般不单独计算价值的配套设施。其主要有：暖气、卫生、通风、照明、煤气等设备；各种管线，如蒸汽、压缩空气、石油、给水排水等管道及电力、电讯、电缆导线；电梯、升降机、过道、晒台等。属于房屋附属设备的水管、下水道、暖气管、煤气管等应从最近的探视井或三通管起，计算原值；电灯网、照明线从进线盒连接管起，计算原值。

凡以房屋为载体，不可随意移动的附属设备和配套设施，如给排水、采暖、消防、中央空调、电气及智能化楼宇设备等，无论在会计核算中是否单独记账与核算，都应计入房产原值，计征房产税。

对更换房屋附属设备和配套设施的，在将其价值计入房产原值时，可扣减原来相应设备和设施的价值；对附属设备和配套设施中易损坏、需要经常更换的零配件，更新后不再计入房产原值。

（3）纳税人对原有房屋进行改建、扩建的，要相应增加房屋的原值。

**2.从租计征房产税的计税依据**

从租计征房产税的计税依据为房产的租金收入（包括实物收入和货币收入）。如果是以劳务或者其他形式为报酬抵付房租收入的，应根据当地同类房产的租金水平，确定一个标准租金额从租计征。

> 提示　营业税改征增值税后，房产出租的，计征房产税的租金收入不含增值税。免征增值税的，确定计税依据时，租金收入不扣减增值税额。

对出租房产，租赁双方签订的租赁合同约定有免收租金期限的，免收租金期间由产权所有人按照房产原值缴纳房产税。

**3.特殊业务房产税的计税依据**

（1）对于投资联营的房产的计税规定。

❶对以房产投资联营、投资者参与投资利润分红、共担风险的，按房产余值作为计税依据计缴房产税。

❷对以房产投资收取固定收入、不承担经营风险的，实际上是以联营名义取得房屋租金，应以出租方取得的租金收入为计税依据计缴房产税。

> 提示　融资租赁房屋，实质上相当于分期付款购买固定资产，因此应以房产余值计征房产税。由承租人自融资租赁合同约定开始日的次月起依照房产余值缴纳房产税。合同未约定开始日的，由承租人自合同签订的次月起依照房产余值缴纳房产税。

（2）居民住宅区内业主共有的经营性房产的计税规定。

从2007年1月1日起，对居民住宅区内业主共有的经营性房产，由实际经营（包括自营和出租）的代管人或使用人缴纳房产税。

自营房产的，依照房产原值减除10%～30%后的余值计征，没有房产原值或不能将业主共有房产与其他房产的原值准确划分开的，由房产所在地税务机关参照同类房产核定房产原值；出租房产的，按照租金收入计征。

**（二）房产税税率的判定**

**1.房产税从价计征税率的判定**

房产税从价计征的年税率为1.2%。

**2.房产税从租计征税率的判定**

房产税从租计征的税率为12%。

对个人出租住房，不区分用途，按4%的税率征收房产税；对企事业单位、社会团体以及其他组织按市场价格向个人出租用于居住的住房，减按4%的税率征收房产税。

> 提示　自2021年10月1日起，对企事业单位、社会团体以及其他组织向个人、专业化规模化住

房租赁企业出租住房的，减按4%的税率征收房产税。企事业单位、社会团体以及其他组织，对利用非居住存量土地和非居住存量房屋（含商业办公用房、工业厂房改造后出租用于居住的房屋）建设的保障性租赁住房，取得保障性租赁住房项目认定书后，向个人、专业化规模化住房租赁企业出租上述保障性租赁住房，比照适用上述房产税政策。其中，住房租赁企业，是指按规定向住房城乡建设部门进行开业报告或者备案的从事住房租赁经营业务的企业。专业化规模化住房租赁企业的标准为：企业在开业报告或者备案城市内持有或者经营租赁住房1 000套（间）及以上或者建筑面积3万平方米及以上；各省、自治区、直辖市住房城乡建设部门会同同级财政、税务部门，可根据租赁市场发展情况，对本地区全部或者部分城市在50%的幅度内下调标准。

### （三）房产税优惠政策的运用

房产税的优惠政策主要有以下几项：

（1）国家机关、人民团体、军队自用的房产免征房产税。上述自用的房产，是指这些单位本身的办公用房和公务用房。但其出租房产以及非自身业务使用的生产、营业用房，不属于免税范围，应照章纳税。

（2）由国家财政部门拨付事业经费的单位自用的房产。上述自用的房产，是指这些单位本身的业务用房。但其所属的附属工厂、商店、招待所等不属单位公务、业务的用房，不属于免税范围，应照章纳税。

**提示**　由国家财政部门拨付事业经费的单位，其经费来源实行自收自支后，应征收房产税。

（3）宗教寺庙、公园、名胜古迹自用的房产免征房产税。宗教寺庙自用的房产，是指举行宗教仪式等的房屋和宗教人员使用的生活用房屋。公园、名胜古迹自用的房产，是指供公共参观游览的房屋及其管理单位的办公用房屋。

**提示**　上述以上（1）（2）（3）的这些免税单位出租的房产以及非本身业务用的生产、营业用房产不属于免税范围，应征收房产税。例如，公园、名胜古迹中附设的营业单位，如影剧院、饮食部、茶社、照相馆等所使用的房产及出租的房产，应征收房产税。

（4）个人所有非营业用的房产免征房产税。个人所有的非营业用房，主要是指居民住房，不分面积多少，一律免征房产税。个人拥有的营业用房或者出租的房产，不属于免税房产，应照章纳税。

（5）对非营利性医疗机构、疾病控制机构和妇幼保健机构等卫生机构自用的房产，免征房产税。

（6）企业办的各类学校、医院、托儿所、幼儿园自用的房产，可以比照由国家财政部门拨付事业经费的单位自用的房产，免征房产税。

（7）经有关部门鉴定，对毁损不堪居住的房屋和危险房屋，在停止使用后，可免征房产税。

（8）纳税人因房屋大修导致连续停用半年以上的，在房屋大修期间免征房产税。免征税额由纳税人在申报缴纳房产税时自行计算扣除，并在申报表附表或备注栏中作相应说明。

（9）凡是在基建工地为基建工地服务的各种工棚、材料棚、休息棚和办公室、食堂、茶炉房、汽车房等临时性房屋，不论是施工企业自行建造还是由基建单位出资建造交施工企业使用的，在施工期间，一律免征房产税。但是，如果在基建工程结束以后，施工企业将这种临时性房屋交还或估价转让给基建单位的，应当从基建单位接收的次月起，照章纳税。

（10）纳税单位与免税单位共同使用的房屋，按各自使用的部分划分，分别征收或免征房产税。

（11）经财政部批准免税的其他房产。

### （四）房产税应纳税额的计算

（1）从价计征房产税的：

应纳税额=房产原值×（1-扣除比例）×1.2%

由此公式计算出来的房产税税额是年税额。

（2）从租计征房产税的：

应纳税额=租金收入×12%（或4%）

**任务实例6-8**  甲公司本年房产原值为8 000万元，本年6月30日与乙公司签订租赁合同并交付房产，约定将原值为500万元的房产租赁给乙公司，租期3年，月租金2万元（不含增值税）。甲公司所在地计算房产税余值的减除比例为30%。

【**任务要求**】计算甲公司本年应缴纳的房产税税额。

【**任务实施**】从价计征应纳房产税=（8 000-500）×（1-30%）×1.2%+500×（1-30%）×1.2%÷12×6

$$=65.1（万元）$$

从租计征应纳房产税=2×6×12%=1.44（万元）

应纳房产税合计=65.1+1.44=66.54（万元）

### 三、房产税的纳税申报

#### （一）房产税的纳税义务发生时间

（1）纳税人将原有房产用于生产经营，从生产经营之月起，缴纳房产税。

（2）纳税人自行新建房屋用于生产经营，从建成之日的次月起，缴纳房产税。

（3）纳税人委托施工企业建设的房屋，从办理验收手续的次月起，缴纳房产税。

（4）纳税人购置新建商品房，自房屋交付使用之次月起，缴纳房产税。

（5）纳税人购置存量房，自办理房屋权属转移、变更登记手续，房地产权属登记机关签发房屋权属证书之次月起，缴纳房产税。

（6）纳税人出租、出借房产，自交付出租、出借房产之次月起，缴纳房产税。

（7）房地产开发企业自用、出租、出借本企业建造的商品房，自房屋使用或交付之次月起，缴纳房产税。

提示  自2009年1月1日起，纳税人因房产的实物或权利状态发生变化而依法终止房产税的纳税义务的，其应纳税款的计算应截止到房产的实物或权利发生变化的当月末。

☞【情境辨析6-11】下列关于房产税纳税义务发生时间的表述中，正确的是（    ）。

A.纳税人出租房产，自交付房产之月起，缴纳房产税

B.纳税人自行新建房屋用于生产经营，从建成之月起，缴纳房产税

C.纳税人将原有房产用于生产经营，从生产经营之月起，缴纳房产税

D.房地产开发企业自用本企业建造的商品房，自房屋使用之月起，缴纳房产税

#### （二）房产税的纳税期限

房产税实行按年计算、分期缴纳的征收办法，具体纳税期限由省、自治区、直辖市人

民政府规定。

以山东省为例,《国家税务总局山东省税务局关于财产和行为税有关政策问题的公告》(国家税务总局山东省税务局公告2019年第3号)规定,房产税按月、季或半年缴纳的,申报纳税期限为月份、季度或半年终了后15日内。

### (三)房产税的纳税地点

房产税在房产所在地缴纳。对房产不在同一地方的纳税人,应按房产的坐落地点分别向房产所在地的税务机关缴纳。

### (四)房产税的纳税申报实务

纳税人对房产税进行纳税申报时,应当填报"城镇土地使用税 房产税税源明细表"(见表6-8)、"财产和行为税减免税明细申报附表"(略)、"财产和行为税纳税申报表"(见表6-4)。

> **任务实例6-9** 接【任务实例6-5】的资料,山东和祥铁矿有限公司2023年度拥有一栋房产,房产名称为A房产,房产原值为90 000 000元,全部自用。山东和祥铁矿有限公司为房产的产权所有人,房屋坐落地址为山东省济南市开发区东关街道青年路100号,房产用途为工业用途,房产取得时间为2018年7月。当地规定房产税计算余值的扣除比例为30%。按照当地规定,房产税按年计算、每季度缴纳一次。山东和祥铁矿有限公司2023年10月10日对2023年第三季度的房产税进行纳税申报工作。

### 【任务要求】

(1)计算山东和祥铁矿有限公司2023年第三季度的应纳房产税。

(2)山东和祥铁矿有限公司2023年10月10日对2023年第三季度的房产税进行纳税申报,填写"城镇土地使用税 房产税税源明细表"中的"二、房产税税源明细"和"财产和行为税纳税申报表"。

### 【任务实施】

(1)计算山东和祥铁矿有限公司2023年第三季度的应纳房产税。

2023年第三季度应纳房产税=90 000 000×(1-30%)×1.2%÷4=63 000 000×1.2%÷4=189 000(元)

(2)山东和祥铁矿有限公司2023年10月10日对2023年第三季度的房产税进行纳税申报,填写"城镇土地使用税 房产税税源明细表"(见表6-8)中的"二、房产税税源明细"和"财产和行为税纳税申报表"(见表6-4)。

## 任务六 耕地占用税纳税实务

### 任务引例6-6

我公司新占用了耕地,已经缴纳了耕地占用税,请问是否还需要再缴纳城镇土地使用税?

### 一、耕地占用税的认知

#### (一)耕地占用税纳税人的确定

在我国境内占用耕地建设建筑物、构筑物或者从事其他非农业建设的单位和个人,为耕地占用税的纳税人。

**知识答疑6-2** 耕地占用税和城镇土地使用税有什么不同？

### （二）耕地占用税征税范围的确定

耕地占用税的征税范围包括纳税人为建设建筑物、构筑物或者从事非农业建设而占用的耕地。

耕地，是指用于种植农作物的土地。

占用园地、林地、草地、农田水利用地、养殖水面、渔业水域滩涂以及其他农用地建设建筑物、构筑物或者从事非农业建设的，依照税法规定缴纳耕地占用税。但占用上述农用地建设直接为农业生产服务的生产设施的，不缴纳耕地占用税。

**提示** 占用耕地建设农田水利设施的，不缴纳耕地占用税。

**点睛** 纳税人因建设项目施工或者地质勘查临时占用耕地，应当依照税法规定缴纳耕地占用税。纳税人在批准临时占用耕地期满之日起1年内依法复垦，恢复种植条件的，全额退还已经缴纳的耕地占用税。

**提示** 临时占用耕地，是指经自然资源主管部门批准，在一般不超过2年内临时使用耕地并且没有修建永久性建筑物的行为。依法复垦应由自然资源主管部门会同有关行业管理部门认定并出具验收合格确认书。

**点睛** 因挖损、采矿塌陷、压占、污染等损毁耕地属于税法所称的非农业建设，应依照税法规定缴纳耕地占用税；自自然资源、农业农村等相关部门认定损毁耕地之日起3年内依法复垦或修复，恢复种植条件的，按规定办理退税。

#### 任务引例6-6解析

答：根据《城镇土地使用税暂行条例》的规定，新征收的土地，依照下列规定缴纳城镇土地使用税：（1）征收的耕地，自批准征收之日起满1年时开始缴纳城镇土地使用税；（2）征收的非耕地，自批准征收次月起缴纳城镇土地使用税。

因此，你公司对于新占用的耕地，自批准征收之日起满1年时开始缴纳城镇土地使用税。

☞【情境辨析6-12】下列各项中，属于耕地占用税征税范围的有（　　）。

A. 占用耕地建设农田水利设施

B. 占用林地从事非农业建设

C. 占用草地建设建筑物

D. 占用农田水利用地建设直接为农业生产服务的生产设施

### 二、耕地占用税的计算

#### （一）耕地占用税计税依据的确定

耕地占用税以纳税人实际占用耕地的面积为计税依据。

**点睛** 实际占用的耕地面积，包括经批准占用的耕地面积和未经批准占用的耕地面积。

#### （二）耕地占用税税率的判定

耕地占用税实行幅度地区差别定额税率，以县、自治县、不设区的市、市辖区为单位，按人均占有耕地面积分设4档定额。耕地占用税税率表见表6-9。

表6-9　　　　　　　　　　　　　　　　耕地占用税税率表

| 级数 | 人均耕地面积 | 每平方米税额（元） |
| --- | --- | --- |
| 1 | 1亩以下（含1亩） | 10～50 |
| 2 | 1～2亩（含2亩） | 8～40 |
| 3 | 2～3亩（含3亩） | 6～30 |
| 4 | 3亩以上 | 5～25 |

《耕地占用税法》第四条第二款规定，各地区耕地占用税的适用税额，由省、自治区、直辖市人民政府根据人均耕地面积和经济发展等情况，在表6-9规定的税额幅度内提出，报同级人民代表大会常务委员会决定，并报全国人民代表大会常务委员会和国务院备案。各省、自治区、直辖市耕地占用税适用税额的平均水平，不得低于"各省、自治区、直辖市耕地占用税平均税额表"（表6-10）规定的平均税额。

表6-10　　　　　　　　各省、自治区、直辖市耕地占用税平均税额表

| 省、自治区、直辖市 | 平均税额（元/平方米） |
| --- | --- |
| 上海 | 45 |
| 北京 | 40 |
| 天津 | 35 |
| 江苏、浙江、福建、广东 | 30 |
| 辽宁、湖北、湖南 | 25 |
| 河北、安徽、江西、山东、河南、重庆、四川 | 22.5 |
| 广西、海南、贵州、云南、陕西 | 20 |
| 山西、吉林、黑龙江 | 17.5 |
| 内蒙古、西藏、甘肃、青海、宁夏、新疆 | 12.5 |

《耕地占用税法》第五条规定，在人均耕地低于0.5亩的地区，省、自治区、直辖市可以根据当地经济发展情况，适当提高耕地占用税的适用税额，但提高的部分不得超过《耕地占用税法》第四条第二款确定的适用税额的50%。

占用基本农田的，应当按照《耕地占用税法》第四条第二款或者第五条确定的当地适用税额，加按150%征收。

占用园地、林地、草地、农田水利用地、养殖水面、渔业水域滩涂以及其他农用地建设建筑物、构筑物或者从事非农业建设的，适用税额可以适当低于本地区按照《耕地占用税法》第四条第二款确定的适用税额，但降低的部分不得超过50%。具体适用税额由省、自治区、直辖市人民政府提出，报同级人民代表大会常务委员会决定，并报全国人民代表大会常务委员会和国务院备案。

（三）耕地占用税优惠政策的运用

（1）军事设施、学校、幼儿园、社会福利机构、医疗机构占用耕地，免征耕地占用税。

（2）铁路线路、公路线路、飞机场跑道、停机坪、港口、航道、水利工程占用耕地，减按每平方米2元的税额征收耕地占用税。

（3）农村居民在规定用地标准以内占用耕地新建自用住宅，按照当地适用税额减半征收耕地占用税；其中农村居民经批准搬迁，新建自用住宅占用耕地不超过原宅基地面积的

部分，免征耕地占用税。

（4）农村烈士遗属、因公牺牲军人遗属、残疾军人以及符合农村最低生活保障条件的农村居民，在规定用地标准以内新建自用住宅，免征耕地占用税。

根据国民经济和社会发展的需要，国务院可以规定免征或者减征耕地占用税的其他情形，报全国人民代表大会常务委员会备案。

🔖**提示**　依照税法规定免征或者减征耕地占用税后，纳税人改变原占地用途，不再属于免征或者减征耕地占用税情形的，应当按照当地适用税额补缴耕地占用税。

### （四）耕地占用税应纳税额的计算

耕地占用税以纳税人实际占用的属于耕地占用税征税范围的土地（简称"应税土地"）面积为计税依据，按应税土地当地适用税额计税，实行一次性征收。耕地占用税应纳税额的计算公式为：

应纳税额=实际占用的耕地面积（平方米）×适用定额税率（适用单位税额）

### 三、耕地占用税的纳税申报

#### （一）耕地占用税的纳税义务发生时间

耕地占用税由税务机关负责征收。耕地占用税的纳税义务发生时间为纳税人收到自然资源主管部门办理占用耕地手续的书面通知的当日。

未经批准占用耕地的，耕地占用税纳税义务发生时间为自然资源主管部门认定的纳税人实际占用耕地的当日。

🔖**提示**　因挖损、采矿塌陷、压占、污染等损毁耕地的纳税义务发生时间为自然资源、农业农村等相关部门认定损毁耕地的当日。

🔖**点睛**　纳税人改变原占地用途，需要补缴耕地占用税的，其纳税义务发生时间为改变用途的当日，具体为：经批准改变用途的，纳税义务发生时间为纳税人收到批准文件的当日；未经批准改变用途的，纳税义务发生时间为自然资源主管部门认定纳税人改变原占地用途的当日。

#### （二）耕地占用税的纳税期限

耕地占用税对占用耕地实行一次性征收。纳税人应当自纳税义务发生之日起30日内申报缴纳耕地占用税。自然资源主管部门凭耕地占用税完税凭证或者免税凭证和其他有关文件发放建设用地批准书。

纳税人改变原占地用途，不再属于免征或减征情形的，应自改变用途之日起30日内申报补缴税款，补缴税款按改变用途的实际占用耕地面积和改变用途时当地适用税额计算。

#### （三）耕地占用税的纳税地点

纳税人占用耕地或其他农用地，应当在耕地或其他农用地所在地申报纳税。

#### （四）耕地占用税的纳税申报实务

纳税人对耕地占用税进行纳税申报时，应当填报"耕地占用税税源明细表"（表6-11）、"财产和行为税减免税明细申报附表"（略）、"财产和行为税纳税申报表"（见表6-4）。

**任务实例6-10**　接【任务实例6-5】的资料，山东和祥铁矿有限公司2023年10月8日新占用16 000平方米耕地（位于青岛市市北区学院路18号）用于工业建设，所占耕地适用的定额税率为40元/平方米。2023年10月10日申报缴纳耕地占用税。

表 6-11

纳税人识别号（统一社会信用代码）：91370709864221122Y

纳税人名称：山东和祥铁矿有限公司

## 耕地占用税税源明细表

面积单位：平方米；金额单位：人民币元（列至角分）

| 占地方式 | | 项目（批次）名称 | 略 | 批准占地文号 | 略 |
|---|---|---|---|---|---|
| 1. 经批准接批次转用 □ | | 批准占地部门 | 略 | 经批准占地面积 | 16 000.00 |
| 2. 经批准单独选址转用 ☑ | | 收到书面通知日期（或收到经批准改变原占地用途日期） | 2023 年 10 月 08 日 | 批准时间 | 2023 年 10 月 08 日 |
| 3. 经批准临时占用 □ | | | | | |
| 4. 未批先占 □ | | 认定的实际占地日期（或认定的未经批准改变原占地用途日期） | 年　　月　　日 | 认定的实际占地面积 | |
| 损毁耕地 | 挖损 ☑ 塌陷 □ 压占 □ 污染 □ | 认定的损毁耕地日期 | | 认定的损毁耕地面积 | 16 000.00 |
| 税源编号 | | 占地用途 | 征收品目 | 适用税额 | 计税面积 | 减免性质代码和项目名称 |
| 系统自动生成 | 青岛市市北区学院路 18 号 | 工业建设 | 耕地——基本农田 | 40.00 | 16 000.00 | 减免面积 |
| | | | | | | |

## 【任务要求】

（1）计算山东和祥铁矿有限公司2023年10月8日新占用耕地的应纳耕地占用税。

（2）山东和祥铁矿有限公司2023年10月10日对2023年10月8日新占用耕地的耕地占用税进行纳税申报，填写"耕地占用税税源明细表"和"财产和行为税纳税申报表"。

## 【任务实施】

（1）计算山东和祥铁矿有限公司2023年10月8日新占用耕地的应纳耕地占用税。

应纳耕地占用税=16 000×40=640 000（元）

（2）山东和祥铁矿有限公司2023年10月10日对2023年10月8日新占用耕地的耕地占用税进行纳税申报，填写"耕地占用税税源明细表"（见表6-11）和"财产和行为税纳税申报表"（见表6-4）。

### ▶项目练习◀

1.甲进出口企业为增值税一般纳税人，位于市区。该企业本年7月应纳增值税60万元，出口货物免抵税额10万元。另外，该企业进口货物增值税为13万元、消费税为15万元。要求：计算甲进出口企业本年7月应缴纳的城市维护建设税、教育费附加和地方教育附加。

2.甲房地产开发公司本年7月转让一幢写字楼，取得收入1 100万元（不含增值税）。已知该公司为取得土地使用权所支付的金额为50万元，房地产开发成本为200万元，经税务机关批准扣除的房地产开发费用为40万元，与转让房地产有关的税金为60万元。已知增值率超过50%至100%的部分，土地增值税税率为40%，速算扣除系数为5%；增值率超过100%至200%的部分，土地增值税税率为50%，速算扣除系数为15%。要求：计算甲房地产开发公司应缴纳的土地增值税税额。

3.甲油田本年7月开采原油50万吨，当月销售原油60万吨，非生产性自用5万吨，另有6万吨用于采油过程中加热、修井，3万吨待售。该油田每吨原油不含增值税售价为3 000元，适用的资源税税率为6%。要求：计算甲油田本年7月应缴纳的资源税税额。

### ▶项目实训◀

甲企业本年发生部分经营业务如下：

（1）年初将一栋原值为200万元的闲置办公楼用于对外投资联营，不承担投资风险，当年取得固定收益20万元。

（2）2月经批准新占用一处耕地5 000平方米用于委托施工企业乙建造仓库，当年6月办理了仓库验收手续，入账价值为800万元。

（3）3月新占用一处非耕地1 900平方米用于委托施工企业丙建造生产车间，当年8月办理了生产车间验收手续，入账价值为480万元。

其他相关资料：当地政府规定计算房产余值的扣除比例为30%，城镇土地使用税每平方米年税额为5元，耕地占用税每平方米税额为8元。

要求：

（1）计算甲企业本年应缴纳的房产税税额。

（2）计算甲企业本年应缴纳的城镇土地使用税税额。

（3）计算甲企业本年应缴纳的耕地占用税税额。

## 项目七
# 其他税种纳税实务（下）

**学习目标**

1.能判定哪些业务应缴纳关税，能根据相关业务资料计算关税，能根据相关业务资料填写"中华人民共和国海关进口货物报关单"，并能进行进出口货物的报关（申报关税）。

2.能判定哪些业务应缴纳车辆购置税，能根据相关业务资料计算车辆购置税，能根据相关业务资料填写"车辆购置税纳税申报表"，并能进行车辆购置税的纳税申报。

3.能判定哪些业务应缴纳车船税，能根据相关业务资料计算车船税，能根据相关业务资料填写"车船税税源明细表""财产和行为税纳税申报表"，并能进行车船税的纳税申报。

4.能判定哪些业务应缴纳契税，能根据相关业务资料计算契税，能根据相关业务资料填写"契税税源明细表""财产和行为税纳税申报表"，并能进行契税的纳税申报。

5.能判定哪些业务应缴纳环境保护税，能根据相关业务资料计算环境保护税，能根据相关业务资料填写"环境保护税税源明细表""财产和行为税纳税申报表"，并能进行环境保护税的纳税申报。

6.能判定哪些业务应缴纳印花税，能根据相关业务资料计算印花税，能根据相关业务资料填写"印花税税源明细表""财产和行为税纳税申报表"，并能进行印花税的纳税申报。

7.能判定哪些业务应缴纳烟叶税，能根据相关业务资料计算烟叶税，能根据相关业务资料填写"烟叶税税源明细表""财产和行为税纳税申报表"，并能进行烟叶税的纳税申报。

**素养提升**

纳税人应当充分运用国家出台的相关税收政策，合法合规纳税。

1.我国在特定情况下通过征收报复性关税、反倾销税与反补贴税、保障性关税，维护国家主权和经济利益，保护和促进我国产业的发展，调节我国经济和国际贸易。

2.我国征收环境保护税，有利于抑制纳税人污染环境的不良行为，提高纳税人环境保护意识，推进生态文明建设和可持续发展，促进节能环保产业结构的优化升级。

▶项目引例——关税的计算与纳税申报◀

2025年1月12日，浙江光明天地贸易有限公司接到海关通知，从美国进口的红心维他命复合果汁饮料 20 箱已到港，单价 6 000 美元，开户银行也已收到购货方发票，并根据原先开出的银行承兑汇票付清货款，价款与开出的银行承兑汇票金额相同，以美元结算，汇率为 1∶6.8。红心维他命复合果汁饮料的关税税率为 20%。"中华人民共和国海关进口货物报关单"见表 7-1。

浙江光明天地贸易有限公司的纳税人识别号为 91110252846210156N，开户银行及账号为中国工商银行温州青年路支行 3526956374128953645。"中华人民共和国海关进口货物报关单"中的预录入编号和海关编号均为 456347897180547890。境外发货人为 Drinks Tiaui。运输方式为（2）水路运输。运输工具名称及航次号为 MAESTALMES/05EI。提运单为 RLCDNS210。货物存放地点为国际物流。监管方式为（0110）一般贸易。征免性质为（101）一般征税。启运港为纽约（美国）。合同协议号为 HT2025002。贸易国（地区）为（USA）美国。启运国（地区）为（USA）美国。经停港为纽约（美国）。入境口岸为温州。包装种类为（92）再生木托。成交方式为（1）CIF。商品编号为 2202990099。境内目的地为温州市。征免为照章征税。申报人员为张利民。申报人员证号为 781015×。电话为 1315555××××。申报单位为浙江利得利国际货运代理有限公司。

⭐ **任务要求**

（1）计算浙江光明天地贸易有限公司进口货物 2025 年 1 月应缴纳的关税税额和增值税税额。

（2）填写"中华人民共和国海关进口货物报关单"。

▶ **项目引例解析**　见本项目的任务一。

# 任务一　关税纳税实务

## 任务引例7-1

张某本年准备通过某跨境电商进口某商品 10 件，每件 800 元，合计 8 000 元，现有两种选择：一是一次性进口 10 件，合计 8 000 元；二是分两次平均进口，每次进口 5 件，每次合计 4 000 元，两次合计 8 000 元。请问张某应当选择哪一种方式？

### 一、关税的认知

（一）关税纳税人和扣缴义务人的确定

关税是海关依法对进出境货物、物品征收的一种税（就我国而言，关税是我国海关依法对进出口货物、进境物品征收的一种税）。所谓"境"指关境，又称"海关境域"或"关税领域"，是国家海关法全面实施的领域。

🔻**点睛**　所谓"境"指关境，又称"海关境域"或"关税领域"，是国家海关法全面实施的领域。

〔知识答疑7-1〕我国的关境与国境一致吗？

1.关税的纳税人

进口货物的收货人、出口货物的发货人、进境物品的携带人或者收件人，为关税的纳税人。

2.关税的扣缴义务人

从事跨境电子商务零售进口的电子商务平台经营者、物流企业和报关企业，以及法律、行政法规规定负有代扣代缴、代收代缴关税税款义务的单位和个人，为关税的扣缴义务人。

☞【情境辨析7-1】下列各项中，属于关税纳税人的有（　　　）。

A.进口货物的发货人　　　　　　B.出口货物的发货人

C.进口货物的收货人　　　　　　D.进境物品的携带人或者收件人

### （二）关税征税对象的确定

关税的征税对象是进口的货物、出口的货物、进境的物品。货物是指贸易性商品；物品是指入境旅客随身携带的行李物品、个人邮递物品、各种运输工具上的服务人员携带进口的自用物品和馈赠物品以及其他方式进境的个人物品。

个人合理自用的进境物品，按照简易征收办法征收关税。超过个人合理自用数量的进境物品，按照进口货物征收关税。个人合理自用的进境物品，在规定数额以内的，免征关税。进境物品关税简易征收办法和免征关税数额由国务院规定，报全国人民代表大会常务委员会备案。

🔖提示　按征税对象进行分类，我国目前把对进出口货物征收的关税分为进口关税和出口关税两类。进口关税是海关对进口货物所征收的关税，它是关税中最主要的一种征税形式。出口关税是海关对出口货物所征收的关税。目前，世界各国一般不对出口货物征收关税，只是为了限制本国某些产品或资源品输出，而对部分出口货物征收出口关税。

### （三）进出口税则的确定

进出口税则，又称关税税则，是一国政府根据国家包括关税政策在内的经济政策，通过一定的立法程序，制定、公布并实施的进出口货物和物品应税的以关税税目税率表为主体的文件。《中华人民共和国进出口税则》（简称《税则》）是《中华人民共和国关税法》（简称《关税法》）的附件。《税则》包括规则与说明、进口税则、出口税则三个部分。国务院关税税则委员会负责定期编纂、发布《税则》，解释《税则》的税目、税率。

进口税则包括税目税率表与归类总规则、类注、章注、子目注释、本国子目注释。税目税率表设置序号、税则号列、货品名称、最惠国税率、协定税率、特惠税率、普通税率等栏目。出口税则包括税目税率表与归类总规则、类注、章注、子目注释、本国子目注释。税目税率表设置序号、税则号列、货品名称、出口税率等栏目。归类总规则、类注、章注、子目注释、本国子目注释与进口税则相同，不单独列明。出口货物的商品归类，按照进口税则的相关规定执行。

### （四）关税税目的确定

进口关税税目以世界海关组织《商品名称及编码协调制度》（以下简称《协调制度》）为基础，由税则号列（以下简称税号）和目录条文等组成。其中，税号在税则号列栏中列示，目录条文在货品名称栏中列示。税号采用8位数字编码结构，前6位数字及对应的目录条文与《协调制度》保持一致；第7、8位数字及对应的目录条文是依据《协调制度》的分类原则和方法，根据我国实际需要而制定的。进口关税税目适用规则包括归类规则等。进口货物的商品归类，应当按照《税则》规定的目录条文和归类总规则、类注、章注、子目注释、本国子目注释，以及其他归类注释确定，并归入相应的税号。

出口关税税目与进口税则关税税目相同。税目税率表中仅标示征收出口税率或实行暂定税率的税目。

◆提示　2025年我国关税税则税目总数调整为8 960个。

## 二、关税的计算

### （一）关税计税依据的确定

关税实行从价计征、从量计征、复合计征的方式征收。实行从价计征的，计税依据为应税进（出）口货物的计税价格。实行从量计征的，计税依据为应税进（出）口货物的计税数量。实行复合计征的，计税依据分别为应税进（出）口货物的计税价格和应税进（出）口货物的计税数量。我国对进（出）口货物征收关税，主要采取从价计征的方式。因此，这里主要阐述应税进（出）口货物的计税价格。

1.进口货物计税价格的确定

进口货物的计税价格以成交价格以及该货物运抵中华人民共和国境内输入地点起卸前的运输及其相关费用、保险费为基础确定。

进口货物计税价格的确定方法可以分为以下两种：一种是进口货物直接计价法，即进口货物成交价格加上该货物运抵中华人民共和国境内输入地点起卸前的运输及其相关费用、保险费，计算确定进口货物的计税价格的方法；另一种是进口货物海关估价法，即在进口货物的成交价格不符合规定条件，或者成交价格不能确定的情况下，海关经了解有关情况，并与纳税人进行价格磋商后，估定进口货物的计税价格的方法。

（1）进口货物直接计价法。

在正常情况下，对进口货物计税价格的确定一般采用进口货物直接计价法。

$$\text{进口货物计税价格} = \text{进口货物成交价格} + \text{该货物运抵中华人民共和国境内输入地点起卸前的运输及其相关费用、保险费}$$

进口货物的成交价格，是指卖方向中华人民共和国境内销售该货物时买方为进口该货物向卖方实付、应付的，并按照《关税法》第二十五条、第二十六条规定调整后的价款总额，包括直接支付的价款和间接支付的价款。

❶进口货物的成交价格应符合的条件。

进口货物的成交价格应当符合下列条件：a.对买方处置或者使用该货物不予限制，但法律、行政法规规定的限制、对货物转售地域的限制和对货物价格无实质性影响的限制除外；b.该货物的成交价格没有因搭售或者其他因素的影响而无法确定；c.卖方不得从买方直接或者间接获得因该货物进口后转售、处置或者使用而产生的任何收益，或者虽有收益但能够按照《关税法》第二十五条、第二十六条的规定进行调整；d.买卖双方没有特殊关系，或者虽有特殊关系但未对成交价格产生影响。[①]

❷应当计入进口货物计税价格的费用。

进口货物的下列费用应当计入计税价格：a.由买方负担的购货佣金以外的佣金和经纪费；b.由买方负担的与该货物视为一体的容器的费用；c.由买方负担的包装材料费用和包装劳务费用；d.与该货物的生产和向中华人民共和国境内销售有关的，由买方以免费或者

---

① 本段为《关税法》第二十四条第三款。

以低于成本的方式提供并可以按适当比例分摊的料件、工具、模具、消耗材料及类似货物的价款，以及在中华人民共和国境外开发、设计等相关服务的费用；e.作为该货物向中华人民共和国境内销售的条件，买方必须支付的、与该货物有关的特许权使用费；f.卖方直接或者间接从买方获得的该货物进口后转售、处置或者使用的收益。①

知识答疑7-2　什么是"购货佣金"？什么是"经纪费"？

　点睛　"特许权使用费"是指进口货物的买方为取得知识产权权利人及权利人有效授权人关于专利权、商标权、专有技术、著作权、分销权或者销售权的许可或者转让而支付的费用。

❸不计入进口货物计税价格的费用、税收。

进口时在货物的价款中列明的下列费用、税收，不计入该货物的计税价格：a.厂房、机械、设备等货物进口后进行建设、安装、装配、维修和技术服务的费用，但保修费用除外；b.进口货物运抵中华人民共和国境内输入地点起卸后的运输及其相关费用、保险费；c.进口关税及国内税收。②

　链接　购货佣金（买方为购买进口货物向自己的采购代理人支付的劳务费用）不计入进口货物计税价格。

　提示　进口关税不计入进口货物计税价格，也就是说进口关税的计税依据中不包括进口关税税款。因此进口关税属于价外税。

任务实例7-1　甲进出口公司本年5月从英国进口一批货物，货物以境外口岸离岸价格成交，折合人民币为200 000元，向自己的采购代理人支付佣金50 000元人民币，已知该货物运抵中国海关境内输入地点起卸前的包装费为5 000元、运输费为10 000元、保险费为8 000元，进口后另发生运输费1 000元人民币、装卸费500元人民币。

【任务要求】计算甲进出口公司进口该批货物的计税价格。

【任务实施】该批进口货物的计税价格=200 000+5 000+10 000+8 000=223 000（元）

（2）进口货物海关估价法。

进口货物的成交价格不符合《关税法》第二十四条第三款规定条件，或者成交价格不能确定的，海关经了解有关情况，并与纳税人进行价格磋商后，依次以下列价格估定该货物的计税价格：❶与该货物同时或者大约同时向中华人民共和国境内销售的相同货物的成交价格。❷与该货物同时或者大约同时向中华人民共和国境内销售的类似货物的成交价格。❸与该货物进口的同时或者大约同时，将该进口货物、相同或者类似进口货物在中华人民共和国境内第一级销售环节销售给无特殊关系买方最大销售总量的单位价格，但应当扣除下列项目：a.同等级或者同种类货物在中华人民共和国境内第一级销售环节销售时通常的利润和一般费用以及通常支付的佣金，b.进口货物运抵中华人民共和国境内输入地点起卸后的运输及其相关费用、保险费，c.进口关税及国内税收。❹按照下列各项总和计算的价格：生产该货物所使用的料件成本和加工费用，向中华人民共和国境内销售同等级或者同种类货物通常的利润和一般费用，该货物运抵中华人民共和国境内输入地点起卸前的

_____

① 本段为《关税法》第二十五条。
② 本段为《关税法》第二十六条。

运输及其相关费用、保险费。❺以合理方法估定的价格。纳税人可以向海关提供有关资料，申请调整上述第❸项和第❹项的适用次序。

2.出口货物计税价格的确定

出口货物的计税价格以该货物的成交价格以及该货物运至中华人民共和国境内输出地点装载前的运输及其相关费用、保险费为基础确定。

出口货物计税价格的确定方法可以分为以下两种：一种是出口货物直接计价法，即出口货物成交价格加上该货物运至中华人民共和国境内输出地点装载前的运输及其相关费用、保险费，计算确定出口货物的计税价格的方法；另一种是出口货物海关估价法，即在出口货物的成交价格不能确定的情况下，海关经了解有关情况，并与纳税人进行价格磋商后，估定出口货物的计税价格的方法。

（1）出口货物直接计价法。

在正常情况下，对出口货物计税价格的确定一般采用出口货物直接计价法。

$$\begin{aligned}出口货物\\计税价格\end{aligned} = \begin{aligned}出口货物\\成交价格\end{aligned} + \begin{aligned}该货物运至中华人民共和国境内输出地点\\装载前的运输及其相关费用、保险费\end{aligned}$$

出口货物的成交价格，是指该货物出口时卖方为出口该货物应当向买方直接收取和间接收取的价款总额。出口关税不计入计税价格。

🍀**提示**　出口关税不计入出口货物计税价格，也就是说出口关税的计税依据中不包括出口关税税款。因此出口关税属于价外税。

（2）出口货物海关估价法。

出口货物的成交价格不能确定的，海关经了解有关情况，并与纳税人进行价格磋商后，依次以下列价格估定该货物的计税价格：❶与该货物同时或者大约同时向同一国家或者地区出口的相同货物的成交价格；❷与该货物同时或者大约同时向同一国家或者地区出口的类似货物的成交价格；❸按照下列各项总和计算的价格：中华人民共和国境内生产相同或者类似货物的料件成本、加工费用，通常的利润和一般费用，境内发生的运输及其相关费用、保险费；❹以合理方法估定的价格。

🍀**提示**　海关可以依申请或者依职权，对进出口货物、进境物品的计税价格、商品归类和原产地依法进行确定。必要时，海关可以组织化验、检验，并将海关认定的化验、检验结果作为确定计税价格、商品归类和原产地的依据。

（二）关税税率的判定

1.关税税率的类别

进口关税设置最惠国税率、协定税率、特惠税率、普通税率。出口关税设置出口税率。对实行关税配额管理的进出口货物，设置关税配额税率。对进出口货物在一定期限内可以实行暂定税率。

2.关税税率适用的总体规则

关税税率的适用应当符合相应的原产地规则。完全在一个国家或者地区获得的货物，以该国家或者地区为原产地；两个以上国家或者地区参与生产的货物，以最后完成实质性改变的国家或者地区为原产地。国务院根据中华人民共和国缔结或者共同参加的国际条约、协定对原产地的确定另有规定的，依照其规定。进口货物原产地的具体确定，依照

《关税法》和国务院及其有关部门的规定执行。

3.关税税率适用的具体规则

（1）原产于共同适用最惠国待遇条款的世界贸易组织成员的进口货物，原产于与中华人民共和国缔结或者共同参加含有相互给予最惠国待遇条款的国际条约、协定的国家或者地区的进口货物，以及原产于中华人民共和国境内的进口货物，适用最惠国税率。

（2）原产于与中华人民共和国缔结或者共同参加含有关税优惠条款的国际条约、协定的国家或者地区且符合国际条约、协定有关规定的进口货物，适用协定税率。

（3）原产于中华人民共和国给予特殊关税优惠安排的国家或者地区且符合国家原产地管理规定的进口货物，适用特惠税率。

（4）原产于上述第（1）至（3）条规定以外的国家或者地区的进口货物，以及原产地不明的进口货物，适用普通税率。

（5）适用最惠国税率的进口货物有暂定税率的，适用暂定税率。

适用协定税率的进口货物有暂定税率的，从低适用税率；其最惠国税率低于协定税率且无暂定税率的，适用最惠国税率。

适用特惠税率的进口货物有暂定税率的，从低适用税率。

适用普通税率的进口货物，不适用暂定税率。

适用出口税率的出口货物有暂定税率的，适用暂定税率。

（6）实行关税配额管理的进出口货物，关税配额内的适用关税配额税率，有暂定税率的适用暂定税率；关税配额外的，其税率的适用按照上述第（1）至（5）条的规定执行。

4.关税税率的调整

（1）需要调整中华人民共和国在加入世界贸易组织议定书中承诺的最惠国税率、关税配额税率和出口税率的，由国务院关税税则委员会提出建议，经国务院审核后报全国人民代表大会常务委员会决定。

（2）根据实际情况，在中华人民共和国加入世界贸易组织议定书中承诺的范围内调整最惠国税率、关税配额税率和出口税率，调整特惠税率适用的国别或者地区、货物范围和税率，或者调整普通税率的，由国务院决定，报全国人民代表大会常务委员会备案。

（3）特殊情况下最惠国税率的适用，由国务院决定，报全国人民代表大会常务委员会备案。协定税率在完成有关国际条约、协定的核准或者批准程序后，由国务院关税税则委员会组织实施。实行暂定税率的货物范围、税率和期限由国务院关税税则委员会决定。与关税税目调整相关的税率的技术性转换，由国务院关税税则委员会提出建议，报国务院批准后执行。关税税率依照第（3）条规定调整的，由国务院关税税则委员会发布。

5.特别关税的判定

特别关税包括报复性关税、反倾销税、反补贴税、保障性关税。

报复性关税是指为报复他国对本国出口货物的关税歧视，而对相关国家的进口货物征收的一种进口附加税。任何国家或者地区违反与中华人民共和国签订或者共同参加的贸易协定及相关协定，对中华人民共和国在贸易方面采取禁止、限制、加征关税或者其他影响正常贸易的措施的，对原产于该国家或者地区的进口货物可以征收报复性关税，适用报复性关税税率。适用税率视具体情况而定。

反倾销税就是对倾销商品所征收的进口附加税。当进口国因外国倾销某种产品，国内产业受到损害时，会征收相当于出口国国内市场价格与倾销价格之间差额的进口税。

反补贴税是指对进口商品征收的一种超过正常关税的特殊关税，目的在于抵消国外竞争者得到奖励和补助产生的影响，从而保护进口国的制造商。

保障性关税是指当某类商品进口量剧增，对我国相关产业产生巨大威胁或损害时，按照世界贸易组织有关规则，可以启动的一般保障措施，即在与有实质利益的国家或地区进行磋商后，在一定时期内提高该类商品的进口关税或采取数量限制措施，以保护国内相关产业不受损害。

6.关税税率的运用

（1）进出口货物、进境物品，应当适用纳税人、扣缴义务人完成申报之日实施的税率。

（2）进口货物到达前，经海关核准先行申报的，应当适用装载该货物的运输工具申报进境之日实施的税率。

（3）有下列情形之一的，应当适用纳税人、扣缴义务人办理纳税手续之日实施的税率：

❶保税货物不复运出境，转为内销；

❷减免税货物经批准转让、移作他用或者进行其他处置；

❸暂时进境货物不复运出境或者暂时出境货物不复运进境；

❹租赁进口货物留购或者分期缴纳税款。

（4）补征或者退还关税税款，应当按照上述第（1）至（3）条的规定确定适用的税率。

（5）因纳税人、扣缴义务人违反规定需要追征税款的，应当适用违反规定行为发生之日实施的税率；行为发生之日不能确定的，适用海关发现该行为之日实施的税率。

☞【情境辨析7-2】下列关于关税税率的表述中，正确的有（　　　）。

A.进出口货物、进境物品，应当适用纳税人、扣缴义务人完成申报之日实施的税率

B.保税货物不复运出境，转为内销的，应当适用纳税人、扣缴义务人办理纳税手续之日实施的税率

C.减免税货物经批准转让、移作他用或者进行其他处置的，应当适用纳税人、扣缴义务人办理纳税手续之日实施的税率

D.进口货物到达前，经海关核准先行申报的，应适用先行申报之日实施的税率

（三）关税优惠政策的运用

1.免征关税

下列进出口货物、进境物品，免征关税：

（1）国务院规定的免征额度内的一票货物；

（2）无商业价值的广告品和货样；

（3）进出境运输工具装载的途中必需的燃料、物料和饮食用品；

（4）在海关放行前损毁或者灭失的货物、进境物品；

（5）外国政府、国际组织无偿赠送的物资；

（6）中华人民共和国缔结或者共同参加的国际条约、协定规定免征关税的货物、进境物品；

（7）依照有关法律规定免征关税的其他货物、进境物品。

2.减征关税

下列进出口货物、进境物品，减征关税：

（1）在海关放行前遭受损坏的货物、进境物品；

（2）中华人民共和国缔结或者共同参加的国际条约、协定规定减征关税的货物、进境物品；

（3）依照有关法律规定减征关税的其他货物、进境物品。

上述第（1）条减征关税，应当根据海关认定的受损程度办理。

3.特殊情形关税的征免规定

（1）根据维护国家利益、促进对外交往、经济社会发展、科技创新需要或者由于突发事件等原因，国务院可以制定关税专项优惠政策，报全国人民代表大会常务委员会备案。

（2）免税货物应当依法办理手续。需由海关监管使用的减免税货物应当接受海关监管，在监管年限内转让、移作他用或者进行其他处置，按照国家有关规定需要补税的，应当补缴关税。对需由海关监管使用的减免税进境物品，参照上述规定执行。

（3）保税货物复运出境的，免征关税；不复运出境转为内销的，按照规定征收关税。加工贸易保税进口料件或者其制成品内销的，除按照规定征收关税外，还应当征收缓税利息。

（4）暂时进境或者暂时出境的下列货物、物品，可以依法暂不缴纳关税，但该货物、物品应当自进境或者出境之日起6个月内复运出境或者复运进境；需要延长复运出境或者复运进境期限的，应当根据海关总署的规定向海关办理延期手续：

❶在展览会、交易会、会议以及类似活动中展示或者使用的货物、物品；

❷文化、体育交流活动中使用的表演、比赛用品；

❸进行新闻报道或者摄制电影、电视节目使用的仪器、设备及用品；

❹开展科研、教学、医疗卫生活动使用的仪器、设备及用品；

❺在上述第❶项至第❹项所列活动中使用的交通工具及特种车辆；

❻货样；

❼供安装、调试、检测设备时使用的仪器、工具；

❽盛装货物的包装材料；

❾其他用于非商业目的的货物、物品。

上述所列货物、物品在规定期限内未复运出境或者未复运进境的，应当依法缴纳关税。

（5）上述第（4）条规定以外的其他暂时进境的货物、物品，应当根据该货物、物品的计税价格和其在境内滞留时间与折旧时间的比例计算缴纳进口关税；该货物、物品在规定期限届满后未复运出境的，应当补足依法应缴纳的关税。

（6）上述第（4）条规定以外的其他暂时出境货物，在规定期限届满后未复运进境的，应当依法缴纳关税。

（7）因品质、规格原因或者不可抗力，出口货物自出口之日起1年内原状复运进境的，不征收进口关税。因品质、规格原因或者不可抗力，进口货物自进口之日起1年内原状复运出境的，不征收出口关税。特殊情形下，经海关批准，可以适当延长前款规定的期限，具体办法由海关总署规定。

（8）因残损、短少、品质不良或者规格不符原因，进出口货物的发货人、承运人或者保险公司免费补偿或者更换的相同货物，进出口时不征收关税。被免费更换的原进口货物不退运出境或者原出口货物不退运进境的，海关应当对原进出口货物重新按照规定征收关税。纳税人应当在原进出口合同约定的请求赔偿期限内且不超过原进出口放行之日起3年内，向海关申报办理免费补偿或者更换货物的进出口手续。

☞【情境辨析7-3】下列进口货物中，免征进口关税的有（　　　）。

A.进出境运输工具装载的途中必需的燃料

B.无商业价值的广告品

C.外国企业无偿赠送的物资

D.在海关放行前损毁或者灭失的货物

4.跨境电子商务零售进口税收政策

自2016年4月8日起，跨境电子商务零售进口商品按照货物征收关税和进口环节增值税、消费税，购买跨境电子商务零售进口商品的个人作为纳税人，实际交易价格（包括货物零售价格、运费和保险费）作为完税价格，电子商务企业、电子商务交易平台企业或物流企业可作为代收代缴义务人。

（1）纳税人与扣缴义务人。

❶纳税人：购买跨境电子商务零售进口商品的个人。

❷代收代缴义务人：电子商务企业、电子商务交易平台企业或物流企业。

（2）完税价格：实际交易价格（包括货物零售价格、运费和保险费）。

（3）计征限额：跨境电子商务零售进口商品的单次交易限值为人民币2 000元，个人年度交易限值为人民币20 000元。自2019年1月1日起，将跨境电子商务零售进口商品的单次交易限值由人民币2 000元提高至5 000元，年度交易限值由人民币20 000元提高至26 000元。

❶限值以内：关税税率暂设为0；进口环节增值税、消费税暂按法定应纳税额的70%征收。

❷超过单次限值、累加后超过个人年度限值的单次交易，以及完税价格超过2 000元限值的单个不可分割商品：均按照一般贸易方式全额征税。自2019年1月1日起，完税价格超过5 000元单次交易限值但低于26 000元年度交易限值，且订单下仅一件商品时，可以自跨境电商零售渠道进口，按照货物税率全额征收关税和进口环节增值税、消费税，交易额计入年度交易总额，但年度交易总额超过年度交易限值的，应按一般贸易管理。

❸已经购买的电商进口商品属于消费者个人使用的最终商品，不得进入国内市场再次销售；原则上不允许网购保税进口商品在海关特殊监管区域外开展"网购保税+线下自提"模式。

**任务引例7-1解析**

根据《财政部 海关总署 国家税务总局关于跨境电子商务零售进口税收政策的通知》

（财关税〔2016〕18号）和《财政部 海关总署 税务总局关于完善跨境电子商务零售进口税收政策的通知》（财关税〔2018〕49号）的规定，自2019年1月1日起，将跨境电子商务零售进口商品的单次交易限值由人民币2 000元提高至5 000元，年度交易限值由人民币20 000元提高至26 000元。限值以内：关税税率暂设为0；进口环节增值税、消费税暂按法定应纳税额的70%征收。自2019年1月1日起，完税价格超过5 000元单次交易限值但低于26 000元年度交易限值，且订单下仅一件商品时，可以自跨境电商零售渠道进口，按照货物税率全额征收关税和进口环节增值税、消费税，交易额计入年度交易总额，但年度交易总额超过年度交易限值的，应按一般贸易管理。

对于一次性进口8 000元商品，因超过单次5 000元的限值且非单件商品，必然按一般贸易管理，不能享受跨境电子商务零售进口税收优惠政策。因此，张某应当分两次平均进口，即每次进口4 000元商品，低于单次5 000元的限值，以便享受跨境电子商务零售进口税收优惠政策。

☞【情境辨析7-4】跨境电子商务零售进口商品按照货物征收关税，下列企业可以作为代收代缴义务人的有（    ）。

A.物流企业　　　　　　　　　　B.商品生产企业

C.电子商务交易平台企业　　　　D.电子商务企业

**5.海南离岛旅客免税购物政策**

自2020年7月1日起，我国实行海南离岛旅客免税购物政策。

离岛免税政策是指对乘飞机、火车、轮船离岛（不包括离境）旅客实行限值、限量、限品种免进口税购物，在实施离岛免税政策的免税商店（以下称离岛免税店）内或经批准的网上销售窗口付款，在机场、火车站、港口码头指定区域提货离岛的税收优惠政策。离岛免税政策免税税种为关税、进口环节增值税和消费税。

🔖**提示**　上述旅客，是指年满16周岁，已购买离岛机票、火车票、船票，并持有效身份证件（中国内地或大陆旅客持居民身份证、中国港澳台旅客持旅行证件、国外旅客持护照），离开海南本岛但不离境的国内外旅客，包括海南省居民。

离岛旅客每年每人免税购物额度为10万元人民币，不限次数。免税商品种类及每次购买数量限制，按照《财政部 海关总署 税务总局关于海南离岛旅客免税购物政策的公告》附件执行。超出免税限额、限量的部分，照章征收进境物品进口税。旅客购物后乘飞机、火车、轮船离岛记为1次免税购物。

🔖**提示**　上述离岛免税店，是指具有实施离岛免税政策资格并实行特许经营的免税商店，目前包括：海口美兰机场免税店、海口日月广场免税店、琼海博鳌免税店、三亚海棠湾免税店。具有免税品经销资格的经营主体可按规定参与海南离岛免税经营。

离岛旅客在国家规定的额度和数量范围内，在离岛免税店内或经批准的网上销售窗口购买免税商品，免税店根据旅客离岛时间运送货物，旅客凭购物凭证在机场、火车站、港口码头指定区域提货，并一次性随身携带离岛。

已经购买的离岛免税商品属于消费者个人使用的最终商品，不得进入国内市场再次销售。

对违反《财政部 海关总署 税务总局关于海南离岛旅客免税购物政策的公告》规定倒卖、代购、走私免税商品的个人，依法依规纳入信用记录，3年内不得购买离岛免税商品；对于构成走私行为或者违反海关监管规定行为的，由海关依照有关规定予以处理，构成犯罪的，依法追究刑事责任。

对协助违反离岛免税政策、扰乱市场秩序的旅行社、运输企业等，给予行业性综合整治。离岛免税店违反相关规定销售免税品，由海关依照有关法律、行政法规给予处理、处罚。离岛免税政策监管办法由海关总署另行公布。

**♦点睛**　离岛免税店销售的免税商品适用的增值税、消费税免税政策，相关管理办法由税务总局商财政部另行制定。

### （四）关税应纳税额的计算

实行从价计征的，应纳税额按照应税进（出）口货物的计税价格乘以比例税率计算。实行从量计征的，应纳税额按照应税进（出）口货物的计税数量乘以定额税率计算。实行复合计征的，应纳税额按照应税进（出）口货物的计税价格乘以比例税率与应税进（出）口货物的计税数量乘以定额税率之和计算。

关税应纳税额的计算公式如下：

（1）从价计征应纳税额：

应纳关税=应税进（出）口货物的计税价格×比例税率

　　　　=应税进（出）口货物的计税数量×单位计税价格×比例税率

（2）从量计征应纳税额：

应纳关税=应税进（出）口货物的计税数量×定额税率

（3）复合计征应纳税额：

应纳关税=应税进（出）口货物的计税价格×比例税率+应税进（出）口货物的计税数量×定额税率

$$=\frac{\text{应税进（出）口}}{\text{货物的计税数量}}×\frac{\text{单位}}{\text{计税价格}}×\frac{\text{比例}}{\text{税率}}+\frac{\text{应税进（出）口}}{\text{货物的计税数量}}×\frac{\text{定额}}{\text{税率}}$$

## 三、关税的征收管理

### （一）关税征收管理的模式

关税征收管理可以实施货物放行与税额确定相分离的模式。关税征收管理应当适应对外贸易新业态新模式发展需要，提升信息化、智能化、标准化、便利化水平。

### （二）关税的申报与缴纳

**1.关税的申报**

进出口货物的纳税人、扣缴义务人可以按照规定选择海关办理申报纳税。纳税人、扣缴义务人应当按照规定的期限和要求如实向海关申报税额，并提供相关资料。必要时，海关可以要求纳税人、扣缴义务人补充申报。进口货物通过填报"中华人民共和国海关进口货物报关单"（表7-1）办理关税的申报；出口货物通过填报"中华人民共和国海关出口货物报关单"（略）办理关税的申报。

**2.关税的缴纳**

进出口货物的纳税人、扣缴义务人应当自完成申报之日起15日内缴纳税款；符合海关规定条件并提供担保的，可以于次月第5个工作日结束前汇总缴纳税款。因不可抗力或者国家税收政策调整，不能按期缴纳的，经向海关申请并提供担保，可以延期缴纳，但最长不得超过6个月。纳税人、扣缴义务人未在上述规定的纳税期限内缴纳税款的，自规定的期限届满之日起，按日加收滞纳税款万分之五的滞纳金。

表 7-1　　　　　　　　中华人民共和国海关进口货物报关单　预录入编号：456347897180547890

海关编号：456347897180547890　（温州港区）　　　　　　　　　　　　　页码/页数：

| 境内收货人<br>（91110252846210156N）<br>浙江光明天地贸易有限公司 | 进境关别（1903）<br>温州港区 | 进口日期<br>20250112 | 申报日期<br>20250112 | 备案号 |
| --- | --- | --- | --- | --- |
| 境外发货人<br>Drinks Tiaui | 运输方式（2）<br>水路运输 | 运输工具名称及航次号<br>MAESTALMES/05EI | 提运单号<br>RLCDNS210 | 货物存放地点<br>国际物流 |
| 消费使用单位<br>（91110252846210156N）<br>浙江光明天地贸易有限公司 | 监管方式（0110）<br>一般贸易 | 征免性质（101）<br>一般征税 | 许可证号 | 启运港<br>纽约（美国） |
| 合同协议号<br>HT2025002 | 贸易国（地区）<br>（USA）美国 | 启运国（地区）<br>（USA）美国 | 经停港<br>纽约（美国） | 入境口岸<br>温州 |

| 包装种类（92）<br>再生木托 | 件数<br>略 | 毛重（千克）<br>略 | 净重（千克）<br>略 | 成交方式<br>（1）CIF | 运费 | 保费 | 杂费 |
| --- | --- | --- | --- | --- | --- | --- | --- |

随附单证

随附单证一：略　　　　　　　　　　　　　随附单证二：略

标记唛码及备注

略

| 项号 | 商品编号 | 商品名称及规格型号 | 数量及单位 | 单价/总价/币制 | 原产国（地区） | 最终目的国（地区） | 境内目的地 | 征免 |
| --- | --- | --- | --- | --- | --- | --- | --- | --- |
| 1 | 2202990099 | 红心维他命复合果汁饮料 | 20箱 | 6 000美元 | 美国<br>（USA） | 中国<br>（CHN） | （33039）温州市 | 照章征税 |

特殊关系确认：否　　　　价格影响确认：否　　　　支付特许权使用费确认：否　　　　自报自缴：是

申报人员：张利民　申报人员证号781015×　电话：1315555××××

兹申明以上内容承担如实申报、依法纳税之法律责任。

申报单位：浙江利得利国际货运代理有限公司　　　　申报单位（签章）：略

海关批注及签章

☞【情境辨析7-5】甲公司进口一批货物，本年9月1日完成关税的申报，假设本年9月15日为甲公司缴纳关税的最后期限，但公司迟至9月27日才缴纳500万元的关税。海关应征收关税滞纳金（　　　）。

　　A.2.75万元　　　　　B.3万元　　　　　　C.6.5万元　　　　　D.6.75万元

**项目引例解析**

（1）计算浙江光明天地贸易有限公司进口货物2025年1月应缴纳的关税税额和增值税税额。

❶计算计税价格。

计税价格=6 000×20×6.8=816 000（元）

❷计算应纳关税和应纳增值税：

应纳关税=816 000×20%=163 200（元）

应纳增值税=（816 000+163 200）×13%=127 296（元）

（2）填写"中华人民共和国海关进口货物报关单"（见表7-1）。

### （三）关税的担保与强制执行等措施

税款尚未缴纳，纳税人、扣缴义务人依照有关法律、行政法规的规定申请提供担保要求放行货物的，海关应当依法办理担保手续。

进出口货物的纳税人在规定的纳税期限内有转移、藏匿其应税货物以及其他财产的明显迹象，或者存在其他可能导致无法缴纳税款风险的，海关可以责令其提供担保；纳税人不提供担保的，经直属海关关长或者其授权的隶属海关关长批准，海关可以实施下列强制措施：（1）书面通知银行业金融机构冻结纳税人金额相当于应纳税款的存款、汇款；（2）查封、扣押纳税人价值相当于应纳税款的货物或者其他财产。纳税人在规定的纳税期限内缴纳税款的，海关应当立即解除强制措施。

纳税人未缴清税款、滞纳金且未向海关提供担保的，经直属海关关长或者其授权的隶属海关关长批准，海关可以按照规定通知移民管理机构对纳税人或者其法定代表人依法采取限制出境措施。

扣缴义务人未按照规定的期限缴纳或者解缴税款的，由海关责令其限期缴纳；逾期仍未缴纳且无正当理由的，经直属海关关长或者其授权的隶属海关关长批准，海关可以实施下列强制执行措施：（1）书面通知银行业金融机构划拨纳税人、扣缴义务人金额相当于应纳税款的存款、汇款；（2）查封、扣押纳税人、扣缴义务人价值相当于应纳税款的货物或者其他财产，依法拍卖或者变卖所查封、扣押的货物或者其他财产，以拍卖或者变卖所得抵缴税款，剩余部分退还纳税人、扣缴义务人。

🚩提示　海关实施强制执行时，对未缴纳的滞纳金同时强制执行。

### （四）关税的确认

自纳税人、扣缴义务人缴纳税款或者货物放行之日起3年内，海关有权对纳税人、扣缴义务人的应纳税额进行确认。

海关确认的应纳税额与纳税人、扣缴义务人申报的税额不一致的，海关应当向纳税人、扣缴义务人出具税额确认书。纳税人、扣缴义务人应当按照税额确认书载明的应纳税额，在海关规定的期限内补缴税款或者办理退税手续。

经海关确认应纳税额后需要补缴税款但未在规定的期限内补缴的，自规定的期限届满之日起，按日加收滞纳税款万分之五的滞纳金。

### （五）关税的追征

因纳税人、扣缴义务人违反规定造成少征或者漏征税款的，海关可以自缴纳税款或者货物放行之日起3年内追征税款，并自缴纳税款或者货物放行之日起，按日加收少征或者漏征税款万分之五的滞纳金。对走私行为，海关追征税款、滞纳金的，不受上述规定期限的限制，并有权核定应纳税额。

海关发现海关监管货物因纳税人、扣缴义务人违反规定造成少征或者漏征税款的，应当自纳税人、扣缴义务人应缴纳税款之日起3年内追征税款，并自应缴纳税款之日起按日加收少征或者漏征税款万分之五的滞纳金。

> 🍀 提示　海关可以对纳税人、扣缴义务人欠缴税款的情况予以公告。

### （六）关税的退还

海关发现多征税款的，应当及时通知纳税人办理退还手续。

纳税人发现多缴税款的，可以自缴纳税款之日起3年内，向海关书面申请退还多缴的税款。海关应当自受理申请之日起30日内查实并通知纳税人办理退还手续，纳税人应当自收到通知之日起3个月内办理退还手续。

有下列情形之一的，纳税人自缴纳税款之日起1年内，可以向海关申请退还关税：（1）已征进口关税的货物，因品质、规格原因或者不可抗力，1年内原状复运出境；（2）已征出口关税的货物，因品质、规格原因或者不可抗力，1年内原状复运进境，并已重新缴纳因出口而退还的国内环节有关税收；（3）已征出口关税的货物，因故未装运出口，申报退关。

申请退还关税应当以书面形式提出，并提供原缴款凭证及相关资料。海关应当自受理申请之日起30日内查实并通知纳税人办理退还手续。纳税人应当自收到通知之日起3个月内办理退还手续。

按照其他有关法律、行政法规规定应当退还关税的，海关应当依法予以退还。按照规定退还关税的，应当加算银行同期活期存款利息。

### （七）关税征收管理的其他要求

对规避《关税法》第二章、第三章有关规定，不具有合理商业目的而减少应纳税额的行为，国家可以采取调整关税等反规避措施。

报关企业接受纳税人的委托，以纳税人的名义办理报关纳税手续，因报关企业违反规定造成海关少征、漏征税款的，报关企业对少征或者漏征的税款及其滞纳金与纳税人承担纳税的连带责任。

报关企业接受纳税人的委托，以报关企业的名义办理报关纳税手续的，报关企业与纳税人承担纳税的连带责任。

除不可抗力外，在保管海关监管货物期间，海关监管货物损毁或者灭失的，对海关监管货物负有保管义务的单位或者个人应当承担相应的纳税责任。

未履行纳税义务的纳税人有合并、分立情形的，在合并、分立前，应当向海关报告，依法缴清税款、滞纳金或者提供担保。纳税人合并时未缴清税款、滞纳金或者未提供担保的，由合并后的法人或者非法人组织继续履行未履行的纳税义务；纳税人分立时未缴清税款、滞纳金或者未提供担保的，分立后的法人或者非法人组织对未履行的纳税义务承担连带责任。

纳税人在减免税货物、保税货物监管期间，有合并、分立或者其他资产重组情形的，应当向海关报告；按照规定需要缴税的，应当依法缴清税款、滞纳金或者提供担保；按照规定可以继续享受减免税、保税的，应当向海关办理变更纳税人的手续。

纳税人未履行纳税义务或者在减免税货物、保税货物监管期间，有解散、破产或者其他依法终止经营情形的，应当在清算前向海关报告。海关应当依法清缴税款、滞纳金。

海关征收的税款优先于无担保债权，法律另有规定的除外。纳税人欠缴税款发生在纳税人以其财产设定抵押、质押之前的，税款应当先于抵押权、质权执行。

纳税人欠缴税款，同时被行政机关处以罚款、没收违法所得，其财产不足以同时支付的，应当先缴纳税款。

税款、滞纳金应当按照国家有关规定及时缴入国库。

退还税款、利息涉及从国库中退库的，按照法律、行政法规有关国库管理的规定执行。

税款、滞纳金、利息等应当以人民币计算。

进出口货物、进境物品的价格以及有关费用以人民币以外的货币计算的，按照纳税人完成申报之日的计征汇率折合为人民币计算。上述计征汇率，是指按照海关总署规定确定的日期当日的人民币汇率中间价。

海关因关税征收的需要，可以依法向有关政府部门和机构查询纳税人的身份、账户、资金往来等涉及关税的信息，有关政府部门和机构应当在职责范围内予以协助和配合。海关获取的涉及关税的信息只能用于关税征收目的。

## 任务二　车辆购置税纳税实务

### 任务引例7-2

我公司购买车辆，取得了机动车销售发票，其中一联为报税联，请问该联发票应该由哪方留存？

#### 一、车辆购置税的认知

（一）车辆购置税纳税人的确定

在中国境内购置汽车、有轨电车、汽车挂车、排气量超过150毫升的摩托车（以下统称应税车辆）的单位和个人，为车辆购置税的纳税人。

**提示**　购置，是指以购买、进口、自产、受赠、获奖或者其他方式取得并自用应税车辆的行为。

**点睛**　纳税人进口自用应税车辆，是指纳税人直接从境外进口或者委托代理进口自用的应税车辆，不包括在境内购买的进口车辆。

**提示**　购置后自用的，才需要缴纳车辆购置税。购入待售车辆不需要缴纳车辆购置税，待进一步处置时再行确定纳税人，缴纳车辆购置税。

**链接**　与契税相同，车辆购置税由"承受方"缴纳。

☞【情境辨析7-6】下列各项中，属于车辆购置税应税行为的有（　　　　）

A.购买使用行为　　　　　　　　　　B.进口使用行为

C.自产使用行为　　　　　　　　　　D.获奖使用行为

（二）车辆购置税征税范围的确定

车辆购置税以列举的车辆作为征税对象，未列举的车辆不纳税。其征税范围包括汽车、有轨电车、汽车挂车、排气量超过150毫升的摩托车。

**点睛**　地铁、轻轨等城市轨道交通车辆，装载机、平地机、挖掘机、推土机等轮式专用机械车，以及起重机（吊车）、叉车、电动摩托车，不属于应税车辆。

## 二、车辆购置税的计算

### （一）车辆购置税计税依据的确定

**1.车辆购置税计税依据的基本规定**

车辆购置税的计税依据为应税车辆的计税价格。应税车辆的计税价格按照下列规定确定：

（1）纳税人购买自用应税车辆的计税价格，为纳税人实际支付给销售者的全部价款（含价外费用），不包括增值税税款；购买自用应税车辆计征车辆购置税的计税依据，与销售方计算增值税的计税依据一致。

计税价格（不含增值税的销售价格）=含增值税的销售价格÷（1+增值税税率或征收率）

=（含增值税价款+价外费用）÷（1+增值税税率或征收率）

🔖**点睛**　纳税人购买自用应税车辆实际支付给销售者的全部价款，依据纳税人购买应税车辆时相关凭证载明的价格确定，不包括增值税税款。

（2）纳税人进口自用车辆的计税价格，为计税价格加上关税和消费税，即为组成计税价格。进口自用应税车辆计征车辆购置税的计税依据，与进口方计算增值税的计税依据一致。

❶如果进口自用车辆是属于消费税征税范围的小汽车、摩托车等应税车辆，则其组成计税价格为：

计税价格（组成计税价格）=计税价格+关税+消费税

=（计税价格+关税）÷（1−消费税比例税率）

❷如果进口自用车辆是不属于消费税征税范围的大卡车、大客车等应税车辆，则组成计税价格公式简化为：

计税价格（组成计税价格）=计税价格+关税

（3）纳税人自产自用应税车辆的计税价格，按照同类应税车辆（即车辆配置序列号相同的车辆）的销售价格确定，不包括增值税税款；没有同类应税车辆销售价格的，按照组成计税价格确定。

没有同类应税车辆销售价格的，按照组成计税价格确定，又分为以下两种情况：

❶如果自产自用车辆是属于消费税征税范围的小汽车、摩托车等应税车辆，则其组成计税价格为：

计税价格（组成计税价格）=成本×（1+成本利润率）+消费税=成本×（1+成本利润率）÷（1−消费税比例税率）

❷如果自产自用车辆是不属于消费税征税范围的大卡车、大客车等应税车辆，则组成计税价格公式简化为：

计税价格（组成计税价格）=成本×（1+成本利润率）

上述公式中的成本利润率，由国家税务总局各省、自治区、直辖市和计划单列市税务局确定。

（4）纳税人以受赠、获奖或者其他方式取得自用应税车辆的计税价格，按照购置应税车辆时相关凭证载明的价格确定，不包括增值税税款。

🔖**提示**　纳税人以外汇结算应税车辆价款的，按照申报纳税之日的人民币汇率中间价折合成人民币计算缴纳税款。

**2.车辆购置税计税依据的特殊规定**

免税、减税车辆因转让、改变用途等原因不再属于免税、减税范围的，纳税人应当在办理车辆转移登记或者变更登记前缴纳车辆购置税。计税价格以免税、减税车辆初次办理纳税申报时确定的计税价格为基准，每满一年扣减10%。

### （二）车辆购置税税率的判定

车辆购置税实行统一比例税率，税率为10%。

### （三）车辆购置税优惠政策的运用

（1）依照法律规定应当予以免税的外国驻华使馆、领事馆和国际组织驻华机构及其有关人员自用的车辆免征车辆购置税。

（2）中国人民解放军和中国人民武装警察部队列入装备订货计划的车辆免征车辆购置税。

（3）悬挂应急救援专用号牌的国家综合性消防救援车辆免征车辆购置税。

（4）设有固定装置的非运输专用作业车辆免征车辆购置税。

（5）城市公交企业购置的公共汽电车辆免征车辆购置税。

（6）回国服务的在外留学人员用现汇购买1辆个人自用国产小汽车和长期来华定居专家进口1辆自用小汽车免征车辆购置税。

（7）防汛部门和森林消防部门用于指挥、检查、调度、报汛（警）、联络的由指定厂家生产的设有固定装置的指定型号的车辆免征车辆购置税。

（8）自2018年1月1日至2020年12月31日，对购置的新能源汽车免征车辆购置税。自2021年1月1日至2022年12月31日，对购置的新能源汽车继续免征车辆购置税。对购置日期在2023年1月1日至2023年12月31日期间内的新能源汽车，继续免征车辆购置税。对购置日期在2024年1月1日至2025年12月31日期间的新能源汽车免征车辆购置税，其中，每辆新能源乘用车免税额不超过3万元；对购置日期在2026年1月1日至2027年12月31日期间的新能源汽车减半征收车辆购置税，其中，每辆新能源乘用车减税额不超过1.5万元。

（9）2027年12月31日前，对购置的挂车减半征收车辆购置税。

（10）中国妇女发展基金会"母亲健康快车"项目的流动医疗车免征车辆购置税。

（11）北京2022年冬奥会和冬残奥会组织委员会新购置车辆免征车辆购置税。

（12）原公安现役部队和原武警黄金、森林、水电部队改制后换发地方机动车牌证的车辆（公安消防、武警森林部队执行灭火救援任务的车辆除外），一次性免征车辆购置税。

根据国民经济和社会发展的需要，国务院可以规定减征或者其他免征车辆购置税的情形，报全国人民代表大会常务委员会备案。

### （四）车辆购置税应纳税额的计算

车辆购置税实行从价计征的办法计算应纳税额，其计算公式为：

应纳税额=计税价格×车辆购置税税率

由于应税车辆的来源、应税行为的发生以及计税依据组成的不同，车辆购置税应纳税额的计算方法也有区别。

#### 1.购买自用应税车辆应纳税额的计算

购买自用应税车辆应纳税额的计算公式如下：

应纳车辆购置税=含增值税的销售价格÷（1+增值税率或征收率）×车辆购置税税率

＝（含增值税价款+价外费用）÷（1+增值税率或征收率）×车辆购置税税率

＝不含增值税的销售价格×车辆购置税税率

2.进口自用应税车辆应纳税额的计算

纳税人进口自用应税车辆应纳税额的计算分为两种情况：

（1）如果进口自用车辆是属于消费税征税范围的小汽车、摩托车等应税车辆，则其应纳税额的计算公式为：

应纳税额＝（计税价格+关税+消费税）×车辆购置税税率

　　　　＝（计税价格+关税）÷（1-消费税比例税率）×车辆购置税税率

（2）如果进口自用车辆是不属于消费税征税范围的大卡车、大客车等应税车辆，则其应纳税额的计算公式为：

应纳税额＝（计税价格+关税）×车辆购置税税率

**任务实例7-2**　甲汽车贸易公司本年7月进口12辆小汽车，海关审定的关税完税价格为27.3万元/辆，当月销售7辆，取得销售收入350万元（含增值税）；其余5辆小汽车由本公司自用。该批小汽车适用的关税税率为28%、消费税税率为9%、车辆购置税税率为10%。

【任务要求】计算甲汽车贸易公司应缴纳的车辆购置税税额。

【任务实施】甲汽车贸易公司只有自用的5辆小汽车需要缴纳车辆购置税。

组成计税价格＝27.3×5×（1+28%）÷（1-9%）=192（万元）

应纳车辆购置税＝192×10%=19.2（万元）

3.自产自用应税车辆应纳税额的计算

（1）纳税人自产自用应税车辆，若有同类应税车辆的销售价格，则其应纳税额的计算公式为：

应纳车辆购置税＝同类应税车辆的销售价格×车辆购置税税率

纳税人自产自用应税车辆，若没有同类应税车辆的销售价格，则其应纳税额的计算分为两种情况：

❶如果自产自用车辆是属于消费税征税范围的小汽车、摩托车等应税车辆，则其应纳税额为：

应纳车辆购置税＝组成计税价格×车辆购置税税率＝［成本×（1+成本利润率）+消费税］×车辆购置税税率

　　　　　　＝成本×（1+成本利润率）÷（1-消费税比例税率）×车辆购置税税率

❷如果自产自用车辆是不属于消费税征税范围的大卡车、大客车等应税车辆，则其应纳税额为：

应纳车辆购置税＝组成计税价格×车辆购置税税率＝成本×（1+成本利润率）×车辆购置税税率

4.以受赠、获奖或者其他方式取得自用应税车辆应纳税额的计算

以受赠、获奖或者其他方式取得自用应税车辆应纳税额的计算公式如下：

应纳税额＝购置应税车辆时相关凭证载明的价格×车辆购置税税率

5.纳税人申报的应税车辆计税价格明显偏低，又无正当理由的应税车辆应纳税额的计算

纳税人申报的应税车辆计税价格明显偏低，又无正当理由的，由税务机关依照《税收征收管理法》的规定核定其应纳税额。

6.特殊情形下自用应税车辆应纳税额或应退税额的计算

（1）减税、免税条件消失车辆应纳税额的计算。

免税、减税车辆因转让、改变用途等原因不再属于免税、减税范围的，纳税人应当在办理车辆转移登记或者变更登记前缴纳车辆购置税。计税价格以免税、减税车辆初次办理

纳税申报时确定的计税价格为基准，每满一年扣减10%，并据此计算缴纳车辆购置税。

已经办理免税、减税手续的车辆因转让、改变用途等原因不再属于免税、减税范围的，纳税人、纳税义务发生时间、应纳税额按以下规定执行：

❶发生转让行为的，受让人为车辆购置税纳税人；未发生转让行为的，车辆所有人为车辆购置税纳税人。

❷纳税义务发生时间为车辆转让或者用途改变等情形发生之日。

❸应纳税额计算公式如下：

应纳税额=初次办理纳税申报时确定的计税价格×（1-使用年限×10%）×10%-已纳税额

应纳税额不得为负数。

使用年限的计算方法是，自纳税人初次办理纳税申报之日起，至不再属于免税、减税范围的情形发生之日止。使用年限取整计算，不满一年的不计算在内。

（2）应税车辆退回时应退税额的计算。

纳税人将已征车辆购置税的车辆退回车辆生产企业或者销售企业的，可以向主管税务机关申请退还车辆购置税。退税额以已缴税款为基准，自缴纳税款之日至申请退税之日，每满一年扣减10%。

已征车辆购置税的车辆退回车辆生产或销售企业，纳税人申请退还车辆购置税的，应退税额计算公式如下：

应退税额=已纳税额×（1-使用年限×10%）

应退税额不得为负数。

使用年限的计算方法是，自纳税人缴纳税款之日起，至申请退税之日止。

### 三、车辆购置税的纳税申报

#### （一）车辆购置税的纳税环节

车辆购置税由税务机关负责征收。车辆购置税实行一次性征收。购置已征车辆购置税的车辆，不再征收车辆购置税。但减税、免税条件消失的车辆，应按规定缴纳车辆购置税。车辆购置税的纳税环节为应税车辆的使用环节（即最终消费环节）。具体而言，纳税人应当在向公安机关交通管理部门办理车辆注册登记前，缴纳车辆购置税。公安机关交通管理部门办理车辆注册登记，应当根据税务机关提供的应税车辆完税或者免税电子信息对纳税人申请登记的车辆信息进行核对，核对无误后依法办理车辆注册登记。

#### 任务引例7-2解析

根据《国家税务总局关于使用新版机动车销售统一发票有关问题的通知》（国税函〔2006〕479号）的规定，机动车发票为电脑六联式发票，即第一联发票联（购货单位付款凭证），第二联抵扣联（购货单位扣税凭证），第三联报税联（车辆购置税征收单位留存），第四联注册登记联（车辆登记单位留存），第五联记账联（销货单位记账凭证），第六联存根联（销货单位留存）。

因此，机动车销售统一发票的第三联报税联由车辆购置税征收单位留存。

#### （二）车辆购置税的纳税义务发生时间

车辆购置税的纳税义务发生时间为纳税人购置应税车辆的当日。

🔷点睛　车辆购置税的纳税义务发生时间以纳税人购置应税车辆所取得的车辆相关凭证上注明的时间为准。具体来说：（1）购买自用应税车辆的为购买之日，即车辆相关价格凭证的开具日期。（2）进口自用应税车辆的为进口之日，即海关进口增值税专用缴款书或者其他有效凭证的开具日期。（3）自产、受赠、获奖或者以其他方式取得并自用应税车辆的为取得之日，即合同、法律文书或者其他有效凭证的生效或者开具日期。

### （三）车辆购置税的纳税期限

纳税人应当自纳税义务发生之日起60日内申报缴纳车辆购置税。

### （四）车辆购置税的纳税地点

纳税人购置需要办理车辆登记的应税车辆的，应当向车辆登记地的主管税务机关申报缴纳车辆购置税；购置不需要办理车辆登记的应税车辆的，应当向纳税人所在地的主管税务机关申报缴纳车辆购置税，其中，单位纳税人向其机构所在地的主管税务机关申报纳税，个人纳税人向其户籍所在地或者经常居住地的主管税务机关申报纳税。

### （五）车辆购置税的纳税申报实务

纳税人对车辆购置税进行纳税申报时，应填报"车辆购置税纳税申报表"（见表7-2）。

表7-2　　　　　　　　　　　　**车辆购置税纳税申报表**

填表日期：2023年10月10日　　　　　　　　　　　金额单位：元

| 纳税人名称 | 山东和祥铁矿有限公司 | 申报类型 | ☑征税　□免税　□减税 |
|---|---|---|---|
| 证件名称 | 营业执照 | 证件号码 | 91370709864221122Y |
| 联系电话 | 0531-777777×× | 地　址 | 山东省济南市开发区和祥路777号 |
| 合格证编号（货物进口证明书号） | 略 | 车辆识别代号/车架号 | ABCD1232565001232 |
| 厂牌型号 | | 略 | |
| 排量（cc） | 2.5升 | 机动车销售统一发票代码 | 略 |
| 机动车销售统一发票号码 | 略 | 不含税价 | 200 000.00 |
| 海关进口关税专用缴款书（进出口货物征免税证明）号码 | | 略 | |
| 关税完税价格 | | 关　税 | 消费税 |
| 其他有效凭证名称 | | 其他有效凭证号码 | 其他有效凭证价格 |
| 购置日期 | 2023年09月25日 | 申报计税价格　200 000.00 | 申报免（减）税条件或者代码 |
| 是否办理车辆登记 | 否 | 车辆拟登记地点 | 济南 |

纳税人声明：

本纳税申报表是根据国家税收法律法规及相关规定填报的，我确定它是真实的、可靠的、完整的。

纳税人（签名或盖章）：**山东和祥铁矿有限公司**

委托声明：

现委托（姓名）_____（证件号码）_____办理车辆购置税涉税事宜，提供的凭证、资料是真实、可靠、完整的。任何与本申报表有关的往来文件，都可交予此人。

委托人（签名或盖章）：　　　　　　　　被委托人（签名或盖章）：

以下由税务机关填写

| 免（减）税条件代码 | | | | | |
|---|---|---|---|---|---|
| 计税价格 | 税率 | 应纳税额 | 免（减）税额 | 实纳税额 | 滞纳金金额 |
| 200 000.00 | 10% | 20 000.00 | | 20 000.00 | |

| 受理人：　　　　年　月　日 | 复核人（适用于免、减税申报）：　　　　年　月　日 | 主管税务机关（章） |
|---|---|---|

**任务实例7-3**　接【任务实例6-5】的资料，山东和祥铁矿有限公司2023年9月25日新购置一辆乘用车，支付给销售方价款226 000元（含增值税），并取得销售方开具的机动车销售统一发票，款项以银行存款支付。买卖合同（2023年9月25日签订）只记载含增值税价款226 000元。车辆购置税的税率为10%。该乘用车的车牌号码为鲁A123XX，车辆识别代号（车架号）为ABCD1232565001232，发动机气缸容量为2.5升，载客人数为4人。

**【任务要求】**

（1）计算山东和祥铁矿有限公司2023年9月的应纳车辆购置税。

（2）山东和祥铁矿有限公司2023年10月10日对2023年9月新购置乘用车的车辆购置税进行纳税申报，填写"车辆购置税纳税申报表"。

**【任务实施】**

（1）计算山东和祥铁矿有限公司2023年9月的应纳车辆购置税。

应纳车辆购置税=226 000÷（1+13%）×10%=200 000×10%=20 000（元）

（2）山东和祥铁矿有限公司2023年10月10日对2023年9月新购置乘用车的车辆购置税进行纳税申报，填写"车辆购置税纳税申报表"（见表7-2）。

# 任务三　车船税纳税实务

## 任务引例7-3

我公司将使用了2年的车辆出售给A公司，但是今年的车船税在出售之前已经由我公司缴纳，请问我公司能否申请车船税退税，然后由购买方A公司履行车船税纳税义务？

## 一、车船税的认知

### （一）车船税纳税人和扣缴义务人的确定

**1.车船税的纳税人**

车船税的纳税人，是指在中华人民共和国境内的车辆、船舶（简称车船）的所有人或者管理人。车船的所有人是指在我国境内拥有车船的单位和个人，对于私家车来说，也就是通常所说的车主；车船的管理人是指对车船具有管理权或者使用权，不具有所有权的单位。

**2.车船税的扣缴义务人**

根据《中华人民共和国车船税法》（简称《车船税法》）的规定，从事机动车第三者责任强制保险业务的保险机构为机动车车船税的扣缴义务人（这里指的是代收代缴义务人），应当在收取保险费时依法代收车船税，并出具代收税款凭证。

🔖**提示**　2004年5月1日起实施的《中华人民共和国道路交通安全法》首次提出"建立机动车第三者责任强制保险制度，设立道路交通事故社会救助基金"。2006年3月21日国务院颁布《机动车交通事故责任强制保险条例》，"机动车第三者责任强制保险"从此被"机动车交通事故责任强制保险"（简称"交强险"）代替。因此，就目前的情形，准确的说法应为：从事机动车交通事故责任强制保险业务的保险机构为机动车车船税的扣缴义务人。

🔖**点睛**　机动车车船税扣缴义务人在代收车船税时，应当在机动车交通事故责任强制保险的保险单以及保费发票上注明已收税款的信息，作为代收税款凭证。

### （二）车船税征税范围的确定

车船税的征税范围是指在中华人民共和国境内属于《车船税法》所附"车船税税目税额表"规定的车辆、船舶。"应税车辆和船舶"是指依法在车船登记管理部门登记的机动车辆和船舶，以及依法不需要在车船登记管理部门登记的在单位内部场所行驶或者作业的机动车辆和船舶，具体是指：

（1）车辆。

❶乘用车；

❷商用车客车（包括电车）；

❸商用货车（包括半挂牵引车、三轮汽车和低速载货汽车等）；

❹挂车；

❺摩托车；

❻其他车辆（不包括拖拉机）。

（2）船舶（包括机动船舶、游艇）。

境内单位和个人租入外国籍船舶的，不征收车船税。境内单位和个人将船舶出租到境外的，应依法征收车船税。经批准临时入境的外国车船和香港特别行政区、澳门特别行政区、台湾地区的车船，不征收车船税。

🔖提示 拖拉机、电动自行车、纯电动乘用车和燃料电池乘用车不属于车船税的征税范围。

☞【情境辨析7-7】下列车船中，属于车船税征税范围的有（　　　）。

A.商用车客车　　　　B.火车　　　　　　C.摩托车　　　　　　D.游艇

### （三）车船税税目的确定

车船税的税目依照"车船税税目税额表"（见表7-3）执行。

## 二、车船税的计算

### （一）车船税计税依据的确定

1.车船税计税依据的一般规定

（1）乘用车、商用车（客车）、摩托车：以辆数为计税依据；

（2）商用车（货车）、挂车、其他车辆：以整备质量吨位数为计税依据；

（3）机动船舶：以净吨位数为计税依据；

（4）游艇：以艇身长度为计税依据。

☞【情境辨析7-8】下列各项中，以辆数为计税依据计算车船税的有（　　　）。

A.机动船舶　　　　B.摩托车　　　　　C.客车　　　　　　　D.货车

2.车船税计税依据的特殊规定

（1）《车船税法》及其实施条例涉及的整备质量、净吨位、艇身长度等计税单位，有尾数的一律按照含尾数的计税单位据实计算车船税应纳税额。计算得出的应纳税额小数点后超过两位的可四舍五入保留两位小数。

（2）乘用车以车辆登记管理部门核发的机动车登记证书或者行驶证书所载的排气量毫升数确定税额区间。

### （二）车船税税率的判定

车船税采用定额税率，又称固定税额。省、自治区、直辖市人民政府根据《车船税法》所附"车船税税目税额表"确定车辆具体适用税额时，应当遵循以下原则：

❶乘用车依排气量从小到大递增税额；

❷客车按照核定载客人数20人以下和20人（含）以上两档划分，递增税额。

省、自治区、直辖市人民政府确定的车辆具体适用税额，应当报国务院备案。"车船税税目税额表"见表7-3。

表7-3　　　　　　　　　　　　　　　　车船税税目税额表

| 税目 | | 计税单位 | 年基准税额 | 备注 |
|---|---|---|---|---|
| 乘用车（按发动机汽缸容量（排气量）分档） | 1.0升（含）以下 | 每辆 | 60～360元 | 核定载客人数9人（含）以下 |
| | 1.0升以上至1.6升（含） | | 300～540元 | |
| | 1.6升以上至2.0升（含） | | 360～660元 | |
| | 2.0升以上至2.5升（含） | | 660～1 200元 | |
| | 2.5升以上至3.0升（含） | | 1 200～2 400元 | |
| | 3.0升以上至4.0升（含） | | 2 400～3 600元 | |
| | 4.0升以上 | | 3 600～5 400元 | |
| 商用车 | 客车 | 每辆 | 480～1 440元 | 核定载客人数9人以上，包括电车 |
| | 货车 | 整备质量每吨 | 16～120元 | 包括半挂牵引车、三轮汽车和低速载货汽车等；客货两用车依照货车的计税单位和年基准税额计征车船税 |
| 挂车 | | | 按照货车税额的50%计算 | |
| 其他车辆 | 专用作业车 | | 16～120元 | 不包括拖拉机 |
| | 轮式专用机械车 | | 16～120元 | |
| 摩托车 | | 每辆 | 36～180元 | |
| 机动船舶 | 净吨位不超过200吨 | 净吨位每吨 | 3元 | 拖船、非机动驳船分别按照机动船舶税额的50%计算；拖船按照发动机功率每1千瓦折合净吨位0.67吨计算征收车船税 |
| | 净吨位超过200吨但不超过2 000吨 | | 4元 | |
| | 净吨位超过2 000吨但不超过10 000吨 | | 5元 | |
| | 净吨位超过10 000吨 | | 6元 | |
| 游艇 | 艇身长度不超过10米 | 艇身长度每米 | 600元 | |
| | 艇身长度超过10米但不超过18米 | | 900元 | |
| | 艇身长度超过18米但不超过30米 | | 1 300元 | |
| | 艇身长度超过30米 | | 2 000元 | |
| | 辅助动力帆艇 | | 600元 | |

点睛　排气量、整备质量、核定载客人数、净吨位、千瓦、艇身长度，以车船登记管理部门核发的车船登记证书或者行驶证所载数据为准。

提示　依法不需要办理登记的车船和依法应当登记而未办理登记或者不能提供车船登记证书、行驶证的车船，以车船出厂合格证明或者进口凭证标注的技术参数、数据为准；不能提供车船出厂合格证明或者进口凭证的，由主管税务机关参照国家相关标准核定，没有国家相关标准的参照同类车船核定。

🔖**提示**　对于在设计和技术特性上用于特殊工作，并装置有专用设备或器具的汽车，应认定为专用作业车，如汽车起重机、消防车、混凝土泵车、清障车、高空作业车、洒水车、扫路车等。以载运人员或货物为主要目的的专用汽车，如救护车，不属于专用作业车。

🔖**提示**　客货两用车，又称多用途货车，是指在设计和结构上主要用于载运货物，但在驾驶员座椅后带有固定或折叠式座椅，可运载3人以上乘客的货车。

### （三）车船税优惠政策的运用

（1）捕捞、养殖渔船免征车船税。

（2）军队、武装警察部队专用的车船免征车船税。

（3）警用车船免征车船税。

（4）悬挂应急救援专用号牌的国家综合性消防救援车辆和国家综合性消防救援船舶免征车船税。

（5）依照法律规定应当予以免税的外国驻华使领馆、国际组织驻华代表机构及其有关人员的车船免征车船税。

（6）对节约能源、使用新能源的车船可以减征或者免征车船税。免征或者减半征收车船税的车船的范围，由国务院财政、税务主管部门商国务院有关部门制订，报国务院批准。

🔖**点睛**　对符合标准的节能汽车，减半征收车船税；对符合标准的新能源车船，免征车船税。具体标准详见《财政部关于节能新能源车船享受车船税优惠政策的通知》（财税〔2018〕74号）。免征车船税的新能源汽车是指纯电动商用车、插电式（含增程式）混合动力汽车、燃料电池商用车。纯电动乘用车和燃料电池乘用车不属于车船税征税范围，对其不征车船税。

（7）对受地震、洪涝等严重自然灾害影响纳税困难以及其他特殊原因确需减免税的车船，可以在一定期限内减征或者免征车船税。具体减免期限和数额由省、自治区、直辖市人民政府确定，报国务院备案。

（8）省、自治区、直辖市人民政府根据当地实际情况，可以对公共交通车船，农村居民拥有并主要在农村地区使用的摩托车、三轮汽车和低速载货汽车定期减征或者免征车船税。

🔖**链接**　注意不征税和免税的区别。拖拉机、电动自行车、纯电动乘用车和燃料电池乘用车本身就不属于车船税的征税范围，因此不属于免税项目。

### （四）车船税应纳税额的计算

（1）车船税各税目应纳税额的计算公式为：

应纳车船税=计税单位×适用年基准税额

🔖**提示**　拖船和非机动驳船的应纳车船税=计税单位×适用年基准税额×50%

（2）购置的新车船，购置当年的应纳税额自纳税义务发生的当月起按月计算。其计算公式为：

应纳车船税=年应纳税额÷12×应纳税月份数

**任务实例7-4**　甲机械制造厂本年拥有货车3辆，每辆货车的整备质量均为1.499吨；挂车1部，其整备质量为1.2吨；小汽车2辆。已知货车车船税税率为整备质量每吨年基准税额16元，小汽车车船税税率为每辆年基准税额360元。

**【任务要求】** 计算甲机械制造厂本年应缴纳的车船税税额。

**【任务实施】** 货车应纳车船税=1.499×3×16=71.95（元）

挂车按照货车税额的50%计算纳税。

挂车应纳车船税=1.2×16×50%=9.6（元）

小汽车应纳车船税=2×360=720（元）

应纳车船税合计=71.95+9.6+720=801.55（元）

### 三、车船税的纳税申报

#### （一）车船税的申报缴纳或者征收方式

1.自行申报方式

没有扣缴义务人的，纳税人应当向主管税务机关自行申报缴纳车船税。扣缴义务人已代收代缴车船税的，纳税人不再向车辆登记地的主管税务机关申报缴纳车船税。

🍃**点睛** 纳税人在购买"机动车交通事故责任强制保险"时，由扣缴义务人代收代缴车船税的，凭注明已收税款信息的"机动车交通事故责任强制保险"保险单，车辆登记地的主管税务机关不再征收该纳税年度的车船税；再次征收的，车辆登记地主管税务机关应予退还。

2.代收代缴方式

从事机动车第三者责任强制保险业务（现为"从事机动车交通事故责任强制保险业务"）的保险机构为机动车车船税的扣缴义务人，在收取保险费时依法代收车船税。已完税或者依法减免税的车辆，纳税人应当向扣缴义务人提供登记地的主管税务机关出具的完税凭证或者减免税证明。纳税人没有按照规定期限缴纳车船税的，扣缴义务人在代收代缴税款时，可以一并代收代缴欠缴税款的滞纳金。车船税扣缴义务人代收代缴欠缴税款的滞纳金，从各省、自治区、直辖市人民政府规定的申报纳税期限截止日期的次日起计算。

扣缴义务人应当及时解缴代收代缴的税款和滞纳金，并向主管税务机关申报。扣缴义务人向税务机关解缴税款和滞纳金时，应当同时报送明细的税款和滞纳金扣缴报告。扣缴义务人解缴税款和滞纳金的具体期限，由省、自治区、直辖市税务机关依照法律、行政法规的规定确定。

3.委托代征方式

根据《国家税务总局 交通运输部关于发布〈船舶车船税委托代征管理办法〉的公告》（国家税务总局 交通运输部公告2013年第1号）规定，自2013年2月1日起，税务机关可以委托交通运输部门海事管理机构代为征收船舶车船税税款。

在交通运输部直属海事管理机构（简称海事管理机构）登记的应税船舶，其车船税由船籍港所在地的税务机关委托当地海事管理机构代征。

海事管理机构受税务机关委托，在办理船舶登记手续或受理年度船舶登记信息报告时代征船舶车船税。

#### （二）车船税的纳税义务发生时间

车船税纳税义务发生时间为取得车船所有权或管理权的当月。取得车船所有权或者管理权的当月，应当以购买车船的发票或者其他证明文件所载日期的当月为准。

纳税人缴纳车船税时，应当提供反映排气量、整备质量、核定载客人数、净吨位、千瓦、艇身长度等与纳税相关信息的相应凭证以及税务机关根据实际需要要求提供的其他资料。纳税人以前年度已经提供前款所列资料信息的，可以不再提供。

购置的新车船，购置当年的应纳税额自纳税义务发生的当月起按月计算。

🍀**点睛**　具体来说，购置的新机动车，购置当年的应纳税款从购买日期的当月起至该年度终了按月计算。对于在国内购买的机动车，购买日期以"机动车销售统一发票"所载日期为准；对于进口机动车，购买日期以"海关关税专用缴款书"所载日期为准。

（三）车船税的纳税期限

车船税是按年申报，分月计算，一次性缴纳。纳税年度自公历1月1日起至12月31日止。具体申报纳税期限由各省、自治区、直辖市人民政府规定。

（四）车船税的纳税地点

车船税由税务机关负责征收。车船税的纳税地点为车船的登记地或者车船税扣缴义务人所在地。其中，纳税人自行申报缴纳车船税的，纳税地点为车船登记地（或者说"车船登记地的主管税务机关所在地"）；扣缴义务人代收代缴车船税的，纳税地点为扣缴义务人所在地。

依法不需要办理登记的车船，车船税的纳税地点为车船的所有人或者管理人所在地。

（五）车船税征收管理的其他规定

（1）在一个纳税年度内，已完税的车船被盗抢、报废、灭失的，纳税人可以凭有关管理机关出具的证明和完税证明，向纳税所在地的主管税务机关申请退还自被盗抢、报废、灭失月份起至该纳税年度终了期间的税款。

已办理退税的被盗抢车船失而复得的，纳税人应当从公安机关出具相关证明的当月起计算缴纳车船税。

**任务实例7-5**　甲企业本年1月缴纳了5辆客车的车船税，其中一辆9月被盗，已办理车船税退还手续；本年11月由公安机关找回并出具证明，甲企业补缴车船税。该类型客车年基准税额为480元。

【**任务要求**】计算甲企业本年应缴纳的车船税税额。

【**任务实施**】在一个纳税年度内，已完税的车船被盗抢、报废、灭失的，纳税人可以凭有关管理机关出具的证明和完税证明，向纳税所在地的主管税务机关申请退还自被盗抢、报废、灭失月份起至该纳税年度终了期间的税款。已办理退税的被盗抢车船，失而复得的，纳税人应当从公安机关出具相关证明的当月起计算缴纳车船税。

应纳车船税=4×480+480÷12×（8+2）=2 320（元）

（2）已缴纳车船税的车船在同一纳税年度内办理转让过户的，不另纳税，也不退税。

（3）已经缴纳车船税的车船，因质量原因被退回生产企业或者经销商的，纳税人可以向纳税所在地的主管税务机关申请退还自退货月份起至该纳税年度终了期间的税款。退货月份以退货发票所载日期的当月为准。

（4）保险机构作为车船税扣缴义务人，在代收车船税并开具增值税发票时，应在增值税发票备注栏中注明代收车船税税款信息，具体包括保险单号、税款所属期（详细至月）、代收车船税金额、滞纳金金额、金额合计等。该增值税发票可作为纳税人缴纳车船税及滞纳金的会计核算原始凭证。

### 任务引例7-3解析

根据《中华人民共和国车船税法实施条例》规定，已缴纳车船税的车船在同一纳税年度内办理转让过户的，不另纳税，也不退税。

因此，你公司不能申请退税。

#### （六）车船税的纳税申报实务

纳税人对车船税进行纳税申报时，应当填报"车船税税源明细表"（表7-4）、"财产和行为税减免税明细申报附表"（略）、"财产和行为税纳税申报表"（见表6-4）。

表 7-4　　　　　　　　　车船税税源明细表

纳税人识别号（统一社会信用代码）：91370709864221122Y

纳税人名称：**山东和祥铁矿有限公司**　体积单位：升；质量单位：吨；功率单位：千瓦；长度单位：米

| 车辆税源明细 | | | | | | | | | | | |
|---|---|---|---|---|---|---|---|---|---|---|---|
| 序号 | 车牌号码 | *车辆识别代号（车架号） | *车辆类型 | 车辆品牌 | 车辆型号 | *车辆发票日期或注册登记日期 | 排（气）量 | 核定载客 | 整备质量 | *单位税额 | 减免性质代码和项目名称 | 纳税义务终止时间 |
| 1 | 鲁A123XX | ABCD1232565001232 | 乘用车 | 略 | 略 | 2023年09月25日 | 2.5升 | 4人 | | 660.00元 | | |
| 2 | | | | | | | | | | | | |
| 3 | | | | | | | | | | | | |

| 船舶税源明细 | | | | | | | | | | | | | |
|---|---|---|---|---|---|---|---|---|---|---|---|---|---|
| 序号 | 船舶登记号 | *船舶识别号 | *船舶种类 | *中文船名 | 初次登记号码 | 船籍港 | 发证日期 | 取得所有权日期 | 建成日期 | 净吨位 | 主机功率 | 艇身长度（总长） | *单位税额 | 减免性质代码和项目名称 | 纳税义务终止时间 |
| 1 | | | | | | | | | | | | | |
| 2 | | | | | | | | | | | | | |
| 3 | | | | | | | | | | | | | |

**任务实例7-6**　接【任务实例6-5】和【任务实例7-3】的资料，山东和祥铁矿有限公司2023年9月25日新购置的一辆乘用车，车牌号码为鲁A123XX，车辆识别代号（车架号）为ABCD1232565001232，发动机气缸容量为2.5升，载客人数为4人。按照当地规定，从事机动车交通事故责任强制保险业务的保险机构为机动车车船税的扣缴义务人，应当在收取保险费时依法代收车船税，并出具代收税款凭证。但本例是特殊情况，即纳税人自行申报缴纳车船税。假设当地规定，对新购置的车船应当于车船购置的次月15日之前进行车船税纳税申报。车船税税率为：发动机气缸容量为2.0升以上至2.5升（含）、载客人数9人（含）以下的乘用车每辆为660元。山东和祥铁矿有限公司于2023年10月10日对2023年9月至12月的车船税进行纳税申报。

**【任务要求】**

（1）计算山东和祥铁矿有限公司2023年9月新购置的乘用车在2023年9月至12月的应纳车船税。

（2）山东和祥铁矿有限公司2023年10月10日对新购置乘用车在2023年9月至12月的车船税进行纳税申报，填写"车船税税源明细表"和"财产和行为税纳税申报表"。

**【任务实施】**

（1）计算山东和祥铁矿有限公司2023年9月新购置的乘用车在2023年9月至12月的

应纳车船税。

2023年9月至12月的应纳车船税=660÷12×4=220（元）

（2）山东和祥铁矿有限公司2023年10月10日对新购置乘用车在2023年9月至12月的车船税进行纳税申报，填写"车船税税源明细表"（见表7-4）和"财产和行为税纳税申报表"（见表6-4）。

# 任务四　契税纳税实务

## 任务引例7-4

张某将个人拥有的房地产投入自己投资的个人独资企业，请问是否需要缴纳契税？

### 一、契税的认知

#### （一）契税纳税人的确定

在中华人民共和国境内转移土地、房屋权属，承受的单位和个人为契税的纳税人。土地、房屋权属是指土地使用权和房屋所有权。单位是指企业单位、事业单位、国家机关、军事单位和社会团体以及其他组织。个人是指个体经营者（个体工商户）及其他个人，包括中国公民和外籍人员。

**提示**　下列情形发生土地、房屋权属转移的，承受方应当依法缴纳契税：❶因共有不动产份额变化的；❷因共有人增加或者减少的；❸因人民法院、仲裁委员会的生效法律文书或者监察机关出具的监察文书等因素，发生土地、房屋权属转移的。

**点睛**　契税由土地、房屋权属的承受人缴纳。这里所说的"承受"，是指以受让、购买、受赠、互换等方式取得土地、房屋权属的行为。

#### （二）契税征税范围的确定

（1）土地使用权出让（指的是国有土地使用权出让）；

（2）土地使用权转让（包括出售、赠与、互换，不包括土地承包经营权和土地经营权的转移）；

（3）房屋买卖、赠与、互换。

需要注意的是，以作价投资（入股）、偿还债务、划转、奖励等方式转移土地、房屋权属的，应当缴纳契税（土地、房屋权属承受方应当缴纳契税）。

**提示**　以作价投资（入股）、偿还债务等应交付经济利益的方式转移土地、房屋权属的，参照土地使用权出让、出售或房屋买卖确定契税适用税率、计税依据等。以划转、奖励等没有价格的方式转移土地、房屋权属的，参照土地使用权或房屋赠与确定契税适用税率、计税依据等。

**点睛**　公司增资扩股中，对以土地、房屋权属作价入股或作为出资投入企业的，征收契税；企业破产清算期间，对非债权人承受破产企业土地、房屋权属的，征收契税。

土地、房屋权属的典当、分拆（分割）、出租、抵押，不属于契税的征税范围。

☞**【情境辨析7-9】**下列各项中，应征收契税的有（　　　）。

A.王某以房屋权属进行抵押　　　　　　B.张某以获奖方式承受房屋权属

C.某公司以房屋权属进行抵债　　　　　D.某公司以房屋权属进行出租

### 任务引例7-4解析

根据《财政部 税务总局关于继续实施企业、事业单位改制重组有关契税政策的公告》（财政部 税务总局公告2023年第49号）的规定，同一投资主体内部所属企业之间土地、房屋权属的划转，包括母公司与其全资子公司之间，同一公司所属全资子公司之间，同一自然人与其设立的个人独资企业、一人有限公司之间，土地、房屋权属的划转，免征契税。

因此，张某将他自己拥有的房地产投入他自己投资的个人独资企业，免缴契税。

## 二、契税的计算

### （一）契税计税依据的确定

1.契税计税依据的基本规定

（1）只有一个价格的情况。

土地使用权出让、出售，房屋买卖，契税的计税依据为土地、房屋权属转移合同确定的成交价格，包括应交付的货币以及实物、其他经济利益对应的价款。

**点睛** 营业税改征增值税后计征契税的成交价格不含增值税。免征增值税的，确定计税依据时，成交价格不得扣减增值税额。

（2）无价格的情况。

土地使用权赠与、房屋赠与以及其他没有价格的转移土地、房屋权属行为，契税的计税依据为税务机关参照土地使用权出售、房屋买卖的市场价格依法核定的价格。

**点睛** 纳税人申报的成交价格、互换价格差额明显偏低且无正当理由的，由税务机关依照《税收征收管理法》的规定核定。

（3）补缴契税的情况。

以划拨方式取得的土地使用权，经批准转让房地产时，契税的计税依据为补交的土地使用权出让费用或者土地收益。

2.契税计税依据的若干具体情形

（1）以划拨方式取得的土地使用权，经批准改为出让方式重新取得该土地使用权的，应由该土地使用权人以补缴的土地出让价款为计税依据缴纳契税。

（2）先以划拨方式取得土地使用权，后经批准转让房地产，划拨土地性质改为出让的，承受方应分别以补缴的土地出让价款和房地产权属转移合同确定的成交价格为计税依据缴纳契税。

（3）先以划拨方式取得土地使用权，后经批准转让房地产，划拨土地性质未发生改变的，承受方应以房地产权属转移合同确定的成交价格为计税依据缴纳契税。

（4）土地使用权及所附建筑物、构筑物等（包括在建的房屋、其他建筑物、构筑物和其他附着物）转让的，计税依据为承受方应交付的总价款。

（5）土地使用权出让的，计税依据包括土地出让金、土地补偿费、安置补助费、地上附着物和青苗补偿费、征收补偿费、城市基础设施配套费、实物配建房屋等应交付的货币以及实物、其他经济利益对应的价款。

（6）房屋附属设施（包括停车位、机动车库、非机动车库、顶层阁楼、储藏室及其他房屋附属设施）与房屋为同一不动产单元的，计税依据为承受方应交付的总价款，并适用与房屋相同的税率；房屋附属设施与房屋为不同不动产单元的，计税依据为转移合同确定的成交价格，并按当地确定的适用税率计税。

（7）承受已装修房屋的，应将包括装修费用在内的费用计入承受方应交付的总价款。

（8）土地使用权互换、房屋互换，互换价格相等的，互换双方计税依据为零；互换价格不相等的，以其差额为计税依据，由支付差额的一方缴纳契税。

（9）契税的计税依据不包括增值税。

🐟点睛　契税计税依据不包括增值税，具体情形为：（1）土地使用权出售、房屋买卖，承受方计征契税的成交价格不含增值税；实际取得增值税发票的，成交价格以发票上注明的不含税价格确定。（2）土地使用权互换、房屋互换，契税计税依据为不含增值税价格的差额。（3）税务机关核定的契税计税价格为不含增值税价格。

☞【情境辨析7-10】根据契税法律制度的规定，下列各项中，以成交价格作为契税计税依据的有（　　　）。

A.房屋买卖　　　　　　　　　B.土地使用权互换

C.房屋赠与　　　　　　　　　D.土地使用权转让

## （二）契税税率的判定

契税采用比例税率，并实行3%～5%的幅度税率。契税的具体适用税率，由省、自治区、直辖市人民政府在上述规定的税率幅度内提出，报同级人民代表大会常务委员会决定，并报全国人民代表大会常务委员会和国务院备案。

## （三）契税优惠政策的运用

（1）契税的免税政策。

❶国家机关、事业单位、社会团体、军事单位承受土地、房屋权属用于办公、教学、医疗、科研、军事设施的，免征契税。

❷非营利性的学校、医疗机构、社会福利机构承受土地、房屋权属用于办公、教学、医疗、科研、养老、救助的，免征契税。

❸承受荒山、荒地、荒滩土地使用权用于农、林、牧、渔业生产的，免征契税。

❹婚姻关系存续期间夫妻之间变更土地、房屋权属的，免征契税。

❺夫妻因离婚分割共同财产发生土地、房屋权属变更的，免征契税。

❻法定继承人通过继承承受土地、房屋权属的，免征契税。

❼依照法律规定应当予以免税的外国驻华使馆、领事馆和国际组织驻华代表机构承受土地、房屋权属的，免征契税。

❽城镇职工按规定第一次购买公有住房的，免征契税。

❾外国银行分行按照《中华人民共和国外资银行管理条例》等相关规定改制为外商独资银行（或其分行），改制后的外商独资银行（或其分行）承受原外国银行分行的房屋权属的，免征契税。

❿2019年6月1日至2025年12月31日，为社区提供养老、托育、家政等服务的机构，承受房屋、土地用于提供社区养老、托育、家政服务的，免征契税。

根据国民经济和社会发展的需要，国务院对居民住房需求保障、企业改制重组、灾后重建等情形可以规定免征或者减征契税，报全国人民代表大会常务委员会备案。

（2）个人购买家庭住房的契税优惠政策。

❶自2024年12月1日起，对个人购买家庭唯一住房（家庭成员范围包括购房人、配偶以及未成年子女，下同），面积为140平方米及以下的，减按1%的税率征收契税；面积为140平方米以上的，减按1.5%的税率征收契税。

❷自2024年12月1日起，对个人购买家庭第二套住房，面积为140平方米及以下的，减按1%的税率征收契税；面积为140平方米以上的，减按2%的税率征收契税。

> 提示  家庭第二套住房是指已拥有一套住房的家庭购买的第二套住房。

（3）省、自治区、直辖市可以决定对下列情形免征或者减征契税：

❶因土地、房屋被县级以上人民政府征收、征用，重新承受土地、房屋权属；

❷因不可抗力灭失住房，重新承受住房权属。

上述规定的免征或者减征契税的具体办法，由省、自治区、直辖市人民政府提出，报同级人民代表大会常务委员会决定，并报全国人民代表大会常务委员会和国务院备案。

> 提示  纳税人改变有关土地、房屋的用途，或者有其他不再属于上述规定的免征、减征契税情形的，应当缴纳已经免征、减征的税款。

（4）企业、事业单位改制重组有关契税政策：

为支持企业、事业单位改制重组，优化市场环境，财政部、税务总局就2024年1月1日至2027年12月31日继续实施的有关契税政策公告如下：

❶企业改制。

企业按照《中华人民共和国公司法》有关规定整体改制，包括非公司制企业改制为有限责任公司或股份有限公司，有限责任公司变更为股份有限公司，股份有限公司变更为有限责任公司，原企业投资主体存续并在改制（变更）后的公司中所持股权（股份）比例超过75%，且改制（变更）后公司承继原企业权利、义务的，对改制（变更）后公司承受原企业土地、房屋权属，免征契税。

❷事业单位改制。

事业单位按照国家有关规定改制为企业，原投资主体存续并在改制后企业中出资（股权、股份）比例超过50%的，对改制后企业承受原事业单位土地、房屋权属，免征契税。

❸公司合并。

两个或两个以上的公司，依照法律规定、合同约定，合并为一个公司，且原投资主体存续的，对合并后公司承受原合并各方土地、房屋权属，免征契税。

❹公司分立。

公司依照法律规定、合同约定分立为两个或两个以上与原公司投资主体相同的公司，对分立后公司承受原公司土地、房屋权属，免征契税。

❺企业破产。

企业依照有关法律法规规定实施破产，债权人（包括破产企业职工）承受破产企业抵偿债务的土地、房屋权属，免征契税；对非债权人承受破产企业土地、房屋权属，凡按照《中华人民共和国劳动法》等国家有关法律法规政策妥善安置原企业全部职工规定，与原企业全部职工签订服务年限不少于3年的劳动用工合同的，对其承受所购企业土地、房屋权属，免征契税；与原企业超过30%的职工签订服务年限不少于3年的劳动用工合同的，减半征收契税。

❻资产划转。

对承受县级以上人民政府或国有资产管理部门按规定进行行政性调整、划转国有土地、房屋权属的单位，免征契税。

同一投资主体内部所属企业之间土地、房屋权属的划转，包括母公司与其全资子公司之间，同一公司所属全资子公司之间，同一自然人与其设立的个人独资企业、一人有限公司之间土地、房屋权属的划转，免征契税。

母公司以土地、房屋权属向其全资子公司增资，视同划转，免征契税。

❼债权转股权。

经国务院批准实施债权转股权的企业，对债权转股权后新设立的公司承受原企业的土地、房屋权属，免征契税。

❽划拨用地出让或作价出资。

以出让方式或国家作价出资（入股）方式承受原改制重组企业、事业单位划拨用地的，不属上述规定的免税范围，对承受方应按规定征收契税。

❾公司股权（股份）转让。

在股权（股份）转让中，单位、个人承受公司股权（股份），公司土地、房屋权属不发生转移，不征收契税。

🍀**点睛** 上述企业、公司，是指依照我国有关法律法规设立并在中国境内注册的企业、公司。投资主体存续，是指原改制重组企业、事业单位的出资人必须存在于改制重组后的企业，出资人的出资比例可以发生变动。投资主体相同，是指公司分立前后出资人不发生变动，出资人的出资比例可以发生变动。

### （四）契税应纳税额的计算

契税的应纳税额依照计税依据乘以适用税率计算。其计算公式为：

应纳税额=计税依据×税率

☞**【情境辨析7-11】**居民乙因拖欠居民甲200万元款项无力偿还，本年5月经当地有关部门调解，以房产抵偿该笔债务，居民甲因此取得该房产的产权并支付给居民乙差价款20万元。该房产交易符合免征增值税的条件。当地契税税率为5%。下列表述中正确的是（　　）。

A.居民甲应缴纳契税1万元　　　　　B.居民乙应缴纳契税1万元

C.居民甲应缴纳契税11万元　　　　 D.居民乙应缴纳契税11万元

## 三、契税的纳税申报

### （一）契税的纳税义务发生时间

契税的纳税义务发生时间是纳税人签订土地、房屋权属转移合同的当日，或者纳税人取得其他具有土地、房屋权属转移合同性质凭证的当日。

🍀**点睛** 具有土地、房屋权属转移合同性质的凭证包括契约、协议、合约、单据、确认书以及其他凭证。

关于契税纳税义务发生时间的特殊情形如下：

（1）因人民法院、仲裁委员会的生效法律文书或者监察机关出具的监察文书等发生土地、房屋权属转移的，纳税义务发生时间为法律文书等生效当日。

（2）因改变土地、房屋用途等情形应当缴纳已经减征、免征契税的，纳税义务发生时间为改变有关土地、房屋用途等情形的当日。

（3）因改变土地性质、容积率等土地使用条件需补缴土地出让价款，应当缴纳契税的，纳税义务发生时间为改变土地使用条件当日。

发生上述情形，按规定不再需要办理土地、房屋权属登记的，纳税人应自纳税义务发生之日起90日内申报缴纳契税。

**（二）契税的纳税期限**

纳税人应当在依法办理土地、房屋权属登记手续前申报缴纳契税。

🌱**链接**　纳税人应当在转让房地产合同签订之日起7日内，到房地产所在地主管税务机关办理土地增值税纳税申报。

**（三）契税的纳税地点**

契税由土地、房屋所在地的税务机关依照《中华人民共和国契税法》和《税收征收管理法》的规定征收管理。

**（四）契税征收管理的其他规定**

（1）不动产登记机构在办理土地、房屋权属登记时，应当依法查验土地、房屋的契税完税、减免税、不征税等涉税凭证或者有关信息。

（2）税务机关应当与相关部门建立契税涉税信息共享和工作配合机制。自然资源、住房城乡建设、民政、公安等相关部门应当及时向税务机关提供与转移土地、房屋权属有关的信息，协助税务机关加强契税征收管理。

税务机关及其工作人员对税收征收管理过程中知悉的纳税人的个人信息，应当依法予以保密，不得泄露或者非法向他人提供。

（3）纳税人办理纳税事宜后，税务机关应当开具契税完税凭证。纳税人办理土地、房屋权属登记，不动产登记机构应当查验契税完税、减免税凭证或者有关信息。未按照规定缴纳契税的，不动产登记机构不予办理土地、房屋权属登记。

（4）在依法办理土地、房屋权属登记前，权属转移合同、权属转移合同性质凭证不生效、无效、被撤销或者被解除的，纳税人可以向税务机关申请退还已缴纳的税款，税务机关应当依法办理。

（5）纳税人缴纳契税后发生下列情形，可依照有关法律法规申请退税：❶因人民法院判决或者仲裁委员会裁决导致土地、房屋权属转移行为无效、被撤销或者被解除，且土地、房屋权属变更至原权利人的；❷在出让土地使用权交付时，因容积率调整或实际交付面积小于合同约定面积需退还土地出让价款的；❸在新建商品房交付时，因实际交付面积小于合同约定面积需返还房价款的。

**（五）契税的纳税申报实务**

纳税人对契税进行纳税申报时，应填报"契税税源明细表"（见表7-5）、"财产和行为税减免税明细申报附表"（略）和"财产和行为税纳税申报表"（见表6-4）。

表 7-5　　　　　　　　　　契税税源明细表

纳税人识别号（统一社会信用代码）：91370709864221122Y

纳税人名称：**山东和祥铁矿有限公司**　　　　金额单位：人民币元（列至角分）；面积单位：平方米

| *税源编号 | 系统自动生成 | *土地房屋坐落地址 | 山东省济南市开发区光明路3号 | 不动产单元代码 | 略 |
|---|---|---|---|---|---|
| 合同编号 | 略 | *合同签订日期 | 2023年10月10日 | *共有方式 | ☑单独所有<br>□按份共有<br>（转移份额：＿＿＿）<br>□共同共有<br>（共有人：＿＿＿） |
| *权属转移对象 | 房屋-存量房-非住房 | *权属转移方式 | 房屋买卖 | *用途 | 办公 |
| *成交价格（不含增值税） | 20 000 000.00 | *权属转移面积 | 2 000.00 | *成交单价 | 20 000 000.00 |
| *评估价格 | 20 000 000.00 | | *计税价格 | 20 000 000.00 | |
| *适用税率 | 3% | | 权属登记日期 | 略 | |
| 居民购房减免性质代码和项目名称 | | | 其他减免性质代码和项目名称（抵减金额：＿＿＿） | | |

**任务实例7-7**　接【**任务实例6-5**】的资料，山东和祥铁矿有限公司2023年10月10日从山东运达房地产开发股份有限公司（纳税人识别号为91370209092090765A）手中购入一套办公用房，该商品房位于山东省济南市开发区光明路3号，面积为2 000平方米，成交价格为20 000 000元（不含增值税），款项购买当日通过银行存款支付，取得由山东运达房地产开发股份有限公司开具的增值税专用发票。山东和祥铁矿有限公司取得的增值税专用发票2023年10月符合抵扣规定。省政府规定的契税税率为3%。山东和祥铁矿有限公司于2023年10月10日对契税进行纳税申报①。

**【任务要求】**

（1）计算山东和祥铁矿有限公司2023年10月相关业务的应纳契税。

（2）山东和祥铁矿有限公司2023年10月10日对契税进行纳税申报，填写"契税税源明细表"和"财产和行为税纳税申报表"。

**【任务实施】**

（1）计算山东和祥铁矿有限公司2023年10月相关业务的应纳契税。

应纳契税=20 000 000×3%=600 000（元）

（2）山东和祥铁矿有限公司2023年10月10日对契税进行纳税申报，填写"契税税源明细表"（见表7-5）和"财产和行为税纳税申报表"（见表6-4）。

---

①　目前，纳税人在房地产交易税收申报时一般使用不动产登记办税功能模块中的增量房交易纳税申报表、存量房交易纳税申报表、土地交易纳税申报表，合并申报增值税及附加税费、所得税、印花税、契税等。财产和行为税合并申报后，不动产登记办税有关申报表单仍可以继续使用。为研究方便，本例山东和祥铁矿有限公司于2022年10月10日通过"契税税源明细表""财产行为税纳税申报表"对契税进行纳税申报。

# 任务五　环境保护税纳税实务

### 任务引例7-5

我公司向依法设立的污水集中处理、生活垃圾集中处理场所排放应税污染物。请问我公司是否需要缴纳环境保护税？

## 一、环境保护税的认知

### （一）环境保护税纳税人的确定

环境保护税纳税人是在我国领域和我国管辖的其他海域，直接向环境排放应税污染物的企业事业单位和其他生产经营者。

### （二）环境保护税征税范围的确定

环境保护税的征税对象为纳税人直接向环境排放的应税污染物。上述应税污染物，是指《中华人民共和国环境保护税法》（简称《环境保护税法》）所附"环境保护税税目税额表"和"应税污染物和当量值表"规定的大气污染物、水污染物、固体废物和噪声。

依法设立的城乡污水集中处理、生活垃圾集中处理场所超过国家和地方规定的排放标准向环境排放应税污染物的，应当缴纳环境保护税。

> 提示　城乡污水集中处理场所，是指为社会公众提供生活污水处理服务的场所，不包括为工业园区、开发区等工业聚集区域内的企业、事业单位和其他生产经营者提供污水处理服务的场所，以及企业、事业单位和其他生产经营者自建自用的污水处理场所。

企业事业单位和其他生产经营者贮存或者处置固体废物不符合国家和地方环境保护标准的，应当缴纳环境保护税。

达到省级人民政府确定的规模标准并且有污染物排放口的畜禽养殖场，应当依法缴纳环境保护税；依法对畜禽养殖废弃物进行综合利用和无害化处理的，不属于直接向环境排放污染物，不缴纳环境保护税。

有下列情形之一的，不属于直接向环境排放污染物，不缴纳相应污染物的环境保护税：（1）企业、事业单位和其他生产经营者向依法设立的污水集中处理、生活垃圾集中处理场所排放应税污染物的；（2）企业、事业单位和其他生产经营者在符合国家和地方环境保护标准的设施、场所贮存或者处置固体废物的。

### 任务引例7-5解析

根据《环境保护税法》的规定，有下列情形之一的，不属于直接向环境排放污染物，不缴纳相应污染物的环境保护税：（1）企业事业单位和其他生产经营者向依法设立的污水集中处理、生活垃圾集中处理场所排放应税污染物的；（2）企业事业单位和其他生产经营者在符合国家和地方环境保护标准的设施、场所贮存或者处置固体废物的。

因此，你公司向依法设立的污水集中处理、生活垃圾集中处理场所排放应税污染物，不需要缴纳环境保护税。

### （三）环境保护税税目的确定

环境保护税税目包括大气污染物、水污染物、固体废物和噪声四大类。环境保护税的税目依照"环境保护税税目税率表"（见表7-6）执行。

表 7-6　　　　　　　　　　　　　　环境保护税税目税率表

| 税目 | | 计税单位 | 税额 | 备注 |
|---|---|---|---|---|
| 大气污染物 | | 每污染当量 | 1.2 元至 12 元 | |
| 水污染物 | | 每污染当量 | 1.4 元至 14 元 | |
| 固体废物 | 煤矸石 | 每吨 | 5 元 | |
| | 尾矿 | 每吨 | 15 元 | |
| | 危险废物 | 每吨 | 1 000 元 | |
| | 冶炼渣、粉煤灰、炉渣、其他固体废物（含半固态、液态废物） | 每吨 | 25 元 | |
| 噪声 | 工业噪声 | 超标 1~3 分贝 | 每月 350 元 | 1.一个单位边界上有多处噪声超标，根据最高一处超标声级计算应纳税额；当沿边界长度超过 100 米有两处以上噪声超标，按照两个单位计算应纳税额<br>2.一个单位有不同地点作业场所的，应当分别计算应纳税额，合并计征<br>3.昼、夜均超标的环境噪声，昼、夜分别计算应纳税额，累计计征<br>4.声源一个月内超标不足 15 天的，减半计算应纳税额<br>5.夜间频繁突发和夜间偶然突发厂界超标噪声，按等效声级和峰值噪声两种指标中超标分贝值高的一项计算应纳税额 |
| | | 超标 4~6 分贝 | 每月 700 元 | |
| | | 超标 7~9 分贝 | 每月 1 400 元 | |
| | | 超标 10~12 分贝 | 每月 2 800 元 | |
| | | 超标 13~15 分贝 | 每月 5 600 元 | |
| | | 超标 16 分贝以上 | 每月 11 200 元 | |

【素养园地】

短片

税惠促发展　山青水更绿

## 二、环境保护税的计算

### （一）环境保护税计税依据的确定

1.环境保护税计税依据确定的基本规定

应税污染物的计税依据，按照下列方法确定：

（1）应税大气污染物按照污染物排放量折合的污染当量数确定；

（2）应税水污染物按照污染物排放量折合的污染当量数确定；

（3）应税固体废物按照固体废物的排放量确定；

（4）应税噪声按照超过国家规定标准的分贝数确定。

2.环境保护税计税依据确定的具体规定

（1）应税大气污染物、水污染物按照污染物排放量折合的污染当量数确定计税依据。

应税大气污染物、水污染物的污染当量数，以该污染物的排放量除以该污染物的污染当量值计算。计算公式为：

应税大气污染物、水污染物的污染当量数=该污染物的排放量÷该污染物的污染当量值

🔰**提示**　污染当量，是指根据污染物或者污染排放活动对环境的有害程度以及处理的技术经济性，

衡量不同污染物对环境污染的综合性指标或者计量单位。同一介质相同污染当量的不同污染物，其污染程度基本相当。

每种应税大气污染物、水污染物的具体污染当量值，依照《环境保护税法》所附"应税污染物和当量值表"（略）执行。

每一排放口或者没有排放口的应税大气污染物，按照污染当量数从大到小排序，对前3项污染物征收环境保护税。

每一排放口的应税水污染物，按照《环境保护税法》所附"应税污染物和当量值表"，区分第一类水污染物和其他类水污染物，按照污染当量数从大到小排序，对第一类水污染物按照前5项征收环境保护税，对其他类水污染物按照前3项征收环境保护税。

省、自治区、直辖市人民政府根据本地区污染物减排的特殊需要，可以增加同一排放口征收环境保护税的应税污染物项目数，报同级人民代表大会常务委员会决定，并报全国人民代表大会常务委员会和国务院备案。

纳税人有下列情形之一的，以其当期应税大气污染物、水污染物的产生量作为污染物的排放量：

❶未依法安装使用污染物自动监测设备或者未将污染物自动监测设备与生态环境主管部门的监控设备联网；

❷损毁或者擅自移动、改变污染物自动监测设备；

❸篡改、伪造污染物监测数据；

❹通过暗管、渗井、渗坑、灌注或者稀释排放以及不正常运行防治污染设施等方式违法排放应税污染物；

❺进行虚假纳税申报。

（2）应税固体废物按照固体废物的排放量确定计税依据。

应税固体废物的排放量为当期应税固体废物的产生量减去当期应税固体废物的贮存量、处置量、综合利用量的余额。计算公式为：

$$应税固体废物的排放量 = 当期应税固体废物的产生量 - 当期应税固体废物的贮存量 - 当期应税固体废物的处置量 - 当期应税固体废物的综合利用量$$

🔖点睛　固体废物的贮存量、处置量，是指在符合国家和地方环境保护标准的设施、场所贮存或者处置的固体废物数量；固体废物的综合利用量，是指按照国务院发展改革、工业和信息化主管部门关于资源综合利用要求以及国家和地方环境保护标准进行综合利用的固体废物数量。

纳税人有下列情形之一的，以其当期应税固体废物的产生量作为固体废物的排放量：

❶非法倾倒应税固体废物；

❷进行虚假纳税申报。

🔖提示　从两个以上排放口排放应税污染物的，对每一排放口排放的应税污染物分别计算征收环境保护税；纳税人持有排污许可证的，其污染物排放口按照排污许可证载明的污染物排放口确定。

（3）应税噪声按照超过国家规定标准的分贝数确定计税依据。

工业噪声按照超过国家规定标准的分贝数确定每月税额。超过国家规定标准的分贝数是指实际产生的工业噪声与国家规定的工业噪声排放标准限值之间的差值。

3.应税大气污染物、水污染物、固体废物排放量和噪声分贝数的确定方法

应税大气污染物、水污染物、固体废物的排放量和噪声的分贝数，按照下列方法和顺

序计算：

（1）纳税人安装使用符合国家规定和监测规范的污染物自动监测设备的，按照污染物自动监测数据计算；

（2）纳税人未安装使用污染物自动监测设备的，按照监测机构出具的符合国家有关规定和监测规范的监测数据计算；

（3）因排放污染物种类多等原因不具备监测条件的，按照国务院生态环境主管部门规定的排污系数、物料衡算方法计算；

（4）不能按照上述第（1）项至第（3）项规定的方法计算的，按照省、自治区、直辖市人民政府生态环境主管部门规定的抽样测算的方法核定计算。

### （二）环境保护税税率的判定

环境保护税的税率依照"环境保护税税目税率表"（见表7-6）执行。

### （三）环境保护税优惠政策的运用

1.暂免征税项目

下列情形，暂予免征环境保护税：

（1）农业生产（不包括规模化养殖）排放应税污染物的；

（2）机动车、铁路机车、非道路移动机械、船舶和航空器等流动污染源排放应税污染物的；

（3）依法设立的城乡污水集中处理、生活垃圾集中处理场所排放相应应税污染物，不超过国家和地方规定的排放标准的；

（4）纳税人综合利用的固体废物，符合国家和地方环境保护标准的；

（5）国务院批准免税的其他情形。

其中，第（5）项免税规定，由国务院报全国人民代表大会常务委员会备案。

2.减征税额项目

（1）纳税人排放应税大气污染物或者水污染物的浓度值低于国家和地方规定的污染物排放标准30%的，减按75%征收环境保护税。

（2）纳税人排放应税大气污染物或者水污染物的浓度值低于国家和地方规定的污染物排放标准50%的，减按50%征收环境保护税。

**提示** 应税大气污染物或者水污染物的浓度值，是指纳税人安装使用的污染物自动监测设备当月自动监测的应税大气污染物浓度值的小时平均值再平均所得数值或者应税水污染物浓度值的日平均值再平均所得数值，或者监测机构当月监测的应税大气污染物、水污染物浓度值的平均值。

### （四）环境保护税应纳税额的计算

环境保护税应纳税额按照下列方法计算：

1.应税大气污染物应纳税额的计算

应税大气污染物的应纳税额为污染当量数乘以具体适用税额。计算公式为：

应税大气污染物的应纳税额=污染当量数×具体适用税额

2.应税水污染物应纳税额的计算

应税水污染物的应纳税额为污染当量数乘以具体适用税额。

应税水污染物的应纳税额=污染当量数×具体适用税额

应税水污染物应纳税额的计算，具体来说：

（1）适用监测数据法的应税水污染物应纳税额的计算。

适用监测数据法的应税水污染物（包括第一类水污染物和第二类水污染物）的应纳税额为污染当量数乘以具体适用税额。计算公式为：

应税水污染物的应纳税额=污染当量数×具体适用税额

（2）适用抽样测算法的应税水污染物应纳税额的计算。

适用抽样测算法的情形，纳税人按照《环境保护税法》所附"禽畜养殖业、小型企业和第三产业水污染物污染当量值"所规定的当量值计算污染当量数。

❶规模化禽畜养殖业排放的应税水污染物应纳税额。

禽畜养殖业的应税水污染物应纳税额为污染当量数乘以具体适用税额。其污染当量数以禽畜养殖数量除以污染当量值计算。计算公式为：

应纳税额=污染当量数×具体适用税额=禽畜养殖数量÷污染当量值（头或羽）×具体适用税额

❷小型企业和第三产业排放的应税水污染物应纳税额。

小型企业和第三产业的应税水污染物应纳税额为污染当量数乘以具体适用税额。其污染当量数以污水排放量（吨）除以污染当量值（吨）计算。计算公式为：

应纳税额=污染当量数×具体适用税额=污水排放量（吨）÷污染当量值（吨）×具体适用税额

❸医院排放的应税水污染物应纳税额。

医院排放的应税水污染物应纳税额为污染当量数乘以具体适用税额。其污染当量数以病床数或者污水排放量除以相应的污染当量值计算。计算公式为：

应纳税额=污染当量数×具体适用税额=医院床位数÷污染当量值（床）×具体适用税额

或　应纳税额=污染当量数×具体适用税额=污水排放量÷污染当量值（吨）×具体适用税额

### 3.应税固体废物应纳税额的计算

应税固体废物的应纳税额为固体废物排放量乘以具体适用税额，其排放量为当期应税固体废物的产生量减去当期应税固体废物的贮存量、处置量、综合利用量的余额。计算公式为：

应税固体废物的应纳税额=固体废物排放量×具体适用税额

$$=\left(\begin{array}{l}当期应税固体\\废物的产生量\end{array}-\begin{array}{l}当期应税固体\\废物的贮存量\end{array}-\begin{array}{l}当期应税固体\\废物的处置量\end{array}-\begin{array}{l}当期应税固体\\废物的综合利用量\end{array}\right)\times\begin{array}{l}具体\\适用税额\end{array}$$

### 4.应税噪声应纳税额的计算

应税噪声的应纳税额为超过国家规定标准的分贝数对应的具体适用税额。即：

应税噪声的应纳税额=超过国家规定标准的分贝数对应的具体适用税额

**任务实例7-8** 甲公司本年5月向大气直接排放二氧化硫80千克、氟化物100千克、一氧化碳200千克、氯化氢100千克。假设当地大气污染物每污染当量税额为1.2元。该公司只有一个排放口。二氧化硫的污染当量值为0.95，氟化物的污染当量值为0.87，一氧化碳的污染当量值为16.7，氯化氢的污染当量值为10.75。假设甲公司排放应税大气污染物的浓度值均不低于国家和地方规定的污染物排放标准。

【任务要求】计算甲公司本年5月应缴纳的环境保护税税额。

【任务实施】应税大气污染物、水污染物的污染当量数，以该污染物的排放量除以该污染物的污染当量值计算。

二氧化硫污染当量数=80÷0.95=84.21

氟化物污染当量数=100÷0.87=114.94

一氧化碳污染当量数=200÷16.7=11.98

氯化氢污染当量数=100÷10.75=9.30

按污染当量数排序：氟化物污染当量数（114.94）>二氧化硫污染当量数（84.21）>一氧化碳污染当量数（11.98）>氯化氢污染当量数（9.30）。

甲公司只有一个排放口，排序选取计税前3项污染物为氟化物、二氧化硫、一氧化碳。

应纳环境保护税=（114.94+84.21+11.98）×1.2=253.36（元）

### 三、环境保护税的纳税申报

#### （一）环境保护税的纳税义务发生时间

环境保护税的纳税义务发生时间为纳税人排放应税污染物的当日。

#### （二）环境保护税的纳税期限

环境保护税按月计算，按季申报缴纳。不能按固定期限计算缴纳的，可以按次申报缴纳。

纳税人按季申报缴纳的，应当自季度终了之日起15日内，向税务机关办理纳税申报并缴纳税款。纳税人按次申报缴纳的，应当自纳税义务发生之日起15日内，向税务机关办理纳税申报并缴纳税款。

纳税人申报缴纳环境保护税时，应当向税务机关报送所排放应税污染物的种类、数量，大气污染物、水污染物的浓度值，以及税务机关根据实际需要要求纳税人报送的其他纳税资料。

#### （三）环境保护税的纳税地点

环境保护税的纳税人应当向应税污染物排放地的税务机关申报缴纳环境保护税。

应税污染物排放地是指：（1）应税大气污染物、水污染物排放口所在地；（2）应税固体废物产生地；（3）应税噪声产生地。

#### （四）环境保护税征收管理的其他规定

1.征管方式

环境保护税采用"企业申报、税务征收、环保协同、信息共享"的征管方式。纳税人应当依法如实办理纳税申报，对申报的真实性和完整性承担责任；税务机关依照《税收征收管理法》和《环境保护税法》的有关规定对环境保护税征收管理；生态环境主管部门依照《环境保护税法》和有关环境保护法律法规的规定负责对污染物监测管理；县级以上地方人民政府应当建立税务机关、生态环境主管部门和其他相关单位分工协作工作机制，加强环境保护税征收管理，保障税款及时足额入库。

2.数据传递和比对

生态环境主管部门和税务机关应当建立涉税信息共享平台和工作配合机制。

生态环境主管部门应当将排污单位的排污许可、污染物排放数据、环境违法和受行政处罚情况等环境保护相关信息，定期交送税务机关。

税务机关应当将纳税人的纳税申报、税款入库、减免税额、欠缴税款以及风险疑点等环境保护税涉税信息，定期交送生态环境主管部门。

生态环境主管部门发现纳税人申报的应税污染物排放信息或者适用的排污系数、物料衡算方法有误的，应当通知税务机关处理。

税务机关应当将纳税人的纳税申报数据资料与生态环境主管部门交送的相关数据资料

进行比对。纳税人申报的污染物排放数据与生态环境主管部门交送的相关数据不一致的，按照生态环境主管部门交送的数据确定应税污染物的计税依据。

3.复核

税务机关发现纳税人的纳税申报数据资料异常或者纳税人未按照规定期限办理纳税申报的，可以提请生态环境主管部门进行复核，生态环境主管部门应当自收到税务机关的数据资料之日起15日内向税务机关出具复核意见。税务机关应当按照生态环境主管部门复核的数据资料调整纳税人的应纳税额。

> 🔰**提示**　纳税申报数据资料异常，包括但不限于下列情形：❶纳税人当期申报的应税污染物排放量与上一年同期相比明显偏低，且无正当理由；❷纳税人单位产品污染物排放量与同类型纳税人相比明显偏低，且无正当理由。

### （五）环境保护税的纳税申报实务

纳税人对环境保护税进行纳税申报时，应当填报"环境保护税税源明细表"（略）、"财产和行为税减免税明细申报附表"（略）、"财产和行为税纳税申报表"（见表6-4）。

**任务实例7-9**　接【任务实例6-5】的资料，山东和祥铁矿有限公司环境保护税的税源编号为A37021201800256，排放口名称为粉尘排放口，税源基础采集信息中的有效期起止为2023年1月1日至2025年12月31日，污染物排放量计算方法为排污系数，2023年7月向大气直接排放一般性粉尘1 400千克，计算基数20吨；8月向大气直接排放一般性粉尘1 260千克，计算基数18吨；9月向大气直接排放一般性粉尘1 540千克，计算基数22吨。假设当地大气污染物每污染当量税额为1.2元（单位税额）、产污系数为0.07、污染当量值为4千克。该公司只有一个排放口。

**【任务要求】**

（1）计算山东和祥铁矿有限公司2023年第三季度的应纳环境保护税。

（2）山东和祥铁矿有限公司2023年10月10日对2023年第三季度的环境保护税进行纳税申报，填写"环境保护税税源明细表"和"财产和行为税纳税申报表"。

**【任务实施】**

（1）计算山东和祥铁矿有限公司2023年第三季度的应纳环境保护税。

❶2023年7月一般性粉尘污染当量数=20×1 000×0.07÷4=1 400÷4=350

2023年8月一般性粉尘污染当量数=18×1 000×0.07÷4=1 260÷4=315

2023年9月一般性粉尘污染当量数=22×1 000×0.07÷4=1 540÷4=385

❷2023年第三季度应纳环境保护税=350×1.2+315×1.2+385×1.2=420+378+462=1 050×1.2=1 260（元）

（2）山东和祥铁矿有限公司2023年10月10日对2023年第三季度的环境保护税进行纳税申报，填写"环境保护税税源明细表"（略）和"财产和行为税纳税申报表"（见表6-4）。

## 任务六　印花税纳税实务

### 任务引例7-6

我公司与张某个人签订了连人带车的租赁合同，合同中对劳务费、租赁费分别列明，该合同的印花税应当如何缴纳？

### 一、印花税的认知

#### （一）印花税纳税人和扣缴义务人的确定

**1.印花税的纳税人**

在中华人民共和国境内书立应税凭证、进行证券交易的单位和个人，为印花税的纳税人，应当依照《中华人民共和国印花税法》（简称《印花税法》）的规定缴纳印花税。

在中华人民共和国境外书立在境内使用的应税凭证的单位和个人，应当依照《印花税法》的规定缴纳印花税。

**提示**　印花税纳税人的具体情形：

（1）书立应税凭证的纳税人，为对应税凭证有直接权利义务关系的单位和个人。

（2）采用委托贷款方式书立的借款合同纳税人，为受托人和借款人，不包括委托人。

（3）按买卖合同或者产权转移书据税目缴纳印花税的拍卖成交确认书纳税人，为拍卖标的的产权人和买受人，不包括拍卖人。

（4）证券交易印花税对证券交易的出让方征收，不对受让方征收。

**实务答疑7-1**　我公司为证券交易的受让方，请问我公司是否需要缴纳印花税？

**2.印花税的扣缴义务人**

纳税人为境外单位或者个人，在境内有代理人的，以其境内代理人为扣缴义务人；在境内没有代理人的，由纳税人自行申报缴纳印花税，具体办法由国务院税务主管部门规定。

证券登记结算机构为证券交易印花税的扣缴义务人，应当向其机构所在地的主管税务机关申报解缴税款以及银行结算的利息。

☞**【情境辨析7-12】**下列各项中，属于印花税的纳税人的是（　　）。

A.书立应税凭证的单位　　　　　　B.书立应税凭证的个人

C.证券交易的出让方　　　　　　　D.证券交易的受让方

#### （二）印花税征税范围的确定

**1.印花税征税范围的基本规定**

印花税征税范围中的应税凭证，是指《印花税法》所附"印花税税目税率表"列明的合同、产权转移书据和营业账簿。

**提示**　我国并非对所有类型的合同、产权转移书据和营业账簿征收印花税，只对《印花税法》所附"印花税税目税率表"列明的合同、产权转移书据和营业账簿征收印花税。

印花税征税范围中的证券交易，是指转让在依法设立的证券交易所、国务院批准的其他全国性证券交易场所交易的股票和以股票为基础的存托凭证。

**任务引例7-6解析**

根据《印花税法》的规定，在中华人民共和国境内书立应税凭证、进行证券交易的单位和个人，为印花税的纳税人，应当依照本法规定缴纳印花税。在中华人民共和国境外书立在境内使用的应税凭证的单位和个人，应当依照《印花税法》规定缴纳印花税。应税凭证，是指本法所附"印花税税目税率表"列明的合同、产权转移书据和营业账簿。证券交易，是指转让在依法设立的证券交易所、国务院批准的其他全国性证券交易场所交易的股票和以股票为基础的存托凭证。

"印花税税目税率表"列明了租赁合同（按照租金金额的1‰缴纳印花税），但未列明劳务费合同。你公司与张某个人签订的合同中将劳务费、租赁费分别列明，而劳务费部分不属于印花税征税范围，因此，你公司与张某个人只需要对租金部分，按租赁合同根据租金金额的1‰各自缴纳印花税即可。

2.印花税应税凭证的特殊情形

（1）在中华人民共和国境外书立在境内使用的应税凭证，应当按规定缴纳印花税，具体包括以下几种情形：

❶应税凭证的标的为不动产的，该不动产在境内。

❷应税凭证的标的为股权的，该股权为中国居民企业的股权。

❸应税凭证的标的为动产或者商标专用权、著作权、专利权、专有技术使用权的，其销售方或者购买方在境内，但不包括境外单位或者个人向境内单位或者个人销售完全在境外使用的动产或者商标专用权、著作权、专利权、专有技术使用权。

❹应税凭证的标的为服务的，其提供方或者接受方在境内，但不包括境外单位或者个人向境内单位或者个人提供完全在境外发生的服务。

（2）企业之间书立的确定买卖关系、明确买卖双方权利义务的订单、要货单等单据，且未另外书立买卖合同的，应当按规定缴纳印花税。

（3）发电厂与电网之间、电网与电网之间书立的购售电合同，应当按买卖合同税目缴纳印花税。

3.不属于印花税征收范围的凭证

下列情形的凭证，不属于印花税征收范围。

（1）人民法院的生效法律文书，仲裁机构的仲裁文书，监察机关的监察文书。

（2）县级以上人民政府及其所属部门按照行政管理权限征收、收回或者补偿安置房地产书立的合同、协议或者行政类文书。

（3）总公司与分公司、分公司与分公司之间书立的作为执行计划使用的凭证。

（三）印花税税目的确定

印花税的税目依照"印花税税目税率表"（见表7-7）执行。

> 提示　对纳税人以电子形式签订的各类应税凭证按规定征收印花税。

☞【情境辨析7-13】下列各项中，应当缴纳印花税的有（　　）。

A.企业之间书立的确定买卖关系、明确买卖双方权利义务的订单、要货单等单据，且未另外书立买卖合同的，应当按规定缴纳印花税

B.发电厂与电网之间、电网与电网之间书立的购售电合同

C.人民法院的生效法律文书，仲裁机构的仲裁文书，监察机关的监察文书

D.县级以上人民政府及其所属部门按照行政管理权限征收、收回或者补偿安置房地产书立的合同、协议或者行政类文书

二、印花税的计算

（一）印花税计税依据的确定

1.印花税计税依据的一般规定

印花税的计税依据为各种应税凭证上所记载的计税金额。具体规定为：

（1）应税合同的计税依据，为合同所列的金额，不包括列明的增值税税款。

（2）应税产权转移书据的计税依据，为产权转移书据所列的金额，不包括列明的增值税税款。

（3）应税营业账簿的计税依据，为账簿记载的实收资本（股本）、资本公积合计金额。

（4）证券交易的计税依据，为成交金额。

> 提示　不记载实收资本（股本）、资本公积金额的营业账簿（如记载固定资产金额的营业账簿），不属于印花税的征税范围。

2.印花税计税依据的特殊规定

（1）应税合同、产权转移书据未列明金额的，印花税的计税依据按照实际结算的金额确定。

（2）计税依据按照上述规定仍不能确定的，按照书立合同、产权转移书据时的市场价格确定；依法应当执行政府定价或者政府指导价的，按照国家有关规定确定。

（3）证券交易无转让价格的，按照办理过户登记手续时该证券前一个交易日收盘价计算确定计税依据；无收盘价的，按照证券面值计算确定计税依据。

（4）同一应税凭证由两方以上当事人书立的，按照各自涉及的金额分别计算应纳税额。

（5）已缴纳印花税的营业账簿，以后年度记载的实收资本（股本）、资本公积合计金额比已缴纳印花税的实收资本（股本）、资本公积合计金额增加的，按照增加部分计算应纳税额。

> 知识答疑7-3　印花税应税合同中列明不含增值税价款和增值税税款，请问印花税的计税依据是含增值税价款还是不含增值税价款？

3.印花税计税依据的其他规定以及补税和退税的具体情形

（1）同一应税合同、应税产权转移书据中涉及两方以上纳税人，且未列明纳税人各自涉及金额的，以纳税人平均分摊的应税凭证所列金额（不包括列明的增值税税款）确定计税依据。

（2）应税合同、应税产权转移书据所列的金额与实际结算金额不一致，不变更应税凭证所列金额的，以所列金额为计税依据；变更应税凭证所列金额的，以变更后的所列金额为计税依据。已缴纳印花税的应税凭证，变更后所列金额增加的，纳税人应当就增加部分的金额补缴印花税；变更后所列金额减少的，纳税人可以就减少部分的金额向税务机关申请退还或者抵缴印花税。

（3）纳税人因应税凭证列明的增值税税款计算错误导致应税凭证的计税依据减少或者增加的，纳税人应当按规定调整应税凭证列明的增值税税款，重新确定应税凭证计税依据。已缴纳印花税的应税凭证，调整后计税依据增加的，纳税人应当就增加部分的金额补缴印花税；调整后计税依据减少的，纳税人可以就减少部分的金额向税务机关申请退还或者抵缴印花税。

（4）纳税人转让股权的印花税计税依据，按照产权转移书据所列的金额（不包括列明的认缴后尚未实际出资权益部分）确定。

（5）应税凭证金额为人民币以外的货币的，应当按照凭证书立当日的人民币汇率中间价折合人民币确定计税依据。

（6）境内的货物多式联运，采用在起运地统一结算全程运费的，以全程运费作为运输合同的计税依据，由起运地运费结算双方缴纳印花税；采用分程结算运费的，以分程的运费作为计税依据，分别由办理运费结算的各方缴纳印花税。

（7）未履行的应税合同、产权转移书据，已缴纳的印花税不予退还及抵缴税款。

（8）纳税人多贴的印花税票，不予退税及抵缴税款。

（二）印花税税率的判定

印花税的税率依照"印花税税目税率表"（见表7-7）执行。

表 7-7　　　　　　　　　　印花税税目税率表

| 税目 | | 计税依据及税率 | 备注 |
|---|---|---|---|
| 合同（指书面合同） | 借款合同 | 借款金额的万分之零点五 | 指银行业金融机构、经国务院银行业监督管理机构批准设立的其他金融机构与借款人（不包括同业拆借）的借款合同 |
| | 融资租赁合同 | 租金的万分之零点五 | |
| | 买卖合同 | 价款的万分之三 | 指动产买卖合同（不包括个人书立的动产买卖合同） |
| | 承揽合同 | 报酬的万分之三 | |
| | 建设工程合同 | 价款的万分之三 | |
| | 运输合同 | 运输费用的万分之三 | 指货运合同和多式联运合同（不包括管道运输合同） |
| | 技术合同 | 价款、报酬或者使用费的万分之三 | 不包括专利权、专有技术使用权转让书据 |
| | 租赁合同 | 租金的千分之一 | |
| | 保管合同 | 保管费的千分之一 | |
| | 仓储合同 | 仓储费的千分之一 | |
| | 财产保险合同 | 保险费的千分之一 | 不包括再保险合同 |
| 产权转移书据 | 土地使用权出让书据 | 价款的万分之五 | 转让包括买卖（出售）、继承、赠与、互换、分割 |
| | 土地使用权、房屋等建筑物和构筑物所有权转让书据（不包括土地承包经营权和土地经营权转移） | 价款的万分之五 | |
| | 股权转让书据（不包括应缴纳证券交易印花税的） | 价款的万分之五 | |
| | 商标专用权、著作权、专利权、专有技术使用权转让书据 | 价款的万分之三 | |
| 营业账簿 | | 实收资本（股本）、资本公积合计金额的万分之二点五 | |
| 证券交易 | | 成交金额的千分之一 | |

☞【情境辨析7-14】印花税的税率采用（　　　）。

A.比例税率这一种形式　　　　B.定额税率这一种形式

C.比例税率和定额税率两种形式　　D.复合税率这一种形式

（三）印花税优惠政策的运用

1.印花税的免税政策

下列凭证免征印花税：

（1）应税凭证的副本或者抄本。

（2）依照法律规定应当予以免税的外国驻华使馆、领事馆和国际组织驻华代表机构为获得馆舍书立的应税凭证。

（3）中国人民解放军、中国人民武装警察部队书立的应税凭证。

（4）农民、家庭农场、农民专业合作社、农村集体经济组织、村民委员会购买农业生产资料或者销售农产品书立的买卖合同和农业保险合同。

🌱**点睛**　享受印花税免税优惠的家庭农场，具体范围为以家庭为基本经营单元，以农场生产经营为主业，以农场经营收入为家庭主要收入来源，从事农业规模化、标准化、集约化生产经营，纳入全国家庭农场名录系统的家庭农场。

（5）无息或者贴息借款合同、国际金融组织向中国提供优惠贷款书立的借款合同。

（6）财产所有权人将财产赠与政府、学校、社会福利机构、慈善组织书立的产权转移书据。

🌱**点睛**　❶享受印花税免税优惠的学校，具体范围为经县级以上人民政府或者其教育行政部门批准成立的大学、中学、小学、幼儿园，实施学历教育的职业教育学校、特殊教育学校、专门学校，以及经省级人民政府或者其人力资源社会保障行政部门批准成立的技工院校。❷享受印花税免税优惠的社会福利机构，具体范围为依法登记的养老服务机构、残疾人服务机构、儿童福利机构、救助管理机构、未成年人救助保护机构。❸享受印花税免税优惠的慈善组织，具体范围为依法设立、符合《中华人民共和国慈善法》规定，以面向社会开展慈善活动为宗旨的非营利性组织。

（7）非营利性医疗卫生机构采购药品或者卫生材料书立的买卖合同。

🌱**点睛**　享受印花税免税优惠的非营利性医疗卫生机构，具体范围为经县级以上人民政府卫生健康行政部门批准或者备案设立的非营利性医疗卫生机构。

（8）个人与电子商务经营者订立的电子订单。

🌱**点睛**　享受印花税免税优惠的电子商务经营者，具体范围按《中华人民共和国电子商务法》有关规定执行。

根据国民经济和社会发展的需要，国务院对居民住房需求保障、企业改制重组、破产、支持小型微型企业发展等情形可以规定减征或者免征印花税，报全国人民代表大会常务委员会备案。

2.印花税的减税政策

自2023年8月28日起，证券交易印花税实施减半征收。

🌱**点睛**　对应税凭证适用印花税减免优惠的，书立该应税凭证的纳税人均可享受印花税减免政策，明确特定纳税人适用印花税减免优惠的除外。

🌱**提示**　为贯彻落实《印花税法》，自2022年7月1日起，"继续执行的印花税优惠政策文件及条款目录"详见《财政部　税务总局关于印花税法实施后有关优惠政策衔接问题的公告》（财政部　税务总局公告2022年第23号）。

### （四）印花税应纳税额的计算

印花税的应纳税额按照计税依据乘以适用税率计算。其计算公式为：

应纳印花税=计税依据×适用税率

同一应税凭证载有两个以上税目事项并分别列明金额的，按照各自适用的税目税率分别计算应纳税额；未分别列明金额的，从高适用税率。

### 三、印花税的纳税申报

#### （一）印花税的缴纳方式

印花税一般采用申报的方式缴纳。印花税也可以采用粘贴印花税票或者由税务机关依法开具其他完税凭证的方式缴纳。印花税票粘贴在应税凭证上的，由纳税人在每枚税票的骑缝处盖戳注销或者画销。印花税票由国务院税务主管部门监制。

#### （二）印花税的纳税义务发生时间

印花税的纳税义务发生时间为纳税人书立应税凭证或者完成证券交易的当日。

证券交易印花税扣缴义务发生时间为证券交易完成的当日。

#### （三）印花税的纳税期限

印花税按季、按年或者按次计征。实行按季、按年计征的，纳税人应当自季度、年度终了之日起15日内申报缴纳税款；实行按次计征的，纳税人应当自纳税义务发生之日起15日内申报缴纳税款。

证券交易印花税按周解缴。证券交易印花税扣缴义务人应当自每周终了之日起5日内申报解缴税款以及银行结算的利息。

**点睛**　应税合同、产权转移书据印花税可以按季或者按次申报缴纳，应税营业账簿印花税可以按年或者按次申报缴纳，具体纳税期限由各省、自治区、直辖市、计划单列市税务局结合征管实际确定。

**提示**　境外单位或者个人的应税凭证印花税可以按季、按年或者按次申报缴纳，具体纳税期限由各省、自治区、直辖市、计划单列市税务局结合征管实际确定。

**点睛**　应税合同、产权转移书据未列明金额，在后续实际结算时确定金额的，纳税人应当于书立应税合同、产权转移书据的首个纳税申报期申报应税合同、产权转移书据书立情况，在实际结算后下一个纳税申报期，以实际结算金额计算申报缴纳印花税。

#### （四）印花税的纳税地点

纳税人为单位的，应当向其机构所在地的主管税务机关申报缴纳印花税；纳税人为个人的，应当向应税凭证书立地或者纳税人居住地的主管税务机关申报缴纳印花税。

不动产产权发生转移的，纳税人应当向不动产所在地的主管税务机关申报缴纳印花税。

纳税人为境外单位或者个人，在境内有代理人的，以其境内代理人为扣缴义务人。境外单位或者个人的境内代理人应当按规定扣缴印花税，向境内代理人机构所在地（居住地）主管税务机关申报解缴税款。

纳税人为境外单位或者个人，在境内没有代理人的，纳税人应当自行申报缴纳印花税。境外单位或者个人可以向资产交付地、境内服务提供方或者接受方所在地（居住地）、书立应税凭证境内书立人所在地（居住地）主管税务机关申报缴纳；涉及不动产产权转移的，应当向不动产所在地主管税务机关申报缴纳。

证券登记结算机构为证券交易印花税的扣缴义务人，应当向其机构所在地的主管税务机关申报解缴税款以及银行结算的利息。

**提示**　《印花税法》实施后，纳税人享受印花税优惠政策，继续实行"自行判别、申报享受、有关资料留存备查"的办理方式。纳税人对留存备查资料的真实性、完整性和合法性承担法律责任。

#### （五）印花税的纳税申报

纳税人对印花税进行纳税申报时，应当填报"印花税税源明细表"（见表7-8）、"财产和行为税减免税明细申报附表"（略）和"财产和行为税纳税申报表"（见表6-4）。

表 7-8

印花税税源明细表

纳税人识别号（统一社会信用代码）：91370709864221122Y

纳税人（缴费人）名称：山东和祥铁矿有限公司

金额单位：人民币元（列至角分）

| 应税凭证序号 | 应税凭证编号 | 应税凭证税务编号 | *应税凭证名称 | *申报期限类型 | 应税凭证数量 | *税目 | 子目 | *税款所属期起 | *税款所属期止 | *应税凭证书立日期 | *计税金额 | 实际结算日期 | 实际结算金额 | *税率 | 减免性质代码和项目名称 | 对方书立人名称 | 对方书立人纳税人识别号（统一社会信用代码） | 对方书立人涉及金额 |
|---|---|---|---|---|---|---|---|---|---|---|---|---|---|---|---|---|---|---|
| | | | | | | | | | | | | | | | | | 对方书立人信息 | |
| 1 | | | 买卖合同 | 按期申报 | | 买卖合同 | | 2023年09月01日 | 20223年09月30日 | 2023年9月20日 | 5 000 000.00 | | | 0.3‰ | | | | |
| 2 | | | 产权转移书据 | 按次申报 | | 产权转移书据 | 房屋等建筑物和构筑物所有权转让书据（不包括土地承包经营权和土地经营权转移） | 2023年09月01日 | 2023年09月30日 | 2023年9月30日 | 120 000 000.00 | | | 0.5‰ | | | | |
| 3 | | | 买卖合同 | 按期申报 | | 买卖合同 | | 2023年09月01日 | 2023年09月30日 | 2023年9月25日 | 200 000.00 | | | 0.3‰ | | | | |

**任务实例7-10** 接【任务实例6-5】【任务实例6-6】【任务实例7-6】资料。假设山东和祥铁矿有限公司属于按期汇总缴纳印花税的纳税人，纳税期限为1个月，纳税申报期限为税款所属时期后15日内。山东和祥铁矿有限公司于2023年10月10日对2023年9月的印花税进行纳税申报。

**【任务要求】**

（1）计算山东和祥铁矿有限公司2023年9月相关业务的应纳印花税。

（2）山东和祥铁矿有限公司2023年10月10日对2023年9月的印花税进行纳税申报，填写"印花税税源明细表"和"财产和行为税纳税申报表"。

**【任务实施】**

（1）计算山东和祥铁矿有限公司2023年9月相关业务的应纳印花税。

❶ 销售铁矿原矿的买卖合同的应纳印花税=5 000 000×0.3‰=1 500（元）

❷ 转让办公楼的土地使用权、房屋等建筑物和构筑物所有权转让书据（不包括土地承包经营权和土地经营权转移）应纳印花税=120 000 000×0.5‰=60 000（元）

❸ 购置乘用车的买卖合同的应纳印花税=200 000×0.3‰=60（元）

❹ 应纳印花税合计=1 500+60 000+60=61 560（元）

（2）山东和祥铁矿有限公司2023年10月10日对2023年9月的印花税进行纳税申报，填写"印花税税源明细表"（见表7-8）和"财产和行为税纳税申报表"（见表6-4）。

# 任务七　烟叶税纳税实务

### 任务引例7-7

我公司生产烟叶对外销售，请问我公司需要缴纳烟叶税吗？

### 一、烟叶税的认知

#### （一）烟叶税纳税人的确定

在中华人民共和国境内，依照《中华人民共和国烟草专卖法》的规定收购烟叶的单位为烟叶税的纳税人。纳税人应当依照《中华人民共和国烟叶税法》（简称《烟叶税法》）的规定缴纳烟叶税。

### 任务引例7-7解析

根据《烟叶税法》的规定，在中华人民共和国境内，依照《中华人民共和国烟草专卖法》的规定收购烟叶的单位为烟叶税的纳税人。纳税人应当依照本法规定缴纳烟叶税。

由于你公司是生产烟叶的销售方而非收购方，因此，你公司不需要缴纳烟叶税。

#### （二）烟叶税征税范围的确定

烟叶税的征税范围是烟叶。

🔖**点睛** 烟叶，是指烤烟叶、晾晒烟叶。

### 二、烟叶税的计算

#### （一）烟叶税计税依据的确定

烟叶税的计税依据为纳税人收购烟叶实际支付的价款总额。纳税人收购烟叶实际支付的价款总额包括纳税人支付给烟叶生产销售单位和个人的烟叶收购价款和价外补贴。价外补贴统一按烟叶收购价款的10%计算。

### （二）烟叶税税率的判定

烟叶税实行比例税率，税率为20%。

### （三）烟叶税应纳税额的计算

烟叶税的应纳税额按照纳税人收购烟叶实际支付的价款总额乘以税率计算。应纳税额的计算公式为：

应纳烟叶税=纳税人收购烟叶实际支付的价款总额（烟叶收购价款总额）×税率

　　　　　=（烟叶收购价款+价外补贴）×税率=（烟叶收购价款+价外补贴）×20%

其中：价外补贴=烟叶收购价款×10%

因此：应纳烟叶税税额=烟叶收购价款×（1+10%）×20%

> **链接**　取得（开具）农产品销售发票或收购发票的，以农产品销售发票或收购发票上注明的农产品买价和扣除率计算进项税额（买价是指纳税人购进农产品在农产品收购发票或者销售发票上注明的价款和按照规定缴纳的烟叶税）。

> **链接**　根据《财政部　国家税务总局关于收购烟叶支付的价外补贴进项税额抵扣问题的通知》（财税〔2011〕21号）的规定，烟叶收购单位收购烟叶时按照国家有关规定以现金形式直接补贴烟农的生产投入补贴（简称价外补贴），属于农产品买价，为《中华人民共和国增值税暂行条例实施细则》（财政部　国家税务总局令第50号）第十七条中"价款"的一部分。烟叶收购单位，应将价外补贴与烟叶收购价格在同一张农产品收购发票或者销售发票上分别注明，否则，价外补贴不得计算增值税进项税额进行抵扣。

**任务实例7-11**　甲卷烟厂本年7月从烟农手中收购一批烟叶用于生产卷烟，货物已验收入库，收购价款为120 000元，另向烟农支付了价外补贴10 000元。甲卷烟厂将价外补贴与烟叶收购价格在同一张农产品收购发票上分别注明。

**【任务要求】**

（1）计算甲卷烟厂购进烟叶的应纳烟叶税；

（2）计算甲卷烟厂购进烟叶准予抵扣的增值税进项税额。

**【任务实施】** 在计算烟叶税时，价外补贴统一按烟叶收购价款的10%计算，即应纳烟叶税=烟叶收购价款×（1+10%）×烟叶税税率（20%）；但是在计算收购烟叶准予抵扣的增值税进项税额时，价外补贴不一定就是烟叶收购价款的10%，而应当按照实际支付的价外补贴，即准予抵扣的增值税进项税额=（烟叶收购价款+实际价外补贴+应纳烟叶税）×扣除率。

（1）应纳烟叶税税额=烟叶收购价款×（1+10%）×烟叶税税率（20%）

　　　　　　　　　=120 000×（1+10%）×20%=132 000×20%=26 400（元）

（2）自2019年4月1日起，纳税人购进用于生产销售或委托加工13%税率货物的农产品，按照10%的扣除率计算进项税额。

购进烟叶准予抵扣的增值税进项税额=（120 000+10 000+26 400）×10%=15 640（元）

其中：购买烟叶时先抵扣增值税进项税额=（120 000+10 000+26 400）×9%=14 076（元）

领用烟叶用于生产卷烟时再抵扣增值税进项税额=（120 000+10 000+26 400）×1%=1 564（元）

### 三、烟叶税的纳税申报

烟叶税由税务机关依照《烟叶税法》和《税收征收管理法》的有关规定征收管理。

#### （一）烟叶税的纳税义务发生时间

烟叶税的纳税义务发生时间为纳税人收购烟叶的当日。

#### （二）烟叶税的纳税期限

烟叶税按月计征，纳税人应当于纳税义务发生月终了之日起15日内申报并缴纳税款。

#### （三）烟叶税的纳税地点

纳税人应当向烟叶收购地的主管税务机关申报缴纳烟叶税。

#### （四）烟叶税的纳税申报实务

纳税人对烟叶税进行纳税申报时，应当填报"烟叶税税源明细表"（见表7-9）和"财产和行为税纳税申报表"（见表7-10）。

表7-9　　　　　　　　　　　**烟叶税税源明细表**

税款所属期限：自2023年07月01日至2023年07月31日
纳税人识别号（统一社会信用代码）：91370150258325261N
纳税人名称：山东东方卷烟有限公司　　　　　　　　　　金额单位：人民币元（列至角分）

| 序号 | 烟叶收购价款总额 | 税率 |
|---|---|---|
| 1 | 1 100 000.00 | 20% |
| 2 | | |
| 3 | | |
| 4 | | |
| 5 | | |
| 6 | | |

表7-10　　　　　　　　　　　**财产和行为税纳税申报表**

纳税人识别号（统一社会信用代码）：91370150258325261N
纳税人名称：山东东方卷烟有限公司　　　　　　　　　　金额单位：人民币元（列至角分）

| 序号 | 税种 | 税目 | 税款所属期起 | 税款所属期止 | 计税依据 | 税率 | 应纳税额 | 减免税额 | 已缴税额 | 应补（退）税额 |
|---|---|---|---|---|---|---|---|---|---|---|
| 1 | 烟叶税 | | 2023年07月01日 | 2023年07月31日 | 1 100 000.00 | 20% | 220 000.00 | 0.00 | 0.00 | 220 000.00 |
| 2 | 略 | | | | | | | | | |
| 3 | 略 | | | | | | | | | |
| 4 | 略 | | | | | | | | | |
| 5 | 略 | | | | | | | | | |
| 6 | 略 | | | | | | | | | |
| 7 | 略 | | | | | | | | | |
| 8 | 略 | | | | | | | | | |
| 9 | 略 | | | | | | | | | |
| 10 | 略 | | | | | | | | | |
| 11 | 合计 | — | — | — | — | — | 220 000.00 | 0.00 | 0.00 | 220 000.00 |

声明：此表是根据国家税收法律法规及相关规定填写的，本人（单位）对填报内容（及附带资料）的真实性、可靠性、完整性负责。

纳税人（签章）：山东东方卷烟有限公司　　　　　　2023年08月05日

| 经办人：**略**<br>经办人身份证号：**略**<br>代理机构签章：<br>代理机构统一社会信用代码： | 受理人：<br>受理税务机关（章）：<br><br>受理日期：　　年　月　日 |
|---|---|

🍀**提示**　烟叶税没有减免税政策，因此对烟叶税进行纳税申报时，不需要填报"财产和行为税减免税明细申报附表"。

**任务实例7-12** 接"项目三　消费税纳税实务"的"项目引例——消费税的计算和纳税申报"资料，山东东方卷烟有限公司2023年7月收购用于生产卷烟的烟叶（中橘一）100 000千克，烟叶收购价格为10元/千克，烟叶收购价款总额为1 000 000元，另外支付给烟叶销售者的烟叶价外补贴为100 000元（即收购价款的10%），款项以银行存款支付。2023年7月，该公司将该批烟叶全部领用用于生产卷烟。

【任务要求】

（1）计算山东东方卷烟有限公司2023年7月的应纳烟叶税和准予抵扣的增值税进项税额。

（2）山东东方卷烟有限公司2023年8月5日对2023年7月的烟叶税进行纳税申报，填写"烟叶税税源明细表"和"财产和行为税纳税申报表"。

【任务实施】

（1）计算山东东方卷烟有限公司2023年7月的应纳烟叶税和准予抵扣的增值税进项税额。

在计算烟叶税时，价外补贴统一按烟叶收购价款的10%计算，即应纳烟叶税=烟叶收购价款×（1+10%）×烟叶税税率（20%）；但是在计算收购烟叶准予抵扣的增值税进项税额时，价外补贴不一定就是烟叶收购价款的10%，而应当按照实际支付的价外补贴，即准予抵扣的增值税进项税额=（烟叶收购价款+实际价外补贴+应纳烟叶税）×扣除率。

❶纳税人收购烟叶实际支付的价款总额（烟叶收购价款总额）=1 000 000×（1+10%）=1 100 000（元）

应纳烟叶税=1 100 000×20%=220 000（元）

❷自2019年4月1日起，纳税人购进用于生产销售或委托加工13%税率货物的农产品，按照10%的扣除率计算进项税额。

购进烟叶准予抵扣的增值税进项税额=（1 000 000+100 000+220 000）×10%=132 000（元）

其中：购买烟叶时先抵扣增值税进项税额=（1 000 000+100 000+220 000）×9%=118 800（元）

领用烟叶用于生产卷烟时再抵扣增值税进项税额=（1 000 000+100 000+220 000）×1%=13 200（元）

（2）山东东方卷烟有限公司2023年8月5日对2023年7月的烟叶税进行纳税申报，填写"烟叶税税源明细表"（见表7-9）和"财产和行为税纳税申报表"（见表7-10）。

━━━━━━━◆ 项目练习 ◆━━━━━━━

1. 甲公司本年7月10日从美国进口轿车一辆。该公司进口报关时，计税价格为200 000元，进口关税税率为20%、消费税税率为25%。

要求：计算甲公司上述业务应缴纳的增值税税额、消费税税额和车辆购置税税额。

2. 甲烟草公司本年7月8日支付烟叶收购价款90万元，另向烟农支付了价外补贴10万元。

要求：计算该烟草公司本年1月收购烟叶应缴纳的烟叶税税额。

3. 甲餐饮公司通过安装水流量计测得本年7月排放污水量为50吨，污染当量值为0.5吨。假设当地水污染物适用的环境保护税税额为每污染当量2.8元。

要求：计算本年7月甲餐饮公司应缴纳的环境保护税税额。

━━━━━━━◆ 项目实训 ◆━━━━━━━

甲公司本年拥有整备质量10吨的货车8辆、7.8吨的挂车4辆。甲公司本年8月20日又购置2.5吨客货两用车3辆，买卖合同载明金额为9万元，当月领取行驶证书。甲公司本年10月接受乙公司委托加工一批产品，签订的合同中注明原材料由乙公司提供，金额为80万元，收取加工劳务费24万元；完工产品由乙公司负责运输，乙公司与运输公司签订的合同中注明运费 1.6 万元、保管费 0.1 万元、装卸费 0.06 万元。甲公司本年 10 月购置厂房一栋，价格 900 万元。以上价格均不含增值税。买卖合同适用的印花税税率为 0.3‰，承揽合同适用的印花税税率为 0.3‰，产权转移书据适用的印花税税率为 0.5‰；货车车船税年税额为 20 元/吨；当地适用的契税税率为 3%。

要求：

（1）计算甲公司本年应缴纳的车船税税额。

（2）计算甲公司本年应缴纳的契税税额。

（3）计算甲公司本年应缴纳的印花税税额。

# 主要参考文献

［1］中国注册会计师协会. 税法［M］. 北京：中国财政经济出版社，2025.

［2］中国注册会计师协会. 会计［M］. 北京：中国财政经济出版社，2025.

［3］东奥会计在线. 2025年注册会计师考试应试指导及全真模拟测试 税法［M］. 北京：北京科学技术出版社，2025.

［4］梁文涛，苏杉，吴朋波. 税法［M］. 5版. 大连：东北财经大学出版社，2023.

［5］梁文涛，彭新媛. 税务会计实务［M］. 5版. 大连：东北财经大学出版社，2023.

［6］梁文涛. 纳税筹划实务［M］. 5版. 大连：东北财经大学出版社，2021.

［7］梁文涛. 企业纳税实务［M］. 4版. 北京：高等教育出版社，2023.

［8］梁文涛. 企业纳税实务习题与实训［M］. 4版. 北京：高等教育出版社，2023.

［9］1990—2025年中华人民共和国会计、税收等财经相关法律法规文件.